BÜRCKELS BAUERNSIEDLUNG
Nationalsozialistische Siedlungspolitik in Lothringen während der „verschleierten" Annexion 1940 - 1944.

DISSERTATION

zur Erlangung
des akademischen Grades
eines Doktors der Philosophie
(Dr. phil.)
am Fachbereich
Erziehungs-, Sozial- und Geisteswissenschaften der
FernUniversität - Gesamthochschule - in Hagen

vorgelegt von
HANS SCHAEFER
aus Quierschied (Saar)

Erstgutachter : Prof. Dr. Peter Brandt
FernUniversität, Hagen

Zweitgutachter : Prof. Dr. Rainer Hudemann
Universität des Saarlandes, Saarbrücken

Datum der letzten Prüfung : 14. Oktober 1997

© 1997 Pirrot Verlag & Druck
Trierer Straße 7, Saarbrücken-Dudweiler

ISBN-3-9301714-29-9

Alle Rechte vorbehalten.
Das Werk einschließlich aller seiner Teile ist urheberrechtlich geschützt.
Jede Verwertung außerhalb der engen Grenzen des Urheberrechtsgesetzes ist ohne Zustimmung des Verlages unzulässig und strafbar. Das gilt insbesondere für Vervielfältigungen, Übersetzungen, Mikroverfilmungen und
die Einspeicherung und
Verarbeitung in elektronischen Systemen.

Printed in Germany

Vorwort

Daß diese Arbeit dem Gutachtergremium am 29. Januar 1997, dem 100. Geburtstag meines Vaters, vorgelegt wurde, hatte symbolischen Charakter : mein Vater war bei der Bauernsiedlung Westmark Außenstelle Metz beschäftigt, ich leistete als Vierzehnjähriger Ernteeinsatz im Metzer Mirabellenland, kurz, die vorliegende Arbeit ist auch eine Aufarbeitung eines Teiles meiner eigenen Lebensgeschichte und eine Hommage an meine Eltern, die mir in den damaligen schweren Zeiten Zuversicht und Lebensmut vermittelten.

Mein Dank gilt Herrn Professor Dr. Peter Brandt von der FernUniversität, Hagen, der meine Arbeit während sechs Jahren mit großem Interesse und wertvollem Rat begleitete, Herrn Professor Dr. Rainer Hudemann von der Universität des Saarlandes, Saarbrücken, danke ich für vielfältige Anregungen, gelegentliche Aufmunterungen und das mir gewährte Gastrecht in seinem Kolloquium.

Mannigfache Förderung und Unterstützung erfuhr ich bei Archiven und Bibliotheken, Herr Jean Ast, Directeur-Adjoint des Collège André Malraux in Delme, stellte wertvolle Verbindungen zu Zeitzeugen in West- und Südwestlothringen her. Meinen Zeitzeugen bin ich zutiefst dafür verbunden, daß sie mir Einsicht in ihre Erinnerungen und damit in ihr Leben gaben, und ich hoffe, daß sie sich in meiner Darstellung wiederfinden.

Meine Frau ertrug in bewundernswerter Weise die Unruhe, die ich lange Zeit in unseren gemeinsamen Lebensabend brachte, und meine häufige körperliche und noch häufigere geistige Abwesenheit, sie verzichtete auf manche gemeinsame Unternehmung. Ihr sei diese Arbeit zum Dank für ihr Verständnis und ihre Fürsorge gewidmet.

Quierschied/Saar, im Herbst 1997

Hans Schaefer

Inhaltsverzeichnis

Vorwort I

Inhaltsübersicht 1

1. Einführung 3

A. Das politische und historische Umfeld

2. Das ländliche Siedlungswesen als volkstumspolitisches Instrument 7
   2.1. Ländliche Siedlung in der deutschen Tradition 7
   2.2. „Innere Kolonisation" - das Siedlungsparadigma der Weimarer Republik 8
   2.3. „Neubildung deutschen Bauerntums" - Das Siedlungswesen im Dritten Reich 9
   2.4. Die „Festigung deutschen Volkstums" - Siedlung in den annektierten 11
        Ostgebieten im Zweiten Weltkrieg
   2.5. Die Stellungnahme des „Rassenpolitischen Amtes" der NSDAP 14
        zur Volkstumspolitik in den neuen Ostgebieten
   2.6. Exkurs - Der „Generalplan Ost" vom Februar 1940 15
3. Grundzüge der Germanisierungsstrategie in Lothringen während der Reichslandezeit 1871 - 1918 17
   3.1. Eindeutschungsmaßnahmen 1871 bis 1918 18
        3.1.1. Die Emigration nach Frankreich 19
        3.1.2. Die Immigration aus dem Altreich 19
        3.1.3. Die Sprachenpolitik 20
   3.2. Lothringen während der Militärdiktatur 20
   3.3. Autonomie-Bestrebungen in Lothringen nach 1919 22
4. Der Gau Westmark - Bürckels Mythos vom „Schutzwall" des Reiches im Westen 23
   4.1. Josef Bürckel 23
   4.2. Der „Gau Westmark" als identitätsstiftender Mythos 26
   4.3. Der „Gau Westmark" - Fläche und Bevölkerung 28
   4.4. Der „Gau Westmark" als Verwaltungsinstrument 29
        4.4.1. Das Landeskulturamt 30
        4.4.2. Das Wiederaufbauamt 31
5. Die „Eindeutschung" Lothringens - Hitlers Auftrag an Gauleiter Bürckel 35
   5.1. Der „Chef der Zivilverwaltung in Lothringen" 35
   5.2. „Eindeutschungs"-Maßnahmen 37
   5.3. Die 'Deutsche Volksgemeinschaft' 40
   5.4. Die Zukunft des französischen Sprachgebietes 41

B. Die ländliche Siedlung in Lothringen 1940 bis 1944

6. Grundsatzentscheidungen zu den Siedlungsmaßnahmen in Lothringen 43
   6.1. Initiativen zur Auflockerung der „Freiteilungsgebiete" 43
   6.2. Hitlers Einverständnis zu Bürckels Siedlungsplänen 45
   6.3. Die Gründung der Bauernsiedlung Saarpfalz 47
   6.4. Der 'Lothringer-Plan' 48
   6.5. Die Aktivitäten des RKFDV in Lothringen 50
7. Die Siedlerrekrutierung für den lothringischen Siedlungsraum im Herbst 1940 55
   7.1. Die „rote Zone" als Siedlerreservoir 55
        7.1.1. Die Neuordnungs- und Wiederaufbauplanung 56
        7.1.2. Der Modellfall der Gemeinde Steinfeld/Pfalz 57
   7.2. Bauernsiedler aus der Saarpfalz 60
   7.3. Die Arbeitersiedler 61
   7.4. Die „Bitscherländer" 62
   7.5. Der Einsatz der Siedler durch die Bauernsiedlung 64
8. Vertreibung und Neubesiedlung in West- und Südwestlothringen 65
   8.1. Die Vertreibungsaktion 66
   8.2. Umfang und Ziele der Vertreibungsaktion 69
   8.3. Problematischer Beginn der Siedlungstätigkeit 73
        8.3.1. Vorbereitung und Sicherstellungsmaßnahmen 74
        8.3.2. Zuführung und Einweisung der Neusiedler 75
   8.4. Der lothringische Siedlungsraum 77
9. Die Bauernsiedlung Westmark : Statuten - Organe - Aufgabenstellung - Betriebsorganisation 79
   9.1. Der Gesellschaftsvertrag 79
   9.2. Aufgabenstellung 80
   9.3. Die Geschäftsführung 81
        9.3.1. Der Führungskreis der Bauernsiedlung 81
        9.3.2. Personalia 82
   9.4. Der Aufsichtsrat 87
   9.5. Die Unternehmensorganisation 89
   9.6. Die Organisation der Landbewirtschaftung 92
        9.6.1. Kreis- und Bezirksaußenstellen 92
        9.6.2. Die Verwalter 93
        9.6.3. Die Wirtschafter 94

9.6.4. Gemeinschaftsarbeit 95
9.7. Landwirtschaftliche Betriebsstrukturen 96
9.8. Finanzstrukturen 97
9.9. Die Mitwirkung der Bauernschaft 99
10. Krisenbewältigung und Beginn der Bewirtschaftung im Frühjahr 1941 101
    10.1. Die „Kirchheimbolandener" Rede 101
    10.2. Bürckels Anordnung vom 24.1.1941 102
    10.3. Die Arbeitskräftebedarfsmeldungen 106
    10.4. Die „Platzhalter"-Strategie als Problemlösung 108
    10.5. Die Lage im Siedlungsgebiet im Frühjahr 1941 109
        10.5.1. Stand der landwirtschaftlichen Tätigkeit 110
        10.5.2. Inventarprobleme 113
        10.5.3. Die Unterbringung der Siedler 114
    10.6. Bereitstellung der finanziellen Mittel 115
    10.7. Bewirtschaftungsmaßnahmen der Bauernsiedlung 115
        10.7.1. Landwirtschaftliches Betriebskonzept 115
        10.7.2. Die Ernteergebnisse im Wirtschaftsjahr 1941/42 116
        10.7.3. Das veränderte Siedlungskonzept 117
11. Planungen und Entscheidungen zur Neustrukturierung des lothringischen Siedlungsraumes 119
    11.1. Exkurs : Die Siedlungsplanung im Osten 120
        11.1.1. Christallers Siedlungsmodell 120
        11.1.2. Richtlinien des RKFDV für den ländlichen Aufbau 122
    11.2. Das 'Münzinger-Gutachten' 123
        11.2.1. „Grundlagen und Tatsachen" 123
        11.2.2. „Ziele und Wege" 124
        11.2.3. Besondere Aspekte des 'Münzinger-Gutachten' 126
    11.3. Das 'Rolfes-Gutachten' 127
    11.4. Der 'Groß-Salzburgen-Plan' 129
    11.5. Bürckels Entscheidungen zur Neustrukturierung des lothringischen 132
    Siedlungsraumes
12. Die Ansiedlung der Buchenländer 139
    12.1. Die Lage im Siedlungsgebiet 1941/42 139
    12.2. Berkelmanns Bestellung zum „Siedlungsbevollmächtigten" 141
    12.3. Die Kontroverse um die Ansiedlung der Buchenländer 144
    12.4. Die Buchenländer 148
13. Ausführungsansätze : Siedlungspläne, Pilotprojekt und politische Implikationen 153
    13.1. Die Planung ländlicher Siedlungen in Lothringen 153
    13.2. Die „Siedlungssache Lesch" 161
    13.3. Das Pilotprojekt 163
    13.4. Die Aufsichtsratssitzung der Bauernsiedlung vom 29.10.1943 172
C. Ergebnisse der Siedlungstätigkeit
14. Humane und soziale Aspekte 175
    14.1. Leben im lothringischen Siedlungsgebiet 175
        14.1.1. Der „Alltag" 175
        14.1.2. Infrastrukturprobleme 179
    14.2. Das Siedlersoziogramm 180
    14.3. Personalstruktur der Siedlerbetriebe 186
15. Ansiedlungsstrukturen - Siedlungsraum, Siedlerzahl, Siedlerdichte - die Dynamik des Siedlungsprozesses ... 189
    15.1. Gesamtanalyse Stand 15.7.41 190
    15.2. Detailanalysen 1940 - 1942 192
    15.3. Ansiedlungsstrukturen der Buchenländer 195
    15.4. Lokale Ansiedlungsstrukturen 196
16. Quantitative Ergebnisse und Ende der Siedlungstätigkeit 201
    16.1. Volkstumspolitische Ziele 201
    16.2. Ansiedlungsziele 202
    16.3. Landwirtschaftliche Produktionsziele 203
    16.4. Finanzielles Ergebnis 206
    16.5. Der Rückzug 208
17. Schlußbetrachtungen 209
Abkürzungsverzeichnis 212
Dokumenten-Anhang 213
Tabellen-Anhang 219
Deutsch-französisches Ortsverzeichnis 231
Literatur-Verzeichnis 237
Erklärung nach §6, Pkt.7 der Promotionsordnung 243
Lebenslauf des Verfassers 244

1. EINFÜHRUNG

Nach der Niederlage Frankreichs im Sommer 1940 wurde das französische *Département de la Moselle* - im Deutschen als *Lothringen* bezeichnet - deutscher Verwaltung unterstellt, obwohl der am 25.6.1940 in Kraft getretene deutsch-französische Waffenstillstand auf ausdrückliche Weisung Hitlers keine territoriale Sonderregelung für Elsaß-Lothringen enthielt. Proteste der französischen Delegation bei der deutsch-französischen Waffenstillstandskommission gegen die „verschleierte"[1] Annexion Elsaß-Lothringens - frz. „*Annexion de fait"* - blieben vergeblich. Bei einer Besprechung in der Reichskanzlei am 25.9.1940 formulierte Hitler als Ziel die in Elsaß-Lothringen zu ergreifenden Maßnahmen „die möglichst schnelle Eindeutschung der Gebiete. Zur Erreichung dieses Ziels kann eine starke rechtsstaatliche Ausgestaltung nur hinderlich sein, vielmehr ist zur Erreichung dieses Ziels jedes Mittel recht, das zum Ziele führt"[2].

Aufgrund dieses Auftrages und seiner weitgehenden, unmittelbar von Hitler erteilten Vollmachten und allein seinem „Führer" verantwortlich, betrieb der saarpfälzische Gauleiter Josef Bürckel in Lothringen eine harsche „Eindeutschungs"-Politik.

Im Rahmen dieser Volkstumspolitik sind im wesentlichen zu unterscheiden Maßnahmen der *Wirtschaftspolitik* - Lothringen wurde in das deutsche Zoll- und Wirtschaftsgebiet eingegliedert, die industrielle Kapazität für die deutsche Rüstung genutzt, der *Kulturpolitik* - das deutsche Erziehungssystem ersetzte das französische Bildungswesen, Deutsch wurde zur alleinigen Verwaltungs-, Gerichts- und Schulsprache erklärt, des *Rechtswesens* - nach und nach traten deutsche Rechtsnormen an die Stelle der französischen, der *Verwaltungspolitik* - deutsche Verwaltungsstrukturen wurden eingeführt, Lothringer im wehrpflichtigen Alter zur deutschen Wehrmacht eingezogen und ihnen widerrechtlich die deutsche Staatsbürgerschaft oktroyiert, und schließlich die *Siedlungspolitik*, welche das Thema dieser Arbeit bildet : im Herbst 1940 wurden Teile der einheimischen Bevölkerung im ländlichen frankophonen Gebiet West- und Südwestlothringens aus ihrer Heimat vertrieben, und deren Eigentum zum Zwecke der organisierten Neubesiedlung der freigewordenen Gebiete durch deutsche Siedler beschlagnahmt.

Die folgende Arbeit verfolgt drei Hauptanliegen : 1. den Ursprüngen, den Planungen und Entscheidungen sowie den Zielsetzungen der von Bürckel in Lothringen im Rahmen seiner volkstumspolitischen Vorstellungen verfolgten Siedlungspolitik nachzugehen und die im Verlauf des Siedlungsprozesses auftretenden und wirksamen politischen Konstellationen, Kartellbildungen und Kontroversen auszudifferenzieren, sowie diese Entwicklungen in größere Zusammenhänge einzuordnen, 2. die Durchführung und die Ergebnisse des von Bürckel initiierten ländlichen Siedlungsvorhabens zu beschreiben, in welcher die zu diesem Zweck errichtete Bauernsiedlung Westmark eine wesentliche Rolle spielte, und 3. die Eingriffe in den Lebenslauf der von Bürckels Siedlungsmaßnahmen Betroffenen teilweise an eigenen Berichten zu verdeutlichen.

Bürckels in Lothringen praktizierte volkstumspolitischen Vorstellungen und Zielsetzungen lassen sich im Gegensatz zu der von Partei und SS vertretenen „rassenorientierten" Volkstumspolitik vereinfachend als „sprachorientiert"[3] begreifen : von den „Volksdeutschen" im deutschsprachigen Landesteil wurde die völlige Integration in das nationalsozialistische Deutschland erwartet, ohne daß das Regime sonderlich um die Gewinnung der Sympathien der Betroffenen bemühte oder den Betroffenen Möglichkeiten politischer Partizipation einräumte, Bürckel setzte nach umfangreicher Eliminierung der aus Innerfrankreich stammenden und der französisch-orientierten, einheimischen Elite vielmehr auf die normative Kraft

---
1 E. Jäckel, Frankreich in Hitlers Europa, S.77.
2 zit. nach D. Wolfanger, Die nationalsozialistische Politik in Lothringen 1940 bis 1944, S.45.
3 vgl. hierzu F. Neumann, Behemoth, S.132, der den Begriff „Rasse" als „ausschließlich biologisches Phänomen" begreift und dem Begriff „Volk" zusätzliche „kulturelle Elemente" wie „gemeinsame Sprache" zuschreibt.

des Faktischen und die gezielte Einschüchterung Oppositioneller und „politisch Unzuverlässiger".

Im frankophonen Landesteil sollte die als Folge der massiven Ansiedlung von 5.000 bäuerlichen Familien entstehende deutschsprachige Bevölkerungsmehrheit eine schnelle Assimilierung der nach einer umfassenden Vertreibungsaktion verbliebenen französischsprachigen Lothringer bewirken. Dieses zentrale Ziel von Bürckels „Eindeutschungs"-Politik war in dem im Führungskreis der „Gauleitung Westmark" erstellten, nur fragmentarisch überlieferten, die volkstumspolitischen Ziele im frankophonen Landesteil überwölbenden 'Lothringer-Plan' niedergelegt, der in mehreren Schritten verwirklicht werden sollte, und im Rahmen dieser Arbeit soll veranschaulicht werden, daß sich die Siedlungsmaßnahmen in West- und Südwestlothringen an den Vorgaben des 'Lothringer-Plans' orientierten, und die ländliche Siedlung als erster und grundlegender Schritt zur Durchführung des 'Lothringer-Plans' zu verstehen ist.

Der regionalen Genese des 'Lothringer-Plans' entsprach auch die Idee regionaler Durchführung : in der Schaffung eines „Westmark"-Mythos drückt sich der Versuch aus, durch Ausprägung einer „Westmark"-Identität, in der Saarländer, Pfälzer und Lothringer verschmelzen sollten, die wesentlich durch die jahrhundertelange Zugehörigkeit zu Frankreich bestimmte lothringische Identität umzuprägen, und über den Umweg dieser regionalen Identifizierung mit dem Deutschtum die Lothringer in das Reich „heimzuholen". Bürckel sollte jedoch bei der Ausführung bald an die Grenzen der ihm zur Verfügung stehenden regionalen Ressourcen stoßen.

Thematisch gliedert sich diese Arbeit in die historiografische Aufarbeitung der umfangreichen Siedlungsvorhaben des Dritten Reiches während des Zweiten Weltkrieges ein, die vornehmlich in den annektierten Ostgebieten zur Ausführung kamen. Seit den Fünfziger Jahren setzte sich die Forschung vornehmlich unter dem Eindruck der Verbrechen und Untaten, die vom NS-Regime in diesem Zusammenhang begangen wurden, mit der „Ost-Siedlung" umfassend auseinander. In jüngster Zeit durchgeführte Untersuchungen thematisierten vornehmlich die inneren Zusammenhänge zwischen den hypertrophen Zielsetzungen des „Generalplans Ost" nach dem Überfall auf die Sowjet-Union, dem Holocaust und der geplanten Vernichtung slawischer „Minderrassiger". Demgegenüber wurde die eigenständige „West-Siedlung", die Bürckel in Lothringen plante und durchführte, und an deren Ursprung ebenfalls Willkür- und Gewaltmaßnahmen des NS-Regimes standen, bisher nicht systematisch aufgearbeitet.

Eine erste Darstellung der Siedlungstätigkeit in Lothringen enthält Dieter Wolfangers Dissertation von 1976 'Die nationalsozialistische Politik in Lothringen 1940-1944'. Wolfanger fokussiert das Geschehen in Lothringen während der NS-Zeit auf die Person des Gauleiters und Reichsstatthalters Josef Bürckel in seiner Funktion als Chef der Zivilverwaltung in Lothringen. Die im November 1940 im frankophonen Gebiet West- und Südwestlothringens durchgeführte Vertreibungsaktion bewertet er als „politische Säuberungsaktion" und stellt sie den vorausgehenden Ausweisungsmaßnahmen gegen oppositionelle und „politisch unzuverlässige" Kräfte gleich. Die Auseinandersetzung zwischen Bürckel und SS-Gruppenführer Berkelmann, der als Höherer SS- und Polizeiführer regionaler Statthalter Himmlers war, wird stark personalisiert und rückt in den Mittelpunkt der Darstellung von „Bürckels Siedlungsprogramm", die eigentlichen Hintergründe der NS-Siedlungspolitik in Lothringen werden jedoch kaum angesprochen.

Die Anfang 1994 erschienene Monografie von Uwe Mai 'Ländlicher Aufbau in der <Westmark> im Zweiten Weltkrieg' thematisiert vornehmlich das Problem des zur Durchführung der umfangreichen Siedlungsmaßnahmen in Ost und West erforderlichen Humanpotentials. Durch „Auflockerung" der ländlichen Bevölkerung in den Realteilungsgebieten Süd- und Südwestdeutschlands sollten im Rahmen der zentralgeleiteten und vom RKFDV initiierten „West-Ost-Siedlung" Siedler für die Ostgebiete gewonnen, notfalls zwangsverpflichtet werden. Der zentralgeleiteten „West-Ost-Siedlung" stellt Mai das Konstrukt des autonomen Planungsgebietes „Westmark" gegenüber. Durch Ableiten des Überschusses der bäuerlichen Bevölkerung der Saarpfalz nach Lothringen habe Bürckel versucht, die Verpflichtung von Saarpfälzern zur Ostsiedlung zu verhindern. Die Kontroverse zwischen Bürckel und Berkelmann über die Ansiedlung buchenlanddeutscher Umsiedler in Lothringen, die der RKFDV nach Auffassung Mais gegen den Willen Bürckels vornahm, wird mit der Durchsetzung siedlungspolitischer Vorstellungen des RKFDV in Lothringen gleichgesetzt.

Gegensätze zwischen regionalen volkstumspolitischen Ansätzen der Gauleiter und der zentralistisch orientierten Volkstumspolitik des Reichsführers-SS hatte bereits Peter Hüttenberger in 'Die Gauleiter' aufgezeigt, wobei er zur Feststellung gelangte, daß sich mit zunehmender Kriegsdauer Himmlers Politik gegen Widerstände der regionalen Machthaber, zu denen auch Bürckel zählte, durchzusetzten vermochte.

Die französische Literatur zur Quasi-Annexion Lothringens im Zweiten Weltkrieg stellt in zahlreichen Ortschroniken Leiden und Widerstand der lothringischen Bevölkerung während der NS-Herrschaft und die von dieser betriebene Repressionspolitik in den Mittelpunkt der Betrachtungen.

Léon Burger erwähnt in 'Le Groupe <Mario>. Une page de la Résistance Lorraine' einen Anschlag der Widerstandsgruppe auf Siedleranwesen, der sich jedoch nicht gegen die Siedler als Träger der Volkstumspolitik, sondern gegen deren Beitrag zur Lebensmittelversorgung und gegen deren Unmenschlichkeit im Umgang mit den zugewiesenen Fremdarbeitern richtete.

Keinen Beitrag zum Siedlungswesen enthält die Monografie 'Moselle et Mosellans dans la Seconde Guerre Mondiale', herausgegeben von François-Yves Le Moigne, während Bernard und Gérard Le Marec in 'Les Années Noires. La Moselle annexée par Hitler' die deutsche Besiedlung kursorisch erwähnen.

So äußerte sich auch in Lothringen, wo der Verfasser bei der Vorbereitung dieser Arbeit vielfältige Unterstützung erfuhr, vielfach der Wunsch, das ländliche Siedlungsvorhaben in West- und Südwestlothringen während des Zweiten Weltkrieges als Teil gemeinsamer regionaler Geschichte fachlich aufgearbeitet zu sehen.

Von den oben erwähnten Darstellungen der Volkstums- und Siedlungspolitik Bürckels in Lothringen teilweise abweichend, ist das Ergebnis der in dieser Arbeit durchgeführten Untersuchungen, daß den ländlichen Siedlungsmaßnahmen in Lothringen zentrale Bedeutung für die Durchführung des 'Lothringer-Plans' zukam, und Bürckel seine volkstums- und siedlungspolitischen Vorstellungen trotz Widerständen durchsetzen und nach einer heftigen Auseinandersetzung mit dem RKFDV die Eigenständigkeit seiner „West"-Siedlung weitgehend wahren konnte. Impulse, die von der Siedlungstätigkeit in den annektierten Ostgebieten ausgingen, wurden an die besonderen lothringischen Verhältnisse angepaßt und in die Planung und Ausführung des lothringischen Siedlungsvorhabens integriert. Anhand verschiedener, in der Arbeit entwickelter Kriterien sollen das Zusammenwirken und die Einflußnahme der verschiedenen Institutionen in Konfrontation und Konsens transparent gemacht werden.

Erwartungen des Verfassers, daß knapp fünfzig Jahre zurückliegende Ereignisse seitens der beteiligten bürokratischen Strukturen in Fülle dokumentiert und überliefert worden seien, erwiesen sich schnell als Irrtum. Ursache hierfür ist nicht nur der Ausschluß der Öffentlichkeit und fehlende Protokollierung bei vielen, Willkürmaßnahmen betreffenden Entscheidungsvorgängen im Dritten Reich und die Vernichtung von Aktenbeständen vor Kriegsende : die für die Aufhellung entscheidender Vorgänge des Siedlungsprozesses in Lothringen wahrscheinlich maßgebende Beiträge enthaltenden Akten der Landesbauernschaft Westmark und der Bauernsiedlung Westmark wurden in den Siebziger Jahren Opfer des Reißwolfs.

Bisher unveröffentlichte Dokumente konnten bei den *Archives Départementales de la Moselle* in Metz eingesehen werden, die von der Außenstelle Metz der Bauernsiedlung Westmark beim Rückzug hinterlassen worden waren und neben umfangreichen Buchhaltungsakten auch

Revisions- und Tätigkeitsberichte umfassen. Bisher nicht ausgewertete Quellen, die die Vorgänge im Zeitraum Juli 1940 bis November 1940 aufhellen, und über die jahrelangen Auseinandersetzungen über Bewertungsfragen der neuzuschaffenden Siedlerstellen wurden im Bundesarchiv Koblenz aufgefunden. Im Landesarchiv des Saarlandes wurden die Bestände „Landeskulturamt" und „Kulturamt Metz" ausgewertet, Hinweise auf die Siedlerrekrutierung in der Saarpfalz enthielten Kreis- und Gemeindeakten aus pfälzischen Beständen. Wesentliche ergänzende Unterlagen konnten auch im Staatsarchiv Ludwigsburg, bei dem Landesarchiv Rheinland-Pfalz und verschiedenen Stadt-, Gemeinde- und Kirchenarchiven eingesehen werden. Als Glücksfall ist anzusehen, daß die nahezu vollständige Siedlerkartei der Bauernsiedlung Westmark in Lothringen dem Reißwolf entging, aus der quantitative Daten aber auch Angaben zur Sozialstruktur der eingesetzten Wirtschafter entnommen werden konnten.

Insgesamt ist die Quellenlage eher enttäuschend, wozu noch erschwerend der Umstand kommt, daß wichtige Dokumente nur in Abschriften vorhanden sind, in welchen meist Angaben über den Ersteller, den Empfänger und das Erstellungsdatum fehlen.

Es war daher vielfach notwendig, zeitlich und logisch fehlende Glieder der Überlieferung durch Einbindung in das Zeitgeschehen, Rekombination und Auslegung hermeneutisch zu rekonstruieren. Beschaffenheit und Herkunft des Quellenmaterials machten Ergebnisse vielfach nur durch quantitative Auswertung zugänglich. Der Verfasser hofft, daß er durch die Materialenge gegebenen Gefahr der Überinterpretation der Quellen entgehen konnte.

Schwierigkeiten ergaben sich auch bei der Befragung von Zeitzeugen : mehr als fünfzig Jahre nach Beendigung der Siedlungstätigkeit war kaum zu erwarten, eine größere Zahl überlebender, die Ereignisse noch reflektierender aktiver Siedler anzutreffen. Die Zeitzeugensuche konzentrierte sich daher wesentlich auf Nachkommen von Siedlern der Geburtsjahre zwischen 1920 und 1930, wobei sich für die Reichsdeutschen bald ergab, daß fast ausschließlich Frauen zu Wort kommen würden. Da aus dem Kreis der Zeitzeugen Beiträge zu den Hintergründen der damaligen politischen Entscheidungen nicht zu erwarten waren, beschränkte sich die Fragestellung auf Herkommen und persönliche Erlebnisse.

Als Folge der thematischen Vorgabe ergaben sich zwei Untersuchungsebenen : die der siedlungspolitischen Entscheidungen und die der siedlungstechnischen Ausführung. Eine an der Schnittstelle Zielsetzung und Verwirklichung ursprünglich geplante Aufgliederung der Arbeit in zwei Hauptteile erwies sich bald als unzweckmäßig : die innere Logik der politischen Vorgänge erschloß sich nur in der chronologischen Folge, die auch die Wechselwirkungen zwischen Politik und Siedlungspraxis veranschaulicht, und in welche die einer thematisch-analytischen Darstellungsweise besser zugänglichen Strukturen und siedlungswirtschaftlichen Tätigkeiten der Bauernsiedlung Westmark zeitlich übergreifend eingegliedert wurden. Eine Beschreibung des historischen und politischen Umfeldes, in das sich die in der Arbeit beschriebenen Ereignisse einordnen, ist dem Hauptteil vorangesetzt, den Abschluß bildet die Zusammenfassung der quantitativen und qualitativen Ergebnisse der rund vierjährigen Siedlungstätigkeit.

Aus Gründen der Praktikabilität wurden für Darstellungen aus der Zeit von 1940 bis 1944 die während der deutschen Besatzungszeit in Lothringen eingeführten deutschen Bezeichnungen, insbesondere die 1940 eingeführten Ortsnamen verwendet, irrtümliche Schreibweisen in den Quellen auf der Grundlage des 'Gemeindeverzeichnis von Lothringen' aus dem Jahre 1940 berichtigt, und die deutschen Ortsbezeichnungen im Text mit dem französischen Ortsnamen ergänzt. Aus Platzgründen mußte auf die Doppelbezeichnung in den Statistiken und Tabellen größtenteils verzichtet werden. Ein deutsch-französisches Verzeichnis der in der Arbeit vorkommenden Ortsnamen befindet sich im Anhang und ermöglicht die Zuordnung der in den tabellarischen Teilen benannten Ortschaften.

A.

Das politische und historische Umfeld

2. DAS LÄNDLICHE SIEDLUNGSWESEN ALS VOLKSTUMSPOLITISCHES INSTRUMENT

Der Begriff „Siedlung" wird im Deutschen mehrdeutig gebraucht. In dieser Arbeit soll der Begriff „Siedlung" bzw. „ländliche Siedlung" die „Erhaltung und Stärkung des Bauernstandes und Schaffung weiterer Existenzen auf dem Lande"[1] beinhalten.

Siedlungspolitik hat in Preußen/Deutschland in Form vom Staat organisierter und geförderter Ansiedlung in strukturschwachen Gebieten eine lange, bis auf den Großen Kurfürsten zurückgehende Tradition. Das ursprünglich zur Entwicklung und Erweiterung humaner, wirtschaftlicher und fiskalischer Ressourcen genutzte Instrument diente seit 1886 gezielt volkstumspolitischen Zwecken in den preußischen Ostprovinzen. Im Ersten Weltkrieg wurden umfangreiche volkstumspolitisch motivierte Siedlungsvorhaben im Baltikum aber auch in Südwest-Lothringen geplant.

In modernen Regierungssystemen ist die ländliche Siedlung staatlichen Normen und Regelungen unterworfen, die Ausdruck sich wandelnder politischer Zielsetzungen sind. Nach den politischen Ansätzen lassen sich für die Zeit von 1919 bis 1945 im deutschen Siedlungswesen folgende drei Phasen unterscheiden : 1. die Phase der „Inneren Kolonisation" in der Zeit der Weimarer Republik, 2. die auf „Neubildung deutschen Bauerntums" abhebende nationalsozialistische Agrarpolitik von „Blut und Boden" vor dem Zweiten Weltkrieg, 3. die rassenideologisch geprägte „Lebensraum"-Politik in den annektierten Ostgebieten ab 1939.

Die für die ländliche Siedlung maßgeblichen wirtschaftlichen Strukturen und Institutionen wurden vornehmlich in der ersten und zweiten Phase entwickelt bzw. an die geänderten politischen Vorgaben angepaßt, bauten jedoch auf den vor 1914 entwickelten preußischen Normen auf. Diese Strukturen dienten im Zweiten Weltkrieg einer unter dem Schlagwort der „Festigung deutschen Volkstums" betriebenen, gezielten völkischen Expansionspolitik, die eine umfassende Völkerwanderung in Gang setzte. Die im Zusammenhang mit den Annexionen im Osten erfolgte Einbeziehung großer nichtdeutscher Bevölkerungsteile in das Reichsgebiet machte die Erstellung von Normen für deren Status und Verbleib im deutschen Machtbereich erforderlich.

Der im Auftrag des Reichsführers-SS erstellte „Generalplan Ost" vom Februar 1940 wird in Form eines Exkurses als Beispiel einer großräumigen Siedlungsplanung im Osten vorgestellt.

2.1. Ländliche Siedlung in der deutschen Tradition

Die moderne preußisch/deutsche Siedlungspolitik[2] wurde von Bismarck mit dem Ziel eingeleitet, der volkstumspolitischen Entwicklung in den polnischen Gebietsteilen Preußens durch Ansiedlung deutscher Bauern entgegenzuwirken. Das Siedlungsgesetz von 1886[3] stand in engem Zusammenhang mit dem deutsch-polnischen Nationalitätenkonflikt in den preußischen Ostprovinzen, der sich nach 1830 als Folge des wachsenden polnischen Nationalbewußtseins und der Bismarck'schen Repressions- und Germanisierungspolitik entwickelte. Die Bedeutung des preußischen Gesetzes von 1886 liegt in der Tatsache, daß damit erstmals in der modernen deutschen Geschichte die ländliche Siedlung als volkstumspolitisches Instrument benutzt wurde.

Im Jahre 1912 wurde die „Gesellschaft für innere Kolonisation" (GfK) in Berlin als Interessenverband zur Förderung des Siedlungsgedankens und zur Koordinierung der Arbeit der Siedlungsgesellschaften gegründet[4].

---

1 Der große Herder, Bd.8, Sp.710, Ausgabe von 1955.
2 Vgl. hierzu G. Zeller, Rechtsgeschichte der ländlichen Siedlung (Diss.). Rechtsgeschichtlicher Überblick über die moderne preußisch/deutsche Siedlungstätigkeit mit Erläuterungen der Regelungen zugrunde liegenden politischen Vorgaben und Konstellationen seit 1886 mit betont rechtspositivistischer Tendenz. So klammert Zeller die Siedlungstätigkeit während des Zweiten Weltkrieges als nicht in der deutschen Rechtstradition liegend völlig aus.
3 Gesetz betreffend deutsche Ansiedlungen in Westpreußen und Posen vom 26.4.1886, PrGS, S.131.

Während des Ersten Weltkrieges griffen die deutschen Siedlungsaktivitäten über die Reichsgrenzen hinaus. Insbesondere die dünnbesiedelten baltischen Gebiete, in denen der deutschstämmige Adel große Güter besaß[5], waren für die neue Ostkolonisation vorgesehen. Die Ostsiedlungsvorhaben während des Ersten Weltkriegs blieben Episoden, deren Verwirklichung infolge des Kriegsendes nicht ernsthaft unternommen werden konnte. Die Idee einer neuen deutschen Ostsiedlung blieb jedoch virulent, wurde von Adolf Hitler in „Mein Kampf" ideologisch übernommen und gehörte zu den politischen Zielen des Nationalsozialismus. Siedlungsaktivitäten der GfK in Lothringen während des Ersten Weltkrieges sollen im folgenden Kapitel in Zusammenhang mit den Germanisierungsstrategien während der Reichslandezeit ausführlicher behandelt werden.

2.2. „Innere Kolonisation" - das Siedlungsparadigma der Weimarer Republik

Als sich im Herbst 1918 die deutsche Niederlage abzeichnete, stellte sich die Frage nach einer sozialverträglichen Beschäftigungs- und Zukunftsperspektive für die zu entlassenden Frontsoldaten[6]. Da der Kriegsausgang keine Aussicht auf Veteranenversorgung auf fremdem Boden ließ, schien sich ein Ausweg in der „Inneren Kolonisation"[7] zu finden.

Mit dem Reichssiedlungsgesetz[8] wurde das Siedlungswesen der Reichsgesetzgebung unterworfen[9]. Als Rahmengesetz verpflichtete das RSG die Länder zur Gründung gemeinnütziger Siedlungsgesellschaften, die die Siedlungsvorhaben von der Grundstücksbeschaffung bis zur Übergabe der Siedlerstelle an die Neusiedler begleiteten, und zur Schaffung geeigneter Verwaltungsstrukturen. Auf Landesebene (in Preußen bei den Oberpräsidien) wurden Landeskulturämter eingerichtet, denen auf lokaler Ebene die Kulturämter nachgeordnet waren.

---

4   Eine ausführliche Darstellung zur GfK s.W. Fr. Boyens, Die Geschichte der ländlichen Siedlung. Publikationsorgan der GfK war das 'Archiv für Innere Kolonisation'. Zu den Mitbegründern gehörte Alfred Hugenberg, damals Generalbevollmächtigter der Friedr. Krupp, Essen. Als eines der wesentlichen Ziele der GfK wird die Sicherung des deutschen Volkstums an den bedrohten Ostgrenzen mittels einer gezielten Siedlungspolitik und die Förderung der Bildung ländlichen Eigentums beschrieben. Die nationale Identität, so formulierte der erste Vorsitzende der GfK, Regierungspräsident a.D. von Schwerin, im Jahre 1913 in seiner Denkschrift „Die Bedeutung der Grundbesitzverteilung vom nationalen Standpunkt aus" sei durch „die Nationalität der ländlichen, der bäuerlichen Unterschicht im weitesten Sinne geprägt".
Während des Ersten Weltkrieges propagierte die GfK Bestrebungen für eine deutsche Siedlungstätigkeit jenseits der Reichsgrenzen, vorzugsweise im Baltikum, und war an der 1917 erfolgten Gründung der *Landgesellschaft Kurland G.m.b.H.* maßgeblich beteiligt. Zur Beteiligung der GfK an den Siedlungsplanungen in Südwest-Lothringen und der Gründung der *Landgesellschaft Westmark G.m.b.H.* s. das folgende Kap.3.
Die mit dem Reichssiedlungsgesetz von 1919 initiierte Binnenkolonisation erfolgte unter wesentlicher Mitwirkung der GfK.
Ideologisch stand die GfK der „Blut und Boden"-Theorie des Nationalsozialismus nahe, Differenzen zur NSDAP und der von dieser verfolgten Agrarpolitik waren eher persönlicher als sachlicher Natur. Die GfK wurde 1934 aufgelöst, und die von ihr ausgeübten Tätigkeiten wurden teilweise in das Reichsministerium für Ernährung und Landwirtschaft verlagert.

5   E. Keup, Landgesellschaft Kurland, S.222. Keup war als Geschäftsführer der GfK maßgeblich an der Formulierung und Verfolgung der imperialistischen Kolonisierungsziele im Ersten Weltkrieg beteiligt.

6   „Auf billig erworbenem Land mit billigem öffentlichem Gelde, werden für Landwirte, Gärtner und ländliche Handwerker hunderttausende von Stellen errichtet und für städtische Arbeiter, Angestellte und Angehörige verwandter Berufe, Häuser in Gartenstädten erbaut und gegen mäßige Verzinsung der Selbstkosten abgegeben werden." Tagesbefehl Hindenburgs an die heimkehrenden Soldaten, zit. nach W.Fr. Boyens, Die Geschichte der ländlichen Siedlung, Bd.I, S.34 f.

7   Ebenda. Boyens betrachtet die Siedlung während der Weimarer Republik aus der Sicht der GfK, die er vergeblich von Darrés „Blut und Boden"-Ideologie abzugrenzen versucht. Von Bedeutung wegen der umfangreichen Darstellung der verschiedenen siedlungswirtschaftlichen Tendenzen und Experimente, mit umfangreichem Tabellenteil über die Siedlungsergebnisse zwischen 1919 und 1933. - Auch K.-R. Schultz-Klinken, Das ländliche Siedlungswesen in Deutschland zwischen den beiden Weltkriegen (1919-1939), das die Auswirkungen der Politik auf das Siedlungswesen herausstellt. - vgl. auch H. Brüning, Memoiren Bd.2, der die Einflußnahme national-konservativer Kreise auf die als Notstandsmaßnahmen geplanten Siedlungsvorhaben im Hinblick auf das Ende der Weimarer Republik beschreibt.

8   RGBl. I (1919), S.558.

9   Nach einer Denkschrift Max Serings, des Vordenkers der GfK, boten mehr als 2 Mio. ha Moor- und Ödland, ergänzt durch Landabgaben der Großgrundbesitzer und die Privatisierung von Staatsdomänen, innerhalb der Reichsgrenzen die Grundlage zur Schaffung zahlreicher neuer Bauernstellen. - hierzu ausführlich W. Fr. Boyens, Die Geschichte der ländlichen Siedlung.

Die politische Zielsetzung des RSG[10] war umfangreich : Stärkung des Gedankens des persönlichen Eigentums für die Lebensplanung, Auflockerung der Bevölkerungsstruktur, Festigung der Sozialverfassung, Verbesserung der Agrarproduktivität sowie Autarkie in der Versorgung mit Lebensmitteln und industriellen Rohstoffen agrarischen Ursprungs. Arbeitsmarktpolitisch war mit der Förderung der ländlichen Siedlung eine dreifache Erwartung verbunden : Arbeitskräftenachfrage bei der Errichtung der Siedlung, durch Hebung der ländlichen Kaufkraft bewirkte Absatzmöglichkeiten für die Industrie und sicherer Lebensunterhalt für die Siedlerfamilie. Diese Multiplikatorwirkung war in der Endzeit der Weimarer Republik maßgeblich für den hohen Stellenwert der ländlichen Siedlung bei den Arbeitsbeschaffungsprogrammen der Regierungen Brüning und Schleicher. Im Zeitverlauf gewann jedoch zunehmend ein anderer Gesichtspunkt der Siedlungstätigkeit an Bedeutung : „die Sicherung der östlichen Reichsgrenze durch eine gezielte Volkstumsarbeit...zum Schutz vor polnischer Unterwanderung[11]". Tatsächlich wurden zwischen 1926 und 1932 überwiegend Siedlungsprojekte in den preußischen Ostgebieten betrieben[12].

Angestrebt wurde die Schaffung bäuerlicher Familienbetriebe, die einen als Existenzgrundlage ausreichenden Hof ohne fremde Arbeitskräfte als Eigentümer bewirtschafteten. Eine hohe Zugangsschwelle zur Selbständigkeit war das Erfordernis eines Eigenkapitals von mindestens 10% der für eine „Ackernahrung" erforderlichen Investition von etwa 30 bis 40 tausend Reichsmark. Die Finanzierung der Restsumme erfolgte durch spezielle Bodenkreditinstitute, die Tilgung der Bodenkredite beanspruchte die wirtschaftliche Leistungsfähigkeit der Siedlerfamilie für zwei bis drei Generationen[13].

Im Vergleich zu den eingesetzten Mitteln und der ihr zugemessenen politischen Bedeutung erscheint die tatsächliche Siedlungstätigkeit in der Zeit der Weimarer Republik wenig effizient. Der Versuch, eine „West-Ost-Wanderung" durch Werbemaßnahmen unter den jüngeren Söhnen, Kleinpächtern und Landarbeitern in den dichtbesiedelten ländlichen Gebieten Westfalens und unter arbeitslosen Industriearbeitern im Ruhrgebiet in Gang zu setzen, war mit insgesamt 1.623 Neusiedlern nicht sehr erfolgreich. Die Industriearbeiter erwiesen sich „als wenig geeignet für das ungewohnte Leben auf dem Land"[14]. Die offensichtlich geringe Zahl Siedlungswilliger und Siedlungsfähiger, die nur mit erheblichen finanziellen und propagandistischen Aufwand zu bewegen waren, sich in den menschenleeren Gebieten östlich der Elbe niederzulassen, und die in den Zwanziger Jahren anhaltende Landflucht widerlegen das völkischsoziale Theorem des „Volk ohne Raum", benannt nach dem 1926 erschienen Roman, in welchem Hans Grimm aus einem juden- und fremdenfeindlichen Ansatz heraus den deutschen Anspruch auf fremde Territorien formulierte. „Der Titel des Romans wurde von den Nationalsozialisten häufig als Schlagwort benutzt, um die von Adolf Hitler aufgestellte Forderung von mehr *Lebensraum* für das deutsche Volk zu begründen"[15]. Zu einer Reagrarisierung Deutschlands hat die ländliche Siedlung 1919 bis 1932 nicht geführt.

2.3. „Neubildung deutschen Bauerntums" - Siedlung im Dritten Reich

Unmittelbar nach der Machtergreifung Hitlers setzte unter dem Schlagwort „Neubildung deutschen Bauerntums"[16] eine Durchdringung der Agrar- und Siedlungspolitik mit NS-Gedankengut[17] ein, das kurzfristig in organisatorische und legislative Maßnahmen umgesetzt wurde.

---

10 Ebenda.
11 R.D. Müller, Hitlers Ostkrieg und die deutsche Siedlungspolitik, S.11.
12 Hauptsächliche Siedlungsgebiete waren die preußische Provinz Pommern, der östlich der Oder gelegene Teil der Mark Brandenburg sowie die im Regierungsbezirk Schneidemühl zusammengefaßte Restprovinz Westpreußen. - s. hierzu ausführlich W.Fr. Boyens, Die Geschichte der ländlichen Siedlung.
13 S. hierzu ausführlich W.Fr. Boyens, ebenda, Bd. I, S.302 ff.
14 Ebenda, Bd.I., S.291 f.
15 H. Kammer/E. Bartsch, Nationalsozialismus, S. 219.
16 Hierzu ausführlich J.G. Smit, Neubildung deutschen Bauerntums. In Teil 1 seiner zweiteiligen Dissertation entwirft Smit ein teleologisch auf die NS-Siedlungsmaßnahmen im Zweiten Weltkrieg ausgerichtetes Bild der deutschen Siedlungspolitik seit dem Ende des Ersten Weltkrieges.

Das *Reichserbhofgesetz* vom 29.9.1933[18] sollte die Realteilung bäuerlicher Betriebe beenden mit dem Ziel der Erhaltung wirtschaftlicher Betriebsgrößen. Die vom Landbesitz bei der Erbteilung ausgeschlossenen jüngeren Söhne bildeten ein potentielles Siedlerreservoir. Der *Reichsnährstand*, die NS-Standesorganisation der Landwirtschaft, diente als Transmissionsriemen für die Durchsetzung der NS-Agrarpolitik[19], eine straffe Hierarchie vom Reichsbauernführer, welches Amt Walter Darré in Personalunion mit dem des Reichsministers für Ernährung und Landwirtschaft ausübte, bis zum Ortsbauernführer erreichte jede bäuerliche Wirtschaft im Reich. Im Sinne der zentralistischen Reichsneugliederung wurde mit dem „*Gesetz über die Neubildung deutschen Bauerntums*"[20] vom 14.7.1933 dem Reich die ausschließliche Gesetzgebungskompetenz für das Siedlungswesen übertragen. Verwaltungsmäßig wurde die ländliche Siedlung seit 1935 im Reichsministerium für Ernährung und Landwirtschaft als Abteilung III „Siedlung und Osthilfe" unter der Leitung von Ministerialrat Dr. Kummer geführt. Dem Reichsnährstand wurden Mitspracherechte im Siedlungswesen, insbesondere bei der Siedlerrekrutierung eingeräumt. Diese korporatistische Organisationsform führte zu Auseinandersetzungen zwischen dem Landwirtschaftsministerium und dem Reichsnährstand und Reibungsverlusten bei der praktischen Arbeit. Die privatwirtschaftlichen Siedlungsgesellschaften wurden abgewickelt, und die weitere Siedlungstätigkeit[21] auf regional zuständige GSG in Reichsbesitz übertragen[22]. Der bevölkerungspolitische Aspekt, der entsprechend der Ideologie des NS-Systems „rassischen Gesichtspunkten" unterlag, kam in den am 1.6.1935 erlassenen „Richtlinien zur Neubildung deutschen Bauerntums" zum Ausdruck, die sich „die zielbewußte Stärkung und Mehrung des Bauerntums als Bluts- und Lebensquell des deutschen Volkes" zum Ziel setzten[23]. Die biologische Leistung des Landvolkes, so wurde 1940 festgestellt, sei „von überragender Bedeutung", deren Nachlassen Rückwirkungen auf die „machtpolitische Stellung in der Welt" habe[24].

Die ideologische Bedeutung, der propagandistische Aufwand und die Fortschritte in der Planung und Organisation standen im Gegensatz zur geringen praktischen Bedeutung des Siedlungswesens im Dritten Reich. Die Zahl der Neusiedlerstellen nahm von 1933 bis Kriegsbeginn kontinuierlich ab[25], insgesamt wurden in diesem Zeitraum etwa 10.000 Siedlerstellen neu geschaffen, es wurden jedoch etwa 30.000 „Siedlerscheine"[26] erteilt. Der innere Widerspruch der NS-Siedlungs- und Agrarpolitik[27] offenbart sich am deutlichsten in der Tatsache, daß die bäuerliche Bevölkerung zwischen 1933 und 1939 um 10,6 Prozent abnahm[28].

Schultz-Klinken[29] sieht drei Ursachen der rückläufigen Entwicklung im deutschen Siedlungswesen während der NS-Zeit : 1. interne Auseinandersetzungen im Staats- und Parteiapparat, 2. die Intensivierung der Landwirtschaft zwecks Sicherung der autarken Nahrungsversorgung und 3. geplante Siedlungsvorhaben in „neuen Ostgebieten".

---

17 „Parteiamtliche Kundgebung über die Stellung der NSDAP zum Landvolk und zur Landwirtschaft" vom 6. März 1930, entstanden unter wesentlicher Mitwirkung des späteren Reichsministers für Ernährung und Landwirtschaft und Reichsbauernführers, R. Walther Darré .
18 RGBl. I (1933), S.685.
19 G. Zeller, Die Geschichte der ländlichen Siedlung, S.341.
20 RGBl. I (1933), S.517.
21 Hierzu ausführlich J.G. Smit, Neubildung deutschen Bauerntums, der in Teil 2 seiner Dissertation die Ergebnisse einer Felduntersuchung über die Besiedlung des Adolf-Hitler-Kooges in Dithmarschen in den Jahren 1934 - 1936 als von der Kulturverwaltung und der Landesbauernschaft generalstabsmäßig geplantes und durchgeführtes Unternehmen beschreibt, dem er Pilotcharakter für die Durchführung der NS-Siedlungsmaßnahmen im Zweiten Weltkrieg beimißt.
22 Erlaß des RuPrME VII 21261.
23 J.G. Smit, Neubildung deutschen Bauerntums, S.119.
24 A. Schürmann, Deutsche Agrarpolitik. Mit einem Geleitwort von Konrad Meyer. S.7.
25 s. hierzu G. Zeller, Die Geschichte der ländlichen Siedlung, Statistik der Siedlungstätigkeit, S. 554.
26 Als Bewertungskriterien für die Erlangung des Siedlerscheins bei Siedlungsbewerbern waren politisch-ideologische Zuverlässigkeit und Ariernachweis gegenüber fachlicher Qualifikation vorrangig. - Hierzu ausführlich J.G. Smit, Neubildung deutschen Bauerntums, der S.120 einen vom Reichsnährstand verwendeten Fragebogen wiedergibt.
27 Hierzu ausführlich Fr. Grundmann, Agrarpolitik im Dritten Reich.
28 NSZ vom 13.2.1941, S.5, „Ergebnisse der Volkszählung 1939". Die Volkszählung von 1939 ergab einen Rückgang des Bauerntums um 10,6% gegenüber der Volkszählung 1933 als Folge des Geburtenrückganges und der Landflucht.
29 K.-R. Schultz-Klinken, Das ländliche Siedlungswesen in Deutschland, S.130 f.

Zu den internen Auseinandersetzungen stellte Dr. Kummer[30] „allgemeine Unsicherheit" durch „scharfe Einflußnahme außenstehender Stellen auf das Ministerium" als Ursache für Erfolgshemmnisse fest. Kummer spielte dabei auf die Auseinandersetzungen zwischen Darré und dem Reichsführer-SS, Heinrich Himmler, an, die im Februar 1938 den Rücktritt Darrés als Leiter des Rassen- und Siedlungs-Hauptamtes der SS zur Folge hatten[31].

Die Intensivierung der Landwirtschaft entsprach den Autarkiebestrebungen, um aus den Blockadeerfahrungen des Ersten Weltkrieges heraus die Versorgung der Bevölkerung im Reich im Falle neuer kriegerischer Auseinandersetzungen zu sichern.

Planungen im Reichsministerium für Ernährung und Landwirtschaft über eine Ostsiedlung außerhalb der Grenzen des Deutschen Reiches werden durch einen geheimen Vermerk Dr. Kummers aus dem Jahre 1934 belegt[32].

In der Übertragung der Verwertung zwangsenteigneter Grundstücke aus jüdischem Besitz im Anschluß an die Pogrome im November 1938 und die kommissarische Beauftragung der Bauernsiedlung Bayern mit der Verwertung tschechischen Grundbesitzes im Sudetenland[33] deutete sich die weitere Instrumentalisierung des Siedlungswesens für politische Zwecke an.

2.4. Die „Festigung deutschen Volkstums" - Siedlung in den annektierten Ostgebieten im Zweiten Weltkrieg

Ein „Erlaß des Führers und Reichskanzlers zur Festigung deutschen Volkstums"[34] vom 7.10.1939 regelte in den in das Deutsche Reich eingegliederten Gebieten - die neugebildeten Reichsgaue Danzig-Westpreußen und Wartheland und die den Provinzen Ostpreußen und Oberschlesien zugeordneten Grenzgebiete - Zuständigkeiten und Maßnahmen für die volkstums- und siedlungspolitische Neuordnung[35]. Der Führererlaß übertrug der SS die übergeordnete politische Zuständigkeit[36], beauftragte mit der praktischen Durchführung jedoch die regionalen Machthaber und die dem Reichsminister für Ernährung und Landwirtschaft, R. Walter Darré, unterstehenden Siedlungsgesellschaften. Die Durchführung des Führererlasses wurde durch unklare und überschneidende Zuständigkeiten, insbesondere jedoch durch interne Auseinandersetzungen und Machtkämpfe in der NS-Führungsriege behindert[37].

Die Dienststelle des RKFDV war ursprünglich als Führungsstab konzipiert, die regional in

---
30 Ebenda, S.129, „Bericht über die Neubildung deutschen Bauerntums".
31 s. hierzu R.L. Koehl, RKFDV. German Resettlement and Population Policy. S.43.
32 K.-R. Schultz-Klinken, Das ländliche Siedlungswesen in Deutschland, S.131.
33 Geschäftsbericht der Bayerischen Bauernsiedlung G.m.b.H., München, für 1940. LA Saar, LKA 432.
34 Abgedruckt bei H. Buchheim, Die SS - das Herrschaftsinstrument, S.182.
35 Hierzu ausführlich R. L. Koehl, RKFDV. German Resettlement and Population Policy 1939-1945, der die siedlungspolitischen und -wirtschaftlichen Geschehnisse in den annektierten Ostgebieten auf der Grundlage der Dokumentation zum Nürnberger Kriegsverbrecherprozeß von 1946 beschreibt. Den Auseinandersetzungen innerhalb der die Ostsiedlung bestimmenden Machttriade Reichsführer-SS Himmler, Reichsminister für Ernährung und Landwirtschaft Darré und dem Reichsstatthalter Forster in Danzig-Westpreußen und Wagner in Schlesien als regionalen Machthabern wird von Koehl besonderes Gewicht beigemessen.
 In jüngster Zeit sind mehrere bedeutsame Beiträge zur Ostsiedlung im Dritten Reich erschienen. Die nicht unumstrittene Studie von G. Aly, Endlösung, erkennt kausale Zusammenhänge zwischen der „Heimholung" deutscher Splittergruppen aus dem sowjetischen Machtbereich und der „Endlösung" und leitet aus der Wechselwirkung unterschiedlicher Strategien der in ihren Zielen divergierenden Entscheidungsträger die schrittweise Radikalisierung der „Judenpolitik" bis zum Entschluß zur Massenvernichtung ab. - Die hypertrophen, Siedlungsschneisen bis zum Ural und zur Krim ziehenden Ziele der SS-Führung werden in M. Rössler/S. Schleiermacher, Der „Generalplan Ost", untersucht. Die Beiträge gehen auch auf die beabsichtigte Vertreibung, Vernichtung und „Umvolkung" der dortigen slawischen Bevölkerung ein. - Daß diese phantasmagorisch anmutenden Pläne nach dem „Endsieg" unverzüglich realisiert werden sollten, weist B. Wasser, Himmlers Raumplanung im Osten, am Modellfall Zamosc nach.
36 Der im Führer-Erlaß nicht erwähnte Begriff „Reichskommissar für die Festigung deutschen Volkstums" geht auf eine Anordnung Himmlers zur Neuschaffung einer Dienststelle zurück, deren Leitung SS-Oberführer Greifelt übernahm. Greifelt konnte dabei auf die bestehenden Einrichtungen der „Leitstelle für Ein- und Rückwanderung" zurückgreifen, die im Zusammenhang mit der Rückführung siedlungswilliger Südtiroler im Juni 1939 gebildet worden war. - s. hierzu ausführlich H. Buchheim, Die SS- das Herrschaftsinstrument.
37 Unter dem Titel „Rasse und Raum" hat U. Mai eine Dissertation an der Freien Universität, Berlin, eingereicht, die den politischen Entscheidungsprozeß für die bäuerliche Siedlung und bei der Raumplanung in ländlichen Gebieten im Dritten Reich thematisiert.

den Siedlungsgebieten zuständigen Reichsstatthalter und Oberpräsidenten als *Beauftragte des Reichskommissars* eingesetzt, die diese Funktion jedoch auf den jeweiligen Höheren SS- und Polizeiführer (HSSPF) als ihren ständigen Vertreter übertrugen[38], der sich zur Umsetzung seiner Weisungen in konkrete Maßnahmen der ihm in dieser Hinsicht nachgeordneten administrativen Stellen bediente. Ab 1941 wurden beim RKFDV eigene Durchführungsorgane, der *engere Befehlsbereich* eingerichtet, den HSSPF in Gebieten, in welchen Siedlungsvorhaben geplant waren, *Ansiedlungsstäbe* zugeordnet.

Zur *Durchführung der* Siedlungsmaßnahmen wurde das gesamte polnische Eigentum sowohl in den annektierten Gebieten wie im Generalgouvernement völkerrechtswidrig enteignet. Über die Beute kam es zum ersten Streit : Göring als Vierjahresplanbeauftragter übernahm am 19.10.1939 die Kontrolle über sämtliche gewerblichen Ressourcen im ehemaligen Polen und gründete zu diesem Zwecke die *Haupttreuhandstelle Ost (HTO)*, dem Himmler unterstehenden *Zentralbodenamt (ZBO)*[39] verblieb die Verwaltung des beschlagnahmten Grundbesitzes.

Während Göring die polnische Industriekapazität dem Reich und der Kriegswirtschaft nutzbar zu machen suchte, wofür qualifizierte und ausreichend versorgte Arbeitskräfte erforderlich waren, beabsichtigte Himmler, hierin unterstützt von Darré, eine Reagrarisierung Polens. Die regionalen Machthaber, insbesondere der Gauleiter und Reichsstatthalter von Danzig-Westpreußen, Forster, und Gauleiter Koch in Ostpreußen, wahrten ihre Zuständigkeiten gegen Anforderungen der übergeordneten Institutionen und verweigerten die Durchführung ihnen unangemessen erscheinender Maßnahmen[40].

In den 1939 dem Deutschen Reich eingegliederten polnischen Gebieten (ohne Generalgouvernement) lebten neben etwa 1 - 2 Millionen Volksdeutschen etwa 10 Mio. Nichtdeutsche[41], überwiegend Polen, darunter zahlreiche Juden, und Angehörige kleiner slawischer Völker, wie Kaschuben, Masuren und Wasserpolen. Die gegen diese Nichtdeutschen von den NS-Machthabern durchgeführten volkstumspolitischen Maßnahmen lassen drei Kategorien erkennen : 1. die physische Vernichtung, 2. die Vertreibung und 3. die Eindeutschung.

Maßnahmen der physischen Auslöschung richteten sich im wesentlichen gegen Angehörige der polnischen Intelligenz- und Führungsschicht, die katholische Geistlichkeit als ein Hort des polnischen Nationalbewußtseins sowie gegen die Juden. Den in Polen einrückenden Wehrmachtstruppen folgten Einsatzkommandos der SS, die anhand vorbereiteter Listen[42] Tausende von Polen liquidierten. Laut einer Notiz Schellenbergs erklärte Heydrich am 27.9.1939 : „Von dem polnischen Führertum sind in den besetzten Gebieten höchstens noch 3% vorhanden."[43] Die Juden wurden in Ghettos zusammengetrieben, bevor sie ab 1942 im Rahmen der „Endlösung" in den Arbeits- und Vernichtungslagern umgebracht wurden.

Der Masse der polnischen Landbevölkerung drohte die Vertreibung in das Generalgouvernement. Für die Umsiedlungsaktionen waren umständliche bürokratische Regeln aufgestellt : lokale Arbeits- und Planungsstäbe schlugen dem Rassen- und Siedlungs-Hauptamt in Berlin nach Überprüfung der Volkstumszugehörigkeit Ausweisungslisten vor, die Ausweisungsbefehle wurden an den zuständigen HSSPF in seiner Eigenschaft als Bevollmächtigter des RKFDV übermittelt. Die Ausweisung der Polen[44] und Neubesiedlung mit Volksdeutschen er-

---

38 H. Buchheim, Die SS- das Herrschaftsinstrument., S.190, mit ausführlicher Darstellung dieser seit Frühjahr 1940 geltenden Regelung. Buchheim weist ausdrücklich darauf hin, daß die ständigen Vertreter de facto ausschließlich unter der Befehlsgewalt des Reichsführers-SS beziehungsweise RKFDV standen.
39 Dem Zentralbodenamt waren die bei den HSSPF eingerichteten *Bodenämter* nachgeordnet.
40 vgl. hierzu R.L. Koehl, RKFDV. Gauleiter Forster (Danzig-Westpreußen) verweigerte im Herbst 1939 die Aufnahme Volksdeutscher aus dem Baltikum (S.62-63). Gauleiter Wagner (Schlesien) leistete Widerstand gegen die Aussiedlung von Polen aus Ostoberschlesien (S.118).
41 Die Bevölkerung des Generalgouvernements umfaßte 1939 ebenfalls etwa 10 Mio. Menschen.
42 H. Höhne, Der Orden unter dem Totenkopf, S.275.
43 Ebenda, S.277.
44 R.L. Koehl, RKFDV, berichtet, daß diese Aktionen in der Praxis häufig unterlaufen wurden. Frühzeitig gewarnte polnische Landleute entwichen in die Wälder oder enteignete Polen wurden von der HTO geschäftsführend in ihren Handwerks- oder Gewerbebetrieben eingesetzt.

folgten Zug um Zug : die Aussiedlungsbefehle wurden von der Polizei bei Ankunft des Neusiedlertransportes vollstreckt[45]. Die häufigen Polizei- und SS-Aktionen erzeugten eine Atmosphäre ständiger Unruhe und des Terrors in den annektierten Ostgebieten.

Im Zeitraum Anfang 1940 bis Frühjahr 1941, als mit Rücksicht auf die Truppenbewegungen zur Vorbereitung des Überfalls auf die Sowjet-Union die Aussiedlungen eingestellt wurden, wurden 365.000 Polen aus den annektierten Gebieten deportiert[46].

Der Hitler-Stalin-Pakt vom August 1939 enthielt Vereinbarungen über die Umsiedlung Volksdeutscher in das Deutsche Reich, die in verschiedenen, hinfort zum Interessenbereich der Sowjet-Union gehörenden Räumen Osteuropas ansässig waren. Nach den Plänen der NS-Führer sollten diese Zuwanderer in den neu zum Deutschen Reich gehörenden ehemals polnischen Gebieten angesiedelt werden. Für das von ihnen in ihrer ursprünglichen Heimat hinterlassene Eigentum sollten sie aus polnischem Besitz entschädigt werden[47].

Bereits im Oktober 1939 kamen die ersten Umsiedler aus dem Baltikum an, denen im Winter 1939/40 Volksdeutsche aus Ostpolen sowie dem Generalgouvernement folgten. Die Okkupation von Teilen Rumäniens 1940 durch die Sowjet-Union dehnte die Umsiedlungmaßnahmen auf die Volksdeutschen in der Bukowina (Buchenland), Bessarabien und der Norddobrudscha aus. Der Fortgang des Krieges riß auch zahlreiche andere auf dem Balkan ansässige Volksdeutsche in diese Völkerwanderung. Insgesamt wird die Anzahl der volksdeutschen Umsiedler aus Osteuropa auf etwa 770.000 beziffert[48].

Die Neuankömmlinge kamen aus allen gesellschaftlichen Schichten und brachten nur teilweise die für die ländliche Siedlung erforderlichen Qualifikationen mit. Ihre Integration in das nationalsozialistische Deutschland warf zahlreiche Probleme auf. Bei der Ankunft im deutschen Machtbereich wurden die Rückwanderer daher zunächst in Sammellagern untergebracht und auf rassische Merkmale untersucht, sie wurden auf Deutschstämmigkeit geprüft und nach beruflicher Qualifikation für den späteren Einsatz ausgewählt. Es erwies sich bald, daß aus politischen wie wirtschaftlichen Gründen nur ein Teil der Zuwanderer zur Ansiedlung im Osten geeignet war. Die Betreuung der durch die Umsiedlungsaktionen in Bewegung gesetzten Menschenmassen überforderte die mit der Abwicklung der Umsiedlung befaßte *Volksdeutsche Mittelstelle* und zwang viele der Betroffenen in ein jahrelanges, abstumpfendes Lagerleben. Im Januar 1944 waren von 770.585 Rückwanderern angesiedelt : im Osten 403.733 und im Altreich 73.750, wo sie überwiegend in der Rüstungsindustrie beschäftigt waren, zurückgewiesen worden waren 18.032, in Lagern lebten noch 278.800 Menschen[49].

Nachdem Himmler am 24.10.1939 widerwillig der Wahrnehmung der Treuhandschaft über den beschlagnahmten polnischen Landbesitz im Namen des Reiches durch den Reichsminister für Ernährung und Landwirtschaft zugestimmt hatte, wurde von Darré zur Durchführung der Ansiedlungsvorhaben die *Ostdeutsche Landwirtschaftsgesellschaft (Ostland)*[50] mit dem Sitz in Berlin gegründet. Unter dem Dach der *Ostland* betreuten mehrere regionale Siedlungsgesellschaften zu Beginn des Rußlandfeldzuges 35.000 Siedlerstellen mit 175.000 volksdeutschen Zuwanderern[51]. Mit Hilfe polnischer Arbeitskräfte bewirtschaftete sie etwa die Hälfte der landwirtschaftlichen Nutzfläche im Warthegau in eigener Regie.[52]

Im Prinzip waren die volksdeutschen Aussiedler aus dem beschlagnahmten polnischen Besitz für ihre Verluste in den Heimatgebieten zu entschädigen, die Feststellung des Entschädi-

---
45 R.L. Koehl, RKFDV, S.75.
46 M. Broszat, Nationalsozialistische Polenpolitik, Tabelle S.134.
47 R.L. Koehl, RKFDV, S.61.
48 Ebenda, aus der Zahlenübersicht S.254 ist auch der Verbleib der Umsiedler ersichtlich.
49 Ebenda.
50 Die *Ostland* betreute in der sogenannten „verbotenen Zone" der französischen Departements Meurthe-et-Moselle und Meurthe große, von Zwangsarbeitern bewirtschaftete Gutsbetriebe. Hierzu ausführlich J. Mièvre, L'Ostland en France durant la seconde guerre mondiale.
51 R.L. Koehl, RKFDV, S.118.
52 Ebenda, S.84.

gungsanspruches wurde jedoch auf die Nachkriegszeit verschoben und die Volksdeutschen nur „treuhänderisch" in die Siedlerstellen eingesetzt. „In kind of neo-feudal relationship"[53] wurde dem Neusiedler von der *Ostland* Reichseigentum im Namen des Vierjahresplanbeauftragten und nach Vorgabe des RKFDV zur Nutzung überlassen.

2.5. Die Stellungnahme des „Rassenpolitischen Amtes" der NSDAP zur Volkstumspolitik in den neuen Ostgebieten

Von der „Machtergreifung" 1933 bis zum Kriegsausbruch 1939 hatte sich das Deutsche Reich erheblich vergrößert : 1935 war das Saargebiet, im Frühjahr 1938 war Österreich und im Herbst 1938 das Sudetenland in das Reichsgebiet eingegliedert worden. Diese drei Gebietserweiterungen betrafen eine weitgehend deutschstämmige Bevölkerung, so daß die Eingliederungen auf gemeinsamer sprachlicher und kultureller Grundlage erfolgten. Mit dem Einmarsch in die Resttschechoslowakei im Frühjahr 1939 überschritt die national-sozialistische Expansionspolitik erstmals die Grenzen des deutschen Sprach- und Kulturraumes, mit der Annexion ehemals polnischer Gebiete wurde das Problem der Eingliederung großer, geschlossener nichtdeutscher Bevölkerungsgruppen drängend. Der bereits erwähnte Führererlaß über die Festigung deutschen Volkstums gab keine Anweisungen zur Behandlung der etwa zehn Millionen „Fremdvölkischen" in den neugewonnenen Gebieten.

Eine erste konkrete Antwort auf die drängende Frage nach der Zielsetzung der deutschen Volkstumspolitik in den neuerworbenen Gebieten gab am 25.11.1939 das „Rassenpolitische Amt" der NSDAP[54] wie folgt :

> „Das Ziel der deutschen Politik in den neuen Reichsgebieten muß die Schaffung einer rassisch und damit geistig, seelisch wie völkisch-politisch einheitlichen deutschen Bevölkerung sein. Hieraus ergibt sich, daß alle nicht eindeutschbaren Elemente rücksichtslos beseitigt werden müssen.
>
> Dieses Ziel umfaßt drei einander verbundene Aufgaben :
>
> Erstens die vollständige und endgültige Eindeutschung der hierzu geeignet erscheinenden Schichten,
>
> zweitens die Abschiebung aller nicht eindeutschbaren fremdvölkischen Kreise und
>
> drittens die Neubesiedlung durch Deutsche. "

Hinsichtlich der „Eindeutschung" wurden grundsätzliche Vorgaben für die Klassifizierung und Eingliederungsfähigkeit der eingesessenen Bevölkerung in den Ostgebieten gemacht. Die echte Eindeutschung, im NS-Jargon als „echte Umvolkung" bezeichnet, sei nur bei „gleicher rassischer Anlage" erfolgreich.

Diese Handlungsanweisungen beruhten auf der Unterordnung von sprachlichen und kulturellen Merkmalen unter die Abstammung und der Fiktion, daß sich durch anthropologische Gutachten „Einsprengsel verschütteten deutschen Volkstums" aus anderen Völkern herausfiltern ließen. Ihr Einfluß auf die konkrete Volkstumspolitik im Osten dürfte prägend gewesen sein : Himmler forderte in einer an Hitler gerichteten Denkschrift im Mai 1940, aus den zahlreichen Völkerschaften des ehemaligen Polen „die rassisch Wertvollen aus diesem Brei herauszufischen"[55] und die auf Initiativen des Reichsstatthalters und Gauleiters im Wartheland, Greiser, zurückgehende „Deutsche Volksliste" schützte als eindeutschungsfähig betrachtete „Fremdvölkische" vor der Vertreibung. Der „rassefremde Kern" sollte polnisch belassen und von Fall zu Fall abgeschoben werden.

Die Stellungnahme des Rassenpolitischen Amtes forderte, entlang der Grenze zum Generalgouvernement die „geschlossene Aufsiedlung eines etwa 150 bis 200 km breiten Streifens

---

53 Ebenda, S.75.
54 BA-Kobl. R 49/75 fol.1-40. Die Frage der Behandlung der Bevölkerung der ehemaligen polnischen Gebiete nach rassenpolitischen Gesichtspunkten. Im Auftrag des Rassenpolitischen Amtes der NSDAP bearbeitet von Dr. E. Wetzel, Amtsgerichtsrat, Leiter der Hauptstelle der Beratungsstelle des Rassenpolitischen Amtes, und Dr. G. Hecht, wissenschaftl. Referent, Leiter der Abteilung für Volksdeutsche und Minderheiten im Rassenpolitischen Amt, Berlin, den 25. November 1939. Unterstreichungen im Original.
55 H. Höhne, Der Orden unter dem Totenkopf, S.270.

diesseits zum polnischen Grenzgebiet hin". Anzusiedeln waren „einwandfreie Deutsche", die zur schnelleren Eingewöhnung „gebietsweise gleicher Herkunft und Mundart sein sollten". Die bäuerliche Besiedlung war durch die Einbeziehung deutscher Handwerker und Kaufleute zu ergänzen mit dem offensichtlichen Ziel der Herstellung lebensfähiger ländlicher Strukturen.

„Volksdeutschen" war die rechtliche Gleichstellung mit Reichsdeutschen und die Verleihung des deutschen Staatsbürgerrechtes in Aussicht gestellt.

In seiner Funktion als Gauleiter der NSDAP kannte Bürckel sehr wahrscheinlich diese an der „Rasse" als wesentliches volkstumspolitisches Kriterium orientierte Stellungnahme des Rassenpolitischen Amtes, die zwar ursprünglich für die annektierten Ostgebiete konzipiert war, der jedoch grundsätzliche Bedeutung für die Behandlung der im deutschen Machtbereich befindlichen Nichtdeutschstämmigen zukam. Neben der ideologischen Vorgabe für den Umgang mit der nichtdeutschen Bevölkerung in den eroberten Gebieten enthielt sie Gestaltungselemente zur NS-Siedlungspolitik, insbesondere die Forderung nach „Aufsiedlung" des Grenzstreifens zu den „fremdvölkischen" Nachbargebieten. Diese Forderung findet sich in der „Ostwall"-Planung im „General-Plan Ost" des Rassen- und Siedlungs-Hauptamtes der SS ebenso wie in Bürckels „Schutzwall"-Mythos wieder.

2.6. Exkurs : Der „Generalplan Ost" vom Februar 1940

Himmler hatte seit seinem Zerwürfnis mit Darré systematisch begonnen, innerhalb der SS Lenkungs- und Planungsstrukturen einer auf Rassengrundsätzen basierenden Siedlungspolitik zu schaffen, die Neuordnung in Polen bot die Gelegenheit zur Umsetzung. Der im Februar 1940 „nur für den Dienstgebrauch" von der Planungshauptabteilung der SS unter Leitung des Agrarwissenschaftlers Prof. Konrad Meyer herausgegebene „Generalplan Ost"[56] sollte an die Stelle verschiedener regionaler Initiativen treten, die unterschiedlichen politischen, wirtschaftlichen und militärischen Ziele und Interessen koordinieren, und den Primat der SS bei der Durchführung der volkstumspolitischen Neuordnung im Osten sichern.

In einem ersten Schritt sollte die deutsche Bevölkerung in den eingegliederten Gebieten mit einer Fläche von 87.600 km² auf einen Anteil von 50% der Gesamtbevölkerung d.h. von 1,1 Mio. auf 4,5 Mio. anwachsen, im Gegenzug sollten 3,4 Mio. Polen abgeschoben werden. Um die Landflucht einzudämmen, die in der Vergangenheit zur Entvölkerung und Polonisierung dieser Gebiete geführt hatte, wurde eine Umstrukturierung in der Bevölkerungszusammensetzung mit dem Ziel höherer gewerblicher Beschäftigung für erforderlich gehalten.

Zentrale Aufgabe war jedoch die Ansetzung geeigneter Bauernfamilien zur „endgültigen Gewinnung des durch das Schwert gewonnenen Bodens". Von 9 Mio. Einwohnern sollten 35% oder 3,15 Mio. landwirtschaftlich tätig sein, davon mindestens 70% Deutschstämmige. Bei etwa 740.000 in der Landwirtschaft tätigen Volksdeutschen, „fehlen also 1,46 Mio. landwirtschaftliche Berufszugehörige deutscher Abstammung", die Neuansiedlung von etwa 200.000 deutschen Bauernfamilien sei notwendig.

Als Siedlungszone 1. Ordnung sollte „der Grenze zum Generalgouvernement entlang ein Wall deutschen Volkstums in Gestalt eines tief gestaffelten Gürtels germanischer Bauernhöfe errichtet", das Hinterland der größeren Städte mit deutschen Bauern dichter besiedelt und eine deutsche Volkstumsbrücke „als Ost-West-Achse" zur Verbindung des Grenzwalls im Osten mit dem Altreich geschaffen werden.

Die den deutschen Bauernfamilien zugewiesenen „Hufen"[57] sollten mit familieneigenen Kräften zu bewirtschaften und je nach Bodenqualität von unterschiedlicher Größe sein. Daneben sollten „Großhöfe" (Wehrbauernhöfe) entstehen, deren Betriebsgröße die persönliche Mitar-

---
56 BA Militärarchiv Freiburg, RW 19/1628, abgedruckt bei Müller, R.D., Hitlers Ostkrieg und die deutsche Siedlungspolitik, Dokument 7, S.130 ff.
57 Altes deutsches Feldmaß, im SS-Jargon „landwirtschaftlicher Betrieb".

beit des Inhabers nicht erforderlich machte. Besitzer von „Großhöfen" müßten „selbstverständlich SS-fähig" sein, volks- und wehrpolitische Führungsaufgaben übernehmen und Vorbild auf landwirtschaftstechnischem Gebiete sein. Landarbeiter- und Handwerkerstellen sollten die Siedlungsstruktur ergänzen. Die in folgender Tab.2-1 dargestellte Betriebsgrößenmischung wurde vorgeschlagen :

	Zahl	Fläche ha	Anteil%
Landarbeiter- und Kleinstellen	72.000	180.000	3,1
Bauernbetriebe (Hufen)	155.000	3.900.000	66,3
Wehrbauernbetriebe	11.700	1.800.000	30,6
Gesamt	238.700	5.880.000	100

Tab. 2-1 : Geplante Betriebsgrößenmischung im Osten.
Quelle : „Generalplan Ost" nach R.D. Müller, Hitlers Ostkrieg, S. 135.

Als Zeitrahmen wurde für die Durchführung der Maßnahmen in der ersten Siedlungszone mit einer Schaffung von 100.000 Neubauernstellen drei Jahre nach Kriegsbeendigung genannt. „Nach Bereinigung der Realteilungsgebiete im Altreich" könnten 100.000 Bauernfamilien allein aus Württemberg und Baden verfügbar sein.

Gemäß einer ausdrücklichen Weisung Hitlers entwickelte der Wehrmachtsführungsstab Pläne, die den Frontsoldaten einen vorrangigen Anspruch auf Ansiedlung im Osten zuwiesen, freilich konnte „ihr Einsatz erst nach dem <Endsieg>" erfolgen. Infolge dieser Einschränkung hatten während der Dauer des Krieges alle Siedlungsmaßnahmen vorläufigen Charakter und standen unter dem Vorbehalt der konkreten Zuweisung nach Kriegende. Diese restriktive Klausel galt auch für die Siedlungstätigkeit in Lothringen und hatte Auswirkungen auf die Siedlungsbereitschaft potentieller Siedleranwärter.

Die Ziele der Siedlungsplanung gemäß dem „General-Plan Ost" in den annektierten Ostgebieten waren gigantisch, nach dem Urteil Koehls[58] deren Durchsetzung mit brutalen Mitteln jedoch nicht unwahrscheinlich. Ihre Realisierung erforderten allerdings eine Wirtschaft, die ihre Leistung zielgerichtet dieser Aufgabe widmen konnte, einen wesentlichen Teil ihrer Ressourcen also nicht für Rüstung und Kriegszwecke vorhalten mußte, wie dies in Deutschland 1940 der Fall war. Realistischerweise haben die Verfasser des „Generalplanes Ost 1" die Durchführung auf die Zeit nach dem wahrscheinlich kurzfristig erwarteten Kriegsende verlegt, was auch Hitlers Weisungen entsprach, der die Ansiedlung von Reichsdeutschen in Polen vor Kriegsende untersagt hatte.

Germanisierungsbestrebungen bestanden vor dem Ersten Weltkrieg nicht nur im slawisch besiedelten Osten des Kaiserreiches, sondern auch in dem nach dem Deutsch-Französischen Krieg von 1870-1871 gewonnenen Lothringen. Die dabei angewandten Strategien sollen im folgenden Kapitel erläutert werden.

---

58 R.L. Koehl, RKFDV, S.75.

3. GRUNDZÜGE DER GERMANISIERUNGSPOLITIK IN LOTHRINGEN WÄHREND DER REICHSLANDEZEIT 1871 - 1918

Der „Große Herder" beschreibt Lothringen als „Schichtstufenland zwischen den Vogesen, der Champagne, der belg.-luxemburg.-deutschen Grenze und den Monts Faucilles"[1]. Seit 1871 wird unter dem Begriff „Lothringen" im deutschen Sprachgebrauch vorwiegend das im Frankfurter Friedensvertrag vom Deutschen Reich annektierte lothringische Grenzgebiet zu Deutschland verstanden, das heutige französische *Département de la Moselle*. Die quer durch Lothringen verlaufende historische deutsch-französische Sprachgrenze[2] (s. folgende Abb.3-1) teilt das Land in einen frankophonen und einen deutschsprachigen Raum[3].

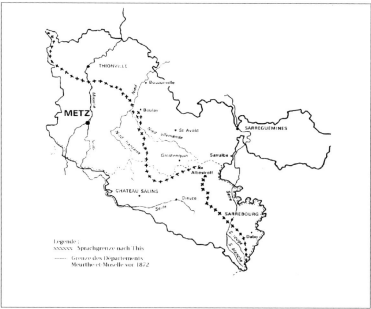

Abb.3-1 : Die deutsch-französische Sprachgrenze um 1880 (nach This).
Quelle : Fr. Roth, La Lorraine Annexée 1870 - 1918, S. 47.

Die Lage zwischen den großen europäischen Nationen Frankreich und Deutschland und die hieraus resultierende strategische Bedeutung bestimmte wesentlich die mehr als 1000-jährige Geschichte des Lothringerlandes und seiner Menschen und den mehrfachen Wechsel der politischen Zugehörigkeit. Die wechselnden Landesherren verfolgten auch das Ziel, die kulturelle und politische Identität des Landes nach den jeweiligen Vorstellungen zu prägen.

So ist die Periode der Eingliederung Lothringens in das Deutsche Kaiserreich zwischen 1871 und 1918 gekennzeichnet durch eine systematische, langfristig angelegte Germanisierungspolitik, die sich in erheblichen Migrationsbewegungen ausdrückt und als deren Indikator das

---
1 Bd.6, Sp.1457, Ausgabe von 1957.
2 Vgl. hierzu die Untersuchungen von C. This, Die deutsch-französische Sprachgrenze in Lothringen, die zur Grundlage des Sprachengesetzes von 1884 wurden. This stellte fest, daß sich der Verlauf der deutsch-französischen Sprachgrenze durch Lothringen seit dem Hochmittelalter kaum verändert hatte. - Diese Feststellung wird durch die neuere Untersuchung von W. Haubrichs, Über die allmähliche Verfestigung von Sprachgrenzen, S.113 ff, im wesentlichen bestätigt.
3 Infolge der forcierten Industrialisierung nach Ende des Zweiten Weltkrieges und damit verbundenen Zuwanderungen aus Innerfrankreich, des zentralistischen französischen Bildungssystems, vor allem jedoch als Folge der Volkstumspolitik der Besatzungsmacht im Zweiten Weltkrieg wird die deutsche Sprache auch in der Dialektform zunehmend aus dem alltäglichen Sprachgebrauch verdrängt, und der Zeitpunkt erscheint nahe, an welchem die Staatsgrenze auch zur Sprachgrenze wird.

Vordringen des Deutschen als Amts- und Schulsprache gelten kann. Die dadurch bewirkte Veränderung der Bevölkerungsstrukturen war signifikant in den wirtschaftlichen und administrativen Zentren, während der ländliche Raum zwischen Metz und der oberen Saar während der Friedensjahre vor 1914 von der Strukturänderung weitgehend ausgenommen blieb.

Während des Ersten Weltkrieges setzten sich unter dem Druck der Alldeutschen aggressivere Tendenzen der Germanisierungsbestrebungen in Lothringen durch, die auch den ländlichen frankophonen Raum umfaßten, und die als Handlungsmuster für die Maßnahmen der NS-Machthaber während der Quasi-Annexion im Zweiten Weltkrieg betrachtet werden können.

Nach der Wiedereingliederung Lothringens in den französischen Staatsverband durch den Versailler Vertrag wurden nach 1919 die Ergebnisse der Germanisierungspolitik revidiert. Gesellschaftliche und politische Autonomiebestrebungen galten der Bewahrung einer eigenständigen Identität im deutschsprachigen Teil Lothringens.

3.1. Eindeutschungsmaßnahmen 1871 bis 1918

Zur Annexion Lothringens durch das Deutsche Reich nach dem deutsch-französischen Krieg von 1870-71 kam es aus verschiedenen Motiven : militärstrategisch wurde das deutsche Vorfeld von den Saarhöhen zu den Moselhöhen vorverlegt, wirtschaftlich verschaffte die Einverleibung eines Teils des Minettegebietes der deutschen Eisenindustrie eine einheimische Erzbasis, und letztlich beeinflußte die patriotische Euphorie der Reichsgründungsepoche den Willen, „... ehemaliges Gut wieder zu erwerben, frühere Schmach zu tilgen und neue Anfälle von seiten des Feindes zu verhüten"[4], wie es im Pathos der Zeit hieß.

Die Abtretung Lothringens erfolgte gegen den erklärten Willen der Bevölkerung. Verwaltungspolitisch wurde Lothringen 1871 in die Reichslande Elsaß-Lothringen[5] eingegliedert. Nach den Worten Bismarcks im Reichstag am 2.5.1871 sollte der Status der Reichslande im Laufe der Zeit in den eines Gliedstaates des Deutschen Reiches mit dem „Recht zur Selbstverwaltung" münden, Elsässer und Lothringer sollten also mit gleichen Rechten und Pflichten in den Reichsverband aufgenommen, sie sollten „eingedeutscht" werden.

Tatsächlich wurden in mehreren Etappen konstitutionelle Voraussetzungen für eine Mitwirkung der Elsaß-Lothringer an der Legislative der Reichslande geschaffen, womit sich jedoch keine wesentliche Mitwirkung an der Exekutive verband, da nach dem Prinzip konstitutioneller Gewaltenteilung der „Kaiserliche Statthalter" nur der Berliner Zentrale verantwortlich war. Die die Zentralgewalt vertretende Exekutive war auch bestimmender Träger der Kultur- und Bildungspolitik, die einen wichtigen Pfeiler der Germanisierungspolitik darstellte. Für die Mehrzahl der Bewohner der annektierten Gebiete bedeutete die von den deutschen Machthabern zwischen 1871 und 1918 verfolgte Germanisierungspolitik einen grundlegenden Eingriff in ihre politische und kulturelle Identität. Einen besonderen Schwerpunkt der Germanisierungsbestrebungen bildete das frankophone west- und südwestlothringische Gebiet.

Nach den Untersuchungen von François Roth in 'La Lorraine Annexée 1871 - 1918', auf die sich die drei folgenden Textabschnitte stützen, richtete sich die Germanisierungspolitik hauptsächlich gegen das meinungsbildende, profranzösische Bürgertum und wurde wesentlich von drei Faktoren getragen : 1. der Emigration von Altlothringern nach Frankreich, 2. der Immigration aus dem Deutschen Reich insbesondere aus Preußen, 3. der Zurückdrängung der französischen Sprache zugunsten des Deutschen im öffentlichen Leben. Die fortschreitende Geltung des Deutschen als Amts- und Schulsprache kann als Indikator für die Ergebnisse der Germanisierungspolitik dienen.

Ziel der langfristig angelegten, formal rechtsstaatlichen Germanisierunsstrategie[6] war seit

---
4 Th. Lindner, Der Krieg gegen Frankreich 1870-71, S.162.
5 Historisch hatten Elsaß und Lothringen zuvor nie eine Verwaltungseinheit gebildet, die Neuschöpfung trägt den Charakter einer Verlegenheitslösung. Die Erfahrung beispielsweise der nach 1945 neu geschaffenen deutschen Bundesländer zeigt indessen, daß neue Verwaltungsinstitutionen durchaus identitätsstiftende Wirkung entfalten können.

Kap.3 - Grundzüge der Germanisierungspolitik in Lothringen 1871 - 1918

etwa 1884 die völlige Assimilierung auch des frankophonen Landesteiles. Nach herrschender Meinung[7] ist die Germanisierungspolitik in der Zeit des Kaiserreichs im wesentlichen gescheitert. Neuere Forschungsergebnisse zeigen jedoch, daß die Einführung deutscher Verwaltungsstrukturen und die forcierte Industrialisierung zu einem Modernisierungsschub[8] führten, woraus sich Tendenzen zur Angleichung der Lebensformen der autochthonen und der zugewanderten Bevölkerungsteile und Ansätze zur Entstehung einer spezifischen deutsch-lothringischen Identität[9] entwickelten.

3.1.1. Die Emigration nach Frankreich

Von der im Friedensvertrag von Frankfurt vorgesehenen Möglichkeit, für Frankreich zu optieren, machte in den Jahre 1871 bis 1873 rd. 6% der Bevölkerung Gebrauch[10]. Besonders schwerwiegend wirkte sich der Fortzug in der Stadt Metz, wo 20,5% der Bevölkerung für Frankreich optierten, und in den Kreisen Metz-Land (Metz-Campagne) mit 7,9%, Saarburg (Sarrebourg) mit 5,9% und Château-Salins mit 5,4% Optanten aus.

Die Einführung des deutschen Schulsystems veranlaßte frankophile lothringische Bürger, ihre Kinder in französische Schulen oder in Internate in Belgien, Luxemburg oder der Schweiz zu schicken. Da die dortigen Abschlüsse in Deutschland nicht anerkannt wurden, blieb die meisten dieser jungen Leute im Ausland. Das Fehlen geeigneter einheimischer Kandidaten diente wiederum den deutschen Stellen zur Rechtfertigung der Besetzung offener Verwaltungsstellen mit Bewerbern aus dem Altreich.

Aus der Bevölkerungsbilanz unter Berücksichtigung von Geburtenüberschuß und Immigration ermittelt Roth[11] für die Jahre 1871 bis 1910 eine Gesamtzahl von 192.000 Emigranten.

3.1.2. Die Immigration aus dem Altreich

Die Inbesitznahme Lothringens durch das Deutsche Reich bedeutete einen völligen Umbruch

---

6 So wurde beispielsweise das Sprachengesetz 1884 parlamentarisch korrekt von dem zuständigen Landesrat von Elsaß-Lothringen verabschiedet, dessen den frankophonen Bevölkerungsteil erheblich diskriminierende Bestimmungen gegen heute geltende internationale Konventionen zum Schutz ethnischer und religiöser Minderheiten verstießen, beispielweise die Empfehlung 1201 des Europa-Parlaments.
7 Die Ergebnisse der Germanisierungspolitik vor dem Ersten Weltkrieg werden fachhistorisch unterschiedlich bewertet. - vgl. R. Parissot, Histoire de la Lorraine, Bd.3, S.422ff, der kurze Zeit nach Beendigung des Ersten Weltkrieges feststellte „En définitive, l'Allemagne fait faillite dans le Reichsland..." jedoch offen läßt, wie sich die Einstellung der Elsaß-Lothringer entwickelt hätte, wären die Erwartungen auf ein vollständiges Autonomiestatut nicht enttäuscht worden und hätte der Kriegsausgang die Zugehörigkeit zum Deutschen Reich nicht ein Ende gesetzt - vgl. O. Meissner, Das Schicksal Elsaß und Lothringens im Wandel der Geschichte, S.40ff, der aus nationalsozialistischer Sicht im Mangel an Stetigkeit und Festigkeit der Reichsregierung und der zeitweise Bevorzugung der „verwelschten Bourgeoisie" durch die Kaiserlichen Statthalter eine wesentliche Ursache für die mangelnde Integration sieht, andererseits jedoch anerkennt, daß das politische Zugehörigkeitsgefühl der Bevölkerung nicht Schritt hielt mit der wirtschaftlichen Verflechtung. - vgl. Fr. Roth, La Lorraine Annexée 1870 - 1918, der den deutschsprachigen Teil Lothringens seit Anfang des 20. Jhdts. gesellschaftlich, wirtschaftlich und politisch in den Reichsverband integriert sieht. - vgl. H.U. Wehler, Krisenherde des Kaiserreichs, S.60ff, der die Unfähigkeit der kaiserlichen Regierung, die aus den gesellschaftlichen Strukturwandel resultierenden Demokratisierungstendenzen in politische Maßnahmen umzusetzen, als Grund des Scheiterns der Integrationsbestrebungen ansieht. Diese Erklärung scheint jedoch zu kurz zu greifen, da sie die Benachteiligung der Altlothringer bei der Besetzung der für den Einstieg und Aufstieg in die sich entwickelnden Industriegesellschaft und wichtigen öffentlichen Dienstleistungspositionen als Integrationshindernis unberücksichtigt läßt.
8 Vgl. R. Wittenbrock, Die Auswirkungen von Grenzverschiebungen auf Stadtentwicklung und Kommunalverfassung : Metz und Straßburg (1850-1930), der die elsaß-lothringischen Gemeindeverfassung von 1895 am Beispiel der Stadt Straßburg wesentliche Impulse für die kommunale Entwicklung in den Reichslanden beimißt. Wittenbrock bewertet die Gemeindeverfassung von 1895 als gelungene Synthese der deutschen Magistratverfassung und französischer Traditionen.
9 Vgl. hierzu Untersuchungen der Université de Metz zur Alltags- und Architekturgeschichte um die Jahrhundertwende. In der Tradition der Annales werden alltagsgeschichtliche Themen unter dem Aspekt des Zusammenlebens des reichsdeutschen und altlothringischen Bevölkerungsteils untersucht, beispielsweise an der Entwicklung von Sportvereinen zwischen der Jahrhundertwende und dem Beginn des Ersten Weltkrieges.
10 Vgl. Fr. Roth, La Lorraine Annexée 1870 - 1918, S.98ff, mit detaillierten Angaben für die wesentlichen Regionen und mit Vergleichsdaten zum Elsaß.
11 Ebenda, S.115.

in weiten Bereichen des öffentlichen Lebens. Die Übernahme von Post, Bahn und Zollwesen durch deutsche Institutionen, die Einführung des deutschen Berufsbeamtentums, des deutschen Rechtswesens, der deutschen Kommunalordnung, des deutschen Schulwesens und insbesondere des Deutschen als Verwaltungssprache bewirkten mangels einheimischen Fachpersonals mit ausreichenden deutschen Sprachkenntnissen und berufsqualifizierenden Abschlüssen die Berufung von Beamten aus dem Altreich. Die Berufung altdeutscher Funktionäre in den öffentlichen Dienst in Lothringen hielt jedoch über die Umbruchperiode bis 1918 an : keiner der elf zwischen 1871 und 1918 in Metz residierenden Regierungspräsidenten war Lothringer, von den 54 in dieser Zeit amtierenden Landräten und Polizeidirektoren waren zwei Elsässer jedoch kein Lothringer. Unter den vier Berufsbürgermeistern in Metz zwischen 1884 und 1918 befand sich kein Einheimischer. Die subalternen Beamten rekrutierten sich häufig aus ungebildeten, versorgungsberechtigten ehemaligen Militärpersonen, die für die Eigenarten der Einheimischen wenig Verständnis aufbrachten, und deren Verhalten häufig Ablehnung und Unverständnis auslöste.

Die nach 1890 rasch voranschreitende Industrialisierung Lothringens durch deutsche Unternehmen bewirkte den Zuzug von deutschem Führungspersonal und Facharbeitern. Die militärische Bedeutung Lothringens drückte sich in einer Präsenz von mehr als 40.000 deutschen Militärpersonen aus.

Insgesamt ermittelt Roth[12] für das Jahr 1890 für die Zuwanderer aus dem Altreich einen Anteil von 22% an der lothringischen Gesamtbevölkerung, von den 90.489 Zuwanderern bis 1890 hatten 63% preußische Staatsbürgerschaft[13]. Die Zuwanderer siedelten überwiegend in den Städten und größeren Gemeinden, wobei der Raum um die Stadt Metz und in den Industriegebieten einen deutlich höheren Anteil an Zuwanderern aufwies.

Das unvermittelte Nebeneinander zweier Gesellschaften hat sich in Metz architektonisch im Kontrast der vom Wilhelminischen Baustil geprägten Neustadt um Hauptbahnhof und Hauptpost und der Silhouette der Altstadt um die Kathedrale bis auf den heutigen Tag erhalten.

3.1.3. Die Sprachenpolitik

Ein wesentliches Instrument der Germanisierung war die Durchsetzung des Deutschen als Verwaltungs- und Umgangssprache. Ausnahmeregelungen galten nach dem Sprachengesetz von 1884 in den frankophonen Regionen West- und Südwestlothringens, wo Französisch mit einem besonderen Dispens in eingeschränktem Maße im Amtsgebrauch und Schulunterricht verwendet werden durfte. Dieser Dispens wurde im Fünfjahresrhytmus überprüft, die Zahl der unter den Dispens fallenden Gemeinden ging von 372 in 1872 auf 116 in 1914 zurück. Als frankophoner Kern erhielten sich die ländlichen Gebiete der Kreise Metz-Land und Château-Salins. Durch den auch im frankophonen Raum an den Volksschulen teilweise in Deutsch gehaltenen Unterricht, durch den Militärdienst und den Umgang mit deutschen Dienststellen wurde die französischsprachige Bevölkerung oberflächlich germanisiert.

Der Umfang der Durchsetzung der deutschen Sprache als Indikator für das Ergebnis der Germanisierungspolitik ist Abb. 3-2 auf der folgenden Seite zu entnehmen.

3.2. Lothringen während der Militärdiktatur

Der Kriegsausbruch im August 1914 machte Lothringen zum Front- und Etappengebiet. Mit der Proklamation des Kriegsrechtes wurden die Bürgerrechte außer Kraft gesetzt. An die Stelle der langfristig und rechtsstaatlich orientierten Volkstumsstrategie der Friedensjahre trat ein auf schnelle Zwangsgermanisierung des frankophonen Bevölkerungsteiles orientiertes Vorgehen. Von den gegen die kulturelle Identität des Landes gerichteten Maßnahmen seien beispielhaft die im Jahre 1915 verfügte Ersetzung der französischen Ortsnamen durch deut-

---
12 Ebenda, S.117.
13 Ebenda, S.119.

Kap.3 - Grundzüge der Germanisierungspolitik in Lothringen 1871 - 1918

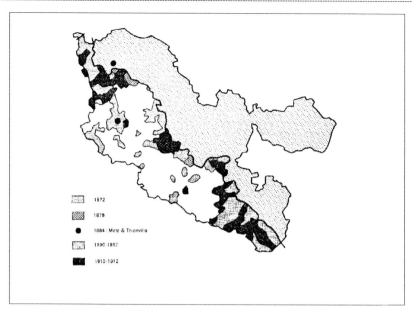

Abb.3-2 : Deutsch als alleinige Amts- und Schulsprache
Quelle : Fr. Roth, La Lorraine Annexée 1870 - 1918, S.4.

sche Ortsbezeichnungen sowie das Verbot des Gebrauches der französischen Sprache in der Öffentlichkeit erwähnt. Diese Maßnahmen der Militärbehörden im Ersten Weltkrieg können als Handlungsmuster für das Vorgehen der NS-Machthaber im Zweiten Weltkrieg verstanden werden.

Im März 1917 beschlagnahmte die Reichsregierung, angeblich als Reaktion auf die Beschlagnahmung deutschen Eigentums in den Ländern der Entente, den in Deutschland belegenen französischen Grundbesitz. Dies veranlaßte die *Gesellschaft für Innere Kolonisation* zu der Forderung[14], „daß der ehemalige französische Grundbesitz in Lothringen im nationalen Interesse verwertet wird" mit dem Ziel der völligen Eindeutschung Lothringens durch Ansiedlung deutscher Bauern und Handwerker nach Kriegsende. Ohne auf Einzelheiten des Vorhabens näher einzugehen, sollte der angeblich im Besitz weniger, in Frankreich ansässiger Aristokraten befindliche Grund und Boden in Süd- und Südwestlothringen enteignet, parzelliert und auf deutsche Siedler übertragen werden. In den Kontext der Bildung kleinbäuerlichen Eigentums paßt auch die Unterstützung dieser Aktivitäten der GfK durch den „Bund deutscher Bodenreformer", der im Juni 1917 eine Eingabe an den Reichskanzler formulierte. Ergebnis dieser Bemühungen war die Gründung der *Landgesellschaft Westmark G.m.b.H.*[15] in Straßburg, „mit der Aufgabe, auf dem liquidierten Grundbesitz landesflüchtiger und landesverräterischer Franzosen nationalpolitisch zuverlässige, deutsche Bauern und Handwerker...im lothringischen Grenzgebiete anzusiedeln"[16]. Da Schwierigkeiten bei der Finanzierung des Vorhabens auftraten, wurde auf Anregung des Geschäftsführers der GfK, Fr. von Schwerin, und unter Einschaltung Hugenbergs neben preußischen Siedlungsgesellschaften und Siedlungsbanken auch die in Lothringen tätige Industrie am Stammkapital der Landgesellschaft Westmark maßgeblich beteiligt. Die Landgesellschaft Westmark sollte in einem weitgehend geschlossenen Siedlungsgebiet von 60.000 ha 3.000 deutsche Siedler ansetzen.

14 Archiv für innere Kolonisation, Bd.IX (1917), S.272ff.
15 Ebenda, Bd.X (1918), S.212f.
16 §2 (Gesellschaftszweck) des Gesellschaftsvertrages der Landgesellschaft Westmark.

Die beabsichtigten Siedlungsmaßnahmen wurden kontrovers beurteilt und führten mehrfach zu politischen Auseinandersetzungen im Reichstag[17] und dem Landtag von Elsaß-Lothringen. Der Kriegsausgang setzte den Aktivitäten ein definitives Ende.

Die von der GfK in ihrer Denkschrift unterstellte Konzentration des Landbesitzes in Lothringen steht in Widerspruch zu der statistisch belegbaren, überwiegend kleinbäuerlichen landwirtschaftlichen Struktur im west- und südwestlothringischen Raume. Dieser Widerspruch ist anhand der Überlieferung nicht zu klären, möglicherweise übertrugen die Verantwortlichen der GfK, die 1917 die Verteilung großer Latifundien im Baltikum planten, die dortigen ländlichen Strukturen ungeprüft auf Lothringen.

3.3. Autonomie-Bestrebungen in Lothringen nach 1919

Der Versailler Friedensvertrag gab Elsaß-Lothringen an Frankreich zurück. Die Verwaltungseinheit der Reichslande wurde aufgehoben, Lothringen als *Département de la Moselle* in den französischen Staatsverband wiedereingegliedert. Frankreich ging energisch daran, die Ergebnisse der Germanisierungspolitik rückgängig zu machen, u.a. wurden 1920 etwa 110.000 Personen deutscher Herkunft aus Lothringen ausgewiesen.

Das zentralistische französische Regierungssystem nahm auf die regionalen Besonderheiten in den wiedergewonnenen Gebieten wenig Rücksicht. Zur Abwehr dieser Assimilierungspolitik gründeten 1926 hundert Persönlichkeiten aus Elsaß-Lothringen den „Heimatbund"[18], unter den 27 Unterzeichnern aus dem deutschsprachigen Lothringen ist Victor Antoni[19] besonders zu erwähnen, Vertreter aus dem frankophonen Gebiet Lothringens haben das „Heimatbund"-Manifest nicht unterzeichnet. Die autonomistischen Bestrebungen in Elsaß-Lothringen wurden von den Nationalsozialisten später als Begründung der „verschleierten" Annexion benutzt. Im wesentlichen standen deren Initiatoren jedoch zu der Aussage des „Heimatbund"-Manifestes, die „vollständige Autonomie im Rahmen Frankreichs"[20] anzustreben, das Ziel bestand in der Wahrung und Festigung der eigenständigen lothringischen Identität.

Die Vorstellungen des „Heimatbundes" standen damit in völligem Gegensatz zu den politischen Zielen Bürckels, der Lothringen als Teil seines Herrschaftsbereiches eine grundlegend neue „westmärkische" Identität aufprägen wollte, und es erscheint daher folgerichtig, daß die Vertreter des „Heimatbundes" aus der Neuorganisation des öffentlichen Lebens in Lothringen unter dem Nationalsozialismus nahezu völlig ausgeschlossen blieben.

---

17 Vgl. hierzu G. Zeller, Rechtsgeschichte der ländlichen Siedlung, S.137 f.
18 Der Text des Gründungs-Manifestes sowie eine Namensliste der Gründungsmitglieder des „Heimatbundes" findet sich bei Zind, P., Elsaß-Lothringen, Alsace-Lorraine, une nation interdite. - Zur Autonomiebewegung im Elsaß und in Lothringen auch K.H. Rothenberger, Die elsaß-lothringische Heimat- und Autonomiebewegung zwischen den beiden Weltkriegen.
19 Victor Antoni, geb. am 23.11.1882 in Finstingen, war vor dem Ersten Weltkrieg Komiteemitglied des „Elsaß-Lothringer Zentrums" (Teil des „Lothringer Blocks") nach 1919 Mitbegründer der „Lothringischen Volkspartei", 1926 Mitunterzeichner des „Heimatbund"-Manifestes, ab Ende 1928 Herausgeber der Wochenzeitschrift „Jung-Lothringen".
Bei Kriegsausbruch 1939 von den Franzosen in Nancy interniert, war er nach Freilassung 1940 Mitunterzeichner des „Manifestes von Drei-Ähren" vom 18.7.1940, mit welchem die „Nanziger", so benannt nach ihrem Internierungsort, Hitler „um die Eingliederung ihrer Heimat in das Großdeutsche Reich" baten. In seiner Autobiografie distanzierte sich Antoni von dieser Aussage, die den „Verzicht auf die während zwanzig Jahren vertretenen Forderungen" darstellten und verwies auf die unmittelbar nach der Freilassung aus französischem Gewahrsam herrschende euphorische Stimmung, sowie intensive Beeinflussung durch den Bevollmächtigten von Gauleiter Wagner, den Alt-Elsässer Dr. Ernst. Im August 1940 zum Stadtkommissar seiner Heimatstadt Finstingen ernannt, wandte sich Antoni gegen die Ausweisungsmaßnahmen in Lothringen und fiel deshalb bei Bürckel in Ungnade. Antoni wurde nach Kriegsende von den Franzosen wegen Hochverrats inhaftiert, 1952 aus der Haft entlassen und 1960 amnestiert.
Autobiografie : Grenzlandschicksal, Grenzlandtragik. Lebenserinnerungen und menschliche Betrachtungen eines Lothringers zu den politischen Irrungen und Wirrungen seiner Zeit.
20 Zit. nach A. Bleicher et al.(Hrg.), Das Elsaß von 1870 bis 1932.

4. DER GAU WESTMARK - BÜRCKELS MYTHOS VOM „SCHUTZWALL" DES REICHES IM WESTEN

Bei den Ereignissen in Lothringen während des Zweiten Weltkrieges ist dem Gauleiter der NSDAP, Josef Bürckel, als „Reichsstatthalter in der Westmark und Chef der Zivilverwaltung in Lothringen" eine Schlüsselfunktion beizumessen. Die erfolgreiche Eingliederung des Saargebietes nach der Volksabstimmung von 1935 hatte Bürckel qualifiziert, nach dem Anschluß Österreichs im Jahre 1938 die Liquidation des österreichischen Staatswesens und die Überleitung der früheren österreichischen Länder als „Reichsgaue" in den deutschen Staatsverband durchzuführen. Die neu geschaffenen Verwaltungseinheiten standen außerhalb des konstitutionellen Rahmens[1] und sind als Vorgriff auf eine Neuorganisation des Reichsgebietes im Sinne einer umwälzenden, nach zentralistischen Prinzipien erfolgenden „Reichsreform"[2] aufzufassen.

Nach dem Vorbild der österreichischen Reichsgaue wurde im April 1940 aus dem Regierungsbezirk Saarland und dem bayerischen Regierungsbezirk Pfalz eine politische Verwaltungseinheit neu geschaffen, in welche Lothringen nach der „verschleierten" Annexion eingegliedert wurde. Die Heterogenität der neuen Verwaltungseinheit sollte auf Kosten gewachsener Identitäten durch Schaffung eines neuen Leitbildes, in welchem der Grenzlage der „Westmark" zum „Schutzwall des Reiches im Westen" überhöht wurde, überwunden werden.

Der Aufbau des neuen Verwaltungsgebildes und das Hineinwachsen der Verwaltung in neue Funktionen erfolgte unter politisch bestimmtem, hektischem Zeitdruck. Mangel an fachlich geeigneten Mitarbeitern insbesondere in den nachgeordneten, ausführenden Stellen beeinträchtigten die Funktion des Instrumentes „Gau Westmark" und sollte auch die Durchführung des lothringischen Siedlungsvorhabens wesentlich behindern. An den Planungen zur Ingangsetzung der lothringischen Siedlungsmaßnahmen waren die Dienststellen für Raumplanung und für das Siedlungswesen beteiligt.

4.1. Josef Bürckel

Fenske[3] charakterisiert Bürckel mit der Feststellung „Unter den Gauleitern der NSDAP stand Josef Bürckel zweifellos in der ersten Reihe". Was machte den Leiter eines eher unbedeutenden, am Rande des Reiches liegenden Parteigaues zu einer bestimmenden Persönlichkeit im polykratischen Machtgefüge des Dritten Reiches ?

Wie bei vielen seiner Altersgenossen dürfte das Erlebnis des Ersten Weltkrieges und dessen als Verrat empfundenes Ende seine Persönlichkeit und sein Weltbild geprägt und ihn für die nationalistischen Parolen Adolf Hitlers und seiner NSDAP empfänglich gemacht haben. Er spielte eine nicht unumstrittene Rolle bei der Niederschlagung der Separatistenbewegung in der Pfalz, seine Frankophobie stammte jedoch vermutlich aus tieferen, emotionalen Quellen. Aufgrund seiner „Aufgeschlossenheit für die Lage der sozial schwachen Schichten"[4] zum Strasser-Flügel der NSDAP gehörend, galt er dennoch als bedingungsloser Gefolgsmann Hitlers[5]. Der tabellarische Lebenslauf auf der übernächsten Seite, der auf den von Dieter

---

1 Diese Aussage ist in dem Sinne zu verstehen, daß die Weimarer Reichsverfassung formal weiter galt, die diese „reichsunmittelbaren" Verwaltungsgebilde nicht erfaßte.
2 Vgl. hierzu D. Rebentisch, Führerstaat und Verwaltung im Zweiten Weltkrieg, S.206 ff.
3 H. Fenske, Josef Bürckel und die Verwaltung der Pfalz. S.153.
4 D.Wolfanger, Die nationalsozialistische Politik in Lothringen 1940 bis 1944, S.21.
5 D. Muskalla, NS-Politik an der Saar unter Josef Bürckel, weist darauf hin , daß Bürckel sich im Sommer 1944 von Hitlers Politik der Weiterführung des Krieges zu distanzieren begann. Inwieweit diese Abwendung in unmittelbarem Zusammenhang mit Bürckels Tod Ende September 1944 zu sehen ist, erscheint weniger gewiß als von Muskalla dargestellt. Gerüchteweise wurde Bürckels Tod bereits 1944 mit dem „Freitod" von Generalfeldmarschall Rommel und dem Putsch vom 20. Juli 1944 in Verbindung gebracht. - Horst Slesina, ehemaliger Gaupropagandaleiter und engster Mitarbeiter Bürckels, stellte in einem Dokumentarfilm des Saarländischen Rundfunks, Der Gauleiter, Bürckels Tod als Folge einer Vergiftung durch ein Pflanzenschutzmittel dar, das er sich selbst unbeabsichtigt in seinem Weinkeller beigebracht habe. - F. Schlickel, Gauleiter Josef Bürckel - ein Rad im Räderwerk Hitlers, berichtet, daß Bürckel im September 1944 „ein geistig und körperlich gebrochener Mann" war, dessen Tod nach seiner Abwendung von nationalsozialistischen Politik Anlaß zu vielfachen Spekulationen war.

Kap.4 - Der Gau Westmark - Bürckels Mythos vom „Schutzwall" des Reiches im Westen

---

Wolfanger in Kapitel III seiner umfassenden Arbeit 'Nationalsozialistische Herrschaft in Lothringen 1940 bis 1944' zusammengetragenen Lebensdaten Bürckels[6] beruht, läßt als Beginn seines Aufstieges im Dritten Reich die erfolgreiche Tätigkeit als Hitlers persönlicher Beauftragter für die im Januar 1935 stattfindende Volksabstimmung im Saargebiet[7] erkennen. Bürckel übernahm handstreichartig die Führung der NSDAP im Saargebiet, und baute die neugeformte Partei als politischen Kader in die patriotische Organisation der 'Deutschen Front' ein. Durch geschicktes Taktieren schuf er wesentliche Voraussetzungen für die der Saarabstimmung politisch-diplomatisch vorausgehenden Vereinbarungen mit Frankreich.

Nach der Saarrückgliederung im März 1935 vollzog Bürckel die Wiedereingliederung dieses Gebietes in den deutschen Staatsverband[8]. Auf Betreiben von Reichsinnenminister Frick wurde das Saargebiet verwaltungsmäßig nicht wieder der Länderhoheit Preußens und Bayerns unterstellt, es entstand ein „reichsunmittelbares", neuartiges Verwaltungsgebilde, das Elemente der Reichsreform vorwegnahm. Für Bürckels persönliche und politische Entwicklung dürfte bei diesem Auftrag auch die Erfahrung wichtig gewesen sein, daß das nach politischen Umbruchsituationen entstehende Machtvakuum mit schnellen Konzepten erfolgreich ausgefüllt werden kann.

Da Bürckel sich bei Hitler als „Spezialist für verwickelte Neuordnungsprojekte"[9] bewährt hatte, wurde ihm im März 1938 die „parteipolitische und staatliche Gleichschaltung"[10] Österreichs übertragen. In dieser Rolle vertieften sich seine Erfahrungen mit der schnellen und politische Widersacher überraschenden Bewältigung einer politischen Umbruchsituation.

Jahrelange Bemühungen Bürckels, das „reichsunmittelbare" Regierungspräsidium Saar mit dem bayerischen Regierungsbezirk Pfalz unter seiner Führung zusammenzulegen und daraus eine regionale „Hausmacht" zu schaffen, führten mit der am 8. April 1940 erfolgten Beauftragung zum „Reichskommissar für die Saarpfalz" zum Erfolg[11]. Er bewarb sich bereits zu Beginn der Frankreichoffensive[12] bei Hitler mit schnellen Konzepten zur Eingliederung Lothringens, unterbreitete Hitler am 15.6.1940 schriftliche Eingliederungsvorschläge[13], wehrte Versuche von Otto Meißner, dem Staatssekretär im Präsidialamt und Präsidiumsmitglied im „Bund der Elsaß-Lothringer[14]", sich als Statthalter der erneuerten Reichslande[15] zu empfehlen, erfolgreich ab und konnte schließlich die Arrondierung seiner Hausmacht zum „Gau

---

6 Vgl. auch D.Wolfanger, Populist und Machtpolitiker, zu Bürckels Aufstieg und Tätigkeit als Chef der Zivilverwaltung in Lothringen - vgl. auch G. Paul, Josef Bürckel - Der rote Gauleiter, der Bürckels Tendenzen zum linken Parteiflügel der NSDAP und ein hieraus resultierendes besonderes soziales Engagement jedoch überbetonen dürfte - vgl. auch F. Schlickel, Gauleiter Josef Bürckel - ein Rad im Räderwerk Hitlers, der Bürckels Wirken januskopfig, das Gute wollend und das Schlechte bewirkend, darstellt. In teilweisem Gegensatz zu den im Titel seines Beitrages gesetzten Erwartungen belegt Schlickel mehrfach, daß „der vor Ehrgeiz und Energie berstende", über seine Kompetenzen hinaus handelnde Bürckel vielfach eine sehr eigenwillige, auf Machterweiterung gerichtete Politik betrieb, welcher auch sein betontes soziales Engagement untergeordnet war.
7 Hierzu K. Bartz, Weltgeschichte an der Saar, der Bürckels taktische Maßnahme der Schaffung der Deutschen Front, „die auch die eigene Partei nicht schont (S.12)" zwecks Herstellung des Konsens aller die Rückgliederung nach dem Dritten Reich tragenden Parteien herausstellt. - vgl. auch M. Zenner, Parteien und Politik im Saargebiet unter dem Völkerbundsregime 1920-1935, die feststellen, daß die Arbeit der Deutschen Front von der überwältigenden Mehrheit der Saarländer gebilligt wurde. - auch G. Paul, „Deutsche Mutter, heim zu Dir !", der im „unpolitisch-patriotischen Mitläufer (S.313)" und in der „Einstellungskonformität (S.329)" entscheidende Ursachen für den Abstimmungserfolg der Deutschen Front sieht.
8 Vgl. hierzu D. Muskalla, NS-Politik an der Saar unter Josef Bürckel. Drittes Kapitel. Bürckel gelang nur ein Teilerfolg, da er bereits zu dieser Zeit nicht nur die Zusammenlegung der Parteiorganisationen von Saar und Pfalz, sondern auch die administrative Vereinigung unter seiner Führung anstrebte.
9 P. Hüttenberger, Die Gauleiter, S.142.
10 Ebenda.
11 Vgl. hierzu H.W. Herrmann, Pfalz und Saarland in den Plänen zur Neugliederung des Reichsgebietes 1933-1941.
12 D.Wolfanger, Die nationalsozialistische Politik in Lothringen 1940 bis 1944, S.36 : Bürckel sah sich „frühzeitig in der Rolle eines mit besonderen Vollmachten ausgestatteten Beauftragten seines Führers".
13 Ebenda, S.37.
14 Der „Bund der Elsaß-Lothringer" war nach 1920 in Frankfurt im Anschluß an den Versailler Vertrag ausgewiesenen deutschstämmigen Elsässern und Lothringern gegründet worden, um die Zugehörigkeitsfrage offen zu halten. Veröffentlichte zahlreiche Publikationen zu Geschichte und Brauchtum der ehemaligen Reichslande.
15 Hitler hatte allerdings nie die Erneuerung der politischen Einheit „Reichslande Elsaß-Lothringen" im Sinn.

Bürckels Lebenslauf

30.3.1895	Geburt in Lingenfeld (Krs. Germersheim) als Sohn einer katholischen Handwerkerfamilie - Besuch der Realschule, anschließend Ausbildung zum Volksschullehrer
November 1914	Kriegsfreiwilliger
April 1916	kriegsdienstverwendungsunfähig - Wiederaufnahme der Lehrerausbildung
1918	erneuter Wehrdienst
1919	Lehramtsprüfung - Anstellung als Hilfslehrer in Roxheim später in Rodalben bis zur Versetzung 1927 nach Mußbach
1920	Eheschließung, der Ehe entstammten zwei Söhne
1921	Anschluß an die NSDAP
1923 - 1924	aktiver Einsatz gegen den Pfälzer Separatismus
13.3.1926	Gauleiter der NSDAP Gau Rheinpfalz
Frühjahr 1926	Herausgeber der Zeitung „Der Eisenhammer", die 1930 aus finanziellen Gründen eingestellt wurde
Herbst 1930	Reichstagsmitglied, Beurlaubung vom Schuldienst
10.11.1933	Hitler ernennt Bürckel zum „Beauftragten der NSDAP im Saargebiet"
1934	maßgeblich beteiligt an der Gründung der „Deutschen Front", Ernennung zum „Saarbevollmächtigten der Reichsregierung"
13.1.1935	„Reichskommissar für die Rückgliederung des Saarlandes" Gauleiter des Gaues „Pfalz-Saar" der NSDAP
17.6.1936	als „Reichskommissar für das Saarland" Chef der Landesverwaltung mit dem Dienstrang eines Reichsstatthalters
23.4.1938	„Reichskommissar für die Wiedervereinigung Österreichs mit dem Deutschen Reich"
30.1.1939	Gauleiter der NSDAP, Gau Wien
1.4.1940	Ernennung zum „Reichsstatthalter in Wien" (Abberufung aus Wien am 2.8.1940)
8.4.1940	Ernennung zum „Reichskommissar für die Saarpfalz"
13.5.1940	„Chef der Zivilverwaltung beim AOK 1" zuständig für Lothringen
2.8.1940	Übertragung der gesamten zivilen Verwaltung als „Chef der Zivilverwaltung in Lothringen"
11.3.1941	Änderung der Amtsbezeichnung in „Reichsstatthalter in der Westmark und Chef der Zivilverwaltung in Lothringen" und Gauleiter „Westmark" der NSDAP
28.9.1944	nach kurzer Krankheit Tod durch Kreislaufversagen (amtliche Version)

Tab.4-1 : Tabellarischer Lebenslauf Bürckels

Westmark" nach der „verschleierten" Annexion Lothringens verbuchen.
Bürckel erscheint in der für seinen Werdegang entscheidenden Phase zwischen 1935, dem Zeitpunkt seiner Beauftragung mit der Rückgliederung des Saargebietes, und 1939, dem Abschluß der Überleitung Österreichs und der Auflösung von dessen eigenstaatlicher Identität[16] als Promoter des zentralistischen nationalsozialistischen Staatsgedankens und dessen von Reichsinnenminister Frick geprägter institutionellen Ausformung. Wenn er nach Erreichen seines persönlichen Zieles, in der Endphase seiner politischen Tätigkeit als „Reichsstatthalter in der Westmark und Chef der Zivilverwaltung in Lothringen" die Auffassung vertrat, daß „bei der wachsenden Größe des Reiches...Aufgaben, die im kleineren Reich noch zentralistisch geleitet werden konnten, in die Gauinstanz verlegt werden (müssen)"[17], so zeichnet sich darin „eine äußerst bezeichnende Tendenz der nationalsozialistischen Verfassungsentwicklung ab. Je mehr Macht die Gauleiter erhielten, um so stärker wurde ihr Drang nach Autonomie, und so schien der zentralistische Führerstaat in letzter Konsequenz auf eine Föderation mehr oder weniger unabhängiger Herzöge hinauszulaufen."[18]

---
16 Bürckel am 21.9.1940 in seiner Rede zum „Deutschen Tag" in Metz : „Um der Einheit des Reiches willen mußte der politische Begriff <Österreich> zerschlagen werden". zit. nach dem in der NSZ vom 23.9.1940 veröffentlichten Redetext.
17 Brief Bürckels an Lammers vom 10.9.1940, zit. nach E. Jäckel, Frankreich in Hitlers Europa, S.82.
18 Ebenda.

Kap. 4 - Der Gau Westmark - Bürckels Mythos vom „Schutzwall" des Reiches im Westen

Mit 46 Jahren stand Bürckel 1940 auf dem Zenit seines Ansehens, das allerdings durch sein Auftreten in Österreich und die dortigen alkoholischen Exzesse mit seinen saarpfälzischen Mitarbeitern, seiner „Gauclique"[19.] leicht lädiert war. Er war erfolgsgewohnt und entwickelte Neigung zur Selbstüberschätzung, die ihn für kritische Einwände unzugänglich machte[20]. Sein Jähzorn und seine Unbeherrschtheit brachten ihn in Gegensatz zu anderen Großen der NS-Hierarchie, das Verhältnis zum Reichslandwirtschaftsminister, Walter R. Darré, und zum Reichsführer-SS, Heinrich Himmler, war gespannt. Seine Staatsämter betrachtete er hauptsächlich als Mittel zum Zweck zur Durchsetzung seiner politischen Absichten, ihm wurde die Begabung zugeschrieben, „tüchtige Männer herauszufinden, um sich von ihnen beraten zu lassen"[21], den Pfälzern in der Umgebung Bürckels in Wien wird allerdings attestiert, daß sie „größtenteils ihrer neuen Aufgabe nicht gewachsen waren"[22], ausgenommen Regierungspräsident Karl Barth, Bürckels langjähriger Weggefährte und Ständiger Vertreter.

Bürckel war ein aktiver und ehrgeiziger Taktiker der Macht, ausgestattet mit beachtlichem Organisationstalent, der seine Ziele mit Chuzpe und Dynamik, aber auch mit Hartnäckigkeit und, wo erforderlich, mit Rücksichtslosigkeit[23] verfolgte. Als gaueigenes Propaganda-Medium diente die regionale Parteizeitung 'NSZ-Rheinfront', seit 1.12.1940 in 'NSZ-Westmark' umbenannt, die er dem Zugriff von Reichsleiter Amann zu entziehen wußte. Er pflegte bewußt sein soziales Engagement und seine Nähe zu den kleinen Leuten[24], die er im Führer-Gefolgschafts-Verhältnis auf sich verpflichtet glaubte. Freilich wurde sowohl die Volksabstimmung im Saargebiet[25] wie das Plebiszit in Österreich durch den patriotischen Konsens von Führung und Bevölkerung getragen und gefördert, und die Neugliederung der Verwaltung des Saarlandes wie der „ostmärkischen Gaue" erforderte keine aktive Beteiligung der Bevölkerung. Es wird im weiteren Verlauf dieser Arbeit zu untersuchen sein, welche Akzeptanz in der saarpfälzischen Bevölkerung Bürckels in Lothringen betriebene Siedlungspolitik fand.

4.2. Der „Gau Westmark" als identitätsstiftender Mythos

Der neugeschaffene „Gau Westmark" - der Begriff steht nach Ansicht von Volker Rödel für „eine das Sonderbewußtsein stärkende Grenzgauideologie"[26]- wurde aus drei Landesteilen, dem Saarland, der Pfalz und Lothringen, zusammengefügt, die in der modernen Geschichte niemals politisch zusammengehörten und unterschiedliche politische Kulturen aufwiesen, er stellt daher *prima vista* ein heterogenes Gebilde dar. Auf den zweiten Blick sind freilich dem volkstumspolitischen Gedankengut des Nationalsozialismus entsprechende Gemeinsamkeiten zu entdecken : die Mehrheit der Bevölkerung ließ sich auf die fränkische Landnahme während der Völkerwanderung zurückführen, deren Sprachgut sich in den in allen drei Landesteilen gesprochen rhein- und moselfränkischen Dialekten wiederfand. Nachbarliche Kontakte zwischen den Bevölkerungen, kultureller und wirtschaftlicher Austausch und ein gemeinsames Grenzlandschicksal bildeten für die NS-Propaganda Themen, die sich zu einem gemein-

---

19 P. Hüttenberger, Die Gauleiter, S.142.
20 V. Antoni, Grenzlandschicksal, S.82, vergleicht das Gebaren der NS-Machthaber insbesondere Bürckels mit Hitler „daß diese... ...ihrerseits in den ihnen zugewiesenen Aufgabengebieten ebenso autokratisch auftreten wie er selbst."
21 Bei H. Fenske, Josef Bürckel und die Verwaltung der Pfalz, S.157, zitierte Aussage des ehemaligen Staatskommissars für die Pfalz, Jonas.
22 D. Wolfanger, Die nationalsozialistische Politik in Lothringen 1940 bis 1944 , S.31.
23 Vgl. hierzu E. Jäckel, Frankreich in Hitlers Europa, S.76, wonach Bürckels „hervorstechendster Charakterzug eine unbekümmerte, robuste Brutalität war".
24 Hierzu ausführlich G. Paul, Josef Bürckel - Der rote Gauleiter.
25 Hierzu ausführlich S. Wambaugh, The Saar Plebiscite, die auf die Kontinuität der deutschen Saarpolitik seit 1920 hinweist, die an der Saar von allen politischen Parteien unterstützt wurde. „Had the vote been taken any time before the National Socialist régime in the Reich, it certainly have yielded 95 -99 per cent for immediate return to the Fatherland (S.318)".
26 Zur Namensgebung „Westmark" s. V. Rödel, Reichsstatthalter in der Westmark, S.288 - auch D. Muskalla, NS-Politik an der Saar unter Josef Bürckel, S.331, der den Ursprung in den nationalen Strömungen der 20-er Jahre erkennt - vgl. auch D. Wolfanger, Josef Bürckel und Gustav Simon, S.403 ff., zur Entwicklung einer „Westmark"-Ideologie - vgl. auch die Verknüpfung der Bezeichnung mit Lothringen in der Namensgebung für das Siedlungsprojekt von 1917 gegründeten Landgesellschaft Westmark.

Kap. 4 - Der Gau Westmark - Bürckels Mythos vom „Schutzwall" des Reiches im Westen

samen Identitätsbegriff verbinden ließen, der durch die Einführung des Begriffes „Gau Westmark" auch semantisch[27] vollzogen wurde. Bürckel verkündete die „vom Führer genehmigte völlige politische Verschmelzung von Saarpfalz und Lothringen" zum „Gau Westmark" in seiner 'Saarbrücker Rede' vom 30.11.1940, in welcher er auch die Vertreibung der frankophonen Lothringer bekannt gab :

„Der <Gau Westmark> hat durch die Eingliederung Lothringens eine einheitliche, wirtschaftliche und geopolitische Gestaltung angenommen. Die Namengebung <Westmark> trägt bereits die klare Verpflichtung in sich, die dem Gau innerhalb des Großdeutschen Reiches obliegt. Dieses Land, das wie kein zweites deutsches Gebiet immer im Brennpunkt der kriegerischen Entscheidungen stand, hat auf Grund seiner historischen Lage heute die Mission übernommen, Schutzwall gegenüber allen Versuchen zu sein, das große Werk des innerdeutschen Aufbaues und der bevorstehenden europäischen Neuordnung von Westen her von neuem zu stören."[28]

Bürckels programmatische Reden, Propagandaschriften der NSDAP und gezielte Agitation, die in den Medien, vor allem in der NSZ, überliefert sind, vermitteln eine umfassende Vorstellung von einer neuen „Westmark"-Identität, die an die Stelle alter, an die einzelnen Landesteile gebundenen Identitätsvorstellungen treten sollte, und die auch als Instrument der „Eindeutschung" Lothringens eingesetzt wurde[29]. Die Integrationsappelle richteten sich häufig an die Jugend[30]. Durch systematischen Aufbau an den Identitätsbegriff „Westmark" gebundener Institutionen wie beispielsweise der „Landesversicherungsanstalt Westmark", der „Landesbank und Girozentrale Westmark" oder des „Oberbergamtes Westmark" wurde eine „Regionalisierung" des Alltages der Bevölkerung als unmittelbarer Nutzen vermittelt. Das „Westmark"-Lied, eine Landeshymne, wurde am 27.4.1942 bei der Kunstgemeinde Friedrichsthal uraufgeführt[31]. Der neue Identitätsbegriff drückte sich bereits in der Verwaltungsorganisation aus : die neugeschaffene politische Institution „Gau Westmark" ersetzte die bisherigen Verwaltungseinheiten „Saarland", „Pfalz" und „Lothringen", „mit der Eingliederung Lothringens in den Gau Saarpfalz wurde ein historischer Akt vollzogen, der eine völkische, wirtschaftliche und geopolitische Einheit im Rahmen des westlichen Reichsgaues zusammenfaßt."[32] Seine eigentliche, höhere, nationale Weihe wurde dem „Gau Westmark" als „deutsche Grenzmark" und „Bollwerk im Westen"[33] durch die bedeutsame Aufgabe verliehen, „Schutzwall gegenüber den alten Kräften der demokratisch verjudeten Welt"[34] zu sein. Den „Westmärkern" oblag der Auftrag, die deutsche Westgrenze „völkisch zu sichern", und die

---

27 Die Tendenz der nationalsozialistischen Führung, politische Neugliederungen auch semantisch zu vollziehen, ist mehrfach festzustellen. Das im Versailler Vertrag geschaffene „Saargebiet" wurde 1935 als „Saarland" eingegliedert, mit dem „Anschluß" ging 1938 der Traditionsbegriff „Österreich" unter und der alte preußische Provinzname „Posen" wurde 1939 durch „Gau Wartheland" ersetzt. Parallel zum „Gau Westmark" entstand der das Elsaß und Baden überwölbende „Gau Oberrhein" und Luxemburg wurde zumindest parteipolitisch mit dem Gebiet Koblenz-Trier zum „Gau Moselland" zusammengelegt. In der 1940 vollzogenen politischen Neugliederung im Westen sollten offensichtlich sprachlich fremde, landsmannschaftlich zusammengehörige, durch historische Zufälligkeiten getrennte, benachbarte Bevölkerungen zusammengeführt werden, wobei den „Reichsdeutschen" eine Art von „Patenschaft" für die „Volksdeutschen" in Form der politischen und ideologischen Führungsrolle zufiel, die wie L. Kettenacker, NS-Volkstumspolitik im Elsaß, sehr anschaulich darstellt, von den braunen Bonzen allerdings mehr doziert als vorgelebt wurde.
28 Zitate nach der Textveröffentlichung in der NSZ vom 1.12.1940.
29 So erschien in der NSZ wöchentlich eine Seite „Lothringer Land" mit vermischten Meldungen über die „Eindeutschung" dienender Aktivitäten, beispielsweise am 4.2.1941 über die Hilfe der Stadt St. Ingbert als Patenstadt Saarburgs beim Aufbau der kommunalen Verwaltung und Beamtenaustausch, idealisierte Zustandsbeschreibungen wie in einem Artikel vom 26.1.1941 „Lothringen - Land der Mirabellen und des Weins" , der mit der Feststellung endet „das ist das Land, das nun mit dem Saarland und der Pfalz zu einem einheitlichen Gau zusammengeschmolzen ist, der sich auf allen Gebieten des völkischen Lebens gut ergänzt, was dessen Bewohner sich von Alters her kennen und verstehen". Häufig finden sich „unauffällig" in die Texte eingestreute Hinweise auf „westmärkische" Truppeneinheiten, auf „westmärkisches" Kulturleben, das „Gautheater Westmark", mit deren ständiger Wiederholung der „Westmark"-Begriff unterschwellig internalisiert werden sollte.
30 Beispielsweise berichtete die NSZ vom 30.1.1941 über „Kameradschaften" zwischen Saarpfälzer und lothringischen Schulen mit dem Ziel, „die raschere Verschmelzung der beiden Gebiete zu einer vorbildlichen Gau- und Volksgemeinschaft zu fördern.
31 NSZ vom 28.4.1942, der Text der Hymne wurde nicht veröffentlicht.
32 J. Bürckel, Gau Westmark im Kampf geformt, S.304.
33 Titel des Beitrages von Jürgen Keddigkeit in : Nestler, Gerhard/Ziegler, Hannes (Hrg.) : Die Pfalz unter dem Hakenkreuz.
34 J. Bürckel, Gau Westmark im Kampf geformt, S.305.

Kap.4 - Der Gau Westmark - Bürckels Mythos vom „Schutzwall" des Reiches im Westen

Lösung des „Grenzproblems Lothringens" erforderte die zahlenmäßig starke Besiedlung der dünn besiedelten Agrargebiete Lothringens als „möglichst dichter nationaler Wall"[35]. Mit dieser Mythisierung und Ideologisierung umschloß der Begriff „Westmark" auch eine Frontstellung gegen Frankreich.

4.3. Der „Gau Westmark" - Fläche und Bevölkerung

Nach den Angaben in Abb. 4-1 umfaßte die Saarpfalz eine Fläche von 7.417 km² mit 1.892.000 Einwohnern nach dem Stand der Volkszählung von 1939, Lothringen umfaßte nach dem Stand von 1936 eine Fläche von 6.229 km² und 696.000 Einwohner, so daß durch die *de facto*-Annexion Lothringens sich die Fläche von Bürckels Machtbereich nahezu verdoppelte, während die Bevölkerung lediglich um 37% wuchs. Die Bevölkerungsdichte betrug im Saarland 437 Einwohner/km², in der Pfalz 191 Einwohner/km², in Lothringen nur 112 Einwohner/km² bei sehr ungleichmäßiger Verteilung auf die Gesamtfläche des Landes : im industriell strukturierten Kreis Diedenhofen-West (Thionville-Ouest) betrug die Bevölkerungsdichte 370 Einwohner/km², im ländlich strukturierten Kreis Salzburgen (Château-Salins) lediglich 33 Einwohner/km² [36]. Von der lothringischen Gesamtwohnbevölkerung von 696.000 Einwohnern nach der Volkszählung von 1936 waren etwa 325.000 Personen im frankophonen Sprachraum, dem späteren Vertreibungs- und Siedlungsgebiet, auf einer Fläche von ca. 3.400 km² ansässig, davon 56.000 Ausländer[37], die hauptsächlich im lothringischen Industriegebiet lebten.

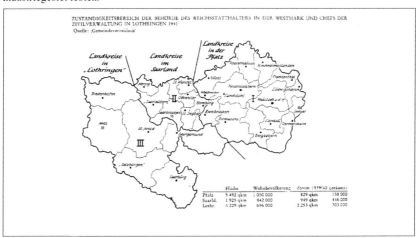

Abb.4-1 : Bürckels Machtbereich nach der „verschleierten
Annexion Lothringens
Quelle : V. Rödel, Reichsstatthalter in der Westmark, S.311

Die Wirtschaft Lothringens wurde geprägt durch Schwerindustrie (Erzbergbau, Hütten-, Stahl- und Walzwerke) im Moseltal und dessen Seitentälern zwischen Hagondange und Thionville, Salzgewinnung und Primärchemie im Raume Château-Salins, keramische Indu-

---
35 NSZ vom 25./26.4.1942 - Artikel Josef Bürckels „Grenzproblem Lothringen - ein Siedlungsproblem".
36 Nach dem Gemeindeverzeichnis von Lothringen von 1940 zählte der Kreis Diedenhofen-West 1936 97.543 Bewohner auf 263,17 km², und der Kreis Salzburgen 32.202 Bewohner auf 976,21 km².
37 Der Leiter des Bodenamtes Metz, SS-Sturmbannführer Brehm, beschrieb die „Industriearbeiterschaft des Diedenhofener Gebietes" in seinem Brief vom 15.11.1940 an den Leiter des Zentralbodenamtes Berlin : „...ihre Zusammensetzung ist die beste europäisch-afrikanische Mischung, die Du Dir denken kannst. Es gibt hier Berber, Afrikaner, Algerier, italienische Antifaschisten, Polen, Tschechen, Slowaken, Juden sogar einige Indochinesen und hie und da auch einen Deutschen und Franzosen." BDC, Friedrich Brehm, SSO-Akte, abgedruckt bei U. Mai, Ländlicher Wiederaufbau in der <Westmark> im Zweiten Weltkrieg, Dok. 11, S.190.

strie in Sarreguemines, Glasindustrie am Nordhang der Vogesen bei Bitche und Steinkohlenbergbau im Anschluß an die saarländischen Vorkommen bei Forbach, St. Avold und Faulquemont. Die Hauptstadt Metz war zugleich Zentrum von Handel und Kultur. Weite Landesflächen insbesondere im frankophonen Landesteil West- und Südwestlothringen waren landwirtschaftlich genutzt. Es überwogen kleine, teils dem Nebenerwerb dienende Familienbetriebe[38]. Da die französische Agrarpolitik in der Periode zwischen den beiden Weltkriegen die Landwirtschaftsproduktion in den Überseegebieten favorisierte, standen die lothringischen Landwirte unter erheblichem Erlösdruck, den sie durch Extensivierung und Vermeidung kostentreibender Modernisierungsmaßnahmen zu kompensieren versuchten.

4.4. Der „Gau Westmark" als Verwaltungsinstrument

Bürckels Ziel bestand darin, „Saarland, Pfalz und Lothringen zu einem Reichsgau mit einheitlicher Verwaltungsstruktur unter der Bezeichnung <Westmark> auszubauen[39]". Die Behördenstruktur des Gaues Westmark ist mehrfach dargestellt worden[40], im Hinblick auf die Ausdehnung nach Lothringen sind Kompetenz- und Effizienzdefizite zu verzeichnen. Dieter Muskalla sieht in dem „Gebilde eher ein Monstrum als eine gesunde Basis für eine einheitliche Verwaltung"[41].

Hohe Effizienz einer Organisation setzt das Vorhandensein eines eingespielten Apparates voraus, der seine Funktionalität erst im Lauf eines längeren Zeitraumes gewinnt, was neben sachlicher Kompetenz die Entwicklung und Stabilisierung persönlicher Beziehungsgeflechte voraussetzt. Bürckel atemberaubendes Tempo politischer Entscheidungen ließ der Verwaltung keine Zeit, ihre Strukturen organisch zu entwickeln : zwischen dem Beginn der Zusammenlegung der saarländischen und pfälzischen Verwaltungen am 4.4.1940 und der Vertreibungsaktion am 10.11.1940, dem Beginn der Siedlungstätigkeit und einer aggressiven Volkstumspolitik in Lothringen, lagen eben sieben Monate. In dieser kurzen Zeit mußten zwei Verwaltungen mit unterschiedlichen Strukturen und Kompetenzen[42] vereinigt, neue Aufgabenstellungen formuliert und organisiert, zwei Umzüge eines großen Teils des Apparates - der bayerischen Regierungsbezirkes Pfalz von Speyer nach Kaiserslautern und von dort nach Saarbrücken und die Rückführung der nach Würzburg evakuierten Dienststellen des Reichskommissariates für das Saarland - durchgeführt, und Personal für die Einrichtung der Dienststelle des Chef der Zivilverwaltung in Lothringen in Metz sowie für die neu zu errichtenden unteren Verwaltungsbehörden in Lothringen abgestellt werden. Umbruchperioden absorbieren erfahrungsgemäß erhebliche Teile der Arbeitskraft der einbezogenen Personen für die Karriereförderung und -sicherung. Wenn innerhalb der kurzen Zeit von sechs Monaten zwei Organisationsschemen eingeführt wurden, so kann sich hierin ein Hinweis auf Pannen und erhebliche Reibungsverluste verbergen[43]. Die Verwaltungsneuorganisation dürfte auch die Arbeitskraft von Regierungspräsident Barth[44] weitgehend absorbiert haben. Die über die administrative

---
38 Nach C. Thillet/E. Daza, Cent Ans d'Agriculture en Lorraine 1882-1982, ergab die landwirtschaftliche Betriebszählung :

    45.179 Betriebe mit einer Nutzfläche von weniger als 1 ha
    29.720   "   "   1 bis 5 ha
    13.015   "   "   5 bis 20 ha
    2.645   "   "   20 bis 50 ha
    1.121   "   "   mehr als 50 ha

39 D. Muskalla, NS-Politik an der Saar unter Josef Bürckel , S.325.
40 Hierzu ausführlich, ebenda, - auch V. Rödel, Die Behörde des Reichstatthalters in der Westmark. - H. Fenske, Josef Bürckel und die Verwaltung der Pfalz.
41 NS-Politik an der Saar unter Josef Bürckel, S.160.
42 H. Fenske, ebenda, S.160.
43 Hierzu ausführlich V. Rödel, Die Behörde des Reichstatthalters in der Westmark, S.301, der die Neustrukturierung der Behörde des Reichskommissars bzw. des Reichstatthalters vorwiegend Regierungspräsident Barth zuschreibt.
44 Karl Barth, geboren am 23.3.1896 in St. Ingbert/Saar, trat nach dem Rechtsstudium 1922 in den bayerischen Verwaltungsdienst, wechselte 1930 als Kommunaldezernat zur Regierungskommission in Saarbrücken und gehörte als juristischer Oberkirchenrat dem Protestantischen Landeskirchenamt in Speyer an. Bürckel setzte ihn 1935 zunächst als Regierungs-Direktor in der Behörde des Reichskommissars für die Rückgliederung des Saarlandes" ein, er begleitete

Tätigkeit Barths hinausgehende Bedeutung als informierter und besonnener Verhandlungsführer und Sachwalter regionaler Interessen wird in Kap. 13 noch ausführlich zu würdigen sein.

4.4.1. Das Landeskulturamt

Die Verwaltungsneuordnung brachte nicht nur organisatorische Probleme mit sich, durch neue Aufgabenstellungen wurden auch neue fachliche Kompetenzen gefordert.

Innerhalb der Behörde des Reichsstatthalters war die Unterabteilung „Neubildung Deutschen Bauerntums und Umlegung" für die Durchführung der Siedlungsmaßnahmen zuständig. Sie war Dienstaufsichtsbehörde für die Bauernsiedlung Westmark[45] und fungierte gleichzeitig als „Obere Siedlungsbehörde (Landeskulturamt)" sowie als „Obere Umlegungsbehörde". Die eigenständige Landeskulturverwaltung setzte mit Zusammenlegung der Dienststellen Saar und Pfalz am 2.9.40 ein[46], kommissarischer Amtsleiter wurde am 2.10.1940 Oberregierungsrat Dr. Wilhelm Nießen[47]. Der nach seinem Lebenslauf als ehrgeizig und strebsam einzuschätzende Jurist Nießen war seit 1935 Leiter des Kultur-amtes Saarbrücken und wickelte seit 1937 die umfangreichen Umlegungs- und Entschädigungssachen im Zusammenhang mit dem Bau des Westwalles ab, konnte in der Betreuung von Projekten der ländlichen Siedlung jedoch kaum einschlägige Erfahrungen sammeln, da diese im Saarland zwischen 1935 und 1940 fast völlig fehlten.

Von erheblicher Bedeutung für die Arbeit des Kulturamtes für das Saarland war auch die Planung und Realisierung der „Arbeiterbauernstellen". Schon vor dem Ersten Weltkrieg hatten die großen Arbeitgeber im aufstrebenden Montanrevier an der Saar, die preußische Bergwerksverwaltung wie die Stumm'schen Hüttenbarone, die Eigentumsbildung ihrer Arbeiter zur Formierung einer bodenständigen Industriearbeiterschaft gefördert, maßgebliche Ursachen hierfür waren : 1. der Erwerb von Eigentum und die damit verbundene Bindung an ländliche Traditionen förderte eine eher konservative politische Haltung und sollte die Arbeiterschaft gegen gewerkschaftliche und sozialistische Einflüsse immunisieren[48], 2. die Selbstversorgung mit Nahrungsmitteln war ein wesentlicher Beitrag zur wirtschaftlichen Sicherheit der Hütten- und Bergarbeiter in Konjunktur- und Beschäftigungskrisen, und 3. zeichneten sich die Arbeiterbauernfamilien durch eine bevölkerungspolitisch erwünschte hohe Reproduktionsrate aus. Das für die saarländische Industriekultur identitätsprägende Arbeiterbauerntum griff Gauleiter Bürckel, der „rote Gauleiter", auf und machte sie zu seinem besonderen sozialen Anliegen. Wenn die IG-Farben in Ludwigshafen 1933 eine ausgedehnte Siedlungstätigkeit in Gang setzten, kann Bürckel als „treibende Kraft"[49] vermutet werden.

Der neu eingerichteten Behörde wurde das Kulturamt Saarbrücken unterstellt, und es übernahm die Zuständigkeit für die in Neustadt/Weinstraße und Kaiserslautern bestehenden Flurbereinigungsämter, neu eingerichtet wurden das Kulturamt Merzig sowie das Kulturamt Metz. Über eine angespannte Personallage hatte Nießen bereits während der Evakuierung sei-

---

Bürckel als Regierungsvizepräsident und Leiter der Abteilung „Verwaltung und Wirtschaft" nach Wien und übernahm ab 1940 als Regierungspräsident und Ständiger Vertreter Bürckels die Leitung der Behörde des „Reichskommissars für die Saarpfalz" bzw. des „Reichsstatthalters in der Westmark und Chef der Zivilverwaltung in Lothringen". zit. nach D. Wolfanger, Die nationalsozialistische Politik in Lothringen 1940 bis 1944, S.65. - Vgl. hierzu auch D. Muskalla, NS-Politik an der Saar unter Josef Bürckel, der ausführlich auf die Umstände der Ablösung von Barths Vorgänger, Regierungspräsident Jung, eingeht.

45 Gemäß Verfügung des Reichsministers für Ernährung und Landwirtschaft war Bürckel für die Dauer seiner Funktion als Reichskommissar bzw. als Reichsstatthalter die Dienstaufsicht über die Bauernsiedlung Westmark übertragen, die von der Dienststelle Va bzw. IVd (Landeskulturamt) wahrgenommen wurde.

46 Ein Abriß der Geschichte des Landeskulturamtes findet sich im Findbuch B X., II, im Landesarchiv Saarbrücken.

47 Dr. Wilhelm Nießen, geb. 23.5.1896, juristisches Staatsexamen 1920 und seit 1925 als Regierungsrat in Staatsdiensten. Er war Mitglied der NSDAP seit 1.5.1933, wurde jedoch nach dem Zusammenbruch als „Mitläufer" eingestuft und kam 1948 in den Genuß der von der Regierung des Saarlandes erlassenen Amnestie, er blieb bis zu seinem Tode im Jahre 1949 Leiter des Landeskulturamtes.

48 So stellte G. Paul, Deutsche Mutter, heim zu Dir !, S.31, im Zusammenhange mit dem Abstimmungskampf 1933-1935 fest : „Die Arbeiterbauern interessierten sich in der Regel weniger für Arbeitsverhältnisse und gewerkschaftliche Kämpfe als für Wetter und Ernteaussichten."

49 U. Mai, Ländlicher Wiederaufbau in der <Westmark> im Zweiten Weltkrieg, S.32.

nes Amtes in Bad Kreuznach geklagt : durch Einberufung zur Wehrmacht und Abstellung in die annektierten Ostgebiete war sein Personalbestand erheblich ausgedünnt worden, der nunmehr zusätzlich mit der Errichtung neuer Dienststellen und mit neuen, ungewohnten Aufgaben konfrontiert wurde.

4.4.2. Das Wiederaufbauamt

Eine erhebliche Erweiterung und Aufwertung seiner Aufgabenstellung als Folge der politischen Neuordnung in der „Westmark" und der „Eindeutschung" Lothringens erfuhr auch das Ressort „Raum-ordnung und Raumplanung"[50].

Der durch Aufrüstung und Vierjahresplan gestiegene Landbedarf der öffentlichen Hand hatte im Dritten Reich frühzeitig die Notwendigkeit einer übergeordneten Planung und Lenkung deutlich gemacht. Das „Gesetz zur Regelung des Landbedarfs der öffentlichen Hand"[51] vom 29.3.1935 richtete eine Hitler unmittelbar unterstellte oberste Reichsbehörde, die „Reichsstelle für Raumordnung"[52], ein, die ein suspensives Einspruchsrecht bei allen öffentlichen Vorhaben hatte. Das gesamte Reichsgebiet wurde in Planungsräume eingeteilt, Reichs- und Landesplanungen sollten nach einheitlichen Gesichtspunkten organisiert werden. Von der im Dritten Reich institutionalisierten[53] neuen Wissenschaft gingen über die „Reichsarbeitsgemeinschaft für Raumforschung" wesentliche Impulse auf die Siedlungsplanung aus. Für die Planungsaufgaben in der Saarpfalz wurde 1936 die „Stabsstelle für Raumordnung" bei der pfälzischen Bezirksregierung in Speyer und beim Reichskommissar in Saarbrücken eingerichtet. Der „vorläufige Geschäftsplan" der Behörde des Reichskommissars für die Saarpfalz" vom Juni 1940[54] sah als „Stabsstelle Z-RO" ein „Generalreferat für Raumordnung" vor, dem als Aufgabenstellung „1. die Bearbeitung von Raumbedarfsmeldungen, 2. die Mitwirkung bei der Siedlungs-, Wirtschafts-, Industrie- und Verkehrsplanung...." zugewiesen wurde, und das später in das „Wiederaufbauamt" eingegliedert wurde[55]. Der „Raumplanung" war bei der „Neuordnung" im „Gau Westmark" führend tätig. Clemens Weber[56], der seit 1935 als nebenamtlicher

---
50 Zum Begriff „Raumordnung" im Handwörterbuch der Raumforschung und Raumordnung, Bd.2, Sp. 2460 und 2461 :
„......Die Idee der Raumordnung lebt von der Überzeugung, daß das Verhältnis zwischen Gesellschaft, Wirtschaft und Raum (die strukturräumliche Ordnung) nicht von selbst ein optimales ist, daß also unser „Daseins-Raum" (Bülow) zu gestalten ist......Die Raumordnung hat also dem gesellschaftspolitischen Leitbild (Dittrich) zu dienen....(wobei) die von der Gesellschaft gesetzten verfassungsmäßigen Ziele und Grenzen zu beachten sind....Die Raumordnung geht von der Annahme aus, daß strukturräumliche Gegebenheiten geändert werden können, „machbar" sind bzw. unter bestimmten Voraussetzungen, die sich aus den wirtschaftlichen, sozialen und kulturellen gesellschaftlichen Erfordernissen ergeben, zu verändern sind. Sie zielt auf einen zukünftige daseinsgerechte Zuordnung von Gesellschaft, Wirtschaft und Raum. Sie unterstellt also eine dynamische Betrachtungsweise.... Sie bedarf eines Gesamtkonzeptes, d.h. einer Rahmenplanung, nach der sich weitergehende Durchführungsplanungen richten".
Diese 1970 veröffentlichte Begriffsbestimmung erscheint nicht frei von nationalsozialistischem Gedankengut, das die Raumforschung während des Dritten Reiches prägte, und das durch den Begriff Raumordnung gekennzeichnet war, daß das „Denkbare" auch „machbar" war, und dem „Machbaren" kaum Grenzen gesetzt waren.
vgl. hierzu auch R. Messerschmidt, Nationalsozialistische Raumforschung, der die Auffassung vertritt, daß die Aufgaben der Raumforschung und Raumplanung durchaus moderne Elemente aufwiesen, und der übergreifende Wirkmechanismen in die Nachkriegszeit feststellt.
51 RGBl. I (1935), S.468.
52 Diese Behörde unterstand dem Reichsminister ohne Geschäftsbereich, Kerrl.
53 Vgl. hierzu M. Rössler, Die Institutionalisierung einer neuen „Wissenschaft" im Nationalsozialismus : Raumforschung und Raumordnung, die insbesondere auf die praktischen Bezüge zwischen Wissenschaft und Siedlungsplanung im Osten hinweist.
54 VOuABl. SPf. Sondernummer vom 7.6.1940.
55 Zu Einzelheiten der Behördengliederung und der Einordnung des „Wiederaufbauamtes" nach dem vorläufigen Geschäftsplan von 1940 und der im Jahre 1941 erfolgten Neugliederung s. V. Rödel, Die Behörde des Reichsstatthalters in der Westmark und J. Muskalla, NS-Politik an der Saar unter Josef Bürckel.
56 Dipl. Ing. Clemens Weber , geb. 28.6.1905, Dipl.-Architekt, nach verschiedenen Tätigkeiten im privaten und öffentlichen Bauwesen, u.a. als Stadtbaurat in Ludwigshafen, seit 1.9.1940 Leiter des Wiederaufbauamtes bei der Behörde des Reichsstatthalters in Saarbrücken, nach Kriegsende freier Architekt in Bad Dürckheim, seit 1950 im öffentlichen Dienst (Bauwesen) bei der Bayerischen Landesregierung in München in leitender Funktion tätig. Professor an der TU München im Rahmen eines Lehrauftrages.
Das Epurationsverfahren gegen Weber wurde 1947 in Rheinland-Pfalz durchgeführt, die Akten nach dessen Wohnsitzverlegung nach Bayern überstellt. Lt. Schreiben des Amtsgerichtes München, Registratur S, waren diese Akten dort weder bekannt noch der eventuelle Fundort festzustellen. Nach eigener Darstellung war Weber hoher HJ-Führer

Kap.4 - Der Gau Westmark - Bürckels Mythos vom „Schutzwall" des Reiches im Westen

„Generalreferent für Raumordnung" fungierte, hauptamtlich Tätigkeiten in der Bezirksregierung der Pfalz bzw. als Leiter des Bau- und Planungsamtes und als hauptamtlicher Beigeordneter für das Bauwesen der Stadt Ludwigshafen ausübte, wurde am 1.9.1940 unter Beibehaltung seiner Funktion als Planungsreferent zum vorläufigen Leiter des Wiederaufbauamtes bei der Behörde des Reichskommissars für die Saarpfalz ernannt.

In einem persönlichen Gespräch am 19.12.1986 in seinem Münchener Haus hat sich Weber über seine Tätigkeit in der Saarpfalz und in Lothringen geäußert[57]. Er stand in „ständigem Kontakt" zu Bürckel und genoß offenbar dessen völliges Vertrauen. Persönlich schätzte Weber Gauleiter Bürckel als „klugen Technokraten", der eine Schar von „anständigen Leuten", um sich versammelt habe, und dessen größter Fehler die „Aussiedlung" - Weber benutzte den NS-Jargon - von 200.000 französischen Lothringern gewesen sei. Bürckel habe diese Aktion „völlig eigenmächtig angeordnet und über Nacht durchführen lassen"[58]. In Lothringen sei er seit Juli 1942, also erst längere Zeit nach der Vertreibung und der Neubesiedlung, als Beauftragter des Reichsstatthalters und Chef der Zivilverwaltung in Lothringen für Orts- und Regionalplanung zuständig geworden[59]. Webers Tätigkeit in der Ausführung von Bürckels Neuordnungsplänen im saarpfälzischen Grenzgürtel setzte bereits im Juli 1940, also mehrere Wochen vor seinem offiziellen Amtsantritt, ein[60]. Bürckel hatte zwecks „Neugestaltung des ländlichen Raumes im ehemals freigemachten saarpfälzischen Grenzgebiet"trotz unklarer Rechtslage[61] die bereits angelaufenen Arbeiten zur vorläufigen Instandsetzung der bei den Kriegshandlungen 1939/40 beschädigten Gebäude kurzerhand einstellen lassen und die Rückkehr der evakuierten Bevölkerung untersagt. Mangels seiner Behörde nachgeordneter ausführender Organe beauftragte Weber freischaffende Architekten[62] als „Beauftragte für den Wiederaufbau" mit der Planung der Raumordnungs-, Umlegungs- und Neubaumaßnahmen sowie mit der Erfassung der durch die Kämpfe entstandenen Gebäudeschäden, die neben den kommunalen Bauverwaltungen fungierten. Unklare Zuständigkeitsregelungen führten zu Auseinandersetzungen zwischen den beteiligten Stellen, u.a. beklagte Weber „große Schwierigkeiten mit der Flurbereinigungsbehörde in den Neuordnungsgemeinden"[63], andererseits wurde Webers „Beauftragten für den Wiederaufbau" vorgeworfen, daß sie in den freigemachten und zur „Neuordnung" anstehenden Ortschaften „nach Belieben schalteten und walteten"[64]. Die Tätigkeit des „Wiederaufbaus" wird kontrovers beurteilt : wird heute architekturhistorisch

---

(Gruppenführer).
Die biografischen Angaben sind dem bei H. Frank/J.-L. Cohen (Hrg.) : Rapport Intermédiaire octobre 1987 des Gemeinsamen Forschungsprogramms der Ecole d'Architecture Paris-Villemin und der Hochschule für bildende Künste Fachbereich Architektur, Hamburg, S.154 ff., veröffentlichten Lebenslauf Webers entnommen.
57 Gesprächsprotokoll in : H. Frank/J.-L. Cohen (Hrg.), ebenda, S.159 ff.
58 Zumindest im zweiten Teil ist diese Aussage unzutreffend, da die beabsichtigte Vertreibung der frankophonen Bevölkerung in der Gauführungsspitze seit Sommer 1940 ein offenes Geheimnis war.
59 Diese Äußerung steht in Gegensatz zu der „Niederschrift über die Besprechung mit Landesplaner Weber am 1.11.1940", (BA. Kobl. R 113, Nr. 349, abgedruckt bei Uwe Mai, Ländlicher Wiederaufbau in der <Westmark> im Zweiten Weltkrieg, Dok.9, S.180). aus der die aktive Beteiligung Webers an den Planungen für „Neuordnung" hervorgeht. Eigenartig und vielleicht bezeichnend für die mangelnde Offenheit, mit der Weber dieses Gespräch führte, ist die Feststellung, daß er in dem Interview seine Tätigkeit als Leiter des Wiederaufbauamtes und die damit verbundene Verantwortung für die Durchführung der als „Neuordnungs"-Maßnahmen bezeichneten zwangsweisen Planungs- und Umlegungsverfahren im saarpfälzischen Grenzgürtel völlig überging.
60 Rundbrief von Prof. Rudolf Krüger vom 22.7.1940 an Architektenkollegen über zu diesem Zeitpunkt bereits in Gang befindliche „Wiederaufbauarbeiten" in der „roten Zone" der Saarpfalz. Nachlaß Krüger, Saarbrücken, abgedruckt bei U. Mai, ebenda , Dok.7a, S.168-170.
61 Nach dem Umlegungsgesetz vom 26.6.1936 - RGBl. I (1936), S. 518 war für die Durchführung von Umlegungsmaßnahmen der Reichsminister für Ernährung und Landwirtschaft zuständig.
Über Bürckels Motiv für diese rechtswidrige Regelung kann nur gemutmaßt werden : die gaueigene Regie konnte Verzögerungen in der Umsetzung seiner politischen Absichten vermeiden, Bürckel argwöhnte wohl nicht zu Unrecht, daß der Reichsminister für Ernährung und Landwirtschaft seinen politischen Absichten kaum Priorität einräumen würde.
62 Unter ihnen befand sich auch der im regionalen Raum bedeutende Prof. Rudolf Krüger, Saarbrücken. Zur Person und zum Wirken von Prof. Krüger s. M. Malburg, Rudolf Krüger (Diss.).
63 Gesprächsprotokoll S. 161.
64 W. Laufer, „Wiederaufbau" und „Neuordnung" in der „Westmark", S.253.

und ästhetisch das Niederlegen ganzer intakter Straßenzüge als Freilegung historischer Ortskerne gewürdigt, ist die Zerstörung dringend benötigten Wohnraumes, der die aus der Evakuierung zurückkehrende Bevölkerung in Notunterkünfte verbannte, heftig zu kritisieren. Mit der von Weber geförderten Entwicklung einer typisierten Rasterbauweise wurde offenbar auch das Ziel verfolgt, unterschiedliche, regionaltypische Bauweisen durch einen gleichgeschalteten, „westmärkischen" Typ ländlicher Ortsgestaltung, der das nationalsozialistische Gesellschaftsbild reflektierte[65], zu ersetzen.

Zwischen den nahezu gigantischen Ausmaßen des Erneuerungsanspruches und den zur Verfügung stehenden Mitteln klaffte freilich ein zunehmend deutlich werdender Widerspruch. Die Umlegungsplanungen im saarpfälzischen Grenzraum konnten bis Kriegsende nicht zum Abschluß gebracht werden, und die Umlegungsplanungen in der „roten Zone" in Lothringen wurden durch die Bauernsiedlung Westmark nicht in Angriff genommen, da deren begrenzte Planungskapazität durch Planungsarbeiten im lothringischen Siedlungsgebiet voll in Anspruch genommen war[66]. Folgenreicher für die Bevölkerung im saarpfälzischen Grenzgürtel war freilich die völlige Einstellung der Bautätigkeit im Jahre 1943 gemäß einer Weisung des Gauleiters.

Es wird in dieser Arbeit bereits im Vorfeld der wesentlichen Entscheidungen in den lothringischen Siedlungsfragen mehrfach von in regionaler Zuständigkeit durchgeführten „Planungen" die Rede sein, und es liegt nahe anzunehmen, daß Bürckels „Chefplaner" auch eine Rolle als technischer Berater in den Fragen der „Ländlichen Neuordnung in der Westmark", welche auch Lothringen einbezog, spielte[67]. Eine Wertung, wo die technisch-wissenschaftliche Vorbereitung endete und wo die politische Einflußnahme begann, kann mangels aussagefähiger Quellen mit dieser Feststellung nicht verbunden werden.

Im Frühsommer 1940 stand Hitlers „Eingliederungsspezialist" Bürckel vor der Aufgabe, gemäß dem seinem „Führer" gegebenen Versprechen Lothringen in zehn Jahren „einzudeutschen". Im folgenden Kapitel soll beschrieben werden, wie Gauleiter Bürckel seine Tätigkeit als „Chef der Zivilverwaltung in Lothringen" in Angriff nahm, und welche Strategien bei der Ausführung verfolgt wurden.

---

65 Seine Vorstellungen von der Gestaltung des Ortskernes von Steinfeld/Pfalz beschrieb der Ortsbürgermeister in einer Eingabe an den „Wiederaufbau". Neben dem Rathaus sollte gleichwertig das „Parteihaus" als Standort der örtlichen Parteileitung und der verschiedenen örtlichen NS-Unterorganisationen wie NSV und HJ errichtet werden. Gemeindeverbandsarchiv Bergzabern, Bestand Steinfeld, Nr.157, n.fol.
66 Die Leitung der Bauernsiedlung Westmark hat diese aus materiellen Gründen unterlassene Tätigkeit nach dem Kriege als Verweigerungshaltung umzudeuten versucht. s. hierzu Kap.9.
67 In einer mit dem Arbeitstitel : „Wie weit reicht die Westmark ?" an der Universität des Saarlandes in Vorbereitung befindlichen wissenschaftshistorischen Dissertation untersucht Wolfgang Freund die wissenschaftlich-volkskundlichen Zwecken dienenden Saarpfälzischen bzw. Westmark-Instituts für Landes- und Volksforschung und von dessen Schwesterinstitut, des Lothringischen Instituts für Landes- und Volksforschung, das Bürckel auch zur Legitimierung der nationalsozialistischen Annexionspolitik in Lothringen diente.
Freund fand bei seinen Recherchen bisher keine Hinweise auf eine mögliche Beteiligung der beiden Institute bei der Konzeption des 'Lothringer-Plans', was die Frage nach der Urheberschaft des 'Lothringer-Plans' einengt.

5. DIE „EINDEUTSCHUNG" LOTHRINGENS - HITLERS AUFTRAG AN GAULEITER BÜRCKEL

Unverzüglich nach dem Einmarsch der deutschen Truppen in Lothringen begann die Ablösung der französischen Verwaltung sowie der Aufbau der grundlegenden Strukturen in Verwaltung und Wirtschaft durch die deutsche Besatzungsmacht. Über Lothringen ergoß sich ein Strom von Verordnungen und Neuregelungen[1], die *de facto*[2] die Eingliederung Lothringens in das Deutsche Reich beinhalteten, wenn auch *de jure* der „Anschluß" unterblieb.

Zum „Chef der Zivilverwaltung in Lothringen" ernannte Hitler den saarpfälzischen Gauleiter Josef Bürckel, dem weitgehende Kompetenzen eingeräumt wurden und der nur Hitler unmittelbar verantwortlich war. Bürckel setzte entsprechend Hitlers Auftrag unverzüglich rigide Maßnahmen mit dem Ziel einer schnellen „Eindeutschung" Lothringens in Gang. Die Besatzungsmacht bemächtigte sich der wirtschaftlichen Ressourcen, wies Innerfranzosen und „französelnde" Lothringer in das unbesetzte Frankreich aus und betrieb eine auf Zwangsassimilierung ausgerichtete Kulturpolitik. Nicht zuletzt gehörte zu den „Eindeutschungs"-Maßnahmen auch das den thematischen Mittelpunkt dieser Arbeit bildende Siedlungsprojekt in West- und Südwestlothringen.

Ein wesentliches Instrument zur „Eindeutschung" Lothringens bildete die „Deutsche Volksgemeinschaft", die von Gauleiter Bürckel in Lothringen ins Leben gerufene Sammelbewegung, die nach dem Vorbild der NSDAP organisiert war, und die er selbst als „Landesleiter" führte. Die Mitgliedschaft der Mehrzahl der lothringischen Bevölkerung in dieser Organisation sollte der „Quasi-Annexion" eine Scheinlegitimation verleihen und einen Konsens zwischen NS-Herrschaft und Beherrschten vorgeben, sie enthielt jedoch auch ein bedingtes Integrationsangebot und das Versprechen auf Heimat- und Eigentumsrecht. Die Vertreibung von Teilen der frankophonen Bevölkerung zur Vorbereitung der Siedlungsmaßnahmen stand in krassem Widerspruch zu Bürckels Integrationsangebot und der dadurch erweckten Erwartungshaltung mit negativen Folgen für das Verhältnis der Lothringer zur NS-Herrschaft und die zaghaft sich entwickelnde Vertrauensbasis.

5.1. Der „Chef der Zivilverwaltung in Lothringen"

Am 12.5.1940, unmittelbar nach Beginn des Westfeldzuges wurde der Reichskommissar und Gauleiter der Saarpfalz, Josef Bürckel, zum „Chef der Zivilverwaltung beim AOK 1"[3] - Lothringen lag im Operationsgebiet der 1. Armee - ernannt. Die Bestellung eines hohen Parteifunktionärs[4] anstelle des in dieser Funktion etatsmäßigen Generalstabsoffiziers lassen darauf schließen, daß die NS-Führung von Anfang an politische Ziele in den ehemaligen Reichslanden verfolgte[5]. Dieser Eindruck wird bestärkt durch die der Besetzung Lothringens in der zweiten Monatshälfte Juni 1940[6] auf dem Fuße folgende Ablösung der französischen Verwaltung und deren Ersetzung durch deutsche Dienststellen, die keineswegs spontan und improvisiert wirken.

---

1 Allein in 1941 enthielt das 'Verordnungsblatt für Lothringen' auf 1062 Seiten 663 Regelungen. Was die deutsche Verwaltungsbürokratie für regelungsfähig und -bedürftig hielt, sei an einem Beispiel illustriert : im Jahre 1941 wurden acht Regelungen über den Gebrauch, die Verwendung und Verwertung von Schreibmaschinen mit französischer Tastatur erlassen.
2 Die französische Historiografie spricht folgerichtig von der „annexion de fait".
3 Zur Funktion der Chefs der Zivilverwaltung in den vom Dritten Reich eroberten Gebieten, deren Annexion aus politischen Gründen vorläufig verschoben wurde, s. L. Kettenacker, Die Chefs der Zivilverwaltung im Zweiten Weltkrieg.
4 Im Elsaß wurde die Funktion des Chefs der Zivilverwaltung dem badischen Reichsstatthalter und Gauleiter, Robert Wagner, übertragen.
5 Vgl. hierzu E. Jäckel, Frankreich in Hitlers Europa, S.77, der die „Gau-Lösung" als entscheidendes Indiz für einen geplanten „engen Anschluß an das Reich" sieht. Im Gegensatz hierzu D. Wolfanger, Die nationalsozialistische Politik in Lothringen 1940 bis 1944, S.36, der in der Beauftragung Bürckels keine Vorentscheidung über die Zukunft Lothringens sieht, diese Ansicht in Anm. 3 jedoch relativiert.
6 Vgl. hierzu E. Jäckel, Frankreich in Hitlers Europa, S.76, der die Auffassung vertritt, daß Hitler die beiden Gauleiter Wagner und Bürckel bereits in der ersten Junihälfte in ihre zukünftigen Aufgaben eingewiesen hat.

Hatte Hitler in seiner Reichstagsrede am 19.7.1940 auch wider Erwarten nicht die Angliederung Elsaß-Lothringens an das Deutsche Reich verkündet, die Annexion ging *de facto* weiter : Eisenbahn und Post wurden am 15.7.1940 von deutschen Dienststellen übernommen, am 24.7.1940 wurde die deutsche Zollgrenze wieder auf die Linie von 1871 bis 1918 verlegt. Der „Erlaß des Führers über die vorläufige Verwaltung im Elsaß und in Lothringen"[7] vom 2.8.1940 beauftragte die Chefs der Zivilverwaltung, nach Hitlers „allgemeinen Weisungen und Richtlinien...und nach fachlichen Weisungen der Obersten Reichsbehörden für den Wiederaufbau der elsässischen und lothringischen Gebiete zu sorgen", wobei dem Reichsminister des Innern eine zentrale Stellung als Koordinierungs- und Schiedsinstanz eingeräumt wurde.

Nach erheblichen Auseinandersetzungen zwischen zentralen Berliner Stellen einerseits und den Chefs der Zivilverwaltung in Lothringen und im Elsaß andererseits wurden am 25.9.1940 von Hitler neue Entscheidungen über die Zuständigkeiten getroffen, die im „Zweiten Erlaß des Führers über die vorläufige Verwaltung im Elsaß und in Lothringen" vom 18.10.1940[8] niedergelegt wurden. Den Chefs der Zivilverwaltung wurden weitgehende Handlungsspielräume zugebilligt, um aus Elsaß und Lothringen „im Laufe von zehn Jahren völlig deutsche Gebiete" zu machen. Reichs- und Landesrecht konnte nur mit Zustimmung der C.d.Z. in Elsaß-Lothringen eingeführt werden, die Obersten Reichsbehörden, auch der Reichsinnenminister, hatten gegenüber den Chefs der Zivilverwaltung keine Weisungsbefugnis. Den neuen Verwaltungseinheiten wurden eigene Haushalte zugebilligt[9], vom Reichsfinanzminister sollten „für die Aufbauzeit die benötigten Mittel global zur Verfügung gestellt werden, so daß die Bewirtschaftung der Mittel ausschließlich bei ihnen[10] liegt". Weisungen konnten die C.d.Z. nur von Hitler direkt erhalten und waren auch nur ihrem „Führer" gegenüber verantwortlich, mit einer ausdrücklichen Ausnahme : die Einbeziehung der elsässischen und lothringischen Wirtschaft in die deutsche Kriegswirtschaft machten es geboten, daß „auch Reichsmarschall Göring im Rahmen der ihm als Beauftragten für den Vierjahresplan obliegenden Aufgaben den Chefs der Zivilverwaltung Weisungen erteilen kann".

Der Erlaß Hitlers vom 18.10.1940 schaltete die Führungsrolle der zentralen Reichsorgane bei den in Lothringen zur Durchführung anstehenden Maßnahmen aus, sie überging auch den für die Durchführung der volkstumspolitischen Maßnahmen in den annektierten Ostgebieten als „Reichskommissar für die Festigung deutschen Volkstums" eingesetzten Reichsführer-SS. Hitlers „Zweiter Erlaß" machte die „Eindeutschung" Lothringens zu einer regionalen Aufgabe unter der nahezu uneingeschränkten und unkontrollierten Weisungsbefugnis von „Gauleiter und Reichsstatthalter Bürckel."[11] Bürckel selbst erklärte in seiner „Rede zum Deutschen Tag in Metz" am 22.9.1940[12], daß die vor 1918 betriebene Politik zur Eingliederung der Reichslande scheitern mußte : „Wollte man die Gebiete Elsaß und Lothringen wirksam einfügen, so mußte man sie mit den Nachbargebieten verbinden." Es wird jedoch im Verlauf dieser Arbeit verdeutlicht, daß trotz der durch ausdrücklichen Führer-Erlaß erteilten Kompetenzen Bürckels Autorität bei den Siedlungsmaßnahmen nicht uneingeschränkt war.

Unmittelbar nach Hitlers „Zweitem Erlaß" wurden die Dienststellen des „Chefs der Zivilverwaltung in Lothringen" mit den Dienststellen des „Reichskommissars für die Saarpfalz" in Saarbrücken zusammengelegt, lediglich die Abteilung für Landwirtschaft und Ernährung unter Leitung von Dr. Scheu verblieb in Metz. Mit der „Verlagerung des Verwaltungsschwerpunktes" nach Saarbrücken verlor Metz seine bis auf die Römerzeit zurückgehende Funktion

---
7 Zit. nach P.E. Schramm (Hrsg.), Kriegstagebuch des OKW, Teilband II, S.967. Der Erlaß wurde im Reichsgesetzblatt nicht veröffentlicht.
8 BA-Kobl. R 2/21909 als Anlage zur Verfügung des Reichsministers der Finanzen A 1301 h 40-h, „Anforderung von Haushaltsmitteln". Dieser Führer-Erlaß wurde ebenfalls nicht veröffentlicht.
9 Ebenda, die von den C.d.Z. abgerufenen Haushaltsmittel wurden dem außerordentlichen Haushalt belastet.
10 Anmerkung des Verfassers : den C.d.Z.
11 Amtliche Bezeichnung Bürckels.
12 Zitat nach dem in der NSZ vom 23.9.1940 veröffentlichten Redetext.

als politischer, wirtschaftlicher und kultureller Mittelpunkt des Mosellandes, Bürckel führte „die faktische Eindeutschung Lothringens im Sinne einer Rückgliederung bzw. Gleichschaltung an das Reich"[13] durch.

5.2. „Eindeutschungs"- Maßnahmen

Die ersten Maßnahmen der neuen Herren in Lothringen waren auf die Herstellung halbwegs normaler Lebensverhältnisse und die Behebung von Kriegsschäden, die Wiederinbetriebnahme der Industriebetriebe, die teilweise provisorische Inbetriebnahme der Verkehrs- und Kommunikationsmittel, die Versorgung der Bevölkerung und die Wiedereingliederung der aus der Evakuierung heimkehrenden Bevölkerung des deutsch-französischen Grenzgebietes ausgerichtet[14]. Die schnelle Entlassung der aus Elsaß- Lothringen stammenden Kriegsgefangenen ist ebenfalls diesen ersten, „vertrauensbildenden" Maßnahmen zuzuordnen.

Der Tenor der Besatzungspolitik sollte sich jedoch schnell ändern : den ersten, auf die Erhaltung und Herstellung von Ruhe und Ordnung und die Gewinnung von Vertrauen gerichteten Anordnungen folgten schnell rigorose „Eindeutschungs"-Maßnahmen, die sich im wesentlichen in vier Kategorien einteilen lassen : 1. Aneignung der wirtschaftlichen Ressourcen, 2. die Eliminierung der profranzösischen Elite aus dem öffentlichen Leben, 3. Eingriffe in die französisch bestimmte Tradition und Kultur des Landes, und 4. die schrittweise Einbeziehung in die deutsche Rechts- und Gesellschaftsordnung, wobei sich die beiden letzteren Kategorien unter dem Oberbegriff der „Zwangsassimilierung" zusammenfassen lassen. Da eine umfassende Chronik der Ereignisse[15] nicht Ziel dieser Arbeit ist, sind die nachstehend beschriebenen Maßnahmen nur als exemplarisch für das Vorgehen Bürckels zu werten. Die Maßnahmen zur Zwangsassimilierung setzten in vollem Umfang erst nach dem „Zweiten Führer-Erlaß" vom 18.10.1940 ein, der offenbar einen Wendepunkt zur Radikalisierung der „Eindeutschungs"-Politik in Lothringen darstellt[16].

Die lothringischen Wirtschaftsbetriebe, insbesondere die für die Rüstung wichtigen Unternehmen des Kohlebergbaues, der Eisen- und Stahlindustrie wurden unmittelbar nach der Besetzung des Landes durch deutsche Truppen sequestriert und in die deutsche Wirtschaftsordnung einbezogen. Am 9.8.1940 wurde die Reichsmark neben dem französischen Franken als gültiges Zahlungsmittel eingeführt[17], der Umrechnungskurs auf 1 RM = 20 Französische Franken festgesetzt. Für die Lothringer und die lothringische Wirtschaft bedeutete dieser Umrechnungskurs eine erhebliche Benachteiligung durch Vermögens- und Kaufkraftverlust, da der Kurs nicht dem Kaufkraftverhältnis beider Währungen entsprach.

Eine vorläufige Kontrolle und Beschränkung der Verfügungsmacht über das „volks- und reichsfeindliche Vermögen" in Lothringen wurde am 6.11.1940 eingeleitet[18]. Juden und nichtjüdischen Ehegatten von Juden, Angehörigen von Feindstaaten und französischen Staatsangehörigen ohne Wohnsitz in Lothringen gehörendes Vermögen war den deutschen Behörden zu melden, ohne deren vorheriges Einverständnis keine Verfügungen getroffen werden durften. Nach der „Verordnung über die Übernahme und Verwertung des französischen Vermögens in Lothringen" vom 1.12.1941[19] konnte französisches Eigentum zugunsten des Reiches übernommen und „unter Berücksichtigung der besonderen Belange....der Neuordnung (§2)" verwertet werden.

---

13 D. Muskalla, NS-Politik an der Saar unter Josef Bürckel, S.327.
14 Die „Wiederaufbauleistung" hob Bürckel in seiner „Rede zum Deutschen Tag" am 22.9.1940 in Metz deutlich hervor. Der ausführliche Redetext findet sich in der NSZ vom 23.9.1940.
15 Eine ausführliche Darstellung der Ereignisse in Lothringen während der Quasi-Annexion bietet D.Wolfanger, Die nationalsozialistische Politik in Lothringen 1940 bis 1944.
16 vgl. hierzu E. Jäckel, Frankreich in Hitlers Europa, S.82. Im Zusammenhang mit dem „Ersten Erlaß" empfahl Hitler den C.d.Z. von Befugnis, „durch Verordnung Recht zu setzen" sparsamen Gebrauch zu machen, durch den zweiten Erlaß Hitlers entfiel diese Rücksicht.
17 VOBl. Loth. 1940, Nr.31, S.23.
18 VOBl. Loth. 1940, Nr.169, S.200.
19 VOBl. Loth. 1941, Nr.649, S.1044.

Diese Maßnahmen hatten jedoch nicht nur die Aneignung und Übernahme der Verfügungsgewalt über die wirtschaftlichen Ressourcen Lothringens zum Ziel und zur Folge. Französische Unternehmen wie De Wendel & Cie. und durch französisches Kapital bestimmte Gesellschaften wie die Allgemeine Elsässische Bankgesellschaft/Société Générale Alsacienne de Banque (SOGENAL), die 1881 aus der Übernahme der im Elsaß gelegenen Niederlassungen der Société Générale, Paris, entstanden war, hatten während der Reichslandezeit über den von ihnen ausgeübten wirtschaftlichen Einfluß hinaus die Bindungen zwischen dem französischen Mutterland und der verlorenen Provinz aufrecht erhalten, und damit der Germanisierungspolitik entgegengewirkt[20]. Mit der Unterstellung der französischen Wirtschaftsunternehmen unter deutsche Verwaltung verfolgten die NS-Machthaber offenbar nicht nur das Ziel der Kappung der wirtschaftlichen Bindungen Lothringens an Frankreich.

Im Anschluß an die Annexion Lothringens im Jahre 1871 hatten, wie bereits in Kap.3 dargestellt, zahlreiche französisch gesinnte Lothringer das Land als „Optanten" freiwillig verlassen. Diese „humane" Lösung der anstehenden volkstumspolitischen Probleme ergab sich unter den Bedingungen der „Quasi-Annexion" nicht.

Als eine „vorbereitende" Maßnahme zur „Eindeutschung" des Elsaß und Lothringens und zur „Lösung der Bevölkerungsprobleme der verschiedensten Art"[21] hatten die Gauleiter Wagner und Bürckel auf ausdrückliche Weisung Hitlers[22] damit begonnen, Bevölkerungteile, die nach nationalsozialistischer Auffassung für den Verbleib im Grenzgebiet nicht tragbar waren „ohne Zögern auszuweisen"[23]. Diese im NS-Jargon als „Aktion I" bezeichnete Maßnahme umfaßte die aus Innerfrankreich stammenden Beamten, weiterhin Einheimische, die als „Französlinge" bekannt waren, ausgewiesen wurden auch sämtliche französischen Bürger und Ausländer jüdischer Abstammung.

Bei den sich zwischen August und September 1940 hinziehenden Ausweisungsaktionen wurden nach Bericht des Sicherheitsdienstes[24] 24.210 Personen aus Lothringen nach Frankreich abgeschoben.

Im Zuge der Ausweisungsaktionen anfallender landwirtschaftlicher Besitz wurde beschlagnahmt. So übernahm die Bauernsiedlung im Oktober 1940 bei der „Aktion I" beschlagnahmten Landbesitz und bildete daraus 12 Gutsverwaltungen[25]. Weitergehende Erwartungen der Bauernsiedlung, daß aus der „Aktion I" 30.000 ha Landbesitz[26] zur Bewirtschaftung anfallen würden, erfüllten sich nicht, ein Beleg dafür, daß der lothringische Grundbesitz sich nur in geringem Maße im Eigentum landesfremder Großagrarier befand.

Bereits die am 28.9.1940 erlassene "Verordnung über die Eindeutschung von Namen"[27] verbot die französische Schreibweise von ursprünglich deutschen Familiennamen und ordnete die Eindeutschung der Vornamen an. Die Einführung deutscher Bezeichnungen und die damit beabsichtigte Austilgung der französisch bestimmten Vergangenheit machte auch vor den Ortsnamen nicht halt : am 25.1.1941 wurden den 738 Gemeinden Lothringens neue, eingedeutschte Namen verordnet, die im deutschsprachigen Gebiet auf die Ortsnamen des Kaiserreiches, im frankophonen Gebiet meist auf die Namengebung von 1915 zurückgriffen.

---

20 Vgl. hierzu Jubiläumsschrift zum hundertjährigen Bestehen der Allgemeine Elsässische Bankgesellschaft/Société Générale Alsacienne de Banque (SOGENAL), S.14. Von ihrer Gründung an bis zu einem im Juli 1914 ergangenen Verbot der Militärverwaltung, wurde für den internen Schriftverkehr zwischen allen Zweigstellen „diesseits und jenseits des Rheins" Französisch als einzige Sprache verwendet.
  1940 bis 1944 waren die lothringischen Filialen der SOGENAL unter Verwaltung der Dresdner Bank.
21 E. Jäckel, Frankreich in Hitlers Europa, S.128.
22 Bormann an Bürckel am 6.8.1940. Abschrift in französischer Übersetzung in „Le <Delmois> dans la Tourmente".
23 „Expulser sans hésiter !" in der französischen Übersetzung.
24 D. Wolfanger, Die nationalsozialistische Politik in Lothringen 1940 bis 1944 , S.146.
25 A.D.M. 2 W 1 'Landwirtschaftlicher Bericht aus Lothringen'.
26 BA Kobl. R2/18293, n.fol., Abschrift des Schreibens der Bauernsiedlung Saarpfalz an den Chef der Zivilverwaltung in Lothringen vom 28.9.1940. Anforderung von Mitteln zur „ersten Ausstattung der durch Einzelevakuierungen oder von den Betriebsinhabern aus eigenem Entschluß verlassenen Betriebe".
27 VOBl. Loth. 1940, Nr.77, S.160.

Kap. 5 - Die „Eindeutschung" Lothringens - Hitlers Auftrag an Gauleiter Bürckel

Der Gebrauch der französischen Sprache in der Öffentlichkeit war verpönt[28]. Die überwiegend konfessionellen Privatschulen wurden aufgelöst[29], ein neues Schulrecht in Kraft gesetzt[30], das „Deutsch" zur alleinigen Unterrichtssprache bestimmte. Personen deutscher Volkszugehörigkeit waren verpflichtet, die deutsche Sprache zu erlernen, für der deutschen Sprache Unkundige wurde die Schulpflicht bis zum vollendeten 21. Lebensjahr verlängert[31].

Aufgelöst wurden alle in Lothringen tätigen wirtschaftlichen und kulturellen Organisationen, Vereine und Stiftungen, auch solche konfessioneller Art[32].

Die versteckte Annexion Lothringens stellte auch die Frage nach der Staatsangehörigkeit seiner Bewohner. Die "Anordnung über die Bezeichnung der lothringischen Bevölkerung"[33] vom 13.2.1941 bestimmte :

„Die Angehörigen der einheimischen lothringischen Bevölkerung sind nicht als Ausländer, Angehörige der Feindstaaten oder Staatenlose anzusehen. Sie sind bis auf weiteres einheitlich, wie folgt zu bezeichnen :

'Deutsche Volkszugehörigkeit : Lothringer' "

was die Staatsangehörigkeitsfrage einerseits offen ließ, für die betroffene lothringische Bevölkerung jedoch implizit die französische Staatsangehörigkeit infrage[34] stellte. Bezogen auf die in Kap.2 behandelte „Stellungnahme des Rassenpolitischen Amtes der NSDAP" waren die Lothringer damit als „Volksdeutsche" eingestuft.

Unter den zahlreichen Vorschriften, die während der Quasi-Annexion als in Lothringen geltendes Recht eingeführt wurden, haben die siedlungsrechtlichen für das Thema dieser Arbeit besondere Bedeutung.

Bereits mit Bekanntmachung vom 4.10.1940[35] wurde die Tätigkeit der Oberen Siedlungs- und Umlegungsbehörde und der Bauernsiedlung Saarpfalz auf Lothringen ausgedehnt. Lothringen wurde auf die drei Kulturämter Saarbrücken, Merzig und Metz aufgeteilt, wobei die beiden erstgenannten die Zuständigkeiten in den deutschsprachigen Grenzgebieten der Kreise Diedenhofen (Thionville), St. Avold und Saargemünd (Sarreguemines) übernahmen. Der Dienstbezirk des am 7.1.1941 errichteten Kulturamtes in Metz als Umlegungs- und Siedlungsbehörde wurde durch Verordnung vom 13.3.1941[36] auf die Kreise Metz, Diedenhofen

---
28 Es gab während der „verschleierten" Annexion in Lothringen im Gegensatz zum Elsaß kein allgemeines Verbot der französischen Sprache in der Öffentlichkeit, bei besonderem Interesse konnte sie sogar vor Gericht verwendet werden. Dagegen waren Gottesdienst und Predigen auf Französisch strikt untersagt. - vgl. hierzu Berichte über die Verfolgung und Landesverweis für lothringische Geistliche, die trotz des Verbotes französischen Gottesdienst abhielten im Bischöflichen Archiv, Speyer. - jedoch H. Hiegel/L. Serge : François Goldschmidt - son combat singulier de prêtre et de lorrain (1883-1966). Pfarrer Goldschmidt hielt trotz des ausdrücklichen Verbotes vor den ihm betreuten Bitscherländer Siedlern und verbliebenen frankophonen Lothringern seine Gottesdienste in Duß (Dieuze) in deutscher und französischer Sprache, wurde deswegen mehrfach von der Gestapo verhaftet, jedoch wieder freigelassen. Seine Verbringung in das KZ Dachau erfolgte wegen Beihilfe zur Flucht französischer Kriegsgefangener.
29 VOBl. Loth. 1940, Nr. 273, S.440.
30 VOBl. Loth. 1940, Nr. 93, S.70.
31 VOBl. Loth. 1941, Nr. 229, S.315.
32 VOBl. Loth. 1940, Nr.131, S.259.
33 VOBl. Loth. 1941, Nr. 77, S.91.
34 Mit dem Drängen der Wehrmachtsführung, zum Ersatz für die hohen Menschenverluste im Osten die Wehrpflicht in Lothringen, im Elsaß und in Luxemburg einzuführen, stellte sich die Frage der Staatsangehörigkeit erneut. Fast zeitgleich mit der Einführung der Wehrpflicht in Lothringen am 19.8.1942 erwarben gemäß §2 der „Verordnung des RMdI über die Staatsangehörigkeit im Elsaß, in Lothringen und in Luxemburg" vom 23.8.1942 „deutschstämmige Elsaß-Lothringer", die zur Wehrmacht und zur Waffen-SS einberufen wurden oder die „als bewährte Deutsche anerkannt", waren, die uneingeschränkte deutsche Staatsangehörigkeit, §3 dieser Verordnung schuf die Möglichkeit des Erwerbs der „deutschen Staatsangehörigkeit auf Widerruf".
Das mit diesen Maßnahmen verbundene Schicksal der „Malgré-Nous", der zur Deutschen Wehrmacht zwangsverpflichteten Lothringer, belastet das deutsch- lothringische Verhältnis bis heute, Zwangsrekrutierung und Zwangsverleihung der deutschen Staatsangehörigkeit stehen jedoch nicht in unmittelbarem Zusammenhang mit Bürckels „Eindeutschungs"-Maßnahmen. - s. hierzu ausführlich D.Wolfanger, Die nationalsozialistische Politik in Lothringen 1940 bis 1944
35 VOBl. Loth. 1940, Nr. 169, S. 200.
36 VOBl. Loth. 1941 Nr. 121, S.178.

(Thionville), ausgenommen war hier der Kanton Sierck, Saarburg (Sarrebourg) und Salzburgen (Château-Salins), sowie die Kantone Bolchen (Boulay) und Falkenberg (Faulquemont) und die Gemeinden Brülingen (Brulange), Sülzen (Suisse), Landorf (Landroff), Harprich, Destrich (Destry), Barenweiler (Baronville) und Mörchingen (Morhange) im Kreis St. Avold beschränkt. Mit dieser Zuständigkeitseinteilung war der Dienstbezirk des Kulturamtes Metz ungefähr deckungsgleich mit dem lothringischen Umsiedlungsgebiet mit Ausnahme der von den Siedlungsmaßnahmen nicht betroffenen deutschsprachigen Gemeinden im östlich der oberen Saar gelegenen Teil des Kreises Saarburg (Sarrebourg).

Zu Beginn des Jahres 1941 wurden mehrere für die Durchführung der Siedlungspolitik bedeutsame deutsche Rechtsvorschriften eingeführt, die die Rechtsgrundlage für die zukünftige Tätigkeit der Bauernsiedlung Westmark bildeten. Die „Verordnung über das in Lothringen anzuwendende Recht zur Neubildung deutschen Bauerntums"[37] setzte das Reichs- und Preußische Siedlungsrecht einschließlich der dazu ergangenen Ausführungsbestimmungen in Kraft. Das Reichsumlegungsgesetz vom 26.6.1936[38], die Reichsumlegungsordnung vom 16.6.1937 in der Fassung der 1. Verordnung zur Reichsumlegungsordnung vom 27.4.1938 und der 2. Verordnung zur Reichsumlegungsordnung vom 14.2.1940 waren seit 1.2.1941 in Lothringen geltendes Recht[39].

5.3. Die 'Deutsche Volksgemeinschaft'

Als äußeres Sinnbild der Zwangsassimilierung, der gleichzeitig eine Rolle als Bürckels Integrationsangebot an die Lothringer zukam, kann die 'Deutsche Volksgemeinschaft' aufgefaßt werden, die von Bürckel nach dem Vorbild der NSDAP organisiert wurde, und der er als „Landesleiter"[40] selbst vorstand. Sie stellte für Lothringer, die sich zu dem neuen Regime bekennen wollten, eine Ersatzorganisation anstelle der für sie nicht geöffneten NSDAP dar. Bürckel brüstete sich in seiner „Rede zum Deutschen Tag" in Metz am 21.9.1940[41], die 'Deutsche Volksgemeinschaft' zähle bereits 217.300 Mitglieder.

Dieter Wolfanger zitiert eine Aussage Bürckels, daß sich die Lothringer „als Deutsche und Nationalsozialisten zu bewähren hätten und erst nach dieser Bewährung um Aufnahme in die Partei nachsuchen dürften" als Begründung für die Schaffung der DVG. Es ist jedoch als wahrscheinlicher zu erachten, daß der DVG nach dem Vorbild der 'Deutschen Front' im Saarabstimmungskampf eine Funktion als angebliches „patriotisches" Sammelbecken zugedacht war, und die Mitgliedschaft fast der Gesamtheit der lothringischen Bevölkerung als Schein-„Legitimation" für Annexionsansprüche in eventuellen Verhandlungen mit Frankreich dienen sollte. In der Tat bedeutete die Mitgliedschaft in der 'Deutschen Volksgemeinschaft' für die Mehrzahl der Lothringer kein ernsthaftes Bekenntnis[42] zum nationalsozialistischen Deutschland, sie erhofften sich von der Mitgliedschaft jedoch Schutz vor Übergriffen seitens der Besatzungsmacht insbesondere „Schutz vor zukünftiger Evakuierung"[43]. Diese Erwartun-

---

37 VOBl. Loth 1941, Nr. 649, S.1044.
38 RGBl. I (1936), S.518.
39 VOBl. Loth 1941, Nr. 102, S. 130.
40 „Stellvertreter des Führers der Deutschen Volksgemeinschaft in Lothringen" war der Lothringer Eugen Foulé, der jedoch nur geringen Einfluß hatte.
Nach dem Organisationsplan vom 1.2.1941 waren von 17 leitenden Parteifunktionären 12 Reichsdeutsche und 5 Lothringer, die Kreisleiter der DVG waren ausschließlich Saarpfälzer.
Der Organisationsplan weist als in Lothringen tätige Parteigliederungen die NSV, eine SA-Brigade, den SS-Oberabschnitt Westmark, einen NSKK-Aufbaustab, eine NSFK-Standarte sowie die Hitler-Jugend aus.
41 Der ausführliche Redetext findet sich in der NSZ vom 22.9.1940.
42 Hierzu Aktenbestand A.D.M. 2 W 6, welche die Mitgliederakten („Stammbuch") von 38 Amtsträgern (Blockleiter, Zellenleiter, Organisationsleiter) der 'Deutschen Volksgemeinschaft' aus der Stadt Metz enthält. Davon hat nur einer vor 1940 einer Organisation angehört, die die „Pflege des Deutschtums" zur Aufgabe hatte, ebenfalls einer wurde wegen „bekannter deutscher Einstellung" im persönlichen Fortkommen behindert.
Die meist dürftigen Vorwände, mit denen diese Amtsträger nach der Niederlage von Stalingrad versuchten, ihre Amtsfunktion niederzulegen und aus der Organisation auszuscheiden, lassen auf eine vorwiegend opportunistische Einstellung zur Organisation und deren Ziele schließen.

gen beruhten auch nicht auf einem Gerücht : Bürckel selbst bestätigte in seiner „Verordnung über die Mitgliedschaft in der Deutschen Volksgemeinschaft in Lothringen" vom 7.12.1942[44], daß „dieser Personenkreis mit seinen Familienangehörigen insbesondere von einer behördlichen Umsiedlungsaktion ausgenommen ist".

Offensichtliches Ziel der gegen die lothringische Identität gerichteten Maßnahmen war die Auslöschung der in jahrhundertelanger Tradition entstandenen, eigenständigen, stark französisch bestimmten Prägung des Landes und die Oktroyierung einer „Westmark"-Identität[45], die freilich sehr verschwommene Konturen aufwies. Diese „Eindeutschungs"-Maßnahmen enthielten aber auch ein Angebot : wer „deutschstämmig" war und wer sich zur 'Deutschen Volksgemeinschaft' bekannte, womit die Bezeichnung des NS-Parteiablegers in Lothringen ihre doppelte Bedeutung erfuhr, wer sich den Zwängen des NS-Regimes beugte und die auferlegten Pflichten übernahm, dem wurde als „Privileg" das Heimat- und Eigentumsrecht gewährt und die Integration in diese von außen aufgezwungene neue Gesellschaftsordnung in Aussicht gestellt. Zumindest in der Anfangsphase der Besetzung enthielt dieses Angebot auch die Verlockung, den Krieg auf der Siegerseite statt auf der Verliererseite durchzustehen. Es kann daher nicht verwundern, daß viele Lothringer das geforderte Bekenntnis ablegten, wenn es für die überwiegende Mehrzahl auch nur ein Lippenbekenntnis war, dem geringe Bedeutung beizumessen war : als Bürckel 1942 versuchte, sich oppositioneller Kräfte durch das Angebot zur freiwilligen Übersiedlung nach Frankreich zu entledigen, war die Folge, „daß sich im gesamten Land ein Großteil der Bevölkerung in demonstrativer Form zur Abwanderung nach Frankreich meldete."[46]

5.4. Die Zukunft des französischen Sprachgebietes

Das Integrationsangebot ist hinsichtlich der Zielgruppe in den die Staats- und Volkstumszugehörigkeit berührenden Erlassen in unbestimmt bleibende Formulierungen wie „einheimische lothringische Bevölkerung", „Deutsche Volkszugehörigkeit" und „deutschstämmig" gekleidet, denen konkrete Begriffsinhalte nicht zugeordnet waren. Diese Unbestimmtheiten in der Begrifflichkeit konnten dem Interesse der Besatzungsmacht dienen, unklare Formulierungen nach Bedarf interpretieren, Personengruppen abgrenzen und aus der neuen Gesellschaftsordnung ausgrenzen zu können. Hierin drückt sich jedoch auch das Dilemma aus, das die Existenz zweier Sprachgruppen in Lothringen für die NS-Machthaber darstellte : eine auf Ausgrenzung der frankophonen Bevölkerung gerichtete Politik wäre gleichbedeutend gewesen mit der weitgehenden Stillegung der lothringischen Schwerindustrie im französischsprachigen Westlothringen, die auf einheimische Arbeitskräfte angewiesen war. In der Tat negieren alle vorerwähnten Maßnahmen eine Sonderstellung des frankophonen Raumes. Das in die Zwangsgermanisierung eingeschlossene, das Heimatrecht schützende Integrationsangebot richtete sich „einheitlich", wie es in der Staatsangehörigkeits-Anordnung vom 13.2.1941 hieß, an die gesamte lothringische Bevölkerung unter Einschluß des frankophonen Teiles. Folgerichtig hatte Bürckel in seiner „Rede zum Deutschen Tag" davon gesprochen, daß innerhalb der Sprachgrenze viele deutsche Menschen leben, die nur französisch sprechen können und trotzdem ins Reich wollen, „....für sie werde die 'Deutsche Volksgemeinschaft' gemeinsam einen Weg zur Heimkehr finden." denn „Dieser geringe Bruchteil französisch sprechender Menschen ist in meinem Gau mit allen Rechten und Pflichten zu Hause.", er fügte freilich hinzu „Ein Bevölkerungsaustausch wird da und dort unvermeidlich sein"[47].

---
43 H. Boberach (Hrg.), Meldungen aus dem Reich, Bd.5, Nr. 135, S.1704.
44 VOBl. Loth. 1942, Nr.400, S.514.
45 Bürckel hat in seinen Reden immer wieder die Integration der Lothringer beschworen, beispielsweise in seiner Rede in der Saarbrücker Wartburg am 13.1.1942 zum Jahrestag der Saarabstimmung : „Bekenntnistag (im Original gesperrt - H.S.), an dem dieser Gau, die Familie Westmark, an der Saar, Mosel und dem Rhein, seine Kampfentschlossenheit, seine Treue wie damals an der Saar bekunden...", zit. nach dem in der NSZ vom 14.1.1942 unter der Überschrift „Die Saar feiert den Tag ihrer Heimkehr" veröffentlichten Redetext.
46 D.Wolfanger, Die nationalsozialistische Politik in Lothringen 1940 bis 1944 ,S.168.
47 Textzitate nach dem in der NSZ vom 22.9.1940 veröffentlichten Redetext.

Kap. 5 - Die „Eindeutschung" Lothringens - Hitlers Auftrag an Gauleiter Bürckel

---

Zum Zeitpunkt von Bürckels „Rede zum Deutschen Tag" in Metz vom 21.9.1940 waren freilich schon die Entscheidungen getroffen, die die Vertreibung großer Teile der ländlichen Bevölkerung im frankophonen West- und Südwestlothringen zur Folge hatten.

B.

Die ländliche Siedlung
in Lothringen 1940 - 1944

GRUNDSATZENTSCHEIDUNGEN ZU DEN SIEDLUNGSMASSNAHMEN IN
6. LOTHRINGEN

Die Siedlungsaktivitäten in Lothringen setzten zwar erst nach der Besetzung des Landes im Juni 1940 ein, wurden jedoch gedanklich bereits seit Februar 1940 vorbereitet. Unmittelbarer Anlaß der Überlegungen waren Erhebungen zur Feststellung „siedlungsfähiger" Landwirte im Saarland, die in den annektierten Ostgebieten angesiedelt werden sollten, Alternativen hierzu wurden in einer Ansiedlung in Lothringen gesehen.

Zu den nach der Besetzung Lothringens von Gauleiter Bürckel vorgeschlagenen „Eindeutschungs"-Maßnahmen gehörte offenbar ein Siedlungsprojekt nach den Plänen von 1917, das wahrscheinlich die ausdrückliche Billigung Hitlers fand. Diese, nur Teile des frankophonen Sprachgebietes erfassende Siedlungsmaßnahme wurde später, wahrscheinlich im August 1940, durch den 'Lothringer-Plan' ersetzt.

Der nur fragmentarisch überlieferte 'Lothringer-Plan' stellte Bürckels umfassende und ganzheitliche volkstumspolitische Rahmenplanung für die von ihm zur „Eindeutschung" des frankophonen West- und Südwestlothringen in Angriff genommene Neustrukturierung dieses Raumes dar. Es sind deutliche Übereinstimmungen mit dem 'Generalplan Ost' zu erkennen. Mit der Germanisierungspolitik während der Reichslandezeit gemeinsam ist dem 'Lothringer-Plan' die Auslösung umfangreicher Migrationsbewegungen bei erheblichen Unterschieden in der Einzeldurchführung.

Kurz vor dem „Zweiten Erlaß über die Verwaltung Elsaß-Lothringens" ernannte Himmler Gauleiter Bürckel zu seinem „Beauftragten des Reichskommissars". Bürckel unterließ es jedoch, den zwischenzeitlich bestellten „Höheren SS- und Polizeiführer Lothringen-Saarpfalz", SS-Gruppenführer Berkelmann, zu seinem „Ständigen Vertreter in Siedlungsfragen" zu bestimmen. Berkelmann nahm seinen Dienstsitz nicht in der „Gauhauptstadt" Saarbrücken sondern in Metz, wo auch ein Ansiedlungsstab des RKFDV und ein Bodenamt mit dem Ziel einer unmittelbare Einflußnahme auf die Siedlungspolitik in Lothringen eingerichtet wurden. Der von Gauleiter Bürckel in Lothringen eingeleiteten Volkstumspolitik, die sich im wesentlichen an dem kulturellen Kriterium der „Sprache" orientierte, setzten die Beauftragten des RKFDV rassenpolitische Vorstellungen entgegen, ohne daß sie erkennbaren Einfluß auf die Geschehnisse hätten nehmen können.

6.1. Initiativen zur Auflockerung der „Freiteilungsgebiete"

Am 15.2.1940 erstattete der Leiter des Kulturamtes für das Saarland, Regierungsrat Dr. Nießen, Bericht über die „Feststellung der Aussiedlungsmöglichkeiten im Altreich im besonderen im Saarland"[1]. Dem Bericht lagen Meldungen zugrunde, wonach aus den „Freiteilungsgebieten"[2] im Westen Deutschlands „geeignete Familien .....in großer Anzahl zur Aussiedlung nach dem Osten ausgesucht und nach Kriegsende dort angesiedelt werden"[3].

Das Ziel dieser Feststellungen war ein doppeltes : einerseits sollten Siedler zur Ansiedlung in den annektierten Ostgebieten rekrutiert werden, andererseits sollten die „durch die Aussiedlung anfallenden Besitzungen....den noch verbliebenen Betrieben zugeschlagen werden", was *ipso facto* die Bildung neuer Erbhöfe und damit die Überwindung der Realerbfolge einschloß. In seinem Bericht analysierte Nießen die landwirtschaftliche Lage im Saarland[4], die durch

---
1 LA Saar, LKA 470, fol.5, Kulturamt für das Saarland, Az. LK 20.0, vom 15.2.1940.
2 „Freiteilung" oder „Realteilung" bezeichnet die im süd- und südwestdeutschen Raum vorwiegende Form der Erbteilung von landwirtschaftlichem Grundbesitz, die eine weitgehende Parzellierung der Betriebsflächen zur Folge hatte. Das Reichserbhofgesetz regelte die Erbfolge des Grundbesitzes zugunsten des erstgeborenen Sohnes, wirkte also der Zersplitterung der Betriebe entgegen, im Westen bestanden jedoch nach Nießens Darstellung „viele kleine Betriebe.....die ohne Nebenerwerb nicht in der Lage sind, ihren Lebensunterhalt zu verdienen."
3 Der innerdeutsche Umsiedlungsplan", Überschrift eines Artikels im „Völkischer Beobachter" vom 23.1.1940, S.4., (BA Kobl. R2/19067) sollte eine neue „West-Ost-Wanderung" in Bewegung setzen, die nach Ermittlungen des „Reichsnährstandes" in Baden etwa 60.000 Familien und in Württemberg etwa 50.000 Familien umfassen sollte.
4 Nießens Zuständigkeit beschränkte sich zu diesem Zeitpunkt auf das Saarland.

kleinbäuerliche Strukturen und das Vorwiegen nebenberuflich bewirtschafteter Betriebe gekennzeichnet war, dem „Bergarbeiterbauerntum", das nach Ansicht Nießens unbedingt zu erhalten sei. Es müsse allerdings im einzelnen geprüft werden, inwieweit die Größe des landwirtschaftlichen Betriebes eines Arbeiters auf etwa 2 - 2,5 ha beschränkt werden und durch freigewordenes Land „über Umlegung und Anliegersiedlung ohne Aussiedlung[5] ein Teil der hauptberuflichen Landwirte auf die Größe einer selbständigen Ackernahrung gebracht werden" könne, ein Teil „der Landwirte im Hauptberuf und deren nachgeborenen Söhne" werde allerdings zur Aussiedlung kommen, wobei sich die Frage stelle, ob diese „freiwillig oder unter Zwang erfolgen" solle. Nießen äußerte Zweifel an der Bereitschaft der saarländischen Bauern zur Siedlung im „alten oder neuen Osten" und erwartete eher einen Berufswechsel in die Industrie. Vor der Ausübung von Zwang warnte er mit „Rücksicht auf die besonderen Verhältnisse an der Grenze". Der politischen Leitung empfahl Nießen, die Ermittlungen „recht vorsichtig" zu betreiben, da die Aktion „tiefere politische Nebenwirkungen haben" könne.

Nießen fuhr dann fort :

> „Wir sind uns bewußt, daß wir vollends siegen und siegen müssen. Soweit ich die letzten Worte des Führers verstehe, hat er Frankreich, nachdem die letzten Verständigungsversuche fehlgeschlagen sind und Frankreich als gleicher Gegner wie England anzusehen ist, nicht einen Freibrief gegeben für die Erhaltung seiner Integrität. Ich könnte mir daher denken, daß der deutsche Lebensraum gewisse Erweiterungen nach Westen erfahren würde. Wozu brauchen wir dann im Saarland noch Aussiedlung nach dem Osten ? Alle Maßnahmen, die jetzt für den Osten siedlungsmäßig geplant werden, sollen erst verwirklicht werden nach Kriegsschluß. Sie können aber nur ausgeführt werden nach einem glücklichen Kriegsende. Ich glaube daher gedanklich nicht fehl zu gehen, daß alsdann für das Saarland der Blick nicht minder nach Westen gerichtet werden kann, zunächst wenigstens soweit als die deutsche Sprachgrenze geht. Hier sehe ich für den Überschuß der saarländischen Landwirtschaft das zukünftige organische Siedlungsgebiet nach Aussiedlung der dortigen nichtdeutschen Elemente. Wenn dieses auch noch nicht offen ausgesprochen werden kann, sollte man deshalb gerade im Saarland bei den geplanten Ermittlungen für den <Treck> nach dem Osten etwas Gewehr bei Fuß stehen."

Der Bericht Nießens war zwar an seinen Dienstvorgesetzten, Regierungs-Direktor Binder, gerichtet, seinem Inhalt jedoch zur Vorlage bei der „politischen Leitung", also bei Gauleiter Bürckel, bestimmt.

Nießens Empfehlung an Bürckel, anstelle der Ostsiedlung für das Saarland und, ohne daß dies ausgedrückt würde, vermutlich auch für den pfälzischen Teil des Gaues Saarpfalz eine „West-Siedlung" anzustreben und in einem neuen lothringischen Siedlungsgebiet den Überschuß der landwirtschaftlichen Bevölkerung anzusiedeln, kann ein auslösendes Moment für Bürckels Siedlungsplan in West- und Südwestlothringen gewesen sein. Es muß unterstrichen werden, daß der Gedanke „ethnischer Säuberung", der sich hinter Nießens Überlegung der „Aussiedlung der dortigen nichtdeutschen Elemente" verbirgt, die eminent politisch bestimmte Analyse und die Tragweite seiner Vorschläge, die die Niederlage Frankreichs und die Quasi-Annexion Lothringens vorweg nahmen, nicht dem Gedankengang eines nationalsozialistischen Politikers, sondern dem eines Laufbahnbeamten entstammen. Da Nießen die „Hauptarbeitslast in Durchführung der geplanten Maßnahme....bei den Umlegungs- und landwirtschaftlichen Siedlungsbehörden", also in seinem eigenen Zuständigkeitsbereich und nicht bei der Landesbauernschaft sah, könnten diese Vorschläge auch unter dem Gesichtspunkt karrierefördernder Entwicklung der von Nießen geleiteten Behörde erfolgt sein.

Es ist auffallend, daß der Siedlungsfachmann Nießen seine Argumentation nicht mit einem Hinweis auf das Siedlungsvorhaben in Lothringen während des Ersten Weltkriegs stützte, als gebürtigem Rheinländer dürften ihm Tradition und Umstände in Lothringen jedoch wohl ungeläufig gewesen sein, worauf auch sein Vorschlag zur Ansiedlung innerhalb des deutschen Sprachraumes hinweist. Nießens Bericht bedeutete jedoch vermutlich keinen Schlußpunkt in der Aussiedlungsfrage, sondern er dürfte zu einem Meinungsbildungsprozeß in der Gaufüh-

---

5 Unterstreichung im Original.

rungsspitze beigetragen haben, und es ist vorstellbar, daß im Verlauf dieses Prozesses die Erinnerung an die Siedlungsidee in Lothringen während des Ersten Weltkrieges einfloß, und dieser schließlich eine Vorbildfunktion zukam. Da dieser Meinungsbildungsprozeß vor der Besetzung Lothringens stattfand - wesentliche Entscheidungen in der Siedlungsfrage wurden, wie im Anschluß darzustellen sein wird, bereits bis Ende Juni 1940 getroffen - bestand keine Möglichkeit, die Prämissen des Vorhabens von 1917 zu überprüfen. Das Ergebnis dieser Gedankengänge dürfte nach Beginn des Westfeldzuges und der Besetzung Lothringens im Juni 1940 schließlich als Bestandteil in Bürckels Vorschläge an Hitler über die zukünftige politische Gestaltung Lothringens eingeflossen sein. Die Siedlungsidee dürfte in Bürckels Erwägungen allerdings eine deutliche Schwerpunktverlagerung erfahren haben : galt es für Nießen, saarländische Landwirte vor dem Schicksal einer Aussiedlung nach dem Osten zu bewahren, so instrumentalisierte Bürckel das saarpfälzische Siedleraufgebot als ausführendes Organ seines eigenen Macht- und Expansionsstrebens, indem er seinem „Führer" die Realisierung von dessen fixer Idee, der definitiven Aneignung eroberter Räume durch ländliche Kolonisierung im Sinne der nationalsozialistischen „Blut-und-Boden"-Theorie, auch im eroberten Lothringen versprach, und somit zum Vollstrecker des „Eindeutschungs"-Auftrages seines „Führers" wurde.

Zum saarpfälzischen „Freiteilungsgebiet" rechnete auch das infolge der Kriegshandlung 1939/40 geräumte Grenzgebiet, die „rote Zone"[6], wo nach Darstellung der Landesbauernschaft Saarpfalz[7] bereits vor Kriegsbeginn als Folge des Westwallbaues Umlegungen und Maßnahmen zur Dorfauflockerung in Gang gesetzt waren. Landesbauernführer Hans Bonnet befürchtete in seinem Schreiben vom 5.7.1940 an Reichsbauernführer und Landwirtschaftsminister Darré ebenfalls in Zusammenhang mit der Feststellung potentieller Aussiedler für die Ostgebiete, daß „wenn die Aussiedlungen nur auf freiwilliger Basis durchgeführt werden können, werden im Zuge des Wiederaufbaues die neuerbauten landwirtschaftlichen Betriebe nicht auf die wünschenswerte Größe gebracht werden können"[8], und befürwortete eine „gesetzliche Aussiedlungsmöglichkeit", wobei er als möglichen Ansiedlungsraum das „angrenzende Lothringen, in welchem anscheinend größere Ansiedlungsmöglichkeiten bestehen", benannte.

Ob die von Bonnet entwickelten Vorstellungen mit Bürckel abgestimmt waren oder gar auf Anregungen des Gauleiters beruhten, ist der vorliegenden Quelle nicht zu entnehmen. Da am 5.7.1940 Bürckels ursprüngliche, „kleine" Siedlungspläne mit hoher Wahrscheinlichkeit bereits prinzipiell strukturiert waren und das Plazet Hitlers erhalten hatten, kann Bonnets Initiative auch ein Versuch gewesen sein, die Landesbauernschaft über Reichsnährstand und Reichsministerium für Ernährung und Landwirtschaft in Bürckels Siedlungsprogramm einzuschalten und einen Alleingang des Gauleiters zu verhindern. Inwieweit Bonnets Schreiben die anscheinend vom Landwirtschaftsministerium ausgehende Gründung der Bauernsiedlung Saarpfalz auslöste, die anfänglich nicht die uneingeschränkte Zustimmung Bürckels fand, ist nicht überliefert.

Grundsätzlich ist festzuhalten, daß der Reichsnährstand und der Reichsminister für Ernährung und Landwirtschaft sich frühzeitig in das lothringische Siedlungsvorhaben einschalteten.

6.2. Hitlers Einverständnis zu Bürckels Siedlungsplänen

Wann Bürckel Hitler Vorschläge über ein lothringisches Siedlungsprojekt unterbreitete, und wann Hitler diesen Vorschlägen zustimmte, ist nicht überliefert, daß Hitler Bürckels Siedlungspläne kannte und billigte, erscheint durch die Tatsache verbürgt, daß in Lothringen Saarpfälzer angesiedelt wurden. Hitlers im Zusammenhang mit den annektierten Ostgebieten ge-

---

6 Kurzbezeichnung für die beiderseits der deutsch-französischen Grenze gelegenen Gebiete, die bei Kriegsausbruch im September 1939 geräumt wurden und Zerstörungen aufgrund der Kriegshandlungen aufwiesen.
7 LA Speyer, T 63, abgedruckt bei U. Mai, Ländlicher Wiederaufbau in der <Westmark> im Zweiten Weltkrieg, Dok.2, S.151 ff.
8 Diese Feststellung bezieht sich auf die „Erbhofgröße", die im saarpfälzischen Raum mit etwa 15 bis 20 ha anzusetzen ist.

troffene Entscheidung, daß Reichsdeutsche erst nach Kriegsende außerhalb der Reichsgrenzen siedeln durften, mußte also für das lothringische Siedlungsvorhaben aufgehoben worden sein, und diese Rücknahme einer „Führerentscheidung" konnte nur durch Hitler selbst[9] erfolgen.

Wenn „Hitler schon in der ersten Junihälfte den Gauleiter von Saar-Pfalz, Josef Bürckel, und wohl auch denjenigen von Baden, Robert Wagner, in ihre künftigen Aufgaben eingewiesen hat"[10], hätten Hitlers Entscheidungen in der elsaß-lothringischen Frage vor dem 1.7.1940 festgestanden. An diesem Tage traf Hitler mit Bürckel und Wagner in Freudenstadt zusammen, und spätestens bei dieser Gelegenheit wurde den „Chefs der Zivilverwaltung" der „Eindeutschungs"-Auftrag für die ehemaligen Reichslande erteilt[11], und es besteht eine hohe Wahrscheinlichkeit, daß in diesem Zusammenhang auch das lothringische Siedlungsprojekt die definitive Zustimmung Hitlers erhielt. Welche konkreten Inhalte Bürckel zu diesem Zeitpunkt mit seinem Siedlungsvorhaben verband, ist ebenfalls unbestimmt, wahrscheinlich handelte es sich in den Grundzügen um das Siedlungsprojekt von 1917.

Es hat jedoch den Anschein, daß Hitler seine Entscheidungen hinsichtlich der Zukunft der Reichslande am 1.7.1940 noch nicht zur Ausführung freigab, da Bürckels Aktivitäten zu ihrer Umsetzung erst nach Hitlers Reichstagsrede vom 19.7.1940 schlagartig einsetzten. Als Mitglied des Reichstages und der NS-Führungsriege war Bürckel zu dieser Gelegenheit in Berlin, und wenn im Itinerar Hitlers am 19. und 20.7.1940[12] auch keine Besprechung mit Bürckel verzeichnet ist, schließt dies eine kurze Begegnung und einen Meinungsaustausch nicht aus.

Die Zusammenkunft in Freudenstadt am 1.7.1940 stand wohl im Zeichen jener allgemeinen Euphorie, die der schnelle Sieg über Frankreich in der Reichsführung auslöste und der Erwartung eines unmittelbar bevorstehenden Kriegsendes. Hitler hatte nach Darstellung von Andreas Hillgruber[13] „die feste Überzeugung gewonnen", daß mit der französischen Bitte um Waffenstillstand „nicht nur die Entscheidung des Feldzuges, sondern die des Krieges im Westen gefallen war" und erwartete einen „Kompromißfrieden" mit England[14]. Einen „konkreten Friedensvorschlag" beabsichtigte er in einer für den 8.7.1940 geplanten Reichstagsrede an die Adresse Englands zu richten[15]. Nach dem „Ausgleich" mit Großbritannien sollte die „Umrüstung" des Heeres auf eine „Friedensarmee" erfolgen[16], die Umrüstung hätte zu einer erheblichen Demobilisierung des deutschen Feldheeres geführt. Unter dem Aspekt der baldigen Heimkehr eines Großteils der Kriegsteilnehmer gewinnt die Wahrscheinlichkeit einer Siedlungsentscheidung Hitlers für Lothringen an Gewicht, da sie seine 1939 gefällte Entscheidung nicht außer Kraft setzte, sondern in der Erwartung des unmittelbar bevorstehenden Kriegsendes ausführte. Der „Eroberungszug nach Osten", dem in Hitlers Weltbild immer zentrale Bedeutung zukam, sollte erst nach „erfolgter Umrüstung und nach längerer Vorbereitung"[17] beginnen.

Hitlers Erwartungen eines schnellen Friedens erfüllten sich nicht, und die Anzeichen britischer Bereitschaft zur Fortsetzung des Konfliktes[18] veranlaßten Hitler, seine für Anfang Juli angesetzte Reichstagsrede mehrfach, zuletzt auf den 19.7.1940 zu verschieben, und in wel-

---

9 Zu Hitlers Führungsstil vgl. I. Kershaw, Hitlers Macht. - auch N. Frei, Der Führerstaat.
10 E. Jäckel, Frankreich in Hitlers Europa, S.76.
11 Dem von D. Wolfanger, Die nationalsozialistische Politik in Lothringen 1940 bis 1944, vertretenen Standpunkt, daß das Gespräch in Freudenstadt im wesentlichen der Beilegung von Meinungsverschiedenheiten zwischen Bürckel und Wagner diente, kann sich der Verfasser nicht anschließen.
12 A. Hillgruber, Hitlers Strategie, S.676.
13 Ebenda, S.58.
14 Ebenda, S.144.
15 Ebenda, S.150.
16 Ebenda, S.258. Das Friedensheer sollte insgesamt etwa 65 bis 75 Divisionen anstelle einer von Hitler noch am 22.4.1940 vorgegebenen Heeresstärke von etwa 160 Divisionen umfassen.
17 Ebenda, S.258.
18 Ebenda, S.151. Beispielsweise der englische Überfall auf französische Flottenverbände im Hafen von Oran am 3.7.1940 und die Mitteilung, daß „Churchill sich gegen die <Friedensgruppe> durchgesetzt habe". Letztere Information erreichte Hitler am 12.7.1940.

cher er auf die Annexion von Elsaß-Lothringen nicht zu sprechen kam, obwohl diese *de facto* in vollem Gange war.

Die sich im Sommer 1940 verdeutlichende Unterstützung Großbritanniens durch die USA unter Führung Roosevelts[19], die Fortführung des Krieges im Westen, der Fehlschlag des Luftkrieges gegen England und zunehmende Spannungen im Verhältnis zur Sowjet-Union zogen im Spätherbst 1940 „Hitlers Entscheidung für die militärische Ostlösung"[20] nach sich, die anstelle einer Rückführung der Heeresstärke weitere Einberufungen erforderlich machten. Mit der Fortsetzung des Krieges und der Entscheidung für den Ostfeldzug entfiel eine wesentliche Grundlage für die planmäßige Durchführung des Siedlungsvorhabens in Lothringen, nämlich die Verfügbarkeit einer ausreichenden Siedlerzahl nach der Demobilisierung von Heeresangehörigen.

6.3. Die Gründung der Bauernsiedlung Saarpfalz

Der Gesellschaftsvertrag der Bauernsiedlung Saarpfalz, später Bauernsiedlung Westmark, wurde am 13.9.1940 geschlossen, der formellen Gesellschaftsgründung gingen vielfältige Aktivitäten der befaßten Stellen voraus : am 8.8.1940, also im Anschluß an Hitlers „Ersten Erlaß zur Verwaltung von Elsaß- Lothringen" vom 2.8.1940, informierte das Reichsministerium für Ernährung und Landwirtschaft den Reichsfinanzminister von einer mit dem „Reichsstatthalter der Saarpfalz"[21] getroffenen Absprache[22], ein eigenes Siedlungsunternehmen mit Zuständigkeit für die Saarpfalz und Lothringen zu gründen und erbat dessen Zustimmung und die Bereitstellung des Stammkapitals in Höhe von RM 1.000.000,-. Die Satzung der zu gründenden Gesellschaft sollte „derjenigen der neuen Gesellschaften im Warthegau bzw. der für Gesellschaften mit Reichsbeteiligung geltenden Mustersatzung angeglichen" werden. Mit Schreiben vom 12.8.1940 bestätigte das Reichsministerium für Ernährung und Landwirtschaft dem Reichskommissar für die Saarpfalz, daß die Gründung der neuen Gesellschaft sich im Gange befinde, und zum „Geschäftsführer der Regierungs- und Kulturrat Laubinger in Posen, als stellvertretender Geschäftsführer der derzeitige Prokurist der Bauernsiedlung Hohensalza Diplomlandwirt Jerratsch in Posen bestimmt"[23] seien. Ein Aktenvermerk des Reichsfinanzministeriums vom 29.8.1940[24] hielt fest, daß das Kapital der neuzugründenden Gesellschaft vom Reichsministerium für Ernährung und Landwirtschaft endgültig auf RM 2 Mio. festgesetzt wurde, womit sie den „in den eingegliederten Ostgebieten gegründeten Siedlungsgesellschaften gleich gestellt" sei, und der Reichsfinanzminister erteilte sein Einverständnis vorbehaltlich der Mitaufsicht und der Mitsprache bei der Festlegung der Satzung[25].

Die Gründung der Bauernsiedlung erfolgte anscheinend jedoch nicht einvernehmlich, denn am 8.8.1940[26] sprach der Reichsminister für Ernährung und Landwirtschaft gegenüber dem Reichsfinanzminister davon, daß „der Reichsstatthalter der Saarpfalz" an ihn den Wunsch zur Gründung einer eigenständigen Siedlungsgesellschaft für das Gebiet der Saarpfalz herangetragen habe, während das an den Reichskommissar für die Saarpfalz gerichtete Schreiben vom 12.8.1940 des Landwirtschaftsministeriums eher den Eindruck vermittelt, daß die Initiative vom Ministerium ausging. Mit dieser Auffassung stimmt ein handschriftlicher Vermerk aus dem Reichsfinanzministerium auf dem Schreiben des Reichsministeriums für Ernährung und Landwirtschaft vom 8.8.1940 überein, wonach in einer Besprechung am 16.8.1940 im Reichsinnenministerium der Vertreter des Reichskommissars erklärt habe, daß „eine Siedlungsgesellschaft im Saarland nicht eingeschaltet werden solle". Diese Einwendung wurde

---
19 s. hierzu die ausführliche Darstellung ebenda, Kap.A.II.3, S.90 ff.
20 Ebenda, Kap.B.V.3, S.352.
21 Die Amtsbezeichnung „Reichsstatthalter für die Saarpfalz" ist nicht korrekt, Bürckel war zu diesem Zeitpunkt noch „Reichskommissar für die Saarpfalz".
22 BA-Kobl R 2/18983, n.fol. Az. VIII 30800/40.
23 Ebenda.
24 BA Kobl R 2/18983, n.fol., Ar 4762 π - 1 Gen.B.
25 Ebenda, Punkt 2 der Verfügung.
26 BA-Kobl R 2/18983, n.fol. Az. VIII 30800/40.

zwar zu einem späteren Zeitpunkt nicht mehr erhoben, Bürckel scheint sich mit dem der Gesetzeslage entsprechenden Vorgehen des Reichsministeriums für Ernährung und Landwirtschaft abgefunden zu haben. Gleichzeitig hatte er jedoch die Umlegungsmaßnahmen in der „roten Zone" der Oberbaurat Weber unterstehenden Planungsabteilung beim Reichskommissariat übertragen, so daß der Siedlungsgesellschaft zustehende Kompetenzen bereits anderweitig wahrgenommen wurden.

6.4. Der 'Lothringer-Plan'

Als Einführung zum 'Groß-Salzburgen-Plan'[27], einer der planerischen Initiativen für die strukturelle Neuordnung des lothringischen Siedlungsgebietes ist eine Zusammenfassung des 'Lothringer-Plans' überliefert, die wegen ihrer besonderen Bedeutung für diese Arbeit nachstehend zitiert werden soll :

„In West-Lothringen soll ein 150 km langer und 20-25 km breiter Grenzwall - mit hochqualifizierten Menschen -, und zwar mit einer Bevölkerungsdichte von 150 bis 180 Menschen auf 1 qkm errichtet werden.

In diesem Gebietsstreifen liegen heute 4 Kreise mit 4 Kreisstädten. Die Städte Diedenhofen, Metz, Salzburgen (evtl. Duß) und Saarburg zählen zukünftig zusammen rund 200000 Einwohner."[28]

Das Zitat entstammt dem „2. Entwurf vom 1.August 1941", in einer „Vorbemerkung" wird ausgeführt, daß der 'Groß-Salzburgen-Plan' „Teil des 'Lothringer-Plan' ist, dessen Kenntnis hier vorausgesetzt wird." Offenbar ist der 'Lothringer-Plan' als Grundsatzplanung zu betrachten, zu dessen Durchführung weitere Detailplanungen u.a. der 'Groß-Salzburgen-Plan' zu erstellen waren. „Ziel der Besiedlung" war, im frankophonen Lothringen einen völkischen Proporz von 60 zu 40 zwischen „Reichsdeutschen" und „Volksdeutschen" herzustellen[29], der „gesamte Grenzgürtel" sollte etwa 575.000 Einwohner zählen, bei der Besiedlungsdichte war die „Sonderlage des Industriegebietes Diedenhofen" außer Betracht zu lassen. Seine Absicht zur Herstellung einer dichten Grenzbesiedlung, ein „möglichst dichter nationaler Wall", mit „150 bis 180 Einwohnern auf dem qkm" bestätigte Bürckel in seinem Beitrag „Grenzproblem Lothringen, ein Siedlungsproblem"[30].

In seinem Aufbau weist der 'Lothringer-Plan', soweit die fragmentarische Überlieferung einen Vergleich zuläßt, Parallelitäten zu dem in Kap.2 skizzierten „Generalplan Ost vom Februar 1940" auf, was ihn *prima vista* als Strategiepapier des RKFDV einordnen könnte. Zu diesen Gemeinsamkeiten gehören die Eingrenzung des neu zu strukturierenden Raumes, die Vorgabe von Bevölkerungszahlen und des völkischen Proporzes, sowie die Differenzierung der Ansiedlungsziele zwischen städtischen und überwiegend landwirtschaftlich genutzten Räumen, der RKFDV lehnte jedoch Bürckels im 'Lothringer-Plan' definierten Zielvorstellungen, wie noch zu beschreiben sein wird, kategorisch ab.

Es wird in den Kap.11 und Kap.13 zu überprüfen sein, inwieweit Bürckel im ländlichen Raum sein aus dem 'Lothringer-Plan' entwickeltes Siedlungsmodell gegen die Vorstellungen des RKFDV durchsetzen konnte. Die quantitativen Vorgaben des 'Lothringer-Plans' sind anhand der durchgeführten Maßnahmen überprüfbar und nachvollziehbar.

Ob Hitlers Siedlungsentscheidung bereits ein dem 'Lothringer-Plan' entsprechender Vorschlag Bürckels zugrunde lag, erscheint zweifelhaft, vermutlich orientierten sich Bürckels Vorstellungen Ende Juni 1940 an den Plänen der *Landgesellschaft Westmark* von 1917, und der 'Lothringer-Plan' entstand erst im Laufe des Monats August 1940. Auf eine solche grundlegende konzeptionelle Veränderung weisen unterschiedliche Auffassungen von der Aufgabenstellung der Bauernsiedlung zwischen Reichsministerium für Ernährung und Landwirtschaft und Reichsfinanzministerium hin[31]. In dem bereits zitierten Schreiben des Reichsministers für

---
27 A.D.M. 2 W 3. Eine ausführliche Darstellung erfolgt in Kap.11.
28 Im Original unterstrichen.
29 BDC SS-HO 5036, abgedruckt bei U. Mai, Ländlicher Wiederaufbau in der <Westmark> im Zweiten Weltkrieg, Dok.14, S.201.
30 NSZ vom 25./26.4.1942.

Ernährung und Landwirtschaft an den Reichsfinanzminister vom 12.8.1940 wurde darauf verwiesen, daß „die Durchführung dieser Aufgabe sich...noch schwieriger gestalten (wird) wie im Osten". Als Begründung wird angegeben, daß „im Osten die für die Aussiedlung benötigten Flächen leichter zu beschaffen sind als im Westen", und die Verdoppelung der ursprünglich vorgesehenen Kapitalausstattung der neuzugründenden Bauernsiedlung auf RM 2 Mio. „wie bei den Siedlungsgesellschaften im Osten" sowie eine am erhöhten Schwierigkeitsgrad der Aufgabenstellung orientierte Neueinstufung der Besoldung der Geschäftsführer seien erforderlich. Das Reichsfinanzministerium verharrte dagegen noch am 27.8.1940[32] auf einem zu diesem Zeitpunkt bereits überholten Standpunkt, daß im Westen mit der Verwaltung „umfangreichen beschlagnahmten Grundbesitzes" wie in den annektierten Ostgebieten nicht zu rechnen sei, da eine Enteignung auf gesetzlicher Basis stattfinden könne. Die Meinungsverschiedenheit wurde offenbar auf informellem Wege zwischen den Ministerien geregelt, da die Zustimmung des Reichsfinanzministers am 29.8.1940[33] im Sinne der radikaleren Vorlage des Reichslandwirtschaftsministers erfolgte.

Diese Auseinandersetzung zwischen den beiden Ministerien kennzeichnet die vermutlich bereits Anfang August 1940 eingetretene Wende in den siedlungs- und volkstumspolitischen Absichten Bürckels. Eine ländliche Siedlung nach den Vorgaben des 1917 aufgestellten Planes hätte zu einer inselartig im frankophonen Raum gelegenen deutschen Kolonie geführt, wäre allerdings mittels im Sinne nationalsozialistischer Rechtsauffassung „legaler" Enteignungen einiger weniger, „volksfremder" und nicht landesansässiger Großgrundbesitzer durchführbar gewesen. Mit dem die Bevölkerungsstruktur Lothringens tiefgreifend verändernden 'Lothringer-Plan' war das ursprüngliche Siedlungsprojekt obsolet geworden, das Siedlungsvorhaben erweiterte sich auf das gesamte frankophone west- und südwestlothringische Gebiet. Der nach der Einrichtung der deutschen Verwaltung in Lothringen wesentlich bessere Wissensstand über die Situation in der Landwirtschaft und die Zersplitterung des lothringischen Grundbesitzes hatte vermutlich zur Einsicht geführt, daß die Beschaffung der für die deutschen Ansiedler benötigten Siedlungsflächen die Enteignung zahlreicher Kleingrundbesitzer erforderlich machte, die nicht auf gesetzlicher Grundlage, sondern durch Zwangsenteignung nach deren Vertreibung aus ihrem Eigentum und ihrer Heimat durchzuführen war. Nach dieser Hypothese vom Ablauf des Entscheidungsprozesses verfolgte Bürckel seit Anfang August 1940 seine eine prinzipielle Voraussetzung seines 'Lothringer-Plans' bildenden „Umsiedlungspläne". In Zusammenhang mit dieser Neuformulierung der Ansiedlungsziele dürfte auch die Zahl der in Lothringen einzurichtenden landwirtschaftlichen Siedlerstellen auf 5.000 festgelegt worden sein.

Bürckel faßte im 'Lothringer-Plan' seine strukturelle „Eindeutschungs"-Strategie[34] für das frankophone Lothringen zusammen, sie war geprägt durch umfangreiche Migrationsbewegungen, der 'Lothringer-Plan' erinnert insofern an die Germanisierungspolitik während der Reichslandezeit. Es sind jedoch bedeutsame Unterschiede festzustellen : 1. Die Immigranten nach 1871 strömten vornehmlich in die städtischen Ballungsräume, Bürckel plante und führte zunächst die Inbesitznahme der ländlichen Siedlungsräume durch. In diesem Gedankengang kommt die ideologische Zielsetzung des Siedlungsprojektes besonders deutlich zum Ausdruck. 2. Die Ausgrenzung des frankophonen Bevölkerungsteiles und die dadurch in Gang gesetzte Emigrationswelle betraf vor 1918 fast ausschließlich das städtische Bürgertum, die Vertreibungen im November 1940 betrafen jedoch überwiegend die ländliche Bevölkerung unter bewußter Schonung der für die Aufrechterhaltung des Wirtschaftsgefüges unentbehrlichen bürgerlichen Stadtbevölkerung. 3. Die Mehrheit der Zuwanderer vor 1918 stammte aus

---

31 BA-Kobl R2/18983, bereits erwähnte Schriftsätze Landwirtschaftsministerium vom 12.8.1940 und Finanzministerium vom 27.8.1940.
32 Konzept eines Schreibens zur „Neubildung deutschen Bauerntums in der Saarpfalz" vom 27.8.1940 - Gesch.Z. Ar 4762 rr - 2 Gen.B.
33 BA Kobl. R2/18983, n.fol., Az. VIII 30800/40.
34 Daneben verfolgte Bürckel, wie im vorhergehenden Kap.5 beschrieben, eine kulturelle Eindeutschungsstrategie.

dem Inneren des Reiches, während Bürckel beabsichtigte, die Neustrukturierung der Bevölkerung in West- und Südwestlothringen überwiegend durch Immigration aus den „stammesverwandten" Nachbargebieten Saar und Pfalz durchzuführen. 4. Der „völkische Proporz" von 40 : 60 nach dem Sprachengesetz während der Reichslandzeit wurde im 'Lothringer-Plan' auf 60 : 40 umgekehrt und entsprach dem nach dem „Generalplan Ost vom Februar 1940" für die Ballungsräume der annektierten Ostgebiete festgelegten Ansatz. Inwieweit es sich bei dieser Festlegung des „völkischen Proporzes" im Osten wie im Westen um empirische oder um von der NS-Rassenideologie ermittelte pseudo-wissenschaftliche Werte handelt, bleibt unbestimmt. 5. Einen weiteren wesentlichen Unterschied bildete der durchgehende Zwangscharakter von Bürckels Maßnahmen, der in eindeutigem Gegensatz zu der weitgehend mit legalen, wenn auch einseitig das Deutschtum fördernden Mitteln und mit ökonomischen Anreizen wirkenden Germanisierungspolitik im Kaiserreich steht. 6. Unter den Bedingungen der Kultur- und Bildungspolitik zwischen 1871 und 1918 konnte sich neben dem offiziell geförderten Deutschtum ein lebhaftes französisch beeinflußtes Kultur- und Geistesleben in Lothringen erhalten[35], das mit den deutschen Elementen eigenständige Mischformen zu entfalten begann, unter den Bedingungen von Bürckels repressiver Kolonisierungspolitik gab es für das Nebeneinander deutscher und französischer Kultur keine Existenzbedingungen. 7. Der durchgängige Zwangscharakter des 'Lothringer-Plans' richtete sich nicht nur gegen die lothringische, sondern auch gegen die saarpfälzische Bevölkerung.

6.5. Die Aktivitäten des RKFDV in Lothringen

Am 9.7.1940 übertrug Himmler dem SS-Gruppenführer Theodor Berkelmann[36] die Leitung des SS-Oberabschnitts „Saar-Lothringen", der später zum Abschnitt „Lothringen-Saarpfalz" erweitert und in „Rhein-Westmark" umbenannt wurde.

Berkelmann nahm seinen Dienstsitz in Metz und nicht in der Gauhauptstadt Saarbrücken.

Mit der im September 1940 erfolgten Ernennung Bürckels zum „Beauftragten des RKFDV" schaltete sich Himmler in das lothringische Siedlungsprogramm ein. Dieses späte Datum scheint ein weiteres Indiz dafür zu sein, daß Bürckels Siedlungsvorhaben erst nach der im August 1940 anzusetzenden Einbindung in den 'Lothringer-Plan' und der sich hieraus ergebenden Notwendigkeit der Vertreibung der frankophonen Landbevölkerung einen volkstumspolitischen Impetus erhielt. Entgegen der Übung in den annektierten Ostgebieten unterließ es Bürckel, Berkelmann zu seinem „Ständigen Vertreter in Siedlungsfragen" zu ernennen, vermutlich in der Erwartung, damit die völlige Kontrolle über seine siedlungspolitischen Maßnahmen, und in weiterem Sinne über die gesamten „Eindeutschungs"-Maßnahmen zu behalten. Da Bürckel aber auch keine Persönlichkeit aus seinem Umkreis und seines Vertrauens erkennbar mit der verantwortlichen Leitung der Neubesiedlung betraute, ergab sich für Bürckels lothringisches Siedlungsprojekt die nachteilige Konsequenz, daß durch das Fehlen von Führung und Koordinierung der zahlreichen beteiligten Stellen chaotische Zustände im Siedlungsgebiet auftraten, über die in Kap.8 näher zu berichten sein wird.

Zum 'Lothringer-Plan' stellte Berkelmann kritisch fest, daß Bürckel „eine Umsetzung von mehreren 100.000 Menschen aus der Saarpfalz nach Lothringen" vorgeschwebt habe, und fuhr fort, „die Idee des Gauleiters, an der heutigen Reichsgrenze gegen Frankreich einen Menschenwall mit einer Bevölkerungsdichte von 150 - 180 Bewohner auf den qkm zu schaf-

---

35 Es sei an dieser Stelle nochmals auf den Roman von E.M. Mungenast, Der Zauberer Muzot, hingewiesen.
36 Berkelmann wurde am 17.4.1894 in Ban-St. Martin bei Metz geboren, diente als Offizier im Ersten Weltkrieg, nach dessen Beendigung gehörte er dem Freikorps „Hülsen" an, er versuchte sich in einer Vielzahl von Berufen und trat 1929 in die NSDAP und 1931 in die SS ein. Seine aktive Mitwirkung an der Liquidierung der Röhm-Anhänger in Breslau brachte ihm die Beförderung zum SS-Brigadeführer und weiteren Aufstieg in der SS-Hierarchie ein. Vor seiner Versetzung nach Lothringen war Berkelmann „HSSPF West" mit Dienstsitz in Düsseldorf. Ab dem 10.12.1941 leitete Berkelmann die SS-Abschnitte „Westmark" und „Rhein" in Personalunion. Am 30.11.1942 zum SS-Obergruppenführer befördert, wurde er mit Wirkung vom 9.11.1943 als „HSSPF Warthe" nach Posen versetzt, wo er am 27.12.1943 starb.
Zit. nach D. Wolfanger, Die nationalsozialistische Politik in Lothringen 1940 bis 1944 , S.87.

fen, ist vom Standpunkt der Festigung deutschen Volkstums entschiedenst abzulehnen"[37], da die Ansiedlung größerer Industriebetriebe im ländlichen Raum „nationalpolitisch" unerwünscht sei. Daher werde auch „von allen Sachkennern der lothringischen Siedlungsfrage....die von Gauleiter Bürckel vertretene Idee der Schaffung von sogenannten Arbeiter-Bauern abgelehnt"[38].

Auf grundsätzliche Unterschiede in der Auffassung über den zur „Eindeutschung" Lothringens einzuschlagenden Weg verweist Berkelmanns Feststellung „Die Abneigung des Gauleiters gegen das von der Schutzstaffel vertretene rassische Ausleseprinzip tritt bei jeder möglichen Gelegenheit in Lothringen in Erscheinung". Weiterhin merkte Berkelmann an, daß „die Besiedlung Lothringens mit deutschen Volksgenossen........niemals eine Gauangelegenheit sein kann, sondern Angelegenheit des Reiches und daher der Reichskommissar für die Festigung deutschen Volkstum der allein Zuständige ist. Der Gauleiter als Beauftragter des Reichskommissars hat aber sich an dessen Weisungen striktest zu halten."[39]

Berkelmann beanspruchte für die SS die alleinige volkstumspolitische Kompetenz und negierte dabei den Bürckel von Hitler erteilten „Eindeutschungsauftrag". Dem im 'Lothringer-Plan' definierten siedlungspolitischen Modell Bürckels für die „West"-Siedlung stellte der RKFDV ein eigenes, Industrie und Landwirtschaft, Stadt und Land wie in den Planungen zur „Ost"-Siedlung strikt trennendes Siedlungsmodell entgegen, auf die unterschiedlichen Ausprägungen dieser Modelle wird in Kap.11 noch näher einzugehen sein.

Zum etwa gleichen Zeitpunkt wie Bürckels Ernennung zum Siedlungsbeauftragten erfolgte die Einrichtung des *Bodenamtes Metz* unter Leitung von SS-Sturmbannführer Friedrich Brehm, und gleichzeitig oder wenig später wurde dem HSSPF „Lothringen-Saarpfalz" ein Ansiedlungsstab zugeordnet.

Von Kattowitz (Katowice) in Oberschlesien in großer Eile nach Metz versetzt, beschrieb Brehm einem Berliner Kollegen[40] ausführlich die in Lothringen vorgefundenen Verhältnisse. Die Metzer Dienststellen des RKFDV seien gerade rechtzeitig eröffnet worden, „um die Aufgaben des Reichskommisariats wahrzunehmen, wenn es überhaupt gelingen sollte, dieses hier mitarbeiten zu lassen." Bürckel habe in Lothringen eine wesentlich bedeutendere Position als die C.d.Z.[41] im Osten, und es sei das Verdienst des Dienststellenleiters, SS-Gruppenführer Berkelmann, daß Bürckel die Funktion des „Beauftragten des RKFDV" angenommen habe.

Charakteristisch für den bramarbasierenden Stil Brehms und ein offenkundiger Widerspruch zu seinen Zweifeln über die Mitarbeit des RKFDV in Lothringen ist seine Behauptung, „im Bodenamt Metz laufen heute alle Fäden zusammen, die in irgendeiner Form mit der Eindeutschung des französisch-sprechenden Teiles des Landes zu tun haben"[42]. Seine gleichzeitig robuste und joviale Art scheint Brehm schnell in dienstliche und außerdienstliche Beziehungen auch zu Behördenangehörigen des Chefs der Zivilverwaltung in Lothringen gebracht zu haben, die, wie aus dem zitierten Brief zu entnehmen ist, in Berlin eher mit Argwohn gesehen wurden. Über seine angeblich guten Beziehungen zur Bauernsiedlung und seine Beteiligung an der Durchführung der Vertreibungsmaßnahmen wird noch zu berichten sein.

Bereits vor Beginn der Vertreibungsmaßnahmen und der Neubesiedlung in West- und Südwestlothringen sorgte sich Brehm um die zukünftige Strukturierung dieses Raumes, die nicht nur Gauleiter Bürckel überlassen sein sollte. Durch eine von ihm angeregte frühzeitige Ein-

---

37 IfZ/Ma 3 (6). Brief Berkelmanns an SS-Gruppenführer Greifelt vom 23.7.1942. S.6.
38 Ebenda, S.8.
39 Ebenda, S.5.
40 BDC, Friedrich Brehm, SSO-Akte, abgedruckt bei U. Mai, Ländlicher Wiederaufbau in der <Westmark> im Zweiten Weltkrieg Dok.10, S.182. Brief vom 6.11.1940 an den Leiter des Zentralbodenamtes in Berlin. In privater Form jedoch mit dienstlichen Hintergrund schilderte Brehm seinem Dienstvorgesetzten seine eilige Berufung von Kattowitz nach Metz und die dort vorgefundenen Umstände.
41 Brehm wendet diese unzutreffende Bezeichnung offenbar auf die Reichsstatthalter in Danzig-Westpreußen und im Wartheland an.
42 BDC, Friedrich Brehm, SSO-Akte. Brief vom 6.11.1940 an den Leiter des Zentralbodenamtes in Berlin.

schaltung eines „Planungsreferenten West" als Vertreter des Leiters der SS-Planungsabteilung Prof. Konrad Meyer sollte erreicht werden, „den Anschauungen des RF-SS voll und ganz gerecht zu werden". Brehms Äußerungen liefern das erste Zeugnis für die fortgesetzten Bemühungen des RKFDV, sich in die siedlungspolitische Gestaltung des lothringischen Siedlungsraumes aktiv einzuschalten.

Wahrscheinlich um für die Mitgestaltung der ländlichen Verhältnisse in Lothringen gerüstet zu sein, entfaltete das Bodenamt eine umfangreiche Tätigkeit. Eine Sachverständigengruppe des Reichsministeriums für Ernährung und Landwirtschaft, die mit sachlichen Feststellungen in der „roten Zone" Lothringens betraut war[43], berichtete im Frühjahr 1941, daß „vom Bodenamt Lothringen-Saarpfalz" in Bolchen (Boulay) und Saarburg (Sarrebourg) parallel zu anderen, vom C.d.Z. beauftragten Stellen Erhebungen über landwirtschaftliche Strukturen vorgenommen und ausgewertet wurden. Die vom Bodenamt Metz unmittelbar vor Ort, aber auch als Auswertung älterer französischer Statistiken gesammelten Daten dienten unter anderem als Grundlage für die Erstellung spezieller „Gebietserfassungsbogen"[44], die, nach ihrem Aufbau zu urteilen, der Berliner Zentrale Erkenntnisse für die Erstellung eigener Ansiedlungspläne in Lothringen liefern sollten, sowie für die Herausgabe des Statistischen Berichtes „Lothringen in Zahlen"[45], die im Schlußkapitel dieser Arbeit zur Darstellung der quantitativen Ergebnisse der Siedlungstätigkeit herangezogen werden.

In seinem bereits erwähnten Brief[46] vom 23.7.1942 an den RKFDV faßte Berkelmann die Tätigkeit des Bodenamtes Metz wie folgt zusammen :

„Das Bodenamt hat vom Beginn seiner Tätigkeit an folgende Aufgaben durchgeführt :
1. Erfassung des aus volks- und reichsfeindlichen Vermögens angefallenen Besitzes.
2. Planung dieses Besitzes für die Besiedlung.
3. Festsetzung des Taxrahmens zum Zwecke einer für die Siedler günstigen Ansetzung derselben.
4. Treuhänderische Verwaltung des angefallenen Besitzes (die Bewirtschaftung ist eine Angelegenheit der Bauernsiedlung Westmark), der Abteilung Ernährung und Landwirtschaft beim Chef der Zivilverwaltung in Lothringen."

Berkelmann wandte sich auch gegen Bürckels Auffassung, daß das Bodenamt Metz eine Dienststelle des C.d.Z. sei und dessen Versuche, dem Bodenamt wesentliche Kompetenzen zu entziehen.

Der *Ansiedlungsstab* beim HSSPF „Lothringen-Saarpfalz" befaßte sich eingehend mit der Behandlung nichtdeutscher Bevölkerungsgruppen, vorzugsweise mit den ausländischen Arbeitern im Industrierevier Diedenhofen (Thionville). Unter den Kriegsbedingungen seien diese Arbeitskräfte nicht zu ersetzen „und es ist uns daher nicht möglich, auf das zur Bewältigung dieser Arbeiten erforderliche Menschenmaterial, selbst wenn sie volkstumspolitisch unerwünscht sind, zu verzichten"[47], eine eingehende Prüfung sei jedoch erforderlich, da „....in den Minderheiten rassisch wertvolle Elemente vorhanden sind, die die Erbmasse und das Blut unseres Volkes ergänzen....Wir gewinnen so an Zahl und verlieren nichts an Güte"[48].

Die Aussagen zur lothringischen Bevölkerung sind anfänglich zurückhaltend, in den „Richtlinien in der staatspolizeilichen Behandlung der fremdstaatlichen und fremdvölkischen Bevölkerung in Lothringen"[49] vom 25.2.1941 wird darauf verwiesen, daß „eine Regelung der Behandlung der deutsch-lothringischen Bevölkerung"[50] nicht erörtert werden (soll). Für sie behält

---

43 Einzelheiten hierzu werden in Kap.10 dargestellt.
44 Zwei „Gebietserfassungsbogen" sind überliefert : BA-Kobl. R49/74 fol. 19-51 für die Kreise Metz-Stadt und Metz Land - A.D.M. 2 W 1B für den Kreis Salzburgen (Château-Salins).
45 LA Saar, LKA 390.
46 IfZ/Ma 3 (6). Brief Berkelmanns an SS-Gruppenführer Greifelt vom 23.7.1942.
47 BA-Kobl. R49/74 - Richtlinien für die staatspolitische Behandlung der fremdstaatlichen und fremdvölkischen Bevölkerung in Lothringen, fol.6.
48 Ebenda, fol. 7.
49 Ebenda, fol. 9 ff.
50 Diese Formulierung ist unklar und schafft neben „Volksdeutschen", zu denen wie in Kap.5 beschrieben auch die

sich eine generelle Regelung der C.d.Z. in Lothringen, Gauleiter Bürckel, vor.", im Zeitverlauf wird jedoch Kritik an Bürckels Vorgehen laut. In einem 1943 erstellten, für die Berliner Zentrale bestimmten „Bericht über Lothringen"[51], werden die Volkstumsverhältnisse als „völlig unklar" bezeichnet und zur „endgültigen Bereinigung der Volksverhältnisse in Lothringen" die „Einrichtung eines Volks-Katasters" und „anthropologische Reihenuntersuchungen" verlangt. Das Dokument schließt mit der Bemerkung : „Die Sprache allein als Ausdruck der Volkstumszugehörigkeit zu betrachten, wie man es hier in Lothringen bei den verschiedenen Dienststellen tut, ist aber meines Dafürhaltens grundfalsch."

In dieser Schlußbemerkung kommen die fundamentalen Gegensätze zwischen den Auffassungen von Gauleiter Bürckel und des Reichskommissars für die Festigung deutschen Volkstums hinsichtlich der Ziele und Durchführung der nationalsozialistischen Volkstumspolitik in Lothringen zum Ausdruck : Bürckel richtete seine „Eindeutschungspolitik" an der Sprache als bestimmendem Kriterium der Volkszugehörigkeit aus, und der von ihm betriebene Germanisierungsprozeß sollte mit der Eliminierung der französischen Sprache auch im frankophonen Landesteil aus dem täglichen und familiären Gebrauch enden, wobei die Sprache gleichzeitig Synonym der Zugehörigkeit zum französischen Kulturkreis war. Der RKFDV setzte seine „Umvolkungspolitik" an rassisch-anthropologischen Merkmalen an und ging damit über den im wesentlichen an wandelbaren Kulturmerkmalen gebundenen Volkstumsbegriff hinaus, Himmlers „nordisch-rassische Gemeinschaft" sollte über die unzureichende deutsche Volkskraft hinaus „Menschenmaterial" für Hitlers Weltmachtträume bereitstellen.

Eine Analyse des oben zitierten „Berichts über Lothringen" hinterläßt jedoch keinen Zweifel daran, daß die Dienststelle Metz des RKFDV auch im Jahre 1943 lediglich bestehende Tatsachen rügte und an den ideologischen Vorstellungen der Berliner Zentrale orientierte Vorschläge formulierte, selbst jedoch keinen entscheidenden Einfluß auf die nationalsozialistische Volkstumspolitik in Lothringen nehmen konnte, die ausschließlich von Gauleiter Bürckel bestimmt wurde, der, wie bei Dieter Wolfanger[52] ausführlich dargestellt, zu diesem Zeitpunkt seine Zuflucht allerdings nur noch zu Repression und Gewalt nahm.

Zwang und Nötigung kennzeichneten auch bereits die ersten Schritte, mit denen Bürckel im Juli 1940 die Vorbereitung seines Siedlungsvorhabens einleitete : die Rekrutierung der für West- und Südwestlothringen bestimmten „Umsiedler".

---

frankophone Bevölkerung gezählt wurde und „deutschsprachigen" Lothringern eine weitere Bevölkerungskategorie. Aus der Überschrift, die zwischen „fremdvölkischen" und „fremdstaatlichen" Bewohnern unterscheidet und aus dem Textzusammenhang ergibt sich jedoch die Schlußfolgerung, daß der Verfasser unter diesen Richtlinien den unter NS-Begriff „Volksdeutsche" fallenden Bevölkerungsteil im Sinne hatte, den er gegen die „Fremdvölkischen", darunter zahlreiche Nordafrikaner, abzugrenzen suchte.
51 BA-Kobl, R 49/74, fol. 96 - 108. Abschlußbericht des HSSPF Westmark/Ansiedlungsstab vom 5.4.1943.
52 D.Wolfanger, Die nationalsozialistische Politik in Lothringen 1940 bis 1944, Kap.XIV und- Kap.XV.

7. DIE SIEDLERREKRUTIERUNG FÜR DEN LOTHRINGISCHEN SIEDLUNGSRAUM IM HERBST 1940

Unmittelbar nach der Entscheidung für das lothringische Siedlungsvorhaben begannen die regionalen Stellen in der Saarpfalz im August 1940 mit der Erfassung und Rekrutierung von Neuansiedlern, die im NS-Jargon als „Umsiedler"[1] bezeichnet wurden.

Nach ihrer Herkunft lassen sich vier große Gruppen von Neusiedlern unterscheiden : 1. Dienstverpflichtete aus der „roten Zone", deren dortiger Grundbesitz der „Umlegung" aufgrund eines „Wiederaufbauplanes" unterlag, 2. bäuerliche Bewerber aus der Saarpfalz[2], 3. Arbeiter aus dem mittleren Saarland und dem Ludwigshafener Raum und 4. die bäuerliche Bevölkerung von 19 Ortschaften im Raume Bitsch (Bitche), deren Gemarkungen von der Deutschen Wehrmacht zur Vergrößerung des dortigen Truppenübungsplatzes beschlagnahmt worden waren. Während die Erfassung und Verpflichtung der Gruppe 1, Dienstverpflichtete aus der „roten Zone", und Gruppe 4, „Bitscherländer" relativ gut dokumentiert sind, fehlen für die beiden anderen Gruppen Quellenangaben hinsichtlich des Rekrutierungsmodus weitgehend.

Von Bedeutung ist die Differenzierung zwischen den „Wiederaufbau"-Maßnahmen im saarpfälzischen Grenzbereich, der „roten Zone", und den „Siedlungs"-Maßnahmen in Lothringen. Beide Maßnahmenkomplexe weisen zwar gewisse Parallelitäten und Überschneidungen auf, beruhen jedoch auf unterschiedlichen „Rechtsgrundlagen", und für die jeweilige Durchführung waren verschiedene Dienststellen zuständig.

Die Vorgehensweise bei den im Rahmen der „Neuordnungs- und Wiederaufbauplanung" zu treffenden grundsätzlichen Entscheidungen über die verbleibenden und daher aufzustockenden bäuerlichen Betriebe, das Zusammenwirken der lokalen Verwaltungsstellen mit der Landesbauernschaft über den zukünftigen Einsatz freiwerdender Arbeitskräfte und die architektonische Auflockerung der Ortslage, sowie die unterschiedlichen Interessenlagen von politischer Führung und lokalen Stellen und die damit verbundenen Zielkonflikte und die ohne Mitwirkung der Betroffenen vorgenommenen Entscheidungen in Umsiedlungsfragen läßt sich am Modellfall der südpfälzischen Gemeinde Steinfeld im einzelnen nachvollziehen.

Die Einstellung der zukünftigen lothringischen Siedler wurde formal von der Bauernsiedlung Westmark vollzogen.

7.1. Die „rote Zone" als Siedlerreservoir

Auf Weisung von Gauleiter Josef Bürckel wurden zur Behebung von Kriegsschäden nach den Kämpfen an der Westfront 1939 bis 1940 einerseits, zur Umgestaltung und Auflockerung der Realteilungsgebiete andererseits, großräumige und großzügige Planungen zur „Neugestaltung des ländlichen Raumes im ehemals freigemachten saarpfälzischen Grenzgebiet" in Angriff genommen. Die durch umfangreiche Neuordnung der ländlichen Wirtschafts- und Besitzverhältnisse freiwerdenden Arbeitskräfte sollten als Neusiedler in den durch die Kriegsereignisse neugewonnenen Gebieten, besonders jedoch in Lothringen angesiedelt werden.

Es ist wesentlich, darauf hinzuweisen, daß die Maßnahmen zum „Wiederaufbau" und zur „Neuordnung"[3] im saarpfälzischen Grenzgebiet[4] einerseits und die „ländliche Siedlung" in

---

1 Neben der „Umsiedlung" als Synonym für die freiwillige oder unfreiwillige Übernahme einer Siedlerstelle im Rahmen einer Siedlungsmaßnahme, unterschied der NS-Jargon noch zwischen „Aussiedlung" und „Absiedlung". Unter dem Begriff „Aussiedlung" lief die Vertreibung der frankophonen Lothringer ebenso wie der slawischen Bevölkerung in den annektierten Ostgebieten. Als „Absiedlung" wurde die 1943 erfolgte Ausweisung lothringischer und elsässischer Regimegegner und ihre Verbringung an Ansiedlungsorte im deutschen Machtbereich bezeichnet. Die Begriffe „Umsiedlung" und „Aussiedlung" werden in zeitgenössischen Aussagen jedoch gelegentlich verwechselt, der Begriff „Aussiedlerhof" steht auch für die Neuanlage bäuerlicher Anwesen außerhalb der Ortslage.
2 Die Siedlerkartei weist auch eine geringe Zahl bäuerlicher Siedler aus an die Saarpfalz unmittelbar angrenzenden Gebieten aus.
3 s. hierzu W. Laufer, „Wiederaufbau" und „Neuordnung" in der „Westmark" während der Zweiten Weltkrieges, mit ausführlichem Nachweis der zahlreichen Verordnungen und Erlasse, die zu diesem Komplex ergingen. - vgl. auch U.

55

Süd- und Südwestlothringen andererseits zwar zeitlich parallel liefen und teilweise ähnliche Zielsetzungen aufwiesen, sich in ihrer jeweiligen Durchführung auch verschränkten und überschnitten, auf unterschiedlichen „Rechtsgrundlagen"[5] beruhten[6]. Diese Differenzierung verdeutlicht sich an der Tatsache, daß ausführende Behörde für Wiederaufbau- und Neuordnungs-Maßnahmen der „Reichskommissar für die Saarpfalz" war, während die Siedlungsmaßnahmen in Lothringen vom „Chef der Zivilverwaltung in Lothringen" getragen wurden. Die Personalunion von „Reichskommissar" bzw. „Reichsstatthalter" und „Chef der Zivilverwaltung in Lothringen" sowie die Zusammenlegung der Behörden des „Reichskommissars" und des „Chefs der Zivilverwaltung" im Oktober 1940 dürfen nicht darüber hinweg täuschen, daß formal nach wie vor zwei verschiedene Institutionen bestanden. Innerhalb der Behörde des „Reichsstatthalters in der Westmark und Chef der Zivilverwaltung in Lothringen" war für den Wiederaufbau in der „roten Zone" die Dienststelle VI - Wiederaufbauamt - federführend, welche die dem Landeskulturamt nachgeordneten Flurbereinigungsämter Neustadt a.d.W. und Kaiserslautern bei der „Umlegungs"-Planung einsetzte, während in Lothringen, wie noch im einzelnen darzulegen sein wird, die Dienststelle IVd - Landeskulturamt - übergeordnete Stelle auch für die in der Zuständigkeit der „Landesplanung" liegenden Aufgaben war. Die unterschiedlichen Zuständigkeiten waren auch maßgeblich für die haushaltsmäßige Erfassung : die Maßnahmen in der Saarpfalz wurden unmittelbar aus dem ordentlichen Reichshaushalt, die Aufwendungen für die Siedlungsmaßnahmen in Lothringen aus dem Haushalt des „Chefs der Zivilverwaltung in Lothringen" gedeckt, der aus dem außerordentlichen Reichsetat gespeist wurde.

7.1.1. Die Neuordnungs- und Wiederaufbauplanung

Die Neuordnungsplanungen für die „rote Zone" gehen zurück auf den Entwurf zu einer Verordnung des Reichskommissars für die Saarpfalz[7], die am 27.7.1940 verschiedenen Berliner Stellen zur Stellungnahme zugeleitet wurde[8]. Als Leitgedanken nennt die Präambel :

> „Dieser Wiederaufbau muß nach den Grundsätzen des nationalsozialistischen Staates und des gemeinen Wohles erfolgen und hat die Ziele nationalsozialistischer Boden- und Raumordnung, Wohnungs- und Siedlungspolitik und der Ernährungs- und Selbstversorgungsgrundlage im Auge zu behalten."

womit verdeutlicht wird, daß nicht die Interessen der durch die Kriegsereignisse Geschädigten, sondern das „übergeordnete" Partei- und Staatsinteresse Hauptanliegen der Verordnung war.

Nach einem vom „Reichskommissar für die Saarpfalz" als ausführender Behörde erstellten „Wiederaufbauplan" (§2) sollte die „Neuordnung" (§1) sich „insbesondere auf die Umlegung im Sinne der Reichsumlegungsordnung[9] vom 16.6.1937, die Aussiedlung[10], die Auflocke-

---

Mai, Ländlicher Wiederaufbau in der >Westmark<, mit einer ausführlichen Dokumentation der Vorgänge.
4   Diese Maßnahme wurde auf die „rote Zone" in Lothringen ausgedehnt.
5   Unter „Rechtsgrundlagen" sei in diesem Zusammenhang nicht nur „gesatztes Recht" im Sinne Max Webers verstanden, sondern auch die nach „Willen des Führers" ausdrückende charismatische Normsetzung.
6   Diese Auffassung wird auch von W. Laufer, „Wiederaufbau" und „Neuordnung" in der „Westmark", geteilt
7   BA Kobl. R2/19068. Diese Verordnung wurde nicht im „Amts- und Verordnungsblatt für die Saarpfalz" veröffentlicht, erlangte also keine Rechtsgeltung, die vorläufige Anordnung des Reichskommissars vom 14.8.1940 (LA Saar, Bestand Landratsamt St. Ingbert Nr. 51) setzte jedoch die dann umschriebenen Maßnahmen im wesentlichen in Gang. Eine nachträgliche Legalisierung der von Bürckel angeordneten Maßnahmen erfolgte durch die nicht nur für das saarpfälzische, sondern auch für die übrigen westlichen Grenzgebiete im Deutschen Reich geltende „Verordnung über Neuordnungsmaßnahmen zur Beseitigung von Kriegsfolgen" vom 2.12.1940 - RGBl. (1) S.1575 f., den den Text von Bürckels Entwurf im wesentlichen übernahm.
8   BA Kobl. R2/19068, n.fol.
9   RGBl. I (1936), S.518. In §1 „Umlegungsgesetz" wird der Begriff „Umlegung" wie folgt definiert : „Unter Grundstücksumlegung (Feld- oder Flurbereinigung) ist ein Verfahren zur Zusammenlegung zersplitterten ländlichen Grundbesitzes zu verstehen, das innerhalb eines bestimmten Gebietes unter Mitwirkung der Grundstückseigentümer alle Maßnahmen zur Erweckung der im Boden schlummernden Wachstumskräfte einschließlich der Anlage von Wegen, Gräben, Ent- und Bewässerungen, Kultivierung von Ödland und dgl. von Amts wegen durchgeführt werden. Jeder Teilnehmer erhält für seinen Grundbesitz bei der Umlegung grundsätzlich Land im gleichen Wert zurück. Für die neuen gemeinschaftlichen Anlagen (Wege, Gräben, u.ä.) und die dem gemeinen Wohl dienenden Unternehmen (Autobahnen u.ä.), bei letzteren gegen Entschädigung, werden den Teilnehmern Abzüge in Land gemacht. Darüber

rung der Ortslage, die Ortsplanung und Baugestaltung" erstrecken. In §5 der Verordnung wurden Entschädigungsfragen geregelt, außer Ersatzbeschaffung in Form gleichwertiger Grundstücke sollte die Entschädigung auch in Geld erfolgen, wobei §5 Abs.2 u.a. verfügte : „Der Reichskommissar für die Saarpfalz kann bestimmen, daß die Geldabfindung zur anderweitigen Ansiedelung verwendet werden muß". Das bereits erwähnte Anschreiben Bürckels an die zuständigen Reichsstellen in Berlin[11] vom 27.7.1940 weist diese Bestimmung als ein Kernstück der Verordnung aus, da Bürckel „auf die Möglichkeit der zwangsweisen Aussiedelung...größtes Gewicht legt." und, wie er weiter ausführt, „....auf dieser Grundlage insbesondere die Möglichkeit geschaffen werden, auch leistungsfähige Bauern und Landwirte anderweit anzusetzen (insbesondere auch in Lothringen[12])....".

Die geplante Neuordnung gab über die Aufstellung von „Wiederaufbauplänen" dem Reichskommissar für die Saarpfalz freie Hand für die Neustrukturierung der betroffenen Gemeinden. Durch umfangreiche Umlegungs- und Flurbereinigungsmaßnahmen konnten unter Einbeziehung des durch „Umlegung" im Sinne einer „gesunden Bodenverwendung" gewonnene Land arrondierte, moderne, wirtschaftlich leistungsfähigere Bauernhöfe (Erbhöfe) geschaffen werden. Die Auflösung marginal wirtschaftender Klein- und Mittelbetriebe verminderte den Arbeitskräftebedarf und führte zu Freisetzungen nicht nur landwirtschaftlicher Hilfskräfte, sondern auch der Inhaber der aufgelösten Betriebe. Nach dem Textentwurf konnte die Umsiedlung auch zwangsweise erfolgen, offenbar gab sich Bürckel nicht der Illusion hin, daß alle Betroffenen freiwillig ihre angestammten Dörfer verlassen würden.

Der Zeitpunkt der Entstehung des Verordnungsentwurfes unmittelbar nach Hitlers Reichstagsrede vom 19.7.1940 und der Ingangsetzung der Maßnahmen sofort nach der am 2.8.1940 erfolgten Bestellung Bürckels zum Chef der Zivilverwaltung in Lothringen, ihre offensichtlich auf die Freistellung von Siedlern nach Lothringen gerichtete Zielsetzung und die von Uwe Mai geschilderten Begleitumstände[13] ihrer Durchführung wie beispielsweise das zeitweilige Rückkehrverbot in die betroffenen Ortschaften[14] und die bewußte Zerstörung intakter Gebäude[15], geben den Neuordnungs- und Wiederaufbaumaßnahmen vorwiegend den Charakter einer großangelegten Rekrutierungsaktion für den lothringischen Siedlungsraum, und insofern stehen die „Neugestaltung des ländlichen Raumes im ehemals freigemachten saarpfälzischen Grenzgebiet" und die lothringischen Siedlungsmaßnahmen in unmittelbarem, logischem Zusammenhang.

7.1.2. Der Modellfall der Gemeinde Steinfeld/Pfalz

Die Gemeinde Steinfeld, in der Nähe von Bad Bergzabern in der Südpfalz in unmittelbarer Nähe zur deutsch-französischen Grenze gelegen, war bei Kriegsausbruch im September 1939 evakuiert worden. Ein Teil der Ortschaft war durch Kriegseinwirkungen zerstört, den nach dem Waffenstillstand im Juni 1940 aus dem vorwiegend im mittelfränkischen Raum gelegenen Evakuierungsgebieten zurückkehrenden Bewohnern wurde der Zuzug verwehrt.

In die verlassene, teils zerstörte Ortschaft zog aufgrund der Bürckel'schen Verordnung vermutlich Anfang August 1940 der „Wiederaufbau"[16] ein und begann unverzüglich mit einer

---

hinaus sind weitere Landabzüge statthaft:
    a) bis zu 7 1/2 vom Hundert der Teilnahmefläche zur Deckung der Kosten des Verfahrens
    b) zum Ausgleich für die auf den Grundstücken durchgeführten Bodenverbesserungen.
Das hierdurch gewonnene Land ist zu einer gesunden Bodenverteilung, insbesondere zur Neubildung deutschen Bauerntums zu verwenden."
10 Der Begriff „Aussiedelung" wird hier abweichend von Anm.2 verwendet.
11 BA Kobl. R2/19068, n.fol.
12 Lothringen im Dokument von Hand unterstrichen.
13 Ländlicher Wiederaufbau in der <Westmark> im Zweiten Weltkrieg, S. 123 ff.
14 Die Rückkehr in die „rote Zone" der Saarpfalz wurde erst nach dem 1.11.1940 gestattet, über die dort vorgefundenen Verhältnisse s. H. Lambert, 700 Jahre Altheim, S.92 f.
15 Es lag durchaus im Sinne der Politik des Gauleiters, durch Zerstörung der heimatlichen Lebensgrundlagen die „Siedlungsbereitschaft" der Betroffenen zu fördern.

Inventarisierung der Gebäude[17]. Die daraus entstandene Kataster-Liste umfaßt 19 vervielfältigte Blätter, die einzelnen Anwesen sind in einer Zeile dargestellt. Erfaßt wurde die Hausnummer, der oder die Eigentümer, deren Beruf und Familienstand, Beruf oder Gewerbe, Art und Anzahl der Gebäulichkeiten, deren Zustand sowie ein Vermerk, ob und welche Gebäudeteile wiederaufgebaut oder neu errichtet werden sollen, und in einer Spalte „Bemerkungen des Bürgermeisters" jeweils ein kritischer Kommentar zur Tätigkeit, wirtschaftlichen Lage, Zukunftsaussichten und zum Persönlichkeitsbild des oder der Bewohner.

Aus den sehr detaillierten Angaben ergeben sich Einblicke in die Sozialstruktur des Ortes, die im wesentlichen geprägt ist von landwirtschaftlicher und handwerklicher Tätigkeit. Eine Korbmacherei, bot Voll- und Saisonarbeitsplätze, letztere ergänzten die unzureichenden Verdienstmöglichkeiten in Landwirtschaft und Gartenbau, und war als kriegswichtiger Betrieb eingestuft, da sie Geschoßkörbe für die Artillerie herstellte. Die Handwerksbetriebe dienten der Befriedigung der sich aus der landwirtschaftlichen Tätigkeit ergebenden Bedürfnisse, wie Wagner, Stellmacher, Sattler, und der Grundbedürfnisse des täglichen Lebens wie Bäcker, Metzger und Gastwirte. Vielfach wurden Handwerk und Landwirtschaft gleichzeitig betrieben.

In der Kataster-Liste sind 319 Haushalte erfaßt, in denen teilweise zwei Generationen lebten, die vielfach gemeinsam ein Gewerbe betrieben. Landwirtschaft bildete ausschließlich oder ergänzend zu handwerklicher Tätigkeit in 98 Haushalten die Lebensgrundlage. Die landwirtschaftlichen Betriebsflächen waren verhältnismäßig klein und betrugen meist zwischen 2 ha und 4 ha, vielfach wurde jedoch Gartenbau betrieben, der auch auf kleinen Betriebsflächen „gesicherte Verhältnisse"[18] gewährleistete. Nach den im Gemeindeverbandsarchiv überlieferten Bebauungsplänen waren die Landwirtschaftsbetriebe ausschließlich in der dicht bebauten Ortslage angesiedelt.

Die einzelnen Blätter der Kataster-Liste sind nicht datiert, tragen jedoch einen Sichtstempel des Bürgermeisters von Steinfeld mit dem Datum „25. August 1940". An diesem Tage wurden anscheinend die „Bemerkungen des Bürgermeisters" in die vorbereiteten Listen des „Wiederaufbaus" eingefügt und diese damit fertiggestellt. Da die Inventarisierung frühestens am Tage der Verfügung Bürckels vom 14.8.1940[19], die die Wiederaufbaugemeinden bezeichnete, begonnen worden sein konnte, läßt die kurze Zeitspanne von elf Tagen, die zur Besichtigung, Beurteilung und Inventarisierung der gesamten Ortschaft bis zur Abzeichnung der fertigen Liste durch den Bürgermeister verstrichen, den Zeitdruck erkennen, unter dem diese Maßnahmen gesetzt wurden.

Für die Einordnung der „Wiederaufbau"-Maßnahmen in diese Arbeit ist von Wichtigkeit, daß der Bürgermeister Empfehlungen zur „Umsiedlung" von Gemeindmitgliedern bzw. zum Ausbau von landwirtschaftlichen Betrieben aussprach, die Kataster-Liste hatte offenbar von Anfang an einen doppelten Zweck : Grundlage für die Entscheidungen zur zukünftigen Bautätigkeit und Ermittlung der zur „Umsiedlung" bestimmten Ortsbewohner. Der Bürgermeister empfahl zwanzig Voll- bzw. Teillandwirte zur „Umsiedlung" und sechs Betriebe zum „Ausbau". Die Begründungen für die Benennung von „Umsiedlungs"-Kandidaten lassen sich mit der Propaganda des Regimes, nur die „Besten" für die nationale Aufgabe der Grenzbesiedlung auszuwählen, nicht in Einklang bringen, für das Gemeindeoberhaupt bot sich die Umsiedlung vornehmlich als Gelegenheit an, Störenfriede und unliebsame Elemente, abzuschieben[20]. Es werden kaum Handwerker mit Landwirtschaft zur „Umsiedlung" benannt, in einem Falle ist die noch leserliche ursprüngliche Bleistifteintragung „umzusiedeln, ein Wag-

---

16 Kurzbezeichnung der Dienststelle des Wiederaufbauamtes nach überlieferten Dienststempeln.
17 Archiv des Gemeindeverbandes Bad Bergzabern, Bestand Steinfeld, Nr. 158, n.fol.
18 Sich wiederholende Formulierung in der Spalte „Bemerkungen des Bürgermeisters".
19 LA Saar, Bestand Landratsamt St. Ingbert Nr. 51.
20 Als Beispiele seien zitiert :
Haus Nr. 53 - Kleinlandwirt und Sattler, lehnt den Nationalsozialismus ab. Umzusiedeln da politisch unzuverlässig.

ner genügt in Steinfeld" durch den mit Tinte geschriebenen, endgültigen Vermerk[21] „Existenz durch die Wagnerei gesichert" ersetzt. Die Bestrebungen der Lokalverwaltung den Gemeindekern zu erhalten und zu stärken bei gleichzeitiger Ausgrenzung unliebsamer Personen, weist auf mögliche Interessenkartelle mit den örtlichen Honoratioren hin.

Es ist nicht überliefert, wie die weitere Auswertung der Kataster-Listen erfolgte, wahrscheinlich wurde die Kreisleitung der NSDAP, evtl. auch das Landratsamt, eingeschaltet. Die endgültige Entscheidung über die zukünftige Wiederbesiedlung von Steinfeld wurde am 7.10.1940 von der Landesbauernschaft Saarpfalz, Kaiserslautern[22], dem Amtsbürgermeister von Steinfeld übermittelt : 35 Landwirte, die teilweise auch Handwerksberufe ausübten, wurden zur „Umsiedlung" bestimmt, 15 Betriebe sollten ausgebaut werden. Der Begriff „Ausbau" umfaßte die Vergrößerung der Betriebsfläche auf etwa 10 ha bis 15 ha zu und die „Aussiedlung" aus der Ortslage in die Gemarkung. Unter den „Umsiedlern" befanden sich Personen, die nach der Beurteilung des Bürgermeisters wenig zur „Umsiedlung" geeignet erschienen[23], der Besitzer eines der auszubauenden Betriebe war vom Bürgermeister wegen „unsozialen Verhaltens" zur „Umsiedlung" empfohlen worden[24]. Um die angestrebte „Erbhof"-Betriebsgröße von 10 ha bis 15 ha für die auszubauenden Betriebe zu erreichen, sollten die aufzugebenden Betriebsflächen der „Umsiedler" und sonstiger Grundstücksbesitzer, die beispielsweise wegen hohen Alters ihre Grundstücke nicht mehr bebauen konnten, umgelegt bzw. enteignet werden. Von den umzulegenden Grundstücken waren beträchtliche Teilstücke vordem gartenbaulich intensiv genutzt, eine gleichartig intensive Nutzung war im Rahmen eines bäuerlichen Familienbetriebes nicht zu erwarten, die „Neuordnung" führte wahrscheinlich im Zielkonflikt mit der NS-Agrarpolitik durch Extensivierung zu einer Ertragsminderung.

Die von der Landesbauernschaft Saarpfalz benannten „Umsiedler" waren ausschließlich für den lothringischen Siedlungsraum bestimmt, die Gemeinde Steinfeld hielt in einer offenen Kartei[25] ihren Verbleib fest :

	Siedler aus Steinfeld	Siedler aus Nachbarorten[26]
in Lothringen verblieb	kein	6
vorzeitig zurückgekehrt sind	13	12
nicht abgerufen wurde	1	4
Siedler, die dem Abruf keine Folge leisteten	7	10
gemeldete jedoch zur Wehrmacht einberufene Siedler	23	21

Die Karteikarten[27] enthalten außer Namen, dem Einsatzort in Lothringen, soweit die Personen dort eingesetzt waren, Alter, Geburts- und Herkunftsort, keine Angaben, die über die Ursa-

---

Haus Nr. 182 - Korbmacher, schlechtes Einkommen, Verhalten in sittlicher Hinsicht sehr mangelhaft, umsiedeln nach Polen.
Haus-Nr.255 - Kleinlandwirtschaft und Gartenbau, Existenz gesichert. Schwiegersohn J.S. eignet sich vorzüglich zur Umsiedlung. Es wird Wert darauf gelegt, daß er von Steinfeld verschwindet.

21 Die Mehrzahl der wohl ursprünglichen Vermerke der „Bürgermeister-Spalte, die mit Bleistift teils in lateinischer Schrift teils in Kurzschrift geschrieben wurden, sind mit großer Wahrscheinlichkeit einer anderen Person zuzuordnen als derjenigen, die die endgültige, mit Tinte in kalligraphischer Sütterlin-Schrift geschriebenen Bemerkungen eintragen hat, sind durch Verblassen und Überschreiben größtenteils unleserlich geworden. Aus den abweichenden Stellungnahmen im zitierten Fall läßt sich ableiten, daß es innerhalb der Gemeindeführung wahrscheinlich Differenzen hinsichtlich der Auswahl der „Umsiedler" gab.
22 Archiv des Gemeindeverbandes Bad Bergzabern, Bestand Steinfeld, Nr. 158, n.fol. GeschZ IG PI (Landeskultur).
23 Haus Nr. 8 - nicht erbgesund.
  Haus Nr. 39 - Schneider, Kirchendiener, nicht geeignet zur Landwirtschaft.
  Haus Nr. 50 - Gastwirt.
24 Haus Nr. 17.
25 Archiv des Gemeindeverbandes Bad Bergzabern, Bestand Steinfeld, Nr.154.
26 Gemeinden Kapsweyer, Niederotterbach und Schweighofen, die mit Steinfeld in einer Amtsbürgermeisterei zusammengefaßt waren. Für diese Gemeinden sind keine Kataster-Listen erhalten.
27 Die Führung der Kartei in Lose-Blatt-Form gibt keine Gewähr, daß die Unterlagen vollständig überliefert wurden.

chen der Rückkehr aus Lothringen, den Grund für den Nichtabruf oder dem Nichtfolgeleisten Auskunft geben könnten. Lediglich bei zwei Personen, die nicht nach Lothringen abgerufen wurden, wird erwähnt : „Notdienstverpflichtung vom 10.6.1941 (20.2.1941) durch Verfügung des Landrates Bergzabern vom 24.7.1941 (24.7.1941) aufgehoben". Nichtabruf und Nichtfolgeleistung lassen sich in Zusammenhang bringen mit der Tatsache, daß den Steinfeldern die Rückkehr aus der Evakuierung erst ab 1.11.1940 gestattet wurde, und zahlreiche Ortsbewohner noch Anfang 1941 in den Evakuierungsräumen in Mittelfranken verblieben.. Vor dem Hintergrund der Kataster-Listen und den Vorgaben der Bauernschaft hinsichtlich der „Wiederbesiedlung" gewinnt das Rückkehrverbot eine neue Bedeutung : bis zur Rückkehr aus der Evakuierung sollte der zukünftige Status der Rückkehrer, ob Umsiedlung oder Verbleiben, entschieden sein. Dieses Vorgehen verstieß gegen das im Umlegungsrecht verankerte Mitwirkungsrecht der Betroffenen an den Umlegungsmaßnahmen, kann jedoch aus dem „Wiederaufbau-Erlaß" hergeleitet werden.

Die Quellen enthalten auch allgemeine Hinweise, daß der am Ort ansässige Korbwarenhersteller als Heereslieferant gewisse Prioritäten bei der Zuteilung der knappen Ressource „menschliche Arbeitskraft" genoß und dabei von offiziellen Stellen Unterstützung fand : daß der Bürgermeister der „Umsiedlung" nicht unbedingt positiv gegenüberstand, lassen seine Stellungnahmen in der „Kataster-Liste" erkennen.

Außer den unmittelbar zur Abberufung nach Lothringen verfügbaren 32 „Umsiedlern" aus Steinfeld weist die Kartei 23 weitere „gemeldete" Anwärter aus, die zur Wehrmacht einberufen und daher nicht zum unmittelbaren Einsatz verfügbar waren. Es darf vermutet werden, daß die Erfassung dieses Personenkreises als Siedlungsanwärter unter dem bereits in Kap.6 ausführlich behandelten Aspekt der Erwartung des baldigen Kriegsendes und der anschließenden Demobilisierung stand. Der Anteil des Wehrmachtsangehörigen am gesamten Siedlerpotential des Ortes Steinfeld betrug immerhin 40%, für die Nachbarorte gilt die gleiche Feststellung.

Insgesamt wurden gemäß Karteikarten in der Ortschaft Steinfeld 55 „Umsiedler" erfaßt. Die Ortschaft Steinfeld umfaßte 487 Haushalte[28] mit 1.727 Einwohnern, rechnerisch war von der Umsiedlungsmaßnahme jeder neunte Haushalt betroffen. In den zur Bürgermeisterei Steinfeld gehörenden Nachbarorten bestanden 490 Haushalte, die Zahl der erfaßten „Umsiedler" belief sich auf 53, so daß auch hier fast jeder neunte Haushalt zur „Umsiedlung" herangezogen werden sollte. Das tatsächliche Ergebnis der Rekrutierungsaktion blieb erstaunlich gering : von den insgesamt 108 als „Umsiedler" erfaßten Haushalten der Amtsbürgermeisterei Steinfeld wurden nur 31 Haushalte nach Lothringen umgesiedelt, und nur 6 davon verblieben auf Dauer in Lothringen.

Ähnliche Verweigerungshaltungen wie in Steinfeld scheinen die Siedlerrekrutierung auch in anderen Gemeinden der „roten Zone" geprägt zu haben[29]. Die Erwartungen von Gauleiter Bürckel, mit Hilfe von Zwangsumsiedlungen und Dienstverpflichtungen aus der „roten Zone" eine nennenswerte Anzahl von Siedlern dauerhaft gewinnen zu können, erfüllten sich nicht, ländliche Siedler für den lothringischen Siedlungsraum ließen sich nicht wie Rekruten einfach ausheben.

7.2. Bauernsiedler aus der Saarpfalz

Nur eine Minderheit aus dieser Gruppe war von den Neuordnungsmaßnahmen in der „roten Zone" betroffen, die Herkunftsorte der Mehrzahl der im Spätsommer und Herbst 1940[30] rekrutierten, dem ländlichen Milieu zuzuordnenden Siedler lagen in der Nordpfalz und im

---

28 Volkszählung vom 17.5.1939 gem. „Amtliches Gemeindeverzeichnis für Bayern".
29 Aus Zeitzeugenaussagen geht hervor, daß aus der saarländischen Gemeinde Altheim vier Siedler nach Lothringen gingen, die sämtlich frühzeitig nach Hause zurückkehrten.
30 Hinsichtlich des Zeitpunktes des Beginns der Rekrutierungsmaßnahmen außerhalb der „roten Zone" liegen keine Belege vor, es spricht jedoch nichts gegen die Annahme, daß die Erfassung potentieller Siedler innerhalb und außer-

nördlichen Saarland[31]. Die Siedlerkartei enthält Hinweise darauf, daß sich „nachgeborene Söhne" aus Erbhöfen bewarben, nach Zeitzeugenbefragungen gehörten dieser Gruppe auch zahlreiche Personen an, die aus dem bäuerlichen Milieu stammend, nach Realteilungen in der Landwirtschaft kein Auskommen mehr fanden, als Tagelöhner und Gelegenheitsarbeiter ein dürftiges Leben fristeten und sich deshalb freiwillig zur Ansiedlung in Lothringen bewarben. Bei diesem Personenkreis scheinen auch eigenes politisches Engagement und politische Patronage eine Rolle gespielt zu haben.

Über die Methoden der Siedlerrekrutierung liegen Quellennachweise nicht vor, der Text eines Serienbriefes, den die Bauernsiedlung an Siedleranwärter verschickte[32], enthält die Passage „Sie hatten sich über die Landesbauernschaft Saarpfalz in Kaiserslautern zur Übernahme eines landwirtschaftlichen Betriebes in Lothringen gemeldet", so daß die Siedlerrekrutierung unter der Landbevölkerung wohl unter Einschaltung der gesetzlich zuständigen Landesbauernschaft erfolgte. Die Einschaltung politischer und Verwaltungsstellen ist nicht belegt, ebenso muß offen bleiben, ob bei der Auswahl der Siedler die gesetzlich vorgeschriebenen Kriterien - politische Zuverlässigkeit, ausgeprägte nordische Rassenmerkmale, Erbgesundheit und vorbildliche Fachkunde - beachtet wurden. Da Gauleiter Bürckel in seinem Artikel „Grenzproblem Lothringen - ein Siedlungsproblem" in der 'NSZ' vom 25./26.4.1942 den saarpfälzischen Siedlern eine Sonderregelung bei der endgültigen Vergabe von Siedlerstellen in Aussicht stellte, ist anzunehmen, daß der grundsätzlich erforderliche „Neusiedlerschein"[33] im Jahre 1940 nicht zwingende Voraussetzung für eine Bewerbung war, vermutlich wären bei einer weniger großzügigen Handhabung der Zulassungskriterien Siedler aus der Saarpfalz kaum zu gewinnen gewesen.

7.3. Die Arbeitersiedler

Eine besondere Gruppe unter den aus der Saarpfalz kommenden ländlichen Siedlern in Lothringen bildeten Arbeiter, die in den 'Ott-Berichten' (ausführlich hierzu in Kap.10) als „Arbeitersiedler" bezeichnet werden. Es ist erforderlich, die „Arbeitersiedler" gegenüber den „Arbeiterbauern" begrifflich abzugrenzen : im folgenden Abschnitt wird über den Einsatz ehemaliger Industriearbeiter berichtet, die als ländliche Vollerwerbssiedler und Wirtschafter der Bauernsiedlung eingesetzt waren, die „Arbeiterbauern" waren hingegen Nebenerwerbslandwirte, die nach Bürckels Planungen ebenfalls bei der Kolonisierung Lothringens eingesetzt werden sollten. Die Existenz der „Arbeitersiedler" ist außer in den 'Ott-Berichten' auch aus der Siedlerkartei nachgewiesen, in der Mehrzahl handelte es sich um ehemalige Bergleute[34] aus dem mittelsaarländischen Raum um Ensdorf/Saar und um Arbeiter aus der chemischen Industrie im Raume Ludwigshafen.

Einzelheiten hinsichtlich der Rekrutierungsmethoden bei dieser Siedlergruppe waren quellenmäßig nicht festzustellen[35]. Aussagen von Zeitzeugen aus dem Raum der mittleren Saar lassen darauf schließen, daß in Einzelfällen mit der Ansiedlung in Lothringen Entschädigungsansprüche, die sich aus Verlusten während der Evakuierung 1939 herleiteten, abgegolten werden sollten. Für die Beurteilung des sozialen Status der „Arbeitersiedler" zumindest aus dem

---

halb der „roten Zone" gleichzeitig erfolgte.
31 Herkunft gemäß Angaben in der Siedlerkartei.
32 LA Saar, LKA 420, fol.12.
33 Gemäß einem Rundschreiben des Reichsministeriums für Ernährung und Landwirtschaft - Abt. VIII vom 30.6.1939 oblag dem Reichsnährstand die Auswahl und Zuweisung der Neubauern. „Diese Befugnisse bleiben auch bestehen, wenn sogenannte geschlossene Siedlungsvorhaben von Gliederungen der Partei u.a.m. mit einem von diesen Stellen von vornherein begrenzten Bewerberkreis zur Durchführung kommen." . Der Besitz des „Neusiedlerschein" sei unumgänglich. (LA Saar, LKA 418, fol.2). Bürckel scheint sich über diese Anordnung des zuständigen Ministers hinweggesetzt zu haben.
34 Nach der Darstellung von Karl Brück, dem Vorgänger Bürckels als Gauleiter der NSDAP im Saargebiet, ging die bereits seinerzeit umstrittene Initiative zur Ansiedlung der saarländischen Bergleute in Lothringen unmittelbar von Bürckel aus. LA Saar, Bestand Epurationsakten 2 Spr. 19/1948, Schriftsatz vom 19.8.1945.
35 Auch der Versuch, über die wahrscheinlichen früheren Arbeitgeber, Saarbergwerke (als Nachfolger der Saargruben A.G.) und BASF (Rechtsnachfolger der IG-Farben) zu Erkenntnissen zu gelangen, war vergeblich.

Ludwigshafener Raum könnte eine Anweisung der Kreisleitung der NSDAP[36] hilfreich sein, wonach „der Gauleiter wünscht, daß bedürftige Volksgenossen bei der Umsiedlung zu unterstützen" seien, und im Bedürfnisfall die Aushändigung einer Geldsumme bis zu RM 50,- angeordnet wurde. Die Einbeziehung von Arbeitern als Vollerwerbssiedler in die Siedlungsmaßnahmen in Lothringen war möglicherweise ein besonderes Anliegen von Gauleiter Bürckel, der sich besonders für die Bindung von Arbeitern „an die Scholle" einsetzte. Die Herkunftsorte dieser Siedlergruppe könnten auf gezielte Initiativen örtlicher NS-Funktionäre hinweisen : Ensdorf liegt im Kreis Saarlouis (Saarlautern), der dortige Kreisleiter Schuberth findet im Herbst 1940 als „Beauftragter des Gauleiters für Siedlungsfragen" Erwähnung[37], und der Ludwigshafener Oberbürgermeister Stolleis war Bürckels „Sonderbeauftragter für die Erfassung der Siedler in der Saarpfalz"[38], so daß aus der Aufgabenstellung bei Schubert wie bei Stolleis ein über das allgemeine hinausgehendes, besonderes Interesse am Gelingen des Bürckel'schen Siedlungsprojektes vorausgesetzt werden kann.

7.4. Die „Bitscherländer"

Eine weitere Gruppe der vom NS-Regime im west- und südwestlothringischen Siedlungsgebiet eingesetzten Siedler entstammte dem Lande selbst, der den Inhalt dieses Kapitels überwölbende Begriff der „Siedlerrekrutierung" trifft auf die aus der Umgebung von Bitsch (Bitche) in Ostlothringen stammenden sogenannten „Bitscherländer" nur im technischen Sinne zu, tatsächlich waren sie ihrerseits Opfer einer Zwangsumsiedlung, die ohne ihre Zustimmung, ja, gegen ihren eigentlichen Willen erfolgte. Es zeigt sich an ihrem Schicksal beispielhaft, wie das NS-Regime seine Opfer als Mittäter zu instrumentalisieren versuchte.

Auslösendes Moment zur Zwangsumsiedlung der Bitscherländer war die Entscheidung der Wehrmacht, den schon im Kaiserreich angelegten Schießplatz in der Nähe von Bitsch (Bitche) zu einem großen Truppenübungsplatz auszubauen und zu diesem Zweck mehrere, nördlich von Bitsch (Bitche) gelegene Ortsgemarkungen zu enteignen und in die militärische Anlage einzubeziehen. Es paßte vermutlich gut in diese Pläne, daß im September 1939 die Bevölkerung des grenznahen, nördlich der alten Festungsstadt Bitsch (Bitche) gelegenen Gebietes der Kantone Bitsch (Bitche) und Wolmünster (Volmunster) nach Westfrankreich evakuiert worden war, so daß nach der Besetzung Lothringens dieses Gebiet menschenleer war. Die Vorgänge bei der Zwangsumsiedlung der im Erweiterungsgebiet des Truppenübungsplatzes beheimateten Menschen in den frankophonen Raum Lothringens sollen anhand der Ortschroniken von Ommersviller (Ommersweiler)[39] und Bousseviller (Bußweiler)[40] beispielhaft beschrieben werden.

Die deutsche Militärverwaltung in Frankreich ordnete im August 1940 die Rückführung der evakuierten Bevölkerung des Bitscherlandes an. Die „Bitscherländer" waren vor ihrer Rückkehr aus der Charente über die veränderten politischen Verhältnisse in ihrer Heimat unterrichtet waren, weshalb sich eine Minderheit von der Rückkehr ausschloß und bis zum Kriegsende im westfranzösischen Evakuierungsgebiet verblieb.

Die Einwohner der Gemeinde Bousseviller (Bußweiler) kamen am 1.9.1940 aus Royan (Charente) per Bahn in Sarrebourg (Saarburg/Lothr.) an, wo sie aus einer Lautsprecherankündigung erfuhren, daß die Rückkehr in den Heimatort nicht sofort erfolgen könne. Die Menschen wurden in ein Sammellager nach Berthelming (Bertelmingen), einem Ort in der Nähe von Fénetrange (Finstingen), verbracht. Rückfragen über den Zeitpunkt der definitiven Heimkehr wurden von den deutschen Behörden ausweichend beantwortet und eine Atmosphäre der Ungewißheit geschaffen, erst um den 10.11.1940 wurde dem Ortsbürgermeister (Maire)

---

36 StadtA Ludwigshafen, Best. 4010, n.fol., vom 13.11.1940.
37 „Rundschreiben 1" der Bauernsiedlung. A.D.M. 2 W/4, fol.1.
38 Lt. Protokoll zur Aufsichtsratssitzung der Bauernsiedlung Westmark vom 23.4.1941. LA Saar, LKA 433, fol.126ff.
39 Houver, Jean-Claude; Sprunck, Joseph; Henner, Gérard : Ommersviller - au fil des siècles.
40 Glath, Paul : Bousseviller - un village lorrain.

eröffnet, daß er und seine Mitbürger nach Südlothringen umgesiedelt würden[41]. In den neuen Quartieren sei alles Notwendige vorhanden, so daß die Umsiedlung unmittelbar und ohne Gelegenheit, vorher in den Heimatort zurückzugehen, erfolgen werde. Die Ortschronik von Ommersviller berichtet, daß die am 9.9.1940 aus der Charente zurückkehrenden Ortsbewohner bis zum 29.11.1940 in einem Lager in Lorquin (Lörchingen) festgehalten und anschließend zur Siedlung nach Südlothringen verbracht wurden, wo sie mit Buchenländern, Polen, Ukrainern und Reichsdeutschen zusammen lebten.

Die Zwangsumsiedlung betraf die Bewohner der Ortschaften Hanviller (Hanweiler/Lothr.), Haspelschiedt, Liederschiedt, Roppeviller (Roppweiler) und Schorbach im Kanton Bitche (Bitsch), Bousseviller (Bußweiler), Breidenbach, Epping (Eppingen bei Wolmünster), Hottviller (Hottweiler), Lengelsheim, Loutzviller (Lutzweiler), Nousseviller (Nußweiler), Ormesviller (Ormesweiler), Rolbing (Rolbingen), Schweyen, Volmunster (Wolmünster), Waldhouse (Waldhausen) und Walschbronn im Kanton Volmunster (Wolmünster)[42], deren gesamte Vorkriegseinwohnerzahl[43] 8.523 Personen betrug, wovon 652 Familien mit 3.614 Personen als ländliche Siedler und als landwirtschaftliche Arbeiter eingesetzt waren.

Der mehrwöchige Lageraufenthalt zwischen der Rückführung aus der Evakuierung und der Umsiedlung nach Südlothringen, die primitiven, entwürdigenden Umstände des engen Lagerlebens, die Ungewißheit über das zukünftige Schicksal und die Hilflosigkeit gegenüber der Gewalt, der sie ausgesetzt waren, sollte wohl die Moral der Zwangsumsiedler zermürben, so daß sie schließlich schicksalsergeben die Zwangsumsiedlung im frankophonen Raum als rettenden Ausweg betrachteten. Die Neuansiedlung der Bitscherländer in Südlothringen erfolgte verstreut über das gesamte Siedlungsgebiet, die Dorfgemeinschaften lösten sich auf und soziale Bezüge wurden zerstört. Nach Ansicht der Dorfchronik von Ommersviller lag diese Isolierung der lothringischen Siedler und ihre Eingliederung in ein fremdes soziales Umfeld in den Intentionen der NS-Machthaber, die dadurch die Artikulierung von Aufsässigkeit und Widerstand unter den entwurzelten Bitscherländer Umsiedlern zu verhindern suchten[44].

Außerhalb der zur Zwangsumsiedlung verpflichteten Bevölkerung der in den Truppenübungsplatz einbezogenen 19 Ortschaften versuchten die NS-Machthaber auch in anderen, teilweise zerstörten Ortschaften im Kreis Saargemünd (Sarreguemines) lothringische Landwirte zur „Umsiedlung" zu gewinnen, wie aus folgendem am 14.11.1940 vom Kreisleiter der 'Deutschen Volksgemeinschaft' Saargemünd (Sarreguemines) an die nachgeordneten Ortsgruppenleiter gerichteten Rundschreiben hervorgeht[45] :

„Durch die vorgenommenen Umsiedlungen im Westen Lothringens sind große Gebiete eines fruchtbaren Bodens frei geworden.

Diese Gebiete sind von den Zerstörungen des Krieges nicht berührt worden.

Andererseits sind in unserem Kreis viele Ortschaften fast völlig zerstört, das Land ist nicht bebaut; mancher Bauer mußte schon vor dem Krieg ärmlich leben, wegen der zu großen Zersplitterung des Landeigentums.

Daher bietet, der Gauleiter den Bauern unseres Kreises, die entweder einen zu kleinen Betrieb haben oder die zur Zeit in zerstörten Dörfern wohnen, eine freiwillige Umsiedlung an.

Größere Betriebe, als sie bis jetzt hatten, werden den Bauern sofort zur Verfügung gestellt und alle in Deutschland für die Landwirtschaft übliche Hilfe wird ihnen gewährt werden.

Ich bitte alle Ortsgruppenleiter dieses Angebot den Bauern in kürzester Zeit zur Kenntnis zu bringen durch Ausschellen und Anheften des Rundschreibens.

Besonderen Wert wird auf die Tatsache gelegt werden, daß es sich um eine freiwillige Aktion handelt.

---

41 „Un beau jour, vers le 10 novembre 1940, le maire fut averti par les autorités allemandes que les habitants de Bousseviller devraient prendre la place des Lorrains expulsés des villages lorrains de langue française", S.84.
42 Das Verzeichnis der Ortschaften wurde der Ortschronik „Ommersviller - au fil des siecles" S.82 entnommen.
43 Nach den Ergebnissen der Volkszählung von 1936 ermittelt aus dem 'Gemeindeverzeichnis von Lothringen'.
44 „Avec ce brassage de populations, les insoumis ne peuvent jamais se cacher dans ces localités, car dans chaque village vivent ensemble des lorrains et des ouvriers agricoles polonais et ukrainiens." - Ortschronik Ommersviller, S.83.
45 A.M.Sgm., Fonds Hiegel, n.fol.

Kap.7 - Die Siedlerrekrutierung für den lothringischen Siedlungsraum

Eine Liste wird bis zum 28. November, letzte Frist, hier eingereicht werden.

gez. Dr. Kern

Kreisleiter"

Dieses Siedlungsangebot richtete sich im wesentlichen an die ländliche Bevölkerung der „roten Zone" in Lothringen, wo ähnlich wie in den Gebieten auf der saarpfälzischen Seite der Landesgrenze Kriegszerstörungen stattgefunden hatten, und das Land durch Brachliegen seit September 1939 verwildert war. Im Gegensatz zur Bevölkerung der in den Truppenübungsplatz einbezogenen Ortschaften und der Bevölkerung auf der deutschen Grenzseite hatten die Bewohner des übrigen lothringischen Evakuierungsraumes unbehelligt in ihre Heimatorte zurückkehren können.

Der umgängliche Text dieses Rundschreibens unterscheidet sich deutlich von der abrupten Form, die bei der Zwangsverpflichtung sowohl der „Umsiedler" aus dem saarpfälzischen „Neuordnungsgebiet" wie der „Bitscherländer" an den Tag gelegt worden war. Es werden Zukunftsvisionen entwickelt, die Realität, Selbständigkeit und Eigentum zurücklassen zu müssen, um als angestellter „Wirtschafter" der Bauernsiedlung tätig zu werden, wird völlig ausgeklammert. Daß zu einem Zeitpunkt, an welchem die Vertreibungsaktion im frankophonen Gebiet bereits begonnen hatte, weitere Siedler gesucht wurden, verdeutlicht die Verlegenheit, in welcher sich Bürckel durch den unzureichenden Erfolg seiner Siedlerwerbung zu diesem Zeitpunkt befand.

Die lothringischen Bauern ließen sich von Bürckels Schalmeienklängen anscheinend nicht beeindrucken, aus der Siedlerkartei sind Zugänge an Siedlern aus dem deutschsprachigen Lothringen, die nicht mit den 19 „Bitscherländer" Ortschaften in Verbindung zu bringen sind und Folge dieses Rundschreibens sein könnten, nicht ersichtlich.

7.5. Der Einsatz der Siedler durch die Bauernsiedlung

Die Erfassung der dienstverpflichteten wie der freiwilligen Siedlerbewerber erfolgte, wie in den Abschnitten 7.1. und 7.2. dargestellt, durch die Landesbauernschaft Saarpfalz. Der Zeitpunkt, an welchem die Bauernsiedlung die Bewerber übernahm, ist nicht feststellbar, ein Zeitpunkt im Spätherbst 1940 ist wahrscheinlich, da die Bauernsiedlung erst unmittelbar vor der Vertreibung der frankophonen Lothringer die zur Betreuung der Siedler erforderlichen Strukturen aufzubauen begann.

Die Bauernsiedlung sandte den Bewerbern ein Vertragsangebot[46] zu und schloß in eigenem Namen mit diesen einen Arbeitsvertrag[47] ab, die Wirtschafter wurden also Arbeitnehmer der Bauernsiedlung, es bestand kein Beschäftigungsverhältnis mit dem Chef der Zivilverwaltung in Lothringen. Eine ins einzelne gehende Darstellung des Status der „Wirtschafter", wie die Bauernsiedlung Westmark die kommissarisch eingesetzten Betriebsführer in den Siedlerstellen nannte, wird in Kap.9 erfolgen.

Parallel zur Siedlerrekrutierung und mit ähnlicher Rücksichtslosigkeit und hektischer Eile betrieb Bürckel im Sommer und Frühherbst 1940 die Vorbereitungen zur Vertreibung der frankophonen Bevölkerung aus seinem zukünftigen lothringischen Siedlungsgebiet und die anschließende Neubesiedlung.

---

46 LA Saar, LKA 420, fol. 12.
47 LA Saar, LKA 420, fol. 12b.

8. VERTREIBUNG UND NEUBESIEDLUNG IN WEST- UND SÜDWESTLOTHRINGEN

Die Vertreibung von Teilen der frankophonen Bevölkerung West- und Südwestlothringens kennzeichnet das rigorose und brutale Vorgehen Bürckels bei der „Eindeutschung" Lothringens. Das sich auf Bürckels Zusagen an die Mitglieder der „Deutsche Volksgemeinschaft" gründende labile Vertrauensverhältnis zwischen Besetzern und Besetzten geriet damit in eine erste, schwere Krise. Die in der alleinigen Zuständigkeit und Verantwortung von Gauleiter Bürckel erfolgende Aktion machte etwa 60.000 Lothringer heimatlos. In zweisprachig veröffentlichten Plakaten deutete Bürckel wahrheitswidrig eine „Repatriierungsvereinbarung" mit der Vichy-Regierung an.

Ziele der als „ethnische Säuberung" aufzufassenden Vertreibungsaktion war die sich besonders im ländlichen Raum auswirkende Verminderung der frankophonen Volksgruppe, wo gemäß dem 'Lothringer-Plan' eine deutsche Bevölkerungsmehrheit entstehen sollte, sowie die rechtswidrige Aneignung des für die ländliche Siedlung benötigten Grundeigentums. Aktiver Widerstand des betroffenen Personenkreises verbot sich angesichts des massierten Aufgebotes deutscher Ordnungskräfte, es kam jedoch zu zahlreichen Sabotageakten an dem hinterlassenen Eigentum.

Die Ansiedlungsaktion setzte bereits vor Durchführung der Vertreibungen ein, erste Sicherungsmaßnahmen erfolgten durch Militär und Reichsarbeitsdienst sowie dienstverpflichtete Helfer aus der Saarpfalz. Eine Koordinierung der Neuansiedlungsmaßnahmen ist nicht zu erkennen. Die chaotischen Umständen und unwartet schlechte Wohnverhältnisse ließen viele Neusiedler resignieren und in die Heimat zurückkehren. Die Zuweisung selbständig zu bewirtschaftender Betriebe an die Neuansiedler erfolgte zwischen Januar und März 1941, die Zahl der Neuansiedler entsprach nicht den Planungen.

Der Zeitraum der Inbesitznahme des Siedlungsraumes und der in Kap. 10 beschriebene Beginn der Bewirtschaftungstätigkeit durch die Bauernsiedlung Westmark von November 1940 bis zur Jahresmitte 1941 ist durch Berichte besonders ausführlich dokumentiert, im einzelnen liegen vor :
- der 'Landwirtschaftliche Bericht'[1], wahrscheinlich von der Geschäftsführung der Bauernsiedlung an Oberregierungsrat Dr. Schrebler im Reichsministerium für Ernährung und Landwirtschaft für den Zeitraum vom 1.10.1940 bis zum 31.12.1940 erstattet.
- der 'Kritische Bericht'[2]. Diese Bezeichnung wurde abgeleitet von der kritischen Kommentierung der von der Vertreibung bis Frühjahr 1941 durchgeführten Maßnahmen, insbesondere des Vorgehens der Bauernsiedlung Westmark. Der Bericht ist undatiert, Verfasser und Empfänger sind unbekannt, wahrscheinlich berichtete der Ansiedlungsstab des HSSPF in Metz an die Berliner Zentrale.
- die 'Ott-Berichte'[3], von Gutsdirektor a.D. Ott, Kaiserslautern, der in der Zeit vom 27.1.1941 bis 13.3.1941 sowie in der Erntezeit 1941 im persönlichen Auftrage von Gauleiter Bürckel die Siedlungsorte im Landkreis Metz bereiste und unmittelbar an Bürckel berichtete. Die römischen Zahlen kennzeichnen die nach Berichtswochen geordneten Einzelberichte.
- der 'Saarburg-Bericht'[4], Protokoll des Kreisbauernführers im Kreis Saarburg über vier Besprechun gen am 12.2.1941 und 13.2.1941 über die Lage im Raum Saarburg mit den zuständigen Ortsgruppenverbandsleitern und den Ortsbauernführern
- der 'Geschäfts-Bericht 1', den der Geschäftsführer der Bauernsiedlung, Otto Jerratsch, zur ersten Aufsichtsratssitzung vom 23.4.1941[5] und

---
1 A.D.M. 2 W 1, fol.8-15, „Landwirtschaftlicher Bericht aus Lothringen in der Zeit vom 1. Oktober 1940 bis einschließlich 31. Dezember 1940".
2 A.D.M. 2 W 1, fol.1-7, „Landbewirtschaftung Lothringen".
3 A.D.M. 2 W 2, n.fol., einzeln datiert. Die Einzelblätter sind durch Hochwasserschäden in schlechtem, teilweise unleserlichem Zustand.
4 A.D.M. 2 W 2.

- der 'Geschäfts-Bericht 2'[6], den Geschäftsführer Jerratsch zur zweiten Aufsichtsratssitzung vom 29.10.1943 vorlegte.

8.1. Die Vertreibungsaktion

Die unbestimmte Andeutung Bürckels in seiner Rede zum „Deutschen Tag" in Metz am 21.9.1940, „ein Bevölkerungsaustausch wird da und dort unvermeidlich sein", sollte unverzüglich in die Tat umgesetzt werden. Es ist nicht überliefert, ob Hitler bei der Besprechung am 25.9.1940 Bürckel sein ausdrückliches Einverständnis zur Vertreibungsaktion gab, oder ob Bürckel eigene, dem „mutmaßlichen <Willen des Führers>"[7] entsprechende Inititiativen ergriff, die dann, wie Kershaw fortfährt, „in der Regel auf Zustimmung aus Berlin rechnen konnten".

Die umfangreichen Vorbereitungen, insbesondere die Festlegung des zur „Aussiedlung" bestimmten Personenkreises, lagen vornehmlich in den Händen der Funktionäre der 'Deutschen Volksgemeinschaft'[8]. Im Gegensatz zu den Siedlungsmaßnahmen im Osten, wo der „auszusiedelnde" Personenkreis unter der Zuständigkeit des RuSHA bestimmt wurde, verblieb diese wesentliche volkstumspolitische Maßnahme in Lothringen im alleinigen Verantwortungsbereich Bürckels. Aus Ergebnissen der Aktion läßt sich ableiten, daß deren Vorbereitung und Durchführung einer an den Vorgaben des 'Lothringer-Plans' orientierten Detailplanung unterlag. In der lothringischen Bevölkerung verursachten die sich häufenden Andeutungen kurzfristig bevorstehender umfangreicher Ausweisungmaßnahmen Unruhe und Unsicherheit über die weiteren Absichten der NS-Machthaber[9].

In der Ortschronik der im Kreis Château-Salins (Salzburgen) gelegenen Ortschaft Delme (Delmen)[10] wird berichtet, daß etwa zu „Toussaint", dem Allerheiligentag des Jahres 1940, also um den 1.11.1940, die zur Vertreibung bestimmten Familien in die „Mairie" geladen wurden, wo sie von deutschen Partei- und Verwaltungsfunktionären vor die Alternative gestellt wurden, entweder eine Erklärung zu unterschreiben, wonach sie freiwillig nach Frankreich übersiedelten, im Verweigerungsfalle würden sie nach den annektierten polnischen Ostgebieten „umgesiedelt". Die übereinstimmende Antwort auf diese Alternative, die im Grunde genommen keine war, lautete, wie von Bürckel wohl auch nicht anders erwartet, auf Übersiedlung in das Mutterland, nach Frankreich. Gesten des Patriotismus, wie sie in der Ortschronik von Delme beschrieben werden, dürften Bürckels Bemühungen, die Vertreibung auch als Sicherung vor wiederkehrendem französischem Revanchismus zu legitimieren, entgegengekommen sein. Am 10.11.1940 wurden im Vertreibungsgebiet zweisprachig verfaßte Plakate[11] angeschlagen, mit welchen Bürckel die betroffene Bevölkerung informierte, daß als „Ergebnis der Befragung" der gleiche Akt „wie in Südtirol, in Wolhynien und in Bessarabien" vollzogen werde, und so „wie das Reich seine Deutschen heimgeholt hat, so holt Frankreich jetzt jene nach Frankreich zurück, die sich als Franzosen bekennen"[12]. Bürckel fuhr fort, daß die französische Regierung über die Aussiedlung unterrichtet sei und sichergestellt sei, daß „die Aussiedler keinerlei Einbußen an ihrem Vermögen"[13] erlitten. Diese der Beschwichti-

---

5   LA-Saar, LKA 433, fol.88 a-b.
6   LA-Saar, LKA 434, fol.80 d.
7   I. Kershaw, Hitlers Macht, S.181.
8   IfZ/Ma 3 (6). Brief Berkelmanns an SS-Gruppenführer Greifelt vom 23.7.1942, S.3.
9   H. Boberach (Hrg.), Meldungen aus dem Reich, Bd.5, Nr.135, S.1704 f.
10 Le „Delmois" dans la Tourmente, herausgegeben vom Collège André Malraux. S.13 ff.
11 Ein Textvergleich deutet die Verständigungsprobleme an, die der NS-Jargon über diesen konkreten Fall hinausgehend selbst perfekt deutsch sprechenden Lothringer bereitet haben dürfte : der deutsche Text des Plakates verwendet den Begriff „heimholen", der sprachlich korrekt im französischen Text mit „rapatrier" wiedergegeben wird, der freilich die emotionale Bedeutung des Begriffes „heimholen", wie sie beispielsweise im Saarabstimmungskampf mit Schlagworten wie „Heim ins Reich" und „Deutsche Mutter, heim zu Dir" geprägt wurde, und die auch den Plakattext bestimmen, völlig abgeht.
12 Im französischen Text : „On va accomplir ici, à la frontière, la même action que nous avons déja vu s'accomplir au Tyrol méridional, en Volhynie et en Bessarabie. De même que le Reich a rapatrié ses Allemands la France va rapatrier ceux qui se sont confessés Français."

gung und Täuschung dienende Aussage wurde bei Ankunft im Vertreibungsgebiet schnell widerlegt : die Vichy-Regierung brachte die Vertriebenen zwar unter, unternahm jedoch nichts, sie für den Verlust von Hab und Gut zu entschädigen, wahrscheinlich in der Befürchtung, daß eine Entschädigungsregelung deutscherseits als Anerkennung der Rechtmäßigkeit und Endgültigkeit der „Umsiedlung" ausgelegt werden könnte. Für den Höhepunkt der Unglaubwürdigkeit und Heuchelei, die den Plakattext prägt, darf der Satz stehen : „Ich will persönlich alles tun, damit diese Aktion der Aussiedlung zu einem Beitrag des Friedens wird, den wir zwischen uns und Frankreich schon immer ersehnt haben[14]".

Eine erste konkrete Ankündigung der Vertreibungsaktion erfolgte durch Bürckel am 31.10.1940 an den deutschen Botschafter in Paris, Otto Abetz[15]. Die diplomatischen Aktivitäten in der Folge von Bürckels Ankündigung und die taktischen Finessen der Reichsführung, die wohl nur der Bemäntelung der aktiven Verstrickung in die lothringischen Vorgänge zwecks Aufrechterhaltung der sich im Herbst 1940 anbahnenden Verständigung mit der Vichy-Regierung dienten, sind von Dieter Wolfanger[16] ausführlich geschildert worden[17]. Die französische Regierung protestierte heftig jedoch ergebnislos gegen die „überstürzte Überführung der auszusiedelnden Lothringer in das unbesetzte Gebiet"[18].

Die Durchführung der Vertreibungsaktion lag in den Händen von SS-Gruppenführer Berkelmann und des Befehlshabers der Sicherheitspolizei und des SD in Lothringen-Saarpfalz, SS-Brigadeführer Dunckern. In deutlichem Gegensatz zum Vorgehen in den annektierten Ostgebieten, wo die punktuell durchgeführten Räumungen für ständige Unsicherheit und Furcht vor Terrormaßnahmen sorgten, wurde die Vertreibung in Lothringen flächendeckend und zügig innerhalb von 10 Tagen vorgenommen. Ein offenbar vom SS-Abschnitt „Lothringen-Saar" herausgegebenes Merkblatt „Grundzüge für das technische Verfahren für die Umsiedlung (Lothringen)"[19] regelte den Handlungsablauf in den vorwiegend ländlichen Vertreibungsgebieten und den Übergang von der durch SS- und Polizeikräfte durchgeführten eigentlichen Vertreibungsaktion und dem folgenden, der vorläufigen Sicherung der Wirtschaftung dienenden Einsatz von Reichsarbeitsdienst, Parteiorganisation (Ortsgruppenverbandsleiter), Bauernsiedlung (Bezirkslandwirte, soweit zu diesem Zeitpunkt bereits einsatzfähig) und örtlicher Verwaltung, die die geräumten Anwesen übernahmen. Da „die Organisation der Aussiedlung nicht in einer Hand liegt"[20], wurden auftretende Ablauf- und Koordinierungsprobleme einer Stelle zugetragen, die über einschlägige Erfahrungen verfügte : dem SS-Bodenamt, dessen Leiter bereits an Vertreibungsaktionen im Osten mitgewirkt hatte, „so daß sich auch selbstverständlich alle an das Bodenamt wenden"[21]. Über die in der Tat erheblichen Übergangsprobleme und die damit zusammenhängende unzureichende Betreuung der Neusiedler wird in Abschnitt 8.3. zu berichten sein.

---

13 Im französischen Text : „Je me suis donc mis en relation avec le Gouvernement français pour que : le rapatriement puisse s'effectuer en bon ordre et que les familles rapatriés n'éprouvent en aucune façon de pertes de fortune."
14 Im französischen Text : „Quant à moi, je ferai mon possible pour que cette action de rapatriement devienne une contribution à la paix que nous avons toujours désirée avec ardeur entre Allemands et Français."
15 Siehe hierzu P.E.Schramm (Hrg.), Kriegstagebuch des OKW, Bd.1., S.142, wonach Abetz die Deutsch-Französische Waffenstillstandkommission zuständigkeitshalber von Bürckels Meldung informiert habe. Er habe Bedenken hinsichtlich der politischen Opportunität geäußert und um Aufschub gebeten.
16 Die nationalsozialistische Politik in Lothringen 1940 bis 1944, Kap.X.
17 Sturmbannführer Brehm trug in einem Brief vom 15.11.1940 an den Leiter des Zentralbodenamtes noch ein wesentlich erscheinendes Detail zum Ablauf bei : die Verzögerung im Beginn der Aktion war nicht auf Interventionen politischer Stellen in Berlin insbesondere des Auswärtigen Amtes zurückzuführen, sondern war bedingt durch Unstimmigkeiten zwischen der Planungsstelle im RSHA und Brehm über die Aufmachung der vom SS-Bodenamt Metz herauszugebenden Erfassungsblätter für den Haus- und Grundbesitz der zu vertreibenden Lothringer, die den Druckbeginn bis zum 8.11.1940 verzögerten. BDC, Friedrich Brehm, SSO-Akte, abgedruckt bei Uwe Mai, Ländlicher Wiederaufbau in der <Westmark> im Zweiten Weltkrieg, Dok.11,, S.189 ff.
18 P.E.Schramm (Hrg.), Kriegstagebuch des OKW, Bd.1, S.153.
19 LA-Saar, LKA 420, fol.11, n.dat.
20 Brief von SS-Sturmbannführer Brehm an den Leiter des Zentralbodenamtes vom 15.11.40. BDC, Friedrich Brehm, SSO-Akte, S.190.
21 Ebenda.

Kap. 8 - Vertreibung und Neubesiedlung in West- und Südwestlothringen

Brehm stellte in seinen beiden Briefen besonders seine guten Kontakte zur Metzer Dienststelle der Abteilung Ernährung und Landwirtschaft des C.d.Z und zur Bauernsiedlung heraus, die „neugegründete Siedlungsgesellschaft des Herrn Reichsernährungsministers ist auf Grund des Umstandes, daß sich deren Oberster Chef mit Gauleiter Bürckel nicht sehr gut verträgt, gezwungen, sich nach den Richtlinien der Dienststelle des Reichsführers-SS zu richten"[22]. Eine Abhängigkeit der Bauernsiedlung von Vorgaben und Weisungen des Bodenamtes konnten Gauleiter Bürckels Stellung als bestimmender Faktor der Siedlungspolitik in Lothringen tangieren, und die im April 1941 unter nicht ganz zu klärenden Umständen erfolgte Ablösung des damaligen Hauptgeschäftsführers der Bauernsiedlung, Erich Laubinger, mag unter anderem auch in Zusammenhang mit der von Brehm gerühmten Zusammenarbeit erfolgt sein.

Die Delmener Ortschronik berichtet weiter, wie die zur Ausweisung bestimmten Familien noch zwei Wochen nach der Ankündigung in völliger Ungewißheit lebten, bis die Sicherheitspolizei am 17.11.40 frühmorgens die Räumung der Anwesen befahl und die Menschen zu Sammelpunkten brachte, von wo aus sie in den am Spätnachmittag in Richtung Nancy abfahrenden Zug geleitet wurden. Pro Person durfte nur das Allernötigste, 30 kg Gepäck und 2.000 Francs, mitgenommen werden. Wertgegenstände einschließlich der Sparbücher waren abzuliefern, das zurückbleibende Eigentum wurde von den deutschen Behörden übernommen. Bei der Abfahrt des Zuges wurden die Waggons mit der Tricolore geschmückt, und die Vertriebenen sangen die Marseillaise.

In seiner 'Saarbrücker Rede'[23] vom 30.11.1940 legitimierte Bürckel das Vorgehen mit der um des zukünftigen Friedens zwischen Deutschland und Frankreich notwendigen Beseitigung der „französischen Sprachzone" in Lothringen, die angeblich durch frühere Ansiedlungen aus Innerfrankreich entlang der Staatsgrenze entstanden sei. Die Alternative, eine „Umerziehung der Jugend" sei ein auf Generationen angelegtes Unternehmen und, da für die „Eindeutschung" nur kurze Zeit zur Verfügung stehe, sei die von ihm durchgeführte „radikale Lösung" notwendig. Bürckel verwies in diesem Zusammenhang auf die Volksdeutschen, die sich unter fremder Umgebung und fremder Herrschaft ihre deutsche Muttersprache über Jahrhunderte bewahrten und übertrug dieses Vorbild auf die frankophonen Lothringer.

Bürckel setzte sich in seiner 'Saarbrücker Rede' auch mit der Kritik aus den eigenen Reihen auseinander, „daß volksdeutsche Familien gegen ihren Willen nach Frankreich verschickt"[24] würden, und in dieser Auseinandersetzung verdeutlichte sich ein „eklatanter Widerspruch"[25] in der nationalsozialistischen Volkstumspolitik. Bürckel bezeichnete es als ungewiß, ob die Ausgewiesenen einen „stärkeren romanischen oder germanischen Rasseneinschlag besitzen" und daß man nicht Zeit damit vergeuden könne, dies herauszufinden. Die Sprache sei jene „Kulturäußerung", die „auf die Zugehörigkeit zum gleichsprachigen Volk verweist" und „das geeignetste Mittel, mit dem man auf die inneren Verhältnisse eines anderen Volkes am leichtesten Einfluß nimmt". Einflußnahmen, die Ursache für die jahrhundertelangen Kämpfe an der deutsch-französischen Grenze gewesen seien.

Die lothringische Bevölkerung, auch im deutschsprachigen Gebiet, war durch die Ereignisse zutiefst verunsichert und erkannte die Heuchelei von Bürckels Rechtfertigungsversuch. Der SD berichtete[26], daß die Stimmung in Lothringen „durch eine ausgesprochene Unzufriedenheit, die sich teilweise bereits zu einer gewissen Opposition versteift hat" gekennzeichnet sei, die vor allem auf „eine nicht immer anhaltende Unsicherheit und Angst vor weiteren Aussiedlungen" zurückgehe. In den Städten Metz und Diedenhofen (Thionville) werde „auf den Straßen, in den Gaststätten und Geschäften, ja teilweise bei Behörden fast ohne Scheu wieder französisch gesprochen." Der Bericht des SD vom 3.3.1941[27] erwähnt, daß deutschgesinnte

---
22 Ebenda, S.189.
23 Redetext veröffentlicht in der NSZ vom 1.12.1940.
24 Reichsinnenminister Dr. Frick an Bürckel, zit. nach D. Wolfanger, Populist und Machtpolitiker, S.76.
25 Ebenda.
26 H. Boberach (Hrg.), Meldungen aus dem Reich, Bd.6, Nr. 160 vom 6.2.41, S.1981 f.

Lothringer durch das Verhalten ihrer französischsprechenden Vorgesetzten „in ihrer völkischen Entwicklung gehemmt" würden, die in den Betrieben gegebenen Anweisungen „Wer deutsch denkt, spricht auch deutsch!" wären damit illusorisch, offenbar wurde die bewußte Verwendung der französischen Sprache in der Öffentlichkeit zur symbolhaften Antwort auf Bürckels rabiates Vorgehen gegen die frankophone Bevölkerung. Victor Antoni, der vergeblich versucht hatte, durch Vermittlung von Reichsinnenminister Dr. Frick eine Rücknahme der Vertreibungsverfügungen zu bewirken, faßte die Gefühle der Lothringer in die Worte zusammen : „Eine ungeheure Welle der Bestürzung, der Wut, des Hasses und der Angst ging durch das ganze Lothringerland und griff auch auf das Elsaß über. Der Nationalsozialismus hat mit dieser brutalen Vergeltung[28] jede Möglichkeit einer innerlichen Annäherung oder eine Verständigungsbereitschaft zwischen der lothrigischen Bevölkerung und den Deutschen auf Generationen zerstört."[29]

8.2. Umfang und Ziele der Vertreibungsaktion

Bürckels Formulierung in seiner 'Saarbrücker Rede', daß die „französische Sprachzone" in Lothringen beseitigt worden sei, entsprach zu diesem Zeitpunkt nur teilweise den Tatsachen. Die frankophone Volksgruppe wurde durch die Vertreibungsaktion zwar zahlenmäßig erheblich vermindert jedoch keineswegs eliminiert, und eine vollkommene Eliminierung entsprach ja auch nicht den im 'Lothringer-Plan' formulierten Zielen Bürckels. Tatsächlich stellte die Novemberaktion jedoch einen wichtigen Teilschritt auf dem Wege zur Durchführung des "Lothringer-Plans' dar. Diese Aussage stützt sich auf die folgende quantitative Analyse des gesamten und regionalen Umfanges der Vertreibung und der davon betroffenen Bevölkerungsgruppen. Das Vertreibungsgebiet (s. Abb.8-1 auf der folgenden Seite) umfaßte 387 Gemeinden in West- und Südwestlothringen, in denen 1936, wie in Kap.4 ermittelt, etwa 260.000 frankophone Lothringer lebten.

Über den Umfang des von der Vertreibungsaktion im November 1940 betroffenen Personenkreises bestehen abweichende und widersprüchliche Angaben. Französische Quellen der Nachkriegszeit beziffern die Zahl der im November 1940 vertriebenen Lothringer auf 120.0000, Eberhard Jäckel[30] berichtet von der Ankündigung Bürckels an Abetz über die „Aussiedlung" von „100.000 französisch gesinnten Lothringern"[31] und hält diese Zahl auch aufgrund von Angaben aus späterer Zeit für belegt[32], nach Dieter Wolfanger[33] waren von der Aktion „ungefähr 60.000 Lothringer betroffen". Wolfangers Angaben scheinen den Tatsachen recht nahe zu kommen, denn die in Nancy erscheinende Zeitung 'Le Républicain Lorrain' berichtete am 20.12.1940, daß die französischen Behörden in Lyon den Durchgang von 66 Zügen[34] mit 57.665 Vertriebenen aus Lothringen erfaßt hätten[35], danach wären im November 1940 etwas mehr als 20% der frankophonen Bevölkerung in die Vertreibungsaktion einbezogen worden, und in West- und Südwestlothringen verblieben noch etwa 200.000 frankophone Lothringer. Da nach dem 'Lothringer-Plan' bei einer späteren Gesamteinwohnerzahl von 575.000 der „völkische Proporz" 60 : 40 betragen sollte, ist als erstes Motiv der Vertreibungsaktion die gezielte zahlenmäßige „Anpassung" des verbleibenden und zu assimilieren-

---

27 Ebenda, Nr. 167, S.2061 ff.
28 Antoni vermutete in der Vertreibung eine Vergeltung für die Ausweisung von etwa 120.000 Deutschen aus Lothringen nach dem Ersten Weltkrieg.
29 Grenzlandschicksal, Grenzlandtragik, S.190.
30 E. Jäckel, Frankreich in Hitlers Europa, S.128.
31 Diese Zahl findet sich auch bei P.E. Schramm, Kriegstagebuch des OKW, S.142.
32 E. Jäckel, Frankreich in Hitlers Europa, S. 131.
33 Die nationalsozialistische Politik in Lothringen 1940 bis 1944 , S.155.
34 Die Züge wurden von Lyon nach Südostfrankreich weitergeleitet, und die Vertriebenen fanden unter eher bescheidenen Lebensverhältnissen Zuflucht vornehmlich in den Departements Tarn und Tarn-et-Garonne. Eine historische Aufarbeitung dieses Aspektes der Vertreibung steht noch aus.
35 Zit. nach einem Zeitungsausschnitt im A.M.Sgm., Dossier Hiegel. „...en définitive, les autorités françaises enregistrèrent à Lyon le passage de 57.665 Mosellans transportés dans 66 trains avec 30 kilos de bagage et 2.000 Francs par personne."

den lothringischen Bevölkerungsteils an die künftigen Bevölkerungsverhältnisse zu erkennen, was freilich ein Fernziel darstellte, da im November 1940 kaum Deutsche in Lothringen ansässig waren.
Diese Aussage gilt allerdings nur für das gesamte Vertreibungsgebiet. Da die ländliche Siedlungsmaßnahme als erste Etappe der „Eindeutschung" aufzufassen ist, erscheint eine differenzierende Betrachtung unumgänglich, denn in der Tat wurden von der Vertreibungsaktion nicht alle Bevölkerungsgruppen und nicht der gesamte „französische Sprachraum" gleichmäßig betroffen.

Das bereits erwähnte zweisprachige Plakat Bürckels grenzte den betroffenen Raum, „Orte, deren Bewohner im Laufe der Zeit völlig französisiert wurden"[36] weitgehend ein, als den betroffenen Personenkreis machte Bürckel die „dort wohnende bäuerliche Bevölkerung"[37] aus. Bürckel ging mit seinem Scheinargument späterer Französisierung einer ursprünglich deutschen Bevölkerung auch über das in der „Blut und Boden"-Axiom hinweg, daß die bäuerliche Bevölkerung in fremdvölkischer Umgebung ihre nationale und rassische Herkunft am treuesten bewahre. Die in gleichem Maße „französisierten", nichtbäuerlichen Lothringer lud Bürckel dagegen zur Mitarbeit ein : „Jenen Schichten von Arbeitern und Angestellten, die bereit sind, einen Beitrag auf jegliche, immer nur mögliche Arbeit zu leisten, damit hier an der Grenze ein wirklich politisch gesunder und in sich gefestigter Grenzgau entsteht, gebe ich weitgehendst die Möglichkeit, ihren guten Willen für die Zukunft unter Beweis zu stellen."[38] Brehm berichtete am 15.11.1940[39] nach Berlin, die „Industriearbeiterschaft des Diedenhofener Gebietes....bleibt geschlossen da", „ausgesiedelt" würden „im wesentlichen nur Landwirte, Handwerker und freie Berufe". Zeitzeugenaussagen[40] lassen erkennen, daß selbst in den starkbetroffenen ländlichen Ortschaften die zur Sicherung der Infrastruktur erforderlichen Personen, beispielsweise Eisenbahner, Postbeamte bis hin zum Briefträger, auch Gemeindeangestellte, von der Vertreibung verschont blieben, „um die Kontinuität der Arbeit"[41] zu gewährleisten. Der Ausweisungsbefehl galt ohnehin nicht für die Industriebeschäftigten, beispielsweise für Arbeiter und Techniker der mitten im Vertreibungsgebiet liegenden Werke der „Usines Kuhlmann" in Duß (Dieuze)[42]. Von der Vertreibung ausgenommen waren auch Familien, in welchen ein beide Ehegatten deutsch-lothringischer oder elsässischer Herkunft[43] waren, und in welchen zumindest rudimentäre Deutschkenntnisse eine schnelle Assimilierung und Integration erwarten ließen. Schließlich gab es auch im frankophonen Gebiet Personen, die freiwillig für den Verbleib im deutschen Machtbereich optierten[44].

Verwertbare Hinweise und Rückschlüsse über die von den NS-Machthabern bei der Vertreibung verfolgten Ziele enthalten die für die Tage vom 17.11.1940 bis 20.11.1940 vorliegenden die im Dokumenten-Anhang als Dokument 1 wiedergegebenen „Berichte"[45] über die Tätigkeit der Einsatzkommandos II/1 und II/3 (im folgenden als 'Vertreibungslisten' bezeichnet). Aus den Angaben der 'Vertreibungslisten' über Zahl der Bewohner und der Vertreibung läßt sich die Zahl der in ihren Heimatorten verbliebenen frankophonen Bevölkerung bestimmen.

---

36 Im französischen Text :"..il y a un nombre de lieux dont les habitants ont été complètement francisés."
37 Im französischen Text : „Il s'agit surtout de la population paysanne qui habite cette région."
38 Im französischen Text : „Ceux d'entre les ouvriers et les employés qui désirent contribuer ici à la frontière, de quelque manière ce soit, à la formation d'un district frontière allemand qui soit vraiment sain au point de vue politique et bien affermi en soi, je donne largement la possibilité de prouver leur bonne volonté à l'avenir."
39 BDC, Friedrich Brehm, SSO-Akte, abgedruckt bei Uwe Mai, Ländlicher Wiederaufbau in der <Westmark> im Zweiten Weltkrieg, Dok.11,, S.190.
40 Der Verfasser hat im Herbst 1996 nicht vertriebene Lothringer u.a. über die bekannten oder vermuteten Gründe befragt, warum sie bzw. ihre Eltern von der Vertreibung verschont blieben. Eine ausführlichere Darstellung der Gesprächsstrukturierung und des Befragungsergebnisses enthält Kap.14.
41 Hermann, Jean-Pierre/Mélard, André/ Wagner, André : DIEUZE en Lorraine. 100 ans d'histoire 1893 - 1993. S.66.
42 Ebenda.
43 Wie Anm.41.
44 Ebenda : „Oui, des lorrains ont pris fait et cause pour les allemands...tout comme il y eut des Français collaborateurs."
45 A.D.M. 2 W 1, fol.16 ff.

Kap.8 - Vertreibung und Neubesiedlung in West- und Südwestlothringen

Abb 8-1 : Das lothringische Vertreibungs- und Neusiedlungsgebiet
Quelle : 'Besiedlungslisten' A.D.M. 2 W 5, fol.102-114, vom Verfasser in die 'Gemeindekarte von Lothringen' übertragen.

Die in den 'Vertreibungslisten' aufgeführten 166 Ortschaften liegen in den Kreisen Metz-Land (Metz-Campagne), Salzburgen (Château-Salins) und St. Avold. Ein Vergleich der zeitlichen Folge der Tagesberichte mit einer Karte von Lothringen ergibt, daß die Einsatzkommandos anscheinend nach einem Rasterschema zusammenhängende Teilgebiete evakuierten. Die einzelnen Ortschaften wurden von den Vertreibungen sehr unterschiedlich betroffen, in einigen Orten wurde die frankophone Bevölkerung vollkommen evakuiert, während in anderen Gemeinden die Mehrzahl der Bewohner in ihrer Heimat verblieb. Die in den 'Vertreibungslisten' überlieferten Zahlenangaben geben Hinweise auf eine systematische Planung der Vertreibungsaktion.
In der folgenden Tab.8-1 wurden die Zahlenangaben der Tagesberichte der beiden Einsatzkommandos zusammengefaßt.

Datum	Einsatz-Kdo.	Einwohner	Vertriebene	Verbliebene	Vertreibungs-quote %
17.11.40	II/1	6.428	2.521	3.907	39,21
17.11.40	II/3	2.340	1.745	595	74,57
18.11.40	II/1	3.599	2.391	1.208	66,43
18.11.40	II/3	4.563	3.791	772	83,08
19.11.40	II/1	6.424	3.268	3.156	50,87
19.11.40	II/3	7.425	4.018	3.407	54,11
20.11.40	II/3	3.960	2.898	1.062	73,18
Gesamt		34.739	20.632	14.107	59,39

Tab.8-1 : Zusammenstellung der Angaben der 'Vertreibungslisten'.
Quelle : A.D.M. 2 W 1/16 ff. ('Vertreibungslisten', Dok.1 im Dokumenten-Anhang).

Es ergeben sich zwei wesentliche Feststellungen : 1. in dem durch die 'Vertreibungslisten' belegten Gebiet betrug die Vertreibungsquote mit knapp 60% nahezu das Dreifache der Quote von etwa 20% im gesamten frankophonen Sprachraum. 2. Auch innerhalb des untersuchten Teilgebietes differiert die Vertreibungsquote zwischen etwa 40% und mehr als 80%. Die mit

83,08% höchste Vertreibungsquote betraf übrigens die bereits zitierte Ortschaft Delmen (Delme) und ihr Umland.

Eine Differenzierung der Zahlenangaben der 'Vertreibungslisten' nach Ortsgrößen in nachstehender Tab.8-2 ergibt, daß je kleiner die Ortschaft, umso höher der Anteil der Vertriebenen und umso kleiner die Zahl der zurückbleibenden einheimischen Lothringer war.

Ortschaft	Einwohner	Vertriebene	Verbliebene	Vertreibungsquote %
Orte mit mehr als 1.000 Einwohnern				
Bornen (Borny)	1.587	259	1.328	16,32
Kurzel/Str. (Courcelles-Chy)	1.076	274	802	25,46
Mörchingen (Morhange)	2.334	495	1.839	21,20
gesamt	4.997	1.028	3.969	20,57
Orte mit 500 bis 1.000 Einwohnern				
Wigingen (Vigy)	614	351	263	57,17
Remelach (Remilly)	974	337	637	34,60
Pelters (Peltre)	615	253	362	41,13
gesamt	2.203	941	1.262	42,71
Orte mit weniger als 500 Einwohnern				
	27.539	18.663	8.876	67,77

Tab.8-2 : Vertreibungsquote nach Ortsgröße.
Quelle : A.D.M. 2 W 1/16 ff. ('Vertreibungslisten', Dok.1 im Dokumenten-Anhang).

Die Einsatzkommandos wurden vor allem in den ländlichen Gebieten tätig, die für die Ansiedlung deutscher Siedler „menschenleer" gemacht wurden. Wie in den Tab.15-2 und Tab.15-3 (s. Tabellen-Anhang) belegt, bezweckten Vertreibung und Neubesiedlung, daß die deutschen Ansiedler trotz ihrer geringen Zahl in vielen kleinen Dörfern die Bevölkerungsmehrheit bildeten, und daß in diesem überwiegend deutschen Siedlungsgebiet einzelne größere Orte mit mehrheitlich frankophoner lothringischer Bevölkerung als Einsprengsel verblieben. Da die kleinen ländlichen Gemeinden in Anzahl und Flächenausdehnung überwogen, ergibt sich als zweites Motiv der „ethnischen Säuberung"[46] die Schaffung eines mehrheitlich deutsch besiedelten ländlichen Raumes in West- und Südwestlothringen. Die in Tab.8-1 und Tab.8-2 gewonnenen Erkenntnisse werden bestätigt durch eine zahlenmäßige Auswertung der am Anfang der 'Vertreibungs-Liste' für das Einsatzkommando II/1 am 20.11.1940 enthaltenen Angaben, wonach aus den Ortschaften Ars (Ars-sur-Moselle), Hagendingen (Hagondange), Machern b. Metz (Maizières-les-Metz), Malandshofen (Malancourt-la-Montagne), Marieneichen (Sainte-Marie-aux-Chênes), Maringen-Silvingen (Marange-Silvange), Montingen am Berg (Montois-la-Montagne), Rombach (Rombas), Rohnhofen (Roncourt), St. Privat, Stahlheim (Amnéville) und „Karlingen", wahrscheinlich Talingen (Talange) „2 Züge ab Metz" evakuiert wurden. In diesen Orten lebten 1936 ca. 35.000 Einwohner[47], durchschnittlich faßte ein Zug 900 bis 950 Personen, beide Züge zusammen also etwa 1.800 bis 1.900, so daß sich für den am 20.11.1940 evakuierten Raum im Umkreis von Metz eine Vertreibungsquote von etwa 5

---

46 Diese im Verlauf der jüngsten ethnisch begründeten Vertreibungen in Bosnien-Herzegowina entstandene Formulierung sei in dieser Arbeit trotz erheblicher Vorbehalte wegen der Prägnanz verwendet, mit der sie die Motive der Vertreiber beschreibt.
47 Nach den Angaben im 'Ortsverzeichnis von Lothringen'.

bis 5,5% berechnen läßt, also deutlich weniger als im Durchschnitt des frankophonen Gebietes und nur ein Bruchteil der im ländlichen Raum zu registrierenden Vertreibungsquote.
Ein drittes, sehr wesentliches Motiv Bürckels für die „ethnische Säuberung" waren Besitz und Eigentum der Vertriebenen. Sie besaßen das, was Bürckel zur Verwirklichung seines Siedlungsvorhabens fehlte und zur Einlösung seines Hitler gegebenen Versprechens benötigte : Grund und Boden, Wohnhäuser, Scheunen und Ställe, kurz die ländlichen Anwesen, in welche die vorgesehenen 5.000 deutschen Siedlungsanwärter eingewiesen werden sollten. Mit der Vertreibungsaktion in Lothringen verband das NS-Regime, der „<Behemoth> ungeheuerer Plünderungen"[48], auch einen Raubzug.

Dieser Raubzug wurde durch die am 7.12.1940 erlassene „Verordnung über die Neuordnung des Siedlungsraumes in Lothringen"[49] scheinlegalisiert, mit welcher der „Grundbesitz der aus Lothringen ausgesiedelten Personen....zu Gunsten des Chefs der Zivilverwaltung beschlagnahmt und eingezogen" wurde. Die Einordnung der widerrechtlichen Enteignung in die Ziele des 'Lothringer-Plans' ergibt sich aus der Präambel zu der Beschlagnahme-Verordnung, der „freigewordene Grundbesitz ist vornehmlich zur Neubildung deutschen Bauerntums und für Wohnsiedlungszwecke zu verwerten", auch „Zubehör und die Früchte" als Grundlage der zukünftigen Bewirtschaftung unterlagen der Enteignung. Die Registrierung und Verwaltung des beschlagnahmten Grundbesitzes übertrug Bürckel der „Überleitungsstelle für beschlagnahmtes und reichsfeindliches Vermögen" in Metz, in welcher das Bodenamt Metz als „Gruppe II - Landwirtschaftliches Vermögen"[50] eingerichtet wurde. Umfang und Wert des beschlagnahmten Eigentums sind nicht im einzelnen überliefert, waren jedoch beachtlich. Die Registrierung des stark parzellierten Grundvermögens durch das Bodenamt Metz war am 15.3.1943[51] noch nicht abgeschlossen. Nach diesem Lagebericht betrug die „von Wirtschaftern der Bauernsiedlung bewirtschaftete Fläche nach dem Stand vom 15.3.1943"[52] 119.903,59 ha, nach den in Kap.15 im einzelnen dargestellten Berechnungen lagen 1943 jedoch größere enteignete Flächen brach, so daß sich die Gesamtfläche der im Zusammenhang mit der Vertreibungsaktion im November 1940 enteigneten Grundstücke auf etwa 150.000 bis 170.000 ha[53] bestimmen läßt, deren Wert einschließlich Gebäude, lebendem und totem Inventar nach dem Ertragswertberechnungsverfahren[54] je nach Bodenqualität auf etwa RM 700 bis RM 1.000 je Hektar, für Gartenbau- und Weinbaubetriebe auch darüber veranschlagt werden kann, und woraus sich eine Gesamtwertschätzung zwischen RM 100 Mio. und RM 150 Mio. ableiten läßt.

8.3. Problematischer Beginn der Siedlungstätigkeit

Der 'Landwirtschaftliche Bericht' beginnt mit dem Satz : „Die Räumungsaktion begann am 7. November morgens 7 Uhr und wurde am 21. November nachts abgeschlossen." und unterstrich damit die enge Verzahnung von Vertreibung und Neubesiedlung. In dieser kurzen Zeitspanne wurden zehntausende Menschen von Haus und Hof, aus Besitz und Heimat vertrieben, um Raum zu schaffen für die deutsche Neubesiedlung Westlothringens. In der Saarpfalz und im Bitscherland rüsteten sich derweil vom NS-Regime unter trügerischen Versprechungen verführte oder zur Umsiedlung dienstverpflichtete Familien zum Aufbruch in eine ungewisse Zukunft.

Der Neuansiedlung waren Vorbereitungen vorausgegangen, die drei Zielen dienten : 1. eine Auswahl der zu räumenden Anwesen zu treffen, 2. die provisorische Aufrechterhaltung des

---
48 I. Kershaw, Hitlers Macht, S.246.
49 Vobl. Loth. (1940) vom 14.12.1940, Nr.240, S.389.
50 LA-Saar, LKA 411, fol. 65.
51 BA Kobl. R49/75, fol.104.
52 Ebenda, fol.102.
53 Einzelheiten hierzu in Kap.13.
54 BA Kobl. R 2/18937, n.fol., „Allgemeine Richtlinien für die Anwendung des Ertragswertschätzrahmens in Lothringen".

Kap. 8 - Vertreibung und Neubesiedlung in West- und Südwestlothringen

Wirtschaftsbetriebes insbesondere der Haustierbetreuung sicherzustellen und 3. die Zuführung und Einweisung der Neusiedler vorzunehmen.

8.3.1. Vorbereitung und Sicherstellungsmaßnahmen

Die seit August 1940 laufenden Vorbereitungen unterlagen zwar strikter Geheimhaltung, um Unruhe und Widerstand in der betroffenen lothringischen Bevölkerung zu vermeiden, Art und Umfang der laufenden Planungen ließen jedoch Andeutungen durchsickern. Die Beunruhigung in der lothringischen Bevölkerung nahm im Anschluß an die „Aktion I" weiter zu, und der SD meldete[55], daß in Erwartung weiterer Aktionen die Felder nicht mehr bestellt würden.

Anfang November konkretisierten sich die Maßnahmen : die saarpfälzischen Kreisbauernschaften nominierten 253 Ortsbauernführer[56] zum Einsatz in den frankophonen Zielgebieten[57]. Die Ortsbauernführer waren später teilweise selbst als Wirtschafter der Bauernsiedlung tätig, teils wurden sie nur zeitweise als „kommissarische Ortsbauernführer" in Lothringen eingesetzt[58].

Es fehlen konkrete Hinweise, ob und welcher Persönlichkeit oder welcher Dienststelle Bürckel Leitungs-, Überwachungs- und Koordinierungsfunktionen bei der Durchführung der Neuansiedlung delegierte. Im 'Rundschreiben 1' der Bauernsiedlung Westmark vom 29.11.1940 wird eine „vom Gauleiter angesetzte und von seinem Beauftragten, Kreisleiter Schubert, geleitete Besprechung"[59] erwähnt, in welcher jedoch ausschließlich Fragen der Bewirtschaftung und der Rechtsstellung der Neusiedler behandelt wurden. Schubert gehörte auch dem Aufsichtsrat der Bauernsiedlung Westmark an, eine Zuständigkeit Schuberts für die Gesamtheit der Maßnahmen ist daraus nicht herzuleiten.

Nach dem 'Landwirtschaftlichen Bericht' (S.3) rückten die Ortsbauernführer als Vorhut in der Zeit vom 6. - 15.11.1940 in das Neuordnungsgebiet ein und nahmen anhand von Fragebögen das zur Beschlagnahmung anstehende Eigentum auf. Trotz Widerspenstigkeit der ortsansässigen Bevölkerung „ist nicht ein einziger Fall von ernsteren Zusammenstößen zwischen Ortsbauernführer und französisch sprechenden Lothringern bekannt geworden", das massierte Aufgebot deutscher Militär- und Polizeikräfte mag zu dieser Zurückhaltung entscheidend beigetragen haben. Trotz und ohnmächtige Wut der Vertriebenen zeigten sich jedoch in zahlreichen Sabotageakten, die sich gegen das zurückzulassende Eigentum richteten. „So wurden viele Lichtleitungen zerstört, Lebensmittel vernichtet, Motore beschädigt, sowie Viehketten in großer Zahl vernichtet bzw. weggeschleppt."[60] Wohn-, Stall- und Vorratsgebäude wurden devastiert und waren für die nachrückenden Siedler teilweise unbenutzbar. Die Neusiedler betraten nicht den Garten Eden.

Da auch Vorräte, Heu, Stroh, Getreide und Viehfutter verdorben und unbrauchbar gemacht worden waren, wies die Bauernsiedlung „auf eine besonders sparsame Verwendung der vorgefundenen Futterstoffe" hin, und behielt sich Umverteilungen vor. Strohknappheit und die Notwendigkeit, die knappen Futtermittel durch Strohverfütterung zu strecken[61], verursachten einen fühlbaren Mangel an Einstreumaterial zur Folge, der durch Streutorf aus dem Reichsgebiet nicht behoben werden konnte[62]. Im Gefolge der Einsatzkommandos, die die Vertreibungsmaßnahmen durchführten, rückten Kommando-trupps des Reichsarbeitsdienstes in die geräumten Dörfer ein[63], die den Auftrag hatten, die Versorgung des zurückgebliebenen

---
55 Meldungen aus dem Reich, Band V, Nr.135, S.1704, vom 24.10.1940.
56 A.D.M. 2 W 5, S.81-99, die Listen enthalten Namen und Herkunft der eingesetzten Ortsbauernführer.
57 Ebenda. Ausgewiesen ist der Einsatz von 40 Ortsbauernführern im Kreis Diedenhofen, 116 Ortsbauernführern im Kreis Salzburgen, 78 Ortsbauernführern im Kreis Metz-Land und 19 Ortsbauernführern im Kreis Saarburg.
58 Gemäß Angaben der Siedlerkartei.
59 A.D.M. 2 W 4, S.2.
60 'Landwirtschaftlicher Bericht' S.2.
61 Rundschreiben Nr. 2 der Bauernsiedlung Westmark vom 17.12.1940 S., A.D.M. 2 W 4.
62 Ebenda.
63 'Landwirtschaftlicher Bericht' ,S.2.

Viehs, insbesondere der Milchkühe zu übernehmen. Da die jedem RAD-Trupp zugeteilten beiden Melker vom Umfang der gestellten Aufgabe überfordert waren, wurden die RAD-Trupps durch melkkundige Angehörige der SS-Leibstandarte, die in Metz stationiert war, und durch 150 kurzfristig von der Landesbauernschaft Saarpfalz dienstverpflichtete[64] Melker und Helfer verstärkt, selbst die zurückgebliebene frankophone Bevölkerung wurde zur Betreuung herangezogen[65]. Trotz dieser Maßnahmen kam es zu erheblichen Viehverlusten, denen durch Zusammenführung von Viehbeständen in größeren Stallanlagen zu begegnen versucht wurde. Die nach und nach ins Land kommenden Neusiedler lösten Reichsarbeitsdienst und SS-Leibstandarte bei den Sicherstellungsmaßnahmen ab, die dienstverpflichteten Helfer kehrten bis Ende März 1941[66] in ihre Heimatorte zurück.

8.3.2. Zuführung und Einweisung der Neusiedler

Die Zuführung der Neusiedler folgte der Räumung auf dem Fuße[67]. Nach dem 'Landwirtschaftlichen Bericht' rückten die ersten Bitscherländer bereits am 15.11.1940 in die Siedlungsorte in der Umgebung von Metz ein, ab 16.11.1940 „kamen die ersten Bauernfamilien aus den Kreisbauernschaften Saarlautern, Kirchheimbolanden im Kreis Diedenhofen zum Einsatz (S.4)". Zweihundert Familien kamen am 17.11.1940 an, die am 21.11.1940 eintreffenden 400 Familien wurden überwiegend in den Kreis Metz, ein Teil in den Kreis Salzburgen verbracht.

„Am 15. Dezember war die 1. Aktion des Familieneinsatzes in der Hauptsache abgeschlossen" mit dem Ergebnis, daß

„im Kreis Diedenhofen (Thionville)	rund 100 Familien
Metz-Land (Metz-Campagne)	rund 1.050 Familien
Salzburgen (Château-Salins)	rund 1.100 Familien
St. Avold	rund 100 Familien
Saarburg (Sarrebourg)	rund 200 Familien
	2.550 Familien"

eingesetzt waren. Da die angestrebten Siedlungsziele noch nicht erreicht waren, „wurden weitere 500 Siedler aus der Saarpfalz angefordert (S.4)". Es ist nicht überliefert, und es darf bezweifelt werden, ob dieser Siedlerschub im Dezember 1940 tatsächlich in Lothringen ankam, die Zahl der Neusiedler hätte sich sodann auf insgesamt 3.050 erhöht, was nicht mit der Angabe im 'Geschäftsbericht 2' von 3.350 Siedlern am Jahresende 1940 übereinstimmt.

Die Siedlerkartei weist bis einschließlich Dezember 1940 einen Zugang von 2.554 Siedlern aus, woraus sich nach Abgang von 87 Rückkehrern Ende 1940 ein Bestand von 2.467 Siedlern ergäbe. Der Zugang gemäß der Siedlerkartei stimmt fast völlig mit der im 'Landwirtschaftlichen Bericht' zitierten Zahl von 2.550 Familien überein. Der 'Kritische Bericht' (S.3) enthält die Feststellung, daß ausgehend vom Ansiedlungsziel von 5.000 Neusiedlern „von den zu besiedelnden Betrieben höchstens erst 50% besetzt sind", was ebenfalls 2.500 Siedlern entspricht. Aus den widersprüchlichen Angaben der Einzelberichte scheinen sich die Angaben der Siedlerkartei zu bestätigen, so daß am 31.12.1940 das Ziel von 5.000 Ansiedlern nur zur Hälfte erreicht war.

Der vorwiegend politische Charakter der Siedlungsmaßnahmen wurde durch die Schaffung einer eigenen politischen Organisation, den der Gauleitung verantwortlichen „Ortsgruppenverbandsleitern", unterstrichen. In jeder Bezirksaußenstelle der Bauernsiedlung Westmark

---

64 LA Saar LK 434 75b) Abschrift eines Erlasses des Reichskommissars für die Saarpfalz vom 26.11.1940 I/7 L 24/1940, der die Dienstverpflichtung wie folgt begründet : „Die Durchführung der Landbewirtschaftung in den von der französischen Zivilbevölkerung geräumten Ortschaften in Lothringen ist von staatspolitisch besonderer Bedeutung."
65 'Landwirtschaftlicher Bericht' S.3.
66 Dieses Datum läßt sich aus Eintragungen in die Siedlerkartei erschließen.
67 Ein am 14.11.1940 aus Dieuze (Duß) vertriebener Landwirt, der unter Ausnutzung des allgemeinen Tumultes vom Bahnhof nochmals nach Hause zurückkehrte, stellte zu seiner Überraschung fest, daß sein Anwesen schon neue Bewohner hatte. Hermann, Jean-Pierre/Mélard, André/ Wagner, André, DIEUZE en Lorraine, S.70.

Kap. 8 - Vertreibung und Neubesiedlung in West- und Südwestlothringen

scheint zumindest ein Ortsgruppenverbandsleiter[68] tätig gewesen zu sein, diese hatten „die neu eingesetzten Siedler politisch zu betreuen"[69] und kümmerten sich auch um wirtschaftliche Fragen. Es ist nicht belegt, ob diese besondere Parteiorganisation über die Anfangsphase der Siedlungstätigkeit, also über Mitte 1941 hinaus, weiter bestand.

Die Neuansiedler wurden bei der Ankunft von den Bezirkslandwirten der Bauernsiedlung, den Ortsgruppenverbandsleitern und den als Vorkommando tätigen Ortsbauernführern in Empfang genommen und vorläufig untergebracht. Weiterhin wirkten Beauftragte der Landkommissare, der Abteilung Ernährung und Landwirtschaft beim C.d.Z. in Metz und die Kreisleitungen der NSDAP bzw. der DVG mit[70].

Diese Aufsplitterung der Zuständigkeiten in Verbindung mit der Tatsache, daß keine der genannten Behörden und Personen mit den Verhältnissen vor Ort mehr als oberflächlich vertraut war, erzeugt die Vorstellung von einem organisatorischen Chaos, das durch Rivalitäten konkurrierender Dienststellen verstärkt wurde : die Kreisleiter von Kirchheimbolanden, Rockenhausen und Kusel hatten „sich im Landkreis Metz bestimmte Dörfer für ihre Siedler zuweisen"[71] lassen, für deren Betreuung nicht die örtlichen Organe, sondern die „Heimatkreisleitungen" zuständig waren.

Den Ortsgruppenverbandsleitern und den Bezirkslandwirten der Bauernsiedlung waren gleichzeitig noch zwei weitere Aufgaben aufgebürdet : eine detaillierte Aufnahme der beschlagnahmten Anwesen, und die Vermittlung der Grundzüge der nach den Vorgaben der Bauernsiedlung Westmark zu praktizierenden landwirtschaftlichen Buchhaltung. Die für diese Zusatzaufgaben aufzuwendende Zeit fehlte bei der prioritären Aufgabe, der Betreuung und Einweisung der Siedler in ihre eigentliche landwirtschaftliche Tätigkeit.

„Die Kreise Ludwigshafen und Frankenthal schickten ihre Siedler mit der Bahn, während Neustadt, Rockenhausen, Kusel, Kirchheimbolanden und Saarlautern ihre Siedler in Omnibussen heranbrachten ('Landwirtschaftlicher Bericht' S.4)." Ob auf der Schiene oder auf der Straße, die Anreise war infolge der kriegsbedingten Transportschwierigkeiten und der noch nicht völlig behobenen Kriegszerstörungen beschwerlich und langwierig. Der frühzeitig eingebrochene Winter, Kälte und Schnee, taten ein übriges, die Reise strapaziös zu gestalten. Den mit der Bahn Anreisenden stand nach der Ankunft im Bahnhof noch der Weitertransport auf teilweise offenen Lastkraftwagen oder mit Fuhrwerken bevor.

Die Neuankömmlinge reisten mit leichtem Gepäck : pro Person waren nach den Weisungen der Partei[72] zwei Handgepäckstücke zugelassen. Den Siedlern wurde vor der Abfahrt wohl die Vorstellung vermittelt, in freiwillig und in gutem Zustand verlassene Quartiere einzurükken, wo sie Einrichtung und Hausrat vollständig vorfinden würden. In den Lothringer Häusern fehlte ohnehin mancher, in der Saarpfalz im Jahre 1940 als selbstverständlich empfundener Komfort : offene Herd- und Feuerstellen waren für die Ankömmlinge ungewohnt, Elektrizität nicht überall vorhanden, und das pittoreske Bild der seinerzeit in Lothringen noch weitverbreiteten Waschhäuser am fließenden Bach symbolisiert den Stand der Wasserversorgung und der sanitären Anlagen. Die Verwüstungen, die die früheren Bewohner in ihren Häusern vor der erzwungenen Abreise angerichtet hatten, nahmen vielen Behausungen jede Wohnlichkeit. Durch zerbrochene Fensterscheiben drang Kälte und Feuchtigkeit ein, der Hausrat war unbrauchbar gemacht, Lebensmittel und Viehvorräte verdorben. Die Mehrzahl der Neusiedler erlebte bereits bei der Ankunft eine herbe Enttäuschung.

So wird es nicht verwundern, daß nicht alle der Ende 1940 in Lothringen einrückenden Saarpfälzer dort auch ansässig wurden. Eintragungen in der Siedlerkartei lassen darauf schließen, daß abends eingetroffene Neuankömmlinge sich am nächsten Tag umschauten und am dritten

---
68 'Landwirtschaftlicher Bericht', S.15.
69 Ebenda, S.6.
70 Ebenda, S.4.
71 Ebenda.
72 StadtA Ludwigshafen, Bestand 4010, n.fol. Rundschreiben der Kreisleitung der NSDAP.

Tag die Heimreise antraten. Die Rückkehrentscheidung wurde vielfach beschleunigt durch den Mangel an Fürsorge durch die zahlenmäßig unzureichenden und anscheinend völlig überforderten Betreuer, Ortsgruppenverbandsleiter und Ortsbauernführer, sowie das Fehlen örtlicher Anlaufstellen der Bauernsiedlung. Diese hatte dem Rückkehrer im 'Rundschreiben 2' nur anzubieten, „sofern er auf der Rückreise über Metz kommt, kann er unter Vorlage einer Entlassungsbescheinigung ....sofort abrechnen." Auf die zum Zeitpunkt der Neubesiedlung noch völlig ineffiziente Betriebsorganisation der Bauernsiedlung Westmark in Lothringen wird im folgenden Kap.9 noch näher einzugehen sein. Selbst die zweckoptimistisch[73] bestimmte Darstellung im 'Landwirtschaftlichen Bericht' muß eingestehen, daß „namentlich aus den Kreisen Ludwigshafen viele ungeeignete Wirtschafter mitgekommen (waren), von den einige Hundert sofort so enttäuscht waren, daß sie unverzüglich die Heimreise antraten (S.5)".

Den Rückkehrern drohte in der Heimat weiteres Ungemach : die früheren Wohnungen waren nicht mehr verfügbar, der Wohnungsmarkt nicht sehr ergiebig und „muß ich in erster Linie für die Unterbringung von Familien sorgen, die durch feindliche Luftangriffe ihre Wohnung verloren haben"[74]. Die von den Rückkehrern zu Hause abgegebenen Berichte über ihre Erfahrungen in Lothringen trugen mit dazu bei, den weiteren Zufluß von Siedlern aus der Saarpfalz versiegen zu lassen.

Unmittelbar nach Beginn der Siedlungstätigkeit war die Arbeit als „Gemeinschaftsarbeit"[75] organisiert, die anschließende Zuweisung von Betrieben und Grundstücken an die einzelnen Siedler erfolgte durch die Ortsbauernführer. Die Zuweisungen begannen Mitte Januar 1941, sie verzögerten sich nach den 'Ott-Berichten' in einzelnen Ortschaften bis zum März 1941. Ott bemängelt, daß diese Verzögerungen den Einsatzwillen der Neusiedler negativ beeinflußten und empfahl, die Zuweisung beschleunigt abzuschließen.

Objektive Zuweisungskriterien sind nicht bekannt, aus den 'Ott-Berichten' lassen sich Andeutungen auf willkürliche Handhabung der Zuweisung durch die Ortsbauernführer erkennen. Da Größe und Ausstattung der Betriebe und ihr baulicher Zustand deutliche Unterschiede aufwiesen, sind Auseinandersetzungen wegen vermuteter oder tatsächlicher Benachteiligung bei der Vergabe der Anwesen nicht auszuschließen.

8.4. Der lothringische Siedlungsraum

Die 'Besiedlungslisten' vom Juni 1941 weisen als neubesiedelt aus :

im Kreis Diedenhofen (Thionville)	19 Gemeinden
im Kreis Metz-Land	146 Gemeinden
im Kreis Salzburgen (Château-Salins)	118 Gemeinden
im Kreis Saarburg (Sarrebourg)	43 Gemeinden
im Kreis St. Avold	29 Gemeinden
insgesamt	355 Gemeinden

Der Ansiedlungsraum umfaßte den Kreis Metz-Land (Metz-Campagne) und den Landkreis Salzburgen (Château-Salins) sowie Teilgebiete der Kreise Saarburg (Sarrebourg), Bolchen (Boulay, später in Kreis St. Avold umbenannt) sowie Diedenhofen (Thionville), er ist im wesentlichen identisch mit dem Vertreibungsgebiet (s.Abb.8-1).

Der 'Geschäfts-Bericht 1' nennt die Zahl von 387 Gemeinden, die durch Siedlungsmaßnahmen betroffen seien. Innerhalb des Vertreibungs- und Siedlungsraumes sind Neusiedlungen im Stadtgebiet Metz (ausgenommen Gärtnereibetriebe in den 1941 eingemeindeten Randgebieten), im Gebiet der Gemeinden des lothringischen Industrierreviers sowie in einigen ländli-

---
73 Die positive Überzeichnung der Rolle der Bauernsiedlung ist wesentliches Argument für die Einordnung des 'Landwirtschaftlichen Berichts' in den Bereich der Siedlungsgesellschaft.
74 Schreiben des Oberbürgermeisters von Ludwigshafen an Kreisleiter Thiel, Metz, vom 4.6.1941. StadtA Ludwighafen, Bestand 4010, n.fol.
75 Zum Begriff „Gemeinschaftsarbeit" s. Kap.9.

Kap.8 - Vertreibung und Neubesiedlung in West- und Südwestlothringen

chen Kleingemeinden nicht nachgewiesen, wodurch sich vermutlich die Differenz zwischen der im 'Geschäftsbericht 1' genannten Zahl von 387 evakuierten Gemeinden und der in den 'Besiedlungslisten' nachgewiesenen tatsächlichen Siedlungsorten erklärt.

Im lothringischen Siedlungsraum übernahm die Bauernsiedlung Westmark auf Weisung von Gauleiter Bürckel die Leitung und Durchführung der Bewirtschaftung und entwickelte hierfür in der Außenstelle Metz eine umfangreiche und eigenständige Organisation.

DIE BAUERNSIEDLUNG WESTMARK - STATUTEN - ORGANE -
9. AUFGABENSTELLUNG - BETRIEBSORGANISATION

Die Bauernsiedlung Saarpfalz, später Bauernsiedlung Westmark, wurde im Herbst 1940 zum Zwecke der Siedlungsmaßnahmen in Lothringen gegründet. Es ist zu unterscheiden zwischen gegenwartsbezogenen, siedlungstechnischen bzw. siedlungswirtschaftlichen Maßnahmen und der Mitwirkung an zukunftsbezogenen, siedlungspolitischen Planungen und Gestaltungen.

Die ursprüngliche Auswahl und Berufung der Geschäftsführung der Bauernsiedlung erfolgte nicht durch den regionalen politischen Verantwortungsträger, sondern durch den Reichsminister für Ernährung und Landwirtschaft. Die Qualifikation der Mitglieder der Geschäftsführung und des erweiterten Führungskreises der Bauernsiedlung für ihre Positionen leitete sich kaum von politischem Engagement in der NS-Bewegung, sondern im wesentlichen von ihrer Professionalität ab. Die Schlüsselrolle, die der Bauernsiedlung Westmark sowohl bei der siedlungstechnischen Bewirtschaftungstätigkeit wie der zukunftsbezogenen siedlungspolitischen Planungstätigkeit zugewiesen wurde, machte eine Verwicklung in die machtpolitischen Auseinandersetzungen und eine Parteinahme unvermeidlich.

Dem Aufsichtsrat war satzungsgemäß eine herausragende Funktion als Kontroll- und Lenkungsorgan zugewiesen. Die Zusammensetzung des Aufsichtsrates war durch die Satzung geregelt und vermittelt vordergründig den Eindruck ausgewogener Sachlichkeit, entgegen dem satzungsmäßigen Auftrag war der Aufsichtsrat kaum tätig.

Aus der Duplizität der Aufgabenstellung, Fortführung von Siedlungsmaßnahmen in der Saarpfalz und Durchführung des lothringischen Siedlungsvorhabens, ergaben sich eine doppelte Organisation mit zwei Stützpunkten, der Hauptverwaltung Saarbrücken und der Außenstelle Metz, der Tätigkeitsschwerpunkt befand sich in Metz. Der politisch bestimmte Siedlungsauftrag in Lothringen erforderte in der Außenstelle Metz den Aufbau spezifischer Organisationsformen im Finanzwesen und für die Siedlungsplanung. Die zum Zeitpunkt der Neubesiedlung Lothringens in Metz wie in Saarbrücken fehlenden Betriebsstrukturen waren neu zu schaffen, wegen der besonderen kriegswirtschaftlichen Erschwernisse und des starren öffentlichen Dienstrechtes waren Anlaufschwierigkeiten unvermeidlich. Den funktionalen Zwängen folgende organisatorische Anpassungen bezeugen eine gewisse Flexibilität des Systems. Die landwirtschaftlichen Betriebsformen entwickelten sich aus den besonderen Gegebenheiten der Siedlungswirtschaft in Lothringen, sie entfernten sich infolge kriegsbedingter Gegebenheiten im Zeitverlauf zunehmend von der Zielsetzung, bäuerliche Familienbetriebe zu schaffen.

Zur Verwaltung der öffentlichen Mittel aus dem Haushalt des C.d.Z. entwickelte die Bauernsiedlung in der Außenstelle Metz eine eigene Form des Rechnungswesens, die sogenannte „C.d.Z.-Buchführung" enthielt zwar Elemente kaufmännischer Buchführung, sie ist jedoch als Verlängerung der Haushaltsstelle des C.d.Z. aufzufassen. Eine landwirtschaftliche Betriebsbuchhaltung ermittelte Entscheidungsgrundlagen zur Reorganisation der Bewirtschaftungstätigkeit im Jahre 1943.

Eine wesentliche unmittelbare und mittelbare Mitwirkung auf die Betriebsführung der Bauernsiedlung Westmark hatte der Reichsnährstand, insbesondere auf der Ortsebene bestand eine enge Verflechtung von Bauernsiedlung und Bauernschaft.

9.1. Der Gesellschaftsvertrag

Der Gesellschaftsvertrag der Bauernsiedlung wurde am 13.9.1940 vor Notar Dr. jur. Hans Portz, Amtssitz Saarbrücken, geschlossen. Gründungsgesellschafter waren das Deutsche Reich und der Leiter der Siedlungsabteilung im Reichsministerium für Ernährung und Landwirtschaft, Ministerialdirektor Dr. Kurt Kummer, Berlin W 8[1]. Die Firma lautete : „Bauernsiedlung Saarpfalz Gesellschaft mit beschränkter Haftung, Sitz Saarbrücken", die Umfirmie-

---
1 Die Übernahme eines Geschäftsanteiles durch Dr. Kummer erfolgte aus formalen Gründen, da das geltende G.m.b.H.-Gesetz mindestens zwei Gründungsgesellschafter vorschrieb.

rung als „Bauernsiedlung Westmark" erfolgte gleichzeitig mit der Umbenennung des Gaues Saarpfalz in Gau Westmark im März 1941[2]. Die Gesellschaft war ein gemeinnütziges Unternehmen[3]. Die Aufsicht (§3) über die Gesellschaft führte der Reichsminister für Ernährung und Landwirtschaft im Einvernehmen mit dem Reichsminister der Finanzen, diese wurde jedoch auf den „Reichskommissar für die Saarpfalz", die damalige Amtsbezeichnung Bürckels, übertragen[4].

Das Stammkapital (§4) belief sich auf RM 2 Millionen, wovon auf das Deutsche Reich RM 1.999.000 und auf Dr. Kummer RM 1.000 entfielen. Der Anteil Dr. Kummers ging später auf das Deutsche Reich über. Die Gesellschafterversammlung (§6)[5] entschied über die Feststellung der Jahresbilanz und die Gewinnverteilung, die Entlastung von Geschäftsführung und Aufsichtsrat, die Bestellung von Prüfern, die Verfolgung von Rechtsstreitigkeiten gegen Mitglieder des Aufsichtsrats wegen Obliegenheitsverletzung, Satzungsänderungen und die Auflösung der Gesellschaft. Den Vorsitz in der Gesellschafterversammlung führte der Aufsichtsratsvorsitzende.

Zusammensetzung und Befugnisse des Aufsichtsrates regelten §§7, 8 und 9, Bestellung und Befugnisse der Geschäftsführer §10, die Verwendung der Gewinne und die Bildung von Rücklagen §11 der Satzung, Geschäftsjahr war das Kalenderjahr (§12).

Zum Zeitpunkt der Gründung befanden sich die Geschäftsräume der Gesellschaft in Saarbrücken, Betzenstraße 2, sie wurden am 21.9.1940 in das käuflich erworbene Anwesen Saarbrücken, Bismarckstr. 39-41[6], verlegt. Eine Außenstelle wurde von Herbst 1940 bis August/September 1944 in Metz, Hermann-Göring-Straße 13 (Avenue Foch) unterhalten. Nach dem Rückzug aus Lothringen und der Evakuierung Saarbrückens im Herbst 1944 wurde der Dienstbetrieb teilweise nach Rutsweiler/Glan (Krs. Kusel) bzw. nach Wolfstein (Krs. Kaiserslautern) verlegt. Aus der Bauernsiedlung Westmark entstand nach der D-Mark-Währungsreform die Landsiedlung Rheinland-Pfalz G.m.b.H., Koblenz, die die Aufgaben einer Landessiedlungsgesellschaft in Rheinland-Pfalz wahrnimmt.

9.2. Aufgabenstellung

Gegenstand des Unternehmens war nach §2 des Gesellschaftsvertrages „die Neubildung deutschen Bauerntums nach Maßgabe der Gesetze und der Richtlinien der Reichsregierung, sowie die Durchführung der damit in Zusammenhang stehenden Geschäfte". Konkret war der Bauernsiedlung im Rahmen der ländlichen Siedlung eine doppelte Aufgabe zugedacht :

1) in der Saarpfalz übernahm sie die von der Bauernsiedlung Bayern G.m.b.H., München, bisher betreuten Siedlungsprojekte. Diese Tätigkeit übte sie für eigene Rechnung nach den Bestimmungen des Siedlungsrechtes aus.

2) in Lothringen war sie das Instrument des C.d.Z. für die Neusiedlungsmaßnahmen in den Umsiedlungsgebieten. Diese Tätigkeit wurde für Rechnung des C.d.Z. durchgeführt. Es galten die reichsdeutschen siedlungsrechtlichen Bestimmungen und die für die Tätigkeit in Lothringen vom C.d.Z. erlassenen besonderen Anordnungen.

---
2 Die Umbenennung wurde endgültig vom Aufsichtsrat in der Sitzung vom 23.4.1941, Tagesordnungspunkt 11, bestätigt.
3 LA-Saar, LKA 433, fol.48e.
4 LA-Saar, LKA 433, fol.55i.
5 Es wurden zwei Gesellschafterversammlungen je im Anschluß an die Aufsichtsratssitzungen am 23.4.1941 und 29.10.1943 abgehalten. Die Rechte des alleinigen Gesellschafters „Deutsches Reich" wurden von den jeweiligen Vertretern des Reichsministers für Ernährung und Landwirtschaft und des Reichsfinanzministers im Aufsichtsrat wahrgenommen. In beiden Fällen stimmte die Gesellschafterversammlung den mit der Tagesordnung des Aufsichtsrates übereinstimmenden Vorlagen zu.
6 Bei dem Anwesen Bismarckstr. 39-41 in Saarbrücken handelte es sich um ein Patrizierhaus aus der Gründerperiode, das aus dem Besitz der alteingesessenen Saarbrücker Familie Schmoll gen. Eisenwerth erworben wurde. Im Zuge der „Stadtsanierung" wurde anfangs der 70er Jahre das denkmalwürdige Haus abgerissen, an seiner Stelle befindet sich heute das von der Landesentwicklungsgesellschaft Saar und dem Landesrechnungshof genutzte Bürogebäude.

Nach dem Entwurf[7] der „Beauftragung der Bauernsiedlung Saarpfalz in Lothringen" durch den C.d.Z. wurde der Tätigkeitsbereich der Bauernsiedlung auf Lothringen ausgedehnt. Zwecks Vorbereitung der Schaffung neuer Bauernstellen „beauftrage ich Sie, diejenigen land- und forstwirtschaftlichen Betriebe und Flächen, die von ihren Betriebsinhabern auf Grund von Evakuierungen oder aus eigenem Entschluß verlassen worden sind, zur gesamttreuhänderischen Bewirtschaftung (als Generaltreuhänder) zu übernehmen". Nahziel der Generaltreuhänderschaft sollte die Sicherung der Ernährungsgrundlage in Lothringen sein. Bei der „einstweiligen Bewirtschaftung" sollte von der bisherigen Betriebsgröße und Bewirtschaftungsform ausgegangen werden, „die Gestaltung lebensfähiger Bauernstellen ist....durch sofortige Aufteilung geeigneter Betriebe bezw. durch Zusammenlegung oder durch Austausch von Grundstücken....anzustreben." Die spätere Übergabe zu Eigentum sollte bevorzugt an „Umsiedler aus der Saarpfalz" erfolgen[8]. Das Thema dieser Arbeit beschränkt sich auf die in obigem Punkt 2) definierte Aufgabenstellung, auf die Tätigkeit zu Punkt 1) wird nur kursorisch im Zusammenhang mit der betrieblichen Organisation einzugehen sein.

Der „Siedlungs-Ausschuß für Lothringen" des Aufsichtsrates legte in seiner Sitzung vom 22.1.1941 fest, daß die Bauernsiedlung die „Siedlungs-Einteilungspläne für das etwa 280 000 ha umfassende lothr. Gebiet im Einvernehmen mit der Siedlungsbehörde aufstellt"[9]. Die Zusammensetzung dieses Ausschusses ist nicht bekannt, möglicherweise ist er identisch mit einem im Protokoll der Aufsichtsratssitzung vom 23.4.1941 erwähnten „Fünferausschuß", der sich aus dem allgemeinen Vertreter des C.d.Z., Regierungspräsident Barth, SS-Gruppenführer Berkelmann, Hauptabteilungsleiter Scheu beim C.d.Z., Abteilung Ernährung und Landwirtschaft, Oberbürgermeister Stolleis als Beauftragter Bürckels für die Auslese der Siedler in der Saarpfalz und Kreisleiter Schuberth, früher Saarlautern (Saarlouis) seit 1.2.1941 Kreisleiter in Saarbrücken, zusammensetzte. Bemerkenswert ist, daß dem Fünferausschuß, dessen gute Zusammenarbeit mit der Bauernsiedlung ausdrücklich im Protokoll erwähnt wird, mit Ausnahme Berkelmanns ausschließlich Persönlichkeiten aus der Umgebung Bürckels angehörten, und weder die Berliner Ministerien noch der Reichsnährstand vertreten waren.

Die beiden Aufgabenstellungen weisen in ihrer Zielrichtung einen fundamentalen Unterschied auf : der Auftrag Bürckels war auf die gegenwärtige siedlungswirtschaftliche Betreuung bezogen, während der Planungsauftrag des Fünferausschusses das Unternehmen zukunftsweisend in die Realisierung siedlungspolitischer Ziele einbezog. Die Geschäftsführung hat zu einem späteren Zeitpunkt die Aufgabenstellungen des Unternehmens noch weiter konkretisiert. Unter welchen im einzelnen zu umreißenden Gegebenheiten diese politische Aufgabe der Bauernsiedlung Westmark stand, wird im Verlaufe dieser Arbeit noch sichtbar werden. Es wird fernerhin zu untersuchen sein, welchen Ausdruck dieser politische Auftrag in der Bestellung des Führungskreises der Bauernsiedlung, in dessen politischer Haltung und in der betrieblichen Organisation fand.

9.3. Die Geschäftsführung

Nach dem Gesellschaftsvertrag war die Geschäftsführung für die fristgemäße Vorlage der Jahresabschlüsse sowie für die Leitung der Tagesgeschäfte zuständig. Die zweiköpfige Geschäftsführung ergänzte sich durch die mit Prokura ausgestatteten Leiter der Hauptabteilung und der Finanzabteilung zu einem vierköpfigen Führungskreis.

9.3.1. Der Führungskreis der Bauernsiedlung

Im Anhang des Gesellschaftsvertrages wurden der Regierungs- und Kulturrat Hans Erich Laubinger zum Geschäftsführer und der Dipl.-Landwirt Otto Jerratsch zum stellvertretenden

---
[7] LA Saar, LKA 433, fol.11, undatiert.
[8] Der Entwurf verweist hinsichtlich der Durchführung und Finanzierung der Maßnahmen auf in einer Anlage enthaltene Richtlinien, diese Anlage ist nicht überliefert.
[9] LA Saar, LKA 433, fol.126 ff. Vermerk im Protokoll zur Aufsichtsratssitzung vom 23.4.1941.

Geschäftsführer bestellt. Prokura erteilt war dem Leiter der Hauptabteilung Saarbrücken, Ass. Heinrich Steinebeck, und dem Leiter der Finanzabteilung, Artur Vietense, die gemeinsam mit den Geschäftsführern den erweiterten Führungskreis der Bauernsiedlung bildeten. Nach dem Ausscheiden Laubingers und der Beauftragung Steinebecks zum stellvertretenden Geschäftsführer rückte Wilhelm Heisterhagen als Prokurist und neuer Leiter der Hauptabteilung in den Führungskreis nach. Sowohl die Geschäftsführer wie die Prokuristen waren vom Reichsminister für Ernährung und Landwirtschaft offenbar ohne vorherige Absprache mit Bürckel bereits vor der formalen Gründung der Gesellschaft berufen worden, dessen Zustimmung zu diesen Berufungen in der Aufsichtsratssitzung vom 23.4.1941 ist als formaler Akt der Bestätigung eines bestehenden Zustandes zu werten. Diese bevorzugte Stellenzuweisung an Gaufremde kann mit Qualifikationsmerkmalen zusammenhängen : für einige Leitungsfunktionen war sicherlich eine landwirtschaftliche Fachausbildung in Verbindung mit siedlungstechnischer Erfahrung erforderlich, für die im Südwesten des Reiches, einem Gebiet ohne Siedlungstradition, kaum Fachleute zu finden waren, diese Einschränkung gilt jedoch kaum für das Finanzwesen, für die Wahrnehmung von Verwaltungsaufgaben oder das Bau- und Vermessungswesen. Da die Berufungen zu den Führungspositionen der Bauernsiedlung Westmark ausschließlich durch den Reichsminister für Ernährung und Landwirtschaft und ausschließlich an Gaufremde erfolgten, standen deren Führungsstrukturen also in Gegensatz zu dem von Bürckel verfolgten gauorientierten Identifikationsmodell, und es ist sicher nicht falsch, aus diesen personellen Bezügen auch Loyalitätsverpflichtungen bzw. -erwartungen abzuleiten.

Eine vom Aufsichtsrat erlassene Dienstanweisung[10] für Geschäftsführer und Prokuristen enthält außer dem Auftrag der „Gestaltung der Betriebsführung nach national-sozialistischen Grundsätzen" nichts, was über die gesetzlichen und statuarischen Bestimmungen hinausginge, sie enthält insbesondere keine Regelungen, die die weitgehende, sich aus dem auch im Wirtschaftsleben eingeführten „Führer-Prinzip" herleitetende Gestaltungsfreiheit der Geschäftsführung einengten.

Der Führungskreis weist eine bemerkenswerte Geschlossenheit auf, die eine Rolle beim Erhalt einer relativen Unabhängigkeit von den konkurrierenden politischen Kräften gespielt haben mag. Die beiden Geschäftsführer Jerratsch und Steinebeck kannten sich aus langjähriger Zusammenarbeit in Mecklenburg und beider Familien waren bis Kriegsende in Waren/Mecklenburg ansässig. Der im April 1941 mit der Leitung der Hauptabteilung bei der Außenstelle Metz betraute Erwin Langheinrich gehörte als langjähriger Mitarbeiter Jerratschs und Steinebecks zu dieser „Warener Seilschaft". Die enge Vertrautheit und das gegenseitige Einverständnis dieser drei Männer geht aus einem Schreiben Langheinrichs[11] vom 11.8.1948 an Oberregierungspräsident Boegler, Neustadt, im Zusammenhang mit der damals anstehenden Auflösung der Bauernsiedlung Westmark hervor.

9.3.2. Personalia

Erforderte die siedlungswirtschaftliche Aufgabenstellung in Lothringen von den Führungskräften der Bauernsiedlung Westmark auch eine Identifizierung mit der nationalsozialistischen Ideologie und Politik und deren Verkörperung, der NSDAP ? Und lassen die Berufungsmodalitäten für den Führungskreis sowie die politische Aufgabenstellung eine ausgeprägte Orientierung an der die Siedlungspolitik bestimmenden Machttriade, dem Reichsministerium für Ernährung und Landwirtschaft, dem Reichskommissar für die Festigung deutschen Volkstums und dem regionalen Machthaber, Gauleiter Bürckel, erkennen ? Antworten zu diesen Fragen sind nur mittelbar in den zwischen 1940 und 1944 datierten Quellen auffindbar, sie ergänzen sich jedoch mit Äußerungen der Beteiligten nach dem Zusammenbruch, die meist in Verbindung mit Epurationsverfahren standen, zu einem relativ klaren Bild.

---
10 LA Saar, LKA 433 fol. 119.
11 LA Speyer. H 13 469, fol. 536 ff., Schreiben vom 11.8.1948.

Über den Prokuristen und späteren stellv. Geschäftsführer Heinrich Steinebeck und den Leiter der Finanzabteilung Artur Vietense waren im „Berlin Document Center" keine Unterlagen auffindbar, die demzufolge mit hoher Wahrscheinlichkeit nicht Parteimitglieder[12] waren. Für den ursprünglich als Hauptgeschäftsführer bestellten Regierungs- und Kulturrat Hans Erich Laubinger, seinen Nachfolger, Dipl. Landwirt Otto Jerratsch, und den Leiter der Hauptabteilung, Prokurist Wilhelm Heisterhagen, konnten Epurationsbescheide eingesehen werden.

Hans Erich Laubinger[13], geb. 4.4.1905 in Kiel, absolvierte ein Jurastudium und trat nach dem Assessorexamen als wissenschaftlicher Mitarbeiter in das Reichsministerium für Ernährung und Landwirtschaft ein. Am 30.6.1933 wurde er Mitglied der Allgemeinen SS, war seit 1.10.1936 als Oberscharführer Schulungsleiter seines SS-Sturmes, den er auch in Rechtsangelegenheiten beriet und vertrat, und wurde am 1.5.1937 Mitglied der NSDAP. Sein Berufsweg im Reichslandwirtschaftsministerium läßt politische Förderung nicht erkennen, nach Tätigkeiten als wissenschaftlicher Hilfsarbeiter und Sachbearbeiter war er 1939 kurzzeitig Leiter des Kulturamtes Mayen. Nach kurzem Wehrdienst bei der Marine wurde er im Februar 1940 „mit der Einrichtung eines Siedlungs- und Umlegungsamtes in Posen beauftragt".

Nach seinem Teil der Epurationsakten bildenden handschriftlichen Lebenslauf geriet er in Posen in politischen Gegensatz zum Gauleiter des Warthelandes, Greiser, so daß er sich ab 15.8.1940 nach Saarbrücken versetzen ließ. Diese durch ein Dokument der Gestapo aus 1943 unterstützte Selbstdarstellung Laubingers steht in Gegensatz zum Inhalt des Epurationsbescheides, der Laubinger eine kritische Einstellung zur politischen Entwicklung aufgrund der Röhm-Affäre bescheinigt und den Abgang von Posen auf einen Konflikt mit dem dortigen HSSPF „wegen humaner Einstellung zur polnischen Bevölkerung" zurückführt.

Auf Laubingers eigenen Antrag vom 17.4.1941[14] wurde er mit Wirkung vom 1. August 1941 von seinem Amt als Geschäftsführer der Bauernsiedlung abberufen. Ihm wurde zur Last gelegt, anläßlich der Übertragung einer Führerrede im Rundfunk in Anwesenheit von SS-Führern Hitlers Gestus und Stimme nachgeahmt und im vertraulichen Kreis Himmler als „der größte Verbrecher im Land" bezeichnet zu haben[15]. Die von Laubinger eingestandene Imitation Hitlers ereignete sich während eines Schiurlaubes im Februar 1941 in einem SS-Erholungsheim in Tirol. Laubinger führte seine Entgleisung auf ungewohnten Alkoholgenuß zurück, er blieb einige Tage in Innsbruck in Haft. Nach seiner Rückkehr nach Saarbrücken soll er in ebenfalls angetrunkenem Zustand gegenüber einem Vertrauten Bürckels die zitierte Äußerung über Himmler getätigt haben. Dieser von Laubinger vehement bestrittene Vorfall mutet wie eine gestellte Szene, eine Nachahmung des Tiroler Geschehens, eine Intrige an, mit dem Ziel, Laubinger unmöglich zu machen und seine Abberufung zu erreichen. Die Gründe

---

12 Gemäß Auskunft vom 28.7.1993.
13 Bezirksregierung Koblenz, Personalakte Hans Erich Laubinger, Säuberungsakte der Spruchkammer Wiesbaden D.Lg. IX/S/V./636/47 vom 12.3.1947.
14 Laubinger war angeblich erkrankt.
15 Diese im Dritten Reich üblicherweise mit schweren Strafen geahndeten „Vergehen" endeten für Laubinger glimpflich : ab 1.8.1941 als stellvertretender Leiter des Kulturamtes nach Dortmund versetzt, fungierte er dort vor seiner erneuten Einberufung zur Kriegsmarine im März 1943 als Amtsleiter, so daß dieser Vorfall seiner Karriere nicht nachhaltig schadete. Die Gestapo beurteilte Laubinger in einer vertraulichen Stellungnahme im März 1943 anläßlich der Aufhebung von Laubingers u.k.-Stellung als „labilen, schwächlichen Charakter", bescheinigt ihm aber gleichzeitig, „ein guter Kamerad" zu sein. Eine Beurteilung aus der Nachkriegszeit zu seinem dienstlichen Verhalten in Dortmund bei Entscheidungen über Ersatzansprüche der katholischen Kirche bei Enteignungsverfahren zugunsten des Reiches stellt ihn als NS-Aktivisten und Gegner der Kirche dar.
Laubinger bewarb sich zum Zeitpunkt seines Epurationsverfahrens um eine Wiedereinstellung in die rheinland-pfälzische Siedlungsorganisation und strebte hierfür trotz Partei- und SS-Vergangenheit seine Einstufung zum „Nicht-Betroffenen" an. Seine Selbstdarstellung ist weitgehend an diesem Ziel orientiert und nicht unbedingt glaubhaft, zu anzunehmen ist, daß ernsthafte Widerstandshaltungen eines SS-Mannes wie die Unterstützung von Polen gegen Übergriffe im Warthegau eine schwerwiegendere Ahndung als die Versetzung nach Saarbrücken zur Folge gehabt hätten. Es hat den Anschein, daß Laubinger nur unter Druck und nach Erhalt einer Zusage über seine weitere Verwendung sein Rücktrittsgesuch einreichte. Die zur Affäre Laubinger vorliegenden Quellen lassen viele Fragen offen, eines erscheint jedoch sicher : Laubinger war kein Regimegegner, der seine Karriere seiner politischen Überzeugung opferte.

für diesen, die Saarbrücker Karriere Laubingers beendenden Vorfall liegen im dunkeln : möglicherweise wurde er als SS-Mitglied als „Trojanisches Pferd" des RKFDV in der Bauernsiedlung eingeschätzt, vielleicht wurde übel vermerkt, daß er zu einem Zeitpunkt, da im lothringischen Siedlungsgebiet alles drunter und drüber ging, für zwei Wochen in Urlaub ging und damit seine Amtspflichten vernachlässigte.

Dipl. Landwirt Otto Jerratsch, geb. 14.6.1900 in Straßburg i. Elsaß, folgte Laubinger als Geschäftsführer[16] im April 1941 nach. Im Gegensatz zu Laubinger verfügte er über jahrelange Praxis im Siedlungswesen, seine Berufung nach Saarbrücken erfolgte nach Aussage des 1940 in der Siedlungsabteilung des Reichsministeriums für Ernährung und Landwirtschaft für Personalfragen zuständigen Oberregierungs- und Kulturrates Langer[17], weil „Herr Jerratsch ...als einer der wenigen Siedlungsfachleute galt, der die Siedlung in den östlichen Teilen des Reiches eingehend kennengelernt hatte, aus dem Westen stammte und mit den dortigen Verhältnissen gut vertraut war". Seine etwa acht Monate während Tätigkeit als Prokurist der Landgesellschaft Hohensalza/Warthegau verschwieg Jerratsch in dem der Zentralspruchkammer Ludwigsburg am 4.7.1947 vorgelegten Personalbogen. In diesem Verfahren[18] wurde er als „nicht betroffen" eingestuft.

Jerratsch hatte nach dem Zusammenbruch im Mai 1945 Karriere gemacht : seine Tätigkeit bei der Bauernsiedlung Westmark gab er bereits im Juni 1945 auf, war zunächst als Ernährungsfachmann beim Oberregierungspräsidium Pfalz-Rheinhessen-Saar, anschließend in gleicher Stellung bei der französischen Militärregierung in Baden-Baden tätig, und ein Schreiben des Ernährungs- und Landwirtschaftsamtes für das amerikanische und britische Besatzungsgebiet in Stuttgart vom 4.7.1947 weist ihn dort in leitender Stellung aus. Er wechselte anschließend zum Wirtschafts- und Verwaltungsrat der Bi-Zone in Frankfurt und war enger Mitarbeiter des für Ernährung und Landwirtschaft zuständigen Dr. Schlange-Schöningen[19]. Die Außerkraftsetzung des „Nicht-Betroffenheitsbescheides" durch die „Denazification Division" der amerikanischen Militärregierung am 5.1.1948 war für Jerratsch in seiner damaligen Position existenzbedrohend.

In dem neu aufgenommenen Verfahren vor der Spruchkammer 10 Stuttgart-Degerloch[20] wurde Jerratsch beschuldigt, seine seit 1.2.1942 bestehende Parteimitgliedschaft vor der Hauptspruchkammer Ludwigsburg verschwiegen zu haben. Seinem Einspruch vom 25.4.1948 an den öffentlichen Kläger bei der Spruchkammer fügte Jerratsch mehrere Bestätigungen bei, die seine Nichtparteimitgliedschaft und seine Gegnerschaft zum NS-Regime nachweisen sollten. Wörtlich trug er vor :

„Ich stand als Siedlungsfachmann bei meiner Tätigkeit in der Westmark in den Jahren 1940 bis zum Zusammenbruch in einem scharfen Gegensatz zu den Forderungen des Reichsführers-SS, der über die Bodenämter die Durchführung der Siedlungsaufgabe an die SS heranziehen wollte. Dieses ist ihm nicht geglückt, den Erfolg nehme ich anerkannterweise für mich in Anspruch."

Gegen den Spruchkammerbescheid vom 14.5.1948, der ihm eine Geldbuße von RM 1.200,- - wegen Mitgliedschaft in der NSDAP vom 1.2.1942 bis 1945 und in der NSV von 1937 bis 1944 auflegte, erhob Jerratsch erneuten Widerspruch mit der Begründung, er habe „von der Parteimitgliedschaft nichts gewußt, habe nie Beiträge bezahlt und nie als Parteimitglied in Erscheinung getreten." In einer späteren Stellungnahme argumentierte Jerratsch, daß ihm Anfang 1942 eine Aufforderung zur Leistung einer Parteispende vorgelegt worden sei, die er unterschrieben habe, und die anscheinend zu einem Mitgliedsantrag umgedeutet worden sei.

Als Beleg für die Distanz, die die Bauernsiedlung Westmark unter seiner Leitung zum NS-

---
16 Die endgültige Bestätigung seiner Berufung erfolgte durch Beschluß des Aufsichtsrates im Umlaufverfahren - LA-Saar. LKA 434, fol.4-5. Sein Dienstvertrag lief bis 31.12.1951.
17 StA Ludwigsburg. Epurationsakte Jerratsch. Schreiben vom 26.4.48.
18 StA Ludwigsburg. Epurationsakte Jerratsch. Az 37/5/21001.
19 Dr. Schlange-Schöningen war während der Regierungszeit Brünings Reichskommissar für die Osthilfe und selbst Großgrundbesitzer in Pommern. Ob er Jerratsch bereits aus dieser Zeit kannte, ist nicht überliefert.
20 StA Ludwigsburg. Epurationsakte Jerratsch. Az. EL 902/20.

Regime gehalten habe, fügte Jerratsch seinem Einspruch Kopie eines von dem Prokuristen Heisterhagen unterzeichneten Schreibens bei, das die Bauernsiedlung am 4.10.1946[21] an den Oberregierungspräsidenten Dr. Eichenlaub in Neustadt richtete, um die Rücknahme der von der französischen Militärregierung - Verwaltung Inneres Kultur - am 28.9.1946 angeordneten Liquidierung der Bauernsiedlung als NS-Organisation zu erreichen. Das Schreiben bezeichnete Vorwürfe „spezieller Nazi-Prägung" des Unternehmens als unzutreffend und verwies auf die erfolgreiche Abwehr wiederholter Versuche, der Gesellschaft „<politische> Mitarbeiter mit goldenem Parteiabzeichen" aufzudrängen. Beide Geschäftsführer und ein Prokurist seien nicht Parteimitglieder gewesen, und die Geschäftsführung habe Anfeindungen wegen innerlicher Ablehnung und Boykottierung bei der Arisierung jüdischen Grundbesitzes erfahren[22]. Die Aktion zur Landbevorratung in den Realteilungsgebieten der Saarpfalz sei „zielbewußt, büromäßig zum Erliegen gebracht" worden. Das Schreiben erwähnte angebliche Versuche des Reichsführers-SS, in Lothringen die Durchführung des Siedlungsvorhabens und die Bewirtschaftung des sequestrierten Grundbesitzes zu übernehmen und fuhr fort :

> „Die Landesregierung hat wahrscheinlich aus den Erfahrungen in den besetzten Ostgebieten diesem Drängen nicht nachgegeben und den Landbewirtschaftungsauftrag und zwar mehrere Wochen nach der Evakuierung der Bauernsiedlung Westmark übertragen. Es handelt sich hier um einen landwirtschaftlichen, völlig unpolitischen Auftrag.......Der Gesellschaft sind keine Mittel der Partei und ihren Gliederungen zugeflossen......Den Fehlschlag in den Bemühungen des Reichsführers-SS betreffend Landbewirtschaftung haben die Dienststellen der SS nie vergessen und waren diese, ganz besonders Herr Dir. Jerratsch, dauernd den stärksten Anfeindungen ausgesetzt.......Persönlicher Mut hat das Land vor weiteren Schädigungen durch die SS bewahrt......und belegt das Fehlen nazistischer Prägung in der speziellen Beurteilung."

Das Schreiben Heisterhagens versuchte, die Tätigkeit in der Bauernsiedlung Westmark nahezu in die Nähe organisierten Widerstandes zu rücken, und es enthält eine Reihe von Halbwahrheiten, die wohl Tatsachen verschleiern sollten. So waren Heisterhagen die in Kap.6 dargestellten Vorgänge, die zur Gründung der Bauernsiedlung Westmark führten, mit großer Wahrscheinlichkeit bekannt, die Bauernsiedlung hatte sich in ihrem Schreiben vom 28.9.1940[23], also sechs Wochen vor den Vertreibungsmaßnahmen, um Haushaltsmittel gemäß dem Auftrag Bürckels „bei der Durchführung der geplanten Umsiedlungsaktion" beworben, ebenso war bekannt, daß die dem Unternehmen zufließenden erheblichen Reichsmittel ausschließlich der Durchsetzung nationalsozialistischer Ziele dienten, und der Führungskreis der Bauernsiedlung wußte auch von der Vertreibungsaktion, denn die Bauernsiedlung war in den Verteiler der 'Vertreibungslisten' einbezogen (s. hierzu Dokument 1 im Dokumenten-Anhang).

In der Klageschrift der Spruchkammer Stuttgart-Degerloch vom 7.1.1948[24] sprach der öffentliche Kläger den von Jerratsch vorgelegten Beweisstücken die Beweiskraft ab. „Es ist begrifflich ausgeschlossen, daß der Geschäftsführer der NS-Siedlung Westmark, die ja der Kontrolle des Reichsführers-SS über das Rassen- und Siedlungshauptamt unterstand, nicht Parteigenosse war." Jerratsch bestritt in seiner Stellungnahme einen logischen und zeitlichen Zusammenhang zwischen seiner Bestellung zum Geschäftsführer am 1.8.1941 und dem angeblichen Eintritt in die Partei am 16.10.1941. „Die Stellung der Siedlungsgesellschaft zum Reichskommissar und zu Stabschef Hiege war eine äußerst schlechte und ich war von Hiege aus vielen Anfeindungen ausgesetzt." Die Arbeit des RKFDV sei außerdem mehr auf die „Siedlungsarbeit der Nachkriegszeit" als auf die Bewirtschaftungstätigkeit ausgerichtet gewesen.

Eine Aktennotiz[25] der Delegation der Französischen Militärregierung in Kusel bezeichnete Jerratsch als „a close friend of Gauleiter Bürckel and his personal adviser." Demgegenüber

---

21 Ebenda. Az. Nr 7452 AA/INT.
22 In der Tat befindet sich in den Akten der Bauernsiedlung bei der Landsiedlung Rheinland-Pfalz nur eine Akte über einen 1951 durchgeführten Restitutionsanspruch.
23 BA-Kobl R 2/18937 n.fol.
24 StA Ludwigsburg, Epurationsakte Jerratsch.
25 Ebenda, n.dat. - Übersetzung ins Englische vom 5.4.1948.

bestätigte Min.Rat Dahlgrün[26], vormals Beauftragter des Reichsfinanzministers beim Reichsstatthalter in der Westmark[27], Jerratsch habe zu Bürckel nur dienstliche Beziehungen unterhalten und sei wahrscheinlich nur zweimal mit ihm zusammengetroffen, ebenso sagte Regierungsdirektor Rolf Schneller, Neustadt, aus[28], daß Jerratsch als „Nicht-Parteimitglied" keinen näheren Kontakt zu Bürckel gehabt haben könne, da letzterer nur überzeugten Nazi-Aktivisten zugänglich gewesen sei. Jerratsch stellte weiterhin dar, daß die Tätigkeit der Bauernsiedlung Westmark in Lothringen von der Französischen Militärregierung in Baden-Baden nie beanstandet worden sei. Eine Auskunft der *Direction Générale de la Sureté Nationale*, Metz, vom 11.7.1949[29] besagte, daß Jerratsch als Geschäftsführer der Bauernsiedlung Westmark nur einmal monatlich nach Metz gekommen und in Lothringen praktisch unbekannt gewesen sei.

Eine einstweilige Anordnung der Spruchkammer vom 8.2.1949[30], die die „Enthebung von seiner Stellung als Abteilungsleiter im Wirtschafts- und Verwaltungsrat" verfügte, wurde mit dem endgültigen Spruch vom 27.7.1949[31] aufgehoben, und in der Begründung die Möglichkeit eingeräumt, daß „die Beitrittserklärung ohne Wissen und Einverständnis erfolgte".

Zum Verständnis von Jerratschs Rolle bei den lothringischen Siedlungsmaßnahmen erscheinen drei Aussagen von Bedeutung : 1. die tatsachenwidrige Behauptung über die angebliche Beschränkung der Tätigkeit der Bauernsiedlung Westmark in Lothringen auf ihren siedlungstechnischen, d.h. ihren Bewirtschaftungsauftrag, 2. die Verharmlosung der administrativen Rolle Bürckels als „Landesregierung" bei gleichzeitiger Distanzierung von der politischen Person Bürckel, 3. die Darlegung erheblicher Kontroversen Jerratschs mit Dr. Hiege, der als Stabschef im Rasse- und Siedlungshauptamt der SS tätig war und die Nachfolge Dr. Kummers als Leiter der Siedlungsabteilung im Reichsministerium für Ernährung und Landwirtschaft angetreten hatte. Jerratsch kam im Laufe des Verfahrens freilich nicht um das Eingeständnis herum, daß die Bemühungen der SS, auf die Bauernsiedlung Einfluß auszuüben, kaum dem Bewirtschaftungsauftrag, sondern der Mitwirkung der Bauernsiedlung Westmark bei der zukünftigen Gestaltung und Durchführung der siedlungspolitischen Ziele in Lothringen galten.

Dieses Eingeständnis ist besonders wichtig. Die Initiative des RKFDV, neben und zusätzlich zu dem über SS-Gruppenführer Berkelmann führenden Strang der Auseinandersetzung mit Gauleiter Bürckel über Dr. Hiege, also über das Reichsministerium für Ernährung und Landwirtschaft und die diesem nachgeordnete Bauernsiedlung Westmark Einfluß auf die Siedlungsmaßnahmen in Lothringen zu nehmen, werfen ein völlig neues Licht auf den Machtkampf zwischen Bürckel und dem RKFDV hinsichtlich der Kontrolle über das lothringische Siedlungsprojekt. Da aus den dürftigen konkreten Darlegungen gefolgert werden kann, daß Jerratsch Versuche des RKFDV, die Bauernsiedlung Westmark als siedlungstechnischen Betrieb ihrem Einflußbereich einzuverleiben und damit gleichzeitig deren siedlungspolitischen Auftrag an sich zu ziehen, bis zum Sommer 1944 abwehren konnte, liegt der Schluß nahe, daß Berkelmann in seinen Auseinandersetzungen mit Bürckel nicht die Oberhand gewann, da dies die weitere Auseinandersetzung mit Jerratsch überflüssig gemacht hätte. Auf diese, in der vorliegenden Arbeit abweichend von der gängigen Meinung vertretenen These, daß Bürckel bis zum Rückzug aus Lothringen seine Vorstellungen über das Siedlungsvorhaben weitgehend durchsetzen konnte, wird noch zurückzukommen sein. Über das Vorgehen Dr. Hieges und Jerratschs Abwehrstrategien geben die Quellen keine konkreten Hinweise,

---
26 Ebenda.
27 Dahlgrün war nach dem Zusammenbruch Leiter des Haushaltswesens beim Oberpräsidium in Neustadt und als solcher mit der Überprüfung der Bauernsiedlung Westmark beauftragt. LA Speyer, R 18 Nr. A 1713/48, Epurationsakte Wilhelm Heisterhagen
28 StA Ludwigsburg, Epurationsakte Jerratsch.
29 Ebenda.
30 Ebenda.
31 Ebenda.

höchstwahrscheinlich konnte Jerratsch eine Auseinandersetzung mit einem derart potenten Gegner wie die SS nicht ohne politische Anlehnung und vorbehaltlose Unterstützung seiner Kollegen im Führungskreis bestehen. Als politische Rückendeckung bot sich einzig und allein Gauleiter Bürckel an, und es soll in dieser Arbeit nachgewiesen werden, daß zwischen Bürckel und Jerratsch eine Annäherung erfolgte, und ein gemeinsame Interessenlage bestand. Zur Entschlüsselung des Verhältnisses zwischen Bürckel und Jerratsch trägt diese Erkenntnis kaum bei, insbesondere ergeben sich keine Hinweise, ob und inwieweit diese Annäherung über ein taktisches Bündnis hinausging und Jerratsch tatsächlich, wie in einem seinen Epurationsakten beiliegenden anonymen Schreiben behauptet wird, „der hauptsächliche Berater Bürckels in Lothringen war".

Wilhelm Heisterhagen[32], geb. 5.10.1904 in Hannover, wurde bei der Hannoverschen Siedlungsgesellschaft zum Siedlungsfachmann ausgebildet und stand vor 1933 angeblich der SPD nahe. Dem Eintritt in die NSDAP am 27.5.1933 folgte am 17.7.1933 die Beförderung zum stellvertretenden Bürovorsteher[33]. Der von Ministerialdirektor Kummer mit Wirkung vom 16.9.1940 veranlaßten Versetzung nach Saarbrücken wagte sich Heisterhagen angeblich wegen möglicher familiärer Nachteile und Gefährdung der u.k.-Stellung nicht zu widersetzen. Mit der Versetzung verbunden war die Beförderung zum stellvertretenden Abteilungsleiter bzw. nach dem Ausscheiden Laubingers das Aufrücken zum Leiter der Hauptabteilung. Die Parteiakte weist Heisterhagen als einfaches Mitglied ohne Parteifunktionen aus, der Säuberungsakte beigefügte Bestätigungen anerkannter NS-Verfolgter bezeugen, daß Heisterhagen nicht politisch im NS-Sinne hervorgetreten ist. Von der Spruchkammer wurde er als „nicht belastet" eingestuft, bis zur Versetzung in den Ruhestand übte er die Funktion eines Geschäftsführers der Landsiedlung Rheinland-Pfalz aus.

Zusammenfassend läßt sich aus der vorhergehenden Betrachtung der Schluß ziehen, daß vornehmliches Kriterium für die Berufung zum Führungskreis der Bauernsiedlung Westmark siedlungstechnisches Fachwissen war, und politisch-ideologisches Engagement nicht maßgeblich vorausgesetzt wurde, der Führungskreis jedoch in die politischen Machtkämpfe zwischen RKFDV und Gauleiter Bürckel hineingezogen und zur Parteinahme gezwungen wurde. Die unpolitische Atmosphäre, die im Unternehmen, speziell in der Außenstelle Metz, herrschte und die von der Unternehmensführung ausging, wird auch durch Zeitzeugenaussagen[34] bestätigt. Sie verdeutlichen jedoch auch, daß die Technokraten der Bauernsiedlung vom NS-Regime instrumentalisieren ließen, und daß sie in die Unrechtsmaßnahmen des NS-Regimes mitverstrickt waren. Das nachfolgende Zitat aus dem Prüfungsbericht des Landes Rheinland-Pfalz von 1947, das die Aufgabenstellung der Bauernsiedlung Westmark in Lothringen nach Unternehmensangaben auflistet :

„Es handelte sich um rd 2.200 landwirtschaftliche Betriebe mit einer Ackerfläche von etwa 125 000 ha - ohne Wald -. Die Äcker und Weiden waren seit langem nicht mehr bestellt worden und hatten deshalb und infolge der vorausgegangenen Kampfhandlungen stark gelitten. Das lebende und tote Inventar war entweder überhaupt nicht vorhanden oder befand sich in verwahrlostem Zustand...."[35]

zeigt, daß dessen Verfasser unbeirrt vom Schock des Zusammenbruches an der Fiktion, siedlungswirtschaftlichen und politischen Auftrag trennen zu können, festhielt.

9.4. Der Aufsichtsrat

Nach der Satzung waren dem Aufsichtsrat der Bauernsiedlung Westmark wesentliche Kontroll- und Entscheidungsbefugnisse übertragen, die in regelmäßigen Sitzungen wahrgenom-

---
32 LA-RhPf, R 18 Nr. A 1713/48, Epurationsakte Wilhelm Heisterhagen.
33 Lt. Angabe im handschriftlichen Fragebogen.
34 Der Verfasser erinnert sich an diesbezügliche Aussagen seines Vaters, der von 1941 bis 1946 bei der Bauernsiedlung beschäftigt war, nachdem gegen ihn wegen angeblichen Verstoßes gegen das Heimtückegesetz ein Berufsverbot als Buchdrucker ausgesprochen worden war. Die Bauernsiedlung stellte ihn in voller Kenntnis seiner vorhergehenden politischen „Maßregelung" ein.
35 LA Speyer H 13 469. Prüfbericht der Bauernsiedlung Westmark, fol.422.

men werden sollten.

Gemäß Regelung der *Zusammensetzung* in §7 der Statuten bestand der Aufsichtsrat aus höchstens 12 Mitgliedern, „es gehören ihm an :

a) der Reichskommissar für die Saarpfalz

b) dessen allgemeiner Vertreter

c) der Landesbauernführer der Landesbauernschaft Saarpfalz

d) der Landesobmann der Landesbauernschaft Saarpfalz

e) drei vom Reichsbauernführer berufene Mitglieder, wovon zwei vom Landesbauernführer Saarpfalz vorgeschlagen werden, wovon mindestens ein Neusiedler sein muß, sowie drei, auf gleiche Weise bestimmte Ersatzmitglieder.

f) ein Vertreter des Reichsministers für Ernährung und Landwirtschaft

g) ein Vertreter des Reichsfinanzministers

h) bis zu drei vom Reichskommissar für die Saarpfalz berufene Mitglieder.

Die dem Aufsichtsrat der Bauernsiedlung Saarpfalz von Amts wegen angehörenden Mitglieder können nicht abberufen, die ernannten Mitglieder jederzeit abberufen werden.

Den Vorsitz im Aufsichtsrat führt der Reichskommissar für die Saarpfalz, er wird durch seinen ständigen Vertreter im Vorsitz vertreten."

Im Aufsichtsrat vertreten waren die die lothringischen Siedlungsmaßnahmen bestimmenden Institutionen : die politische Führung des Gaues als regionaler Verantwortungsträger, die Landesbauernschaft als regionaler ständischer Träger der Siedlungsaktivitäten, der Reichsminister für Ernährung und Landwirtschaft als Träger der national-sozialistischen Siedlungsidee und der Reichsminister der Finanzen als Träger der Haushaltsverantwortung scheinen *prima vista* ihren Einfluß in ausgewogenem Verhältnis zur Geltung zu bringen. Dem regionalen Sachverstand, den von der Gauleitung und der Landesbauernschaft bestimmten Mitgliedern, gesellte sich der Sachverstand der Fachministerien zu, die gleichzeitig übergeordnete politische Interessen ins Spiel bringen und denkbare Auseinandersetzungen zwischen regionalen politischen Interessen einerseits und regionalen ständischen Interessen andererseits schlichten konnten. Das statuarisch vorgegebene Besetzungsverhältnis vermittelt den Anschein, als wirke es dauerhafter Majoritätsbildung entgegen. Die unterschiedlichen Berufungsverfahren verbergen jedoch die Tatsache, daß dem Reichsminister für Ernährung und Landwirtschaft eine präponderante Stellung eingeräumt ist : aus seiner Doppelfunktion als Minister und Reichsbauernführer ergibt sich ein Weisungsrecht für den ministeriellen Abgesandten, für die von der Landesbauernschaft von Amts wegen entsandten Mitglieder sowie für die von ihm in seiner Eigenschaft als Reichsbauernführer benannten Aufsichtsräte also für die Hälfte der regulären Besetzung des Aufsichtsrates. Die Auffassung des Landwirtschaftsministers konnte im Aufsichtsrat der Bauernsiedlung nur mittels des doppelten Stimmrechtes des Vorsitzenden und mit Unterstützung des Beauftragten des Finanzministeriums überstimmt werden, eine in der Praxis unwahrscheinliche Konstellation, da die Interessenlage der Berliner Ministerialen überwiegend Gemeinsamkeiten aufwies.

Als wesentliche *Befugnisse* des Aufsichtsrates nennt §8 der Satzung die Aufsicht über die Geschäftsführung und Vorgaben von Maßnahmen, die Bestellung der Geschäftsführer und leitenden Angestellten, die Vornahme ordentlicher und außerordentlicher Prüfungen der Geschäftsführung, die Feststellung der Haushaltspläne sowie die Beschlußfassung über alle Vorlagen zur Gesellschafterversammlung und über die Verwendung von Sonderrücklagen. Nach §9 waren die Reichsminister für Ernährung und Landwirtschaft und der Finanzen zu allen Sitzungen einzuladen, der Aufsichtsrat gab sich eine Geschäftsordnung[36].

---

36 LA-Saar, LKA 433 fol.37.

Die Vorbereitungen zu den Aufsichtsratssitzungen erfolgten unter der Federführung des Leiters des Landeskulturamtes, Dr. Wilhelm Nießen, dem bei der Behörde des Reichsstatthalters nach der Quellenlage[37] die Gesamtbearbeitung des Komplexes „Bauernsiedlung Westmark" einschließlich der Dienstaufsicht oblag. Bei der Bedeutung, die die Satzung dem Aufsichtsrat einräumte, und der nach seiner Zusammensetzung das politische und wirtschaftliche Kontroll- und Lenkungsorgan der Bauernsiedlung Westmark sein sollte, erstaunt es, daß dieses Gremium nur zweimal, am 23.4.1941 und am 29.10.1943, zusammentrat[38]. Es fehlen auch Quellenangaben darüber, daß dem Aufsichtsrat bzw. seinem Vorsitzenden, von der Geschäftsführung Haushalts- und Investitionspläne und sonstige über das Tagesgeschäft hinausgehende Vorlagen zugeleitet oder hierfür Genehmigungen eingeholt worden wären sowie über einen sonstigen Informationsfluß[39]. Da in den beiden stattgefundenen Aufsichtsratssitzungen neben anstehenden Regularien Tagesordnungspunkte abgehandelt wurden, die zum jeweiligen Zeitpunkt die politischen Konstellationen einerseits und die politische Einordnung der Bauernsiedlung Westmark in diese Machtverhältnisse andererseits erhellen, sollen deren Tagesordnung, Protokoll und Beschlüsse in Kap.10 bzw. Kap.13 referiert werden.

Einberufung und Tagesordnung von Aufsichtsratssitzungen oblagen dem Aufsichtsratsvorsitzenden, dessen Vorschläge jedoch aufgrund der statuarischen Zusammensetzung überstimmt werden konnten, so daß es nicht unwahrscheinlich ist, daß Bürckel der Diskussion und Beschlußfassung über wesentliche Vorgänge in der Bauernsiedlung Westmark in einem von ihm nicht dominierten Gremium auswich. Für eine zurückhaltende Einstellung Bürckels zum Aufsichtsrat spricht auch, daß der Reichsstatthalter den 1942 wegen der Berufung von Kreisleiter Schuberth freiwerdenden Aufsichtsratssitz[40] nicht mehr besetzte[41]. Dagegen scheint Bürckel, wie in Abschnitt 9.2. bereits dargestellt, Möglichkeiten, mittels Ausschüssen, die mit Personen aus seiner Umgebung besetzt waren, Einfluß auf die Arbeit der Bauernsiedlung auszuüben, wahrgenommen zu haben.

9.5. Die Unternehmensorganisation

Die Unternehmensorganisation folgte Vorgaben aus dem Reichsministerium für Ernährung und Landwirtschaft, die einheitlich für alle gemeinnützigen Siedlungsgesellschaften galten.

Am 7.10.1940 übermittelte das Reichsministerium für Ernährung und Landwirtschaft der Bauernsiedlung einen detaillierten *Stellenplan*[42] einschließlich Vorgaben der zu zahlenden Vergütungen nach der geltenden „Tarifordnung für Angestellte im öffentlichen Dienst (T.O.A)". Dieser Stellenplan gab die funktionale Gliederung vor, gewichtete anhand der Tariffeinstufung die Bedeutung der einzelnen Stellen und ermöglicht einen Vergleich mit späteren Personalplänen. Es ist eine umfangreiche, hierarchisch mehrfach gegliederte und abgestufte

---

37 Der Bestand „LKA - Bauernsiedlung Westmark" im Landesarchiv des Saarlandes stellt mit großer Wahrscheinlichkeit den Handaktenbestand Dr. Nießens dar.

38 Gegen eine Vermutung, daß Akten über weitere Aufsichtsratssitzungen fehlten, spricht die Tatsache, daß in der Sitzung vom 29.10.1943 der Geschäftsführer den Geschäftsbericht für die Zeit vom 15.9.1940 bis 31.12.1942 vortrug, was eine Sitzung in 1942 ausschließt, da bei dieser Gelegenheit das Jahr 1941 abgehandelt worden wäre, sowie der Umstand, daß die im Landesarchiv des Saarlandes vorliegenden Akten des Landeskulturamtes zum Aufsichtsrat der Bauernsiedlung Westmark bis zum durch die Evakuierung bedingten Abbruch der Überlieferung Ende Juli 1944 chronologisch lückenlos erscheinen.

39 Daß Bedarf an einem solchen bestand, belegt ein Privatschreiben Dr. Schreblers,der vom Reichsminister für Ernährung und Landwirtschaft in den Aufsichtsrat der Bauernsiedlung abgeordnet war, an Dr. Nießen. „So langsam müssen sich ja die entsprechenden Aktenvorgänge beim Ministerium bilden." Vermutlich war diese Anfrage Anlaß zu dem 'Landwirtschaftlichen Bericht'.

40 Schuberth gab seinen Aufsichtsratssitz wegen der Inkompatibilität von Aufsichtsratsmandat und Reichstagsmandat auf.- Vgl. hierzu das Schreiben von SS-Gruppenführer Berkelmann an Gauleiter Bürckel als Vorsitzender des Aufsichtsrates der Bauernsiedlung Westmark vom 14.9.1942 (LA-Saar, LKA 433, fol.59), der sein Aufsichtsratsmandat gemäß einer Verfügung „des Fraktionsführers der Reichstagsfraktion der NSDAP" niederlegte, die Reichstagsmitgliedern die Wahrnehmung von Aufsichtsratsmandaten in einem im Besitze der öffentlichen Hand befindlichen Unternehmen untersagte.

41 s. hierzu Besetzungsliste bei der Aufsichtsratssitzung vom 29.10.1943 in Kap.13.

42 LA-Saar, LKA 433, fol.63 ff.

Kap. 9 - Die Bauernsiedlung Westmark - Statuten - Organe - Aufgabe - Organisation

Organisationsstruktur zu erkennen, die sich in die Hauptabteilung als Verwaltungsebene mit zwei nachgeordneten Hilfsstellen (Registratur und Kanzlei) und sechs funktionale Abteilungen (Finanzen einschließlich Buchhaltung, Siedlung, landwirtschaftliche Abteilung, Bauwesen, Vermessung und Rechtsstelle) gliedert. Übergeordnet sind die Geschäftsführung sowie die dieser unmittelbar unterstehenden Prokuristen, die gleichzeitig als Abteilungsleiter wesentliche funktionale Aufgaben wahrzunehmen haben und Führungs- und Funktionsbereiche miteinander verklammern.

Die *Personalstandsentwicklung* spiegelt die Tatsache, daß der in diesem Stellenplan skizzierte Apparat zunächst einmal geschaffen werden mußte, da die Bauernsiedlung Saarpfalz zum Zeitpunkt ihrer Gründung im September 1940 über keinen Personalbestand, ausgenommen die bereits im August 1940 vom Reichsminister für Ernährung und Landwirtschaft bestellten Geschäftsführer, verfügte.

Zum Jahresende 1940 waren 37 Personen in der Hauptverwaltung Saarbrücken und 23 Mitarbeiter in der Außenstelle Metz beschäftigt[43]. Die bloße Anzahl täuscht jedoch über das Ungleichgewicht der funktionalen Verteilung hinweg : ein Übergewicht lag in den Verwaltungen in Saarbrücken[44] und Metz, die für die operativen Aufgaben wichtigen Siedlungs- und Landwirtschaftsabteilungen waren jedoch mit nur je einer Person besetzt, so daß für die nach Lothringen kommenden Neusiedler kaum ein Minimum an fachlicher Unterstützung und Einweisung sichergestellt werden konnte. Die Verantwortlichen der Bauernsiedlung scheinen nach der Gründung im Herbst 1940 das brennende Problem der Rekrutierung der erforderlichen Mitarbeiter energisch angegangen zu sein. Die folgende Bestandsentwicklung zwischen 1940 und 1942 des im kaufmännischen, technischen und landwirtschaftlichen Bereich tätigen Personals der Bauernsiedlung Westmark ist dem 'Geschäfts-Bericht 2' entnommen.

	kaufmännisch		technisch		landwirtschaftlich	Gesamt
	m	w	m	w	m	
31.12.1940	20	8	15	3	8	54
31.12.1941	101	41	40	5	17	204
31.12.1942	130	46	37	5	21	239

m = männlich; w = weiblich

In allen Bereichen zeigen die Belegschaftszahlen ein Übergewicht der männlichen Beschäftigten, der landwirtschaftliche Bereich war sogar eine absolute Domäne der Männer. Zwecks Überprüfung der Belegschaftsdaten durch die Dienststelle des Generals von Unruh[45] wurde am 1.2.1943 die Personalstruktur im 'Geschäftsverteilungsplan 1943'[46] neu ermittelt. Gegenüber dem Stellenplan des Reichsministeriums für Ernährung und Landwirtschaft vom 7.10.1940 weist der 'Geschäftsverteilungsplan 1943' eine merklich veränderte, offensichtlich an die Aufgabenstellung angepaßte Organisationsstruktur der Bauernsiedlung Westmark auf, quantitativ zeigt sich ein erhebliches Übergewicht des Personalbestandes in Metz, worin sich der Tätigkeitsschwerpunkt in Lothringen ausdrückt.

Personalprobleme lassen sich in drei wesentliche Bereiche gliedern : 1. Entgeltprobleme, 2. Rekrutierungsprobleme und 3. Intervention politischer Stellen in Personalfragen. Fragen der Rekrutierung und der Entgeltzahlung stehen dabei oft in unmittelbarem Zusammenhang.

Die hierarchische Bedeutung der einzelnen Positionen drückte sich in vorgegebener Gehaltseinstufung aus, die der Tarifordnung des öffentlichen Dienstes unterlag. Obwohl der Stellenplan Spreizungen der Einstufung bei gleichartigen Tätigkeiten erkennen läßt, waren die Einkommensvorgaben des Stellenplanes entsprechend dem öffentlichen Tarifrecht weitgehend starr und ließen für individuell abgestimmte Vereinbarungen nur geringen Spielraum. Da

---
43 LA-Saar LKA 433, fol.63c - Verzeichnis der Gehaltseinstufung der Mitarbeiter der Bauernsiedlung Westmark.
44 Darunter waren 6 Kraftfahrer und 3 Hausmeister.
45 Die Dienststelle von Unruh sollte entbehrliche uk-Stellungen ermitteln und aufheben.
46 LA-Saar, LKA, 435, n.fol., Geschäftsverteilungsplan erstellt aufgrund Überprüfung der Belegschaftsstärke für den Kriegseinsatz. Übersandt mit Schreiben vom 1.2.1943 an den Reichsstatthalter - Az.D 34 d Hei/Rm.

der jäh auftretende Personalbedarf der Bauernsiedlung auf einen durch Einberufungen zur Wehrmacht und die Nachfrage der Kriegswirtschaft ohnehin angespannten regionalen Arbeitsmarkt traf, sind wohl im Konkurrenzkampf um die knappe Ressource „Arbeitskraft" seitens der Bauernsiedlung übertarifliche Lohnangebote gemacht worden.

Aus dem Dilemma zwischen der Notwendigkeit, qualifiziertes Personal anzuwerben und dem Beharren des Reichsministeriums für Ernährung und Landwirtschaft auf Einhaltung der vorgegebenen starren Tarifbestimmungen entwickelten sich ständige Kontroversen zwischen dem Ministerium und der Leitung der Bauernsiedlung Westmark, in die auch das Landeskulturamt als aufsichtführende Behörde einbezogen war[47]. Aufgrund der im Stellenplan vom 7.10.1940 enthaltenen Vorgabe des Reichsministerium für Ernährung und Landwirtschaft „Die angegebenen Vergütungsgruppen sind nur zu zahlen, wenn Angestellte für niedrigere Vergütungsgruppen nicht gewonnen werden können" beanstandete das Landeskulturamt beispielsweise in einer von der Bauernsiedlung am 29.12.1940 zugeleiteten Gehaltsaufstellung[48] bei den Hilfskräften überhöht erscheinende Einstufungen fügte jedoch hinzu, daß „die Einstufungen zum Teil unter dem Zwang der heutigen Verhältnisse vorgenommen worden sind", ohne diese Kompetenzüberschreitungen zu rügen[49]. In dem Dilemma, durch eine stringente Beachtung der Vorgaben die Siedlung in Lothringen wegen Personalengpässen zu gefährden, und einer als Dienstpflichtverletzung interpretierbaren, großzügigen Handhabung der T.O.A., entschied sich das Landeskulturamt für die Priorität des Siedlungsauftrages.

Die Gewinnung qualifizierter Mitarbeiter war jedoch nicht nur eine Frage des von der Bauernsiedlung gebotenen Einkommens : die bisherigen Dienststellen abgeworbener Mitarbeiter widersetzten sich wegen eigener personeller Engpässe einem Wechsel, die Einstellung von Georg Kroll, Bezirkslandwirt in Saarburg, machte beispielsweise eine direkte Intervention von Gauleiter Bürckel erforderlich[50]. Um den dringenden Personalbedarf decken zu können, waren Bauernsiedlung und Landeskulturamt sogar zu Verstößen gegen Grundsätze des öffentlichen Dienstrechtes bereit : das Landeskulturamt stimmte der Beschäftigung eines früheren Polizeibeamten in der Revisionsabteilung zu, der 1932 wegen Beihilfe zum Betrug rechtskräftig verurteilt und aus dem Polizeidienst entlassen worden war[51], altersbedingt jedoch vom Wehrdienst freigestellt war. Die folgende Problemstellung zeugt für die Überdehnung der für die imperialistischen Expansionsbestrebungen zur Verfügung stehenden, begrenzten humanen Ressourcen : das Preußische Finanzministerium hatte befristet bis 15.8.1941 den Amtsrat Biese als Leiter der Vermessungsabteilung zur Bauernsiedlung abgeordnet. Eine Verlängerung der Abstellung nach Lothringen wurde vom Ministerium abgelehnt[52], da die Mitarbeit Bieses für „die bauliche Erschließung der an Preußen angegliederten neuen Ostgebiete (Kattowitz, Zichenau, Byalistok)" benötigt werde.

Hatte das Reichslandwirtschaftsministerium ursprünglich ein Alleinentscheidungsrecht bei der Besetzung leitender Stellen der Bauernsiedlung ausgeübt, erfolgten die Umbesetzungen nach dem Ausscheiden Laubingers nach den Vorstellungen Bürckels. Eine politische Einflußnahme des RKFDV auf Personalmaßnahmen der Geschäftsführung hat Jerratsch entschieden bestritten[53], der 'Geschäftsverteilungsplan 1943' weist nur fünf Angehörige der Allgemeinen SS aus. Einmischungen der Organe der NSDAP scheint sich die Geschäftsführung der Bauernsiedlung im allgemeinen erfolgreich erwehrt zu haben. Bei quellenmäßig ausgewiesenen Personalauseinandersetzungen mit politischem Hintergrund handelte es sich um disziplinarische[54] oder um Verstöße gegen die Kassenführungspflicht. Gelegentliche Eintragungen in der

---
47 Zur Entgeltfrage s. u.a. LA-Saar, LKA 434/48e. Schriftwechsel zwischen Bauernsiedlung Westmark und Reichstreuhänder für den öffentlichen Dienst wegen angeblicher Abwerbung des Angestellten Dörr.
48 LA-Saar, LKA 433, fol.63 Ic.
49 LA Saar, LKA 433, fol.63 If.
50 LA-Saar, LKA 433, fol.55 I.
51 LA-Saar, LKA 434, fol.57.
52 LA-Saar, LKA 433, fol.175b.
53 StA Ludwigsburg, Epurationsakte Jerratsch.
54 Am 18.4.1941 kündigte die Bauernsiedlung dem Bezirkslandwirt Rech in Machern. Die Vertragsauflösung wurde mit

Siedlerkartei „abgemeiert auf Anweisung der Kreisleitung der DVG" läßt auf Einflußnahme des lothringischen Parteiablegers schließen.

Die *Siedlungsplanung* erfolgte in einer eigenen Planungsabteilung. Der Stellenplan vom 7.10.1940 weist eine „Vermessungsabteilung" aus, deren Aufgabenstellung mit „Einteilungspläne, Wege- und Grabenbau, Meliorationen, Grundstücksvermessung" bezeichnet wird, die im Sinne des RSG den Siedlungsgesellschaften oblag. Aufgrund der politisch ausgeweiteten Aufgabenstellung der Bauernsiedlung Westmark als Hilfsorgan der Neustrukturierung in West- und Südwestlothringen wurde die „Vermessungsabteilung" personell verstärkt und nach dem 'Geschäftsverteilungsplan von 1943' in zwei Abteilungen aufgespalten : die in Saarbrücken ansässige „Abt.IV - Gebäudeplanung" mit insgesamt 8 Mitarbeitern, in Metz bestand die „Abt.X - Landesplanung" mit insgesamt 19 Mitarbeitern. Zur Bewältigung des umfangreichen Arbeitsfeldes zog die „Landesplanung" freiberufliche Ingenieurbüros hinzu.

9.6. Die Organisation der Landbewirtschaftung

Die Landbewirtschaftung in Lothringen wurde in der Außenstelle Metz von der „Landwirtschaftlichen Abteilung" geleitet. Dieser waren die von Kreis- bzw. Bezirkslandwirten geleiteten Kreis- und Bezirksaußenstellen nachgeordnet, die die von Wirtschaftern geführten Siedlerbetriebe sowie die von Verwaltern geleiteten Hofgüter betreuten.

9.6.1. Kreis- und Bezirksaußenstellen

Die Aufgabenstellung der *Kreisaußenstellen* wird im 'Geschäftsverteilungsplan 1943' vage mit „Oberleitung und Beratung" der nachgeordneten Stellen umschrieben, zu denen außer den Bezirksaußenstellen noch die Landbewirtschaftung Saarlautern (Saarlouis) und die Gutsverwaltungen zählten. Der 'Geschäfts-Bericht 2' erwähnt „2 Kreislandwirte", ohne diese in den Organisationsaufbau einzuordnen. Nach dem 'Geschäftsverteilungsplan 1943' waren den Kreisaußenstellen in Metz und in Duß (Dieuze) je sechs Bezirksaußenstellen nachgeordnet.

Die *Bezirksaußenstellen* betreuten die Wirtschafter in sämtlichen den Betriebsablauf betreffenden Fragen, stellten gemeinsam mit den Ortsbauernführern Bewirtschaftungspläne auf und überwachten deren Durchführung, sie erfaßten die erzeugten Produkte, organisierten deren Vermarktung und gaben darüber periodische Meldungen an die Außenstelle Metz. Außer dem Bezirkslandwirt waren jeder Bezirksaußenstelle ein Rendant sowie nach dem 'Geschäftsverteilungsplan 1943' 5 bis 7 Mitarbeiter zugeordnet. Der 'Geschäfts-Bericht 1' gibt die Zahl der Bezirksaußenstellen mit siebzehn sowie „zwei Gärtner" an. Die ursprünglich geplanten BAst. Kurzel/Nied (Courcelles-sur-Nied), Werningen (Vigy) und Lörchingen (Lorquin) wurden kurzfristig aufgegeben, diese Reduzierung steht vermutlich in unmittelbarem Zusammenhang mit der Einführung der „Platzhalter"-Strategie und dem gleichzeitig eingeführten neuen Bewirtschaftungskonzept. Die ausführlichen Einzelheiten über die besiedelten Ortschaften, Anzahl der in jedem Ort angesetzten Siedler, die Siedlungsfläche, Namen der Bezirkslandwirte und Ortsbauernführer enthaltenden, etwa im Juni 1941 erstellten 'Besiedlungslisten'[55] nennen noch 13 Bezirksaußenstellen, deren Betreuungsgebiete aus Abb.9-1 auf der folgenden Seite ersichtlich sind. Eine Vorstellung der organisatorischen Veränderungen in der Siedlerbetreuung infolge der Zusammenlegung und Vergrößerung von Bezirksaußenstellen sowie der

---
ständigen Beschwerden von Oberverwalter Meyle, dem zuständigen Ortsgruppenverbandsleiter Linder und Hauptabteilungsleiter Scheu von der Landesbauernschaft begründet, so daß „im Interesse der Schaffung geordneter Zustände im Bezirk Machern Ihre Abberufung erfolgen müsse". Rech vernachlässige die Verwaltung seines Hofes, gebe keine Tätigkeitsnachweise, und die Siedler sagten, „daß Ihre Anwesenheit nur gesichert wäre, wenn bei den Siedlern Schlachtfest abgehalten würde". Es erfolgten auch Androhungen von Weiterungen wegen der falschen Verbuchung von drei geschlachteten Kälbern. Das Arbeitsverhältnis wurde „nach Behebung der beachtlichen geldlichen Unordnung seiner Kassenführung" im beiderseitigen Einvernehmen beendet. Das Schreiben der Bauernsiedlung Westmark an das Landeskulturamt vom 19.4.1941 deutete an, daß Rech wahrscheinlich versuchen werde, „erneut beim Gauleiter Gehör zu finden", so daß anzunehmen ist, daß frühere Initiativen bezüglich Rechs an persönlicher Intervention Bürckels gescheitert waren. (Beschreibung des Vorfalles nach den Akten LA-Saar, LKA, 433/146, 149a und 145.)

55 A.D.M. 2 W 5, fol.102-114.

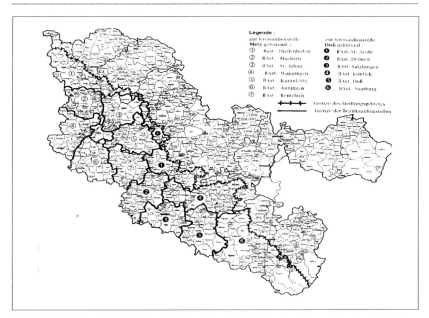

Abb. 9-1 : Die Aufteilung des lothringischen Siedlungsgebietes auf die Bezirksaußenstellen nach dem Stand 15.6.1941
Quelle : 'Besiedlungslisten', A.D.M. 2 W %, fol.102-114. Angaben vom Verfasser in die 'Gemeindekarte von Lothringen" übertragen.

Verminderung der Siedlerzahlen, ergibt sich aus einem Vergleich der in den 'Besiedlungslisten' und der im 'Geschäftsverteilungsplan 1943' enthaltenen Angaben, die in Tab.9-1 (s. Tabellen-Anhang) zusammengefaßt sind.

Die *Landbewirtschaftung Saarlautern (Saarlouis)* bewirtschaftete gemäß einem mit der Landesbauernschaft geschlossenen Vertrag die brachliegenden Flächen in der „roten Zone" im Vorfeld des Westwalles. Leiter war Erhard Brüning, wahrscheinlich identisch mit dem 1941 in Wallersberg (Vatimont) tätigen Bezirkslandwirt gleichen Namens, dem zwei Mitarbeiter zugeordnet waren. Das Tätigkeitsfeld der Landbewirtschaftung Saarlautern lag außerhalb Lothringens, so daß im Prinzip die Hauptverwaltung Saarbrücken für deren Betreuung zuständig gewesen wäre, wo jedoch keine Landwirtschaftliche Abteilung bestand.

Die *Gutsverwaltung Gainingen*, beschäftigte eine Person. Die Gutsverwaltung Gainingen fällt insofern aus dem Rahmen, als sie nach den Buchhaltungsunterlagen den Bezirksaußenstellen abrechnungstechnisch gleichgestellt war.

Nach den überlieferten Berufsbildern waren die *Bezirkslandwirte* überwiegend Absolventen landwirtschaftlicher Fachschulen, ihre praktische Erfahrung sammelten sie meist als Verwalter größerer Gutsbetriebe, ihre Qualifikationen scheinen sich als ausreichend erwiesen zu haben. Die Anzahl der in den flächenmäßig ausgedehnten Gebieten verstreuten Wirtschafter ließ vermutlich die erforderliche intensive Betreuung und Führung nicht zu, zudem fehlte es ihnen an spezifischer Erfahrung mit den besonderen Problemen der lothringischen Landwirtschaft, die während der sich auf drei Vegetationsperioden beschränkenden Tätigkeit in Lothringen auch kaum erworben werden konnte.

9.6.2. Die Verwalter

Die Bauernsiedlung Westmark übernahm bei der Ausweisungsaktion im September 1940 und

Kap. 9 - Die Bauernsiedlung Westmark - Statuten - Organe - Aufgabe - Organisation

der Vertreibungsaktion im November 1940 Hofgüter, deren Zuschnitt die Flächen bäuerlicher Familienbetriebe wesentlich überschritt und die dementsprechend in die Landumlegung einzubeziehen gewesen wären. In der Praxis finden sich für eine Aufteilung keine Hinweise, im Gegenteil, nach der Anzahl der beschäftigten Verwalter hat sich die Zahl der von der Bauernsiedlung betriebenen Hofgüter über den Zeitraum von 1940 bis 1942 deutlich erhöht. Gemäß dem 'Geschäfts-Bericht 2' belief sich die Anzahl der „landwirtschaftlichen Verwalter zur Bewirtschaftung größerer Höfe :

am 31.12.1940   auf   14

am 31.12.1941   auf   39

am 31.12.1942   auf   79 "

deren Einsatzorte mit Ausnahme des Klostergutes Neuscheuern innerhalb des westlothringischen Siedlungsgebietes liegen.

Hinweise über die beruflichen Qualifikationen der Verwalter liegen nicht vor, die Siedlerkartei belegt jedoch mehrfach, daß ursprünglich als Wirtschafter eingesetzte Personen später als Verwalter tätig waren, umgekehrt wurde in einem Falle ein Verwalter als Wirtschafter weiterbeschäftigt, so daß die Annahme nahe liegt, daß eine solide praktische Ausbildung in der Landwirtschaft eine ausreichende Qualifikation für die Besetzung einer Verwalterstelle bildete. Mögliche Ursachen für die im Zeitverlauf zunehmende Zahl der von Verwaltern bewirtschafteten Höfe werden im Abschnitt „9.7. Landwirtschaftliche Betriebsstrukturen" referiert.

9.6.3. Die Wirtschafter

Der Begriff „Wirtschafter" bezeichnete im Sprachgebrauch der Bauernsiedlung die in Lothringen zur Bewirtschaftung „der von ihren bisherigen Eigentümern verlassenen Betriebe" eingesetzten Siedlungsanwärter, denen in Aussicht gestellt wurde, „bei Eignung und Erfüllung der übrigen Voraussetzungen der Neubauern im Siedlungsverfahren, die nach wirtschaftlichen Gesichtspunkten abgeänderten und zum Teil neu zu errichtenden Höfe zu übertragen"[56]. Die Wirtschaftern erhielten eine feste monatliche Vergütung, die Tätigkeit unterlag der Sozialversicherungspflicht und gemeinsam von Gauleitung und Bauernsiedlung wurde verfügt, „daß die Bewirtschaftung als Einzelwirtschaft auf Rechnung des Chefs der Zivilverwaltung aber unter beruflicher Verantwortung des eingesetzten Wirtschafters erfolgt"[57]. Auswahl und Verpflichtung der Wirtschafter erfolgte durch die Kreisbauernschaften, die Bewerber mußten „siedlungsfähig"[58] sein, wobei politische Zuverlässigkeit und berufliche Qualifikation" (in dieser Reihenfolge !) als entscheidende Kriterien angesehen wurden. Entgegen der zu erwartenden Kontinuität und Ortsgebundenheit bei der Bewirtschaftung landwirtschaftlicher Betriebe schwankte die Zahl der von der Bauernsiedlung beschäftigten Wirtschafter im Zeitverlauf erheblich, bei wechselnden Einsatzorten. Eine ausführliche Darstellung der Fluktuation wird in Kap.14 gegeben.

Das Entlohnungsschema für die Wirtschafter basierte auf Anordnungen des Chefs der Zivilverwaltung.

Die erste, am 26.11.1940 erlassene Anordnung[59] bestimmte :

„Die eingesetzten Wirtschafter erhalten vom Tage ihres Einsatzes an außer freier Station durch die Bauernsiedlung Saarpfalz G.m.b.H. als Aufwandsentschädigung folgende steuer- und abzugsfreie Vergütung :

Wirtschafter **bis** zur Vollendung des 25. Lebensjahres monatlich RM 120,- (pro Tag RM 4,-), Wirtschafter **nach** Vollendung des 25. Lebensjahres monatlich RM 150,- (pro Tag RM 5,-)."

---

56 LA-Saar, LKA 420, fol.12, Anschreiben der Bauernsiedlung Westmark an Siedlungsbewerber
57 A.D.M. 2 W 4, fol.1, Rundschreiben Nr. 1 der Bauernsiedlung.
58 Der Begriff „siedlungsfähig" beinhaltete nach dem Sprachgebrauch des Reichsministerium für Ernährung und Landwirtschaft Ausbildung oder zumindest praktische Erfahrung als Landwirt.
59 A.D.M. 2 W 4 fol.1. 'Rundschreiben 1' der Bauernsiedlung. Hervorhebung im Original.

Außerdem übernahm die Bauernsiedlung für die Wirtschafter und ihre Familien die Beiträge zur Sozialversicherung und einer Unfallversicherung.

In ihrem 'Rundschreiben 2' vom 17.12.1940 definierte die Bauernsiedlung den Leistungsumfang „freie Station" :

> „Hierzu gehört außer der Unterkunft die volle Verpflegung wie sie auf einem Bauernhof üblich ist, Lebensmittel, die nicht auf dem Hof selbst erzeugt werden und zugekauft werden müssen, gehören also zur freien Station. Nicht unter freie Station fallen daher die dem rein persönlichen Bedarf dienenden Ausgaben, insbesondere Ausgaben für Kleidungsstücke, Reisen, Rauchwaren, Spirituosen und sämtliche außerhalb des Hofes für persönliche Zwecke verauslagten Beträge."

Die Mitarbeit der Ehefrau war in der Wirtschafter-Vergütung abgegolten, „vollarbeitsfähige Familienangehörige über 16 Jahren" konnten als landwirtschaftliche Arbeitskräfte eingesetzt und nach dem geltenden Tarif gesondert bezahlt werden. Löhne für im Betrieb beschäftigte landwirtschaftliche Arbeitskräfte waren als Betriebsausgaben zu behandeln.

Überschlägig betrug das Jahreseinkommen eines als idealtypisch anzusehenden Wirtschafters mit Ehefrau und drei Kindern, davon eins im Alter unter 6 Jahren :

steuer- und sozialabgabenfreie Vergütung 12 x RM 150,-- =   RM 1.800,--/a

Wert der freien Station[60] 4 x RM 548,-- + 1 x RM 274,- =   RM 2.466,--/a

Jährliche Gesamtvergütung   RM 4.266,--

oder monatlich RM 355,50, die Wirtschaftervergütung lag also über einem durchschnittlichen Arbeitereinkommen von monatlich ca. RM 200,--[61]. Auch gemessen am Einkommen eines mittleren Angestellten der Bauernsiedlung war die nach Weisung des Gauleiters gezahlte Wirtschaftervergütung überdurchschnittlich hoch.

Ab 1.1.1943 trat eine Neuregelung der Wirtschafter-Vergütung in Kraft[62]. Wirtschafter bis zum 25. Lebensjahr erhielten anstelle von RM 120,- zukünftig RM 90,-, für Wirtschafter über 25 Jahre betrug die Vergütung anstelle von RM 150,- zukünftig monatlich RM 120,-. Darüber hinaus wurde als Anreiz eine Leistungsprämie von 15% der im Betrieb erwirtschafteten Umsätze bis zum Betrag von RM 5.000,-, von 10% für Umsätze zwischen RM 5.000,- und RM 10.000,- und von 5% für RM 10.000,- übersteigende Umsätze ausgesetzt. Die Vergütungen unterlagen zukünftig dem Abzug für Lohnsteuer und Sozialversicherung. In den Gärtnereibetrieben betrug die monatliche Vergütung zukünftig einheitlich RM 200,--.

Die Bauernsiedlung unterhielt einen eigenen Schäfereibetrieb, für den die Siedlerkartei einen Schäfer benennt[63], und für den auch das Buchungs-Journal 1943 eigene Aufwendungen und Erträge ausweist. Ausgeschiedene Wirtschafter wurden in einigen Fällen als „Traktoristen" weiterbeschäftigt[64].

9.6.4. Gemeinschaftsarbeit

Der Begriff der „Gemeinschaftsarbeit" erscheint in verschiedenen Zusammenhängen und scheint auch unterschiedliche Sachverhalte zu umschließen.

Nach den 'Ott-Berichten' wurden zu Beginn der Siedlungstätigkeit alle Wirtschafter zu gemeinsamen Arbeitsleistungen bei der Landarbeit und bei der Instandsetzung verwüsteter Anwesen eingesetzt, die Arbeitseinteilung oblag dem jeweiligen Ortsbauernführer, allgemein endete diese Form der Gemeinschaftsarbeit mit der Aufteilung der verfügbaren Ackerflächen auf die einzelnen Wirtschafter zu Beginn der Frühjahrsbestellung 1941. In einzelnen Fällen scheint jedoch die Gemeinschaftsarbeit zu einer Dauereinrichtung umfunktioniert worden zu sein : die 'Ott-Berichte' lassen den Rückschluß zu, daß verschiedentlich genossenschaftsartig

---
60 Wertansatz nach dem 'Münzinger-Gutachten', s. Einzelheiten in Kap.11.
61 Ebenda.
62 BA-Kobl 2/18983 n.fol., Aktenvermerk Ar 4762 Bh 8 - 21 Gen.B. vom 17.3.1943.
63 S.K. 3954.
64 Gemäß Angaben in den 'Ott-Berichten'.

organisierte Gärtnereibetriebe bestanden.

Vorstehende Beispiele sind der Anfangsphase der Besiedlung bis Mitte 1941 zuzuordnen. Als späteres Beispiel erwähnt die den Stand 31.12.1942 darstellende Personenstands-Aufnahme[65] in Flodalshofen „drei Verwalter in Gemeinschaftsarbeit", die mit 38 Fremdarbeitern die gesamte Landwirtschaft im Ort betrieben. Weitere Einzelheiten dazu waren nicht feststellbar.

9.7. Landwirtschaftliche Betriebsstrukturen

Aus den Quellen lassen sich vier unterschiedliche Formen der landwirtschaftlichen Betriebsführung erkennen : 1. die Gutsverwaltungen, 2. die Hofgüter, 3. die Siedlerbetriebe und 4. die bereits erwähnte Gemeinschaftsarbeit.

Gutsverwaltungen bestanden gemäß dem 'Geschäftsverteilungsplan 1943' in Gainingen/Kreis Diedenhofen und Neuscheuern/Kreis Saargemünd. Es liegen keine Angaben über die Größe des von den Gutsverwaltungen bewirtschafteten Grundbesitzes und die Art der Nutzung vor. Aufwand und Erlöse der Gutsverwaltungen wurden in der Betriebsbuchhaltung getrennt abgerechnet.

Konkrete Hinweise auf die Unterscheidungskriterien zwischen Hofgütern und Siedlerbetrieben sind nicht feststellbar, und es soll daher versucht werden, aus Angaben der Siedlerkartei Einordnungskriterien zu gewinnen.

Die Tab.9.2. „Betriebsstrukturen I" (s. Tabellen-Anhang) enthält der Siedlerkartei entnommene Strukturdaten von drei von Verwaltern bewirtschafteten Hofgütern, und von acht bis zur Räumung Lothringens 1944 bestehenden Siedlerbetrieben, in der Tab.9.3. (s. Tabellen-Anhang) „Betriebsstrukturen II" sind die Strukturdaten von elf im Sommer/Herbst 1943 im Zusammenhang mit einer Reorganisation aufgelösten Siedlerbetrieben zusammengestellt.

Im Vergleich der Wirtschaftsflächen bewirtschafteten der Oberbürtenhof und der Hof Hicourt deutlich größere Flächen als die Siedlerbetriebe. Der Hof Neuscheuern bei Spangen umfaßte etwa die gleiche Betriebsfläche wie der Durchschnitt der erfaßten Siedlerbetriebe, der umfangreiche Bestand an Obstbäumen in Verbindung mit hohem Personalbestand läßt das Bestehen einer speziellen Obstkultur vermuten, in der Baumschule und Veredlung überbetriebliche Aufgaben zu erfüllen hatten. Die überbetriebliche Aufgabenstellung ist auch in der bei allen Höfen erwähnten eigenen Bullenhaltung zu vermuten. Anscheinend bildeten die Höfe die im 'Münzinger-Gutachten' wie im 'Rolfes-Gutachten'[66] geforderten unterstützenden Beispielbetriebe.

Die Betriebsflächen der acht in der Tab.9-2 „Betriebsstrukturen I" beschriebenen Siedlerbetriebe überstiegen bei weitem die in den „Siedlungs-Richtlinien" von Gauleiter Bürckel festgelegten Richtwerte für die Betriebsgröße (s. Kap.11), vermutlich waren den jeweiligen Wirtschaftern zusätzliche Wirtschaftsflächen als „Platzhalter" zugewiesen worden, wohingegen die Wirtschaftsflächen der in der Tab.9-3 „Betriebsstrukturen II" zusammengefaßten Betriebe mit Ausnahme des Betriebs "S.K.2273" im Rahmen der Richtlinien, teilweise auch unterhalb der Richtgrößen liegen, signifikante Merkmale sind aus den Strukturdaten der Siedlerbetriebe nicht herzuleiten.

Bei der Bewertung der der Siedlerkartei entnommenen Strukturdaten sind einige Einschränkungen zu berücksichtigen. Zunächst ist der Zeitpunkt der Erhebung und Eintragung in die Karteikarten nicht bekannt, die dargestellten Daten haben jedoch nur für diesen Zeitpunkt uneingeschränkte Gültigkeit, an unterschiedlichen Zeitpunkten erhobene Daten können also Rückschlüsse verzerren. Es wurde darauf verzichtet, Personalstrukturen und Viehbestände in eine Bewertung einzubeziehen, da sie ständigen Veränderungen unterliegen konnten. Auch die angegebenen Betriebsflächen sind nicht als Konstanten anzusehen : Betriebe wurden

---

65 A.D.M. 2 W 5, fol.302-463.
66 Zu Einzelheiten der beiden Gutachten s. Kap.11.

aufgelöst, die Wirtschaftsflächen aufgelöster Betriebe verblieben aber in der Obhut der Bauernsiedlung, mußten also anderen Betrieben zur Bewirtschaftung zugewiesen werden. Als Folge dieser Aufstockung der Betriebsflächen wurden Siedlerbetriebe teilweise zu Hofgütern hochgestuft. Wie aus dem Schreiben vom 20.7.1942 an die Haushaltsstelle des C.d.Z.[67] hervorgeht, „... daß mit dem weiteren Fortschritt des Krieges und unserer wirtschaftlichen Maßnahmen eine weitere Ausscheidung von ungeeigneten Wirtschaftern sich ergibt, die zu einer Vergrößerung der Betriebe und damit zu einem vermehrten Einsatz von landwirtschaftlichen Verwaltern führt." entsprach diese Entwicklung einer von der Bauernsiedlung aus kriegsbedingten Notwendigkeiten bewußt geförderten Tendenz.

9.8. Finanzstrukturen

Während die Landbewirtschaftungsstrukturen der Bauernsiedlung im wesentlichen von der Abwicklung siedlungstechnischer Aufgaben bestimmt waren, wurde die Duplizität der Finanzstrukturen, die Finanzabteilung der Hauptverwaltung Saarbrücken und die Buchhaltung der Außenstelle Metz, durch die besondere politische Aufgabenstellung der Tätigkeit in Lothringen geprägt.

Nach dem vom Reichsministerium für Ernährung und Landwirtschaft vorgegebenen Stellenplan war die *Finanzabteilung Saarbrücken* für Fragen der Unternehmensfinanzierung und für die Durchführung der sich aus der für eigene Rechnung erfolgenden Siedlungstätigkeit in der Saarpfalz ergebenden buchhalterischen Aufgaben einschließlich der Erstellung der Jahresabschlüsse zuständig. Die für die Geschäftsjahre 1940, 1941 und 1942 vorliegenden Bilanzen[68] umfassen nur die Verwendung der Mittel für auf eigene Rechnung im Saarland und in der Pfalz durchgeführte Siedlungsvorhaben, und enthalten keine für das Thema dieser Arbeit relevanten Erkenntnisse. Die besondere, parallel zur Handelsbilanz erstellte „C.d.Z-Bilanz" weist nur den Saldo der unverbrauchten Haushaltsmittel aus, enthält jedoch keinen Hinweis auf Umfang und Verwendung dieser Gelder.

Die Wirtschafts- und Siedlungstätigkeit in Lothringen erfolgte treuhänderisch für den Chef der Zivilverwaltung in Lothringen, der auch die zur Durchführung und Finanzierung erforderlichen Mittel aus seinem Haushalt zur Verfügung stellte. Diese Mittel und ihre Verwendung wurden nicht in den kaufmännischen Jahresabschlüssen der Bauernsiedlung Westmark ausgewiesen.

Nach dem Reichssiedlungsgesetz hatten die Siedlungsgesellschaften kostendeckend zu arbeiten, die Bauernsiedlung Westmark erhielt jedoch aus dem Haushalt des C.d.Z. erhebliche Zuschüsse zu den Verwaltungskosten der Hauptverwaltung Saarbrücken, die für den Geschäftsumfang in der Saarpfalz zu groß ausgelegt war : die in der Gewinn- und Verlust-Rechnung des Jahres 1940 ausgewiesenen Einnahmen von RM 200.000,- stammten in vollem Umfang aus Haushaltsmitteln des C.d.Z., zur Deckung angefallener Verwaltungsunkosten wurde 1941 ein weiterer Zuschuß von RM 959.762,71 und für 1942 ein solcher in Höhe von RM 1.188.678,58 vom C.d.Z. geleistet[69]. Das Reichsfinanzministerium[70] kritisierte bei einem Vergleich mit den Siedlungsgesellschaften im Osten die Höhe der Verwaltungskosten der Bauernsiedlung Westmark und verlangte eine Reduzierung.

Die *Finanzabteilung der Außenstelle Metz* verwaltete die vom C.d.Z. für die Tätigkeit der Bauernsiedlung in Lothringen bereitgestellten Haushaltsmittel und baute als „landwirtschaftliche Buchführung"[71] Strukturen für die eigene Betriebsbuchhaltung und zur betriebswirt-

---

67 LA-Saar, LKA 434/54
68 BA-Kobl. R 2/18983.
69 BA-Kobl 2/R 18937, n.fol., Schreiben des Reichsstatthalters vom 22.3.1943 - Geschäftszeichen II HL U 18/43 an die Bauernsiedlung Westmark.
70 BA-Kobl R 2/18937 n.fol., Aktenvermerk Ar 4762 Bh 8-24 22[23] GenB vom 20.10.1943.
71 Die Siedlerbetriebsbuchführung entsprach einer Forderung der Agrarbetriebswirtschaft, für die sich Lehrstühle u.a. in Gießen und an der Landwirtschaftlichen Hochschule Stuttgart-Hohenheim befanden. Die Lehrstuhlinhaber Prof. Rol-

schaftlichen Abgrenzung und Kontrolle der landwirtschaftlichen Buchführung der Siedlerbetriebe auf. Die landwirtschaftliche Buchführung wurde als Betriebsbuchführung teilweise außerhalb des Rahmens der Hauptbuchhaltung geführt und erfuhr aus den Erfahrungen der betrieblichen Praxis heraus eine erhebliche Aufstockung des Personalbestandes und organisatorische Veränderungen im Arbeitsablauf.

Eine vermutlich auf Anfang 1941, der Zeit der Einrichtung der Buchhaltung in der Außenstelle Metz zu datierende Arbeitsanweisung[72], erwähnt als wesentliche Buchungsgrundlage einen von jedem Wirtschafter monatlich zu erstellenden *Geldbericht*, in den die von der Bauernsiedlung gewährten Vorschüsse sowie sämtliche Geldeingänge und Geldausgänge einzutragen waren. Diese Geldberichte wurden in Metz auf ein für jeden Wirtschafter eingerichtetes *Siedlerkonto*[73] übernommen. Die Siedlerkonten bildeten eine wichtige Nahtstelle zwischen der landwirtschaftlichen Buchführung und der C.d.Z.-Buchführung. Parallel zu den Siedlerkonten waren *Siedlerwirtschaftskonten* eingerichtet, auf denen die Geldeinnahmen und -ausgaben aus den Geldberichten gegengebucht wurden. Darüber hinaus sollten auf den Siedlerwirtschaftskonten gemäß Arbeitsanweisung neben den Bargeschäften auch unbare Transaktionen von aus dem einzelnen Siedler zurechenbaren Erlösen aus Produktverkäufen und von Kosten für Beschaffungen verbucht werden. Bei konsequenter Durchführung dieser zugerechneten Erlöse und Beschaffungskosten spiegelten die Siedlerwirtschaftskonten für jeden Wirtschafter das detaillierte betriebswirtschaftliche Ergebnis.

Die dargestellte Methode der direkten Übernahme der Geldberichte in die Buchhaltung scheint jedoch impraktikabel gewesen zu sein : spätestens ab 1.1.1942 wurden von der in der Arbeitsanweisung von 1941 nicht erwähnten „Landw. Revisionsabteilung" gesonderte Formulare „Buchungsaufgaben für die Buchhaltung"[74] vorbereitet, in denen anhand der Geldberichte die angefallenen Einnahmen und Ausgaben jedes Wirtschafters monatlich in einer Summe über einen Zeitraum von sechs Monaten zusammengefaßt wurden. Die Gründe für diese Umstellung des Arbeitssystems sind nicht ausdrücklich überliefert, wahrscheinlich hatten viele Wirtschafter hatte Schwierigkeiten mit der ungewohnten Kassenführung[75], und Rechenfehler, Verspätungen bei der Abgabe der Berichte[76], Unleserlichkeit der Handschriften sowie Differenzen hinsichtlich des Geldbestandes zwischen Siedlerangabe und Soll der Buchhaltung enthielten mögliche Fehlerquellen[77], unzureichende bzw. zeitaufwendige Kommunikationsmöglichkeiten erschwerten die Abstimmung von Unklarheiten zwischen den Sachbearbeitern in der Außenstelle Metz und den im Lande verstreuten Wirtschaftern.

Die Ergebnisse der landwirtschaftlichen Buchführung lagen zwar offenbar erst mit erheblicher Verzögerung vor, scheinen jedoch bei der Reorganisation der Bewirtschaftung im Jahre 1943 (s.Kap. 12) verwertet worden zu sein.

Die sogenannte „C.d.Z.-Buchhaltung" enthielt zwar Elemente der klassischen Regeln kaufmännischer Buchhaltung, sie war jedoch grundsätzlich nicht nach kaufmännischen Gesichtspunkten organisiert. Für den kaufmännischen Jahresabschluß fehlten wesentliche Strukturierungen : die eindeutige Trennung der Kostenkonten von den Erlös- und Beschaffungskonten, der jahresbezogene Abschluß der Kostenkonten und die Aktivierung von Investitionen, dagegen lassen sich Grundsätze kameralistischer Rechnungsführung erkennen. Über das im „General-Journal"[78] ausgewiesene Konto „Hauptverwaltung" war die „C.d.Z.-Buchhaltung" mit

---

fes, Gießen, und Prof. Münzinger, Hohenheim, waren gutachterlich bei der Siedlungsplanung in Lothringen tätig.
72 A.D.M. 2 W 5, fol.194.
73 A.D.M. 2 W 5, fol.43, Musterblatt eines Siedlerkontos.
74 A.D.M. 2 W 8.1.
75 Vgl. Fall Schneider, Anm.49.
76 Hierzu gehörende Kontrollisten sind in A.D.M. 2 W 8.4 und 8.5 enthalten.
77 Hierzu vermerkt der Bericht des Landesrechnungshofes von Rheinland-Pfalz vom 13.10.1947 : „Genaue Inventaraufnahmen und die Erstellung der Abrechnungen durch die Siedler hätte die Verwaltung jedoch vor unüberwindliche Schwierigkeiten gestellt." LA Speyer H 13 469, fol.431.
78 Diese Art von Journal wurde in manuell oder mechanisch geführten Buchhaltungen zur Abstimmung und Kontrolle

der Hauptbuchhaltung in Saarbrücken verknüpft. Aus dem Saldo des Kontenstandes läßt sich zum 31.10.1943 ein Defizit der Bewirtschaftungstätigkeit in Lothringen vom etwa RM 40 Mio. errechnen[79], wegen Einzelheiten der vom Chef der Zivilverwaltung in Lothringen für die Bauernsiedlung erbrachten Aufwendungen sei auf Kap.16 verwiesen.

Da in der Außenstelle Metz ausschließlich Mittel des C.d.Z. verwaltet wurden, liegt die Schlußfolgerung nahe, daß die Finanzbuchhaltung der Außenstelle Metz als Verlängerung der Haushaltsstelle des C.d.Z. organisiert war, wofür auch die Tatsache spricht, daß die Prüfungszuständigkeit für die Außenstelle Metz dem Reichsrechnungshof[80] und nicht, wie für die Hauptverwaltung Saarbrücken, der Deutschen Revisions- und Treuhandgesellschaft oblag.

9.9. Die Mitwirkung der Bauernschaft

Als standesrechtliche Organisation der Landwirtschaft während der NS-Zeit war die Bauernschaft wesentlich an der Siedlungstätigkeit beteiligt. Die Tätigkeit der Landesbauernschaft Saarpfalz bzw. Westmark wurde auf Lothringen ausgedehnt, Kreisbauernschaften bestanden in den Kreisen Metz, Diedenhofen (Thionville), Salzburgen (Château-Salins), Saarburg (Sarrebourg) und St. Avold. Verflechtungen zwischen der Siedlungstätigkeit in Lothringen und der Bauernschaft bestanden auf zwei Ebenen : auf der Ebene von Landes- und Kreisbauernschaften nahm der Reichsnährstand wesentliche Funktionen bei der Siedlerrekrutierung wahr und war durch die Besetzung von Aufsichtsratsmandaten auch in der Führungs- und Kontrollebene der Bauernsiedlung Westmark vertreten, auf Ortsebene ergänzten die Ortsbauernführer die Arbeit der Bezirkslandwirte.

Wie aus Ablieferungsberichten[81] hervorgeht, nahmen die in Lothringen eingerichteten *Kreisbauernschaften* gemäß den Kriegswirtschaftsbestimmungen die Aufgaben von 'Ernährungsämtern A' wahr, organisierten also die Erfassung und Verwertung der Lebensmittelerzeugung. Ihre Zuständigkeit erstreckte sich sowohl auf die Siedler wie auf die Altlothringer.

Die Kreisbauernschaften scheinen auch Aufsichts- und Disziplinaraufgaben gegenüber den Siedlern ausgeübt zu haben, da sich in der Siedlerkartei mehrfach Vermerke wie „abgemeiert auf Weisung der Kreisbauernschaft"[82] finden. Da die Funktion eines Kreisbauernführers in Diedenhofen (Thionville) in der Zeit von April 1944 bis September 1944 von einem Siedler wahrgenommen wurde, läßt sich von einer gegenseitigen Durchdringung Siedlerschaft und Bauernschaft sprechen.

Die engste Verbindung zwischen Siedlungsgesellschaft und Bauernschaft bestand auf der Ortsebene durch die *Ortsbauernführer*, die die Transmissionsriemen zwischen den Bezirkslandwirten und den Wirtschaftern bildeten. Wohl nur mit Hilfe der Ortsbauernführer konnten die Bezirkslandwirte ihre großen, verkehrsmäßig schlecht erschlossenen Bezirke ausreichend betreuen.

Nach den 'Ott-Berichten' waren die Ortsbauernführer maßgeblich an der Landzuteilung an die Wirtschafter nach Beendigung der ersten Gemeinschaftsarbeits-Phase beteiligt. Sie stellten gemeinsam mit den Bezirkslandwirten die Anbaupläne auf und überwachten deren Durchführung, ermittelten den Bedarf an Düngemitteln und Saatgut und besorgten die Verteilung dieser knappen Ressourcen. Für ihre Siedlerkollegen sollten sie Ansprechperson für alle auftretenden Schwierigkeiten sein. Es ist vorstellbar, daß die im 'Münzinger-Gutachten' entwickelte

---
der verschiedenen und meist an mehreren Arbeitsplätzen durchgeführten Arbeitsvorgänge verwendet und weist, sofern die Gesamtsummen der Buchungen in Soll und Haben übereinstimmen, die technisch korrekte Durchführung der Buchungsarbeiten während des angegebenen Zeitraumes nach. Durch die Zusammenfassung der ausgewiesenen Zahlen über einen längeren Zeitraum lassen sich aber auch Rückschlüsse über den Betriebserfolg des betreffenden Unternehmens gewinnen. - A.D.M. 2 W 6. General-Journal der Bauernsiedlung Westmark zum 31.10.1943.
79 Diese Feststellungen ergeben sich aus der Auswertung der „General-Journal"-Abschlüsse der „C.d.Z.-Buchhaltung".
80 LA-Saar LKA 434, fol.81, Prüfungsauftrag vom 23.9.1943. Das Ergebnis der Prüfung ist nicht überliefert.
81 A.D.M. 2 W 3, fol.2.
82 Beispielsweise S.K. 2205.

Idee der „Musterwirtschaften" den Ortsbauernführern zugeordnet war, jedoch fehlte den in Westlothringen eingesetzten Ortsbauernführern wie den Bezirkslandwirten Erfahrung in den spezifischen Fragen der lothringischen Landwirtschaft. Diese Vermutung bestätigte sich in Zeitzeugengesprächen, in denen jedoch auch berichtet wurde, daß es zwischen den Angehörigen der beiden Volksgruppen gelegentlich zum Erfahrungsaustausch hinsichtlich der diffizilen Bearbeitung des lothringischen Bodens kam.

Die Zuständigkeit der Ortsbauernführer beschränkte sich nicht auf die deutschen Siedler, sondern umfaßte auch die verbliebene lothringische Landbevölkerung. Nach Zeitzeugenangaben waren die lothringischen Betriebe in die Wirtschafts- und Erzeugungspläne einbezogen und genossen bei der Zuteilung von Düngemitteln und Saatgut gleiche Behandlung wie die Siedler.

Zeitzeugenberichten ist auch zu entnehmen, daß in kleineren Ortschaften, in welchen nach der Verwaltungsreform im Zuge der Einführung der deutschen Gemeindeordnung keine ortsansässige Verwaltungsstelle mehr bestand, den Ortsbauernführern angeblich administrative Aufgaben übertragen waren. Diese Angaben kamen jedoch ausschließlich von verbliebenen Lothringern, in einem konkreten Falle im Zusammenhang mit der vom Ortsbauernführer übermittelten Aufforderung, sich der Musterung zur Wehrmacht zu stellen. Da öffentliche Mitteilungen und Anschläge ausschließlich in deutscher Sprache erfolgten, kann nicht ausgeschlossen werden, daß die Ortsbauernführer gelegentlich ihren der deutschen Sprache nicht mächtigen Dorfgenossen wichtige Informationen zugänglich machten, ohne in unmittelbarem amtlichem Auftrag zu handeln.

Es ist nicht überliefert, ob die gleichzeitig als Wirtschafter tätigen Ortsbauernführer eine besondere zusätzliche Vergütung erhielten.

Zum Zeitpunkt der Übernahme der Bewirtschaftungsaufgabe in Lothringen durch die Bauernsiedlung Westmark im Spätwinter 1940/41 war der in Kap.8 berichtete krisenhafte Zustand keineswegs behoben, und es bedurfte der persönlichen Autorität von Gauleiter Bürckel, um das Siedlungsvorhaben mit einem neuen Konzept in Gang zu bringen.

10. KRISENBEWÄLTIGUNG UND BEGINN DER BEWIRTSCHAFTUNG IM FRÜHJAHR 1941

Die ungeordneten, krisenhaften und den Erfolg des Projektes unmittelbar infrage stellenden Zustände im Siedlungsgebiet veranlaßten Gauleiter Bürckel in der zweiten Hälfte Januar 1941 zu energischen Maßnahmen auf zwei Ebenen : Rekrutierung zusätzlicher, qualifizierter Siedler sowie Feststellung der im Siedlungsgebiet aufgetretenen Probleme und Initiativen für deren Bewältigung.

Auf einer „Tagung des Landvolkes" im nordpfälzischen Kirchheimbolanden richtete Gauleiter Bürckel einen dringenden Appell an die Landwirte in der Westmark, sich als Siedler in Lothringen zu bewerben. Parallel hierzu erließ er rigorose Verwaltungs-Anordnungen zur Auslese und eventuellen Dienstverpflichtung potentieller Siedler, die der Landesbauernführer Bonnet in persönlicher Verantwortung durchzuführen hatte. Die Aussagen Bürckels in seiner „Kirchheimbolandener Rede" gegenüber dem Landvolk wichen vom Inhalt der Anordnungen in wesentlichen Einzelheiten ab. Die Anordnungen Bürckels führten zu einer unmittelbaren Konfrontation mit dem Reichsminister für Ernährung und Landwirtschaft, in welcher Bürckel seine Interessen nicht vollständig durchsetzen konnte.

Die Ausführung der Anordnungen Bürckels durch Verwaltung und Bauernschaft weist erhebliche Defizite aus. Neue Siedler in der von Bürckel geforderten Anzahl konnten nicht verpflichtet werden, zur Sicherstellung des Bewirtschaftungsauftrages der Bauernsiedlung wurden mit der „Platzhalter"-Strategie in Form der Besetzung von zwei oder mehr Siedlerstellen mit einem Siedler neue Wege zur Mobilisierung der erforderlichen Arbeitskräfte gefunden, die dem politischen Ziel, in Lothringen einen deutschen ländlichen Siedlungskern zu schaffen, zuwiderliefen. Dieses neue Siedlungskonzept wurde von der Geschäftsführung der Bauernsiedlung Westmark mitgetragen und in die Praxis umgesetzt, und Jerratschs Darstellung in der Aufsichtsratssitzung vom 23.4.1941 deutet das Zustandekommen einer Interessengemeinschaft zwischen Bürckel und dem Führungskreis der Bauernsiedlung an.

Beschreibungen der Zustände und Probleme im Siedlungsgebiet geben die 'Ott-Berichte' und der 'Saarburg-Bericht'[1]. Gutsdirektor a.D. Ott bereiste im Auftrag von Gauleiter Bürckel zwischen Ende Januar und Mitte März 1941 und in der Erntezeit 1941 Siedlerdörfer im Landkreis Metz (Metz-Campagne) und berichtete über seine Feststellungen unmittelbar an Bürckel. Der 'Saarburg-Bericht' protokolliert die Besprechungen des Kreisbauernführers im Kreis Saarburg (Sarrebourg). Die polemisch gefärbten Feststellungen des vermutlich vom RKFDV stammenden 'Kritischen Berichts' werden vielfach von den 'Ott-Berichten' gestützt.

Erst nach dem Aufbau der Betriebsorganisation in der Außenstelle Metz, der Einrichtung und personellen Ausstattung der Bezirksaußenstellen und der Übernahme der Geschäftsführung durch Otto Jerratsch waren die Voraussetzungen für eigene Initiativen der Bauernsiedlung Westmark gegeben. Die Landbewirtschaftung folgte weitgehend deutschen Mustern, das Siedlerkonzept wurde gemäß der „Platzhalter"-Strategie an die geringere Anzahl verfügbarer Siedler angepaßt. Die politischen Stellen unterstützten die Siedlungsgesellschaft durch Bereitstellung finanzieller Mittel, Maschinen und Inventargegenständen. Trotz dieser Bemühungen blieb der Ernteertrag des Wirtschaftsjahres 1941/42 weit hinter den optimistischen Planansätzen zurück.

10.1. Die „Kirchheimbolandener Rede"

Anläßlich einer Kundgebung des Landvolkes am 25.1.1941 im nordpfälzischen Kirchheimbolanden richtete Gauleiter Bürckel einen dringenden Appell an die versammelten Landwirte, sich aktiv an der Siedlung in Lothringen zu beteiligen[2]. Das erste Ziel nach der Aussiedlung, die Viehbestände zu sichern, sei erreicht, zur Sicherung des zweiten Zieles, das Land in Ord-

---
1 Zur Begriffsbildung der hier zitierten Berichte s. die Einführung zu Kap.8.
2 Der vollständige Redetext wurde am 26.1.1941 in der NSZ unter dem Titel „Das geht alle Bauern der Westmark an" veröffentlicht, dem auch die Zitate entnommen sind.

nung zu bringen und zu bebauen, seien „die besten und leistungsfähigsten Bauern aufgerufen...vor dem Westwall aus Eisen und Beton einen Westwall aus Menschen zu bauen". Die Versager aus den Grenzkreisen kämen zurück, neuen Siedlungswilligen gab Bürckel die Garantie, daß zurückgelassenes Eigentum in Form kurzfristiger Verpachtung erhalten werde sowie die „verbriefte Zusicherung, daß jeder, der siedlungsfähig ist, das von ihm bewirtschaftete Gut zu annehmbaren Bedingungen" erwerben könne. Die zu erwartende Landzuteilung werde rentable Betriebe schaffen. Die Mitbewirtschaftung der Kriegsteilnehmern vorzubehaltenden Siedlerstellen sei bis zum Kriegsende erforderlich, der „Platzhalter" als Ausweg aus dem durch das Siedlerdefizit entstandenen Dilemma erscheint erstmals in der „Kirchheimbolandener Rede". Der Lockung, in Lothringen vorteilhaft Grund und Boden erwerben zu können, folgte die Drohung mit Zwangsmaßnahmen, sofern sich die zur Umsiedlung nach Lothringen ausgewählten saarpfälzischen Landwirte der großen Volkstumsaufgabe verweigerten.

Die NSZ versuchte, Bürckels Appell an die Landwirte durch gezielte Veröffentlichungen zu verstärken und nachklingen zu lassen. Vermutlich nicht zufällig erschien in der gleichen Ausgabe vom 26.1.1941 unter der Überschrift „ Lothringen - Land der Mirabellen und des Weins" ein die landwirtschaftlichen Reichtümer und Zukunftserwartungen überhöhender redaktioneller Beitrag, in welchem es u.a. hieß, „das ist das Land, das nun mit dem Saarland und der Pfalz zu einem einheitlichen Gau zusammengeschmolzen ist, einem Gau, der sich auf allen Gebieten des wirtschaftlichen Lebens recht glücklich ergänzt, und dessen Bewohner sich von Alters her kennen und verstehen." Kreisbauernführer Fr. Bossert, Duttweiler, bezeichnete in seinem ebenfalls am 26.1.1941 veröffentlichten Beitrag „Unsere Westmark" die Besiedlung Lothringens als „großen geschichtlichen Auftrag des Gauleiters".

In ihrer Ausgabe vom 29.1.1941 griff die NSZ die Rede Bürckels in einem Leitartikel „Die Besiedlung der Westmark" nochmals auf. Mit dem Hinweis auf die Möglichkeit der Versorgung nachgeborener Söhne durch Übernahme einer Siedlerstelle in Lothringen sollten erkennbar die Landfrauen beeinflußt werden, der Hinweis auf die von Saarpfälzern erbrachten Beiträge bei der Kolonisierung Amerikas den Pioniergeist wecken, letztlich wird die Beteiligung am Siedlungswerk zur „nationalen Pflicht" erklärt.

Bürckels Rede enthält das Eingeständnis, daß die bei der Siedlerrekrutierung im Herbst 1940 angewandten Methoden zu einem Fiasko führten, da die Mehrzahl der Zwangsumsiedler aus den Grenzkreisen „versagten" und teils freiwillig, teils unfreiwillig zurückkehrten. Der Tenor der Rede läßt den Druck erkennen, unter dem Bürckel stand. Das lothringische Siedlungsprogramm, mit dessen Erfolg Bürckels politische Zukunft verknüpft war, war zu diesem Zeitpunkt wahrscheinlich mehr als aus den für diese Phase vorliegenden Nachrichten erkennbar ist, in einer existenziellen Krise. Der Ernst der Lage drückte sich auch in den verlockenden Zusagen aus, die Bürckel den Neusiedlern hinsichtlich der späteren Übertragung und des Preises der Siedlerstelle machte. Die Einlösung dieser Zusagen lag in weiter Ferne und bis dahin hatte der Zweck die Mittel zu heiligen.

10.2. Bürckels Anordnung vom 24.1.1941

Bürckel beschränkte sich nicht darauf, seinen widerspenstigen Landsleuten gut zuzureden. Bereits am Vortage der „Kirchheimbolandener Rede" hatte er eine „Anordnung betreffend Auswahl der Umsiedler für Lothringen"[3] erlassen (Dok.2 im Dokumenten-Anhang), die das Vorgehen von Verwaltung, Parteiorganen und Bauernschaft bei der Verpflichtung neuer Siedler regelte. Aus dem Inhalt dieser Anordnung ist, wie schon aus der „Kirchheimbolandener Rede", der Erfolgsdruck zu spüren, unter welchem Bürckel stand, gleichzeitig auch die Entschiedenheit, mit der er sich den Problemen stellte.

Kernstück der Anordnung ist die Erstellung von Verzeichnissen über die landwirtschaftliche Bevölkerung jeder Gemeinde und die Auswahl der im Ort verbleibenden und der nach Loth-

---

3 LA-Speyer, H 37, Nr 1744, n.fol.

ringen umzusiedelnden Landwirte. Diese Verzeichnisse dürften, wie auch aus Punkt 8) der Anordnung entnommen werden kann, der in Kap.7 besprochenen, im August 1940 in der Gemeinde Steinfeld erstellten Kataster-Liste weitgehend entsprochen haben. Ferner bestimmte die Anordnung über die anderweitige Verwendung des von den Umsiedlern hinterlassenen mobilen und immobilen Eigentums. Die sofortige Verfügung über die vorläufige Verwertung durch die Bauernschaft läßt sich mit Bürckels Garantie des Erhaltes zurückgelassenen Eigentums kaum in Einklang bringen. Die in Punkt 7) formulierten Möglichkeiten zur unmittelbaren Durchführungskontrolle deuten auf Skepsis des Verfassers hinsichtlich der Bereitschaft der beauftragten Dienststellen zur unbedingten und sofortigen Umsetzung der Anordnung hin. Die Ausführung der Anordnung Bürckels vom 24.1.1941 scheint durch die Bauernschaft verschleppt worden zu sein, Bürckels Mißtrauen war also gerechtfertigt, und durch die Beauftragung des Landesbauernführers im Rundschreiben vom „2. Januar"[4] 1941 (Dok.3 im Dokumenten-Anhang) mit der Führung einer Dienststelle des Reichskommissars sollte Bonnet der Weisungs- und Disziplinargewalt Bürckels unterstellt werden, um die Ausführung zu erzwingen.

Durch den barschen Befehlston des Rundschreibens klingt Bürckels Erregung deutlich durch. Die kurzfristige Terminsetzung spricht für die Eilbedürftigkeit der Lösung der in Lothringen anstehenden Probleme : bis zum 2. Februar 1941, d.h. innerhalb von drei Tagen[5] hatte Landesbauernführer Bonnet 100 Umsiedler, im Wochenrhytmus anschließend je 200 Siedler nachzuweisen und sofort nach Lothringen in Marsch zu setzen. Den ausgewählten Siedlungskandidaten blieb keine Wahl : entweder unterzeichneten sie eine Freiwilligkeits-Erklärung, oder es war ihnen die Dienstverpflichtung nach Lothringen in die Hand zu drücken[6]. Die von Bürckel verlangten Siedlerkontingente hatten unter allen Umständen aufgebracht zu werden.

Den Umsiedlern wurde, und hier wird der Widerspruch zu Bürckels Aussagen in der „Kirchheimbolandener Rede" gegenüber den Landleuten besonders deutlich, vor der sofortigen Abreise noch nicht einmal Gelegenheit gegeben, Verfügungen über ihren zurückzulassenden Besitz zu treffen, denn dieser war dem Landesbauernführer zur Verwertung zu übergeben. Punkt 6) des Rundschreibens schreibt vor, daß der zurückzulassende Haushalt aufzulösen, Grund und Boden durch die Bauernsiedlung zu übernehmen und, dies ist im Rundschreiben nicht *expressis verbis* erwähnt, auf die verbleibenden örtlichen Betriebe umzulegen, während das lebende Inventar der Verwertung durch den Metzger zuzuführen war. Ziel dieser tief in Persönlichkeits- und Eigentumsrechte eingreifenden Maßnahmen dürfte gewesen sein, den von der Umsiedlung betroffenen Familien durch Entziehen der wirtschaftlichen Grundlagen in ihren Heimatorten die Rückzugsmöglichkeiten aus Lothringen zu verbauen. Bürckels öffentlich immer wieder betontes Eintreten für die Belange der kleinen Leute erlarvte sich als äußerer Schein, sobald es sich um die Durchsetzung seiner Machtansprüche handelte.

Mit dem Auftrag an Landesbauernführer Bonnet, über seine im Siedlungsrecht verankerte Auslese- und Entscheidungsfunktion hinaus im staatlichen Auftrag maßgeblich bei der Siedlerrekrutierung mitzuwirken, tritt nach Kreisleiter Schubert, der, wie in Kap.9 berichtet, von Bürckel mit Siedlungsfragen betraut war, und Oberbürgermeister Stolleis, der im 'Geschäfts-Bericht 1' als Beauftragter Bürckels für die Siedlererfassung benannt wurde, eine dritte Persönlichkeit auf den Plan, die von Bürckel in Siedlungsfragen ohne grundlegende Befugnisse herangezogen wurde. Dieser von Bürckel praktizierte *ad hoc*-Führungsstil, der keine klaren Kompetenzen schuf und bei den nachgeordneten örtlichen Stellen wohl eher für Verwirrung sorgte, erscheint als einer der Hauptgründe für den chaotischen Eindruck, den die lothringischen Siedlungsmaßnahmen im nachhinein hinterlassen.

---

4 Bei der Datumsangabe handelt es sich offensichtlich um einen Schreibfehler. Daß dieser nicht bemerkt und berichtigt wurde, läßt Rückschlüsse auf die Eile zu, mit welcher das Rundschreiben ausgegeben und verteilt wurde.
5 Nach Eintreffen des Rundschreibens beim Landrat von Kirchheimbolanden gemäß dem Eingangsstempel.
6 Dieses Vorgehen erinnert an die bei der Vertreibung der frankophonen Bevölkerung in West- und Südwestlothringen eingeräumten Alternativen.

Kap. 10 - Krisenbewältigung und Beginn der Bewirtschaftung

Bürckels Anordnung war an zwei Empfängerkreise gerichtet: an den Landesbauernführer, der die endgültige Auswahl, Benennung und Entsendung der Siedler vorzunehmen und die staatlichen und kommunalen Verwaltungen, die eine Vorauswahl zu treffen hatten. Landesbauernführer Bonnet reagierte unverzüglich auf Bürckels Anweisung und informierte die nachgeordneten Stellen der Bauernschaft mit Rundschreiben vom 31.1.1941, daß er die Abteilung „Landwirtschaftliche Planung" mit dem Sitz bei der Landesbauernschaft Saarpfalz, Kaiserslautern, übernommen habe und gab Kenntnis von der ihm übertragenen Aufgabenstellung. Danach setzte er fort:

> „Es wird eine große Anzahl von Fachleuten aus dem Reichsgebiet, die hier nochmals ausgerichtet werden, zusammengezogen. Diese führen in den einzelnen Gemeinden in Zusammenarbeit mit Bürgermeister, Ortsgruppenleiter und Ortsbauernführer die Planung nach bestimmten Richtlinien durch....
>
> Mit den Planungen wird begonnen in der Saarpfalz in den Kreisen Kaiserslautern, Kusel, Rockenhausen und Kirchheimbolanden: außerdem gleichzeitig im ehemaligen Räumungsgebiet. Die bereits fertiggestellten Planungen im Neuordnungsgebiet werden schnellstens überprüft. In Lothringen wird mit den Gemeinden des Wiederaufbaugebietes begonnen."

Die Aussagen des Landesbauernführers konterkarierten auf subtile Weise den Sinn der Anordnungen von Gauleiter Bürckel. Der Text ist sicherlich nicht in der alleinigen Zuständigkeit und Verantwortung des Landesbauernführers entstanden, sondern in den Einzelheiten mit dem Reichsministerium für Ernährung und Landwirtschaft abgestimmt, eventuell sogar dort formuliert worden. Schon die Ankündigung der Abstellung von Fachleuten aus dem Reichsgebiet, d.h. aus dem Zuständigkeitsbereich des Ministeriums, konnte nur von Berlin angeordnet werden. Die Einschaltung dieser Experten hatte zwangsläufig erhebliche Verzögerungen zur Folge sowohl für den Beginn des Einsatzes, denn es würde einige Tage dauern, bis die Berliner Experten angereist, eingewiesen und die Durchführungsrichtlinien erarbeitet waren, als auch für dessen Durchführung, da die Erhebungen nicht zeitsynchron von den mit den örtlichen Verhältnissen vertrauten lokalen Stellen, sondern zeitaufwendig Ort für Ort von einer umherreisenden Gruppe nicht ortskundiger Außenstehender vorzunehmen waren. Der hektischen Eile und pragmatischen Form, die die Anordnungen des Gauleiters prägen, setzte das Reichsministerium für Ernährung und Landwirtschaft die Schwerfälligkeit und Gründlichkeit „methodischer Planung" entgegen. Vielleicht war Darré nicht unmittelbar daran gelegen, Bürckel bei der Lösung der Krise der lothringischen Siedlungsmaßnahmen zu unterstützen, nach dem folgenden Bericht der Sachverständigen mag im Ministerium auch die Notwendigkeit gesehen worden sein, durch Ursachenfeststellung einen Ausweg aus dem von Bürckel durch widersprüchliche Entscheidungen und Beauftragung unzureichend kompetenter Gaudienststellen verursachten Chaos zu finden.

Die „für die Planung in Lothringen angesetzten Sachbearbeiter", die in der „roten Zone" Lothringens auf der Grundlage der „Verordnung des Gauleiters und Reichsstatthalters vom 28.1.1941" tätig waren, benötigten dann auch zwei Monate für die Erstellung ihres Abschlußberichtes[7] vom 29.3.1941.

Als Aufgabenstellung wurde aus einem Schreiben vom 1.2.1941, dessen Verfasser nicht genannt wurde, zitiert:

> „Das Ziel der Planung ist ein gesundes Dorf mit starker Bauernschaft zu schaffen. Notwendig hierzu ist eine Dorfauflockerung, die es ermöglicht, Höfe zu erstellen, die den zukünftigen Anforderungen entsprechen.
>
> Zur Durchführung einer solchen Maßnahme muß eine Reihe von Landwirten ihren derzeitigen Besitz aufgeben und an anderer Stelle angesiedelt werden, da nur so die zur Vergrößerung der bestehen bleibenden Betriebe[8] notwendigen Flächen freiwerden. Diese Feststellung der Umsiedler ist jetzt im Interesse der Evakuierungsgebiete Lothringens vordringlich geworden."

Gemessen an dieser umfangreichen Aufgabenstellung, die identisch auch in den von der Sied-

---

7   StA. Ludwigsburg, Bestand Landesbauernschaft Württemberg, K 631 Bü 59.
8   Nach der im Abschlußbericht vom 29.3.41 geäußerten Expertenfeststellung hatten die untersuchten Betriebe vorwiegend Nutzflächen zwischen 2 und 12 ha oder mehr als 40 ha, als „mittlere, gesunde Erbhofgröße" wurden 20 bis 40 ha angesehen.

lererfassung betroffenen saarpfälzischen Gebieten zu bewältigen war, ist der Zeitaufwand von etwa acht Wochen zwischen Bürckels Anordnung und der Vorlage konkreter Vorschläge am 29.3.1941 eher als gering anzusehen, wenn dies auch keineswegs zum Zeitplan Bürckels paßte.

Die Experten des Ministeriums machten sich im Anschluß an die im Grunde genommen provisorischen Feststellungen des Umsiedlerpotentials anheischig, einen Siedlungs- und Umlegungsplan für das „Neuordnungsgebiet" in Lothringen zu erstellen. Indirekt warf dieses Angebot Webers Gauplanungsamt Versäumnisse und Untätigkeit in der „roten Zone" der Saarpfalz wie auf der lothringischen Seite vor : bei rechtzeitiger Erarbeitung der Siedlungs- und Umlegungspläne hätten die für die Umsiedlungsplanung erforderlichen Daten und Fakten vorgelegen.

Der Bericht bemängelt in deutlicher Form die mangelhafte Organisation und Koordination der Planungen. Der „derzeitige Zustand" sei gekennzeichnet durch eine Vielzahl verschiedener Dienststellen[9], die auf die gleichen lokalen Unterlagen zurückgriffen, die gleichen lokalen Stellen befragten, ohne die Unterlagen und Ergenisse untereinander auszutauschen. Im einzelnen werden fünf Stellen benannt : 1. die Umlegungsbehörde, 2. die Wasserwirtschaftsämter, 3. das Bodenamt Lothringen-Saarpfalz, 4. der Wiederaufbau und 5. die Abt. Landwirtschaftliche Planung in Kaiserslautern. Bemängelt wird auch, daß zwischen den verschiedenen Stellen keine „einheitliche Auffassung" bestünde, so daß „durch Doppelarbeit wertvolle Zeit und Arbeitskraft vergeudet" würden.

Die Experten des Landwirtschaftsministeriums beschränkten sich jedoch nicht auf die Mängelfeststellung, sondern machten konkrete Vorschläge zur Verbesserung der Arbeitsorganisation. Dringend erforderlich seien „Richtlinien des C.d.Z.", und diese Richtlinien müßten verbindliche Richtschnur für sämtliche mit Planung und Durchführung befaßten Ämter und Personen sein. Unterstrichen wurde die Notwendigkeit, alle Stellen, denen die spätere Durchführung obliegen sollte, in die vorbereitende und planerische Mitarbeit einzubeziehen. Es mag vor dem Hintergrund des in der historischen Darstellung durchgängig als kontrovers geschilderten Verhältnisses der drei an den lothringischen Siedlungsmaßnahmen beteiligten NS-Machtzentren überraschen, daß seitens der Mitarbeiter des Landwirtschaftsministers das sich aus Hitlers „Zweitem Erlaß" herleitende primäre Weisungsrecht von Gauleiter Bürckel in den siedlungspolitischen Fragen in Lothringen respektiert wurde, ja, daß die beschriebenen Vorschläge als konstruktiv anzusehen sind. Da den beauftragten Spezialisten aus dem Landwirtschaftsministeriums wahrscheinlich nicht nur ein fachlicher, sondern auch ein politischer Auftrag mit auf den Weg gegeben wurde, ist diese positive Vorgehensweise kaum als Naivität politisch unbedarfter Technokraten zu bewerten, ein Teil dieser Vorschläge findet sich in den „Siedlungs-Richtlinien" des Gauleiters vom Oktober 1941 wieder.

Der Abschlußbericht muß für Bürckel nicht nur wegen der harschen Kritik an der mangelhaften Organisation der Siedlungsplanung durch seine Gaudienststellen, sondern auch wegen der sich darin ausdrückenden mangelnden Akzeptanz seines Siedlungsvorhabens enttäuschend gewesen sein. Die Bereitschaft zur Umsiedlung war in den untersuchten Ortschaften denkbar gering, und dieser Mangel an Enthusiasmus wurde nicht nur bei der Bevölkerung, sondern auch bei Landrat, Kreisleiter und Kreisbauernführer festgestellt. Insofern betrachteten die Experten des Reichsministerium für Ernährung und Landwirtschaft, die von einer freiwilligen Umsiedlung ausgingen, ihren Auftrag als obsolet. Darüber hinaus sahen die Agrar- und Siedlungsfachleute keinen unmittelbaren Handlungsbedarf für eine Umsiedlung aus der „roten Zone" in Orte außerhalb des Untersuchungsgebietes, da aus dem Grundbesitz der nicht aus Frankreich zurückgekehrten Evakuierten, dem altersbedingt oder wegen anderweitiger Beschäftigung der Eigentümer ungenutzten Land und aus sonstigen Flurbereinigungsmaßnahmen ausreichende Nutzflächen zur Verfügung stünden, um die vorhandenen Betriebe aufzustocken

---

9 S.4 des Berichtes.

und Reserveland für zukünftige Bauten vorzuhalten. Durch Umlegungen freiwerdende Bauernfamilien könnten innerhalb des Untersuchungsgebietes umgesetzt werden, „man erhält keine Umsiedler für evakuierte Gebiete".

Auch die Ergebnisse der von kommunalen und staatlichen Dienststellen unabhängig von den Fachleuten des Reichsministeriums für Ernährung und Landwirtschaft gemäß Bürckels Anordnung betriebenen Ermittlungen dürften für den Gauleiter desillusionierend gewesen sein. Aus dem Landkreis Kirchheimbolanden[10] berichtete der Bürgermeister der Gemeinde Marnheim, daß zwei Landarbeiter zur Siedlung abgestellt worden seien, bei einem von beiden seien die Kinder „gering veranlagt", was eine euphemistische Umschreibung für erblichen Schwachsinn bedeutete und diese Familie als „erbkrank" von der Siedlung in Lothringen ausschloß. Der Ort Biedesheim ermittelte fünf siedlungsfähige Landwirte sowie einen weiteren 1921 geborenen Bewerber, dessen Siedlungsinteresse von der Erwartung einer u.k.-Stellung mitbestimmt sein konnte. Insgesamt umfaßte das vom Landrat Kirchheimbolanden erstellte namentliche Verzeichnis der im Landkreis ermittelten potentiellen Umsiedler 25 Personen, die als teilweise nur bedingt geeignet und weitere 17 Personen, die wegen Ehelosigkeit oder wegen Erbleidens als gänzlich ungeeignet eingeschätzt wurden, ein Ergebnis, das in einem zu dieser Zeit noch vorwiegend landwirtschaftlich strukturierten Raum mit etwa 40.000 Einwohnern, nach der Form der Ermittlung, die ja nicht nach Siedlungswilligen, sondern nach Siedlungsfähigen fragte, nicht zu erwarten war.

Zwei Ursachen können dafür als relevant angesehen werden : der Anteil der zum Wehrdienst eingezogenen Landwirte war überdurchschnittlich hoch, anders ausgedrückt, die Mehrzahl der infrage kommenden Anwärter war zur Wehrmacht eingezogen, so daß das für Bürckels Vorhaben verbliebene Potential Siedlungsfähiger als relativ gering eingeschätzt werden muß. Als Folge der Abwesenheit der Männer mußten auch im Landkreis Kirchheimbolanden viele Betriebe von den Bauersfrauen mit Hilfe von Kriegsgefangenen und Altenteilern geführt werden, wobei es den Frauen häufig an Erfahrung und Autorität mangelte. Den verantwortlichen lokalen Stellen mußte daran gelegen sein, daß in jedem Dorf einige erfahrene und angesehene Landwirte verblieben, die notfalls auch einmal beim eingezogenen Nachbarn aushalfen oder für Ordnung sorgten. Darüber hinaus waren die an diesen informellen, lokalen Selbsthilfeorganisationen beteiligten Dörfler, die in den zum damaligen Zeitpunkt noch weitgehend geschlossenen dörflichen Gemeinschaften lebten, durch freundschaftliche, verwandtschaftliche und wirtschaftliche Verbindungen in ein Beziehungsgeflecht eingebunden, in welchem sie ihre Interessen zur Geltung bringen und dem sich auch die lokalen Autoritäten nicht entziehen konnten. Wenn die überwiegende Mehrzahl der saarpfälzischen Bauern sich der Umsiedlung nach Lothringen widersetzte, so konnten sie auf stillschweigende, aber wirksame Unterstützung der lokalen Stellen rechnen, die letztlich selbst Bürckels Siedlungsplänen distanziert gegenüber standen, wie die oben zitierte Feststellung aus dem Abschlußbericht der landwirtschaftlichen Experten in der „roten Zone" belegt. Bürckels Siedlungspläne in Lothringen wurden von der Bevölkerung des Gaues Westmark nicht mitgetragen, und er fand dafür selbst bei den offiziellen Stellen nur geringe Unterstützung[11]. Die gesamte Mobilisierungsaktion brachte nur Teilergebnisse, die in Bürckels Rundschreiben vorgebene Anzahl von 200 wöchentlich neu zu benennenden Siedlern wurde nicht erreicht, das im lothringischen Siedlungsgebiet vorhandene Siedlerdefizit mußte durch andere Maßnahmen behoben werden.

10.3. Die Arbeitskräftebedarfsmeldungen

Der 'Kritische Bericht' stellt um die Jahreswende 1940/41 fest, „von den zu besiedelnden Be-

---
10 LA-Speyer, H 37, Nr 1744, n.fol.
11 Ähnliche Erscheinungen der Passivität und Renitenz von Funktionären der unteren Führungsebenen in Partei und Verwaltung hat J. Stevenson, Widerstand gegen soziale Modernisierung, bei ihren Untersuchungen in einem ähnlich strukturierten ländlichen Gebiet in Württemberg festgestellt. Sie kommt zu dem Ergebnis : „Die Vermeidung von Unpopularität und die Einbindung von Verwaltungs- und Parteifunktionären in Gemeinschaften stellten deren Interessen und Gewohnheiten über die Treue zum Regime." (S.111)

Kap.10 - Krisenbewältigung und Beginn der Bewirtschaftung

trieben sind höchstens erst 50% besetzt", von den Siedlern seien 20% ungeeignet und würden Lothringen kurzfristig wieder verlassen (S.3), außerdem gebe es einen erheblichen Bedarf an landwirtschaftlichen Arbeitskräften.

Da es anscheinend bei der Bauernsiedlung an ausreichender Übersicht über das vorhandene und das benötigte Potential an Arbeitskräften und Siedlern fehlte, forderte die Außenstelle Metz im Februar 1941 die Bezirkslandwirte auf, den Arbeitskräftebedarf in den von ihnen betreuten Bezirksaußenstellen festzustellen[12]. Einige der Rückmeldungen, und zwar für die Bezirksaußenstellen St. Julian (St. Julien-lès-Metz), Wappingen (Woippy) und Remelach (Remilly) sind überliefert[13]. Infolge unzureichender Koordinierung[14] der in den Listen gegebenen Auskünfte sind die hieraus gewonnenen Daten (Tab.10-1, 10-2 und 10-3 im Statistik-Anhang) nicht eindeutig aussagefähig und untereinander vergleichbar, bieten jedoch ein anschauliches Bild des Anfang 1941 im Siedlungsraum herrschenden Arbeitskräftebedarfs. Die darin enthaltenen Angaben über den vorgegebenen Siedlereinsatz und die Anzahl der geplanten Siedlerstellen werden in Kap.15 für die Ermittlung der Ansiedlungsstrukturen ausgewertet.

Für die *Bezirksaußenstelle Wappingen (Woippy)* weist die Tab.10-1 Ende Februar 1941 97 Neuansiedler aus, weitere 72 Siedlerfamilien wurden noch benötigt. Die Siedler sind ungleichmäßig auf die einzelnen Ortschaften verteilt, in Lessingen (Lessy), Jussingen (Jussy) und Wernheim (Vernéville) waren zum Ermittlungszeitpunkt keine Siedler angesetzt, lediglich für Wals (Vaux), Allmansweiler (Amanvillers) und Resenheim (Rezonville) bestand kein weiterer Siedlerbedarf. Gravierender war der Mangel bei den Arbeiterfamilien, wo der Bedarf von 72 Familien den Bestand von 47 Familien bei weitem überstieg. Insgesamt stand dem erreichten Ansiedlungsvolumen von 144 Siedler- und Arbeiterfamilien ein Bedarf von weiteren 144 Siedler- und Arbeiterfamilien gegenüber, im Februar 1941 fehlte in der BAst. Wappingen also die Hälfte des benötigten Siedler- und Arbeitskräftepotentials.

Die Lage in der *Bezirksaußenstelle St. Julian (St. Julien-lès-Metz)* ist in Tab.10-2 dargestellt. Bei 152 vorhandenen Siedlerfamilien wurde ein weiterer Bedarf von 36 Siedlerfamilien gemeldet, so daß insgesamt 188 Familien in einem Raum angesiedelt werden sollten, aus dem 200 lothringische Familien vertrieben worden waren. Prekär stellte sich die Lage bei landwirtschaftlichen Arbeitern dar : 8 vorhandenen Familien stand ein Bedarf von weiteren 84 Arbeiterfamilien gegenüber. Offenbar aus dem Wissen um den Mangel an deutschen landwirtschaftlichen Arbeitskräften forderten die Berichterstatter aus drei Ortschaften alternativ auch Kriegsgefangene an.

Auch das Teilgebiet von 14 Ortschaften der *Bezirksaußenstelle Remelach (Remilly)*, für welches Arbeitskräfte-Bedarfsmeldungen vorliegen, weist nach der Tab.10-3 einen erheblichen Unterbestand an Siedlern und landwirtschaftlichen Arbeitern aus. Zu den 125 vorhandenen Siedlerfamilien sollten weitere 41 Familien angesiedelt werden. Bei Ausklammerung der Ortschaft Bechingen (Béchy), für die in Spalte 2) anstelle der Anzahl der vertriebenen Familien die Anzahl der vertriebenen Personen eingesetzt worden war, sollten 148 Siedlerfamilien 217 lothringische Bauernfamilien ersetzen.

Auch in der BAst. Remelach bestand ein erheblicher Mangel an landwirtschaftlichen Arbeitern, da nur 7 Arbeiterfamilien vorhandenen waren, und weiterer Bedarf von 78 „Bitscher Arbeiterfamilien" sowie 47 Arbeitern angemeldet wurde. Insgesamt war auch in der BAst. Remelach nur etwa die Hälfte des zur Bewirtschaftung benötigten Arbeitskräftepotentials vorhanden.

Insgesamt war zum Zeitpunkt der Erhebung nur etwa die Hälfte der vorhandenen Siedlerstel-

---
12 Die Erhebung kann auch Informationen zur Anwendung der „Platzhalter"-Strategie geliefert haben.
13 A.D.M. 2 W 5 fol.211 ff.
14 Die Einzelblätter wurden, nach den unterschiedlichen Handschriften zu schließen, teilweise vor Ort ausgefüllt, so daß die in den einzelnen Rubriken der Fragebögen formulierten Auskunftsbegehren unterschiedlich interpretiert und beantwortet wurden.

len besetzt und nur ein Bruchteil der benötigten landwirtschaftlichen Arbeitskräfte verfügbar. Da das Konzept, primär deutsche bzw. deutschsprachige landwirtschaftliche Arbeitskräfte einzusetzen, nicht durchzuhalten war, wurden gemäß dem 'Geschäftsbericht 1' in größerer Zahl polnische Landarbeiter eingesetzt. Nach dem Balkan-Feldzug im April 1941 wurden auch serbische Kriegsgefangene[15], nach dem Überfall auf Rußland ukrainische Zwangsarbeiter nach Lothringen verbracht.

Es blieb jedoch das Problem der fehlenden Betriebsführer. Die von Gauleiter Bürckel mit Nachdruck betriebenen Maßnahmen in der Saarpfalz verfehlten ihr Ziel und führten nicht zu der notwendigen Rekrutierung weiterer 2.500 Siedler. Da bei unzureichendem Zugang vermehrt Siedler ausschieden, verminderte sich in der Zeit von 1.1.1941 bis 30.6.1941 gemäß Einzelangabe in Tab.14-1 (s. Tabellen-Anhang) gegenläufig zum Bedarf die Siedlerzahl weiter :

Monat	Eintritt	Ausscheiden	Veränderung
Januar 1941	110	137	- 27
Februar 1941	195	216	- 21
März 1941	279	318	- 39
April 1941	99	97	+ 2
Mai 1941	48	63	- 15
Juni 1941	30	40	- 10
Veränderung	761	871	- 110

Tatsächlich hat die Zahl der in Lothringen eingesetzten Siedler während der gesamten Siedlungsperiode nie wieder den Stand vom 31.12.1940 erreicht.

10.4. Die „Platzhalter"-Strategie als Problemlösung

Neben den forcierten Bemühungen, die Anzahl der Siedler aufzustocken und jede in Lothringen vorhandene Siedlerstelle zu besetzen, wurde als Alternativlösung auch ein effizienterer Einsatz des vorhandenen Humanpotentials geprüft, um bis zum Kriegsende die Bewirtschaftung des lothringischen Siedlungsraumes sicherzustellen. Bereits in seiner „Kirchheimbolandener"-Rede hatte Bürckel die Möglichkeit angedeutet, einem Siedler zwei oder mehrere Siedlerstellen zur Bewirtschaftung zu übertragen, von denen ihm später nur eine übereignet würde, während er auf der oder den anderen für einen Frontsoldaten bis zu dessen Rückkehr den „Platz" hielte. Auf die Umsetzung dieser „Platzhalter"-Strategie hatte Bürckel freilich nicht unmittelbaren Einfluß, da für den Siedlereinsatz in Lothringen die Bauernsiedlung Westmark zuständig war, die den „Platzhalter"-Gedanken aufgreifen und dafür ein Siedlerkonzept erarbeiten mußte.

Zum Zeitpunkt der ersten Aufsichtsratssitzung der Bauernsiedlung Westmark am 23.4.1941 hatte der für Organisationsfragen zuständige Geschäftsführer Laubinger bereits seinen Rücktritt erklärt, und der stellvertretende Geschäftsführer Otto Jerratsch beschrieb im 'Geschäftsbericht 1' das zukünftige Siedlungskonzept wie folgt : „Die Wirtschaftseinheiten sind etwa doppelt so groß ausgelegt wie später erforderlich, um eine Landreserve für die Soldaten zu schaffen." Dieses Konzept entsprach der „Platzhalter"-Strategie, die Bürckel aus der existenziellen Krise seines Siedlungsprojektes heraushelfen konnte. Die Bauernsiedlung stellte sich also darauf ein, die in Lothringen geplanten 5.000 Siedlerstellen mit den zu diesem Zeitpunkt vorhandenen etwa 2.500 Siedlern[16] zu bewirtschaften.

Der Aufsichtsrat[17] berief lt. Beschlußpunkt 2)[18] Jerratsch zum Hauptgeschäftsführer. Die

---
15 Der Einsatz französischer Kriegsgefangener, die bis zum Frühjahr 1941 das einzige größere Kontingent an zwangseingesetzten Arbeitskräften bildeten, war in den quasi-annektierten Gebieten wegen der Gefahr der Fluchtbeihilfe in das benachbarte Departement Meurthe-et-Moselle untersagt.
16 Der Siedlerbestand belief sich lt. Siedlerkartei Ende April 1941 auf 2.382, die Bauernsiedlung verzeichnete in einer Aktennotiz am 15.7.1941 einen Bestand von 2.616 Wirtschaftern.
17 Der Aufsichtsrat setzte sich satzungsgemäß wie folgt zusammen :
    1. Gauleiter Josef Bürckel, der sich in der Sitzung von Regierungspräsident Barth ver treten ließ
    1a. Regierungspräsident Barth als allgemeiner Vertreter Bürckels

Ausfertigung seines Arbeitsvertrages zögerte sich aufgrund hinhaltender und aufschiebender Rückfragen und Einwendungen seitens des Reichsministeriums für Ernährung und Landwirtschaft monatelang hinaus. In zäher Verhandlung wurden von Gauleiter Bürckel die Belange Jerratschs durchgesetzt und die ursprünglich auf den 31.12.1945 terminierte Vertragsdauer auf den 31.12.1951 verlängert. Bürckel zeigte offenes Interesse, Jerratsch bis zum voraussichtlichen Abschluß der Siedlungsmaßnahmen im Amte zu halten. Der Sitzung vorausgegangen war eine heftige Kontroverse zwischen dem Aufsichtsratsvorsitzenden, Gauleiter Bürckel, und dem Leiter der Siedlungsabteilung im Reichsministerium für Ernährung und Landwirtschaft, Ministerialrat Dr. Kummer, wegen Punkt 3) der von Bürckel herausgegebenen Tagesordnung[19] zur Aufsichtsratssitzung, in welchem die Bestellung des Prokuristen Heinrich Steinebeck zum stellvertretenden Geschäftsführer vorgeschlagen wurde. Dieser Vorschlag nahm den Rücktritt Laubingers vorweg und wurde von Kummer als Einmischung in seine Obliegenheiten aufgefaßt[20] und gerügt. Der Aufsichtsratsbeschluß zu diesem Punkt wurde denn auch aufgeschoben, nachträglich jedoch im Umlaufverfahren gebilligt. Mit der Nominierung Steinebecks sicherte sich Bürckel vermutlich einen weiteren Parteigänger in der Geschäftsführung der Bauernsiedlung[21].

Aus diesen Vorgängen, Durchführung der „Platzhalter"-Vorgabe des Gauleiters und Interventionen Bürckels zugunsten Jerratschs, darf geschlossen werden, daß sich zwischen Bürckel, der ursprünglich der Bauernsiedlung Westmark eher ablehnend gegenüberstand und Jerratsch, der ursprüngliche Loyalitätsverpflichtungen gegenüber dem Landwirtschaftsministerium hatte, eine Interessengemeinschaft herausgebildet hatte : Bürckel dürfte zu der Einsicht gekommen sein, daß im Gau Westmark die Voraussetzungen zur Schaffung eines Gegenstückes zur Bauernsiedlung fehlten[22], die Erkenntnis, daß die Bauernsiedlung von der Finanzierung durch Bürckel abhängig war, auch die Unterstützung Bürckels bei der Beschaffung von Inventar, Düngemitteln und Saatgut[23], die die Ingangsetzung der Bewirtschaftungstätigkeit der Bauernsiedlung überhaupt erst ermöglichte, mag Jerratsch bewogen haben, Bürckels Politik zu unterstützen. Die Quellen enthalten keine Hinweise darauf, wie eine wie immer geartete Verständigung zwischen Bürckel und Jerratsch zustande kam, die allem Anschein nach seit Frühjahr 1941 real existierte.

10.5. Die Lage im Siedlungsgebiet im Frühjahr 1941

Für die krisenhaften Erscheinungen, die im Frühjahr 1941 die Lage im lothringischen Neuordnungsgebiet kennzeichnetem, lassen sich vier wesentliche Ursachen ausmachen : 1. die

---

  Sitzungsvorsitzender.
  2a. Oberregierungs- und Kulturrat Dr. Wilhelm Nießen als Stellvertreter von Bürckels allgemeinem Vertreter
  3. der stellvertretende. Gauleiter Leyser, Neustadt
  4. Kreisleiter Schubert, Saarlautern
  5. SS-Gruppenführer Berckelmann, Metz
       die zu 3) bis 5) Genannten als von Reichskommissar Bürckel benannte Mitglieder
  6. der Landesbauernführer H. Bonnet
  7. der Landesobmann der Landesbauernschaft
  8. Bauer Julius Scheu, Kelzweilerhof
  9. Kreisbauernführer A. Gortner, Siedlung Kahlenberg (Neubauer)
  10. Dr. Medrow
       die zu 8) bis 10) Genannten als Vertreter des Reichsbauernführers
  11. der Oberfinanzpräsident in Saarbrücken, Dr. Casdorf, als Vertreter des Reichs finanzministers,
  12. Oberregierungsrat Dr. Schrebler als Vertreter des Reichsministers für Ernährung und Landwirtschaft.
18 LA-Saar, LKA 433, fol.126 ff., Protokoll der Aufsichtsratssitzung
19 LA Saar, LKA 433, fol.88a und 88b.
20 „Es hat sich stets als zweckmäßig erwiesen, mir die Bestellung von ....stellvertretenden Geschäftsführern....vor Beschlußfassung durch den Aufsichtsrat bekannt zu geben und mein Einverständnis hierzu einzuholen." Schnellbrief Dr. Kummers an Bürckel vom 10.4.1941. LA-Saar, LKA 433, fol.110.
21 Der Reichsstatthalter setzte sich nach der Einberufung Steinebecks zur Wehrmacht Anfang 1943 auch für eine teilweise Fortzahlung von dessen Geschäftsführerbezügen ein, scheiterte jedoch am Veto des Reichsfinanzministeriums.
22 Dies würde auch die nachträgliche Beauftragung der Bauernsiedlung mit der Umlegung in der „roten Zone" erklären.
23 Diese tatkräftige Unterstützung wurde von Jerratsch unter Angabe konkreter Einzelheiten im 'Geschäfts-Bericht 1' ausdrücklich erwähnt.

verspätete, zögerliche und unzureichende Aufnahme der landwirtschaftlichen Tätigkeit durch die Siedler, 2. der Mangel an geeigneten Siedlern und landwirtschaftlichen Arbeitskräften, 3. Probleme mit unbrauchbarem und fehlendem Inventar und 4. schließlich der schlechte Zustand von Wohn- und Betriebsgebäuden. Die von den zuständigen Personen und Dienststellen eingeleiteten Maßnahmen vermochten nur teilweise Abhilfe zu schaffen, da die Hauptproblemursachen, mangelhafte Siedlerqualifikation und zunehmender Ressourcenmangel, nicht zu beseitigen waren.

10.5.1. Stand der landwirtschaftlichen Tätigkeit

Da die landwirtschaftliche Tätigkeit in der Neuordnungszone Lothringens mit den im Frühherbst 1940 auftauchenden Gerüchten größerer Evakuierungsmaßnahmen im ländlichen Raum fast völlig zum Erliegen gekommen war, waren mit Beginn der Neubesiedlung erhebliche Arbeitsrückstände aufzuholen. Der 'Landwirtschaftliche Bericht' erwähnt unter den rückständigen Arbeiten, das verspätete Einholen der Hackfruchternte, Pflügen, Dungfahren und Ausbringen der Wintersaat (S.7). Da „frühes Einsetzen von Frostwetter" die Außenarbeiten behinderte, wurden die Dreschmaschinen instandgesetzt und mit dem Dreschen begonnen. Die Arbeitsrückstände scheinen zu umfangreich gewesen zu sein, um mit dem zur Verfügung stehenden Mitteln aufgeholt werden zu können : „vom Chef der Zivilverwaltung Abteilung Ernährung und Landwirtschaft (wurden) 250 landwirtschaftliche Traktoren bestellt, von deren Eintreffen nicht zuletzt das Gelingen der Frühjahrsbestellung abhängt (S.8)". Der 'Landwirtschaftliche Bericht' klingt mit der optimistischen Prognose einer kurzfristigen „starken Ertragssteigerung" aus, „kann bei guter Bewirtschaftung nach reichsdeutschem Muster damit gerechnet werden, daß die Ackererträge etwa verdoppelt werden (S.8)".

Der 'Kritische Bericht' beurteilte die Prognosen für das Jahr 1941 wesentlich pessimistischer. Während der 'Landwirtschaftliche Bericht' auf das „Gelingen der Frühjahrsbestellung" setzte, stellte der 'Kritische Bericht' erhebliche Versäumnisse bei der Winterbestellung fest und sah eine „ausgesprochene Mißernte" (S.3) voraus. Um eine „einigermaßen ordnungsgemäße und fachliche Durchführung der Landbewirtschaftung" sicherzustellen, wurde der Einsatz von „landwirtschaftlichen Beamten" angeregt, deren Einsatzgebiet 2.000 bis 3.000 ha nicht übersteigen sollte. Der den Bezirkslandwirten der Bauernsiedlung tatsächlich zugewiesene Zuständigkeitsbereich betrug ein Mehrfaches dieser Fläche, zudem zweifelte der 'Kritische Bericht' deren fachliche Qualifikation massiv an, betrachtete jedoch als eines der bedeutendsten Probleme für die Ingangsetzung der lothringischen Landwirtschaft die mangelnde Qualifikation der Siedler. Dem „Träger der Landbewirtschaftung (S.3)", der Bauernsiedlung Westmark als Vollzugsorgan von Bauernschaft und Ernährungsministerium, wurde das Versäumnis vorgeworfen, die negativen Aussichten für die Frühjahrsbestellung „höheren Stellen im Reich" nicht weitergemeldet und dort um Abhilfe nachgesucht zu haben, in diesem Vorwurf äußert sich auch Kritik an der für die Siedlerrekrutierung und -auswahl wesentlich mitbeteiligten Gauleitung.

Auch in den 'Ott-Berichten' aus dem Frühjahr 1941 standen die aktuellen Bewirtschaftungsprobleme im Vordergrund, im Gegensatz zu den allgemeinen Darstellungen im 'Landwirtschaftlichen Bericht' und im 'Kritischen Bericht' sammelte Ott seine Erfahrungen auf Rundreisen durch sämtliche Siedlungsorte und bei der Besichtigung der einzelnen Siedlungswirtschaften im Landkreis Metz. Da die Inspektionen gemeinsam mit den örtlich zuständigen Bezirkslandwirten, Ortsgruppenverbandsleitern und Ortsbauernführern erfolgten, konnten die von Ott gewonnenen Erkenntnisse unmittelbar an die örtlich Verantwortlichen übermittelt und, soweit möglich, in konkrete Maßnahmen umgesetzt werden. In seinen Berichten, die unmittelbar Gauleiter Bürckel, der Dienststelle für Landwirtschaft und Ernährung beim C.d.Z., der Kreisleitung Metz, der Kreisbauernschaft Metz und der Außenstelle Metz der Bauernsiedlung zugeleitet wurden, gab Ott ein ungeschminktes Bild von der Alltagswirklichkeit im Siedlungsraum, auch wenn es um Versäumnisse politischer oder administrativer Stellen ging.

Persönlich scheint Gutsdirektor a.D. Ott ein Landwirt der alten Schule gewesen zu sein, der hohe Anforderungen an Einsatzbereitschaft und Leistungswillen der Mitarbeiter stellte. Um beispielsweise die Arbeitsrückstände bei der Feldbestellung aufzuholen, empfahl er, durch die Bezirkslandwirte die Ortsbauernführer anweisen zu lassen, daß „die Feldbestellungsarbeiten bei dem jetzt vorherrschenden guten Wetter in die Abendstunden ausgedehnt werden müssen (IV, S.2)". Dabei seien Arbeitszeiten über 19 Uhr hinaus zumutbar. Er beobachtete und rügte die Gedankenlosigkeit der Siedler, die „nach der Stallarbeit auf der Straße herumstehen oder sitzen", während die lothringischen Bauern die Zeit zum Mistfahren nutzten (XIV, S.4). Anlaß zu Beanstandungen gab es genügend. Ein Wirtschafter stand morgens erst um 8 Uhr auf, der Sohn fuhr statt zur Feldarbeit mit den Pferden spazieren (V, S.5). Nachlässigkeiten des Ortsbauernführers von Flodalshofen bei der Frühjahrsbestellung führten zu völligem Ernteausfall, was dieser mit dem Kommentar : „Ich bin hier Herr und kann machen, was ich will !" bei gleichzeitiger Berufung auf gute politische Beziehungen quittierte (Bericht vom 27.8.1941). Kühe wurden in halbverhungertem Zustand aufgefunden (I, S.4) oder rissen vor Durst fast den Stall ab (XVI, S.2). Die Ernte wurde nicht eingebracht, obwohl ausreichend Gespanne und Maschinen vorhanden waren, als Ursachen überwiegend Qualifikationsmängel festgestellt, da die als Siedler eingesetzten Fabrikarbeiter „die landwirtschaftliche Arbeit und ihren jahreszeitlichen Ablauf" nicht kannten, auch gab es „zahlreiche Fälle offensichtlicher Faulheit (Bericht vom 27.8.1941)."

Die „Arbeitersiedler" erwiesen sich als für die landwirtschaftliche Betriebsführung ungeeignet und verlangten teilweise von sich aus die Ablösung. Als Siedler ungeeignet waren auch ein früherer Althändler und ein ehemaliger Hausmeister (II,S.2), ein Kleinlandwirt saß auf einem Hof mit 60 ha, dem er nicht vorstehen konnte (III, S.3), ein Musikant und Kleinwinzer war nicht fähig, ein Pferd anzuspannen (XIII, S.1), und trotz drohendem Futtermangel wurde Heu als Einstreu verwendet (XIV, S.3). In anderen Fällen waren die Siedlerfrauen die Landarbeit nicht gewohnt, konnten nicht melken (XIV, S.1) odert vernachlässigten die Stallarbeit.

Ott gab auch konkrete Hinweise, wie lokale Probleme durch Neueinteilung geregelt werden könnten : in *Ruffingen (Sainte-Ruffine)* sollte das brachliegende Land an zurückgebliebene Lothringer verpachtet werden, das gleiche schlug Ott für *Jussingen (Jussy)* vor. In *Anzig (Ancy-sur Moselle)* fand Ott „139 ha evakuiertes Land" vor, davon 25 ha Erdbeerland, der Rest Obst und Gemüse in kleinen Parzellen. Von den 6 angesetzten Siedlern seien 4 brauchbar, und Ott regte an, einen Teil der Kleinparzellen an die „eingesessenen 237 lothringischen Familien zu verpachten."[24] Die Vorschläge, die Nutzflächen ganzer geräumter Dörfer an zurückgebliebene Lothringer zu verpachten, mögen wirtschaftlich sinnvoll gewesen sein, den politischen Zweck der Siedlungsmaßnahme, die „Eindeutschung" des frankophonen Raumes in Lothringen einzuleiten, führte Ott damit *ad absurdum*.

Einen besonderen Problembereich bildeten anscheinend die Obst- und Gemüsegärten. Ott hatte zwar Gemüsebauern aus der Vorderpfalz, die auf Bauernhöfe eingewiesen worden waren, umsetzen lassen, der Gartenbaubereich der Bauernsiedlung war jedoch mit 38 Gärtnereisiedlern[25] (Stand 15.7.1941) personell völlig unterbesetzt, wenn allein in Anzig (Ancy-sur-Moselle) 139 ha Gartenland bei hoher Personalintensität zu bewirtschaften waren.

Ebenso kritisch wie bei den Siedlern war die Personallage bei den Landarbeitern. In Bingen standen 15 Pferde im Stall, weil es an Gespannführern mangelte, in Göhn (richtige Ortsbezeichnung Godingen, frz. Goin) standen die Gespanne still, weil mangels Hilfspersonal die Gespannführer beim Dreschen eingesetzt waren, auf dem Albeshof bei Tranach (Tragny) wurden wegen Fehlens von Pferdeknechten 24 Pferde vernachlässigt (XIII, S.5)......

Die Erfahrung Otts mit der ländlichen Sozialstruktur und ihren Bedürfnissen zeigt sich auch in Anregungen zur Einrichtung einer Wirtschaft oder eines Ladens.

---

24 Ancy zählte nach der Volkszählung 1936 1.039 Einwohner.
25 A.D.M. 2 W 5, fol.101.

Die 'Ott-Berichte' lassen deutlich erkennen, wie überhastet und unzureichend organisiert die Siedlungsmaßnahmen im November 1940 begonnen und durchgeführt worden waren. Sie weisen die Verantwortlichen auf die vordringliche sinnvolle Ordnung des Einsatzes der humanen und materiellen Ressourcen hin. Es fehlen jedoch Hinweise darauf, daß die aufgezeigten Bewirtschaftungsprobleme teilweise auch mit den wesentlich anderen Bodenverhältnissen in Lothringen zusammenhingen, und daß auch positive Erfahrungen, welche die Siedler aus ihrer bisherigen Arbeitswelt mitbrachten, unter den lothringischen Gegebenheiten nicht zum erwarteten Erfolg führen konnten.

Ott beendete seine Frühjahrsinspektion am 13.3.1941 mit dem Kommentar :

„In den von mir durchgearbeiteten sieben Bezirken des Landkreises Metz sind 105 Siedler als ungeeignet befunden, 57 müssen umgesetzt werden, während 49 Siedler vorläufig bleiben können, die aber besonders zu beobachten sind und evtl. auch noch als ungeeignet erklärt werden müssen.

Ich muß darauf hinweisen, daß die noch fehlenden Siedler wegen der schon in Gang befindlichen Frühjahrsbestellung auf schnellstem Wege abgerufen werden sollten. Vielfach sitzen zu Hause die Siedler und haben schon ihre Sachen gepackt, können aber hier nicht antreten, weil der Abtransport noch nicht organisiert ist (V, S.8)."

Inwieweit der Appell Otts die im März 1941 erfolgte Zuführung von 279 neuen Siedlern[26] beschleunigte, muß offen bleiben. Der tatsächliche Arbeitskräftebedarf überstieg diese Zahl bei weitem.

Handschriftliche Vermerke auf den in den *Archives Départementales de la Moselle* überlieferten, für die Bauernsiedlung bestimmten Kopien der 'Ott-Berichte' lassen darauf schließen, daß Otts Anregungen, hinter denen die Autorität von Gauleiter Bürckel stand, Anlaß zu unmittelbaren Maßnahmen seitens der Bauernsiedlung wurden.

Die 'Ott-Berichte' vermitteln ein auf eigener Wahrnehmung des Berichterstatters entstandenes lebendiges Bild von der im Frühjahr 1941 bestehenden Lage in Lothringen. Die Menschen erscheinen als handelnde Personen mit teilweise drückenden Problemen und Sorgen und durch den trockenen Berichtston ist zu erkennen, daß dem Gutsdirektor a.D. Ott die Mithilfe an der Lösung dieser Probleme am Herzen lag.

Der 'Saarburg-Bericht' ermangelt dieser persönlichen Note : als Rapport über Dienstgespräche ist er zum Lagebericht objektiviert, in dem die betroffenen Menschen mehr als Objekt dienstlicher Interessen der Landwirtschaftsfunktionäre denn als eigenständige Subjekte, die der Fürsorge und Betreuung bedürfen, erscheinen. Symptomatisch für die Einstellung des Kreisbauernführers in Saarburg erscheint, daß er für die Bitscherländer, die in Lothringen vollberechtigt angesiedelt werden sollten, mehrfach den eher diskriminierenden Begriff „Flüchtlinge" verwendet.

In der Siedlungszone des Kreises Saarburg war in der ersten Februarhälfte 1941 die Frühjahrsbestellung im Gange, nach der grundsätzlichen Aussage von Bezirkslandwirt Keller[27], der von der Bauernsiedlung zu den Gesprächen abgestellt war, war „die Frage der Beschaffung von Arbeitskräften und Saatgut vollständig geregelt", der Bauernsiedlung stünden „genügend Arbeitskräfte zur Verfügung (S.1)".

Von den im Bericht erwähnten 36 Ortschaften waren nur 18 Orte befriedigend mit Siedlern besetzt, für weitere 18 Orte wurden zusätzliche Siedler angefordert, in 16 Ortschaften waren ungeeignete Siedler zu entfernen. Zwei geräumte Ortschaften, St. Quirin (Saint-Quirin) und Lassenborn (Lafrimbolle), waren nicht neu besiedelt. In mehreren Orten waren mehr Siedler als Wirtschaftseinheiten vorhanden, beispielsweise in Hattingen (S.4), wo 7 Betriebe gebildet werden sollten, von 15 Siedlern fünf sich als unbrauchbar erwiesen hatten und weitere 3 Siedler nach Herzingen (Hertzing) oder Aspach zu versetzen waren. Offensichtlich dienten die

---
26 Gemäß Auswertung der Siedlerkartei. Einzelheiten s.Tab.14-1 im Tabellen-Anhang.
27 Es verwundert, daß zu diesen Besprechungen nicht der für die Bezirksaußenstelle Saarburg zuständige Bezirkslandwirt Kroll hinzugezogen wurde.

Besprechungen auch der Klärung der endgültigen Organisation der Besiedlung im Kreis Saarburg. Insgesamt erwähnt der Bericht einen Bestand von 172 Siedlern, davon wurden 47 Siedler als unbrauchbar bezeichnet, neu angefordert wurden 68 Siedler, das geplante Ansiedlungsvolumen im Bereich des Kreises Saarburg (Sarrebourg) belief sich auf 240 Betriebe. Der Bericht unterstrich die Notwendigkeit schneller Maßnahmen, um Veränderungen und Neubesiedlung durchführen und die neuen Siedler für die Frühjahrsarbeiten einsetzen zu können (S.12).

Sehr problematisch und ein ernstes Hindernis bei der Nutzung des vorhandenen landwirtschaftlichen Produktionspotentials scheint im Kreis Saarburg die Gespannsituation gewesen zu sein. Das Defizit belief sich auf 317 Pferde und 11 Spannochsen insgesamt also 328 Spanntieren. Bezogen auf die im Kreis Saarburg geplanten 240 Siedlerbetriebe fehlten also 1,3 Spanntiere je Betrieb. Inwieweit die von der Gauleitung bestellten Traktoren einen Ausgleich für die fehlenden Spanntiere darstellen konnten, ist nicht überliefert, im 'Saarburg-Bericht' wurde lediglich ein Traktor für die Ortschaft Gunderchingen (Gondrexange) angefordert (S.6). Neben den Gespannen fehlte es auch an landwirtschaftlichem Gerät. Da im „Schlußwort" neben Personalschwierigkeiten auch „Saatgutmangel" beklagt wird (S.12), findet sich in den detaillierten Berichtsangaben die anfangs erwähnte grundsätzliche Aussage von Bezirkslandwirt Keller nicht bestätigt.

10.5.2. Inventarprobleme

Die Bewirtschaftungsmaßnahmen litten anfänglich unter dem Fehlen geeigneter landwirtschaftlicher Einrichtungen, die auf zwei Ursachen zurückzuführen waren : die geringe Mechanisierung der lothringischen Landwirtschaft vor dem Zweiten Weltkrieg und die Sabotagemaßnahmen der vertriebenen lothringischen Landbevölkerung. Der geringe Mechanisierungsgrad der lothringischen Betriebe wird dadurch illustriert, daß die Aussaat teilweise noch von Hand erfolgte, während in der Saarpfalz die Verwendung von Drillmaschinen allgemein üblich war. Der 'Saarburg-Bericht' listet eine „Geräte-Anforderung" von der „Drillmaschine" bis zum „Unkrautstriegel" (S.12) auf. Die für die geplante intensive Bewirtschaftung erforderliche Beschaffung einer größeren Zahl moderner landwirtschaftlicher Maschinen verlief gemäß 'Geschäftsbericht 1' erfolgreich, es wurden „landwirtschaftliche Maschinen und Geräte im Einsatzgewicht von ca. 11.000 t Walzwerkserzeugnissen"[28] eingesetzt, an größeren Maschinen von Bedeutung waren u.a. 240 Traktoren mit vollständigen Anhängegeräten und 205 Drillmaschinen im Wert von 5.000.000 RM. Der Einsatz von 240 Traktoren auf etwa 120.000 ha landwirtschaftliche Nutzfläche bedeutete eine für die damalige Zeit relativ hohe Einsatzdichte von einer Maschine auf 500 ha Nutzfläche.

Waren die neuen Maschinen rechtzeitig zur Frühjahrsbestellung 1941 einsatzbereit ? Am 21.2.1941 wurde von Kreisbauernführer Haas, Kaiserslautern, der für den erkrankten Gutsdirektor Ott eine Revisionsreise im Gebiet der BAst. Kurzel/Straße (Courcelles-Chaussy) durchführte, gefordert, „auch Maschinen müssen soweit als möglich bereitgestellt werden (XV, S.2)", zu diesem Zeitpunkt fehlte es anscheinend noch am Maschineneinsatz. Erst in dem Bericht Otts vom 27.3.1941 über eine Inspektionsreise in der „roten Zone" (XVII) wird ein Bestand von 3 Traktoren für 32 Gemeinden im Bezirk Bolchen, von 8 Traktoren für 43 Gemeinden in den Bezirken Forbach und St. Avold sowie 4 Traktoren im Bezirk Falkenberg (Faulquemont) erwähnt. Für den Bezirk Busendorf (Bousonville) wurde die Ankunft von 5 Traktoren angekündigt, zusätzliche 3 Maschinen sollten in Bolchen (Boulay) eingesetzt werden. Die im 'Geschäftsbericht 1' erwähnten 240 Traktoren scheinen also nicht nur für den Siedlungsbereich bestimmt gewesen zu sein, der Bericht Otts aus der „roten Zone" deutet darauf hin, daß der Maschineneinsatz über den gesamten lothringischen Raum verteilt erfolgte, so daß sich auch die oben erwähnte Einsatzdichte von 1 Traktor auf 500 ha wesentlich

---

28 Diese Formulierung weist auf die Beschaffungsprobleme der Berichtszeit als Folge der Materialbewirtschaftung hin : für die Zuteilung der Maschinen waren sogenannte „Eisenscheine" in Höhe des angegebenen Gewichtes erforderlich.

verminderte. Der Maschineneinsatz war ohnehin abhängig von der Bereitstellung ausreichender Treibstoffmengen. Mit zunehmender Kriegsdauer verknappte das für den Traktorenbetrieb benötigte Rohöl und war vornehmlich für die Wehrmacht reserviert[29]. „Kleine Bedienungsfehler" setzten die Maschinen häufig außer Betrieb, was darauf schließen läßt, daß es den Siedlern an Erfahrung im Umgang und mit den Wartungsanforderungen von Traktoren mangelte. Ott regte daraufhin die Einrichtung eines „Schlepperüberwachungsdienstes" an (XVII, S.2).

Damit weist Ott auf eine weitere Problemlage bei der Durchführung der Bewirtschaftung in Lothringen hin : den infolge der Unerfahrenheit des Großteils der Siedler besonders fühlbaren Mangel an geeigneten Handwerkern in den typisch mit der Landwirtschaft verbundenen Berufen wie Schmieden, Wagnern und Mechanikern, so daß es allerorten an der Instandsetzung und Instandhaltung des Maschinen- und Wagenparks und an der Hufpflege der Spanntiere haperte. Es erscheint fraglich, ob diesem Mangel durch Nachzug von Handwerkern aus dem Altreich abgeholfen werden konnte, denn im Zusammenhang mit der Frühjahrsbestellung 1941 im Inneren des Reiches berichten die „Meldungen aus dem Reich"[30] über „Vernachlässigung des Inventars", da viele Handwerker eingezogen und die „zurückbleibenden Kräfte körperlich und fachlich weniger leistungsfähig" seien. Ursprünglich als Siedler kommende Handwerker nutzten die ihnen in ihrem Beruf in Lothringen gebotenen besseren Fortkommensmöglichkeiten.

10.5.3. Unterbringung der Siedler

Die Mitteilungen an den Aufsichtsrat zu diesem Thema im 'Geschäfts-Bericht 1' waren von deutlichem Optimismus getragen. Jerratsch kündigte die Einrichtung von 500 Neusiedlerstellen „noch in diesem Jahre", also 1941, an, für die die erforderlichen Mittel bereitstünden. Diese forcierte Bautätigkeit mag in den Intentionen von Gauleiter Bürckel gelegen haben, es blieb jedoch außeracht, daß zwar die finanziellen Mittel, weniger jedoch die sachlich erforderlichen wie Baumaterial und Handwerkerkapazitäten vorhanden waren. Zudem gab es keine Bauplanung, und die formale Einleitung des Siedlungs- und Umlegungsverfahrens erfolgte erst 1942 nach Vorliegen der erforderlichen Rechtsgrundlagen.

Der Zustand der Wohn- und Betriebsgebäude, der Umfang der von den vertriebenen Lothringern an ihren Anwesen hinterlassenen Schäden und die dadurch entstehenden Schwierigkeiten bei der Unterbringung der Siedler werden in den 'Ott-Berichten' mehrfach beschrieben, beispielsweise „Das Dorf Schemmerich (Chémery) mit ca. 200 ha Land hat nicht eine Stelle, wo ein Wirtschafter untergebracht werden kann. Das Dorf Odersdorf (Thonville) ist mit Bitscher Familien besetzt worden, die sehr genügsam sind und alles tun, um den Wiederaufbau zu fördern. In Bingen (Bionville-sur-Nied) sind die zwar schlechten Häuser vom Wiederaufbau belegt und ist daher an die Einrichtung von Siedlerstellen nicht zu denken (XVII, Schlußkommentar)". Die Bauernsiedlung war offenbar gezwungen, landwirtschaftliche Nutzflächen brachliegen zu lassen, da es an Unterbringungsmöglichkeiten für die Siedlerfamilien fehlte. Wegen dieser Mißstände hatten nach dem Berichtsinhalt auch die zuständigen Bezirkslandwirte bereits mehrfach erfolglos bei den zuständigen Stellen interveniert.

Am oben erwähnten Beispiel der Odersdorfer Siedler zeigt sich, daß die Notwendigkeit der Herrichtung bedarfsgerechter Unterkünfte zu pragmatischen Lösungen führte. Im 'Geschäfts-Bericht 2' wird als eine der Aufgabenstellungen der Bauernsiedlung unter Punkt 6b) auch „der Ausbau der Selbsthilfeaktion bei der Primitivinstandsetzung" aufgeführt. Infolge der zunehmenden kriegsbedingten Einschränkungen wurde die der Siedlungsgesellschaft primär gestellte Aufgabe, Siedlerstellen neu zu errichten von der Notwendigkeit, provisorisch für aus-

---
29 Die in der Zeit vom 1.1.1943 bis 31.10.1943 für die Beschaffung von Rohöl, Fetten und Dieselkraftstoff lt. General-Journal vom 31.10.1943 verauslagte Summe von RM 100.000,- gibt keine Anhaltspunkte, ob die Treibstoffversorgung für den Fahrzeug- und Landmaschinenpark der Bauernsiedlung Westmark ausreichend war.
30 H. Boberach (Hrg.), 'Meldungen aus dem Reich', Nr. 166, S.2054.

reichende Unterkünfte zu sorgen, in den Hintergrund gedrängt. Die Gebäude-Instandsetzung zog sich mindestens bis 1943 hin : in den ersten zehn Monaten des Jahres 1943 gab die Bauernsiedlung gemäß Eintragung im 'General-Journal' zum 31.10.1943 für diesen Zweck noch RM 247.900,- aus, nachdem in den Vorjahren 1941 und 1942 offenbar wesentlich höhere Beträge in die Primitiv-Instandsetzung investiert wurden.

10.6. Bereitstellung der finanziellen Mittel

Die Bauernsiedlung hatte zum Zeitpunkt des Beginnes ihrer Bewirtschaftungstätigkeit in Lothringen erhebliche Aufwendungen, u.a. zur Bezahlung der Wirtschafter, zur Finanzierung der getätigten Investitionen, der Beschaffung von Betriebsmitteln wie Düngemittel, Saatgut usw., denen keine Erlöse aus dem erst anlaufenden Geschäftsbetrieb gegenüberstanden.

Dem „Überschlägigen Verwendungsnachweis über die vom C.d.Z. an die Bauernsiedlung Saarpfalz G.m.b.H. bis 1.4.1941 gezahlten Beträge"[31] ist zu entnehmen, daß der C.d.Z. der Bauernsiedlung für den Zeitraum vom Beginn der Tätigkeit in Lothringen bis zum 31.1.1941 Geldmittel in Höhe von RM 8.000.000,-- zur Verfügung stellte, worin Bankguthaben von RM 1.356.000,- und „Guthaben bei den Außenstellen und Wirtschaftern" in Höhe von RM 1.430.000,- enthalten sind, so daß sich die aus Mitteln des C.d.Z. gedeckten Betriebsausgaben auf RM 5.214.000,- beliefen. Von den ausgewiesenen Ausgaben fielen in 1940 RM 77.000,- an, der Rest in Höhe von RM 5.137.000,- entfiel auf den Dreimonats-Zeitraum 1.1.1941 bis 31.3.1941. Da den Ausgaben keine Einnahmen gegenüberstanden, stellt der genannte Betrag von RM 5.137.000,- das operative Defizit der Bauernsiedlung im 1. Quartal 1941 dar, was einem vom C.d.Z. zu tragenden monatlichen Aufwand von mehr als RM 1.700.000,- entspricht. Der operative Betrieb der Bauernsiedlung erforderte auch in der Folgezeit erhebliche Mittel aus dem Haushalt des C.d.Z..

10.7. Bewirtschaftungsmaßnahmen der Bauernsiedlung

Der Zeitpunkt für das systematische Ingangkommen der Bewirtschaftungstätigkeit läßt sich etwa auf April 1941, gekennzeichnet durch den Zeitpunkt der ersten Aufsichtsratssitzung, dem Erlaß der Arbeitsanweisung in der Buchhaltung der Außenstelle Metz sowie der Neueinteilung und Reduzierung der Anzahl der Bezirksaußenstellen, bestimmen. Zu den ersten Maßnahmen gehörten die Einführung eines geeigneten Betriebskonzeptes und eines an die geringere Zahl verfügbarer Siedler angepaßten Siedlungskonzeptes. Im Ernteergebnis des Wirtschaftsjahres 1941/42 drückten sich die erheblichen Anlaufschwierigkeiten aus.

10.7.1. Landwirtschaftliches Betriebskonzept

Mit der Aufnahme der landwirtschaftlichen Tätigkeit stellte sich die Frage nach der für die besonderen lothringischen Verhältnisse geeigneten Art der Wirtschaftsführung. Nach Auffassung der für die Bewirtschaftung Verantwortlichen der Bauernsiedlung Westmark war die angestrebte und im 'Landwirtschaftlichen Bericht' in Aussicht gestellte Steigerung der Erträge abhängig von einem Abgehen von der bisher in Lothringen betriebenen extensiven Form der Landbewirtschaftung (S.8) und Übergang zur Intensivbewirtschaftung nach deutschem Muster. Der 'Geschäfts-Bericht 1' benennt an konkreten Bewirtschaftungsmaßnahmen allerdings nur die notwendige Beschaffung von 1.500.000 Zentner Kunstdünger.

Der 'Kritische Bericht' hält die Absicht, „große Mengen von Düngemittel..u.(nd) z.(war) in erster Linie hochwertiges Superphosphat und hochprozentige Kalisalze...bei dem jetzigen Zustand des lothr. Bodens...(für) völlig fehl am Platze". Das Superphosphat komme durch den „starksauren Zustand der Böden nicht zur Auswirkung" und „hochprozentige Kalisalze tragen höchstens zu einer weiteren Verkrustung des ohnedies kolloidmäßig gesehen toten Bodens bei (S.2)". Diese infolge der Kriegslage knappen Düngemittel sollten dort eingesetzt

---
31 BA-Kobl R 2 18 937, n.fol.

werden, wo sie „auf Kulturböden ihre höchste Ausnutzung finden (S.2)". Dem Autor des Berichtes erschienen vor der Durchführung jeder Neumaßnahme systematische Bodenuntersuchungen erforderlich, und er hielt es für absurd, „einfach nach Reichsschema F düngen zu wollen (S.3)". Eventuell empfehle sich „eine bakterielle Bodenimpfung (S.4)", in jedem Falle jedoch die „Kalk-, Humus-, bzw. Stallmistgabe und vor allen Dingen Gründüngung (S.3)". Den lothringischen Bauern wurde bescheinigt, „grundsätzliche Fehler in der Landbewirtschaftung (S.1)" nicht gemacht zu haben. In der Beurteilung der Bewirtschaftungsmaßnahmen bestehen Übereinstimmungen mit dem späteren 'Münzinger-Gutachten', das für den Großteil der landwirtschaftlichen Nutzflächen in Lothringen der Bodenpflege den Vorrang vor Düngemaßnahmen gab.

Die Bauernsiedlung Westmark scheint sich jedoch für die Durchführung des „Reichsschema F" entschieden zu haben. Im 'Geschäftsbericht 2' wird für 1942 der Einsatz von 150.000 dz Stickstoff, 105.000 dz Thomasmehl und 100.000 dz Kali erwähnt, und diese Mengen erscheinen übersetzt für den ausschließlichen Einsatz in den hochwertigen Böden des Metzer Beckens, die 15 bis 20 Prozent der Gesamtnutzfläche ausmachten. Da heute nicht mehr nachvollziehbar ist, ob das 'Münzinger-Gutachten' rechtzeitig für die Festlegung der Bewirtschaftungsmaßnahmen 1942 vorlag, und inwieweit dessen Feststellungen und Bewirtschaftungsempfehlungen fachlich unumstritten waren, ist die Entscheidung der Bauernsiedlung, bewährte und im Zeittrend liegende Düngungs- und Wirtschaftsmethoden anzuwenden, verständlich, selbst wenn diese Methoden an gewissen lothringischen Besonderheiten vorbeigingen. Neben der Verwendung des Kunstdüngers erwähnt der 'Geschäfts-Bericht 2' auch den Einsatz folgender Mengen „Hochzuchtsaatgut" : „17.000 dz Weizen, 3.500 dz Roggen, 7.900 dz Gerste, 5.700 dz Hafer und 55.000 dz Kartoffeln", und in Kap.16 soll dargestellt werden, welche Ernteergebnisse mit diesem hochwertigen knappen[32] Saatgut erzielt wurden.

Die bevorzugte Zuteilung der knappen Ressourcen Saatgut und Düngemittel und die Bereitstellung umfangreichen technischen Inventars zeugen von der Bedeutung, die den Siedlungsmaßnahmen in Lothringen politisch beigemessen wurde, und vom Willen, diese Maßnahmen zum Erfolg zu führen.

Auf im Sinne der deutschen Agrarpolitik veränderte Anbaumethoden weist ebenfalls im 'Geschäfts-Bericht 2' herausgestellte Steigerung der Raps-Anbaufläche von 0,74 ha in 1940/41, auf 267,37 ha in 1941/42 und 2.371,27 ha in 1942/43 hin. Die Förderung des Ölsaatenanbaues sollte die „Fettlücke", die unzureichende Versorgung der deutschen Bevölkerung mit Speisefetten, schließen helfen, und war wesentlicher Bestandteil der landwirtschaftlichen „Erzeugungsschlacht". Das Bewirtschaftungskonzept der Bauernsiedlung bezweckte wahrscheinlich auch die völlige Integration der lothringischen Landwirtschaft in die deutschen agrarpolitischen Konzepte.

10.7.2. Das Ernteergebnis im Wirtschaftsjahr 1941/42

Im 'Landwirtschaftlichen Bericht' hatte die Bauernsiedlung Westmark eine optimistische Prognose hinsichtlich der zu erwartenden Ernteergebnisse erstellt : durch die Einführung moderner Bewirtschaftungsmethoden seien die Erträge kurzfristig auf das doppelte zu steigern. Im Gegensatz zum Wirtschaftsjahr 1942/43, für das Gesamtergebnisse überliefert sind, sind für das Wirtschaftsjahr 1941/42[33] keine das gesamte Siedlungsgebiet erfassenden statistischen Daten erhalten. Die in Tab.10-1 ausgewerteten Daten umfassen nur Teile des Siedlungsgebietes, die finanziellen Ergebnisse[34] dieses Wirtschaftsjahres lassen die in Teilgebieten überlieferten Erntemengen jedoch als repräsentativ für das gesamte Siedlungsgebiet erscheinen.

---
32 H. Boberach (Hrg.), 'Meldungen aus dem Reich', Nr.178, S.2197, „Zur Lage und Stimmung im Elsaß", wo über Klagen wegen Mangels an Saatgut und Düngemittel berichtet wird.
33 1. März 1941 bis 29. Februar 1942.
34 Zu den relevanten Buchhaltungsunterlagen gehören u.a. das Buchungsjournal zum 31.10.1943 und die Zuschußanforderungen der Bauernsiedlung beim C.d.Z.

Die BAst. Delmen (Delme) und Kurzel/Straße (Courcelles-Chaussy) gaben der Buchhaltung der Außenstelle Metz abschließende Berichte über Getreide-, Hackfrüchte- und Heuablieferungen im Wirtschaftsjahr 1941/42[35]. Weder für die BAst. Delmen noch für den Bereich der BAst. Kurzel/Straße ist die 1941/42 mit den einzelnen Getreidesorten noch die insgesamt bewirtschaftete Getreideanbaufläche bekannt, so daß sich der jeweilige Hektarertrag nicht unmittelbar ermitteln läßt. Aus den 'Besiedlungslisten" ist die Anzahl der Betriebe in den beiden Bezirksaußenstellen bekannt, woraus sich ein durchschnittliches Ablieferungsergebnis, das „Ist" errechnen läßt.

BAst.	Gesamt-menge dz	Anzahl der Betriebe	abgelieferte Menge je Betrieb	Soll nach Münzinger dz	Ist : Soll %	Soll nach Vorkriegser-trag dz	Ist : Soll %
Delmen	14.366	249	57,69 dz	255,75	22,56	214,50	26,90
Kurzel/Str.	9.449	155	60,96 dz	243,75	25,01	162,75	37,46

Tab.10-1 : Ergebnis der Getreideernte im Wirtschaftsjahr 1941/42 im Bereiche der Bast. Delmen und Kurzel/Straße
Quelle : A.D.M. 2 W 7:1.

Die durchschnittliche, für die Wirtschaftlichkeit des Betriebes erforderliche Getreideanbaufläche belief sich nach dem 'Münzinger-Gutachten' in der zum WG V gehörende BAst. Delmen (Delme) gemäß Tab.11-1 auf 16,5 ha bei einem Ertrag von 15,5 dz/ha, dies ergibt ein Ablieferungs-"Soll" von 255,75 dz, die analogen Werte in der BAst. Kurzel/Str. (Courcelles-Chaussy) betrugen 12,5 ha mit 19,5 dz/ha, das „Soll" 243,75 dz, bei Ausgehen vom durchschnittlichen Ertrag der Vorkriegszeit mit 13 dz/ha[36] betragen die „Soll"-Werte 214,5 dz bzw. 162,5 dz. In der Tab.10-1 auf der vorhergehenden Seite sind dem Ablieferungs-„Ist" die „Soll"-Werte gegenübergestellt und die Produktivität in Prozent zu den Vorgaben ermittelt : Die Produktivität im Getreideertrag im Wirtschaftsjahr 1941/42 betrug in Delmen 26,9%, in Kurzel/Str. 37,46%, des durchschnittlichen Vorkriegsertrages und erreichte 22,56% bzw. 25,01% nach den Vorgaben im 'Münzinger-Gutachten', die tatsächlichen Ergebnisse verfehlten die Produktionsziele bei weitem, und die im 'Landwirtschaftlichen Bericht' ausgesprochene Prognose einer Verdoppelung der Ernteerträge im Sommer 1941 erwies sich in doppelter Hinsicht als großsprecherisch. Bei diesem Leistungsvergleich blieb unberücksichtigt, daß die Betriebe nach der „Platzhalter"-Strategie die doppelte Betriebsfläche bearbeiten sollten, was auch zu verdoppelten Erträgen hätte führen müssen.

10.7.3. Das veränderte Siedlungskonzept

Die Einführung der „Platzhalter"-Strategie machte ein neues Siedlungskonzept erforderlich, das offenbar auf zwei Säulen beruhte : 1. der Zusammenfassung größerer Betriebsflächen zu Hofgütern, wobei zu vermuten ist, daß diese Maßnahme örtlich durchgeführt wurde, wo geeignete Unterbringungsmöglichkeiten für Siedlerfamilien fehlten und 2. der Verteilung der

---

35 A.D.M. 2 W 7:1, Einzelblätter n.fol., „Buchungsunterlagen"
  Meldung der Bezirksaußenstelle Delmen vom 9.2.1942
         Weizen   11.849 dz
         Roggen   1.591 dz
         Hafer   774 dz
         Gerste   152 dz
         Getreide gesamt 14.366 dz
  Weiterhin wurden abgeliefert 10,5 dz Erbsen, 0,6 dz Rübsen, 1.131 dz Heu und 1.299 dz Kartoffeln.
  Meldung der Bezirksaußenstelle Kurzel/Straße vom 19.3.1942
         Weizen   7.919,8 dz
         Roggen   912,4 dz   Gerste   447,7 dz
         Hafer   168,9 dz
         Getreide gesamt 9.448,8 dz
  außerdem 4,68 dz Erbsen sowie 14.410,2 dz Heu und Stroh .
36 Thillet, Catherine/Daza, Edith : Cent ans d'agriculture en Lorraine 1882 - 1982.

Kap. 10 - Krisenbewältigung und Beginn der Bewirtschaftung

vorhandenen Wirtschafter auf die zu bewirtschaftenden Flächen, wobei teilweise Umsetzungen vorzunehmen waren.
Die Anzahl der Hofgüter stieg von 14 Ende 1940 auf 79 am 31.12.1942. Die Neugliederung, die teilweise durch Umsetzung bereits tätiger Wirtschafter, hauptsächlich jedoch durch Lenkung der Neuankömmlinge auf verfügbare Siedlerstellen erfolgte, wurde ab Frühling 1941 durchgeführt, gleichzeitig wurde die Zahl der Bezirksaußenstellen reduziert, so daß die 'Besiedlungslisten' eine Art Abschlußbericht über die im Zuge des Neukonzipierung der Ansiedlung durchgeführten Maßnahmen darstellen dürften. Den Stand der Besiedlung gemäß den 'Besiedlungslisten'[37] gibt eine Aktennotiz aus der Außenstelle Metz „Siedlereinsatz in der Lothringer Umsiedlungszone (Stand 15.7.1941)"[38] mit 2.616 Siedlern an, die sich wie folgt verteilten :

„Kreis Metz-Land	1.125 Siedler
Kreis Salzburgen	958 "
Kreis Saarburg	267 "
Kreis Diedenhofen	63 "
Kreis St. Avold	165 "
Gärtnereisiedler insgesamt	38 "
	2.616 Siedler".

Mit der im Frühsommer 1941 erfolgten Konsolidierung konnte die erste Phase des Siedlungsprojektes, die vorläufige Inbesitznahme und die Ingangsetzung der Zwischenbewirtschaftung durch die Bauernsiedlung, als abgeschlossen gewertet werden. Als nächster Schritt zur Realisierung des 'Lothringer-Plans' standen die Entscheidungen zur endgültigen Neustrukturierung des Siedlungsraumes in West- und Südwestlothringen an.

---

37 A.D.M. 2 W 5 fol.102-114.
38 A.D.M. 2 W 5 fol.101.

11. PLANUNGEN UND ENTSCHEIDUNGEN ZUR NEUSTRUKTURIERUNG DES LOTHRINGISCHEN SIEDLUNGSRAUMES

Die im November 1940 durchgeführte Vertreibung der frankophonen Bevölkerung und die anschließende Neubesiedlung hatten in West- und Südwestlothringen nur ein Provisorium geschaffen. Die zur Durchführung der endgültigen Siedlungsverfahren notwendige detaillierte Raumordnungsplanung wurde im Dezember 1940 mit der Anforderung fachwissenschaftlicher Untersuchungen und Vorschläge eingeleitet.

Die Raumforschung im Dritten Reich wurde von Walter Christallers Theorie der „hierarchischen Orte" stark beeinflußt. Ausgehend von seinen raumordnungstheoretischen Ansätzen entwickelte Christaller ein umfassendes, zwecklogisches Strukturmodell für die Siedlungsplanung in den annektierten Ostgebieten, das mitprägend für die von Himmler als „Reichskommissar für die Festigung deutschen Volkstums" 1940 erlassenen „Richtlinien für den ländlichen Aufbau in den neuen Ostgebieten" wurde. Grundelemente aus Himmlers „Richtlinien" wurden auch in Bürckels „Grundsätze und Richtlinien für die ländliche Siedlungsplanung in Lothringen" übernommen.

Bei den drei überlieferten Fachplanungen für den lothringischen Siedlungsraum lassen sich zwei unterschiedliche Ansätze erkennen : der agrarwissenschaftliche in den Gutachten von Prof. Münzinger von der Landwirtschaftlichen Hochschule Stuttgart-Hohenheim und von Prof. Rolfes von der Universität Gießen und ein ganzheitlichen, räumlichen Strukturen orientierter Ansatz im 'Groß-Salzburgen-Plan'. Daneben hat auch der Reichsnährstand Untersuchungen zur Siedlungsplanung für Lothringen in Auftrag gegeben, die jedoch nicht überliefert sind[1].

Die Schwerpunkte der Vorschläge nach dem 'Münzinger-Gutachten' wie dem 'Rolfes-Gutachten' lagen in der Bestimmung der Siedlerwirtschaftsflächen, der Betriebsgrößenmischung und der Dorfplanung, woraus unter Einbeziehung der lothringischen Bodenverhältnisse die Wirtschaftsgrundlagen für die Siedlerstellen abgeleitet wurden. Für einen Großteil des Siedlungsgebietes wurden in den Gutachten keine nachhaltig zu erzielenden betriebswirtschaftlichen Erträge nachgewiesen, so daß sich das Untersuchungsergebnis wahrscheinlich an der politischen Absicht des Auftraggebers orientierte.

Der als ganzheitlicher lokaler Raumordnungsplan angelegte 'Groß-Salzburgen-Plan' entstand vermutlich im Umkreis des Gauplanungsamtes als Alternative zu dem später in den „Siedlungs-Richtlinien" verwirklichten Strukturmodell des Landeskulturamtes und weist auf kontroverse Gestaltungsvorstellungen der beiden Dienststellen hin. Als Modellfall für den gesamten Neusiedlungsraum wurde der Ausbau Salzburgens zum gewerblichen Standort und Verwaltungs- und Kulturmittelpunkt in Südwestlothringen und die Einbeziehung der ländlichen Siedlung in diese „Landstadt" vorgeschlagen.

Nahezu unabhängig vom Ablauf des Fachplanungsprozesses traf Gauleiter Bürckel mehrere für die zukünftige Gestaltung des ländlichen Siedlungsraumes in Lothringen wichtige Entscheidungen. Dieser Entscheidungsprozeß setzte ein mit der Einbeziehung des RKFDV in das lothringische Siedlungsprojekt in Form der Bestellung von SS-Gruppenführer Berkelmann als

---

1 Nach Mitteilung des Hessischen Hauptstaatsarchivs, Wiesbaden, vom 4.6.1996 befaßte sich eine von Prof. Neundörfer 1940 gegründete Forschungs- und Planungsstelle im Auftrag des Reichsnährstandes mit Planungen in der „Westmark", die Bestände wurden 1977 der Adam-Stegerwald-Stiftung, Köln übergeben, wo sie nicht mehr vorhanden sind.
In Wiesbaden erhalten ist die Aufgabenstellung umschreibender Kostenvoranschlag der Forschungsstelle (Abt./Nr. 504/7362) :
4.) Umsiedlung und ländliche Neuordnung in der Westmark. (Landesbericht)
Als wissenschaftliche Zusammenfassung der Ergebnisse der Bestandsaufnahmen und Wunschbildfeststellungen des Reichsnährstandes stehen die „Länderberichte" zwischen den rein verwaltungsmäßige Auswertungen und dem Reichsbericht, der Grundlagen der Reichsplanung aufzeigt. Sie haben die Aufgabe, aus der Sicht eines Landes die Gesichtspunkte herauszustellen, die für die ländliche Neuordnung von grundlegender Bedeutung sind. Für die Westmark handelt es sich vor allem darum, die gänzlich verschiedenen Voraussetzungen in den einzelnen Landesteilen klar herauszustellen und die teilweise sehr enge Verknüpfung von Landwirtschaft und Industrie aufzuzeigen."

Bürckels „Bevollmächtigter für die Besiedlung Lothringens", er wurde fortgesetzt mit der Formulierung der die zukünftige Siedlungsplanung bestimmenden „Siedlungs-Richtlinien", einer öffentlichen „Bekanntmachung des Gauleiters" über die Grundsätze der Siedlungspolitik in Lothringen, und als Abschluß dieses Entscheidungsprozesses erließ Bürckel die „Anordnung über die Besiedlung des lothringischen Grenzlandes", in welcher die Ansiedlungsmodalitäten geregelt wurden.

11.1. Exkurs : Siedlungsplanung im Osten

In seiner 1933 vorgelegten geografischen Dissertation über „Die zentralen Orte in Süddeutschland" entwickelte Walter Christaller[2] das „als Theorie der <zentralen Orte> bekannt gewordene Konzept eines hierarchischen, nach bestimmten Gesetzmäßigkeiten strukturierten Siedlungssystems."[3] Ziel dieser „methodisch und inhaltlich zwischen Nationalökonomie und Geographie" liegenden Arbeit war die Auffindung von Gesetzmäßigkeiten in den „funktionalen Beziehungen zwischen Stadt und ländlicher Umgebung"[4], die Christaller in seiner Dissertation mittels umfangreichen Datenmaterials aus Süddeutschland empirisch überprüfte. Die „zentralen Orte" seien nach sich aus dem „Wesen des Raumes" ergebenden „Raumgesetzen"[5] entstanden, woraus auch Fehlentwicklungen wie „ungesunde Industrieballungen" und Landflucht folgern konnten. Die auf wissenschaftlicher Grundlagen von der Raumforschung gewonnenen Erkenntnisse von Gesetzmäßigkeiten in der „Landschaftsgestaltung" konnten zum Entwurf einer „Ideal-Landschaft" dienen, die „ebenso wie die „Idealstadt" die Gestalt eines rationalen, geometrischen Schemas haben sollte.

Christallers Arbeiten, seine „konstruktiv-planerischen Leitgedanken und Ordnungsgrundsätze"[6], übten maßgeblichen Einfluß auf die im Dritten Reich besondere Bedeutung erlangende Raumforschung und Raumplanung aus, und als Mitarbeiter im „Planungsstab Ost" des Chefplaners des SS-Rasse- und Siedlungshauptamtes, Prof. Konrad Meyer, hatte Christaller Gelegenheit, seine theoretischen Erkenntnisse als „operationales Modell einer optimalen Raum- und Siedlungsstruktur"[7] zu erproben.

11.1.1. Christallers Siedlungsmodell

Aus diesen grundlegenden, vorwiegend raumtheoretischen Betrachtungen hat Christaller „Grundgedanken zum Siedlungs- und Verwaltungsaufbau im Osten"[8] abgeleitet, deren Ausgangspunkt eine hierarchisch gegliederte Ortsstruktur war.

Grundlage sollte der „Hof" sein, „auch als <Hufe> zu bezeichnen", die „Familien- und Betriebsgemeinschaft"[9] für 12 Menschen einschließlich „Gesinde und Fachkräfte" mit einer Betriebsgröße von 20 bis 40 ha je nach Bodenbeschaffenheit, drei Höfe sollten als „Nachbarschaft" eine Solidargemeinschaft mit teilweise gemeinsamem Maschinenpark und evtl. auch gemeinsamer Beschäftigung „stärker spezialisierter, verheirateter Fachkräfte" bilden, im „Dorfweiler" seien „etwa 21 Höfe"[10] zu einer „dörflichen Siedlungseinheit" von 250 landwirtschaftlich tätigen Menschen und einem Überbau von weiteren 25 Handwerkern, Ladnern,

---

2 Walter Christaller, 1893-1969, Weltkrieg-I-Teilnehmer, nach Studium der Nationalökonomie Promotion und Habilitation als Geograf, Mitarbeit in der Reichsarbeitsgemeinschaft für Raumforschung, Anfang der 40-er Jahre Mitarbeiter von Prof. Konrad Meyer im Planungsstab Ost, nach dem Kriege Privatgelehrter, viele Veröffentlichungen, Anerkennung seiner grundlegenden Forschungen zur Raumordnung auch im Ausland..
Zusammengestellt nach der Biografie Walter Christallers von Konrad Meyer in : Handwörterbuch der Raumforschung und Raumordnung, Bd.I, Sp. 403 ff.
3 M. Rössler, Raumforschung und Raumordnung, S. 183.
4 K. Meyer, Walter Christaller, Sp.404.
5 W. Christaller, Raumtheorie und Raumordnung, S.119 f.
6 K. Meyer, Walter Christaller, Sp.405.
7 Ebenda.
8 Titel eines 1940 erschienenen Aufsatzes in : Neues Bauerntum 32, S.305-312.
9 Ebenda, S.306.
10 Drei Höfe konnten auch einen „Großhof" bilden, wahrscheinlich ein Zugeständnis an das System der „Wehrbauernhöfe" nach dem „Generalplan Ost".

Kap.11 - Planungen und Entscheidungen zur Neustrukturierung des lothringischen Siedlungsraumes

Gastwirten und in Gemeinschaftseinrichtungen tätigen Personen zusammenzufassen. Als Verwaltungssitz für 6 Weiler war das „Hauptdorf" vorgesehen, das mit bäuerlichen Betrieben, Handwerkern, Verwaltung und Verkehrswesen bei 800 ha Gemarkungsfläche etwa 600 Einwohner zählen sollte, so daß das aus „Hauptdorf" und zugeordneten „Dorfweilern" gebildete „Gruppendorf" unter Einbeziehung einer abgesonderten gewerblichen Siedlung mit 100 ha und 250 Einwohnern etwa 5.500 bis 6.000 ha Gesamtgemarkung und 2.500 Einwohner aufwiese. Ein gutes, sternförmig angeordnetes Wegenetz sollte das gesamte Gebiet durchziehen. Im Hauptdorf befand sich nicht nur der Sitz der Gemeindeverwaltung, sondern auch der Parteiortsgruppe, „der willensmäßigen Organisationsform dieser Gemeinschaft", und die „Feierhalle" als Herz des Gruppendorfes beherbergte neben Schule und Kino die Dienststellen der verschiedenen Parteiorganisationen[11]. Der „Hauptort" war auch der Platz für die Sonntagszerstreuungen der Landbewohner, die wohl vornehmlich in quasimilitärischem Dienst in den Parteigliederungen, Teilnahme an Kundgebungen und Vorführung von Propagandafilmen bestehen werden. Christallers Begriffe „Höfe", „Dorfweiler" und „Haupt- und Gruppendörfer" seien anschließend unter dem Begriff „Basiseinheiten" zusammengefaßt.

Einheit	Zahl der Glieder in Dörfer			Gau	Fläche in qkm	Einwohner zahl	Dichte bei zugehörigen Gruppen	Abstand zum Hauptort in km
	Dorf	Amt	Kreis					
Reichsgau	—	—	—	—	32 400	2 700 000	85	500 000	186
Großkreise	—	—	—	12	3 800	210 000	85	30 000	62
Großämter	—	—	9	110	400	22 500	55	3 000	21
Gruppendörfer	—	9	80	1 000	55	2 500	45	600	7
Dorfweiler	9	80	700	9 000	8	275	35	—	2
Nachbarschaften	8	70	650	5500	70 000	1.0	35	—	—
Hufen	—	—	—	—	—	0.5	12	—	—

Tab.11-1 : Schema der Ortshierarchiestufen
Quelle : Neues Bauerntum 32; 1940. S. 312

Nach dem gleichen „Planetensystem"[12] sollten auch die „höherrangigen Gebietseinheiten", das „Großamt", der „Großkreis" und der „Gau" organisiert werden, so daß ein „groß angelegtes, klar aufgebautes und in sich fest zusammenhängendes Siedlungssystem" entsteht, in welchem der „Raum selbst die Zahl der einer höheren Einheit zuzuordnenden Glieder" vorschreibt : „je 9 Teile bilden stets eine Einheit höherer Ordnung", die in einem Rasternetz gleichmäßig im Raum angeordnet sind[13]. Insgesamt weist Christallers Siedlungsschema gemäß Tab.11-1 auf Gauebene sieben Ortshierarchiestufen auf. Die Zahl der ländlichen Bevölkerung beläuft sich auf 840.000[14] oder 31,1 % der gesamten Gaubevölkerung von 2.700.000, so daß die im „Generalplan Ost"[15] formulierte Vorgabe von 35% in etwa verwirklicht wäre. In die „höherrangigen Gebieteinheiten" müßten umfangreiche gewerbliche Ansiedlungen eingegliedert werden, um die angestrebte Bevölkerungszahl und eine Bevölkerungsdichte von 85 Personen/km² auf Gauebene zu erreichen. Ausgehend von der von Christaller in der Tab.11-1 genannten Gebietsgröße von 32.400 km² darf vermutet werden, daß Christallers Vorschlag konkret auf die Verhältnisse im „Reichsgau Wartheland" bezogen war.

Aus Christallers Darlegungen ergibt sich ein detailliertes, klar gegliedertes *Strukturmodell* mit zwecklogischem Aufbau hinsichtlich Größe der Einheiten und deren Distanz untereinander. Dieses Strukturmodell baut auf einem mathematischen Schema auf, dessen Kern die Zahlen „drei" und „sieben" bilden, diese beiden Zahlen haben jedoch keinen kabbalistischen Charakter, sondern bilden das Ergebnis der empirischen Untersuchungen in Christallers Hauptwerk „Die zentralen Orte in Süddeutschland", und sie sind Grundlage für : 1. den Abstand in km der ländlichen Basiseinheiten zueinander, ebenso wie mit ihrem Vielfachen zu den Orten höherer Stufen und dieser untereinander, 2. die Zahl der in einem Ort höherer Stufe zusammengefaßten Basiseinheiten, und 3. die Anzahl der Ortshierarchiestufen. Von den sieben Stufen werden den drei Basiseinheiten ausschließlich landwirtschaftliche Strukturen zu-

---
11 W. Christaller, Grundgedanken, S.308.
12 Ebenda, S.309.
13 Ebenda, S.312.
14 70.000 Hufen mit je 12 Bewohnern.
15 Einzelheiten zum „Generalplan Ost Februar 1940" wurden in Kap.2 behandelt.

gewiesen, die drei höchsten Stufen dienen nach drei von Christaller für die Bildung „zentraler Orte" formulierten Prinzipien der „Versorgung", dem „Verkehr" und der „Verwaltung"[16], eine Berührung von Stadt und Land erfolgt ausschließlich auf der Stufe des „Hauptdorfes", das ausreichende Elemente der ländlichen Infrastruktur ebenso beherbergt wie einen weitgehend abgegrenzten „Industrie-Weiler", der im heutigen Sprachgebrauch wohl als „Gewerbepark" bezeichnet würde. Diese Segregation von urbanen und ländlichen Strukturen wird von Christaller nicht begründet, ihr liegt vermutlich eine dem nationalsozialistischen Gesellschaftsbild entsprechende Tendenz zugrunde, die ländliche „Idylle" von als negativ beurteilten städtischen Einflüssen abzuschirmen[17].

Für die Basiseinheiten ist grundsätzlich festzuhalten, daß Wohnort und Arbeitsort identisch sind, beruflich induzierter Verkehr also weitgehend vermieden ist.

11.1.2. Richtlinien des RKFDV für den ländlichen Aufbau

Am 26.11.1940 erließ der Reichsführer-SS in seiner Funktion als „Reichskommissar für die Festigung deutschen Volkstums" die „Allgemeine Anordnung Nr.7/II - Betr. Grundsätze und Richtlinien für den ländlichen Aufbau in den neuen Ostgebieten"[18], die im wesentlichen Christallers „Grundgedanken" aufgriff. An die Stelle starrer, von einem Rastersystem diktierter Raumplanung traten jedoch flexible Vorgaben für die Siedlungsplanung[19]. Die Anordnung verzichtete daher konsequenterweise auf die Festlegung von Betriebsgrößen, die sich in der Praxis an den natürlichen und wirtschaftlichen Gegebenheiten orientieren sollten, Voraussetzung war ein „Arbeitsertrag, der der bäuerlichen Familie eine volle Teilnahme am sozialen, kulturellen und wirtschaftlichen Austausch mit den anderen Bereichen der Volksgemeinschaft gewährleistet". Bäuerliche Familienbetriebe sollten innerhalb der Betriebsgrößenmischung „der Zahl nach rund zwei Drittel, der Fläche nach etwa drei Viertel" einnehmen, wurden also gegenüber dem „Generalplan Ost" zu Lasten der „Wehrbauernhöfe" aufgewertet.

Das ländliche Strukturmodell Christallers wurde weitgehend übernommen, die Gemeinschaftsanlagen des Einzeldorfes jedoch durch die Anlage eines „Parteihauses mit kleinerem Feierraum" und „Diensträumen für die Partei, ihrer Gliederungen und angeschlossenen Verbänden (S.37)" erweitert und die ideologische Aufgabe der Ostsiedlung unterstrichen. Für die Dorfanlage ist das „aufgelockerte und planvoll geordnete Haufendorf und das Angerdorf (S.37)" geeignet. Siedlungen für polnische Landarbeiter „sind abseits der deutschen Siedlung (S.37)" zu errichten.

„Die Bauernhöfe des Ostens sollen nicht allein praktische Forderungen erfüllen, sondern auch der sichtbare Ausdruck einer neuen deutschen Bauernkultur sein (S.38).", sie seien daher in

---
16 W. Christaller, Raumtheorie und Raumordnung, S.126 f.
17 R. Messerschmidt, Nationalsozialistische Raumforschung und Raumordnung aus der Sicht der „Stunde Null", S.121. zitiert die Aussage von Prof. Konrad Meyer „Die deutsche Entartung war eine Folge der Großstadtbildung und einer materiellen kapitalistisch-industriellen Entwicklung" - vgl. hierzu auch D. Schoenbaum, Die braune Revolution, Kapitel „Landwirtschaft im Dritten Reich", S.196 ff.
18 Für diese Arbeit lag der Abdruck aus „Neues Bauerntum", Jg. 33 (1941), S.36 ff. vor.
19 Zur praktischen Umsetzung der Planungen im Osten s. Fr. Arlt, Siedlung und Landwirtschaft in Ostoberschlesien, ein 1942 im Auftrag von HTO und RKFDV herausgegebener, Propagandazwecken dienender Bericht.
Nach Anlegen von Bodenschätzungskarten als Grundlage der Siedlungsplanung erfolgte eine Neueinteilung, die teilweise zum Verschwinden bisheriger Siedlungen und die Neuanlage von peripher zu Hauptdörfern angeordneter neuer Dorfsiedlungen führte. Überkommene Besitzgrößen wurden aufgelöst, so daß Betriebe mit einer Mindestgröße von 25 ha als ausreichende Existenzgrundlage der Siedler entstanden. Parallel zur ländlichen Siedlung wurden Infrastrukturmaßnahmen, u.a. der Anschluß an Gas- und Elektrizitätsversorgung, durchgeführt.
Die Bewirtschaftung des Siedlungsgebietes erfolgte treuhänderisch durch die „Ostland", der Siedlereinsatz belief sich am 1.11.1941 auf 2.047 bäuerlichen Familien mit 9.096 Personen sowie 562 bäuerliche Handwerkerpersonen mit 2.226 Personen, die vornehmlich aus Galizien und dem nördlichen und südlichen Buchenland stammten. Im Siedlungsgebiet verblieb Raum für die Ansiedlung von weiteren 5.000 Siedlerfamilien. Einen besonderen Ansiedlungs- und Aufbauschwerpunkt bildete der kriegszerstörte „volksdeutsche" Landkreis Blachstädt (Blachownia) durch die Oberschlesische Landgesellschaft.
Die Darstellung der Siedlungstätigkeit in Ostoberschlesien weist zahlreiche Parallelen zum lothringischen Siedlungsgebiet auf.

solider, jedoch auf moderne Betriebsführung abgestimmter Bauweise zu errichten. Für die Detailplanung wurde auf verschiedene Richtlinien des Reichsministeriums für Ernährung und Landwirtschaft, aber auch anderer staatlicher und Parteidienststellen, verwiesen, die damit Bestandteil der Anordnung wurden.

11.2. Das 'Münzinger-Gutachten'

Im Dezember 1940 beauftragte Gauleiter Bürckel den Agrarwissenschaftler Prof. Münzinger von der Landwirtschaftlichen Hochschule Hohenheim mit der Erstellung eines Fachgutachtens zur ländlichen Strukturgestaltung im lothringischen Siedlungsraum. Die Erstfassung dieses Gutachtens (im folgenden kurz 'Münzinger-Gutachten' genannt) wurde dem Auftraggeber im Herbst 1941 überreicht, die für diese Arbeit vorliegende Neufassung von 1943[20] wurde erforderlich, da die „Siedlungs-Richtlinien" des C.d.Z. vom 14.10.1941 „bindende Vorschriften über die hauptsächlichen Betriebsgrößen und Betriebsgrößenmischungen"[21] enthielten, die von den Vorschlägen der Erstfassung des 'Münzinger-Gutachtens' abwichen, „dasselbe daher an die bereits erfolgte politische Entscheidung anzupassen war".

Das 'Münzinger-Gutachten' besteht aus einem Textteil von 140 Seiten, der in die Hauptabschnitte „Grundlagen und Tatsachen" und „Ziele und Wege" gegliedert ist, sowie einem die Darstellungen des Textteiles illustrierenden Kartenteil mit 40 farbigen Karten und beruht auf drei Arbeitsgrundlagen : 1. den Ergebnissen der Agrarerhebung aus dem Jahre 1929, 2. Kartenmaterial und Daten aus der Reichslandzeit, die weitgehend überholte Strukturen wiedergeben, und 3. den persönlichen Beobachtungen und Untersuchungen des Gutachters während eines einzigen Wirtschaftsjahres. Münzinger weist verschiedentlich darauf hin, daß „wegen tiefgreifenden Eingriffen in das Schicksal von Bauernfamilien (S.3)" bessere Ausgangsdaten und die Beobachtung mehrerer Vegetationsperioden erforderlich wären, um die Ergebnisse des Gutachtens endgültig zu bestätigen oder durch bessere Erkenntnisse zu ersetzen.

11.2.1. „Grundlagen und Tatsachen"

In dem von Münzinger vorgefundenen Zustand bot die lothringische Landwirtschaft infolge Vernachlässigung ihrer Produktionsbedingungen einen „trostlosen und verkümmerten Eindruck (S.16)", neben den Bearbeitungsschwierigkeiten förderte die Landflucht die starke Extensivierung.

Münzinger unterschied sechs teilweise nochmals differenzierte Bodenklassen, die die Grundlage für die Einteilung Lothringens in verschiedene Wirtschaftsgebiete bilden. Als besonders problematisch für die landwirtschaftliche Nutzung wurden die *Keuperböden* im Großteil der Kreise Salzburgen (Château-Salins) und Metz-Land (Metz-Campagne) bewertet, die wegen ihrer Wasserundurchlässigkeit und Schwere ungünstige Bearbeitungsvoraussetzungen böten und „nur in guten Jahren ausreichende Erträge abwerfen, was auch die moderne Technik nicht wesentlich ändern kann". Wegen der geringen Ergiebigkeit wurden Keuperböden in Württemberg überwiegend aufgeforstet. Die *Lias- und Doggerböden* in den übrigen Gebieten wiesen hingegen für die Pflanzenernährung günstigere Voraussetzungen und normale Bearbeitungsgegebenheiten auf.

Die Betriebsflächen seien stark zersplittert, 76.373 Kleinbetriebe unter 5 ha = ca. 83% der Betriebe bearbeiteten nur 25% der landwirtschaftlichen Nutzfläche, 312 Betriebe über 100 ha jedoch 12% der Nutzfläche[22]. Münzinger riet dringend davon ab, die Großbetriebe, „die Pioniere des landwirtschaftlichen Fortschritts", aufzuteilen, da die „in der Bewirtschaftung schwerer Böden noch ganz und gar unerfahrenen Neusiedler...das Beispiel gutbewirtschafteter Höfe besonders dringend brauchen (S.20)". Die vornehmlich für den Weizenanbau genutz-

---
20 A. Münzinger, Lothringen wie es war und wie es sein wird.
21 Im Vorwort, ohne Seitenangabe.
22 Diese Zahlenangaben beziehen sich auf die gesamte lothringische Landwirtschaft, überschlägig dürfte der Anteil des frankophonen Raumes sich auf 40% belaufen.

te Ackerfläche erbrachte mit 15,1 dz/ha in Lothringen deutlich geringere Erträge als im Deutschen Reich mit 21,1 dz/ha. Etwa 10% der Nutzfläche vornehmlich im Tal der Mosel und der Selle (Seille) seien für den Kartoffel- und Futterrübenanbau (Hackfrüchte) geeignet.

Bei der Bodennutzung war der hohe Anteil an *Dauerweiden* bemerkenswert, die wegen des geringen Nährstoffgehaltes, insbesondere wegen Eiweißmangels, jedoch keine ausreichende Beweidung (1937 in Lothringen 29,4 Rinder/100 ha - bei ähnlichen Bodenstrukturen in Württemberg 58 Rinder/100 ha) zuließen und unzureichenden Milchertrag (in Lothringen 1700 l/a, in Württemberg 2071 l/a) erbrachten (S.65).

Besonders in der Umgebung von Metz dominiere der *Obstbau*, die Mirabelle bringe hohe Erträge. Münzinger warnte jedoch vor Flurbereinigungsmaßnahmen in den Obstbaugebieten : „um optimale Ergebnisse zu erzielen, ist .... die Kenntnis der besonderen Eignung des Flurstückes hinsichtlich Klima, erforderlicher Pflege und Düngung erforderlich, die nur durch langfristige Übung erworben wird (S.29)".

Der ganzjährig zu unterhaltende Pferdebestand sei erforderlich, um während der kurzen Bearbeitungsperiode über genügende Spannleistung zu verfügen, so daß die Einrichtung genossenschaftlicher Schlepperstationen von den mit der Pferdehaltung verbundenen Kosten entlasten könne. Erfahrungen in lothringischen Mustergütern belegten Ertragssteigerungen durch zusätzliche Düngung mit Thomasmehl, Chlorkali und Ammoniak sowie durch besseres Saatgut (S.52). Die Milchwirtschaft sei durch Zahlung besserer Preise als Standbein der Siedlerwirtschaften zu fördern (S.67). In der die Analyse abschließenden Feststellung drückt sich erhebliche Skepsis hinsichtlich der zukünftigen Bewirtschaftung des lothringischen Siedlungsgebietes aus: „Es bangt einem außerordentlich vor der Frage, wer soll bei der Notwendigkeit des völligen Neuaufbaus die neuangesiedelten und die altangesiedelten zu einer besseren Technik und zu einem größeren Verständnis für die Auswirkungen der Leistungen auf allen Punkten der Landwirtschaft bringen. Zu alledem gehört ein Heer selbst tüchtiger und erfahrener Berater, und auf einen solchen dürfen namentlich am Anfang nicht allzu große Bezirke kommen (S.65)."

11.2.2. „Ziele und Wege"

Der bäuerliche Familienbetrieb solle die Grundlage der zukünftigen lothringischen Landwirtschaft bilden, welcher je nach Wirtschaftsgebiet 3 1/3 bis 4 3/4 Vollarbeitskräfte und zwar je nach Einzelfall neben den Familienangehörigen bis zu drei fremde Arbeitskräfte beschäftige, wobei die Arbeitsleistung der Bäuerin mit einem Drittel einer Vollarbeitskraft[23] anzusetzen sei. Zur Eindämmung der Landflucht sollten in der Landwirtschaft mit etwa RM 2.000,- jährlich je Vollarbeitskraft gleich hohe Einkommen wie in der Industrie erzielt werden.

Das 'Münzinger-Gutachten' traf richtungsweisende Empfehlungen zu folgenden sechs die Siedlung entscheidend beeinflussenden Faktoren : 1. erforderliche Betriebsflächengrößen, 2. Betriebsgrößengliederung, 3. Dorfplanung , 4. quantitative Ernteerwartungen, 5. erwarteter Arbeitsertrag der Siedler und 6. betriebswirtschaftliche Ergebnisse. Die drei erstgenannten Empfehlungen formulierten Anforderungen an die Siedlungspolitik, um die in den Aussagen 4 bis 6 formulierten Wirtschaftsziele der Siedlungsbetriebe verwirklichen zu können.

Die beiden Fassungen des Münzinger-Gutachtens beinhalten unterschiedliche Vorgaben der *Betriebsflächengrößen* (S.76), die je nach Bodenbeschaffenheit in den Wirtschaftsgebieten variieren, die Fassung von 1943 orientierte sich an den in den „Siedlungs-Richtlinien" vorgegebenen Werten.

Wesentliche Unterschiede zwischen den beiden Fassungen werden bei den von den Bodenverhältnissen besonders kritischen Wirtschaftsgebieten Va, Vb und VI erkennbar.

---

23 Als Folge der im Zuge der nationalsozialistischen Bevölkerungspolitik geförderten Rolle der Bauersfrau als Hausfrau und Mutter.

Kap.11 - Planungen und Entscheidungen zur Neustrukturierung des lothringischen Siedlungsraumes

Gutachten	Fassung von 1941	Fassung von 1943
Wirtschaftsgebiet I	6 - 8 ha	6 - 8 ha
Wirtschaftsgebiet II	13 -15 ha	12 -15 ha
Wirtschaftsgebiet IIa	15 -18 ha	15 -18 ha
Wirtschaftsgebiet III	20 -25 ha	15 -25 ha
Wirtschaftsgebiet IV	20 -25 ha	20 -25 ha
Wirtschaftsgebiet Va	30 -35 ha	25 -28 ha
Wirtschaftsgebiet Vb	30 -35 ha	28 -32 ha
Wirtschaftsgebiet Vc	35 -40 ha	32 -35 ha
Bauernstellen VI/1	--	20 -25 ha
Waldarbeiterstellen VI/2	5 ha	5 - 6 ha

Den jeweiligen Anteil an der landwirtschaftlichen Nutzfläche zeigt die folgende Zusammenstellung (S.76)[24] :

Wirtschaftsgebiet I	7.900 ha =	2,0 %	in	20 Gemeinden
Wirtschaftsgebiet II	27.100 ha =	6,5 %	in	57 "
Wirtschaftsgebiet IIa	10.300 ha =	2,5 %	in	23 "
Wirtschaftsgebiet III	112.700 ha =	27,0 %	in	196 "
Wirtschaftsgebiet IV	21.600 ha =	5,0 %	in	42 "
Wirtschaftsgebiet Va	66.700 ha =	16,0 %	in	122 "
Wirtschaftsgebiet Vb	96.300 ha =	23,5 %	in	174 "
Wirtschaftsgebiet Vc	34.300 ha =	8,5 %	in	49 "
Wirtschaftsgebiet VI	37.000 ha =	9,0 %	in	81 "

Die *Betriebsgrößengliederung* übernahm Münzinger ohne eigene Erläuterung aus den „Siedlungs-Richtlinien" des C.d.Z. vom 14.10.1941 und folgte damit den politischen Vorgaben (S.120) :

	% der Gemarkungsfläche
1. Bäuerliche Betriebe in Form von Familienwirtschaften	65-70
2. Gemeindereservatland	12-15
3. Landwirtstellen	etwa 10
4. sonstige Kleinstellen	5-10

Die unter den Punkten 2 bis 4 nicht spezifizierten Flächen sind für Landarbeiter, für Heimstättensiedlungen von Industriearbeitern, für Privatgärtner und Nebenerwerbstätigkeit der ländlichen Handwerker vorzusehen. Münzinger verzichtete auch auf die Bewertung des Flächenbedarfes der „kleinen Zahl der Betriebe über 50 ha und der noch kleineren Zahl über 100 ha", die „als Rückgrat der bäuerlichen Landwirtschaft in den Gemarkungen zu belassen sind (S.122)".

Radikale Veränderungen sah das 'Münzinger-Gutachten' zur *Dorfplanung* vor. Die typischen lothringischen Dörfer sollten aufgelöst, die Gehöfte an den Verbindungsstraßen locker angeordnet in die Nähe der Felder gebracht werden, um durch kürzere Wege zur rationellen Bewirtschaftung der Betriebe beizutragen. Die mittlere „Gemarkungsgröße" dieser lockeren Siedlungsform wurde mit 550 ha beziffert, so daß nicht in jedem Ort Grundlagen für „Dorfgemeinschaftsanlagen" (S.122) bestehen. Münzinger erwartete, daß sich „Hauptdörfer" als „Sammelpunkt kleiner Dörfer" herausbilden, in denen Handwerker angesiedelt sind, und in denen Gemeinschaftseinrichtungen wie Waschanlagen und Backhäuser das Leben der Landfrauen erleichtern sollten. Zu den Gemeinschaftseinrichtungen rechnete Münzinger auch genossenschaftlich betriebene Maschinenstationen mit ausreichender Ausstattung von an die jeweiligen Bodenverhältnisse angepaßter Landmaschinen sowie die gemeinsame Saatgutzucht. Da die schwierige Bearbeitung der lothringischen Böden gut ausgebildete Bauern erfordere, regte Münzinger die Einrichtung von Beispielwirtschaften besonders tüchtiger Bauern zumindest in jedem Hauptdorf an, die den Neusiedlern ihre Erfahrungen übermittelten.

---
24 Die Prozentangaben beziehen sich auf die gesamte landwirtschaftliche Nutzfläche in Lothringen.

Aus den Angaben des 'Münzinger-Gutachtens' lassen sich für jedes Wirtschaftsgebiet die wesentlichen *Bewirtschaftungsdaten* sowie die *Ernteerwartungen* für je einen idealtypischen Betrieb zusammenstellen (s.Tab.11-1 im Tabellen-Anhang). In dieser Tabelle bezeichnet „Anbau" die zur Kultivierung von Marktpflanzen genutzte Fläche, unter „Weide" wird neben den Dauerweiden auch die für den Anbau von Futterpflanzen bestimmte Fläche verstanden. Beim Vergleich der Flächennutzungsquoten und dem Großviehbestand zeigt sich das Gewicht, das der Viehhaltung in den Wirtschaftsgebieten IV und V beigemessen wird, und die Differenzierung der im Ackerbau erwarteten Hektarerträge nach Wirtschaftsgebieten.

Diese unterschiedlichen Ernteerwartungen drücken sich auch in den Erwartungen des *Arbeitsertrages* der Siedler aus (Tab.11-2 im Tabellen-Anhang). Die Umrechnung auf den Stundenlohn[25] macht die im 'Münzinger-Gutachten' ermittelten Einkommenserwartungen der Siedler in den verschiedenen Wirtschaftsgebieten vergleichbar, die zu erwartenden Stundenlöhne betrugen zwischen RM 0,43 und RM 0,60, letzteres entsprach ungefähr den in der Industrie bezahlten Facharbeiterlöhnen.

Das *betriebswirtschaftliche Ergebnis* ergibt sich aus dem Arbeitsertrag, vermindert um die Kosten der eigenen Lebenshaltung und dem Aufwand für den Kapitaldienst aus dem zur Finanzierung der Siedlerstelle aufgenommenen Darlehen. Die Tab.11-3 (s. Tabellen-Anhang) enthält: die Anzahl der Vollarbeitskräfte je Betrieb, den betrieblichen Arbeitsertrag pro Jahr in RM, zur Ermittlung der Tilgungsfazilitäten sind vom Arbeitsertrag jeweils RM 4.250,- für die Lebensbedürfnisse der Siedlerfamilie[26] in Abzug gebracht. Der jährliche Kapitaldienst in RM ist in Tabelle 14 des 'Münzinger-Gutachtens' ausgewiesen und beschränkt sich auf den Wert des immobilen Bestandes einer Siedlerstelle, läßt das lebende und tote Inventar also außer acht. Insbesondere bei den auf Viehwirtschaft angewiesenen Betrieben der Wirtschaftsgebiete IV und V, dürfte die Kapitalbindung des lebenden Inventars mit weitaus mehr als RM 10.000,- anzusetzen sein. Da außerdem in der Tabelle 14 des 'Münzinger-Gutachtens' ein Zuschuß des Siedlers zum Bodenwert in Höhe von 10% angesetzt ist, erscheint es zweifelhaft, daß das 'Münzinger-Gutachten' die Kosten des Kapitaldienstes realistisch erfaßte.

Während das 'Münzinger-Gutachten' für die Ernteerwartungen gem. Tab.11-1 eine je nach Wirtschaftsgebiet unterschiedliche Anzahl von Vollarbeitskräften nennt, enthält die Tab.11-3 entsprechend den Ausgangsdaten der Tabelle 14 des 'Münzinger-Gutachtens' für die Bestimmung des betriebswirtschaftlichen Ertrages einen gleichbleibenden Ansatz von 3 1/3 Personen[27]. Da höherer Arbeitskräftebedarf den Arbeitsertrag je Betrieb vermindert, reduzieren sich auch die Tilgungsmöglichkeiten. Der Industrielohn von RM 2.000,- p.a. wird nur im Wirtschaftsgebiet II erreicht, im ungünstigsten Fall des Wirtschaftsgebietes Vc ist nach dem 'Münzinger-Gutachten' ein den Kapitaldienst nicht erwirtschaftender Lohn von RM 1.484,- je Arbeitervollperson und Jahr zu erwarten[28]. Die Berechnung des betriebswirtschaftlichen Ergebnisses scheint daher zumindest für die drei Wirtschaftsgebiete IV, Va+b und Vc auf unsicherer Grundlage zu stehen.

11.2.3. Besondere Aspekte des 'Münzinger-Gutachtens'

Die Analyse des Ist-Zustandes im Abschnitt „Grundlagen und Tatsachen" ist deutlich gekennzeichnet von vorsichtig-zurückhaltender Bewertung der Möglichkeiten der landwirtschaftlichen Nutzung der durch Keuperböden geprägten Wirtschaftsgebiete IV und V, teilweise klingt sogar eine indirekt und vorsichtig formulierte Warnung vor der Siedlungstätigkeit in diesen Gebieten durch, als Alternative wird die großflächige Aufforstung der durch Keuperböden gekennzeichneten Wirtschaftsgebiete in Lothringen angedeutet.

---
25 Vom Verfasser ergänzt.
26 'Münzinger-Gutachten', S.104.
27 Drei Vollerwerbskräfte und die mit einem Drittel angesetzte Arbeitskraft der Bäuerin, s. hierzu auch Anm.23.
28 Der Ertrag der Feldfrüchte wird von Münzinger im WG IV, im WG Va-b und im WG Vc in voller Höhe angesetzt, obwohl das 'Münzinger-Gutachten' auf S.32 aussagt, daß infolge der schwierigen Bodenverhältnisse „von drei Anbaujahren eines ausfällt", was weitere Unsicherheit in die Berechnungsgrundlagen des 'Münzinger-Gutachten' bringt.

In der Synthese „Ziele und Wege" wird diese Alternative jedoch nicht mehr aufgegriffen. Die Untersuchung beschränkt sich auf die Durchrechnung wirtschaftlicher Daten zur landwirtschaftlichen Nutzung auch der marginalen Nutzflächen. Durch nachträgliche Abweichung von selbstformulierten Prämissen, Veränderungen der Rechenbasis und unzureichender Gewichtung von Imponderabilien stellt das Gutachten wirtschaftliche Ergebnisse in den Wirtschaftsgebieten IV und V in Aussicht, die zwar keineswegs brillant, jedoch wirtschaftlich vertretbar erscheinen, bei konsequenter Berücksichtigung aller relevanten Faktoren jedoch als unrealistisch zu beurteilen sind.

Da etwa 80% der landwirtschaftlichen Nutzfläche im lothringischen Siedlungsgebiet den marginalen Wirtschaftsgebieten IV und V zuzuordnen war, deren landwirtschaftliche Nutzung betriebswirtschaftlich offensichtlich langfristig defizitär war, andererseits es der feststehende politische Wille von Gauleiter Bürckel war, die Siedlungstätigkeit in Lothringen durchzuführen, folgten die Aussagen des 'Münzinger-Gutachtens' weitgehend der politischen Opportunität.

Von politischen Rücksichten geprägt sind auch Münzingers Empfehlungen hinsichtlich der Dorfplanung und der Betriebsgrößen. Die bisherige kleinbäuerliche Agrarstruktur sollte zugunsten mittlerer Betriebsgrößen radikal verändert werden, die geplante „Standardisierung" von Dorf- und Betriebsgrößen konnte auf die bestehenden Siedlungen kaum übertragen werden, so daß konsequenterweise die bisherigen Dörfer aufzugeben und neu zu errichten wären, aus Münzingers Dorfplanung resultierte eine völlige Neuordnung der ländlichen Siedlungsstruktur in Lothringen. Das bisherige, wirtschaftlich weitgehend autarke soziale Gebilde „lothringisches Bauerndorf" sollte aufgelöst, seine vielfältigen, gewachsenen Funktionen neu geordnet und aus der persönlichen Verantwortung in erheblichem Umfange in Gemeinschaftsordnungen überführt werden.

Ein durchgängiges *Strukturmodell*, wie es gemäß Abschnitt 11.1.1 von Christaller für die Ostsiedlung entworfen wurde, ist im 'Münzinger-Gutachten' nicht zu erkennen. Dörfliche Strukturen werden nur angedeutet ohne detaillierte Angaben hinsichtlich der idealen Größe und ihrer Zuordnung im Raum, lediglich in der Konzentration der ländlichen Infrastruktur auf sogenannte „Hauptdörfer" sind Elemente von Christallers Konzept der „zentralen Orte" zu erkennen. Über die Ebene „Hauptdorf" hinausgehende Strukturierungen werden nicht erwähnt, was den vorwiegend agrarwissenschaftlichen Charakter des Gutachtens unterstreicht. Die bei Christaller augenfällige Segregation von Stadt und Land durchbricht das 'Münzinger-Gutachten' durch die Bereitstellung von Land für Arbeiter-Heimstättensiedlungen, ohne Hinweis darauf, ob für die Arbeiter im Wohnort Gewerbebetriebe angesiedelt oder diese als Pendler außerhalb des Wohnortes beschäftigt werden sollten. Münzinger äußerte sich auch nicht zur Anlage der erforderlichen Verkehrswege.

Die von Münzinger empfohlenen Gemeinschaftseinrichtungen orientierten sich am nationalsozialistischen Gedankengut der Volksgemeinschaft, sie sind nicht aus sich heraus funktionsfähig, sondern erforderten besondere Organisationsformen mit Lenkungs- und Führungsorganen, für deren Besetzung Partei- und Verbandsfunktionäre, Ortsbauernführer und Ortsgruppenleiter geeignete Kandidaten darstellten. Diese Einrichtungen konnten zum Vehikel einer umfassenden Politisierung des ländlichen Raumes und der Vereinnahmung seiner Bewohner durch die NS-Ideologie entwickelt werden.

11.3. Das 'Rolfes-Gutachten'

Die für diese Arbeit vorliegende Abschrift des 28 Schreibmaschinenseiten umfassenden Gutachtens[29] von Max Rolfes, Professor am Institut für Betriebslehre und Agrarpolitik der Universität Gießen, im folgenden kurz 'Rolfes-Gutachten' genannt, ist nicht datiert. Da Befragun-

---

29 A.D.M. 2 W 1, fol.25 bis 52. „Gutachten zur Betriebsgrößenmischung bei der landwirtschaftlichen Siedlung in den Neusiedlungsgebieten Lothringens." Die angegebenen Seitenzahlen folgen der Original-Paginierung.

gen von Ortsbauernführern in Lothringen als Grundlagen genannt werden, ist als frühester Zeitpunkt für die Datensammlung November/Dezember 1940 anzusetzen. Das Gutachten „behandelt die Siedlungsfragen in den Kreisen Diedenhofen-West, Metz-Land, Salzburgen und Saarburg" (S.1), ist also auf den Neuordnungsraum beschränkt.

Einen Hinweis auf den Auftraggeber enthält das 'Rolfes-Gutachten' im Gegensatz zum 'Münzinger-Gutachten' nicht. Rolfes Mitarbeit an dem von Prof. Konrad Meyer geleiteten „Agrarstatistischen Ausschuß"[30] sowie im Gutachten verwendeten, dem SS-Jargon zuzuordnende Formulierungen wie „Hufe" statt „Betrieb" und „Herd" statt „Haushalt" rücken Rolfes in die Nähe der SS und lassen als Auftraggeber des 'Rolfes-Gutachten' den RKFDV vermuten.

Wie im 'Münzinger-Gutachten' bildete die Bodenbeschaffenheit den Ausgangspunkt der gutachterlichen Überlegungen : die flachen, schweren Böden der westlichen Hochfläche sowie *Keuperböden* im größeren Teile des Kreises Salzburgen und im Ostteil des Kreises Metz-Land (lothringische Zentralplatte) böten erhebliche Bearbeitungsschwierigkeiten bei mäßigen und unsicheren Erträgen, „in schlechten Lagen ist von der Einrichtung von Bauernhöfen im allgemeinen abzuraten (S.21)", diese Gebiete seien zur Aufforstung geeignet. Das Moselgebiet sei teils Obst- und Gemüseanbaufläche, teils bestes bis durchschnittliches Acker- und Weideland, und die Muschelkalkzone der oberen Saar ermögliche bei normalem Bewirtschaftungsaufwand Acker- wie Weidenutzung, im Vogesenvorland werde zusätzlich Waldwirtschaft betrieben.

Als Folge der extensiven Nutzung würden im Vergleich zu den benachbarten „Altreichsgebieten (S.5)" unterdurchschnittliche Erträge erwirtschaftet, die Ursache der geringen Milchleistung sei „in der ungünstigen Preisentwicklung, und nicht in unzureichenden Futterverhältnissen zu suchen (S.6)".

Wesentliche Voraussetzung für die Schaffung lebensfähiger Betriebsgrößen bilde eine Verbesserung der Betriebseinrichtungen, die Modernisierung der Hofgebäude, der vermehrte Einsatz technischer Hilfsmittel, besonders von Ackerschleppern und Melkmaschinen, Bodenentwässerung und Flurbereinigung und schließlich leistungsfähige Einrichtungen und Organisationen zur Vermarktung der Produkte, insbesondere der Milchprodukte (S.14). Die Zukunft der lothringischen Landwirtschaft sah Rolfes vornehmlich in der Viehwirtschaft, „da die Nachbargebiete einen äußerst aufnahmefähigen Markt für Milch, Molkereierzeugnisse und Fleisch (S.14)" darstellten. Klima und Weiden förderten auch die Entwicklung zu Lieferanten für Zuchtpferde und Zuchtrinder.

Die benachbarten Ballungsräume wirkten auf die Struktur im ländlichen Raum zurück. Dieser sei Wohngebiet für die Gruben- und Hüttenarbeiter im Raume Diedenhofen, für welche Heimstätten mit der Selbstversorgung dienendem Umland von 1 bis 2 ha vorzusehen seien, das Einzugsgebiet der Stadt Metz erstrecke sich bis zu 20 km in das Kreisgebiet, und die Tagespendler betrieben Hobbygärten und Kleintierzucht. Neben den Vollerwerbsbetrieben würden Stellen für Land- und Waldarbeiter, ländliche Handwerker und Nebenerwerbsbetriebe sowie ausreichende Nutzflächen für Obst- und Gartenbaubetriebe benötigt. Diese örtlichen Besonderheiten seien bei der *Betriebsgrößengliederung* zu berücksichtigen, das 'Rolfes-Gutachten' schätzte den Anteil der für diese Zwecke zu reservierenden landwirtschaftlichen Nutzfläche auf 20%. Die *Betriebsflächengröße* orientierte sich an der Bodenqualität und variiert zwischen 20 ha in bester Lage im Moselgebiet und 32 ha auf der westlichen Hochfläche.

Detaillierte Angaben zur *Dorfplanung* fehlen bei Rolfes, an Gemeinschaftseinrichtungen wurde nur die Einrichtung genossenschaftlicher Schlepperstationen empfohlen. Die Dorfbevölkerung sei durch "1 Gastwirt, 1 Schmied, 1 Werkstättenbesitzer, 1 Stellmacher, 1 Fuhrunternehmer, 2 Bauhandwerker (S.28)" zu ergänzen, ebenso wie Ott sah Rolfes die Notwendigkeit zur Schaffung von sozialen Zentren und einem Angebot an Dienstleistungen in den ländli-

---

30 Ausweislich einer in der Bibliothek des Agrarbetriebswirtschaftlichen Instituts der Universität Gießen vorliegenden Broschüre über die Sitzung der „Reichsarbeitsgemeinschaft der Landwirtschaftswissenschaft" vom 5.6.1944.

chen Gemeinden.

Die Angaben über *quantitative Ernteerwartungen* sind gegenüber dem 'Münzinger-Gutachten' wenig detailliert, der erwartete *Arbeitsertrag* differiert innerhalb der Wirtschaftsgebiete nicht und wird einheitlich mit jährlich RM 2.500 angesetzt. Ein *betriebswirtschaftliches Ergebnis* ist im 'Rolfes-Gutachten' nicht besonders erwähnt.

Das 'Rolfes-Gutachten' beschreibt in knapper Form Art und Ursachen der in der lothringischen Landwirtschaft bestehenden Probleme und bietet in sehr allgemein gehaltener Form auch Lösungsmöglichkeiten an, unmittelbare Realisierungsansätze sind daraus nicht zu entnehmen.

Nicht nachvollziehbar mangels detaillierter Ausführungen sind die Angaben zu Ernte- und Ertragserwartungen, die sich auf der Erwartung erheblicher Mengensteigerungen gründen, bei Milch beispielsweise soll sich die Leistung von 1.700 l/Kuh/a auf 2.500 bis 2.800 l/Kuh/a also um etwa 75% erhöhen. Da der hierzu erforderliche Arbeitszeitaufwand nicht dargestellt ist, ist auch die Ableitung der erforderlichen Betriebsflächengrößen für die einzelnen Lagen nicht nachvollziehbar. So verfestigt sich der Eindruck, daß das Ergebnis der Hofgrößen und Betriebsgrößenmischung im voraus feststand.

Letztere Aussage gilt vor allem für die „Großbauernhöfe" mit 65 ha Betriebsgröße, die in der *Betriebsgrößengliederung* zahlenmäßig im Verhältnis 1 zu 10 zu den „Hufen" vorgesehen sind und denen mit 13 % der Gemarkungsfläche ein Anteil von knapp 20% der insgesamt im Vollerwerb genutzten Fläche von 69% der Gemarkungsfläche zugewiesen wird. Das Gutachten enthält keine Angaben über den Zweck dieser Einrichtungen und die geforderten Qualifikationen der Besitzer. Die Analogie zu den im „Generalplan Ost" vorgesehenen „Großhöfen" (Wehrbauernhöfe), die an SS-fähige Eigentümer verliehen werden sollten, ist evident.

11.4. Der 'Groß-Salzburgen-Plan'

Es sei daran erinnert, daß die ländliche Siedlung in Lothringen Teil eines politischen Gesamtkonzeptes war : neben der „Neubildung deutschen Bauerntums", der Ansiedlung bäuerlicher Siedler, sollten im ländlichen Raum Heimstätten für in neuanzusiedelnden gewerblichen Unternehmen tätige deutsche Arbeitskräfte entstehen. Der 'Groß-Salzburgen-Plan' entwickelte eine alle an der Verwirklichung dieses Gesamtkonzeptes teilhabenden Bereiche, Landwirtschaft, Gewerbe und Dienstleistung, integrierende Raumplanung.

Der folgenden Darstellung liegt die als „Streng vertraulich" bezeichnete Abschrift „Der Groß-Salzburgen-Plan, 2. Entwurf, 1. August 1941"[31], ohne Verfasserangabe, zugrunde. Zur Verdeutlichung des dem Plan zugrunde liegenden Konzeptes sei die „Vorbemerkung" (S.3) wörtlich wiedergegeben :

„Der Groß-Salzburgen-Plan ist ein Teil des Lothringer-Plans[32], dessen Kenntnis hier vorausgesetzt wird.

In dem menschenleeren Vorsprung Lothringens nach Frankreich hin soll, nach der hier vertretenen Auffassung, möglichst sofort ein Versuch mit einem neuartigen Aufbau einer Landschaft, einer neuartigen Menschen- und Raumordnung, gemacht werden, um das Funktionieren eines dabei entstehenden völkischen und wirtschaftlichen Organismus klar und eindeutig erproben zu können."[33]

Ziel des 'Groß-Salzburgen-Plans' war die Schaffung einer „Großgemeinde (Stadt-Landschaft)", in der sich um eine Landstadt mit 5.000 Einwohnern zehn Gemeinden mit je 1.000 Einwohnern gliedern sollten. Die Siedlungsfläche betrug 12.000 ha, bei einer Gesamtbewohnerzahl von 15.000 belief sich die angestrebte Bevölkerungsdichte auf 125 Einwohner/km² oder fast das Vierfache der Vorkriegsbevölkerung. Zur geplanten Landstadt „Groß-Salzburgen" sollten außer der Stadt Salzburgen (Château-Salins) die Gemeinden Almerichshofen

---
31 A.D.M. 2 W 3, fol.3-49 (Original S.1-47). Die Seitenzahlen im Text beziehen sich auf die Original-Paginierung.
32 Einzelheiten zu dem im 'Groß-Salzburgen-Plan' im Anschluß an die zitierte Textpassage fragmentarisch überlieferten 'Lothringer-Plan' siehe Kap.6.
33 Unterstreichungen im Original

(Amélécourt), Hudingen (Hampont), Kambrich (Chambéry), Kolters (Coutures), Mettwich (Moyenvic), Morsheim (Morville-lès-Vic), Pütten (Puttigny), Salzdorf (Salonnes), Wassingen (Vaxy) und Wich (Vic) gehören[34].

Nach dem Modell der „Großgemeinde Salzburgen" sah der 'Groß-Salzburgen-Plan' im gesamten Siedlungsgebiet in West- und Südwestlothringen die Errichtung von 25 gleichartigen „Stadt-Landschaften" vor[35].

Bei der Darstellung der *Zielperspektiven* mag überraschen, daß eine Planung aus der NS-Zeit unter dem Motto „Ausgangspunkt für alle unsere Planungen kann immer nur der Mensch sein (S.5)" steht, die anschließenden Darlegungen verdeutlichen jedoch, daß Planungsziel nicht der selbstbestimmte, sondern der einem nationalsozialistischen Ideal entsprechende, fest in die „Volksgemeinschaft" eingebundene Menschentyp war. Berufs- und standesübergreifende Durchmischung der Wohn- und Siedlungsräume sollte zum Erlebnis der Volksgemeinschaft und damit zur Überwindung der durch die Industrialisierung im 19. Jhdt. entstandenen Klassenschranken führen.

Salzburgen und West-Lothringen bildeten das zukünftige „Tor zum Reich", eine ausgesuchte Bevölkerung, „die Wucht der industriellen Anlagen und die Stärke der landwirtschaftlichen Betriebe" sollten die „Unangreifbarkeit dieses Reiches" versinnbildlichen, an die Stelle des „Wall(s) aus Eisen und Beton" der „dichte und hochwertige Menschenwall (S.7)" treten, die Verbindung zu Bürckels „Westmark-Mythos" ist evident.

Die entstehende „Stadt-Landschaft" vereinigte „alle Vorzüge des städtischen Lebens mit demjenigen des Landes (S.8)", von der engen Verflechtung der städtischen Einrichtungen mit dem ländlichen Leben wurde eine Unterbindung der Landflucht erwartet. Jeder Bewohner dieser Großgemeinde sollte auch ein Stück Boden selbst bebauen, die Volksgesundheit durch körperliche Arbeit und natürliche Ernährung gesteigert werden. Da sich in den herkömmlichen, 200 bis 300 Einwohner zählenden Dörfern infolge ihrer beruflich einseitigen Zusammensetzung keine echten Gemeinschaften bildeten, sollten die in den „Großgemeindeverband" eingegliederten Landgemeinden 1.000 Einwohner und eine gesunde, „durcheinandergewürfelte" Bevölkerungsstruktur aufweisen, der „Assimilierungsprozeß" an die angestrebte Volksgemeinschaft konnte dort praktisch erlebt und verinnerlicht (S.9) werden. Volksschule, ehrenamtliche Gemeindeverwaltung, Handwerker und Einzelhandelsbetriebe bildeten die unverzichtbare gemeindliche Infrastruktur, die durch weiterführende Schulen, Behörden und Gewerbebetriebe im Zentrum der Landstadt ergänzt wurden.

Übergeordnetes Ziel des 'Groß-Salzburgen-Plan' war der systematische Aufbau eines „deutsch-lothringischen Volkstums" durch „Heranführen ganz neuer Bevölkerungsschichten und ihre Zusammenfassung zu einem einheitlichen Volkskörper" (S.26). Nach Bereinigung der „Restbestände des sogenannten lothringischen Volkes", müßten die Ausländer „gegen wertvolle Volksdeutsche ausgetauscht" werden (S.28), die restlichen Volksteile in den „stärkeren neuen Verbänden aufgehen"[36].

Die *Wirtschaft* Groß-Salzburgens sollte völlig neu strukturiert werden.

Mit Rücksicht auf die begrenzten Transportkapazitäten sei regional ausgerichteten Industrieunternehmen der Vorzug vor Betrieben mit überregionaler Absatzbasis zu geben (S.11), bevorzugt sollten örtliche Rohstoffe weiterverarbeitet werden, Textilbetriebe für Frauen geeignete Leichtarbeitsplätze anbieten. „Auch das Handwerk wird im Großversuchsfeld Groß-Salzburgen neuartige Züge aufweisen" (S.20). Große, leistungsfähige Betriebe bedienten sich

---
34 Mit der Einbeziehung der Orte Kambrich, Salzdorf, Wich und Mettwich wurden die durch die Gemeindereform vom Februar 1941 neu gezogenen Stadtgrenzen Salzburgens überschritten.
35 Nach dem Schema des 'Groß-Salzburgen-Plan' wären damit 275 der 355 neuzubesiedelnden Orte in den „Stadt-Landschaften" aufgegangen. Der Plan ignoriert die Zuordnung der restlichen 80 Orte völlig.
36 Diese Formulierung greift die im 'Lothringer-Plan' enthaltene Zielsetzung einer strukturellen Assimilierung der nichtvertriebenen Lothringer auf.

Kap.11 - Planungen und Entscheidungen zur Neustrukturierung des lothringischen Siedlungsraumes

moderner Methoden und Maschinen und waren gemäß den sozialpolitischen Vorstellungen Gauleiter Bürckels in der Lage, den sozialen Status ihrer Belegschaften zu heben. Daneben sollte der Handwerker als Nebenerwerbsbauer oder Schrebergärtner „an der Bebauung des Bodens teilhaben" (S.21).

In der Landwirtschaft sollten Vollerwerbs- und Nebenerwerbsbetriebe entstehen, als Voraussetzung für erfolgreiches Arbeiten wurden umfangreiche Meliorationen und moderne Ausstattung der Betriebe gefordert. Im Stadtgebiet Salzburgen sollten 30 Erbhöfe und 25 Kleinlandwirtstellen, in den Landgemeinden je 1 Großbauernhof, je 30 Erbhöfe und je 25 Kleinlandwirtstellen Platz finden[37].

Die durch die „vorläufige landwirtschaftliche Besiedlung....in den letzten Monaten" aus Saar und Pfalz nach Lothringen verbrachten „Kleinlandwirte, Landarbeiter, Industriearbeiter" konnten die anstehenden volkstumspolitischen Aufgaben nicht lösen : „Wir brauchen bei den vollständig neuen Gemeindebildungen in Lothringen besondere Führungsschichten, stärkere, in ihrer Zusammensetzung bereits erprobte Siedlungskerne, Siedlungszellen von denen aus sodann die größeren Lebensgemeinschaften geformt werden können, von denen sie gleichsam ihr Gepräge, ihren 'Typus' erhalten" (S.28). Angeblich bestand im rheinischen Raum[38] bei gediegenen Bauernfamilien Interesse an einer Ansiedlung in Lothringen, die es durch eigenen Fleiß und Tüchtigkeit zu etwas bringen wollten und denen ist „in erster Linie ein genügend großes und billiges Stück Land zur Verfügung zu stellen...Eine <schlüsselfertige Bauernsiedlung> ist in der Regel kein geeignetes Anziehungs- und Auslesemittel."[39]

Mittels Presse und Rundfunk, schriftliche und mündliche Aufklärungsarbeit von Partei und Behörden sollte im Westen und Süden des Reichs zur Mobilisierung von Freiwilligen (S.30) aufgerufen werden, unter denen ein „vom Gauleiter und Chef der Zivilverwaltung bestellter Ausschuß die letzte Entscheidung (S.31)" träfe.

Zum Zeitpunkt der Erstellung des 'Groß-Salzburgen-Planes' Mitte 1941 war die ohnehin geringe Bevölkerungszahl im Kreis Salzburgen (Château-Salins) gemäß dem vom RKFDV erstellten „Kreis-Ermittlungsbogen"[40] auf 22.000 Menschen, davon 3.000 polnische Landarbeiter und 1.000 sonstige Ausländer, zurückgegangen. Dieser Bevölkerungsrückgang hatte bedenkliche Mängel der Infrastruktur zur Folge, die durch das geplante *Strukturmodell* behoben werden sollten, der 'Groß-Salzburgen-Plan' stellt konsequent die Funktionen der Landstadt als Gewerbe- und Verwaltungszentrum für die nachgeordneten Landgemeinden in den Vordergrund.

Wie Christallers Strukturmodell für den Siedlungsraum im Osten, basiert auch der 'Groß-Salzburgen-Plan' auf einem schematisierten, sich im Raum reproduzierenden Rastersystem, zwischen den beiden Strukturmodellen besteht jedoch ein fundamentaler Unterschied : Chri-

---

37 Insgesamt sah der 'Groß-Salzburgen-Plan' also auf der Gemarkung der Landstadt Salzburgen die Errichtung von 10 Großhöfen, 330 Erbhöfen und 220 Kleinlandwirtstellen vor, die 12.375 ha Ackerland bewirtschaften sollten. Zumindest in den Gemeinden Gerbertshofen, Lubenhofen und Almerichshofen hätte die Ackerfläche die Gemeindefläche bei weitem übertroffen.
Hochgerechnet auf 25 Landstädte hätten in West- und Südwestlothringen 250 Großhöfe und 8.250 Erbhöfe, also bedeutend mehr als die von Bürckel geplanten 5.000 Siedlerstellen eingerichtet werden müssen, die von diesen bewirtschaftete Fläche hätte die Gesamtfläche des Vertreibungsgebietes übertroffen.
Diese Zahlenangaben mögen belegen, als wie wenig substantiiert der 'Groß-Salzburgen-Plan' aufzufassen ist.
38 Im Frühjahr 1941 ließ Himmler Planungen für den Bau eines Schlepperwerkes (Rugesa) in der Umgebung von Waldbröl im Rheinland erstellen, dessen erheblicher Flächenbedarf die Umsiedlung zahlreicher Bauernfamilien erforderlich gemacht hätte. Der 'Groß-Salzburgen-Plan' spielt auf die Möglichkeit an, aus diesen Umsiedlern einen Siedlungskern in Lothringen zu bilden, der den Nachzug weiterer Ansiedler zur Folge haben sollte. Das Rugesa-Projekt zerschlug sich jedoch. - s. hierzu Aktenvermerk Nießens LA Saar, LKA 437.
39 Diese gegen eine siedlungstechnische Planung gerichtete Bemerkung steht in vollem Gegensatz zur zuvor erhobenen Forderung nach umfangreichen Meliorationen und Modernisierung in der Landwirtschaft, die ohne Planung und finanzielle Vorleistungen der öffentlichen Hand nicht erbracht werden konnten. Auch dieser Widerspruch spricht für die mangelnde Logik im 'Groß-Salzburgen-Plan'.
40 A.D.M. 2 W 3, fol.9 ff. Adressat war der RKFDV, Berlin, die Zusammenstellung verfügbarer statistischer Daten und allgemeiner Informationen erfolgte nach einem wahrscheinlich in den annektierten Ostgebieten entwickelten Schema.

staller ging von einem landwirtschaftlich geprägten Umfeld aus, seine „Basiseinheiten" waren von den städtischen Strukturen bewußt segregiert, und selbst an der schmalen Schnittstelle „Hauptdorf" wurde das urbane Element „Industrieweiler" eher ausgegrenzt als integriert. Der 'Groß-Salzburgen-Plan' verzichtete hingegen völlig auf die Schaffung ländlicher „Basiseinheiten", verkürzte die Ortshierarchie von Christallers sieben auf vier Stufen (Landgemeinde, Landstadt, Kreisstadt, und die außerhalb des Planungsraumes gelegene Gauhauptstadt) und durch Integration landwirtschaftlicher wie gewerblicher Betriebe in die Landgemeinde als Basisstufe des Systems sollte eine völlige Durchmischung ländlicher und städtischer Strukturen erfolgen. Selbst in den Landgemeinden stellten die in der Landwirtschaft Tätigen nur 460 von 1.000 Einwohnern, und wiederum in Gegensatz zu Christallers Identität von Arbeits- und Wohnort bot der 'Groß-Salzburgen-Plan' nicht allen Bewohnern der Landgemeinden Arbeitsplätze und setzte ein auf regen Tagespendlerverkehr ausgerichtetes Straßensystem voraus.

Der sich als Symbiose zu verstehenden, nahezu perfekten Aufgabenteilung zwischen Landgemeinden und Landstadt entsprach die weitgehende Autarkie des Strukturmodells. Der 'Groß-Salzburgen-Plan' wies keine Schnittstellen zu den übrigen der insgesamt 25 geplanten „Stadtlandschaften" und den höheren Ortshierarchiestufen, den Kreisstädten oder der Gauhauptstadt aus.

Der oder die Autoren des 'Groß-Salzburgen-Plans' sind nicht überliefert, Elemente des Inhaltes lassen die *Urheberschaft*[41] jedoch im Umkreis des Gauplanungsamtes und seines Leiters, Oberbaurat Weber, suchen. Der Inhalt läßt eine ungewöhnliche Vertrautheit mit den Methoden und Ausdrucksmitteln der Raumforschung und Raumplanung erkennen, die in diesem Umfange in der Westmark wohl nur im Umkreis der Landesplanung zu finden war.

Im Gegensatz zum 'Münzinger-Gutachten', der als unbefriedigenden, zu ändernden Ist-Zustand die Vernachlässigung der lothringischen Landwirtschaft in der französischen Zeit ansah, kritisierte der 'Groß-Salzburgen-Plan' Mißstände bei den im bisherigen Verlauf der Neubesiedlung durchgeführten Maßnahmen, mangelnde Eignung der meisten Neusiedler und das fehlerhafte Neukonzept der Bauernsiedlung. Der Lösungsvorschlag, die landwirtschaftliche Siedlung in die freie Verantwortung der Ansiedler zu legen, machte die siedlungsplanerische Aufgabenstellung der Bauernsiedlung Westmark und des dieser übergeordneten Landeskulturamtes weitgehend obsolet, und hätte die Planungskompetenzen der ländlichen Siedlung als nahezu nachrangige Aufgabe wegen der unauflöslichen Verflechtung mit den Planungen für gewerbliche Ansiedlungen auf die Gauplanungsbehörde verlagert.

Den aller Wahrscheinlichkeit nach von Oberbaurat Weber favorisierten 'Groß-Salzburgen-Plan' als planerische Alternative zu dem vom Leiter des Landeskulturamtes, Oberregierungsrat Dr. Nießen, favorisierten 'Münzinger-Gutachten', aufzufassen, von welchem sich der Kern von Bürckels „Siedlungs-Richtlinien" ableitet, ist gleichbedeutend mit der Vermutung, daß beide Mitarbeiter Bürckels als Konkurrenten bei der Entscheidung um die Leitungsposition bei der Siedlungsplanung in Lothringen zu betrachten sind. Die in Verbindung mit der „Wiederaufbauplanung" in der „roten Zone" der Saarpfalz zum Ausdruck gekommenen Spannungen zwischen Gauplanungsamt und Landeskulturamt, die durchaus auf deren Amtsleiter zu übertragen sind, könnten im Konkurrenzkampf um die Leitung der lothringischen Siedlungsplanung eine Parallele finden.

11.5. Bürckels Entscheidungen zur Neustrukturierung des lothringischen Siedlungsraumes

Die von der Bauernsiedlung im Rahmen ihres treuhänderischen Bewirtschaftungsauftrages vorgenommene Einsetzung von Wirtschaftern in den beschlagnahmten Anwesen der vertrie-

---

41 Eine Autorenschaft des Metzer Ansiedlungsstabes des RKFDV, für die die Verwendung von im „Kreisermittlungsbogen" des RKFDV zusammengetragenen Wirtschafts- und Bevölkerungsdaten sprechen könnte, läßt sich mit Sicherheit verneinen, da eine Dienststelle des RKFDV die im 'Groß-Salzburgen-Plan' Gauleiter Bürckel vorbehaltenen Kompetenzen in die organisationseigene Hierarchie verlegt hätte.

benen frankophonen Landeigentümer stellte lediglich eine Übergangsphase in der „Lösung der lothringischen Siedlungsfrage"[42] dar. Die endgültige Ansetzung deutscher ländlicher Siedler und die Schaffung von Heimstätten für Arbeitersiedler im Rahmen des 'Lothringer-Plans' setzten eine grundlegende Neustrukturierung des Siedlungsraumes in West- und Südwestlothringen voraus.

Zwecks Verwirklichung dieses Zieles traf Bürckel in knapper Jahresfrist drei wesentliche Entscheidungen : 1. die Bestellung von SS-Gruppenführer Berkelmann zu seinem „Bevollmächtigten für die Besiedlung Lothringens", welche die Rekrutierungsbasis zwecks Intensivierung der Besiedlung erweiterte. Anlaß und wesentlicher Inhalt des Auftrages an Berkelmann sollen im folgenden Kap.12 dargestellt und erläutert werden, es sei jedoch besonders betont, daß die Bestellung Berkelmanns einen Teil des gesamten Entscheidungspaketes bildet, dessen zentrales Element 2. die Festlegung der „Grundsätze und Richtlinien für die ländliche Siedlungsplanung in Lothringen", im folgenden kurz als „Siedlungs-Richtlinien" bezeichnet, zur Neustrukturierung des lothringischen Siedlungsraumes darstellt, die durch die „Bekanntmachung des Gauleiters" in der NSZ vom 25./26.4.1942 ergänzt werden, und welches als 3. Element die „Anordnung über die Besiedlung des lothringischen Grenzlandes", in welcher die Grundsätze der finanziellen und vertraglichen Ansiedlungsmodalitäten geregelt wurden, umfaßt.

Bei der Darstellung und politischen Wertung von Bürckels Entscheidungen in der Siedlungsfrage[43] ist es erforderlich, das Dilemma zu verdeutlichen, vor welchem Bürckel bei Bemühungen um eine Siedlerrekrutierung außerhalb der Saarpfalz stand : das lothringische Siedlungsvorhaben befand sich am Schnittpunkt von zwei konkurrierenden „Führer-Entscheidungen". Bürckel verfügte zwar für die Verwirklichung des „Eindeutschungs"-Auftrages Hitlers über weitgehende Vollmachten, bei der Rekrutierung ländlicher Siedler war er jedoch auf die regionalen Ressourcen der Saarpfalz beschränkt. Hitlers „Erlaß zur Festigung des deutschen Volkstums" vom 7.10.1939, legte im übrigen die Organisation und Gestaltung volkstumspolitisch begründeter Siedlungsprojekte in die Hand des Reichsführers-SS als „Festigungskommissar"[44], der ein „Verfügungs-Monopol" über die potentiellen Umsiedler aus West- und Süddeutschland hatte, und der entsprechend seiner Aufgabenstellung Entscheidungen und Anordnungen getroffen hatte, die nach den Regeln des NS-Systems als „mutmaßlicher Wille des Führers" auch für die lothringische Siedlung zu respektieren waren. Bürckel stand daher im Herbst 1941 vor der Notwendigkeit, für die ländliche Siedlung in Lothringen als Teil des „Eindeutschungsauftrages" ein Gestaltungsmodell zu entwerfen und in der praktischen Anwendung durchzusetzen, in welches der RKFDV soweit notwendig und unvermeidlich integriert war, welches jedoch Bürckels Autorität und Kompetenz für das lothringische Siedlungsprojekt wahrte.

Am 14.10.1941 erließ Bürckel die bereits bei der Bestellung Berkelmanns zum „Bevollmächtigten für die Besiedlung Lothringens" angekündigten „*Grundsätze und Richtlinien für die ländliche Siedlungsplanung in Lothringen*"[45]. Teilweise wörtliche Übereinstimmungen mit dem 'Münzinger-Gutachten', lassen vermuten, daß dieses informell vor der offiziellen Vorlage bei Gauleiter Bürckel bekannt war. Die „Siedlungs-Richtlinien" übernahmen auch wörtliche Textpassagen aus der in Abschnitt 11.1.2 behandelten Anordnung Himmlers zur Ostsiedlung, welche allerdings im Gegensatz zu Wortzitaten aus dem 'Münzinger-Gutachten' nur allgemeine, unspezifizierte Aussagen enthielten.

---

42 Aussage Bürckels in seinem Artikel in der NSZ vom 25./26.4.1942.
43 Vgl. hierzu insbesondere die detaillierten Darstellungen bei D.Wolfanger, Die nationalsozialistische Politik in Lothringen 1940 bis 1944, Kap.XIV. - auch U. Mai, Ländlicher Wiederaufbau in der <Westmark> im Zweiten Weltkrieg , S.137 ff.
44 Kurzbezeichnung Himmlers in seiner Eigenschaft als „Reichskommissar für die Festigung deutschen Volkstums" im NS-Jargon.
45 BA Kobl. R 49/74 fol.52 ff. Die im Text angegebenen Seitenzahlen folgen der Originalpaginierung.

Die „Siedlungs-Richtlinien" behandeln Entscheidungen zu vier Problemkreisen der ländlichen Siedlung : 1. zur *Betriebsart und Betriebsgröße*, 2. zur *Betriebsgrößenmischung*, 3. zur Entwicklung eines *ländlichen Strukturmodells* und 4. zur *Kompetenzregelung*.

„Mehrung und Festigung deutschen Volkstums (S.1)"[46] als Hauptziel der lothringischen Siedlung machten eine „gesunde Bodenordnung auf dem Fundament bäuerlicher Familienwirtschaften"[47]in Form leistungsfähiger Erbhöfe erforderlich, deren „Lebens- und Arbeitsgrundlagen (S.3)" gesichert sein müßten, und deren Arbeitsertrag die „Teilnahme am wirtschaftlichen, sozialen und kulturellen Austausch mit anderen Volksgenossen"[48] gewährleiste. In Übereinstimmung mit der „Allgemeinen Anordnung des RKFDV in den neuen Ostgebieten vom 26.11.1940 (S.3)" orientiere sich die Betriebsgröße an den „Boden- und klimatischen sowie den wirtschaftlichen Verhältnissen des Landes (S.4)", die im 'Münzinger-Gutachten' und dessen Einteilung Lothringens in verschiedene Wirtschaftsgebiete spezifiziert wurden. Eine Begründung für die gegenüber der ursprünglichen Fassung des 'Münzinger-Gutachtens' durch Bürckels Entscheidung verkleinerten Betriebsflächen mag die Forderung enthalten, „eine möglichst große Bevölkerungsdichte des betreffenden Gebietes zu erreichen", ein offenbar wesentliches Anliegen der „Siedlungs-Richtlinien", da sich diese Zielsetzung im Text mehrfach wiederholt. Neben den Erbhöfen ist „für den Dorfzusammenhalt......eine möglichst gesunde Abstufung und gleichmäßige Gliederung (S.5)"[49] durch Betriebe geringerer Größe, die Ansiedlung von Handwerkern und „sonstigen Elementen gesunder Infrastruktur erforderlich (S.6)". Innerhalb des Dorfgefüges sind daher Handwerkerstellen, Landwirtsstellen, Spezialbetriebe sowie Arbeiter- und Landarbeiterstellen zu schaffen. Die wenigen „großbäuerlichen Betriebe (S.13)" dienen „im wesentlichen der Seßhaftmachung und Schaffung eines neuen bodenständigen Führertums"[50] und stellen als „Träger des bäuerlichen Fortschritts" die Pioniere der Landwirtschaft dar. Daneben sollte in jedem „Hauptdorf" eine „bäuerliche Beispielswirtschaft" vorhanden sein (S.14).

Auch hinsichtlich der Betriebsgrößenmischung beziehen sich die „Siedlungs-Richtlinien" auf die Anordnung Himmlers, etwa 2/3 der Landflächen seien für bäuerliche Vollerwerbsbetriebe, etwa 10% für Kleinbauernstellen, weitere 10 bis 12% als Gemeindereservatland und 10 bis 15% für Landwirts- und Kleinstellen einzuplanen.

Da in Lothringen für bäuerliche Großbetriebe im Gegensatz zu den Ostgebieten kein Landdeputat ausgewiesen wurde, verblieben umfangreiche Flächen als Gemeindereservatland zur Errichtung von Arbeiter-Heimstätten.

Zum ländlichen Strukturmodell sind in den „Siedlungs-Richtlinien" Vorgaben zur „Dorf-, Flur- und Hofgestaltung" und die Bodenverbesserung, einschließlich „wasserwirtschaftlicher und kulturbautechnischer Art (S.16)" zu rechnen, die in Himmlers Anordnung keine Parallelen finden. „Betriebswirtschaftliches Ideal der Hofgestaltung" sei die „Vereinigung von Hofstelle und Kulturland (S.17)"[51], jedoch soll ein „fester Dorfzusammenhang" gewahrt und bei Entfernung der Betriebsflächen zum Hof von mehr als 1.200 Metern 4 bis 6 Höfe zu einem Weiler zusammengefaßt werden. Da die „Siedlungsform des Dorfes....immer einen nachbarschaftlichen Zusammenhang....zur Förderung des Gemeinschaftslebens (S.20)" erkennen lassen muß, waren Handwerker- und Arbeitersiedlungen nur innerhalb des Dorfkerns zulässig.

„Zweckmäßigste Lösung" für die Dorfarchitektur ist das „planvoll geordnete Straßendorf (S.20)"[52] mit einer Feldmark von 800 bis 1.200 Hektar und 300 bis 500 Einwohnern (S.21).

---
46 Textpassage aus Himmlers „Anordnung".
47 Ebenda.
48 Ebenda.
49 Ebenda.
50 Da die „Siedlungs-Richtlinien" im Gegensatz zum „Generalplan Ost" für diese Führerschicht nicht die „SS-Fähigkeit" verlangen, ist die Vermutung nicht abwegig, daß Bürckel Persönlichkeiten aus dem eigenen Umfeld im Auge hatte. - Vgl. hierzu die Dokumentarfilm des Saarländischen Rundfunks, in welchem berichtet wurde, daß Bürckel das Jagdschloß Ketzing häufig nutzte und verschiedentlich Jagdgäste in seinem nahegelegenen Jagdrevier empfing.
51 In heutiger Terminologie die Errichtung von „Aussiedlerhöfen".

Kap.11 - Planungen und Entscheidungen zur Neustrukturierung des lothringischen Siedlungsraumes

„Da das Leben in wirtschaftlicher und kultureller Hinsicht unabhängig von den Städten eigene Mittelpunkte haben muß, ist es zweckmäßig, eine Gruppe von Dörfern zu einem Hauptdorf zusammenzufassen (S.22)". Im Hauptdorf befinden sich der Sitz der Gemeindeverwaltung und der Ortsgruppe, eine mehrklassige Schule, Postamt, Sparkassenzweigstelle und „ein Lager für den weiblichen Arbeitsdienst", die Infrastruktur war zu vervollständigen durch weitere Handwerksbetriebe, Läden und Genossenschaftseinrichtungen sowie durch Schaffung günstiger Verkehrsverbindungen zu den Dörfern. Die Gliederung des Siedlungsraumes soll „anhand von Übersichtskarten über das Siedlungsgebiet mit den vorzuschlagenden Gemarkungsgrenzen....den zweckmäßigsten Gemarkungsgrößen und der Lage des Hauptdorfes (S.22)" frühzeitig mit der Landesplanung geklärt werden, ebenso war der Bedarf an Handwerkern, Spezialbetrieben und Gemeinschaftsanlagen vor Beginn der Einzelplanung festzulegen (S.23). Für Flächen mit Bodenwertzahlen von 20 bis 25[53] ist die Aufforstung zu prüfen, ebenso ist die „Abstimmung der Kulturmaßnahmen" hinsichtlich Auswirkungen auf die „Landschaftsnatur" zu berücksichtigen (S.23).

In Abschnitt „J. Aufstellung und Prüfung des Siedlungseinteilungsplanes" wurden die Kompetenzen der beteiligten Stellen geregelt, es sind drei Zuständigkeitsebenen zu unterscheiden, 1. die Ebene der Planerstellung, 2. die Prüfebene und 3. die Entscheidungsebene.

Die Planerstellung erfolgt entweder durch die Umlegungs- und Kulturbehörde oder durch die Bauernsiedlung Westmark, die Raumordnungsbehörde, der Bevollmächtigte für die Besiedlung Lothringens und die NSDAP sind einzuschalten. Zunächst war ein „Rohplan (S.24)" mit einem Flächennachweis im Maßstab 1 : 5000 zu erstellen, welcher auf der Prüfebene dem zuständigen Kreisleiter, dem Landrat, dem Bürgermeister, dem Kreisbauernführer, dem leitenden Architekten, dem Wasserwirtschaftsamt, dem Straßenbauamt, dem Forstamt und der Bauernsiedlung zur Stellungnahme vorzulegen war. Diese, sachlich orientierte Prüfebene sollte anscheinend vermeiden, daß, wie der in Kap.10 erwähnte Bericht der Experten des Landwirtschaftsministeriums beanstandet hatte, verschiedene Dienststellen eigene, nicht aufeinander abgestimmte Planungen vornehmen.

Auf der Entscheidungsebene waren einzuschalten : die Dienststelle für Landesplanung beim C.d.Z. und die Abteilung Ernährung und Landwirtschaft beim C.d.Z., sowie „von meiner Dienststelle als Beauftragter des RKFDV : das Bodenamt und von der Dienststelle meines Bevollmächtigten für die Besiedlung Lothringens : ein von SS-Gruppenführer Berkelmann zu bestimmender Vertreter".

Die Entscheidungsebene hat politischen Charakter. Bei Meinungsverschiedenheiten innerhalb der Entscheidungsbene sollte eine Kompromißlösung durch das Landeskulturamt angestrebt werden, Entscheidungen in grundsätzlichen Fragen behielt Bürckel sich selbst vor.

Die „Siedlungs-Richtlinien" sind als gelungene Synthese zwischen der als für die ländliche Siedlung außerhalb der deutschen Volkstumsgrenzen allgemeinverbindlich zu betrachtenden Anordnung Himmlers und den besonderen Zielsetzungen, die Bürckel in Lothringen verfolgte, aufzufassen. Sie weisen daher hinsichtlich der Betriebsgrößen und der Betriebsgrößenmischen eigenständige, an Bürckels Intentionen orientierte Vorstellungen auf, welche auch die zur Verwirklichung der „Arbeiterbauern"-Pläne des Gauleiters erforderlichen Landflächen bereithielten.

Entscheidend war jedoch, daß die Vorgaben der „Siedlungs-Richtlinien" Eingang in die „Siedlungseinteilungspläne" fanden. Das für die Planerstellung zuständige Fünfer-Gremium[54] umfaßte neben dem „Bevollmächtigten für die Besiedlung Lothringens" vier zum unmittelba-

---

52 Im Gegensatz zu dem im Osten geförderten Haufendorf.
53 Die Bodenwertzahlen reichen auf der Skala von 0 bis 100, wobei niedrige Zahlen eine geringe, hohe Zahlen eine höhere Bodenqualität bedeuten.
54 Die Bildung eines Fünfer-Gremiums für die Siedlungsplanung erinnert an den in Kap.9 dargestellten, ebenfalls fünf Personen umfassenden Siedlungsausschuß des Aufsichtsrates der Bauernsiedlung.

ren Weisungsbereich Bürckel gehörige Stellen, so daß auf dieser Ebene eine unmittelbare Umsetzung der „Siedlungs-Richtlinien" zu erwarten war. Die folgende, politisch orientierte Prüfung der Einzelpläne auf der Entscheidungsebene durch je zwei Gauleiter Bürckel und dem RKFDV zuzurechnende Stellen konnte zu „Patt"-Situationen führen, die mit Hilfe des eine Moderatorenrolle einnehmenden Landeskulturamtes entweder ohne Beeinträchtigung von Bürckels Zielsetzungen überwunden werden konnten oder über die Bürckel selbst letztinstanzlich entschied.

Mit dieser Kompetenzregelung sollte gewährleistet werden, daß die zukünftige lothringische Siedlungslandschaft nach den Vorstellungen Bürckels geformt wurde.

In der NSZ vom 25./26.4.1942 wurde eine „*Bekanntmachung des Gauleiters*" veröffentlicht, die in amtlicher Form die Inhalte eines in der gleichen Ausgabe unter dem Titel „Grenzproblem Lothringen - ein Siedlungsproblem" vom Gauleiter signierten programmatischen Leitartikels aufgriff, in welchem Bürckel der saarpfälzischen Öffentlichkeit seine im 'Lothringer-Plan' definierten, umfassenden Zielvorstellungen zur Siedlungspolitik in Lothringen bekannt gab und um aktive Unterstützung und Beteiligung der Bevölkerung bei deren Durchführung warb.

Nach der einführenden Berufung auf den „Westmark-Mythos", durch einen „möglichst dichten nationalen Wall"[55] die deutsche Westgrenze völkisch zu sichern, erklärte Bürckel in seinem Leitartikel eine „zahlenmäßig starke Besiedlung"[56] zum Siedlungsziel im lothringischen Siedlungsraum. Die Räumung des französischen Sprachgebietes habe die „Voraussetzung für die Ansetzung starker deutscher Kräfte" geschaffen. Im industriellen Norden seien viele ausländische Arbeiter gegen deutsche Arbeiter auszutauschen, im „dünn besiedelten Agrarland", wo industrielle und handwerkliche Unternehmen fast völlig fehlten, sei eine andere Strategie erforderlich :

„1. Die bisherigen zahlreichen Großgüter werden so umgestaltet, daß sie bei intensiver Bewirtschaftung einer möglichst großen Zahl deutscher Bauernfamilien eine gesicherte Lebensgrundlage bieten.

2. In diesem landwirtschaftlichen Gebiete werden mittlere und kleinere industrielle Betriebe eingestreut, die zahlreiche Arbeiter beschäftigen. Diese Arbeiterfamilien werden in den Bauerndörfern angesiedelt."

Aufgrund der positiven Erfahrungen im Saargebiet, sollten Arbeiterbauern einen „wesentlichen Bestandteil einer vorbildlichen deutschen Grenzbevölkerung" bilden, denen Bürckel eine „krisenfeste Existenz" zusicherte. Den gesunden und kinderreichen Familien war bis zu 3 ha Land im nächsten Umkreis ihrer Wohnstätte zur Feierabendbewirtschaftung zuzuweisen, die dazu erforderliche Landreserve vorläufig von den Dorfgemeinden zu verwalten und bei der Errichtung von Gewerbebetrieben[57] an Arbeitskräfte abzugeben, der Erwerb müsse ohne Schwierigkeiten möglich sein.

Bürckel konkretisierte in Form des Artikels in der NSZ und dieser „Bekanntmachung" die Organisation der nach seine Zielvorstellungen wesentlichen Bevölkerungsverdichtung im lothringischen Siedlungsraum. Dieser Bevölkerungszuwachs konnte wegen der durch Technisierung und Modernisierung geförderten Rationalisierungseffekte in der Landwirtschaft keine Beschäftigung finden, im neustrukturierten lothringischen Siedlungsraum würde sich die Zahl der landwirtschaftlichen Vollerwerbsbeschäftigten gegenüber der Vorkriegszeit deutlich ver-

---

55 Im Original gesperrt.
56 Ebenda.
57 Berkelmann erwähnt hierzu in seinem Brief vom 23.7.1942 an SS-Gruppenführer Greifelt : „Es werden Pläne erwogen, die Zubringerbetriebe für eine am Rhein liegende neuerstehende Großindustrie nach Lothringen zu verlegen. Dieses Bestreben ist auch vom Standpunkt einer gesunden Verkehrsplanung zu verwerfen. Vom Standpunkt der Festigung deutschen Volkstums darf aber wohl mit Sicherheit angenommen werden, daß die künstliche Schaffung industrieller Großbetriebe in einem rein bäuerlichen Land größtenteils mit Hilfe fremdnationaler Arbeitskräfte durchzuführen ist." IfZ/Ma 3 (6), S.7.

Kap. 11 - Planungen und Entscheidungen zur Neustrukturierung des lothringischen Siedlungsraumes

mindern. Für diese zusätzliche Bevölkerung mußten gewerbliche Arbeitsplätze geschaffen werden, die Industrialisierung barg jedoch die Gefahr einer Verstädterung und Proletarisierung des ländlichen Raumes. Mit der Übertragung einer für die saarländische Industrielandschaft typischen Sozialstruktur, des „Arbeiterbauern", nach Lothringen versuchte Bürckel, dem aus der Widersprüchlichkeit seiner Siedlungsziele resultierenden Dilemma, Erhalt ländlicher Idealstrukturen bei gleichzeitig „dichter Grenzbesiedlung", zu entgehen. Bürckel unterließ die Konkretisierung der Siedlungsmodalitäten für die „Arbeiterbauern", die „Bekanntmachung des Gauleiters" ist jedoch von großer Bedeutung für das Verständnis der spezifisch „westmärkischen" Zielsetzung Bürckels zur Strukturierung des lothringischen Siedlungsvorhabens.

Den Schlußpunkt in der Reihe der Entscheidungen Bürckels zur ländlichen Siedlung in Lothringen setzte ein die Maßnahmen zur Strukturplanung formal in Kraft setzender Verwaltungsakt, die „*Anordnung über die Besiedlung des lothringischen Grenzlandes*" vom 10.7.1942[58], die sich ausdrücklich auf die Verordnung vom 7.12.1940, die die Beschlagnahme des von der vertriebenen frankophonen Bevölkerung hinterlassenen Eigentums verfügte, die Verordnung vom 11.2.1941 hinsichtlich der Einführung des deutschen Siedlungsrechtes in Lothringen und die „Bekanntmachung" Bürckels in der NSZ vom 25./26.4.1942 bezog, womit letzterer ein amtlicher Charakter in der Siedlungspolitik eingeräumt wurde. Die Anordnung legte im einzelnen die Vorgehensweise und Zuständigkeiten für die Einleitung und die Festlegung der finanziellen und vertraglichen Regelungen der Siedlungsverfahren fest.

Der Chef der Zivilverwaltung in Lothringen legte den von der Einleitung eines Siedlungsverfahrens betroffenen Raum fest, in die Verfahren konnten Grundstücke, die nicht der Beschlagnahmung gemäß der Verordnung vom 7.12.1940 unterlegen hatten, einbezogen werden. Die „federführende Sachbearbeitung" erfolgte durch das Landeskulturamt, die „Dienststellen des RKFDV in Metz und die Abteilung für Landwirtschaft und Ernährung" waren zu beteiligen.

Mit der Durchführung der Siedlungsverfahren wurde entsprechend dem Siedlungsrecht und nach speziellen Anweisungen und unter Aufsicht der Siedlungsbehörde, örtlich zuständig das Kulturamt Metz, die Bauernsiedlung Westmark beauftragt. Vordringlich waren die vom C.d.Z. zu genehmigenden „Siedlungseinteilungspläne" zu erstellen, nach welchen die Neueinteilung und Umlegung der Siedlungsflächen auf der Grundlage der „Siedlungs-Richtlinien" vorzunehmen war.

Aufgrund des „Siedlungseinteilungsplanes" war den Siedlungsbewerbern „eine bestimmte Hofstelle mit einer nach der Größe bestimmten Landzulage" zum Kauf anzubieten. Entsprechend der „Platzhalter"-Strategie hatte der Bewerber „auf Verlangen des C.d.Z." weitere Flächen „im Pachtwege" zu übernehmen.

Die in der Anordnung eingeräumte Möglichkeit, die Lage der Landzulage auch nach „Gemarkungsteilen", also vor Beendigung des definitiven, in Lageplänen festgelegten Umlegungsverfahrens, zu bestimmen, läßt auf Zeitdruck bei der Durchführung der endgültigen Ansiedlung schließen. Die Festlegung des Kaufpreises solle „nach der tragbaren Rente" vom C.d.Z. festgelegt werden, zuständige Behörden das Landeskulturamt im Benehmen mit der Abteilung für Ernährung und Landwirtschaft, die Höhe der Anzahlung sich „nach der Leistungsfähigkeit des Siedlers" richten.

Die Schlußbestimmung der Anordnung sah die Möglichkeit einer abweichenden Sonderregelung bei Ansiedlung durch den Ansiedlungsstab des RKFDV vor, die bei der im folgenden Kap. 12 beschriebenen Ansiedlung der Buchenländer anzuwenden war. In Kap. 13 wird im ein-

---
58 VOBl. Loth. (1942), Nr.261, S.331 f.

zelnen über die schwierigen und langwierigen Auseinandersetzungen insbesondere mit dem Reichsfinanzminister hinsichtlich der Festlegung des Kaufpreises und dessen Finanzierung zu berichten sein.

12. DIE ANSIEDLUNG DER BUCHENLÄNDER

Mit den bis zur Jahresmitte 1941 vorgenommenen Maßnahmen und der Aufnahme der systematischen Bewirtschaftungstätigkeit durch die Bauernsiedlung erschien die Lage im Siedlungsgebiet vorläufig konsolidiert, die „Platzhalter"-Strategie vermochte jedoch das Problem unzureichender Siedlerqualifikation nicht zu lösen. Die Aufhebung von u.k.-Stellungen nach den schweren Verlusten im Ostkrieg führte zu einer weiteren Verschärfung der Bewirtschaftungsprobleme. Zur Erweiterung der Rekrutierungsbasis über die Saarpfalz hinaus und zwecks Intensivierung der Besiedlung Lothringens bestellte Bürckel SS-Gruppenführer Berkelmann zum „Bevollmächtigten für die Besiedlung Lothringens".

Anstelle der von Bürckel erwarteten süd- und westdeutschen Bewerber beorderte der RKFDV eine Gruppe volksdeutscher Umsiedler aus dem Buchenland (Bukowina) nach Lothringen, die gegenüber den Saarpfälzern bei der endgültigen Zuweisung von Siedlerstellen bevorrechtigt waren. Wegen der mit der Durchführung der Ansiedlung durch den Ansiedlungsstab des HSSPF in Metz verbundenen Eingriffen in seine Kompetenzen und der beabsichtigten Benachteiligung der Saarpfälzer Siedler verweigerte Bürckel die Mitarbeit und vermochte nach Monaten weitgehenden Stillstandes der Ansiedlungsmaßnahme seine Auffassungen gegenüber dem RKFDV durchzusetzen.

In der Kompetenz der Gaudienststellen wurden im Zuge einer Reorganisationsmaßnahme der Bauernsiedlung zahlreiche Buchenländer als Wirtschafter eingesetzt, die zur Intensivierung der Bewirtschaftungstätigkeit und der Umsetzung von Maßnahmen zur Rationalisierung und Effizienzsteigerung beitrugen.

12.1. Die Lage im Siedlungsgebiet 1941/42

Wie in Kap.10 dargelegt, waren am 15.7.1941 im lothringischen Siedlungsgebiet 2.616 Wirtschafter eingesetzt, das heißt die nach Bürckels „Platzhalter"-Strategie vorgesehene Hälfte der ursprünglichen Planzahl von 5.000 Siedlern war erreicht, und mit dem Erreichen der quantitativen Voraussetzungen schien die erste Phase des Siedlungsprojektes erfolgreich abgeschlossen, das Problem der unzureichenden Qualifikation eines Teiles der aus der Saarpfalz stammenden Ansiedler als Folge mangelhafter Auslese bei der Rekrutierung blieb jedoch bestehen.

Der Überfall auf die Sowjet-Union und das Ende der „Blitzkriege" stellte die politische Führung des Gaues Westmark vor ein neues Problem : als Folge der hohen Verluste der Wehrmacht schon in den ersten Monaten des Rußlandfeldzuges wurden die u.k.-Stellungen jüngerer Wirtschafter aufgehoben Wie die Tab.14-1 'Siedlerbestand und -fluktuation' im Statistik-Anhang im einzelnen ausweist, verminderte sich die Anzahl der Wirtschafter im Zeitraum von Mitte 1941 bis Ende 1942 permanent, wobei die Monate Dezember 1941 mit dem Abgang von 102 Siedlern und März 1942 mit dem Abgang von 164 Siedlern herausragen. Insgesamt verminderte sich die Zahl der Wirtschafter bis zum 31.12.1942 lt. 'Geschäftsbericht 2' auf 2.003, gegenüber dem Stand von 2.616 Wirtschaftern am 15.7.1941 waren dies 613 Wirtschafter weniger. Von der Aufhebung der u.k. Stellung waren die Jahrgänge 1900 bis 1915 besonders betroffen, und der Ausfall aktiver, jüngerer Wirtschafter wirkte sich bei der Bewirtschaftungstätigkeit besonders nachteilig aus. Die Auswirkungen der Rekrutierungen zur Wehrmacht auf die Altersstruktur der Siedler wird in Tab.14-4 in Kap.14 weiter verdeutlicht.

Diesen permanenten Schwund des Siedlerpotentials konnte die Bauernsiedlung Westmark teilweise durch Veränderung der Betriebsstrukturen ausgleichen. Die Siedlerkartei weist ab Herbst 1941 die Auflösung von Siedlerbetrieben aus, deren Wirtschafter wegen Einberufung zur Wehrmacht oder aus anderen Gründen ausgeschieden waren. Die infolge der Betriebsauflösungen frei werdenden landwirtschaftlichen Nutzflächen wurden teilweise mit anderen Siedlerbetrieben zusammen gelegt, teilweise zu Hofgütern zusammengefaßt, deren Zahl im

Jahre 1942 von 39 auf 79 stieg.

Aufgrund dieser Erosionserscheinungen waren im Sommer 1942 ganze Dörfer von Siedlern entblößt, was sich am Beispiel der Ortschaft Flodalshofen (Flocourt) nachzeichnen läßt, die wegen der Eskapaden des dort „herrschenden" Ortsbauernführers bereits in Kap.10 erwähnt wurde. Insgesamt weist der Siedlungsablauf neun dort tätige Wirtschafter aus, von denen zwei nur ein kurzes Gastspiel gaben. Bei dem Wirtschafter „S.K.319" handelt es sich um den Ortsbauernführer, der trotz politischer Patronage im Juli 1942 ausscheiden mußte. Zu diesem Zeitpunkt waren noch drei Wirtschafter am Ort, wovon im August 1942 zwei zur Wehrmacht einberufen wurden, einer gab freiwillig auf. Der im gleichen Monat anscheinend als Ersatz eingesetzte Bitscherländer Wirtschafter S.K.3749 war bereits 67 Jahre alt, vermutlich der Aufgabe nicht mehr gewachsen und schied freiwillig im Oktober 1942 aus.

S.K. Nr.	Jahrgang	Datum des Eintretens	Datums des Ausscheidens	Ursache des Ausscheidens
3326	1903	Dezember 1940	August 1942	Einrücken zur Wehrmacht
605	1901	November 1940	November 1940	unbekannt
3564	1878	November 1940	Januar 1941	unbekannt
1760	1890	Dezember 1940	Juni 1942	unzureichende Eignung
3082	1891	März 1941	August 1942	freiwillig
3749	1875	August 1942	Oktober 1942	freiwillig
3271	1903	Dezember 1940	August 1942	Einrücken zur Wehrmacht
319	1897	November 1940	Juli 1942	unzureichende Eignung
1122	1906	November 1940	Februar 1942	unzureichende Eignung

Tab.12-1 : Siedlungsverlauf in Flodalshofen (Flocourt)

Gemäß Personenstands-Register vom 31.12.1942[1] waren Ende 1942 in Flodalshofen (Flocourt) drei Verwalter „in Gemeinschaftsarbeit" tätig, die mit Hilfe von insgesamt 34 Fremdarbeitern und Kriegsgefangenen den gesamten Ortsbann bewirtschafteten.

Die Entwicklung in Flodalshofen entspricht dem 'Geschäftsbericht 2', daß „mehrere Wirtschaften zu einer Wirtschaftseinheit zusammengelegt und die Führung einer solchen Wirtschaftseinheit einem Wirtschafter (Siedleranwärter) übertragen" wurde. Die Bauernsiedlung sah also die Notwendigkeit einer Reorganisation ihrer Wirtschaftstätigkeit[2] in Form der Bildung leistungsfähiger, größerer Betriebseinheiten und dem systematischen Ersatz ungeeigneter Wirtschafter. Die Vereinigung von Betriebsteilen zu größeren Einheiten und die damit angestrebte Optimierung der Betriebsweise ist nach Eintragungen in der Siedlerkartei häufiger praktiziert worden. Das landwirtschaftliche Inventar aufgelöster Betriebe wurde „von anderen Betrieben übernommen", gelegentlich im Sinne des die Verdichtung des deutschen Bevölkerungsanteils anstrebenden 'Lothringer-Plans' die Wohngebäude der Familie des ausgeschiedenen Siedlers vermietet, die somit in Lothringen verblieb.

Die durch die Zusammenlegungen entstehenden Betriebe, die gemäß Tab.9-3 'Betriebsstrukturen I' (s. Tabellen-Anhang) Nutzflächen von 60 ha und mehr bewirtschafteten, verloren den Charakter bäuerlicher Familienbetriebe. Da sie bis zu acht landwirtschaftliche Hilfskräfte, fast ausschließlich Ostarbeiter und Kriegsgefangene, beschäftigten[3], waren die Wirtschafter nicht nur als praktische Landwirte, sondern auch als Manager gefordert. Eintragungen in die Siedlerkartei bezeugen, daß Siedler, die ihr Personal nicht effizient einsetzen konnten, zum Wehrdienst freigegeben wurden. Fähige, durch Betriebszusammenlegungen freiwerdende und nicht zum Wehrdienst einberufene Wirtschafter wurden innerhalb des Siedlungsgebietes um-

---
1 A.D.M. 2 W 5, fol.302-463.
2 In diesem Zusammenhang ist auch das bereits in Kap.9 zitierte Schreiben der Bauernsiedlung Westmark an die Haushaltsstelle des Reichsstatthalters vom 20.7.1942 (LA Saar, LKA 434, fol.54) einzuordnen.
3 Gemäß Personenstandsliste der BAst. Remelach zum 31.12.1942.

gesetzt[4], ein wegen Schwarzschlachtung rechtskräftig verurteilter Wirtschafter (S.K.2512) oder ein „wegen Verschrotens von Brotgetreide, wegen Beleidigung und Bedrohung mit Erschießen" vorbestrafter und am 26.5.1942 entlassener Wirtschafter (S.K.2852) wurden an einem anderen Ort wieder eingesetzt. Reorganisationsmaßnahmen hatten der Förderung der Bewirtschaftungstätigkeit zu dienen, Entscheidungen waren punktuell nach den lokalen Gegebenheiten zu treffen, ihr Ausmaß läßt sich anhand der in Kap.15 dargestellten lokalen Ansiedlungsstrukturen ermessen. Die sich in der industriellen Betriebsweise, in Umsetzungen, Betriebsauflösungen und Neueinteilungen ausdrückende Wirtschaftspraxis stehen in Gegensatz zur konservativen bäuerlichen Bodenständigkeit und der nationalsozialistischen „Blut und Boden"-Ideologie.

12.2. Berkelmanns Bestellung zum „Siedlungsbevollmächtigten"

Mit Rundschreiben vom 12.9.1941[5] gab Bürckel die Ernennung des Höheren SS- und Polizeiführers Westmark, SS-Gruppenführer Berkelmann, zu „meinem Bevollmächtigten für die Besiedlung Lothringens" bekannt, schaltete damit den RKFDV in sein Siedlungsvorhaben ein und suchte damit einen Ausweg aus dem Dilemma konkurrierender „Führerentscheidungen".

Zum Zeitpunkt der Bestellung Berkelmanns zum „Siedlungsbevollmächtigten" am 12.9.1941 konnten eindeutige Ergebnisse der in Abs.12.1 beschriebenen Konsolidierungsmaßnahmen kaum vorliegen. Die Anzahl der von der Bauernsiedlung eingesetzten Verwalter entsprach dem Stand der am 23.4.1941 eingeführten „Platzhalter"-Strategie. Die 'Ott-Berichte' zeigten zwar qualitative Defizite, Gegenmaßnahmen wurden jedoch eingeleitet, das Ausmaß der im Sommer 1941 noch bestehenden Qualifikationsmängel und deren Auswirkungen auf die Siedlerfluktuation waren Anfang September 1941 nicht abzusehen. In der Betriebsstruktur der Bauernsiedlung lagen noch weitere Reserven hinsichtlich des Personaleinsatzes, die weitere Personalentwicklung gemäß Tab.14-1 (s. Tabellen-Anhang) in den Jahren 1943 und 1944 zeigt, daß bei Nutzung der Rationalisierungsmöglichkeiten der Bewirtschaftungsauftrag mit einer geringeren Zahl als den am 15.7.1941 vorhandenen 2.616 Wirtschaftern zu erfüllen war. Die Lage im Siedlungsgebiet läßt Anfang September 1941 keinen unmittelbaren Handlungsbedarf erkennen. Daß Bürckel vor erneuter Initiative zur weiteren Siedlerrekrutierung zunächst den Erfolg der im Frühjahr 1941 eingeleiteten Konsolidierungsmaßnahmen abwarten wollte, läßt sich am dilatorischen Verhalten Nießens „auf eine Anfrage aus der Rheinprovinz vom 24.2.1941"[6] erkennen, der erst nach verschiedenen Interventionen des Reichsministeriums für Ernährung und Landwirtschaft im August 1941[7] die konkreten Ansiedlungsbedingungen bekannt gab und dabei erstmalig auf die Zuständigkeit Berkelmanns für eine endgültige Regelung des Ansiedlungsersuchens verwies.

Für die Auffassung, in der Bestellung Berkelmanns eine wohlerwogene und geplante taktische Maßnahme[8] Bürckels zu sehen, gibt es gute Gründe. Die geringe Resonanz seiner „Kirchheimbolandener Rede" und der folgenden Anordnung vom 24.1.1941 dürften Bürckel zur Einsicht geführt haben, daß in der Saarpfalz 5.000 qualifizierte Landwirte für die Besetzung der Siedlerstellen in Lothringen nicht zu mobilisieren waren, und daß weitere Bemühungen in weiteren Mißerfolgen und einer Schwächung seiner Autorität enden würden. Das sich in den Bewerbungen aus dem Rheinland ausdrückende Bestreben, der „Ost-Siedlung" durch „West-Siedlung" zu entgehen, wurde von den Landesbauernführern aus den westlichen Freiteilungsgebieten am 17.10.1941 bei einer gemeinsamen Sitzung mit Berkelmann in Metz

---

[4] Ein Bitscherländer Siedler (S.K.2343) wurde beispielsweise vom 16.11.1940 bis 15.1.1942 in Lörchingen (Lorquin), vom 16.1.1942 bis August 1944 in Landingen (Landange) eingesetzt, ein Pfälzer (S.K.2864) war vom 16.11.1940 bis 9.8.1942 Wirtschafter in Monten (Montoy-Flanville) und wurde dann nach Ogingen (Ogy) versetzt.
[5] LA Speyer - H 37 Bezirksamt Kirchheimbolanden - Nr. 1744 Umsiedlung nach Lothringen - n.fol.
[6] LA Saar, LKA 420, S.20 ff.
[7] Ebenda.
[8] D.Wolfanger, Die nationalsozialistische Politik in Lothringen 1940 bis 1944, S.179, kommt demgegenüber zu der Auffassung, daß Bürckel sich zur Bestellung Berkelmanns „gezwungen" sah.

Kap.12 - Die Ansiedlung der Buchenländer

rückhaltlos ausgedrückt[9]. Dieses Interesse galt es zu nutzen, solange noch Zeit und Gelegenheit dafür war, denn nicht der unmittelbare Handlungsbedarf aus der Lage im Siedlungsgebiet heraus, sondern der im Sommer 1941 von der NS-Führung nach den ersten Kriegserfolgen in Rußland kurzfristig erwartete Zusammenbruch der Sowjet-Union, der den Weg für die praktische Umsetzung aller deutschen Siedlungsvorhaben freigegeben hätte, dürfte den Zeitpunkt[10] der Entscheidung Bürckels zur Bestellung Berkelmanns bestimmt haben. Wenn im Gau Westmark nicht genügend Siedlungsbewerber zu mobilisieren waren, und Anwärter aus den übrigen „Freiteilungsgebieten" diese Lücke schließen sollten, mußten dort Rekrutierungsmaßnahmen rechtzeitig, das heißt bevor die höchsten Rang einnehmende Ostsiedlung alle verfügbaren Kräfte band, in Gang gesetzt werden. Bürckel handelte wahrscheinlich nicht aus der Notlage einer Augenblickssituation heraus, sondern hatte seine längerfristigen Ziele vor Augen, als er Berkelmann weitgehende Vollmachten zur Intensivierung der Siedlerrekrutierung übertrug. Mit der Fortsetzung des Ostkrieges und der durch die fortwährenden Einziehungen zur Wehrmacht beträchtlichen Verminderung des Siedlerbestandes veränderte sich zwischen der Bestellung Berkelmanns zum „Siedlungsbevollmächtigten" im September 1941 und April 1942, dem Zeitpunkt der beabsichtigten Ansiedlung der Buchenländer, die Lage im Siedlungsgebiet beträchtlich.

Berkelmann entwarf im Rahmen seiner Auseinandersetzung mit Bürckel ein Katastrophenszenario mit dem offenkundigen Ziel, die Saarpfälzer Wirtschafter weit über das tatsächliche Maß hinaus als Versager zu disqualifizieren und damit als zukünftige Siedlerbewerber zu eliminieren. Nach seiner Darstellung war „der Versuch, eine Besiedlungsaktion aus der Saarpfalz heraus in Lothringen einzuleiten, ...bereits völlig fehlgeschlagen"[11]. Von den „annähernd 3.900 treuhänderischen Bewirtschaftern" mußten unmittelbar „mehr als 1.000 davon wegen völliger Ungeeignetheit" zurückgeschickt werden, „mittlerweile sind mindestens noch 3-400 zurückgeschickt worden und nach angeblich eigenen Bekundungen des Gauleiters seien von dem verbliebenen Rest von etwa 2.400 Bewirtschaftern nur 20-25% als für die Landwirtschaft geeignet anzusehen", das heißt, es wären nur etwa 500 bis 600 Saarpfälzer als Siedlungsbewerber infrage gekommen. Da eine „politische und rassische Wertung" der landwirtschaftlichen Fachkräfte nicht durchgeführt wurde, sei „mit weiteren Ausfällen zu rechnen". Der Vorwurf mangelnder „politischer Wertung" richtete sich vornehmlich gegen die Bitscherländer, die einen Großteil der qualifizierten Landwirte stellten, und an deren nationalsozialistischer Gesinnung allerdings Zweifel angebracht waren, die Zahl der von Bürckel in Lothringen eingesetzten und für eine endgültige Ansiedlung qualifizierten Siedler hätte nach Auffassung Berkelmanns also gegen Null tendiert. Lothringen wurde zum Siedlungsraum des RKFDV, wenn die Bauernsiedlung die nach den Vorstellungen des Bodenamtes ungeeigneten Wirtschafter „abmeierte". Mit diesem Ziel könnte Berkelmann im Herbst 1942 Druck auf den Führungskreis der Bauernsiedlung ausgeübt haben.

Nach den verwickelten Kompetenzregelungen war Berkelmann dem Gauleiter in dessen Eigenschaft als Himmlers „Beauftragter des RKFDV" nachgeordnet. Bürckel war jedoch bewußt, daß sein „Bevollmächtigter" wie die „ständigen Vertreter" im Osten „ausschließlich unter der Befehlsgewalt des Reichsführers-SS"[12] stand. Die Berkelmann erteilten Vollmachten ermächtigten den Siedlungsbevollmächtigten, alle ihm für die Durchführung der Siedlungspläne erforderlich erscheinenden Maßnahmen zu treffen, den in Lothringen tätigen Behörden in Siedlungsangelegenheiten Weisungen zu erteilen und sämtliche Migrationsbewegungen nach und aus Lothringen zu lenken[13]. Eine Durchführungs-Anordnung vom 7.10.1941 räumte

---
9   BDC SS-HO 5036, Besprechungsprotokoll, abgedruckt bei U. Mai, Ländlicher Wiederaufbau in der <Westmark> im Zweiten Weltkrieg, Dok.14, S.200 ff.
10 Daß dieser Zeitpunkt von externen Einflüssen abhing, wird auch dadurch belegt, daß Bürckel die „Siedlungs-Richtlinien" frühzeitig, d.h. vor der Fertigstellung des 'Münzinger-Gutachtens' erließ, da sie auch dem Zweck dienten, den Handlungsspielraum Berkelmanns zu begrenzen.
11 IfZ/Ma 3 (6). Brief Berkelmanns an SS-Gruppenführer Greifelt vom 23.7.1942. S.5.
12 s. hierzu Kap.2, Anm.37.
13 In Punkt 2.) des Rundschreibens heißt es u.a. : „Dazu gehören insbesondere alle Maßnahmen, durch die Lothringer in

Berkelmann insbesondere Entscheidungskompetenzen bei der Berufung ländlicher Siedler ein. Bürckel scheint jedoch nicht beabsichtigt zu haben, den Dienststellen des RKFDV in Metz über das Weisungsrecht hinausgehend operative Kompetenzen zu überlassen. Gleichzeitig beanspruchte Bürckel mit der in der Vollmacht enthaltenen Einschränkung „im Rahmen der noch zu erlassenden Richtlinien" die alleinige Autorität über das lothringische Siedlungsvorhaben, und die „Siedlungs-Richtlinien" bezogen zwar die lokalen Dienststellen des RKFDV in die siedlungspolitische Neustrukturierung ein, gewährten ihnen jedoch nur geringe Mitgestaltungsmöglichkeiten.

Berkelmann setzte unverzüglich Initiativen zur Intensivierung der Siedlerrekrutierung in Gang. Am 17.10.1941 trafen die Landesbauernführer aus dem Rheinland, Westfalen, Hessen-Nassau, Kurhessen, Baden und Württemberg zu einer Besprechung[14] im Rathaus von Metz mit Berkelmann und Vertretern des C.d.Z. und der Bauernsiedlung zusammen, in welcher vom Leiter des Landeskulturamtes, Dr. Nießen, die Grundlinien der in Lothringen verfolgten Siedlungspolitik dargelegt wurden, offenbar um die Vertreter der Bauernschaft zur intensiven Mithilfe bei der Siedlerrekrutierung in ihren jeweiligen Gebieten zu veranlassen. Die Anwesenheit von Dr. Nießen und Dr. Scheu[15] und deren aktive Mitwirkung in der Gesprächsrunde geben der Metzer Konferenz den Charakter einer „konzertierten Aktion" Bürckels und Berkelmanns und belegen, daß Bürckel keineswegs auf die Mitwirkung bei der Intensivierung der Besiedlung verzichtete, um diese ausschließlich dem RKFDV zu überlassen.

Im Anschluß an eine längere Diskussion erachteten es die aus den westlichen Freiteilungsgebieten kommenden Landesbauernführer als kaum möglich, „tüchtige und einwandfreie Landwirte" für die Siedlung in Lothringen zu gewinnen, obwohl „der Zug nach dem Westen stärker als nach dem Osten sei"[16]. Als Gründe wurde die Einberufung zahlreicher für die Siedlung infragekommenden Bewerber genannt, eine wesentliche Rolle wurde auch den Unsicherheiten hinsichtlich der späteren Einweisung in eine Siedlerstelle beigemessen, da Bewerber aus dem übrigen Reichsgebiet wie die Saarpfälzer zunächst als Wirtschafter der Bauernsiedlung tätig sein sollten, und Berkelmann hatte als Diskussionsleiter „nachdrücklichst den Standpunkt des Stabshauptamtes zu vertreten und darauf hinzuweisen, daß eine irgendwie geartete rechtliche Anwartschaft nicht zugesichert werden könne."[17],[18] Der Einsatz als Wirtschafter der Bauernsiedlung räume den Status „als überprüfte Anwärter, jedoch ohne rechtliche Anwartschaft auf einen Hof"[19] ein. Als Bestätigung des Gespräches mit den Landesbauernführern vom 17.10.1941 ist das von Berkelmann auf „Dez.1941" datierte Rundschreiben[20] anzusehen[21].

Konkrete Erfolge bei seinen Werbeversuchen in den westdeutschen Freiteilungsräumen erzielte Berkelmann nicht[22], die Siedlerkartei weist keinen nennenswerten Siedlerzuzug aus dem westlichen Reichsgebiet aus, Berkelmanns Rundschreiben muß jedoch anderweitige, für die folgende Auseinandersetzung mit Bürckel über die Ansiedlung der Buchenländer wesentliche

---

das Reich, Lothringer aus dem Reich und dem Auslande nach Lothringen, sowie Reichsdeutsche nach Lothringen bzw. aus Lothringen nach dem Reich, und Ausländer und Staatenlose aus Lothringen in das Reich und nach dem Auslande sowie aus dem Reich und dem Auslande nach Lothringen kommen."

14 BDC SS-HO 5036, Besprechungsprotokoll.
15 Leiter der Abteilung für Ernährung und Landwirtschaft des C.d.Z. in Metz
16 BDC SS-HO 5036, Besprechungsprotokoll., S.203.
17 Für eine Benachteiligung von Nichtsaarpfälzern, die Mai in dieser Diskussion erkennt, gibt es keine konkreten Anhaltspunkte.
18 BDC SS-HO 5036, Besprechungsprotokoll.
19 Ebenda, S.204.
20 LA Speyer - H 33 Der Landrat des Kreises Frankenthal - Nr. 1002 Umsiedlung nach Lothringen - n.fol.
21 „Mit Zustimmung des Reichsführers-SS und Reichskommissar für die Festigung deutschen Volkstums" wurde auf die Ansiedlungsmöglichkeiten in Lothringen für Bewerber „aus den Gebieten der Landesbauernschaften Westmark (Saarpfalz), Rheinland, Westfalen, Hessen-Nassau, Kurhessen, Baden und Württemberg" hingewiesen.
22 Berkelmann selbst begründete dies als „selbstverständliche Folge der Einziehung des geeigneten Siedlermaterials zur Wehrmacht" (IfZ/Ma 3 (6). Brief Berkelmanns an SS-Gruppenführer Greifelt vom 23.7.1942. (S.5), er machte also die gleiche Erfahrung wie Bürckel im Frühjahr 1941. Dieser Hinweis bestärkt die Annahme, daß die Bestellung Berkelmanns im September 1942 in Erwartung baldiger Demobilisierung erfolgte.

Konsequenzen gezeitigt haben : es enthält, wahrscheinlich als Folge der obenerwähnten Diskussion mit den Landesbauernführern, eine Zusammenfassung der fachlichen und politischen Ansiedlungskriterien und eine Rangordnung für die Anwartschaften auf die Siedlerstellen in Lothringen[23]. Bürckel muß dieses Rundschreiben als Brüskierung und Desavouierung seiner Person und als Eingriff in seine Autorität aufgefaßt haben, da auch Bewerber aus der Westmark einer erneuten fachlichen und politischen Prüfung, und zwar durch den „zuständigen HSSPF" und nicht durch Dienststellen des Gauleiters, unterzogen werden sollten. Bei den Saarpfälzer Siedlern war Bürckel spätestens seit seiner „Kirchheimbolandener Rede" im Wort, daß sie bei Bewährung ohne weitere Vorbedingungen Anwärter auf eine Siedlerstelle seien.

Im März 1942 entschied der Reichsführer-SS, daß eine in Lagern im Warthegau auf ihren zukünftigen Einsatz wartende Gruppe volksdeutscher Umsiedler aus dem Buchenland zur Ansiedlung nach Lothringen kommen solle.

Im Rahmen seiner in Kap.11 bereits erwähnten „Bekanntmachung" in der NSZ vom 25./26.4.1943 kündigte Bürckel auch die Ansiedlung von „Umsiedlern von außerhalb der Reichsgrenzen" an, gleichzeitig wiederholte Bürckel seine Zusage, bewährten Saarpfälzer Wirtschaftern der Bauernsiedlung auch ohne den Besitz eines Neusiedlerscheines die Möglichkeit zur endgültigen Übertragung einer Siedlerstelle zu eröffnen. Als Kriterien für die Bewerberauslese galten : „1. muß Fachmann sein oder Fleiß und Fähigkeit besitzen, sich langsam einzuarbeiten, 2. unbedingt politisch zuverlässig sein"[24]. Diese beiden Kriterien träfen nicht nur auf kompetente Saarpfälzer Landwirte, sondern auch auf kompetente „Arbeitersiedler" zu. Die jetzigen Saarpfälzer Siedleranwärter seien überprüft und als Frontkämpfer des Ersten Weltkrieges mit den Soldaten der Wehrmacht und den sonstigen bevorrechtigten Gruppen gleichgestellt. Bürckel war offenbar ebenso entschlossen, die Buchenländer in Lothringen anzusiedeln, wie die Rechte seiner Saarpfälzer zu wahren.

12.3. Die Kontroverse um die Ansiedlung der Buchenländer

Der Ansiedlung der Buchenländer wird in der bisher vorliegenden Literatur zentrale Bedeutung für die weitere Entwicklung der ländlichen Siedlung in Lothringen beigemessen, nach Auffassung von Uwe Mai stellt sie einen entscheidenden Wendepunkt dar : der „regionale Sonderweg Bürckels" sei vom RKFDV erfolgreich infrage gestellt worden und die „Einbeziehung der Westmark in die West-Ost-Siedlung, die mittlerweile unter der Regie des RKF stand, ermöglicht".[25]

In der Tat stand die Ansiedlung der Buchenländer in Zusammenhang mit einer heftigen Kontroverse zwischen Bürckel und dem RKFDV, bei welcher jedoch nach der in dieser Arbeit vertretenen Auffassung nicht um den Umstand *daß*, sondern *wie* die Buchenländer in Lothringen angesiedelt werden sollten, ging. Dieses *Wie* umfaßt zwei strittige Komplexe : 1. die Zuständigkeit für die Durchführung des Ansiedlungsvorganges und 2. die Rechtsstellung der

---
23 .....II.
Die Bewirtschafter (Treuhänder) müssen bauernfähig sein; sie müssen in politischer, weltanschaulicher und fachlicher Beziehung überprüft sein. Diese Überprüfung erfolgt durch den jeweils zuständigen HSSPF und die betreffende Landesbauernschaft. Der HSSPF hat in jedem Falle die Stellungnahme des SD und der Staatspolizei einzuholen.
III.
Wirtschaftsführer (Treuhänder) für bäuerliche Betriebe in Lothringen, die
a) als Kriegsversehrte des jetzigen Krieges nicht mehr wehrtauglich sind,
b) die Weltkriegsteilnehmer waren oder mindestens einen Sohn bei der Wehrmacht haben, der im Felde steht oder im Felde gestanden hat, und im Gebiet der Landesbauernschaft, aus der sie kommen, Eigentum oder Pacht an landwirtschaftlichen Grundstücken aufgegeben haben, um Wirtschaftsführer (Treuhänder) in Lothringen zu werden, erwerben für sich und ihre Anerben Anwartschaft auf einen im Rahmen der neuen Planung in Lothringen anfallenden Hof (bäuerlichen Familienbetrieb) sofern sie
c) im Besitz des Neubauernscheines sind und
d) sich bei der treuhänderischen Bewirtschaftung in Lothringen bewährt haben....
24 Aussagen Bürckels im Leitartikel in der NSZ vom 25./26.4.1942.
25 Uwe Mai, Ländlicher Wiederaufbau in der <Westmark> im Zweiten Weltkrieg, S.142.

"volksdeutschen Umsiedler" gegenüber den bereits in Lothringen befindlichen Saarpfälzer Siedlungsanwärtern. Die Konturen dieser Streitkomplexe sind in der Gemengelage der Auseinandersetzung nicht immer auszumachen, und die wesentliche Quellen bildenden Darstellungen des RKFDV, neben dem mehrfach erwähnten Brief Berkelmanns vom 23.7.1942 an Greifelt der „Abschlußbericht des HSSPF Westmark" vom 5.4.1943[26], wegen der darin enthaltenen Polemik und selbstapologetischen Tendenzen zurückhaltend zu beurteilen.

Bürckel scheint im Frühjahr 1942 vergeblich auf eine Neuinterpretation des von Berkelmann in dessen Rundschreiben vom Dezember 1942 geäußerten Standpunktes hinsichtlich der Einordnung der Saarpfälzer bei der zukünftigen Vergabe der Siedlerstellen gewartet zu haben. Die parallele Erwähnung der Ansiedlung der Buchenländer und Bürckels Interpretation der Rechtsstellung der Saarpfälzer im NSZ-Artikel vom 25./26.4.1942 sind als Junktim zwischen beiden Vorgängen zu verstehen. Bürckels Problem war, kurz zusammengefaßt, daß die von einer offiziellen Umsiedlungsmaßnahme betroffenen Buchenländer von der Vorlage eines „Siedler"- oder „Neubauern"-Scheines befreit, von der SS „politisch und rassisch" überprüft waren und vorrangige Ansprüche auf Zuteilung einer Siedlerstelle hatten[27], was nach Berkelmanns Rundschreiben für die Saarpfälzer nicht galt.

Zur Durchführung der Ansiedlung entsandte der RKFDV am 20.4.1942 den SS-Obersturmführer Bliss nach Metz. Ob dieser auf Weisung der Berliner Zentrale, auf Weisung Berkelmanns oder aus eigener Machtvollkommenheit heraus völlig neue Zuständigkeiten in der Abwicklung des Ansiedlungsverfahrens festlegte, ist nicht überliefert, vermutlich diente der offenbar forsch auftretende, nach seinem Dienstrang zu urteilen junge und noch unerfahrene Bliss dem RKFDV als Instrument zur Erringung von „Geländegewinnen" in der lothringischen Siedlung, auf welche der RKFDV bislang, wie sich aus Berkelmanns Brief vom 23.7.1942 an Greifelt schließen läßt, kaum hatte Einfluß nehmen können.

Die organisatorischen Grundzüge zum „Arbeitsverfahren bei der Ansiedlung der für Lothringen vorgesehenen Buchenlanddeutschen Rückkehrer" wurden in einer am 19.5.1942 ergangenen Weisung[28] des „Höheren SS- und Polizeiführer Westmark als Bevollmächtigter für die Besiedlung Lothringens"[29] festgelegt, dem Bürckel angeblich „bei der Ansetzung der Buchenlanddeutschen freie Hand"[30] gelassen hatte. Dem widerspricht allerdings die Tatsache, daß Bürckel sich am 12.6.1942 beim Reichsführer-SS über das Vorgehen Berkelmanns beschwerte[31]. Grundsätzlich erfolgte die Ansiedlung durch den RKFDV gemäß Bürckels „Siedlungs-Richtlinien", die Gesamtplanung nahm das Kulturamt Metz gemeinsam mit der Bauernsiedlung vor, „die Auswahl der Höfe und Grundstücke obliegt im landwirtschaftlichen Bereich dem Bodenamt Ansiedlungsstab in Zusammenarbeit mit Gruppe III der Überleitungsstelle".[32] Der Vermögensausgleich im Sinne des Deutsch-Rumänischen Umsiedlungsabkommens oblag der *Deutschen Umsiedlungs Treuhand (D.U.T.)*, die wirtschaftliche Ausstattung der landwirtschaftlichen Betriebe hatte die Bauernsiedlung im Einvernehmen mit dem Bodenamt vorzunehmen. Da die Ansiedlung der Buchenländer auf einer anderen Rechts-

---

26 BA-Kobl, R 49/74, fol. 96 - 108. Abschlußbericht des HSSPF Westmark/Ansiedlungsstab vom 5.4.1943.
27 Diese Bevorrechtigung galt übrigens auch für die Bitscherländer.
28 BA Kobl. R 49/74 fol.80 ff.
29 D. Wolfanger, Die nationalsozialistische Politik in Lothringen 1940 bis 1944, S.186, Anm.43, äußert die Auffassung, daß diese Weisung von Bürckel unterzeichnet worden sei. Die von Wolfanger zitierte, auch für diese Arbeit verwendete Abschrift weist keine Unterschrift auf, in der Schlußzeile wird mit dem Vermerk „F.d.R.d.A. gez. Barth - Kanzleiangestellte - Dienststempel des Reichsstatthalters für die Westmark" nur die Richtigkeit der Abschrift bestätigt. Gegen Wolfangers Auffassung spricht auch, daß wesentliche Teile dieser Weisung am 15.2.1943 von Brehm im Auftrag Berkelmanns zurückgezogen wurden.
 In dieser Arbeit wird die Auffassung vertreten, daß die Weisung von Berkelmann erging und auch von diesem unterschrieben wurde. Das angegebene Diktatzeichen „Bl." bezeichnet mit hoher Wahrscheinlichkeit als Verfasser dieser Weisung SS-Obersturmführer Bliss.
30 IfZ/Ma 3 (6). Brief Berkelmanns an SS-Gruppenführer Greifelt vom 23.7.1942. S.10.
31 Dieser Umstand ist aus dem Kontext des Briefes Berkelmanns an Greifelt ersichtlich, welcher als Argumentationshilfe für eine Beantwortung von Bürckels Brief aufgefaßt wird.
32 Unterstreichungen im Original.

grundlage als die der „westmärkischen" Siedler erfolgte, sie hatten gemäß dem Deutsch-Rumänischen Umsiedlungsabkommen einen Restitutionsanspruch an das Deutsche Reich, welcher von der D.U.T. einzulösen war, fielen sie nicht unter das Siedlungsverfahren gemäß Bürckels „Anordnung über die Besiedlung des lothringischen Grenzlandes vom 10.7.1942", sondern die „Besitzeinweisung" sollte nach Schätzung des zu übernehmenden Betriebes durch das Bodenamt aufgrund eines von der D.U.T. zu erstellenden „Vermögensausgleichsbescheides" erfolgen. Diese Weisung schuf neben den „westmärkischen" Siedlern eine zweite Siedlerkategorie, die in der Schlußbestimmung von Bürckels Anordnung vom 10.7.1942[33] legalisiert wurde.

Berkelmanns Weisung führte „unweigerlich zu entsprechenden Kompetenzstreitigkeiten"[34], die sich freilich weniger aus der Aufgabenverteilung herleiteten als aus der Tatsache, daß den bisher in eigener Kompetenz, nach bewährten Mustern handelnden, dem Chef der Zivilverwaltung in Lothringen unterstehenden Stellen eine neue Instanz übergeordnet wurde, die ohne Rücksicht auf bestehende Regelungen neue Zuständigkeiten schuf, und die eigenen Belange rücksichtslos durchzusetzen versuchte.

Am 30.6.1942 fand in Metz eine Besprechung zwischen den Dienststellen des C.d.Z. und Obersturmführer Bliss vom Ansiedlungsstab des RKFDV unter Leitung des Haushaltsexperten, Oberregierungsrat Dr. Dahlbusch, statt, im Besprechungsprotokoll[35] wurde unter Punkt 6) einvernehmlich vermerkt „bei bäuerlichen Siedlungsstellen kann die endgültige Zuweisung der verschiedenen Stellen alsbald nicht erfolgen. Deshalb werden die Siedler in ähnlicher Weise wie die derzeit vorhandenen Wirtschafter der Bauernsiedlung Westmark in Betreuung genommen. Die Bauernsiedlung wird dafür Sorge tragen, daß die Buchenlanddeutschen als Arbeitskräfte nach ihrer Eignung Verwendung finden und wird ihre wirtschaftliche Existenz sicherstellen." Kopie dieses Protokolls ging an den Reichsfinanzminister[36] mit der Bemerkung, „bei den landwirtschaftlichen Betrieben wird bis zur endgültigen Eigentumsübertragung eine gewisse Übergangszeit abzuwarten sein".

Diese Vereinbarung versuchte der Bodenamtsleiter, Obersturmbannführer Brehm, in einem an Kulturamtsvorsteher Dr. Nießen gerichteten Brief vom 14.7.1942[37] teilweise rückgängig zu machen. Nießen faßte Brehms Forderungen und seine eigene Auffassung in einer Stellungnahme[38] an Regierungspräsident Barth in 5 Punkten zusammen : 1. Der Einsatz der Buchenländer als Wirtschafter sei zu bejahen, wenn die erforderliche Qualifikation vorliege. 2. Buchenländer Kleinlandwirte seien als Arbeiterbauern oder Obst- und Gemüsebauern einzusetzen. 3. Die Besitzübertragung könne mit Rücksicht auf die Saarpfälzer, die sich „zum mindesten auch treudeutsch und politisch bewährt haben, nicht alsbald erfolgen können". 4. Brehm verlange die kurzfristige Durchführung von planerischen Arbeiten, was wegen der „Vorrangigkeit des Gauleiter-Programmes" nicht möglich sei. 5. Entgegen der Auffassung des Bodenamtes sei ein einheitlicher Taxrahmen zur Wertbestimmung der Siedlerstellen für Saarpfälzer und Buchenländer anzuwenden. Nießen schloß dieses Schreiben mit der Bitte, Barth möge „eine abschließende Anweisung des Gauleiters über die Zusammenarbeit mit dem RKFDV bzw. dem Bodenamt erzielen", was einer Weigerung Nießens gleichkam, bei der Ansiedlung der Buchenländer gemäß den Weisungen des RKFDV mitzuwirken.

Der RKFDV setzte nach der Entsendung von SS-Obersturmführer Bliss unverzüglich die in Sammellagern im Warthegau untergebrachten Buchenländer in Marsch, die jedoch nur aus ei-

---

33 §6, Abs.3 : „Erfolgt die Ansiedlung durch den Ansiedlungsstab des Reichskommissars für die Festigung des deutschen Volkstums, bleibt abweichende Regelung vorbehalten."
34 D. Wolfanger, Die nationalsozialistische Politik in Lothringen 1940 bis 1944, S.186, Anm.43.
35 LA Saar, LKA 461, fol.16a, Der Reichsstatthalter in der Westmark und Chef der Zivilverwaltung in Lothringen, Az. II HL U 48/42 vom 1.7.1942.
36 Ebenda, fol.16c.
37 LA Saar, LKA 461, fol.17f.
38 LA Saar, LKA 461, fol.17b. Der Reichsstatthalter in der Westmark und Chef der Zivilverwaltung in Lothringen, Az. Abt. IV d LK 45.01¹ (Bu. Dt.) vom 20.7.1942.

nem Lagerleben in das nächste wechselten. Wegen unzureichender Ansiedlungsmöglichkeiten endete die Fahrt vom Warthegau teils im Ansiedlungslager Elsingen (Elsange) in Lothringen, teils im Lager Erlenbad im Schwarzwald. Im weiteren Verlauf des Jahres 1942 erwies sich immer deutlicher, daß Bliss' Mission in Lothringen nahezu gescheitert war, der „Abschlußbericht des HSSPF"[39] läßt erkennen, wie die regionalen Stellen Bliss ins Leere laufen ließen. Am 15.2.1943, nach Ablauf von neun Monaten, waren „309 Herdstellen mit 1.355 Personen angesetzt"[40], demgegenüber befanden sich „226 Herdstellen mit ungefähr 1.130 Personen" im Lager Erlenbad und „584 Herdstellen mit ungefähr 3.438 Personen" im Lager Elsingen (Elsange)[41].

Bürckels hartnäckige Haltung in der Kontroverse um die Buchenländer scheint im Dezember 1942 einen ersten Erfolg gezeitigt zu haben. Der Reichsführer-SS führte im Zusammenhang mit der Regelung der Kriegsversehrten-Siedlung[42] eine Sonderbestimmung für Lothringen ein, wonach „auch sonstige Weltkriegsteilnehmer schon während des Krieges als Bewerber zugelassen (sind), wenn sie.....den Nachweis erbringen, daß sie mindestens einen Sohn als Wehrmachtsangehörigen im Felde stehen haben (S.10)." Diese Sonderregelung stellt im Kontext der Kriegsversehrten-Versorgung einen Fremdkörper dar, und wird als gesichtswahrende Form einer weitgehenden Erfüllung von Bürckels Begehren verstanden. Sie öffnete einem Großteil der Saarpfälzer Bewerber einen Zugang zur lothringischen Siedlung, ohne freilich Bürckels Zusage in vollem Umfange zu entsprechen.

Nach diesem Entspannungssignal wurde in einer Sitzung des Ansiedlungsstabes am 15.2.1943 auch das zweite Hindernis für die erfolgreiche Ansiedlung der Buchenländer ausgeräumt. Laut Anwesenheitsliste[43] des „Sitzungsprotokolls des Ansiedlungsstabes" vom 15.2.1943 umfaßte der Teilnehmerkreis 32 Personen, die Bedeutung des Gespräches wird durch die Teilnahme hoher Funktionäre des Stabshauptamtes des RKFDV, Amtschef Hiege, Amtschef Dr. Stier und Dr. Fiedler, unterstrichen. In Vertretung Berkelmanns ging Obersturmbannführer Brehm zunächst auf lokale Ansiedlungshindernisse ein, die durch Einrichtung von Kreisarbeitsstäben zukünftig zu überwinden seien und zeigte damit ein neues Organisationsschema auf.

„Dem Kreisarbeitsstab gehören an :
1. Der Kreisleiter als Vertreter des Bevollmächtigten für die Besiedlung Lothringens
   Er ist für die Ansiedlungstätigkeit in seinem Kreisgebiet verantwortlich.
2. Geschäftsführer des Kreisarbeitsstabes ist der Außenstellenleiter der Dienststelle des Reichskommissars f.d.F.d.V.
3. Der Landrat
4. Der Kreisbauernführer
5. Der Kreislandwirt
6. Der Kulturamtsvorsteher als planende Stelle im jeweiligen Gebiet
7. Der zuständige Vertreter des Wiederaufbauamtes."[44]

Da die Kreisarbeitsstäbe die wesentlichen Kompetenzen übernahmen, die nach der oben erwähnten Weisung Berkelmanns vom 19.5.1942 von dem „Bodenamt - Ansiedlungsstab" wahrgenommen wurden, wurde Berkelmanns Weisung im wesentlichen aufgehoben. Mit dieser Regelung ging die Zuständigkeit für die Ansiedlung der Buchenländer vom Ansiedlungsstab in Metz auf ein Gremium über, das mit Ausnahme des in Punkt 2) genannten Außenstellenleiters des Bodenamtes ausschließlich mit Gauleiter Bürckel nahestehenden Funktionsträgern besetzt war. Die Unterstellung des jeweiligen Kreisleiters zum Vertreter des Bevollmächtigten für die Besiedlung Lothringens ist als gesichtswahrende Floskel aufzufassen, da

---
39 BA-Kobl, R 49/74, fol. 96 - 108. Abschlußbericht des HSSPF Westmark/Ansiedlungsstab vom 5.4.1943.
40 BA Kobl. R 49/74, fol.86, „Bericht des Ansiedlungsstabes".
41 Ebenda, fol.86-87.
42 „14. Sicherung der Ansiedlungswünsche siedlungswilliger Kriegsteilnehmer in den dem Deutschen Volk wiedergewonnenen Siedlungsräumen" vom 11.12.1942 veröffentlicht in : Wehrmachtsfürsorge- und -versorgungsbestimmungen, herausgegeben vom Oberkommando der Wehrmacht am 20.1.1943, 7. Jhrg., Blatt 22, S. 7 - 41. (BA Kobl. R 2/18933).
43 BA Kobl. R.49/74, fol.84 ff.
44 Ebenda, fol.85.

die in Lothringen residierenden Kreisleiter unbedingte Gefolgsleute Bürckels waren und nur dessen Weisungen folgten. Für den „autonomen Teilplanungsraum Westmark"[45] war damit der *status quo ante* wieder erreicht, der Versuch des RKFDV, das lothringische Siedlungsvorhaben unter seine Autorität zu stellen, war in dieser Form gescheitert.

In der Auseinandersetzung spielte die Bürckel zugeschriebene Befürchtung, daß durch die Ansetzung der Buchenländer die Saarpfälzer „nach dem Osten gehen müssen"[46], eine wesentliche Rolle, und Berkelmann war der Auffassung „ein derart partikularistisches Denken ist im heutigen Schicksalkampf des Großdeutschen Reiches absolut zu verwerfen"[47]. Bürckel mag auch befürchtet haben, daß nach weitgehender Eliminierung der Saarpfälzer der Ansiedlung der Buchenländer weitere volksdeutsche Umsiedler folgen könnten, die wie in Kap.2 dargestellt, in Lagern der VoMi vegetierten. Der Sinneswandel des RKFDV dürfte kaum besser als durch den Hinweis Brehms in der Sitzung des Ansiedlungsstabes am 15.2.1943 in Anwesenheit von Amtschef Hiege ausgedrückt werden, daß „Land in einem derartigen Umfange zur Verfügung steht, um alle Ansprüche von reichsdeutschen Siedlern, Pfälzer Siedlern und rückkehrenden Frontsoldaten erfüllen zu können"[48], und Brehm bat den an der Besprechung teilnehmenden Landesbauernführer Scheu, ihm ein Gespräch mit Gauleiter Bürckel zu vermitteln, um „über den Stand der Ansiedlung berichten zu können."[49]

Der Besprechung war anscheinend eine nicht dokumentierte Vereinbarung vorausgegangen, daß in jedem Siedlungsort nicht mehr als 40% Buchenländer angesiedelt würden, so daß „60% des vorhandenen Wohnraumes und Landfläche gemäß den Richtlinien für die Besiedlung Lothringens für Reichsdeutsche Siedlungsbewerber zur Verfügung gestellt werden können."[50] Diese Vereinbarung verhinderte eine möglicherweise geplante geschlossene Ansiedlung der Buchenländer und sicherte die Dominanz der Saarpfälzer im Siedlungsgebiet, deren Sprache und Brauchtum nach den Vorstellungen Bürckels die „westmärkische" Identität prägen sollten.

12.4. Die Buchenländer

Die Buchenländer bildeten eine Gruppe der volksdeutschen Umsiedler aus Osteuropa, die als Folge von Hitlers Politik heimatlos geworden waren.

Die *Bukowina* (dt. Buchenland) liegt am Ostrand der Karpathen. Im Zuge der Türkenkriege Ende des 18. Jhdt. fiel das Land 1775 an die Habsburger Krone, die eine geordnete Verwaltung einführte und die Ansiedlung deutscher Siedler förderte. 1848 erhielt die Bukowina den Status eines autonomen Kronlandes[51], 1875 wurde in Czernowitz die östlichste deutsche Universität eröffnet. Im Vielvölkerland Bukowina lebten Rumänen, Ruthenen (eine ukrainische Volksgruppe), Juden, Polen, Deutsche, Slowaken, Ungarn und Zigeuner unter gegenseitiger Achtung ihrer kulturellen und traditionellen Eigenarten friedlich miteinander. Von den 853.000 Einwohnern im Jahre 1930 zählten rd. 70.000 oder 8,4% zur deutschen Volksgruppe. Das Ende des Ersten Weltkrieges und die folgende Angliederung der Bukowina an Rumänien änderte „die Stellung des Buchenlanddeutschtums zu seinen Ungunsten, die Vormachtstellung als führende Nation ging an die Rumänen über"[52]. Unter Mißachtung rechtskräftiger Verträge zur Sicherung der kulturellen Rechte der Minderheiten setzte Mitte der Zwanziger Jahre eine systematische Romanisierung des deutschen Schulwesens als tragendes Element der eigenständigen deutschen Kultur ein, so daß von den 1919 bestehenden 40 deutschen

---
45 U.Mai, Ländlicher Wiederaufbau in der <Westmark> im Zweiten Weltkrieg, S.142.
46 IfZ/Ma 3 (6). Brief Berkelmanns an SS-Gruppenführer Greifelt vom 23.7.1942. S.6. - Vgl. hierzu auch Uwe Mai, Ländlicher Wiederaufbau in der <Westmark> im Zweiten Weltkrieg, S.143, der in der Ansiedlung der Buchenländer das Scheitern von Bürckels Bemühungen sieht, „dem Gau Westmark die Ost-Siedlung zu ersparen."
47 IfZ/Ma 3 (6). Brief Berkelmanns an SS-Gruppenführer Greifelt vom 23.7.1942. S.6.
48 BA Kobl. R49/74, Sitzungsprotokoll des Ansiedlungsstabes vom 15.2.1943. fol. 91.
49 Ebenda, fol. 93.
50 Ebenda, fol. 89.
51 Grigorowicz, B.C./Massier, Erwin/Talsky, Josef (Hrg.), Bukowina - Heimat von gestern, S.11.
52 Ebenda, S.58.

Volksschulen 1928 nur noch eine verblieb[53]. Ein zum Zweck der Förderung deutscher Sprachkurse und des Theaterwesens gegründeter „Deutscher Kulturverein" lief Gefahr, in den Dreißiger Jahren in ein Abhängigkeitsverhältnis zum „Verein der Auslandsdeutschen" zu geraten, der seinerseits im Dritten Reich zunehmend zum Vehikel nationalsozialistischer Politik und Einflußnahme auf die deutschen Minderheiten wurde.

Eine Vorahnung kommender eigener Unbilden brachte den Buchenlanddeutschen im September 1939 die ungeordnete Flucht polnischer Soldaten und Zivilisten nach der Bukowina, die sich vor den in Polen vordringenden deutschen und sowjetischen Armeen nach Rumänien in Sicherheit zu bringen versuchten. Knapp ein Jahr später verlangte die Sowjet-Union von Rumänien ultimativ die Abtretung Bessarabiens und der Bukowina, sowjetische Truppen besetzten am 29.6.1940 die nördliche Bukowina, und eine neue Grenze durchzog das Land, da die südliche Bukowina bei Rumänien verblieb. Zunächst aus dem sowjetisch gewordenen Nordteil, anschließend auch aus dem Süden der Bukowina wurden die Deutschstämmigen aufgrund von Regierungsabkommen[54] ins Reich „heimgeholt". In Czernowitz für die Nordbukowina und in Gurahumora für den südlichen Landesteil wurden je ein „Deutscher Gebietsstab für die Umsiedlung" eingerichtet, die nach großzügig gehandhabter Überprüfung der Deutschstämmigkeit[55] die Auswanderungspapiere ausstellten. So verließen im Zuge der Umsiedlungsaktion fast 93.000 Menschen die Bukowina, obwohl die deutsche Volksgruppe nur etwa 70.000 Personen[56] zählte.

An die Aussiedlung aus der Süd-Bukowina und die harte anschließende Lagerzeit bis zur Ansiedlung in Lothringen erinnert sich ein mittlerweile 85-jähriger Zeitzeuge[57], der in Alt-Fratautz beheimatet war. In unmittelbarer Nachbarschaft von Alt-Fratautz „deutsch" lag Alt-Fratautz „rumänisch", daran anschließend Alt-Fratautz „ungarisch", alle drei Gemeinden mit eigener Verwaltung und ursprünglich, d.h. vor den Romanisierungstendenzen, nationalsprachiger Schule[58]. In der Abgrenzung der Volksgruppen und der dadurch möglichen Selbstbestimmung und Pflege der eigenen Kultur und Tradition sieht Herr E.Sch. auch einen der Gründe für das friedliche Miteinander in der alten Bukowina.

Obwohl zu den acht sogenannten „Schwaben"-Gemeinden in der Bukowina gehörend, waren die ersten sechzehn deutschen Siedlerfamilien im Jahre 1787 vorwiegend aus dem rheinfränkischen Sprachgebiet zugewandert, die eigene Familie des Zeitzeugen stammte aus dem saarländischen Fürstenhausen bei Völklingen, und daß er nach der Odyssee von Umsiedlung und Flucht im Saarland seßhaft wurde, erscheint ihm als „Rückkehr zu den Wurzeln". Die „Umsiedlung" nach Deutschland empfindet Herr E.Sch. als nahezu zielgerichtetes Ergebnis einer Entwicklung aus zunehmender Isolierung, innerem und äußerem Druck auf die kleine deutsche Gemeinschaft und geopolitischen Auseinandersetzungen der Großmächte Deutschland und Rußland. Wie seine Nachbarn habe er nicht gezögert, das „Umsiedlungs"-Angebot anzunehmen.

Im Gegensatz zur deutsch-russischen Vereinbarung für die Nordbukowina, die das Umsiedlungsgut auf ein Kollo von 50 kg und zwei Handkoffer pro Person beschränkte[59], enthielt das deutsch-rumänische Abkommen weitgehende Zugeständnisse zur Mitnahme beweglicher Ha-

---
53 Ebenda, S.62.
54 Ebenda, S.272 ff.
  Für die Nord-Bukowina wurde eine „Deutsch-Russische Vereinbarung über die Umsiedlung der deutschstämmigen Bevölkerung aus den Gebieten von Bessarabien und der nördlichen Bukowina in das Deutsche Reich" am 5.9.40 in Moskau abgeschlossen, die „Vereinbarung zwischen der deutschen Regierung und der königlich rumänischen Regierung über die Umsiedlung der deutschstämmigen Bevölkerung in der Südbukowina und der Dobrudscha in das Deutsche Reich" folgte am 22.10.40 in Bukarest.
55 Ebenda, S.281.
56 Ebenda, S.16.
57 Gespräch mit Herrn E.Sch. in Ottweiler am 11.11.1996 mit dem Verfasser. Alle Einzelheiten einschließlich der genauen Datierung der einzelnen Ereignisse waren ihm nach mehr als fünfzig Jahren geläufig, was die entscheidende Bedeutung, die sie für den Lebensweg des Zeitzeugen hatten, unterstreichen mag.
58 E. Massier (Hrg.), Fratautz und die Fratautzer, S.46 ff.
59 Grigorowicz, B.C./Massier, Erwin/Talsky, Josef (Hrg.) : Bukowina - Heimat von gestern, S.271.

be, und die Familie Sch. verpackte die neu angeschafften Möbel, Herr und Frau Sch. hatten zwei Jahre zuvor geheiratet, Wäsche und Hausrat in feste Transportkisten, die auf eigens eingesetzten Transportzügen zollfrei nach Deutschland verbracht wurden. Eine deutsch-rumänische Kommission schätzte den Wert des zurückgelassenen Eigentums, das dem rumänischen Staat zufiel. Gemäß einer Klausel des Umsiedlungsvertrages kreditierte Rumänien dem Deutschen Reich den Gegenwert des übernommenen Eigentums, und wesentliche Teile der rumänischen Lieferungen nach Deutschland, u.a. des für die Kriegsführung unentbehrlichen Erdöls, wurden über dieses Clearingabkommen ausgeglichen. Die *Deutsche Umsiedlungs-Treuhand-Ges.m.b.H.*, übernahm im Gegenzug im Auftrage des Reiches die Verpflichtung, den Umsiedlern durch Naturalentschädigung „eine neue Existenzgrundlage"[60] zu schaffen.

Herr und Frau Sch. verließen mit dem vorletzten Umsiedler-Transport am 10.12.1940 die alte Heimat, nach Begrüßung an der Reichsgrenze und Fahrt durch Österreich erreichten sie Furth bei Landshut in Niederbayern, wo die Familie in beengten Verhältnissen in einem alten Kloster einquartiert wurde. Die am 11.4.1941 ausgestellte Einbürgerungsurkunde des Deutschen Reiches, die für Herrn Sch. auch heute noch einen hohen ideellen Wert besitzt, hat er 1944 bei der Flucht aus Lothringen gerettet. Eine erneute „Umsiedlung" erfolgte am 18.6.1941 aus Furth bei Landshut nach Kloster Schwarzenberg bei Scheinfeld im mittelfränkischen Steigerwald, und am 18.10.1941 wurde Familie Sch. in ein Lager der *Volksdeutschen Mittelstelle* nach Kalisch im Reichsgau Wartheland verbracht, das die letzte Station vor der Ansiedlung sein sollte, wo sie mit Alt-Fratautzer Mitbürgern zusammentrafen, von denen sie bisher getrennt waren. Im Warthegau war Herr E.Sch. mehrmals Zeuge brutaler Ausschreitungen gegen Polen und schreckte vor der Ansiedlung im Osten zurück.

Das Lagerleben in Kalisch hat Herr E.Sch. in bedrückender Erinnerung. Bei außerordentlich schlechter Verpflegung und drangvoller Enge brachten Appelle, Untersuchungen und Befragungen durch die Lagerleitung die einzige Abwechslung in die Langeweile. Bei einem der Appelle wurden die Männer im wehrpflichtigen Alter unter psychischem Druck zur „freiwilligen" Meldung zur Waffen-SS veranlaßt, der Herr Sch. wegen einer früheren Erkrankung entging, alle Lagerinsassen wurden „nach arischer[61] und völkischer Abstammung eingehend durchleuchtet und auf erbbiologische Anlagen untersucht[62] und als Ergebnis der Untersuchungen und Befragungen in zwei Kategorien eingeteilt: die „A-Fälle", die als nicht „siedlungswürdig" zur Arbeitsleistung in das Altreich verbracht wurden, und die „O-Fälle", die zur Ansiedlung im Osten vorgesehen waren. Dort war „für die Ansiedlung einzelner geschlossener Gruppen kein Platz mehr vorhanden"[63], und da die Bukowiner „Schwaben" sich gegen die Aufteilung der Dorfgemeinschaften und Einzelansiedlung zur Wehr setzten, dehnte sich die zermürbende Lagerzeit immer länger aus, bis im Winter 1942 zur Ansiedlung in Lothringen kam.

Das Ehepaar Sch. wurde am 1.1.1943 von Kalisch in das Ansiedlungslager Elsingen (Elzange) bei Metzerwiesen (Metzervisse) verbracht und bezog am 20.1.1943 eine Wirtschafterstelle der Bauernsiedlung in Pommeringen (Pommérieux) im Landkreis Metz, wo sie einen zur Wehrmacht einberufenen Pfälzer Siedler ablösten. In den gleichen Ort wurden noch ein Schmied und ein Stellmacher aus Alt-Fratautz eingewiesen, weitere Dorfgenossen am gleichen Tag auf andere Dörfer verteilt. Die Zuweisungen in die verschiedenen Ortschaften erfolgten nach Meinung von Herrn Sch. nach Gutdünken des Bodenamtes in Metz und ohne Rücksicht auf die zugesagte Erhaltung der alten Dorfgemeinschaften, eine Information über Ziel und Zweck erfolgte nicht. Von der Vertreibung der frankophonen Lothringer erfuhr das Ehepaar Sch. nur beiläufig, machte sich über die Zusammenhänge auch wenig Gedanken und glaubte in Hinblick auf die eigenen Erfahrungen an die offiziellen Erklärungen, daß das von

---

60 Ebenda, S.290.
61 Andere Zeitzeugen berichten, daß einzelne Juden, die sich in die „Umsiedlungs"-Aktion eingeschleust hatten, im Lager unter ungeklärten Umständen „verschwanden".
62 Grigorowicz, B.C./Massier, Erwin/Talsky, Josef (Hrg.): Bukowina - Heimat von gestern, S.287
63 E. Massier (Hrg.), Fratautz und die Fratautzer, S.110.

ihnen bewirtschaftete Anwesen als „reichsfeindliches Vermögen" rechtmäßig enteignet sei. Bei der Übernahme durch das Ehepaar Sch. befand sich der Siedlerbetrieb in sehr schlechter Verfassung, vermutlich hatte sich die Bauernsiedlung mit der Zurücknahme der uk.-Stellung und der darauf folgenden Einberufung zur Wehrmacht eines ungeeigneten Wirtschafters entledigt. Das 60 ha Acker- und Weideland umfassende Anwesen war vernachlässigt, das Vieh ungepflegt und unzureichend mit Futter versorgt. Bis zur Jahresmitte 1943 sei die Wirtschaft mit den als Helfern zugeteilten zwei serbischen Kriegsgefangenen und einem polnischen Ehepaar wieder ordentlich in Gang gewesen, und Herr Sch. erzählte mit sichtlicher Erheiterung, daß er sich mit seinen Hilfskräften mittels der rumänischen Sprache, die einer der Serben beherrschte, verständigte, was einer beabsichtigten „Umvolkung" der Polen nicht förderlich gewesen sein dürfte. Als gelerntem Landwirt sei ihm die Arbeit in Lothringen gut von der Hand gegangen, und er habe gehofft, dort eine neue Heimat zu finden. Daher habe er auch unmittelbar nach der Ankunft in Lothringen sein Umzugsgut angefordert, das von Wien kommend in gutem Zustand und vollständig ausgeliefert worden sei. Bei der Flucht aus Lothringen habe er den Großteil des an die alte Heimat erinnernden Hausstandes zurücklassen müssen.

Die in Abschnitt 12.3. beschriebene Rückübertragung der Zuständigkeit für die Betreuung von Neuansiedlern an die Gaudienststellen führte zu einer schnellen Auflösung des Staues ansiedlungswilliger und ansiedlungsbereiter Buchenländer. Waren unter der Regie von SS-Obersturmführer Bliss von Mai 1942 bis zum 15.2.1943 „12 Herdstellen als kommissarische Verwalter der Bauernsiedlung in Lothringen"[64] angesetzt worden, wurde von den Gaudienststellen die Ansiedlung der Buchenländer in den folgenden Wochen und Monaten systematisch betrieben mit dem Ergebnis, daß die Bauernsiedlung Westmark nach der Siedlerkartei insgesamt 421 Buchenländer Siedlerfamilien als Wirtschafter einsetzte. Durch Neuzuführung der erfahrenen Buchenländer Fachlandwirte konnte die zum Jahreswechsel 1942/43 erhebliche Spannungen aufweisende Lage im Siedlungsraum konsolidiert werden. Die Buchenländer wiesen, wie in Kap.14 im einzelnen noch darzustellen sein wird, eine günstigere Alters- und Familienstruktur als die Saarpfälzer auf, sie waren gemäß einer Regelung des OKW nicht wehrdienstpflichtig[65], so daß mit ihrem dauerhaften Verbleiben am Einsatzort gerechnet werden konnte. Entgegen den Zusagen einer geschlossenen Ansiedlung wurden sie über den gesamten Siedlungsraum verteilt, ihr Einsatzort orientierte sich an den Rationalisierungsbedürfnissen der Bauernsiedlung, so daß der Zusammenhalt von Familien und Dorfgemeinschaften verloren zu gehen drohte.

Wie Herr E.Sch. wurden auch die übrigen Buchenländer fast ausschließlich in Siedlerstellen eingesetzt, deren bisherige Wirtschafter zur Wehrmacht einberufen oder mangels Eignung ausgeschieden waren. Das bereits in der zweiten Jahreshälfte 1942 wahrscheinlich in der Erwartung des systematischen Zuzugs der Buchenländer von der Bauernsiedlung Westmark eingeleitete Reorganisationsprogramm konnte nunmehr konsequent durchgeführt werden. Zu den Rationalisierungsmaßnahmen gehörte auch die ab 1.1.1943 angewandte Änderung der Wirtschaftervergütung, die in einer Verminderung der festen monatlichen Vergütung und Einführung einer zusätzlichen, nach der Wirtschaftsleistung bemessenen variablen Vergütung bestand. Eintragungen in der Siedlerkartei ist zu entnehmen, daß die ab der zweiten Jahreshälfte 1943 zur Auszahlung gelangenden variablen Vergütungen teilweise zu einer wesentlichen Verbesserung der Wirtschaftereinkommen führten, gleichzeitig weisen Karteikarten von zu dieser Zeit wegen mangelnder Eignung ausscheidenden Siedlern häufig einen Vermerk über den für den Betrieb erforderlichen Zuschußbedarf (s. hierzu Angaben in Tab.9-3) aus. Die Bauernsiedlung verfügte inzwischen über die in Kap.9 erwähnten organisatorischen Voraussetzungen, um Kosten und Leistungen der einzelnen Siedlerbetriebe transparent zu machen und für ihre Entscheidungen zu nutzen. Die Zeit des die Tätigkeit der Bauernsiedlung in der Anfangszeit prägenden „aus dem vollen Schöpfens" und der für die Aufrechterhaltung des

---
64 BA Kobl. R 49/74, fol.86 - Abschlußbericht des HSSPF vom 5.4.43.
65 Nach Angaben auf zahlreichen Karten der Siedlerkartei.

Kap.12 - Die Ansiedlung der Buchenländer

Wirtschaftsbetriebes erforderlichen erheblichen Zuschüsse des C.d.Z. war vorbei.

So ist dieses ursprünglich mit Maßnahmen zur Intensivierung der Besiedlung eröffnete Kapitel mit der Feststellung zu schließen, daß die dazu unternommenen Initiativen nicht zu einer Verbreiterung der Siedlerbasis führten, wohl jedoch eine Intensivierung der Bewirtschaftung zur Folge hatten.

Am 23.1.1943[66] informierte Nießen Regierungspräsident Barth, daß der Einsatz einer Gruppe sloweniendeutscher Landarbeiter in Lothringen in Erwägung zu ziehen sei, da „durch die fortgesetzten Einziehungen die Zahl der verfügbaren Landarbeiter für die Bauernsiedlung immer knapper wird". Diese sloweniendeutsche Siedlergruppe war im Raume Shitomir angesetzt, von wo sie infolge einer „Frontbegradigung" zurückgezogen wurden und befanden sich in einem Auffanglager. Die Siedlerkartei der Bauernsiedlung weist keine diesem Personenkreis zuzuordnenden Wirtschafter aus.

---

66 LA Saar, LKA 464, Gesch.Z. IV d.

13. AUSFÜHRUNGSANSÄTZE: SIEDLUNGSPLÄNE, PILOTPROJEKT UND POLITISCHE IMPLIKATIONEN

Mit Bürckels „Anordnung über die Besiedlung des lothringischen Grenzlandes" vom 10.7.1942 war die Grundlage zur Ausführung des ländlichen Siedlungsvorhabens gegeben. Der Maßnahmenkatalog umfaßte Raumordnungspläne, Orts- und Gebäudeplanungen, sowie die Erstellung von Siedlungseinteilungsplänen als Grundlage für Flurbereinigung und Umlegungen. Trotz der Mobilisierung aller verfügbaren Kräfte kam die Realisierung der Vorhaben über Ansätze nicht hinaus.

Zur Vereinheitlichung des äußeren Bildes im Sinne der Schaffung einer gemeinsamen Identität in den drei Landesteilen sollten bei neuerrichteten Siedleranwesen die von den Architekten des Wiederaufbauamtes für die „Neuordnungsgebiete" der „roten Zone" in der Saarpfalz entwickelten Rasterarchitektur-Modelle als regionaltypische Architektur verwendet werden. Prägendes Merkmal der ländlichen deutschen „Herrschaftsarchitektur" war das „hohe Dach", das in bewußten Gegensatz zu dem für das lothringische Dorfbild typische „südländische Flachdach" gestellt wurde. Die sich seit 1942 zunehmend bemerkbar machenden kriegsbedingten Einschränkungen zwangen zur Zurückstellung der Neubautätigkeit und Beschränkung auf Um- und Ausbauten, bis auf Weisung Bürckels Mitte 1943 die Bautätigkeit bis auf Selbsthilfemaßnahmen völlig eingestellt werden mußte.

Die Erstellung von Siedlungseinteilungsplänen als Voraussetzung für die Durchführung der Flurbereinigungs- und Umlegungsmaßnahmen und für die anschließende Veräußerung der Siedlerstellen machte wegen Personalmangels kaum Fortschritte. Die Vorgehensweise der Planer und die sich in den Siedlungseinteilungsplänen spiegelnde Verwirklichung der siedlungspolitischen Vorgaben Bürckels werden am Modellfall der „Siedlungssache Lesch" (Lesse) verdeutlicht, der auch erkennen läßt, daß der 'Lothringer-Plan' die regionalen Ressourcen überforderte.

In einem Pilotprojekt sollte prioritär eine kleine Anzahl Saarpfälzer Siedler vor Kriegsende definitiv in Lothringen angesiedelt werden. Die Festsetzung des Kaufpreises und der Finanzierungsmodalitäten sowie die Formulierung der Kaufverträge führten zu langwierigen Auseinandersetzungen mit dem Reichsfinanzminister und dem RKFDV, und im Rahmen eines sich über fast zwei Jahre hinziehenden Prozesses wurde Bürckels Eigenständigkeit zwar Schranken gesetzt, es ergaben sich jedoch Problemlösungen, die einerseits die unmittelbaren regionalen Interessen angemessen berücksichtigten und Bürckels Führungsanspruch bei der Durchführung des Siedlungsvorhabens nicht infrage stellten, ohne andererseits übergeordnete, zentrale, nach Kriegsende zu erlassende Regelungen für den Gesamtkomplex der von den NS-Machthabern geplanten ländlichen Siedlungen zu kompromittieren.

In der Aufsichtsratsitzung der Bauernsiedlung Westmark vom 28.10.1943 wurden diese Zuständigkeitsregelungen, die dem Bodenamt und den übrigen Dienststellen des RKFDV in Metz eine Mitarbeit einräumten, im übrigen jedoch die gesamte Durchführung des lothringischen Siedlungsvorhabens den Dienststellen des Reichsstatthalters und der Bauernsiedlung übertrugen, vom Stabschef des RKFDV als Arbeitsgrundlage anerkannt. Die politischen Auseinandersetzungen um die Siedlungsmaßnahmen in Lothringen fanden damit einen Abschluß, inwieweit die Kontrahenten, insbesondere der RKFDV diesen Abschluß als endgültig oder als nach dem „Endsieg" widerruflich betrachteten, muß offen bleiben.

13.1. Die Planung ländlicher Siedlungen in Lothringen

Mit der „Anordnung über die Besiedlung des lothringischen Grenzlandes" vom 10.7.1942 setzte die praktische Umsetzung der NS-Siedlungspolitik in Lothringen definitiv ein, nachdem Vorarbeiten bereits in Gang gekommen waren[1]. In der Zuständigkeit des Wiederaufbau-

---

1 Die vom Kulturamt Metz beantragte formale Einleitung von Siedlungsverfahren, im einzelnen für 32 Orte im Kreis Saarburg (Sarrebourg), 6 Orte im Kreis Diedenhofen (Thionville) und 8 Orte im Kreis Metz-Land (Metz-Campagne)

amtes lagen Aufgaben der *Landesplanung, Ortsplanung* und *Gebäudeplanung,* im Zuständigkeitsbereich der Oberen Siedlungs- und Umlegungsbehörde lagen die Erstellung der *Siedlungseinteilungspläne* und der Vorbereitung und Durchführung von *Umlegungen,* die Straßenbauverwaltung war für das Straßennetz und das Wasserwirtschaftsamt für Wasserversorgung, Abwasserentsorgung und Meliorationen zuständig.

Die *Landesplanung* zeichnete verantwortlich für die im gesamten Raum der Westmark im allgemeinen, und Lothringens im besonderen aufzustellenden Raumordnungspläne, in welche die ländlichen Siedlungsmaßnahmen organisch einzugliedern waren. Hierzu zählten auch die Ausweisung von gewerblichen Ansiedlungsräumen zur Schaffung der für die in den Dorfsiedlungen ansässig zu machenden Arbeiterbauern benötigten Arbeitsplätze, sowie die Eingliederung und Anbindung des ländlichen Raumes an die Verkehrswege. Eine siedlungsnahe Aufgabenstellung war die Bestimmung der „Hauptdörfer" und der diesen zuzuordnenden Dörfer, die den ländlichen Raumes sinnvoll strukturieren sollten. Die von Gauleiter Bürckel in den „Richtlinien" vorgegebene Abstimmung landesplanerischer Intentionen mit siedlungstechnischen Notwendigkeiten weist ein Aktenvermerk[2] vom 14.2.1944 aus, in welchem beantragt wird, anstelle von Lussingen (Lussigny) die Ortschaft Albesdorf (Albestroff) zum Hauptdorf zu bestimmen.

Die *Ortsplanung* umfaßte „den gesamten Planungsverlauf in den Orten von der Beschaffung und Bewirtschaftung von Baustoffen bis zur eigentlichen Ortsplanung, die wiederum vom generellen Rahmenentwurf bis hin zum Plan des optimierten Viehstalls reicht."[3] Gemäß einer Anweisung des Gauleiters war sie „für die Fortdauer der derzeitigen Kriegsverhältnisse auf das unumgänglich notwendige zu beschränken".[4] Die Gestaltungsfreiheit der Architekten war freilich sehr eingeengt, die Entwürfe „geschlossener, romantischer Ortsbilder" korrelierten nicht mit den betriebswirtschaftlichen Forderungen nach Intensivierung und Rationalisierung der Landwirtschaft. Nach der Auffassung Höhns ließ die vorgesehene Aussiedlung der größeren landwirtschaftlichen Betriebe in Alleinlage mit direkter Zuordnung zur Wirtschaftsfläche „geschlossene Ortslagen nur in Ausnahmefällen"[5] zu, was allerdings in eindeutigem Widerspruch zu den „Siedlungs-Richtlinien" von Gauleiter Bürckel steht, welche einen geschlossenen Dorfkern unter Einbeziehung von Handwerker- und Arbeitersiedlungen ausdrücklich vorgaben. Höhns Feststellung widerspricht auch der „Neuordnungsplan der Gemeinde Oberbesch"[6], einer zwar nicht im lothringischen Siedlungsgebiet, sondern im saarländischen „Neuordnungsgebiet" gelegenen Ortschaft, für welches jedoch analoge Vorgaben bestanden, und wo die Planung eindeutig einen Ortskern ausweist, wenn auch im Vergleich zum Vorkriegsbestand[7] eine substantielle Auflockerung des Baubestandes festzustellen ist. Die von Oberbaurat Klemens Weber[8] aufgestellte Regel, in den Ortsbauplänen „die Erkenntnisse der modernen bäuerlichen Siedlungspolitik der Dorfauflockerung, der Hinauslegung beengter Erbhöfe außerhalb der Ortslage" zu beachten, wurde eingeschränkt durch die Erkenntnis, daß die „einheimische Bevölkerung von altersher dorfgebundenes Zusammenleben gewöhnt ist" und die Landestopografie „zu einer gewissen Zusammendrängung der Siedlung zwingt"[9]. Wegen der Personalengpässe spielten in der planerischen Praxis der Jahre 1942 bis 1944 Ortsplanungen jedoch nur eine marginale Rolle.

---

wurden vom Landeskulturamt am 17.3.1942 genehmigt (LA-Saar, LKA 399, S.28).
2 LA Saar, LKA 399, fol.63
3 U. Höhns, Zur Neugestaltung des ländlichen Raums in der Westmark, fol.25.
4 Ebenda, fol.19.
5 Ebenda, fol.26.
6 Uwe Mai, Ländlicher Wiederaufbau in der <Westmark> im Zweiten Weltkrieg, Abbildung des Ortsbauplanes S.134. Oberbesch lag in der „roten Zone" des Kreises Saarlautern (Saarlouis).
7 Ebenda, S.133. Abbildung des Bestandsplanes.
8 NSZ vom 23.11.1941, „Der Wiederaufbau im westmärkischen Kriegsgebiet - Die große Wiederaufbau- Instandsetzungs- und Planungsarbeit des Reichsstatthalters in der Westmark", von Oberbaurat Klemens Weber.
9 Ebenda. Diese Feststellung bezog sich auf den Wiederaufbau in der „roten Zone" und die dortigen Saarpfälzer Bewohner. Sie ist unmittelbar auf die Saarpfälzer Siedler im lothringischen Siedlungsgebiet übertragbar.

Auch die *Planung neuer Gebäude*, deren Konkordanz das Ortsbild entscheidend bestimmte, und die daher den eigentlichen architektonischen Auftrag darstellten, hatte den Modernisierungstendenzen in doppelter Hinsicht zu folgen : unter Hintanstellung gestalterischer Elemente waren die Bauten nach reinen Zweckmäßigkeitserwägungen zu planen und zu errichten, und die Einführung der „WAW-Norm" (Wiederaufbau Westmark)[10], ein von den Architekten Döcker und Hoss für die ländliche Siedlung in der Westmark entwickeltes Normierungs- und Typisierungsprogramm, standardisierte die landwirtschaftlichen Bauten auf drei Hofgrößen, womit „den gestalterischen Ambitionen der Architekten....enge Grenzen gezogen waren"[11].

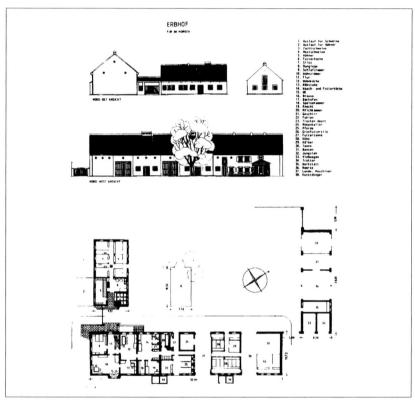

Abb.13-1 : Entwurfszeichnung für einen Erbhof für 80 Morgen (Typ IV) in Oberbesch nach der WAW-Norm.
Quelle : Uwe Mai, Ländlicher Wiederaufbau in der <Westmark> im Zweiten Weltkrieg, S.118.

Uwe Mai[12] hat mehrere Pläne und Abbildungen von Haustypen nach der „WAW-Norm" und danach erstellten Bauten im saarpfälzischen Grenzgürtel zusammengetragen, die beispielhaft auch für die Planungen in Lothringen gelten können, wo sie allerdings wegen der kriegsbedingten Einschränkungen kaum zur Ausführung gelangten. Unverwechselbares Merkmal der auch vom Reichsnährstand geförderten Architektur standardisierter Typenhäuser war das „hohe Dach", eine Spitzgiebelbauweise, die nach den Feststellungen von Uwe Mai[13] auf hol-

---

10 U. Höhns, Zur Neugestaltung des ländlichen Raums in der Westmark, fol.19.
11 Ebenda, fol.26.
12 Uwe Mai, a.a.O., S.107-122.
13 Ebenda, S.119.

Kap.13 - Die Ausführung des Siedlungsvorhabens - Siedlungspläne - Pilotprojekt

ländische Vorbilder zurückging, und die sich von den flach geneigten Dachkonstruktionen lothringischer Bauernhäuser deutlich unterschied.

In seinem bereits erwähnten Artikel stellte Klemens Weber fest, daß das lothringische Flachdach sich zwar harmonisch in die Landschaft einfüge, andererseits „einen südländischen, für uns fremden Eindruck" hinterlasse. Maßgeblich für die Förderung der von Gauleiter Bürckel vorgegebenen „deutschen Bauweise" sei jedoch, daß der Einsatz moderner technischer Hilfsmittel, von „sogenannten Greifern", zur Entladung der Erntewagen und Stapelung der Vorräte in den Speicherräumen eine Gebäudemindesthöhe mit entsprechender Auswirkung auf die Dachkonstruktion und einer Dachneigung von mindestens 35° erfordere. Weber sah sich in diesem Zusammenhang veranlaßt, „das Gerücht richtigzustellen, es sei beabsichtigt, sozusagen sämtliche Flachdachdörfer Lothringens niederzulegen und an ihrer Stelle neue Dörfer in deutscher Steildachbauweise zu errichten". Die sofortige Umsetzung eines solchen Vorhabens scheitere schon an dessen Umfange, wofür Baukapazitäten und Finanzmittel auf absehbare Zeit nicht verfügbar seien, Weber stellte jedoch einen „schrittweisen, langsamen Umbau" in Aussicht, bei dessen Durchführung er neuzuerrichtenden Erbhöfen „in aufgelockerter Bauweise an den Ortsrändern" eine Pilotfunktion zuerkannte. Als Übergangslösung könnten in das lothringische Ortsbild vereinzelte Neubauten mit einer Dachneigung von 35° eingefügt werden.

In der Ortschaft Les Étangs (Teckenhof) in der Nähe von Courcelles-Chaussy (Kurzel-Straße) sind zwei Gebäude erhalten, die als Übergangslösungen im Sinne der Äußerungen Webers angesprochen werden können : der Neubau eines Wirtschaftstraktes als Teil einer dreiseitig umschlossenen Hofanlage (rue de Boulay), bei welcher das straßenseitig gelegene Wohnhaus unverändert blieb und der Anbau eines Wirtschaftsgebäudes an ein Wohnhaus im Lothringer Stil (rue de Paully). Mit hoher Wahrscheinlichkeit handelt es sich um die Objekte „Teckenhof 2" und „Teckenhof 3", die im Rahmen des Pilotprojektes gemäß Abschnitt 13.3 definitiv an Saarpfälzer Siedler verkauft werden sollten.

Bei dem völlig neu errichteten freistehenden Wirtschaftsgebäude Rue de Boulay, das im Abstand von etwa 30 Metern von der Straße gelegen über eine breite Einfahrt zugänglich ist, handelt es sich um ein Gebäude mit „hohem Dach", das ähnlich wie der in Abb.13-1 abgebildete Erbhof durch zwei Toreinfahrten gegliedert ist, neben Scheune und Vorratsspeicher auch Viehställe aufweist und in seiner Bauweise alle Eigenheiten der damaligen „Herrschaftsarchitektur" besitzt.

Von den heutigen Besitzern wurde berichtet, daß sich das Gebäude über zwei ursprünglich verschiedenen Eigentümern gehörende Grundstücksparzellen erstreckt, so daß nach der Rückkehr der vertriebenen Lothringer im Winter 1944/45 die Eigentumsrechte zu klären waren. Im Beispielsfalle soll eine gütliche Einigung zustande gekommen sein, in anderen Fällen sollen die Eingriffe der Siedlungsplanung in Eigentumsrechte zu langwierigen Auseinandersetzungen zwischen Nachbarn, insbesondere auch zwischen Vertriebenen und Zurückgebliebenen geführt haben[14].

Das Wirtschaftsgebäude Rue du Paully besitzt einen sehr eigenen Stil. Das flache Dach steht in rechtem Winkel zum Wohnhaus und bildet mit diesem eine Einheit. Die Wände sind mit unverputzten Kalksandsteinen gemauert, der Zuschnitt der Stallfenster und der Tür deuten deutsche Vorbilder an, der ins Auge fallende Holzsims wurde nach Angabe der heutigen Eigentümer[15] von holländischen Handwerkern hergestellt, inwieweit er als holländisches Stilelement

---

14 Zwischen den 1940 nach Frankreich vertriebenen und den im deutschen Machtbereich zurückgebliebenen Lothringern sind nach Rückkehr der Ausgewiesenen offenbar erhebliche Gegensätze ausgebrochen, die bis heute nicht völlig bereinigt sind. Anlässe zu diesen Auseinandersetzungen entstanden in wesentlichem Maße durch die Siedlungstätigkeit, auf diese Folgen der Siedlungsmaßnahmen soll im Rahmen dieser Arbeit jedoch nicht eingegangen werden.

15 Als besonderes Kuriosum wurde berichtet, daß die heutigen Eigentümer beim Erwerb des Anwesens im Jahre 1950 für den „deutschen" Anbau der „Administration Domaniale", der französischen Liegenschaftsverwaltung, einen besonderen zusätzlichen Kaufpreis zu entrichten hatten.

aufzufassen ist, muß offen bleiben. Das Gebäude ist nicht eigenständig, sondern der rechtwinklig zur Fluchtlinie des Wohnhauses stehende, vorspringende Neubau wurde als vergrößernder Anbau der früheren Wirtschaftsräume errichtet. Die Vergrößerung von Stall und Scheune dürfte durch die geplante Aufstockung der Wirtschaftsfläche des Betriebes auf ca. 20 ha, vielleicht auch durch die „deutsche" Stalltierhaltung anstelle der „lothringischen" Weidehaltung, erforderlich geworden sein. An der dem Wirtschaftsgebäude gegenüber liegenden Hofseite wurden, ebenfalls in unverputztem Kalksteinmauerwerk, Werkstattgebäude und Remisen neu errichtet. Die Bauten errichtete ein saarländisches Bauunternehmen. Das Gebäude vermittelt einen gespaltenen Eindruck : wesentliche Einzelheiten wie Baumaterial und Holzsims weisen es als Fremdkörper in dem ursprünglich lothringischen Ortskern aus, sein „flaches", in das Wohnhaus hineingezogene Dach mildert diesen Eindruck und schafft einen Übergang zum gewohnten Ortsbild.

Die Bauernsiedlung Westmark war als „Fachabteilung für die landwirtschaftlichen Bauten in der Umsiedlungszone Lothringens"[16] beim Wiederaufbauamt eingesetzt, ihr oblag u.a. die Überprüfung, ob „Gebäudeanordnung und Grundrißaufteilung den betriebstechnischen Bedürfnissen" entsprachen. Über die Tätigkeit als beratende Stelle hinaus „strebte die Gesellschaft von Anfang an eigene Bautätigkeit an"[17], der 'Geschäftsbericht 2' erwähnt besonders den Umbau von sieben Gehöften in der Gemarkung Reich (Riche) im Kreis Salzburgen (Château-Salins), und für die Nachkriegszeit kündigte Jerratsch die Absicht an, „wie im Reich üblich" die gesamte Neubautätigkeit in Lothringen durch die eigene Bauabteilung durchführen zu lassen[18].

Die Erstellung von *Siedlungseinteilungsplänen* war eine wesentliche Voraussetzung für die endgültige Ansiedlung und die Übergabe der Siedlerstellen. „Unter Siedlungseinteilungsplan verstehe ich einen in die Örtlichkeit übertragenen Plan, dessen Flächen endgültig nach Kartierung berechnet sind, und der in Form eines Nachweises des alten und neuen Besitzstandes aufgestellt ist. Beispiel Siedlungseinteilungsplan von Apach."[19] Die für die Erstellung der Siedlungseinteilungspläne zuständige Bauernsiedlung berichtete am 28.9.1943 dem Landeskulturamt über den Planungsstand per 1.9.1943[20] :

	endgültige Siedlungseinteilungspläne	
	Gemarkungsfläche ha	Siedlungsfläche ha
1941 und 1942	14.646	10.467
1943 bereits fertiggestellt	26.659	19.903
1943 in Fertigstellung	18.005	12.278
1943 Gesamt	44.664	32.181
1941 bis 1943 Gesamt	59.310	42.648

was auf den ersten Blick beeindruckend erscheint, bei einer Gesamtgemarkungsfläche von 280.000 ha, für die Siedlungseinteilungspläne zu erstellen waren, wären bei Fortsetzung des Planungsrhytmus des Jahres 1943 bis zur gesamten Fertigstellung der Planungsarbeiten weitere fünf Jahre erforderlich gewesen, die Vorplanungen hätten sich also bis zum Jahre 1948 hingezogen. Nach dem 'Geschäfts-Bericht 2' wurde im zweiten Halbjahr 1943 auch die Siedlungsplanung durch die Bauernsiedlung zugunsten der Erstellung von „Kriegswirtschaftsplänen" zurückgestellt, was gleichbedeutend war mit der Aufgabe der auf die Neustrukturierung des Siedlungsraumes gerichteten Tätigkeit zugunsten von Maßnahmen, welche die landwirtschaftliche Nutzung intensivierten. In Verbindung mit der bereits erfolgten Einstellung der Bautätigkeit bedeutete dies das faktische Ende des lothringischen Siedlungsvorhabens.

---
16 'Geschäftsbericht 2', S.9.
17 Wie vor.
18 Offen bleibt, ob damit auch die Ausschaltung des Wiederaufbauamtes als übergeordnete Fachbehörde beabsichtigt war.
19 LA Saar, LKA 399, fol.44 I. Schreiben vom 4.9.1943 an Landeskulturamt, Absender vermutlich Reg. Präs. Barth. Das Schreiben steht in Zusammenhang mit der Veräußerung der ersten Siedlerstellen im Rahmen des Pilotprojektes.
20 LA Saar, LKA 399, fol.38.

Kap.13 - Die Ausführung des Siedlungsvorhabens - Siedlungspläne - Pilotprojekt

Die *Umlegung* in Verbindung mit einer umfangreichen *Flurbereinigung* setzte die Siedlungseinteilungspläne in die Praxis um und hat als der arbeitsaufwendigste Teil des gesamten Siedlungsverfahrens zu gelten. Die Neueinteilung der Gemarkungen mußte in Detailplänen festgelegt, die neuzubildenden Grundstücke vermessen und vermarkt und anschließend die erforderlichen Katasterpläne erstellt werden, die die Voraussetzung für die Anlage neuer Grundbücher bildeten. Im Prinzip konnte die Übereignung der Siedlerstellen an die Siedler und die Besicherung des zu verrentenden Restkaufwertes zugunsten des Kapitalgebers erst nach Anlage der Grundbuchblätter erfolgen. Bei dem Umfang der anfallenden Arbeiten in Verbindung mit dem beträchtlichen Mangel an Vermessungstechnikern und Zeichnern hätte sich die Bereitstellung der Siedlerstellen über einen erheblichen Zeitraum erstreckt, mit der Folge einer politisch nicht wünschenswerten Verzögerung in der Abwicklung und dem Abschluß des Siedlungsvorhabens. Der Reichsstatthalter ordnete daher am 25.11.1943 an, daß „Verkauf und Besitzübergabe bereits auf der Grundlage vorläufig genehmigter Siedlungseinteilungspläne stattfinden".[21]

Klagen über den Mangel an ausgebildeten und erfahrenen Vermessungstechnikern und Zeichnern, die für die Durchführung der Vermessungs- und Kartografiearbeiten *in situ* benötigt wurden, äußert u.a. das Protokoll des Landeskulturamtes vom 6.10.1941[22], man sei gezwungen, auf 73-Jährige als Hilfskräfte bei vermessungstechnischen Arbeiten im Außendienst zurückzugreifen. Benzinknappheit behindere die Beweglichkeit der Vermessungstrupps und verzögere zügiges Arbeiten. Das Protokoll einer Besprechung am 15.10.1942 im Kulturamt Metz[23] berichtet vom Einsatz von „neun Arbeitsgruppen im Siedlungsgebiet", im wesentlichen in den Kreisen Saarburg (Sarrebourg), Salzburgen (Château-Salins) und Metz-Land. Durch das Protokoll zieht sich ein Ansporn zur Eile, es endet mit der Kritik, daß die Arbeiten zu umständlich durchgeführt würden, der Arbeitsaufwand solle „auf das notwendigste beschränkt werden".

Probleme der mangelnden Verfügbarkeit geeigneter Vermessungsfachkräfte beschäftigte die Bauernsiedlung seit der am 22.1.1941 vom Siedlungs-Ausschuß des Aufsichtsrates erteilten Beauftragung, „die Siedlungseinteilungspläne für das etwa 280.000 ha umfassende lothringische Gebiet im Einvernehmen mit der Siedlungsbehörde" aufzustellen, die im Rahmen der „Siedlungs-Richtlinien" von Gauleiter Bürckel nochmals bestätigt wurde. Die Bauernsiedlung hatte aus diesem Anlaß das Reichsministerium für Ernährung und Landwirtschaft mit Schreiben vom 25.1.1941 um „die Abordnung von Vermessungsrat Klander aus Köln sowie um die Zuweisung von 10 erfahrenen Vermessungstechnikern"[24] gebeten, Bemühungen am „freien Stellenmarkt" seien wegen Nichtverfügbarkeit gescheitert. Gleichzeitig bat die Bauernsiedlung das Reichsministerium für Ernährung und Landwirtschaft um Verlängerung der Abordnung von Vermessungs-Amtsrat Biese[25] nach Metz, dessen Tätigkeit in Lothringen jedoch am 31.12.1941 definitiv enden sollte. Gauleiter Bürckel wandte sich daher in einem persönlichen Schreiben[26] an den für die Abstellung Bieses zuständigen Preußischen Finanzminister Dr. Popitz mit der Bitte um eine weitere Verlängerung für das Jahr 1942, da Biese „aufgrund seiner Erfahrungen im landwirtschaftlichen Bauwesen" geeignet sei, den für das Jahr 1942 vorgesehenen „Umbau von 500 Gehöften" zu fördern.

Das zitierte Schreiben der Bauernsiedlung vom 25.1.1941 hatte die Abordnung von Vermessungsrat Klander mit der Aussage begründet, daß in Lothringen 1941 nach Anweisung Bürckels noch „500 Neubauernhöfe" errichtet werden sollten, wovon tatsächlich jedoch nur zwei gebaut wurden. Bürckel gestand in seinem Schreiben an Dr. Popitz bereits ein, daß er

---

21 Ba Kobl., R2/18937, fol.81. Der Reichsstatthalter in der Westmark und Chef der Zivilverwaltung in Lothringen Ivd, Az. LK. 45.01' vom 25.11.1943 an a) das Kulturamt Metz b) die Bauernsiedlung Westmark in Saarbrücken.
22 LA Saar, LKA 385, n.fol.
23 LA Saar, LKA 385, n.fol.
24 LA Saar, LKA 433, fol.70a, Unterstreichung im Original.
25 LA Saar, LKA 433, fol.71a.
26 LA Saar, LKA 434, fol.30a.

sich entschlossen habe, „zwecks Sicherung einer möglichst großen Erzeugung von Nahrungsgütern unter weitestgehender Zurückstellung von Neubauten durch Umbauten geeignete Bauernbetriebe" zu schaffen. Der Verzicht auf die ursprüngliche Zielsetzung der Errichtung „deutscher Höfe", die weitgehend propagandistisch auf eine Demonstration deutscher Leistungsfähigkeit unter nationalsozialistischer Führung ausgerichtet war, und deren Ersatz durch eine, die landwirtschaftliche Erzeugung sichernde und fördernde, substanzerhaltende, jedoch wenig spektakuläre Instandsetzungs- und Instandhaltungstätigkeit kennzeichnet die bereits in Kap.12 sich andeutende grundsätzliche Wende in der Verwirklichung des lothringischen Siedlungsvorhabens : die Zeit des „aus dem vollen Schöpfens" war vorbei, die Reservierung der zunehmend knapper werdenden materiellen und humanen Ressourcen für kriegs- und lebenswichtige Zwecke erhielt Priorität.

Knapp eineinhalb Jahre später war Bürckel gezwungen, den völligen Baustop anzuordnen. Gemäß Rundschreiben vom 13.5.1943[27] waren die noch in Ausführung befindlichen Umbauarbeiten zu Ende zu führen, „neue Umbauten nicht mehr in Angriff zu nehmen", das gleiche galt für Instandsetzungsarbeiten. Das Landeskulturamt befürchtete als Folge dieser Maßnahme Verzögerungen und Einschränkungen für „das Einweisungsprogramm für die reichsdeutschen Siedler" und Behinderungen für die Ansiedlung der Buchenländer[28], das Kulturamt Metz befürchtete „Auswirkungen produktionstechnischer Art[29], während die Bauernsiedlung[30] darauf hinwies, daß die Kürzung von „Arbeiterkontingenten teilweise durch Förderung von Selbsthilfeleistungen ausgeglichen" werden könne, Landesbauernführer Scheu solle in diesem Sinne bei Bürckel vorstellig werden. Von der Einstellung der Bautätigkeit wurden auch die Buchenländer betroffen : das Kulturamt Metz wies am 17.5.1943[31] darauf hin, daß in verschiedenen Gemeinden im Landkreis Metz Landwirtschaftsstellen für Buchenländer in Vorbereitung seien, für die die Landzuteilung schon durchgeführt, die Instandsetzung der Gebäude jedoch noch nicht abgeschlossen sei, so daß die „die brachliegenden Obstanlagen wieder in die Höhe bringenden Buchenländer" wieder abgezogen werden müßten. Damit sei eine „Vertrauensfrage" verbunden : die Buchenländer hätten wieder Vertrauen zu Gauleiter Bürckel gewonnen, das durch einen (offenbar erneuten[32]) Bruch von Zusagen endgültig erschüttert werden könnte.

Zur Entlastung der angespannten Personallage in der Planungsabteilung der Bauernsiedlung wurden Planungsaufträge an externe, freiberufliche Ingenieurbüros erteilt. Die Zusammenarbeit mit diesen war offenbar nicht immer unproblematisch, mangelhafte Ausführung der Planungsaufträge hatte Verzögerungen in der Fertigstellung der Siedlungseinteilungspläne und zusätzlichen Zeitaufwand für Kontrollaufgaben zur Folge. So kritisierte die Bauernsiedlung am 1.12.1943[33] die unzureichende Planungsunterlagen für die Gemeinde Flodalshofen (Flocourt), im einzelnen die mangelhafte Klärung des „Lothringer" Besitzes, Mängel bei der Planung der Wasserführung, unzureichende Durchplanung des Wegenetzes, unzureichende Erstellung des Flächenverzeichnisses, mangelhafte Wertberechnung, Lichtpausen von Plänen ohne Angabe von Plan- und Wegnummern, sowie daß die „verlangte Zuteilung von Obstgrundstücken, die sich in Händen von Lothringern befinden", keine Berücksichtigung gefunden habe.

Der zweimalige Hinweis auf die Klärung von „Lothringer" Besitz in dem zitierten Schreiben verweist auf ein Problem, das offenbar politische Bedeutung hatte. Die Enteignungs-Verfü-

---

27 LA Saar, LKA 399, fol.44, Chef der Zivilverwaltung in Lothringen, Abt. Wiederaufbau, gez. Barth.
28 LA Saar, LKA 399, fol.42, handschriftliche Notiz vom 5.5.1943 nach informeller Information über den geplanten Baustop.
29 LA Saar, LKA 399, fol.43.
30 LA Saar, LKA 399, fol.42. Stellungnahme vom 12.5.1943 zur „Anordnung des Gauleiters über Auslauf aller Baumaßnahmen in Westlothringen".
31 Wie Anm.23.
32 Anmerkung des Verfassers.
33 LA Saar, LKA 399, fol.59, an Ingenieurbüro R. Zeininger, Stuttgart.

gung des Gauleiters vom 7.12.1940 hatte zwar einen Großteil des für landwirtschaftliche Zwecke geeigneten und daher in die Siedlungsplanung einzubeziehenden Bodens in die Verfügungsgewalt des Chefs der Zivilverwaltung in Lothringen gebracht, anscheinend waren jedoch Grundstücke im Besitz von „Lothringern" verblieben, die von ihrer Lage oder ihrem Ertragswert oder aus anderen Gründen die Besitzgier der deutschen Machthaber reizten. Soweit dieses „Lothringer" Grundeigentum durch seine Lage in der Gemarkung in die „Umlegung" fiel und neugebildeten, großflächigen Ackergrundstücken zuzuschlagen war, war der lothringische Eigentümer nach dem Reichsumlegungsgesetz Verfahrensbeteiligter und hatte Anspruch auf Geld- oder Sachentschädigung, und in dem bereits zitierten Schreiben von Reg. Präs. Barth an das Landeskulturamt vom 4.9.1943[34] wird ausdrücklich darauf hingewiesen, daß im Rahmen der Erstellung von Siedlungseinteilungsplänen „bei Beteiligung von Lothringern deren Anerkennung des neuen Besitzstandes notwendig" sei. Der Regierungspräsident fährt jedoch fort : „Damit würden alle diejenigen Gemeinden ausscheiden[35], in denen lothringischer Altbesitz wesentlich gekürzt werden soll, denn in diesem Fall sollen ja die Eigentümer von der beabsichtigten Kürzung jetzt noch nicht unterrichtet werden." Die deutschen Machthaber planten also offensichtlich unter Umgehung geltender Rechtsvorschriften weiteren lothringischen Grundbesitz zu enteignen, weitere Quellenangaben politischer Stellen zu den anscheinend konkret geplanten Maßnahmen liegen nicht vor, die im Anschluß behandelte „Siedlungssache Lesch" zeigt jedoch einen derartigen Fall in der Siedlungspraxis. Im folgenden Abschnitt 13.3. wird außerdem erkennbar, daß im Rahmen der Siedlungspläne Arrondierungsbedarf bestand, und Grundstücke in größerem Umfange aus dem Besitz von „Lothringern" hinzuzuerwerben waren, die zu den von Barth erwähnten wesentlichen „Kürzungen" führten. Eine Gleichbehandlung der „Lothringer" mit den „deutschen" Siedlern war jedoch offenbar auch nicht gewollt, denn die zitierte Beanstandung der Bauernsiedlung deutet darauf hin, daß die fraglichen Obstgrundstücke nicht aus sachlichen Gründen in die Umlegung einzubeziehen waren, sondern mißbräuchlich deutschen Siedlern zugewiesen werden sollten.

Mißbrauch des erheblichen Spielraumes, den die „Richtlinien" des Gauleiters einerseits und die gesetzlichen Regelungen andererseits bei der Bemessung der Landzulagen ließen, scheint auch die Ursache einer am 12.6.1943 gegenüber dem Kulturamt Metz geäußerten Beanstandung Nießens[36] gewesen zu sein, daß bäuerliche Stellen größer als in den „Siedlungs-Richtlinien" festgelegt ausgewiesen worden seien. Nießen verwies auf das „Ziel der ländlichen Siedlungsplanung" und die dieser zugrundeliegende politische Absicht, bäuerliche Familienbetriebe zu schaffen, die mit Hilfe moderner Gerätschaften ohne Einsatz familienfremder Arbeitskräfte zu bewirtschaften seien, und damit „einen deutschen Menschenwall an der westlichen Reichsgrenze zu schaffen". Nießens Intervention scheint sich mit politischer Einflußnahme gekreuzt zu haben : am 8.9.1943 machte der Geschäftsführer der Bauernsiedlung, Jerratsch, Nießen in einem persönlichen Brief[37], erneut darauf aufmerksam, daß auf Betreiben des Salzburger Kreisleiters Bach und unter Mitwirkung der zuständigen Kreis- und Bezirkslandwirte, also Mitarbeitern seines eigenen Hauses[38], die „Richtlinien"-Größen überschreitende Siedlerstellen geplant würden, und bat Nießen um Einschaltung des Gauleiters, dessen Einstellung festgelegt war : Bürckel hatte in einem der NSZ vom 16.5.1942 unter der Überschrift „Entscheidung des Gauleiters" veröffentlichten Bericht über eine Arbeitstagung der NSDAP verfügt, „für sämtliche Parteiführer, alle Parteigenossen, die bei der Besiedlung Lothringens, beim Bodenamt oder beim Reichsnährstand tätig sind, ist der Erwerb eines Gutes und auch

---

34 LA Saar, LKA 399, fol.44f.
35 Aus der geplanten endgültigen Einweisung Saarpfälzer Siedler in „einweisungsfähige" Siedlerstellen (Anmerkung des Verfassers).
36 LA Saar, LKA 399, fol.23.
37 LA Saar, LKA 399, fol.41.
38 Die Versuchung für leitende Mitarbeiter der Bauernsiedlung, die Siedlungsplanung zu „beeinflussen", scheint sich nicht auf den zitierten Fall zu beschränken : Zeitzeugen berichteten über den Versuch eines Bezirkslandwirts, sich unter Ausschaltung des qualifizierten Wirtschafters selbst in den Besitz einer gut ausgestatteten Siedlerstelle zu setzen.

die Anpachtung irgendwelchen anderen Landes verboten", womit persönlicher Vorteilnahme entgegengewirkt werden sollte. Diese Verfügung konkurrierte allerdings mit den „Siedlungs-Richtlinien", die, wie in Kap.11 bereits dargestellt, „großbäuerliche Betriebe" zwecks „Seßhaftmachung und Schaffung eines neuen bodenständigen Führertums" vorsahen, womit Abweichungen von den Vorgaben trefflich begründet werden konnten, und in der Tat scheint der Versuch der Vorteilnahme in Verbindung mit politischer Patronage bei der Ausführung des lothringischen Siedlungsvorhabens verbreitet gewesen zu sein.

13.2. Die „Siedlungssache Lesch"

In der „Siedlungssache Lesch" erstellte die Planungsabteilung der Bauernsiedlung Westmark am 14.5.1943 einen Bericht[39], von dem im Anlagenverzeichnis verzeichneten Aktenumfang sind der „Erläuterungsbericht", die „Übersicht zum Siedlungseinteilungsplan" sowie ein nicht bezeichnetes Blatt wahrscheinlich der „Einteilungsplan" erhalten. Die nicht überlieferten „Dorfeinteilungspläne" lassen sich nach Einsichtnahme in die erhaltenen Pläne der „Siedlungssache Kirchberg"[40] als Katasterpläne im Maßstab 1 : 100 verstehen, in welche von Hand die Neueinteilung der Ortslage und der Landzulagen eingezeichnet wurden.

Die Ortschaft Lesch (Lesse), am Nordrand des Kreises Salzburgen (Château-Salins) gelegen, gehörte zur 3 km entfernten Gemeinde Lixingen bei Delmen (Lucy), die auch die Funktion eines „Hauptdorfes" hatte. Die Gemarkung Lesch (Lesse) umfaßte einschließlich der nach Lesch einbezogenen Gemarkung Eichendorf (Chénois) und einer Grenzberichtigung 1.254 ha[41], zur Ortschaft gehören zwei Weiler, Weißholz (Bois-Blanc) und Hinterberg (Outremont), ein dritter Weiler, Lesch-Ost, sollte im Zuge der Siedlungsplanung neu gebildet werden. Die Ortschaft liegt an der Bahnstrecke Metz-Strasbourg, die Entfernung nach Metz beträgt etwa 30 km und nach Morhange (Mörchingen) 15 km. Nach der Bodenbeschaffenheit war Lesch dem Wirtschaftsgebiet Va nach Münzinger zuzuordnen, woraus sich die Betriebsgrößen nach den „Siedlungs-Richtlinien" des Gauleiters ergaben. Gemäß dem „Erläuterungsbericht" der Bauernsiedlung war Lesch (Lesse) Schuldorf, die Einwohnerzahl einschließlich der Gemarkung Eichendorf (Chénois) belief sich vor dem Krieg auf 350 Personen, die nahezu ausschließlich in der Landwirtschaft tätig waren. 1939 bestanden 58 landwirtschaftliche Betriebe, davon hatten 47 Betriebe weniger als 5 ha. Zum Zeitpunkt der Erhebung waren noch 18 „Lothringer" Familien mit 70 Personen in Lesch (Lesse) ansässig. Der Einteilungsplan[42] sah die Errichtung von 19 Erbhöfen, 4 Landwirtstellen und 3 Waldarbeiterstellen vor, 15 Erbhöfe sollten mit im Rahmen der „Richtlinien" liegenden Landzulagen von 28 bis 32 ha, die anderen 4 Erbhöfe mit die „Richtlinien"-Größe überschreitenden Landzulagen von 42 - 52 ha ausgestattet werden. Die Größenüberschreitung wird in den Erläuterungen mit „schlechter Bodenzahl" begründet, und in der Tat wird das Verhältnis Acker- zu Grünland für die 4 vergrößerten Höfe mit 40 : 60, in den anderen Fällen mit 60 : 40 angegeben. Von den 19 geplanten Erbhöfen waren nach dem „Erläuterungsbericht" neun, von den 4 Landwirtstellen zwei „einweisungsfähig". Aufforstungen sollten auf 25,5 ha stattfinden, das Reserveland umfaßte 144 ha oder 16% des Kulturlandes.

Im Dorfgebiet sollten ein Schmied, ein Wagner, ein Bäcker und Wirt, ein Schuster sowie ein Gemischtwarenladen angesiedelt werden, unter „sonstige zentrale Berufe" war eine Lehrerstelle angegeben. Einen Großteil der Dorfbewohner sollten 80 Arbeiterfamilien mit 400 Personen bilden, für die es zwar im Ort selbst keine Beschäftigung gab, die „gute Bahnverbindung ermöglicht aber, jede Berufstätigkeit in Metz und Mörchingen u.a. auszuüben". Insge-

---
39 LA Saar, Kulturamt Metz 17, Siedlungssache Lesch.
40 LA Saar, Kulturamt Metz 21, Siedlungssache Kirchberg, in welcher jedoch die für die Darstellung des Modellfalles wesentlicheren Berichte und Erläuterungen fehlen.
41 Vorkriegsumfang 1180 ha.
42 Vorgedrucktes Formular mit handschriftlichen Eintragungen. Der Aufbau des Blattes weist auf weitgehende Standardisierung der planerischen Abwicklung hin.

Kap. 13 - Die Ausführung des Siedlungsvorhabens - Siedlungspläne - Pilotprojekt

samt war eine „mutmaßliche Personenzahl" von 677 Einwohnern vorgesehen, die sich wie folgt aufgliedern sollte :

landwirtschaftliche Betriebe	175 Personen
Handwerker, Kaufmann, Lehrer	32 Personen
Arbeiter	400 Personen
„Lothringer"	70 Personen

bei einer Verdoppelung der Wohnbevölkerung sollte sich die Zahl der landwirtschaftlich Tätigen halbieren, mehr als die Hälfte der geplanten Einwohnerzahl sind also dem nichtlandwirtschaftlichen Sektor zuzurechnen, was den Umfang der geplanten Umstrukturierung des ländlichen lothringischen Raumes im Rahmen des 'Lothringer-Plans' verdeutlicht. Die Umstrukturierung prägte auch die geplante Flächennutzung : waren 1939 von 1.180 ha Gemarkungsfläche 820 ha oder ca. 70% als Acker- oder Grünland landwirtschaftlich genutzt, reduzierte sich die landwirtschaftliche Nutzfläche nach dem Siedlungseinteilungsplan auf 715 ha oder 57% von 1.254 ha[43]. Als strukturverbessernde Maßnahmen wurden die Errichtung einer zentralen Wasserversorgung, die Regelung der Vorflut längs der Rotte, eines zur Französischen Nied fließenden Baches, sowie Verbesserung am Wegenetz vorgesehen. An „öffentlichen Anlagen" waren ein HJ-Heim, NSV-Einrichtungen, eine 3-klassige Volksschule, ein Feuerwehrhaus, eine Milchsammelstelle und ein landwirtschaftliches Lagerhaus geplant. Die im Formular erwähnten, jedoch als für die Ortschaft Lesch (Lesse) nicht vorgesehen gekennzeichneten Einrichtungen wie Bürgermeisteramt, Parteigebäude und Feierhalle sowie eine Schwesternstation waren wohl im Hauptdorf Lixingen (Lucy) zu finden.

Letztlich wurden auch die „nicht umgesiedelten Lothringer" in die Planung integriert. Der „Einteilungsplan" erwähnt, daß „Landbesitz ab 1 ha zugeteilt, unter 1 ha zur R-Fläche[44] zugeteilt" wurde, der „Erläuterungsbericht" ergänzt, daß „eine evtl. notwendige Umsetzung...keine Schwierigkeiten" mache. In der „Niederschrift zur Prüfung des Siedlungseinteilungsplanes" vom 29.10.1943 wurde eine erneute Prüfung der Abfindung der Lothringer für notwendig gehalten, wobei betont wurde, es sei „rein psychologisch falsch, die Lothringer zusammen an einer Stelle abzufinden"[45]. Es entsprach wohl dem Verständnis der der Siedlungsplanung zugrundeliegenden Politik, die verbliebenen Lothringer durch Auflösung von Nachbarschaftsbindungen zu isolieren, um die Assimilierung zu beschleunigen.

Eine besondere Erwähnung im Zusammenhang mit der Behandlung Altlothringer Eigentümer verdient die Neuplanung der „Stellen 15-18 : alter Hof Hinterberg, Weilerlage südlich Lesch". Das 200 ha umfassende Hofgut Hinterberg gehörte dem damaligen Bürgermeister von Brülingen (Brulange), einem gebürtigen Italiener[46], und war an zwei Lothringer verpachtet, die dort Pferdezucht betrieben. Da der Eigentümer im November 1940 nicht ausgewiesen worden war, fielen die Grundstücke nicht unter Bürckels Enteignungsdekret vom 7.12.1940, wurden jedoch nichtsdestoweniger in die Siedlungsplanung einbezogen. Gemäß dem „Erläuterungsbericht" sollte der alte Hof Hinterberg zu einem vier Erbhöfe umfassenden Weiler ausgebaut werden. Das mit der Vorplanung beauftragte Stuttgarter Ingenieurbüro merkte an : „Falls der Hof Hinterberg in alter Größe bestehen bleiben soll, können die Stellen 15-17 eingezogen werden", was Unklarheit und Zweifel über die Rechtmäßigkeit der Einbeziehung des einem „annektierten Deutschen", wie die zu diesem Zeitpunkt bereits gegen ihren Willen mit der deutschen Staatsbürgerschaft „ausgezeichneten" Lothringer bezeichnet werden könnten, gehörenden Hofes in die Siedlungs- und Umlegungsplanung ausdrückt. Im Protokoll der Ortsbegehung vom 4.11.1943, das von der zuständigen Prüfungskommission[47] im Rahmen

---
43 Zahlenangaben nach der „Übersicht zum Siedlungseinteilungsplan".
44 Wahrscheinlich Reservefläche.
45 Aus einem Unterschriftenvergleich läßt sich annehmen, daß der Verfasser des betreffenden Vermerkes Mitarbeiter des Landeskulturamtes war.
46 Der mehrfache Hinweis auf die Herkunft läßt vermuten, daß der Betreffende wegen seiner Abstammung der Ausweisung entging.
47 In die „Anwesenheitsliste" bei der Ortsbegehung trugen sich sechs Personen namentlich ein, wovon eine im Auftrag

des Prüfungsverfahrens erstellt wurde, findet sich der Vermerk, daß die Einbeziehung sich „grundsätzlich mit den Erfordernissen der Siedlungsplanung" decke, und eine „spätere Aufteilung des Hofes" erfolgen werde, ganz im Sinne der bereits zitierten Ausführungen Barths, daß weitere wesentliche Kürzungen des Besitzes von Altlothringern im Gange seien, über die vorläufig Stillschweigen zu bewahren sei.

Von dem die Siedlungsakte Lesch abschließenden Protokoll vom 4.11.1943 bleibt nur noch zu erwähnen, daß die Prüfungskommission konkrete Umplanungsaufträge insbesondere zur Anpassung der die „Siedlungs-Richtlinien" wesentlich übersteigenden Landzulagen an „bäuerliche Großbetriebe" erteilte.

Ein Vergleich der im „Erläuterungsbericht" vom 25.3.1943 als zu diesem Zeitpunkt von der Bauernsiedlung bewirtschafteten Anwesen mit den Vorgaben des Siedlungseinteilungsplans läßt die gigantische Aufgabe erkennen, die die Verwirklichung der lothringischen Siedlungspläne Bürckels darstellte. Von den 19 Erbhöfen waren vier mit Siedlern besetzt, zwei weitere wurden im Rahmen der „Platzhalter"-Strategie von diesen vier Siedlern mitbewirtschaftet, von den drei Landwirtschaftsstellen waren zwei von Siedlern bewirtschaftet, insgesamt waren also 6 deutsche Siedlerfamilien ansässig. Von den beiden im Siedlungseinteilungsplan als „Stelle 23 : Stellmacher" und „Stelle 24 : Schmied" bezeichneten Handwerksstellen war keine besetzt, ob die in der Planung ausgewiesene Lehrerstelle besetzt war, ist nicht überliefert. Die Zahl der zum Zeitpunkt der Datenerhebung etwa um die Jahreswende 1942/43 in Lesch (Lesse) angesiedelten Deutschen läßt sich also auf etwa 30 bis 40 Personen bestimmen, einschließlich der 70 verbliebenen Lothringer waren damals also etwa 100 bis 110 Personen in Lesch (Lesse) ansässig, zur Verwirklichung der im Siedlungseinteilungsplan genannten Zielvorstellung von 677 Einwohnern hätte es weiterer 600 deutscher Ansiedler bedurft, deren Rekrutierung eine nach dem bisherigen Siedlungsverlauf eher utopische Vorstellung bedeutete. Aus der „Siedlungssache Lesch" eine Hochrechnung auf die Gesamtzahl der deutschen Siedler , insbesondere die Zahl der für die geplante Siedlungsstruktur spezifischen „Arbeiterbauern" vorzunehmen, wäre allerdings spekulativ.

Die Gebäude der im „Erläuterungsbericht" aufgeführten 24 Landwirtschaftsstellen waren nur bei acht Stellen in gutem Zustand, bei weiteren acht Stellen war der Zustand ergänzungs- und/oder verbesserungsbedürftig, weitere acht Stellen waren neu zu errichten. Weiterhin umfaßte der Neubaubedarf Heimstätten für die in Lesch (Lesse) anzusiedelnden 80 Arbeiterfamilien sowie weitere Handwerkerstellen und öffentliche Gebäude. Ähnliche Bauplanungen ergaben sich auch für die übrigen Ortschaften des lothringischen Siedlungsgebietes, deren Ressourcenbedarf nach Kriegsende auf regionaler Ebene in Konkurrenz zur Beseitigung der Kriegsschäden und Hitlers Auftrag zum Ausbau Saarbrückens zu einer repräsentativen „Gauhauptstadt", auf nationaler Ebene in Konkurrenz mit den Siedlungsmaßnahmen im Osten gestanden hätte. Vor dem Hintergrund der Erkenntnisse aus der „Siedlungssache Lesch" erscheint Bürckels ländliches Siedlungsprojekt wie der umfassendere 'Lothringer-Plan' als wirklichkeitsfremd, für Bürckels 'Lothringer-Plan' trifft ebenfalls zu, was Götz Aly[48] im Zusammenhang mit der Ostsiedlung bemerkte : „....entfesseln himmelstürmende Großprojekte nicht deshalb zerstörerische Gewalt, weil sie realistisch sind, sondern weil sie für realisierbar gehalten werden."

13.3. Das Pilotprojekt

Fast unmittelbar nach dem Erlaß der „Anordnung über die Besiedlung des lothringischen Grenzlandes" vom 10.7.1942 setzte Bürckel am 9.9.1942 das Reichsfinanzministerium davon in Kenntnis, daß die befriedigende Entwicklung der Bewirtschaftungstätigkeit durch die

---

der Landesbauernschaft, eine zweite im Auftrag der Bauernsiedlung, und je zwei im Auftrag der Oberen Siedlungs- und Umlegungsbehörde sowie des planenden Ingenieurbüros zeichneten. Die Anwesenheit eines Beauftragten des Bodenamtes ist nicht nachgewiesen.

48 Endlösung, S.17.

Kap.13 - Die Ausführung des Siedlungsvorhabens - Siedlungspläne - Pilotprojekt

Bauernsiedlung Westmark in Lothringen es ermögliche, daß „noch in diesem Jahre an die Schaffung der ersten bäuerlichen Siedlerstellen herangegangen werden kann"[49].

Der frühe Zeitpunkt einer endgültigen Siedleransetzung verwundert, da zwei Monate nach dem Erlaß der Siedlungs-Anordnung Siedlungseinteilungspläne noch nicht erstellt sein konnten, selbst wenn, wie in den „Richtlinien" angedeutet, partiell Vorarbeiten bereits im Jahre 1941 geleistet worden waren, und in der Tat wird der Reichsstatthalter am 25.11.1943 auch die Anweisung geben müssen, „in gewissen von mir zu bezeichnenden Fällen kann mit dem Verkauf und der Übergabe der Siedlerstellen nicht gewartet werden bis die Siedlungsverfahren soweit fortgeschritten sind"[50]. Es ist erneut wie im Sommer 1940 zu beobachten, daß Bürckel das Siedlungsvorhaben mit Hast und Eile betrieb, ohne daß die notwendigen Vorbereitungen systematisch zu Ende gebracht worden wären. Mangels Quellenangaben sind die Gründe hierfür nur zu vermuten : auf dem Höhepunkt seiner Auseinandersetzung mit dem RKFDV wollte er wohl so schnell wie möglich Präzedenzfälle für die endgültige Ansiedlung „seiner" nicht im Besitz eines Siedlerscheins befindlichen Saarpfälzer schaffen und seine mehrmals gegebenen Zusagen einlösen.

Bürckels Schreiben setzte einen umfangreichen Entscheidungsfindungsprozeß in Gang, an welchem zunächst die Behörde des Reichsstatthalters, das Reichsfinanzministerium und das Reichsministerium für Ernährung und Landwirtschaft beteiligt waren, in welchem dem RKFDV jedoch zunehmend eine wesentliche Mitwirkung zukam. Im Verlaufe dieses Prozesses schälte sich heraus, daß in die Siedlungsverfahren drei Kategorien von ländlichen Siedlern mit unterschiedlichem Status einzubeziehen waren, und, da der jeweilige Status auf unterschiedlichen Regelungen basierte, nach einheitlichen Planungsgesichtspunkten drei verschiedene Arten von Siedlungsverfahren durchzuführen waren. Bei den drei Siedlerkategorien sind zu unterscheiden die „Saarpfälzer", zu welchen auch die „Bitscherländer" zu rechnen sind, für welche die von Bürckel erstellten und mit den Berliner Stellen noch auszuhandelnden Regelungen gelten sollten, die „volksdeutschen Umsiedler", worunter in der lothringischen Praxis die „Buchenländer" zu verstehen sind, und die „Kriegsversehrten", wobei die beiden letzteren Siedlerkategorien in den Zuständigkeitsbereich des RKFDV fielen. Im Rahmen dieses Entscheidungsfindungsprozesses waren im wesentlichen drei Fragenkomplexe zu klären : 1. die Finanzierung der von der Bauernsiedlung Westmark durchzuführenden Siedlungsvorhaben, 2. die Bewertung der Siedlerstellen, also des den Siedlern vorwiegend aus Reichsbesitz zu übertragenden immobilen und mobilen Eigentums und 3. Detailregelungen für die mit den Siedlern abzuschließenden Verträge.

Im einzelnen rekapitulierte das bereits erwähnte Schreiben des Reichsstatthalters vom 9.9.1942 die Rechts- und Verfahrenslage bei der Durchführung von Siedlungsvorhaben im Reichsgebiet, um anschließend auf die besonderen Verhältnisse in Lothringen[51] hinzuweisen, die es als inopportun erscheinen ließen, wenn der Chef der Zivilverwaltung in Lothringen selbst die Durchführung der Siedlungsverfahren übernehme (S.2), die Bauernsiedlung Westmark solle als Siedlungsträger die im Besitze des Chefs der Zivilverwaltung in Lothringen befindlichen Grundstücke[52] entgeltlich erwerben und an die Neusiedler übergeben. Hieraus resultiere die Frage nach der Zwischenfinanzierung[53] der Kaufsumme. Die der Bauernsied-

---

49 BA-Kobl. R 2/18937, fol.1, Der Reichsstatthalter in der Westmark und Chef der Zivilverwaltung in Lothringen, Gesch.Z. II HL U 108/42. Da wegen der kriegsbedingten Papierersparnis Vorder- und Rückseiten der Blätter beschrieben sind, wird bei den folgenden Textzitaten auf die Original-Paginierung verwiesen.
50 BA Kobl. R 2/18937 Schreiben des Reichsstatthalters in der Westmark und Chef der Zivilverwaltung in Lothringen an a) das Kulturamt in Metz und b) die Bauernsiedlung Westmark in Saarbrücken. Akten.Z. LK 45.01¹
51 Besonders erwähnenswert erscheint die Feststellung (S.2), daß „künftige staatsrechtliche Gestaltung des Gebiets" zu berücksichtigen sei, ein einzigartiges Eingeständnis der NS-Machthaber, daß die „verschleierte" Annexion Lothringens keine international geltende Rechtsgrundlage hatte.
52 Weitere in die Neuordnung einzubeziehende, nicht in Reichsbesitz befindliche Grundstücke müsse der C.d.Z. von den lothringischen Grundbesitzern zuvor käuflich erwerben.
53 Die Zwischenfinanzierung erfaßte den Zeitraum von der Übernahme der Grundstücke durch den Siedlungsträger bis zur notariellen Beurkundung der Übergabe an den Siedler.

lung zur Verfügung stehenden Mittel reichten für die Erbringung des üblichen Eigenanteils in Höhe von 10% der Kaufsumme nicht aus, so daß der Reichsstatthalter vorschlug, daß die Siedlungsbank anstelle der üblichen 90% den Grundstückserwerb zu 100% zwischenfinanzieren solle und in diesem Zusammenhange auf den Präzedenzfall der „Freiteilungsgebiete" in der Saarpfalz hinwies, wo in der Tat aufgrund einer Weisung des Landwirtschaftsministeriums „privateigene" Grundflächen, die in die Umlegungsverfahren einbezogen waren, zu 100% zwischenfinanziert wurden.

Als zweiten zu klärenden Kernpunkt sprach das Schreiben vom 9.9.1942 die Endfinanzierung[54] des sich nach einem komplizierten Rechenverfahren ergebenden Kaufpreises an. Dieser wurde nach einem individuell zu erstellenden Finanzierungsplan aus der Gegenüberstellung von Einnahmen und notwendigen Aufwendungen ermittelt, er war bestimmt von der Höhe der „tragbaren Rente", dem Betrag, den die Siedlerfamilie zur Verzinsung und Tilgung des zur Kaufpreisfinanzierung benötigten langfristigen Kapitals aufbringen konnte. Dieser nach der „tragbaren Rente" berechnete Kaufpreis erreichte nicht den ortsüblichen Verkehrswert, so daß die öffentliche Hand den Kaufpreis teilweise subventionieren mußte. Die hierfür zu erbringenden Staatszuschüsse richteten sich an der individuellen Leistungsfähigkeit der Siedlerfamilie aus, zur Vereinfachung des hierzu erforderlichen zeit- und personalaufwendigen Ermittlungsverfahrens schlug der Reichsstatthalter eine Pauschalierung der Zuschüsse in Form eines „Gesamtzuschusses des Staates zur Deckung des gesamten Siedlungsverfahrens" an den Siedlungsträger, die Bauernsiedlung Westmark, vor (S.3).

Mit der Subventionierung des Kaufpreises war die wirtschaftliche Grundlage der Neusiedler jedoch noch nicht gesichert, es „bleibt die Ausstattung der Siedlerstellen mit Inventar und Ernteausstattung und Betriebsmitteln (S.4)", die in Form eines „Einrichtungsdarlehens" gewährt werden könne. Da dieses Darlehen an die nach Auffassung des Reichsstatthalters unzureichende Höhe des Eigenkapitals der Siedler gebunden war, sollte das Reichsfinanzministerium in Verbindung mit dem Landwirtschaftsministerium die Genehmigung erteilen, die geltenden Begrenzungen für die Darlehenshöhe zu überschreiten. Um zu vermeiden, daß die daraus resultierenden Annuitäten die Existenzgrundlage der Betriebe gefährdeten, sollte für die Einrichtungsdarlehen auch eine Tilgungsstreckung möglich sein, so daß diese anstelle mit üblicherweise 2% p.a. nur mit 1 % p.a. zu tilgen waren, die Restschuld sollte nach Ablauf einer gewissen Frist eventuell in einen verlorenen Zuschuß aus Reichsmitteln bzw. Mitteln aus dem Haushalt des Chefs der Zivilverwaltung in Lothringen umgewandelt werden.

In Abschnitt 4. (S.5) faßte das Schreiben des Reichsstatthalters die durch den Mangel an Eigenkapital der vorgesehenen Siedler ausgelöste Problematik der Bewertung und Finanzierung der Siedlerstellen zusammen. Die vom Siedler im Rahmen der „tragbaren Rente" zu erbringende Annuität von 4% des Restkaufpreises teile sich in eine Verzinsung von 3 5/8% und eine Tilgungsleistung von 3/8%[55] auf, bei einem ermäßigten Zinssatz könne bei gleicher Annuität ein höheres Kapital getilgt werden, so daß bei den Landabgaben an die Siedler „ein höherer Bodenwert" anzusetzen sei. Eine solche, vom Verkehrswert her angemessenere Grundstücksbewertung bei der Vergabe der Siedlerstellen würde der Gefahr eines Wertverfalles des gesamten landwirtschaftlichen Grundvermögens vorbeugen. In vorsichtiger Form sprach der Reichsstatthalter mit dieser Anregung die sich aus der plötzlichen Vermehrung des im Deutschen Reich als Folge der Annexionspolitik verfügbaren, landwirtschaftlich nutzbaren Grund und Bodens ergebenden volkswirtschaftlichen Folgen an, und die Landesbauernschaft Westmark wird zu einem späteren Zeitpunkt auf die Gefahr der landwirtschaftlichen Überproduktion als Folge der nationalsozialistischen Siedlungspolitik hinweisen, Imponderabilien, deren Einflüsse auf die Bewertung und die hieraus resultierende Finanzierung der lothringischen Siedlerstellen zu diesem Zeitpunkt jedoch kaum abschätzbar sein konnten. Abschließend reg-

---

54 Die Endfinanzierung löste die Zwischenfinanzierung nach der Übertragung der Siedlerstelle ab. Sie erfolgte üblicherweise in Form einer langfristigen Grundschuld auf das Siedleranwesen.
55 Die sich hieraus ergebende Tilgungsdauer beträgt 52 1/2 Jahre.

Kap.13 - Die Ausführung des Siedlungsvorhabens - Siedlungspläne - Pilotprojekt

te der Reichsstatthalter eine Erörterung der angerissenen Probleme gemeinsam mit dem Landwirtschaftsministerium an.

Bürckels Schreiben hatte zunächst eine interne Besprechung zur Festlegung der in dieser Angelegenheit zu verfolgenden Generallinie im Reichsfinanzministerium zur Folge[56], an welcher auch Oberregierungsrat Dr. Dahlgrün, der Beauftragte des Reichsfinanzministers bei Bürckel, teilnahm.

Der Umfang der von der Bauernsiedlung Westmark als Siedlungsträger umzulegenden Flächen wurde mit etwa 135.000 ha veranschlagt, auf denen etwa 5.000 Siedlerstellen[57] einzurichten waren. Die von dem C.d.Z. selbst „ohne Entgelt erworbenen Flächen", d.h. der den frankophonen Eigentümern widerrechtlich enteignete Grund und Boden, sowie das vorhandene Inventar sollten dem Siedlungsträger zwecks Einsparung von Verwaltungskosten unentgeltlich[58] überlassen werden, auf den Grundstücken ruhende Lasten, die Anschaffungskosten für hinzuzuerwerbende Flächen sowie die während der Treuhandverwaltung vorgenommenen Inventarverbesserungen von der Bauernsiedlung in voller Höhe erstattet werden.

Die Aufwendungen für die Baulichkeiten waren nach Angabe Dr. Dahlgrüns weniger durch Neubauten als durch Instandsetzungs- und Erweiterungsarbeiten vorhandener Gebäude geprägt (S.2). Planung und Ausführung dieser Arbeiten würden durch das Wiederaufbauamt des Reichsstatthalters vorgenommen, und der Siedlungsträger müsse die fertiggestellten Bauten übernehmen. Die Ablösung der Bauaufwendungen „aus Siedlungsmitteln des REM oder die unmittelbare Finanzierung der Baukosten durch Siedlungsmittel" sei bei dieser Sachlage nicht zu vertreten, könnten jedoch durch Anzahlung und Restkaufgeld gedeckt werden. Eine endgültige Festlegung in dieser Frage erfolgte in der Gesprächsrunde nicht. Die Finanzierung des Inventars (S.2) bereite insofern Schwierigkeiten, als die schweren lothringischen Böden einen überdurchschnittlichen Bestand an Zugpferden erforderlich machten, so daß der Inventarwert auf RM 30.000 je Hof zu schätzen sei. Eine Tilgungsrate von 2% dieses Wertes könne von den Siedlern nicht aufgebracht werden, aus grundsätzlichen Erwägungen könne jedoch einer Minderung der Tilgungsrate auf 1% nicht zugestimmt werden. Als Ausweg wurde vorgeschlagen, das Einrichtungsdarlehen mit 2% Tilgung auf RM 15.000 zu begrenzen und es dem C.d.Z. zu überlassen, den Rest „aus eigenen Mitteln als Sonderaktion (S.3)" zur Verfügung zu stellen.

Am 26.11.42 fand in Saarbrücken unter dem Vorsitz von Regierungspräsident Barth, dem Ständigen Vertreter Bürckels, eine klärende Besprechung[59] statt, dem neben den Vertretern des Reichsfinanzministers auch Oberregierungsrat Dr. Schrebler vom Reichsministerium für Ernährung und Landwirtschaft, Landesbauernführer Scheu und als Vertreter des RKFDV Amtschef Dr. Hiege und Oberregierungsrat Dr. Fiedler beiwohnten.

Gemäß den einführenden Worten Barths (S.1) war Bürckel sehr daran gelegen, den Kaufpreis ausschließlich an der „tragbaren Rente" zu bemessen und die Amortisationsfrist für die Siedlerdarlehen durch Verzicht auf eine Verzinsung auf etwa 30 Jahre zu verkürzen, und dabei zu berücksichtigen, daß „für die Ansetzung der Siedler....die fachliche, politische und völkische Eignung allein[60] maßgebend" sei. Soweit dem Neusiedler Eigenkapital zur Verfügung stehe, solle dies für die Beschaffung des Inventars Verwendung finden, vermögenslosen Siedlern werde ein zinsloses Darlehen von RM 7.000 und eine Beihilfe von RM 8.000 gewährt. Soweit Siedler aus der „geräumten Zone"[61] stammten, erfolge die Einweisung in die lothringische Siedlerstelle als „Naturalrestitution (S.2)" bzw. soweit der Siedler eine Geldentschädi-

---

56 BA-Kobl. R 2/18937, fol.7, Gesch.Z. Ar 4764 a - 105 GenB.
57 Es wurde mit „einem erheblichen Teil von Fehlansetzungen" gerechnet, für die die Verantwortung bei dem C.d.Z. liege.
58 Im Protokoll werden zwar Vorbehalte wegen möglicher Entschädigungsansprüche der vertriebenen Lothringer gegenüber dem C.d.Z. geäußert, die bei der Entscheidung für die unentgeltliche Übertragung keine Rolle spielten.
59 BA Kobl. R 2/18937, Gesch.Z. Ar 4764 - 112 GenB. Gesprächsprotokoll vom 8.12.1942, fol.41.
60 Unterstreichung im Original.
61 Gemeint ist wohl die „rote Zone" im saarpfälzischen Grenzgürtel.

gung erhalte, werde dieses Geld einem Sperrkonto zugeführt, das anschließend zur Entrichtung des Kaufpreises verwendet werde.

Ministerialrat Franken erklärte für den Reichsfinanzminister sein Einverständnis zu der Absicht Bürckels, daß die „Anzahlung neben[62] der tragbaren Rente" geleistet werde und zur Gewährung von Darlehen und Beihilfe zur Inventarfinanzierung. Ein grundsätzliches Problem sah Franken in der Verkürzung der Rentenlaufzeit, da ohnehin nur ein „Bruchteil der Siedlungsaufwendungen (S.2)" finanziert werde. Da die Frage der Rentenlaufzeit vom „Festigungskommissar" bereits für den Osten vorgetragen worden sei, müsse sie dem Finanzminister vorgelegt werden, der sie „vielleicht...angesichts ihrer großen Bedeutung dem Führer vortragen werde (S.2)".

Bürckels Standpunkt zur Verkürzung der Rentenlaufzeit erfuhr deutliche Unterstützung durch Dr. Hiege, der auf laufende Gespräche mit dem Landwirtschaftsministerium verwies und einen diesbezüglichen Erlaß Hitlers für den Osten ankündigte. Hiege plädierte dafür, die „Ansetzung der 30 oder 40 Siedler in Lothringen (S.3)" unter Verzicht auf die endgültige Klärung nach einem vom RKFDV für den Osten entwickelten „vorläufigen Ansetzungsvertrag (S.3)" vorzunehmen und das Einrichtungsdarlehen in die tragbare Rente einzubeziehen. Eine längere Debatte führte nicht zur Einigung : die Vertreter des C.d.Z. waren unter Zustimmung der Vertreter des Reichsfinanzministers der Auffassung, daß die Siedler in Lothringen ein Einrichtungsdarlehen in Höhe von RM 7.000 „dessen Jahresleistungen höchstens RM 140 betragen, neben der tragbaren Rente selbst bezahlen (S.4)". Dr. Hiege widersprach dieser Entscheidung und empfahl den Vertretern des C.d.Z., „die Sache dem Gauleiter vorzutragen".

Bei einer im Anschluß an die Besprechung durchgeführten Besichtigungsfahrt in Lothringen wurden Bauern- und Arbeiterbauernstellen in Biringen[63], Buß (Bousse) und Wiggingen[64] besichtigt. Das Besprechungsprotokoll vermerkt Baukosten für eine Bauernstelle mit 80 Morgen oder 20 ha[65] in Höhe von RM 150.000, für eine zweite gleichgroße RM 120.000 und für eine Arbeiterbauernstelle mit 12 Morgen oder 3 ha RM 35.000, die Umbaukosten für eine in zwei Betriebe geteilte 200 Morgenstelle, die Einzelbetriebe umfaßten also nach der Teilung je 25 ha, beliefen sich auf RM 75.000 „bei einer tragbaren Rente von RM 45 je ha". Im Vergleich zu den in Kap.2 für die Siedlungsvorhaben der Weimarer Republik genannten Kosten für die Siedlerstellen von etwa RM 30.000 bis 40.000 hatte sich der Aufwand in Lothringen auf ein Mehrfaches erhöht, was teils auf die Vergrößerung der Siedlerstellen, teils auf den durch die Modernisierung der Landwirtschaft erhöhten technischen Bedarf, teils auch auf inflationäre Tendenzen zurückgeführt werden kann. Nach einem handschriftlichen Vermerk[66] auf dem Protokoll wurde die Angelegenheit zur Entscheidung an den Reichsfinanzminister weitergeleitet.

Über die Besprechung vom 26.11.1942 ist ein zweites, von Regierungspräsident Barth erstelltes Protokoll[67] überliefert, wonach die Besprechung mit Barths Feststellung schloß, daß auf die Verkürzung der Rentenlaufzeit „entscheidendes Gewicht" zu legen sei, und daß der Inventarerwerb in die tragbare Rente einzubeziehen sei, wobei lediglich bei Siedlern mit Eigenvermögen „die Erstattung eines angemessenen Gegenwerts" zu verlangen sei. Die zur

---

62 Unterstreichung im Original.
63 Entweder Bizingen (Bannay) im Kreis St. Avold oder Biringen im Kreis Saarlautern (Saarlouis), letzterer Ort hatte Modellcharakter für den Wiederaufbau im Kreis Saarlautern (Saarlouis) - s. hierzu U. Mai, Ländlicher Wiederaufbau in der <Westmark> im Zweiten Weltkrieg, S.130 ff., sowie mehrere Abbildungen.
64 Wahrscheinlich Wigingen (Vigy) im Landkreis Metz.
65 Es wurde das übliche preußische Feldmaß, der Hektar zu 4 Morgen unterstellt.
66 Der Text dieses Vermerkes lautet : „Herrn Min. - Herrn St. vorgelegt wegen der grundsätzlichen Bedeutung der Regelung in Lothringen für den gesamten Ostraum. Auch dort ist bereits vom Reichskom. f.d. Fest. dt. Volkst. Abkürzung der Rentenlaufzeit auf 33 Jahre und Aufhebung jeder Anzahlung verlangt. Eine Aufzeichnung hierzu wird noch vorgelegt."
67 BA-Kobl. R 2/18937, fol. 30 f., Gesch.Z. II HL U 170/42, das als weitere Gesprächsteilnehmer u.a. auch die beiden Geschäftsführer der Bauernsiedlung Westmark benennt.

Durchführung des Finanzierungsplans erforderlichen Mittel werde er beim Reichsfinanzminister anfordern.

Mit der Bereitstellung dieser Mittel erklärte sich das Finanzministerium einverstanden[68], nicht ohne nochmals darauf hinzuweisen, daß „schon bei den heutigen Finanzierungsgrundsätzen im Altreich nur ein Bruchteil der gesamten Siedlungsaufwendungen refinanziert werden kann (S.2)" und daß „das zu erwartende Ausmaß der Siedlung nach dem Kriege" zu erheblichen Belastungen des Reichshaushaltes führen würde, so daß bei allem Verständnis für die Belange der Siedler „in den neu erworbenen Reichsgebieten" Bedenken bestehen, die „Refinanzierungsmöglichkeiten für derartig große Aufgaben ohne zwingenden Grund zu schmälern".

Der Reichsstatthalter übersandte mit Schreiben vom 25.2.1943[69] dem Reichsfinanzministerium einen Entwurf einer „Anordnung über die Grundsätze der Finanzierung der bäuerlichen Siedlung in Lothringen"[70]. Der C.d.Z. würde den gesamten, für die Siedlungsmaßnahmen erforderlichen Grund und Boden der Bauernsiedlung unentgeltlich zur Verfügung stellen, den Kaufpreis bestimmen und, soweit Anzahlung und Inventaranschaffung die Vermögensverhältnisse des Siedlers überschritten, durch Zuschüsse die Belastung auf die tragbare Rente zurückführen. Die „Verrentung des Restkaufgeldes" sollte für Siedler mit vier und mehr Kindern nach 25 Jahren um 10 Jahre, nach weiterer achtjähriger Siedlungsdauer um weitere fünf Jahre verkürzt werden können, die Gesamtlaufzeit der Rente also 35 Jahre betragen. Daß diese Sonderregelung in Ausnahmefällen auch auf Siedler mit nur 2 Kindern angewendet werden sollte, wurde vom Finanzministerium aus prinzipiellen Gründen aus dem Entwurf gestrichen, in einem Aktenvermerk jedoch als Ausnahmeregelung anerkannt[71].

Bürckels Vorstellungen zur Finanzierung seiner Siedlungsmaßnahmen in Lothringen waren vom Reichsfinanzministerium trotz der vorgetragenen fiskalischen Bedenken schnell und fast unverändert angenommen worden, und gegenüber den für die Vorkriegssiedlung im Altreich geltenden Regelungen sollten die Siedler in Lothringen erhebliche Vorteile genießen, die Vorstellungen des RKFDV über die den Siedlungsvorhaben außerhalb des Reichsgebietes einzuräumenden Finanzierungsvorteile gingen allerdings, wie in der Besprechung vom 26.11.1942 bereits zum Ausdruck gekommen war, über die dem C.d.Z. für Lothringen zugestandene Regelung hinaus.

Bürckels anscheinend erfolgreich verlaufende Initiative in der Finanzierungsfrage wurde durch das Landwirtschaftsministerium[72] jäh blockiert : eine von Staatssekretär Backe persönlich unterzeichnete Stellungnahme verweigerte die erforderliche Einverständniserklärung zu Bürckels Anordnung[73] trotz der vom Reichsfinanzminister bereits erteilten Genehmigung wegen „der grundsätzlichen Bedeutung, die der Frage der Finanzierung der ländlichen Siedlung in den neuen Gebieten zukommt" und verwies auf die Notwendigkeit vorheriger Klärung mit dem RKFDV. Der Verweis Backes auf die Zuständigkeit des RKFDV belegt, daß das Reichsministerium für Ernährung und Landwirtschaft nach dem Rücktritt Darrés vorwiegend auf verwaltungstechnische Funktionen zurückgeschnitten war, und daß die politischen Aufgaben an die Dienststellen der SS übergegangen waren[74]. Die von Backe angekündigte Klärung erfolgte mit einem unmittelbar an Gauleiter Bürckel gerichteten Schreiben des RKFDV[75] vom

---

68 BA Kobl. R 2/18937, fol.33, Gesch.Z. Ar 4756 - 2 - GenB vom 21.1.1943.
69 BA Kobl. R 2/18937, fol.37, Gesch.Z. Abt. IV d und II HL U 234/42.
70 Ebenda, fol.41.
71 BA Kobl. R 2/18937 fol.44 Gesch.Z. Ar 4756 - 4 GenB vom 25.3.1943.
72 BA Kobl. R 2/18937 fol.46, Gesch.Z. VIII 19/432/43; M - 2369/43 Schreiben vom 7.4.1943 an den Reichsfinanzminister.
73 Es wäre fehl am Platze, in der Zustimmungserfordernis eine nachträgliche Einschränkung von Bürckels Kompetenzen zu sehen : Hitlers Zweiter Erlaß schrieb ausdrücklich vor, daß Regelungen in den quasi-annektierten Gebieten im Einvernehmen mit den zuständigen Reichsstellen zu treffen waren, Bürckels Vollmachten waren zwar sehr weitgehend, jedoch nicht uneingeschränkt.
74 Für diese Auffassung spricht auch, daß die in den Besprechungsprotokollen benannten Vertreter des Reichsministeriums für Ernährung und Landwirtschaft meist auch Funktionen des RSHA bzw. des RKFDV wahrnahmen.
75 BA Kobl. R 2/18937 fol.51, Gesch.Z. C-IV-4/5-1/711.41 - Dr. Fi/Ra.-Ma. Das Schreiben trägt die Unterschrift des

17.5.1943. Der RKFDV äußerte „keine Bedenken", durch Abschluß von Einzelverträgen die „vordringlich zur Einweisung gelangenden rund 40 Siedlerfamilien aus der Saarpfalz" zu den vorgeschlagenen Bedingungen anzusetzen, wies jedoch eine normative Regelung in Form der von Bürckel geplanten Anordnung zurück, um einer grundsätzlichen, übergreifenden Regelung nicht vorzugreifen. Greifelt verwies auf eine Zusage Bürckels, auf den Erlaß dieser Anordnung zu verzichten, die dieser persönlich in einem am Vortag der Besprechung vom 26.11.1942 mit Stabschef Hiege in Neustadt stattgefundenen Gespräch abgegeben habe, ein Gespräch, auf welches Hiege lt. Protokoll des Finanzministeriums auch in der Besprechung hingewiesen hatte, wobei Hiege offensichtlich die nachträgliche Übernahme seines Standpunktes durch den Reichsstatthalter erwartete. Barths Protokoll nimmt auf diesen Vorbehalt Hieges nicht Bezug. Da es unwahrscheinlich ist, daß Bürckel vom Gesprächsverlauf nicht unterrichtet wurde, hatte er wahrscheinlich seine Meinung geändert. Da der dem Reichsfinanzminister von Regierungspräsident Barth unterbreitete Finanzierungsvorschlag Hieges Vorbehalt nicht Rechnung trug, kam es anscheinend zu dem Veto des RKFDV.

Diesen Vorgang als Niederlage Bürckels in seiner Kontroverse mit dem RKFDV zu werten, erscheint unangebracht. Die Initiative Bürckels in der Finanzierungsfrage war offenbar in eine bereits zuvor in Gang befindliche Auseinandersetzung zwischen Finanzministerium und RKFDV geraten. Bei Bürckels scheinbarer Parteinahme für den Standpunkt des Finanzministeriums dürften taktische Erwägungen eine Rolle gespielt haben : Bürckels im Falle des saarpfälzischen Wiederaufbauprogrammes bereits vom Reichsministerium für Ernährung und Landwirtschaft akzeptierte Vorschläge konnten von keiner der beiden Seite völlig abgelehnt werden, mit der Auffassung des RKFDV identische, weitergehende Vorschläge wären jedoch mit Sicherheit am Einspruch des Finanzministers gescheitert, der einen Präzedenzfall in seiner Auseinandersetzung mit dem RKFDV vermeiden wollte. Mit dem Einverständnis des RKFDV, die Finanzierung des lothringischen Pilotprojektes außerhalb normativer Regelungen nach Bürckels Vorstellungen abzuwickeln, dürfte Bürckels Taktik aufgegangen sein.

Der Reichsfinanzminister erteilte am 7.6.1943[76] sein Einverständnis zum Abschluß der Verträge mit den Siedlern, freilich nicht ohne auf verschiedene, in den Verträgen zu berücksichtigende Kautelen vornehmlich hinsichtlich der Verwertung und Bewertung des den Siedlern in der Heimat zurückzulassenden Vermögens hinzuweisen.

Der RKFDV hatte am 17.5.1943 von der Ansetzung von 40 Siedlern[77] gesprochen, ein Aktenvermerk des Finanzministerium[78] enthält den Hinweis, daß ursprünglich 70 Familien definitiv angesiedelt werden sollten, „infolge der veränderten Verhältnisse werden wahrscheinlich nur 5[79] Siedler angesetzt werden". Trotz der sich ständig verschlechternden Arbeitsbedingungen im Siedlungsgebiet, insbesondere trotz der Einstellung der gesamten Bautätigkeit, hielt Bürckel hartnäckig an der Durchführung des Pilotprojektes fest, mußte dessen Umfang jedoch auf ein Minimum reduzieren.

Die Abwicklung des Pilotprojektes war nach der erfolgten Einigung in der Finanzierungsfrage jedoch keineswegs völlig abgeklärt : im Schreiben (S.2) des Finanzministeriums vom 25.3.1943[80] an den C.d.Z. wurde mit der Bestimmung der Höhe des Kaufpreises eine bisher noch nicht behandelte Frage angesprochen, an der sich die Diskussion erneut entzünden sollte.

Ministerialrat Dr. Dahlgrün übersandte am 1.9.1943 mit einem an Ministerialrat Dr. Franken

---
Leiters des Stabshauptamtes, SS-Gruppenführer Greifelt, was für die Bedeutsamkeit der Angelegenheit spricht.
76 BA Kobl. R 2/18937 fol.55, Gesch.Z Ar 4756 -9 GenB - h.v.4,5,7,8.
77 Diese Angabe wird durch das Schreiben des Reichsstatthalters vom 16.6.43 an den Reichsfinanzminister - Akt.Z. LK 45.01.1. Fin. (BA Kobl. R 2/18937 fol.56) bestätigt.
78 Ebenda.
79 Die ursprünglich im maschinengeschriebenen Text eingesetzte Zahl „50" ist handschriftlich korrigiert und zum Ausschluß von Mißverständnissen am Rand handschriftlich wiederholt.
80 Wie Anm.23.

Kap.13 - Die Ausführung des Siedlungsvorhabens - Siedlungspläne - Pilotprojekt

im Reichsfinanzministerium gerichteten Schreiben[81] privaten Charakters einen Auszug[82] eines von der Oberen Siedlungs- und Umlegungsbehörde erstellten „Schätzrahmens", welcher die tragbare Rente „für die verschiedenen Klassen der Grundstücke" beinhaltete, die je nach Bodenmeßzahl zwischen RM 12 und RM 100 je ha betragen sollte, mit der Möglichkeit individueller Anpassung an örtliche Gegebenheiten in Form von Zu- und Abschlägen. Ein handschriftlicher Vermerk auf Dahlgrüns Originalschreiben berichtet über ein Gespräch, das am 9.9.1943 zwischen Franken und Dahlgrün in Berlin stattfand, und in welchem Dahlgrün erläuterte, daß der „Taxrahmen" des C.d.Z. um 30% über dem „Schätzrahmen des Festigungskommissars"[83] liege. Ein Textvergleich der beiden zweckgleichen Papiere läßt erkennen, daß der „Taxrahmen" des C.d.Z. für die „Bildung des Kaufpreises des an Siedler abzugebenden Siedlungslandes", der „Schätzrahmen des Festigungskommissars" für die „Schätzung der Einsatzhöfe für die volksdeutschen Umsiedler[84] in Lothringen" gelten sollte. Über den Schätzrahmen und die sich hiernach zu berechnende Wertfeststellung für zu übertragenden Anwesen wären bei unterschiedlichen Bewertungsrichtlinien zwei Kategorien von Siedlern festgeschrieben worden, wobei die nach dem „Taxrahmen" des C.d.Z. zu behandelnden Saarpfälzer einen nach Angaben Dahlgrüns um 30% höheren Kaufpreis als die volksdeutschen Ansiedler des RKFDV zahlen sollten. In einer am 14.9.1943 in Saarbrücken stattgefundenen Besprechung[85] kam es hinsichtlich der Ansiedlungsmodalitäten zu einer Lösung, die in Vorgesprächen auf Referentenebene vorbereitet und in der Sitzung von Regierungspräsident Barth als Ständiger Vertreter Bürckels und SS-Obergruppenführer Berkelmann im Auftrag des RKFDV beschlossen wurde. An die Stelle von Nebeneinander oder Gegeneinander der Dienststellen von C.d.Z. und RKFDV sollten im Sinne einer Vereinfachung und Beschleunigung der Sacharbeit gemeinsame Lösungen treten, die die Gleichbehandlung der drei Siedlerkategorien zur Folge hatten. Bürckel räumte dem RKFDV ein Mitspracherecht bei der Festlegung der Ansiedlungsmodalitäten der Saarpfälzer ein, im Gegenzug akzeptierte der RKFDV die „Regionalisierung" der Durchführung der Siedlungsmaßnahmen in Lothringen, im einzelnen wurde vereinbart :

Zum Tagesordnungspunkt „2. Ertragswertschätzrahmen für Lothringen (S.2)" wurde festgestellt, daß „die Referenten des Reiko sich....mit den Referenten des Reichsstatthalters darüber geeinigt (haben), daß der von der Oberen Siedlungs- und Umlegungsbehörde der Westmark aufgestellte Schätzrahmen für Lothringen Geltung haben sollte." Da der „Reiko"[86] für Volksdeutsche und Kriegsversehrte „grundsätzlich die Geltung der Reiko-Schätzungsrichtlinien" beanspruchte, wurde der „Taxrahmen" des C.d.Z. „als besondere Anlage den Schätzungsrichtlinien des Reiko beigefügt". Die aus je einem Vertreter der Landesbauernschaft, des Kulturamtes und des Bodenamtes bestehende Schätzungskommission sollte sich am Ziele der Einheitlichkeit der Wertfeststellung in Lothringen orientieren und berücksichtigen, daß „die Reiko-Richt-linien....für die Wertbemessung von Einzelparzellen geeigneter sind, während bei der Schätzung ganzer Höfe der Schätzrahmen der Oberen Siedlungs- und Umlegungsbehörde einfacher und zweckmäßiger zu handhaben ist."

In Tagesordnungspunkt „3. Inventar-Ausrüstung" wurde festgelegt, daß unter Mitarbeit von

---

81 BA Kobl. R 2/18937, fol.66, Briefbogen des Reichsstatthalters in der Westmark. Dahlgrün erwähnt darin u.a., daß er der Meinung sei, daß Franken im Besitz von allem sei, „was hier in diesen Dingen fabriziert worden ist", eine Formulierung, die nicht eben auf besondere Professionalität der Arbeit der Saarbrücker Behörden schließen läßt.
82 Ebenda, fol.67
83 BA Kobl. R 2/18937, fol.21 ff. „Allgemeine Richtlinien für die Anwendung des Ertragswertschätzrahmens für Lothringen".
84 Unterstreichung im Original.
85 Gesprächsprotokoll des Reichsstatthalters - BA Kobl. R 2/18937 fol.76 ff. - Akt.Z. II U 100/43 - „Vermerk über die Besprechung am 14.9.1943 betreffend den Vollzug der landwirtschaftlichen Siedlung in Lothringen". Teilnehmer : Reg.Präs. Barth, MinR. Dr. Dahlgrün und ORR. Dr. Nießen als Vertreter des Reichsstatthalters; SS-Obergruppenführer Berkelmann, Hauptsturmführer Schoppe, Sturmführer Welck und Dr. Fiedler als Vertreter des RKFDV; Landesbauernführer Scheu und Hauptstabsleiter Rübel als Vertreter der Landesbauernschaft; „Dr." Jerratsch als Vertreter der Bauernsiedlung Westmark, sowie den Siedlungsreferent West des OKW, Major Jordan.
86 Abkürzung für „Reichskommissar für die Festigung des deutschen Volkstums".

Kap.13 - Die Ausführung des Siedlungsvorhabens - Siedlungspläne - Pilotprojekt

Bauernschaft, Kulturamt und Bodenamt die Bauernsiedlung einen für das gesamte lothringische Siedlungsvorhaben verwendeten, verbindlichen Schätzrahmen entwerfen sollte. Das Protokoll führt die Kriegsversehrten als neue, dritte Siedlergruppe in die Diskussion ein. Gemäß einer Führer-Entscheidung[87] war der Reichsführer-SS in Verbindung mit dem Ansiedlungsstab des OKW für die Ansiedlung von Kriegsversehrten zuständig. Der „zur bevorzugten Seßhaftmachung" zugelassene Bewerberkreis umfaßte Versehrte des „gegenwärtigen Krieges", versorgungsberechtigte Kriegsdienstbeschädigte des Weltkrieges[88] sowie „versorgungsberechtigte Hinterbliebene des jetzigen Krieges und des Weltkrieges (S.10)". Eine für Lothringen geltende Sonderbestimmung, wo „auch sonstige Weltkriegsteilnehmer schon während des Krieges als Bewerber zugelassen (sind), wenn sie....den Nachweis erbringen, daß sie mindestens einen Sohn als Wehrmachtangehörigen im Felde stehen haben (S.10)" öffnete, wie schon in Kap.12 beschrieben, Saarpfälzer Bewerbern einen Zugangsweg zur lothringischen Siedlung.

In Tagesordnungspunkt „1. Anordnung des Reiko 14/IV"[89] zur Ansiedlung der Kriegsversehrten wurde beschlossen, daß „die zu überlassenden Höfe mit Inventar vom C.d.Z. dem Reichskommissar käuflich überlassen werden (S.1)", was einer Anerkennung der primären Verfügungsberechtigung des Reichsstatthalters über das lothringische Siedlungsvorhaben gleichkommt. Zur Kaufpreisfestsetzung enthält das Protokoll keine besonderen Angaben, aus dem Kontext der Vereinbarungen vom 14.9.43 läßt sich jedoch ableiten, daß diese nach dem Schätzrahmen des C.d.Z. erfolgen sollte. Im Protokoll der Besprechung vom 14.9.1943 wurde auch die Rolle der Bauernschaft bei der Durchführung der Siedlungsverfahren definiert, die insbesondere bei der Bestimmung von Kaufpreis und Inventarwert als gleichberechtigte „dritte Kraft" neben den politischen Stellen, C.d.Z. und RKFDV, fungierte.

Mit Schreiben vom 30.11.1943[90] monierte der Haushaltsexperte des Reichsstatthalters und Beauftragte des Reichsfinanzministers, Min.Rat Dr. Dahlgrün, gegenüber der Landesbauernschaft hinsichtlich ihm vorliegender Wertgutachten, daß die Wertabstufungen der Höfe untereinander teilweise ungerechtfertigt seien und das Niveau der Kaufpreisbestimmung nach dem Schätzrahmen insgesamt im Vergleich zu den Wertansätzen in den Ostgebieten zu niedrig angesetzt sei. Als Beispiele für seine Darstellung griff Dahlgrün die Siedlerstellen „Teckenhof 2" mit einer Fläche von 22,5 ha und einem Rentenwert von RM 21.300 und „Teckenhof 3" mit einer Fläche von 22,3 ha und einem Rentenwert von RM 20.200 heraus. Nach Meinung des Haushaltsexperten waren sowohl die „Skala der Ertragsrenten" wie der „Gebäudezustand" unangemessen niedrig angesetzt. Es gehe nicht an, daß ein Hof mit umfangreichen „deutschen" Um- und Neubauten nur um RM 5.000 bis RM 6.000 höher bewertet werde als eine Stelle mit „altlothringischen Gebäuden", mit der Konsequenz, daß Höfe ohne umfangreiche bauliche Veränderungen nicht verwertet werden könnten.

Die Landesbauernschaft berief sich in ihrer Antwort vom 6.1.1944[91] zunächst auf die volkstumspolitische Aufgabe der Siedlung in Lothringen und die daraus folgende Zusage von Gauleiter Bürckel, daß „der einzelne Siedler diesen nicht gering werdenden Anforderungen nur gerecht werden können, wenn finanzielle Sorgen und Nöte ihn weitestgehend unbeeinflußt lassen (S.1)". Der Kaufpreis der Siedlerstellen werde daher durch die am „Minimum des jeweiligen Bodenertrages" bestimmten tragbaren Rente „diktiert". Der Berichterstatter der

---

[87] „14. Sicherung der Ansiedlungswünsche siedlungswilliger Kriegsteilnehmer in den dem Deutschen Volk wiedergewonnenen Siedlungsräumen" vom 11.12.42 veröffentlicht in : Wehrmachtsfürsorge- und -versorgungsbestimmungen, herausgegeben vom Oberkommando der Wehrmacht am 20.1.43, 7. Jhrg., Blatt 22, S. 7 - 41. BA Kobl. R 2/ 18933. Als „Ansiedlungsgebiete" (Abschnitt II) wurden neben den annektierten Ostgebieten die Untersteiermark, Oberkrain, Elsaß und Lothringen genannt. Die „Ansetzungsmöglichkeit" (Abschnitt III) beschränkte sich nicht auf die Landwirtschaft, sondern umfaßte auch die gewerbliche Wirtschaft und den „Arbeitseinsatz in unselbständiger Tätigkeit".
[88] Nach dem heutigen Sprachgebrauch „Erster Weltkrieg".
[89] Ausführungsrichtlinien Himmlers zur Ansetzung von Kriegsversehrten.
[90] BA Kobl. R 2/18937 fol.82, Gesch.Z. II HL U 137/43.
[91] BA Kobl. R 2/18937 fol.89, Gesch.Z. II A 4 101/44.

Bauernschaft verknüpft dieses Verlangen mit dem Argument, daß die Landwirtschaft sich nach Kriegsende auf neue Wirtschaftsformen einstellen müsse, die „kontinentale"[92] Wirtschaft" werde vermutlich keinen Raum für eine intensive Wirtschaftsführung haben, wie sie kriegsbedingt derzeit betrieben werde. Hinter dieser vorsichtig umschriebenen Aussage läßt sich die Befürchtung erkennen, daß die Ausweitung der deutschen Siedlungsgebiete im Osten in Räume mit günstigeren landwirtschaftlichen Produktionsbedingungen zu agrarischer Überproduktion, daraus folgernden Absatzschwierigkeiten und Ertragseinbußen für Betriebe in marginaler Lage, wie sie in Lothringen gegeben war, und daher längerfristig zu Schwierigkeiten bei der Bedienung des Schuldendienstes führen könne. Die Bauernschaft erklärte sich zwar zu einer Neutaxierung im Einzelfall bereit, beschränkte dieses Zugeständnis jedoch ausdrücklich und ausschließlich auf die Herstellung eines „ausgeglichenen Verhältnisses" innerhalb der lothringischen Siedlung. Die Landesbauernschaft trat in diesem Schreiben als selbstbewußter Interessenvertreter der Bauern auf : zum Abschluß der Stellungnahme gab der Berichterstatter der Bauernschaft deutlich zu verstehen, daß sich bei hohen Wertansätzen die Bauern dem Siedlungsvorhaben verweigern würden, und in der Tat scheinen die im Rahmen des „Pilotprojektes" getroffenen Entscheidungen der politischen Stellen, Gauleiter Bürckel wie RKFDV, zur Kaufpreis- und Finanzierungsfrage bewußt darauf gerichtet, auch um den Preis umfangreicher wirtschaftlicher Zugeständnisse Siedler auf freiwilliger Basis zu gewinnen, und durch weitgehende wirtschaftliche Zugeständnisse die ländliche Siedlung attraktiv zu machen.

In einem „Vermerk"[93] wurden im Reichsfinanzministerium die „Richtlinien des C.d.Z. für die Festsetzung der Kaufpreise" zusammengefaßt, bemerkenswert ist, daß der Ansatz der Bauernschaft in der Formulierung „Bei der Festsetzung des Ertragswertes können die an der unteren Grenze liegenden Erträge zu Grunde gelegt werden" übernommen wurde. Hinsichtlich der Finanzierung des Kaufpreises setzte das Finanzministerium seine eigenen Vorstellungen ein, nicht ohne jedoch die von Bürckel geforderten Erleichterungen als Zusatz- und Ausnahmeregelungen zu übernehmen, die damit *de facto* die Finanzierung bestimmten.

Zu einem letzten Schlagabtausch zwischen Bürckel und dem Reichsfinanzministerium gestaltete sich die Formulierung der mit den Neusiedlern abzuschließenden Kaufverträge, in welche Bürckel einen Besserungsvermerk einbauen wollte : sofern generelle Nachkriegsregelungen in Details für die lothringischen Siedler günstiger sein sollten als die im Rahmen des Pilotprojektes bereits abgeschlossenen Verträge, sollten diese für die lothringischen Siedler nachträglich übernommen werden. Das Finanzministerium lehnte diese Regelung ab, eine letzte Klärung wurde durch die Kriegsereignisse im Westen obsolet.

13.4. Die Aufsichtsratssitzung der Bauernsiedlung am 28.10.1943

Haupttagesordnungspunkt der zweiten und letzten Aufsichtsratssitzung der Bauernsiedlung Westmark war der von Geschäftsführer Jerratsch vorgelegte 'Geschäftsbericht 2', der die Tätigkeit der Siedlungsgesellschaft seit Aufnahme der Geschäfte im Herbst 1940 zusammenfaßte. Sie fand in einer gegenüber der ersten Sitzung wesentlich veränderten Besetzung[94] am

---

92 Infolge schlechten Zustandes dieses Schriftstückes ist dieses Wort nicht mit letzter Sicherheit zu erkennen, paßt jedoch sinngemäß in den Zusammenhang.
93 BA Kobl. R 2/18937 fol.92 ff. Gesch.Z. Ar 4756 - 23 - GenB u. A vom 19.3.1944
94 1. Min.Dir. Hiege als Vertreter des Reichsführers-SS, RKFDV, und des Reichsministers für Ernährung und Landwirtschaft
   2. Oberregierungsrat Dr. Schrebler als Vertreter des Reichsministers für Ernährung und Landwirtschaft
   3. Dr. Fiedler als Vertreter des Reichsführers-SS, RKFDV, und des Reichsministers für Ernährung und Landwirtschaft
   4. Min.Rat Franken als Vertreter des Reichsministers der Finanzen
   5. Min.Rat Dr. Dahlgrün als Vertreter des Reichsministers der Finanzen beim Reichsstatthalter in der Westmark
   6. Regierungspräsident Barth als ständiger Vertreter des Reichsstatthalters in der

28.10.1943 unter Vorsitz von Regierungspräsident Barth statt. Wesentliche Teile von Jerratschs 'Geschäftsbericht 2' sind bereits in dieser Arbeit ausgewertet worden, und die weiterhin darin enthaltenen Darstellungen der quantitativen Ergebnisse der Bewirtschaftungstätigkeit in Lothringen werden Gegenstand einer umfangreichen Darstellung in Kap.16 sein.

Die von Jerratsch in Punkt „B. Tätigkeit"[95] gegebene Selbstdarstellung der von der Gesellschaft bearbeiteten „Sachgebiete" läßt erkennen, daß die Bauernsiedlung Westmark vollständig in die Umsetzung von Bürckels „Siedlungs-Richtlinien" integriert war und sich intensiv in die „Vorbereitungen zur Einweisung Saarpfälzer Siedler zu Eigentum in der Umsiedlungszone Lothringens"[96] einschaltete. Weiterer Tagesordnungspunkt war die Vorlage der Bilanzen[97] für die Geschäftsjahre 1940, 1941 und 1942, die von der Versammlung gebilligt und deren Überschüsse den Rücklagen der Gesellschaft[98] zugeführt wurden.

Auf die politische Bedeutung der Sitzung im Rahmen der Bemühungen des Reichsführers-SS, RKFDV, Einfluß auf die lothringische Siedlungspolitik auszuüben, deutet die Besetzungsliste hin, die der Regelung in §7 des Gesellschaftsvertrages nicht entsprach. Die beiden im Protokoll als anwesend erwähnten Bevollmächtigten des Reichsführers-SS - RKFDV -, Dr. Hiege und Dr. Fiedler, gehörten *de jure* dem Aufsichtsrat der Bauernsiedlung Westmark nicht an, da sie zuvor nicht als vom REM benannte Mitglieder beim Aufsichtsratsvorsitzenden registriert worden waren, zumindest gibt es hierfür in den Akten des Landeskulturamtes[99] keinen Hinweis, zudem war das statuarische Kontingent des REM gemäß Anwesenheitsliste durch Dr. Schrebler besetzt[100]. Die Bedeutung der Anwesenheit der beiden Vertreter des RKFDV wird durch deren Nennung an erster Stelle im Protokoll betont, die üblicherweise dem Sitzungsvorsitzenden, in diesem Falle Regierungspräsident Barth, und dessen Stellvertreter vorbehalten war. Eine Deutung dieser betonten Präsenz als Anspruch des RKFDV auf Mitsprache und Mitentscheidung in der Bauernsiedlung Westmark, nachdem dieser im Rahmen der Vereinbarung vom 14.9.1943 eine hervorgehobene Stellung nicht nur in der Bewirtschaftung, sondern auch in der Mitwirkung bei der Neustrukturierung des Siedlungsgebietes eingeräumt worden war, verbietet sich mangels relevanter Hinweise im Sitzungsprotokoll[101].

Die Zurückhaltung der Vertreter des RKFDV in der Aufsichtsratssitzung der Bauernsiedlung vom 28.10.1943 muß gleichwohl nicht das Ende der politischen Auseinandersetzung um die politische Führungsrolle bei der Siedlungstätigkeit in Lothringen bedeuten, nach Jerratschs in Kap.7 ausführlich dargestellter Aussage muß offen bleiben, ob der Stabschef des RKFDV,

---

  Westmark und Chefs der Zivilverwaltung in Lothringen
  7. Oberregierungsrat Dr. Nießen als Vertreter des Reichsstatthalters in der Westmark und Chefs der Zivilverwaltung in Lothringen - Obere Siedlungsbehörde -
  8. Landesbauernführer Scheu
  9. Landesobmann A. Grahn
  10. Kreisbauernführer H. Groß
  11. Kreisbauernführer Schneider
      die zu 10. und 11. Genannten als Vertreter der Landesbauernschaft
  12. SS-Sturmbannführer Schoppe, Bodenamt Metz
95 S.4 des Geschäftsberichtes.
96 Punkt B.7 des 'Geschäftsbericht 2'.
97 Bilanzen und Gewinn- und Verlustrechnungen 1940 und 1941 waren zuvor von der Deutschen Treuhandgesellschaft geprüft worden, die Prüfung beschränkte sich jedoch nur auf das außerhalb des lothringischen Siedlungsgebietes erzielten Geschäftes der Bauernsiedlung. Ein Kommentar des Finanzministeriums zum Prüfbericht (BA Kobl., R2/18983), enthält an Nennenswertem lediglich eine Empfehlung zur Senkung der überhöht erscheinenden Strukturkosten der Bauernsiedlung.
   Eine vom Reichsrechnungshof durchgeführte Prüfung der Bewirtschaftungstätigkeit in Lothringen ist nicht erhalten.
98 Die im Anschluß an die Aufsichtsratssitzung durchgeführte Gesellschafterversammlung billigte die Jahresabschlüsse gleichfalls (LA Saar, LKA, 434, S. 85 ff.).
99 In den Aktenbeständen LA Saar, LKA 433 und 434 befinden sich mehrfach Meldungen an den Aufsichtsratsvorsitzenden über von Amts wegen vorgenommene Neubenennungen von Aufsichtsratsmitgliedern.
100 Demgegenüber waren zwei der dem Reichsstatthalter zustehenden Aufsichtsratssitze infolge der Versetzung des stellvertretenden Gauleiters Leyser und der Berufung von Kreisleiter Schubert in den Reichstag vakant, ohne daß die politische Führung des Gaues vor oder nach der Sitzung vom 29.10.1943 Bestrebungen zu deren Wiederbesetzung zeigte.
101 LA Saar, LKA 434, fol.85a ff.

Kap.13 - Die Ausführung des Siedlungsvorhabens - Siedlungspläne - Pilotprojekt

Dr. Hiege, das Ergebnis der Aufsichtsratssitzung vom 28.10.1943 als endgültig ansah, oder ob weiterer und mit der sich stärkenden Machtstellung der SS in der Endphase des NS-Regimes wahrscheinlich auch zunehmender Druck auf die Bauernsiedlung ausgeübt wurde, um auf diesem Wege die siedlungspolitischen Vorstellungen der SS durchzusetzen. Da mit dem Protokoll der Aufsichtsratssitzung vom 28.10.1943 die Überlieferung politisch relevanter Dokumente im Landesarchiv Saarbrücken endet, ist eine eventuelle weitere Entwicklung mangels Quellenangaben nicht mehr nachvollziehbar.

Der Nachfolger Berkelmanns als „HSSPF Rhein-Westmark", SS-Gruppenführer Jürgen Stoop, der berüchtigte Liquidator des Warschauer Ghettos, verlegte seinen Dienstsitz nach Wiesbaden. Der beim Hessischen Hauptstaatsarchiv geführte umfangreiche Aktenbestand enthält keine sich auf das lothringische Siedlungsprojekt beziehenden Unterlagen[102].

102HessHStA, Bestand HSSPF Rhein-Westmark, Abt.483 in Nr.6883.

C.

Ergebnisse
der Siedlungstätigkeit

14. HUMANE UND SOZIALE ASPEKTE

Vertreibung und Neubesiedlung Lothringens verursachten schmerzliche Eingriffe und grundsätzliche Neuorientierungen im Lebensablauf der Betroffenen, die von Einheimischen und Siedlern unterschiedlich erfahren wurden, durch die Kriegsereignisse bedingte Einschnitte und Lücken in der Infrastruktur hatten weitere Einschränkungen der Lebensqualität zur Folge. Erinnerungen von den Siedlungsmaßnahmen Betroffener lassen den lothringischen „Alltag" im Siedlungsgebiet wiederaufleben.

Bedeutsame persönliche Daten der Wirtschafter der Bauernsiedlung sind in der 'Siedlerkartei' erhalten, die in einer Datenbank ausgewertet wurde, und die die Grundlagen für die Erstellung eines „Siedlersoziogrammes" liefert, das Detailanalysen zu Herkunft, Personenstand und Verteilung der Siedler auf das Siedlungsgebiet zuläßt. Feststellungen zu Motivations- und Akzeptanzproblemen der Siedler beruhen auf Quellen und Zeitzeugenberichten. Schließlich wird auch die Personalstruktur der Betriebe quantitativ erfaßt, die sich im Zeitverlauf erheblich vom Typus bäuerlicher Familienbetriebe entfernte und durch eine eher industrielle Betriebsweise unter Beschäftigung zahlreicher Zwangsarbeiter gekennzeichnet war.

14.1. Das Leben im lothringischen Siedlungsgebiet

Die teilweise Vertreibung der frankophonen Bevölkerung im November 1940 hatte nicht nur die bäuerliche Bevölkerung, sondern auch in hohem Maße die Träger freier Berufe und Handwerker[1] betroffen, essentielle Infrastrukturen und in modernen Gesellschaften unentbehrliche Dienstleistungen im neubesiedelten ländlichen Raum waren infrage gestellt.

14.1.1. Der „Alltag"

Die Lebensverhältnisse der Bewohner der lothringischen Siedlungszone 50 Jahre nach dem Ende der Siedlungstätigkeit aus den Erfahrungen der Beteiligten zu rekonstruieren, erschien zunächst als nahezu unlösbares Problem, es gelang jedoch, eine repräsentative Auswahl von Zeitzeugen, die die damaligen Ereignisse im wesentlichen als Jugendliche miterlebt hatten, zu befragen[2].

Bei der Formulierung der Fragestellungen zur *Infrastruktur* im lothringischen Siedlungsgebiet ging der Verfasser davon aus, daß die Entvölkerung für die Betroffenen fühlbare, erhebliche Einschränkungen der öffentlichen Dienstleistungen bedingte, dieser Ansatz bestätigte sich in den Zeitzeugengesprächen jedoch nur in geringem Umfange.

Das Gesundheitswesen war, wie im folgenden Abschnitt noch substantiiert zu beschreiben sein wird, von den Vertreibungen insgesamt und der systematischen Verfolgung der katholischen Kirche und ihrer Institutionen als wesentliche Träger des Krankenhauswesens in Lothringen besonders betroffen. Es mag daher erstaunen, daß weder die verbliebenen Einheimischen noch die deutschen und Bitscherländer Siedler Beschwerden über unzureichende medizinische Versorgung äußerten. Zur Begründung wurde fast gleichlautend bemerkt, daß die damalige Lage nicht an heutigen Vorstellungen über Quantität und Qualität medizinischer Versorgung gemessen werden dürfe, daß einfache Erkrankungen in der Familie und bei den landwirtschaftlichen Hilfskräften mit Hausmitteln kuriert wurden, und daß die ärztliche Betreuung auch in den Heimatgebieten weitmaschig und für Familien aus den unteren Schichten

---

1   s. hierzu die Zitate aus den dienstlichen Briefen des Leiters des Bodenamtes Metz, Brehme, an seine Berliner Dienststelle in Kap.8.
2   Die Befragungen erfolgten in offenen, strukturierten Gesprächen. Die wesentlichen Befragungspunkte sind in den folgenden Darstellungen durch *Kursivschrift* kenntlich gemacht.
    Befragt wurden insgesamt 20 Personen, davon 7 Saarpfälzer, 5 Bitscherländer, 2 vertriebene und 5 nichtvertriebene frankophone Lothringer und 1 Buchenländer. Die Befragten gehörten den Geburtsjahrgängen 1920 bis 1930 an mit Ausnahme eines Bitscherländers des Jahrganges 1931 und des Buchenländers E.Sch., Jahrgang 1911. Mit Ausnahme von Herrn E.Sch., der selbst noch als Wirtschafter der Bauernsiedlung tätig war, waren die restlichen Interviewpartner Nachkommen aktiver Siedler, ein Bitscherländer war als Traktorist tätig.

175

Kap.14 - Humane und soziale Aspekte

häufig unerschwinglich war. In der Tat scheint es, gemessen am damaligen Standard im Siedlungsgebiet kaum spürbare Einschränkungen gegeben zu haben : im Delmerland beispielweise, das durch die Vertreibung in höchstem Maße betroffen war, praktizierten vor dem Kriege zwei Ärzte[3], wovon einer, ein zweisprachiger Elsässer, von der Vertreibung ausgenommen worden war. Für die Bevölkerung dieses Gebietes, dessen Umfang etwa mit dem Gebiet der BAst. Delmen (Delme) identisch war, und die nach der Vertreibung kaum noch die Hälfte der Vorkriegsbevölkerung (s.hierzu Tab.15-2) umfaßte, scheint die medizinische Versorgung ausreichend gewesen zu sein.

Es gelang anscheinend auch, das Schulwesen befriedigend zu organisieren. Wenn auch nur eine der befragten Personen während der Siedlerzeit selbst schulpflichtig war, wußte sich jede zu erinnern, daß für die schulpflichtigen Kinder aus ihrer Ortschaft eine Volksschule erreichbar war. Schulpflicht bestand auch für die verbliebenen Lothringer, so daß die Lothringer Kinder nach vierjähriger deutscher Schule sich ausreichend auf Deutsch verständigen, teils sogar ihren Familien als Dolmetscher dienen konnten. Einschulungsprobleme gab es auch für die schulpflichtigen Bitscherländer, die zwar fließend ihren Bitscherländer Dialekt sprachen, jedoch Schwierigkeiten mit Schriftdeutsch hatten. An Pflichtkursen zur Erlernung der deutschen Sprache hat keiner der Einheimischen teilgenommen, sie wurden nach ihrer Kenntnis auf dem flachen Land auch nicht angeboten.

Durch die Einführung der deutschen Gemeindeordnung und der Konzentration der Verwaltung an den „zentralen Orten" entstand in den Satellitendörfern ein administratives Vakuum. Die Gemeindeverwaltungen waren nur unzureichend besetzt und mußten wegen des allgemeinen Personalmangels anscheinend auch zusätzliche Funktionen übernehmen : so wurde berichtet, daß die Gemeindeangestellte in Wigingen (Vigy) gleichzeitig für die Steuereinnehmerei und die örtliche Zweigstelle der Sparkasse zuständig war. Die Ortsbauernführer, die meist als einzige im Ort über einen Telefonanschluß[4] verfügten, scheinen auch als Relaisstelle für amtliche Bekanntmachungen gedient zu haben.

Unter den kriegsbedingt erheblichen Einschränkungen im Verkehrswesen scheinen Einheimische wie Siedler kaum gelitten zu haben : die Mobilität der Landbewohner war gering, sie waren gewöhnt, ihre notwendigen Besorgungen zu Fuß zu verrichten und notfalls fuhr morgens und abends der Milchwagen, mit einigem Stolz wurde jedoch auch berichtet, daß für Besorgungen in der nächsten Stadt eine Pferdekutsche benutzt werden konnte.

Da die einheimischen Post- und Bahnbediensteten von der Vertreibungsaktion bewußt ausgenommen worden, funktionierten beide Institutionen mit kriegsbedingten Einschränkungen einwandfrei.

Kulturelles Leben existierte auf dem flachen Land kaum, selbst die Gelegenheiten einen Film zu sehen, gab es nur im Umkreis größerer Orte, Lustbarkeiten wie Tanzveranstaltungen waren selten.

Zur Infrastruktur im weiteren Sinne zu rechnen ist auch die Tätigkeit der Kirchen. Es fanden regelmäßig sowohl katholische wie protestantische Gottesdienste statt, die für die Befragten erreichbar waren, die Geistlichen hatten allerdings mehrere Gemeinden zu betreuen. Eine Zeitzeugin berichtete mit Empörung und Unverständnis, daß ihrer polnischen Landarbeiterin die Teilnahme an der Messe verwehrt wurde. Gottesdienstsprache war ausschließlich Deutsch, woran sich auch die lothringischen Pastoren[5] hielten.

In den Jahresberichten der evangelischen Gemeinden an die zuständige Pfälzische Landeskirche[6], wird mehrfach der Zuwachs an Gemeindemitgliedern[7] durch die Siedler belegt.

---
3 Le „Delmois" dans la Tourmente, herausgegeben vom Collège André Malraux. S.5.
4 Ausweislich des „Telefonbuches" für den Bereich Duß von 1941, auszugsweise veröffentlicht in : Hermann, Jean-Pierre/Mélard, André/ Wagner, André : DIEUZE en Lorraine. 100 ans d'histoire 1893 - 1993. S.163.
5 ABSP - BA A.XVI-2. - Bericht über die Diözese Metz, S.1. Es wird darüber geklagt, daß mehrfach katholische Priester, die den Gottesdienst ganz oder teilweise in französischer Sprache hielten, unverzüglich ausgewiesen wurden.
6 Im Gegensatz zur Haltung der evangelischen Kirche hatte Bischof Ludwig Sebastian von Speyer unter Berufung auf

Kap.14 - Humane und soziale Aspekte

Die Arbeit der protestantischen Geistlichen in den weit ausgedehnten Gemeinden wurde durch Gemeindeschwestern unterstützt[8].

Die *wirtschaftliche Situation* scheint sich für viele Siedlerfamilien erheblich verbessert zu haben, aus der festen Wirtschafter-Vergütung resultierte eine ungewohnte Einkommenssicherheit. Im Lebensmittelverbrauch gab es kaum Einschränkungen, die eher laschen Kontrollen der Bauernsiedlung hinsichtlich Erzeugung und Ablieferung ermöglichten, auf dem Tauschwege Annehmlichkeiten und knappe Güter, beispielsweise Textilien und Schuhe, zu beschaffen, die gegen Bargeld nicht mehr verfügbar waren, dagegen kontrollierte die Bauernsiedlung intensiv die Geldberichte und die Kassenbestände der Wirtschafter.

Die *Unterkunft* in den malerischen alten lothringischen Bauernhäusern wurde in nahezu allen Gesprächen als unbefriedigend und unkomfortabel bezeichnet, von einer Buchenländerin wurde berichtet, daß sie bei der Einweisung Anfang 1943 weinend aus dem Hause stürzte und das Bleiben verweigern wollte. In den alten Häusern gab es viele Arten von Ungeziefer. Die befragten Frauen erinnerten sich teilweise an Angstzustände, die sie in den tiefen, dunklen, dumpfen Häusern empfanden, deren Fenster wegen der in Frankreich im 19. Jhdt. erhobenen Fenstersteuer teilweise vermauert waren. Mehrfach wurde das Fehlen von fließendem Wasser und innen liegenden Toiletten bemängelt, die Fußböden bestanden teils noch aus gestampftem Lehm. Der „Wiederaufbau" war bemüht, die ärgsten Beanstandungen zu beheben und die Häuser wohnlicher zu gestalten, die eigentlichen Wohnprobleme seien jedoch nur durch Neu- oder wesentliche Umbauten zu lösen gewesen, die nicht erfolgten.

Einen wesentlichen Teil der Interviews bildete die Frage nach dem *Zusammenleben* der Siedler untereinander und mit den im Ort verbliebenen Einheimischen. Für die Siedler waren nahezu alle Nachbarn in der neuen Umgebung fremd, nach kurzer Zeit bildeten sich jedoch meist gutnachbarschaftliche Beziehungen aus, die auch zu gegenseitigen Hilfeleistungen führten, wobei die Herkunft der Siedler, Saarpfälzer, Bitscherländer oder Buchenländer keine Bedeutung hatte. Auch mit den verbliebenen Einheimischen kam man gut aus, im Einzelfalle wird von einer engen Mädchenfreundschaft gesprochen.

Vorbehalte bestanden vornehmlich gegen Parteiaktivisten, wobei mehrfach der Ortsbauernführer als solcher bezeichnet wurde, in einem Falle soll in der Parteizugehörigkeit dessen einzige Qualifikation für diese Position bestanden haben. Anderen Ortsbauernführern wurde nachgerühmt, daß sie sich für die Siedler tatkräftig einsetzten, ein Lothringer wies besonders darauf hin, daß die Einheimischen bei der Zuteilung von Düngemitteln und Saatgut nicht zurückgesetzt wurden.

---

das Kirchenrecht und das Reichskonkordat die Integration des Bistums Metz in das Bistum Speyer abgelehnt. Es sind jedoch zahlreiche Zeichen „brüderlicher Hilfsbereitschaft" überliefert, u.a. unternahm der Speyerer Bischof zahlreiche Firmungsreisen nach Lothringen. Die Berichte hierüber enthalten jedoch keine Hinweise auf die Zugehörigkeit der Firmlinge zu den Einheimischen oder den Siedlern. ABSP - BA A.XVI-2., fol.7 ff.

7   ZASP Abt.1/641, n.fol. Aus dem Jahresbericht 1942 der Ev. Gemeinde Mörchingen (Morhange) vom 24.2.1943 ist zu entnehmen, daß die 24 Konfirmanden des Jahres 1942 ausschließlich „Söhne und Töchter in Lothringen angesiedelter Pfälzer Landwirte" waren.- Die Statistik der Amtshandlungen der Ev. Gemeinde Ars/Mosel für 1941 vom Februar 1942 stellt fest, daß die lothringischen Gemeindemitglieder wegen der „Ausweisungen sehr verbittert und deshalb für einen Reichsdeutschen schwierig zu behandeln seien", in der außerhalb von Ars liegenden 14 Gemeinden des Sprengels gebe es nur noch deutsche Siedler. - Der Jahresbericht der Ev. Gemeinde Hagendingen für 1941 meldet die Ausweisung von 4 Lothringer Familien und den Zugang von 14 Familien aus Deutschland. - In der Ev. Gemeinde Montenich-Sablon (Montigny-Sablon) verdoppelte sich gemäß dem Jahresbericht für 1941 die Anzahl der Gemeindemitglieder durch die Siedler aus 40 Umlandgemeinden.
ZASP Abt.1/642 n.fol. Der Jahresbericht der Ev. Gemeinde Saarburg/Lothr. (Sarrebourg) verweist auf die Schwierigkeiten bei der Betreuung der verstreuten Gemeinden : der Saarburger Pfarrer war auch für Duß (Dieuze) zuständig und versuchte trotz des Ausfalles von Zügen dort zweimal monatlich Gottesdienst abzuhalten.

8   ZASP Abt.1/641, n.fol. Der Jahresbericht 1942 der Ev. Gemeinde Mörchingen (Morhange) vom 24.2.1943 meldet den Beginn der Kirchenarbeit in Baldershofen (Baudrecourt). Eine Gemeindeschwester aus Metz bereitete Kinder aus acht umliegenden Gemeinden auf die Konfirmation vor. Die Pfälzer Siedler beteiligten sich lebhaft am Weihnachtsgottesdienst, den Raum dafür stellte der katholische Ortsbauernführer zur Verfügung. - Aus dem Bericht der Gemeindeschwester Frieda Reinbeck vom 29.10.1944, die in der Ev. Gemeinde Mörchingen (Morhange) tätig war, wird jedoch ersichtlich, daß der Gemeinde von staatlicher und kommunaler Seite erhebliche Schwierigkeiten bereitet wurden, die in den offiziellen Berichten der Pfarrer nicht erwähnt sind.

Kap.14 - Humane und soziale Aspekte

Als besonders heikel erwies sich die Stellung der Bitscherländer im Siedlungsgebiet, die einerseits deutsche Siedler andererseits Lothringer waren. Bei dieser Gruppe scheint sich ein Generationenproblem gestellt zu haben. Die eigentliche Siedlergeneration war während der Reichslandezeit aufgewachsen, sprach nicht oder nur wenig französisch, so daß sie Verständigungsprobleme mit den nichtvertriebenen Einheimischen hatten. Angehörige dieser Generation wurden nicht mehr erreicht. Die jüngere, nach 1918 aufgewachsene und eingeschulte Generation mit ausreichenden Französischkenntnissen, die teilweise schon französischen Militärdienst geleistet hatte, widersetzte sich Assimilierungstendenzen und sympathisierte mit den Einheimischen. Eine Bitscherländerin, die in einem Grenzort an der Selle (Seille) Postbedienstete war, leitete über die grüne Grenze geschmuggelte Briefe[9] Vertriebener an ihre zurückgebliebenen Verwandten weiter und leistete auch Fluchthilfe. Allgemein wird jedoch bestätigt, daß die Bitscherländer von den Behörden wie von der Bauernsiedlung als gleichberechtigt anerkannt und behandelt wurden.

Auch die verbliebenen Einheimischen erinnern sich nicht an Zurücksetzungen. Im Gegensatz zu einem ausgesprochen gestörten Verhältnis zu den Behörden wird das Verhältnis zur Mehrzahl der Siedler als gut beschrieben[10], ein Befragter, der sich rühmte, während seiner dreijährigen Zwangszugehörigkeit zur deutschen Wehrmacht keine Deutschkenntnisse erworben zu haben, berichtete gleichzeitig, daß er seine landwirtschaftlichen Erfahrungen insbesondere in der Bearbeitung des schweren lothringischen Bodens seinen neuen Nachbarn, den deutschen Siedlern, vermittelt habe. Politik und Nachbarschaftshilfe seien unterschiedliche Bereiche. Umgekehrt hatte der Vater eines anderen Befragten seinem Pfälzer Nachbarn dafür zu danken, daß dieser auf eine Anzeige verzichtete, als er einem französischen Kriegsgefangenen zur Flucht über die grüne Grenze verhalf und dabei von dem Pfälzer ertappt wurde. Verständigungsprobleme scheint es kaum gegeben zu haben, da die während der Reichslandezeit ausgebildete Generation Einheimischer, die während des Zweiten Weltkrieges im mittleren Alter stand, Deutschkenntnisse hatte.

Eine weitere Frage galt dem Umgang mit den *Fremdarbeitern*. Die Mehrzahl der in den elterlichen Siedlerbetrieben beschäftigten Polen, Ukrainer, Russen und serbischen Kriegsgefangenen sei anstellig und willig gewesen, sie seien entsprechend den Vorschriften entlohnt worden, die Zivilbeschäftigten waren in den Siedlerhaushalten untergebracht, die Kriegsgefangenen wurden abends unter Bewachung in Lager gebracht, wo sie teilweise sehr primitiv hausten. Das Essen nahmen sie im Siedlerhaushalt ein, alle Befragten beteuerten, daß die Hilfskräfte die gleichen Speisen wie die Siedler selbst erhielten. Die NS-Vorschrift, daß Ostarbeiter nicht mit Deutschen an einem Tisch essen dürften, wurde in einem Fall übertreten und mit einer Strafe belegt, danach widerwillig beachtet. Über den Sinn dieser Bestimmung gab es getrennte Auffassungen : die in bäuerlicher Tradition Aufgewachsenen, darunter ein einheimischer Landarbeiter, hielten es für unangemessen, daß das Gesinde am Herrentisch ißt, hielten jedoch die Einmischung des Staates im allgemeinen und die rassenpolitische Begründung im besonderen für unangebracht, während die einem eher proletarischen Milieu entstammenden Befragten diese Bestimmung in vollem Umfange ablehnten. Obwohl die Zusammenarbeit mit den Fremdarbeiter weitgehend problemlos gewesen sei, habe es aus unbekannten Gründen auf Weisung der Bauernsiedlung gelegentliche Wechsel gegeben.

Zur *politischen Agitation* gab es sehr unterschiedliche Antworten. Die Reichsdeutschen empfanden einen geringeren politischen Druck als in der Heimat. Politische Organisationen bestanden nur in den größeren Ortschaften und strahlten nicht auf das flache Land hinaus. SA und NSKK machten gelegentlich als nicht sehr ernsthaft aufgefaßte Versuche, Siedler zum Eintritt zu bewegen. Von Bitscherländern wurden Aufmärsche und Kundgebungen, an denen sie teilnehmen mußten, als Ärgernis empfunden, unmittelbarer Zwang, sich politisch in NS-

---

9 Nach ihrer Aussage war der Briefverkehr mit Frankreich eingeschränkt und unterlag der Zensur.
10 ZASP Abt.1/642, n.fol. Der Jahresbericht der Ev. Gemeinde Kurzel/Straße (Courcelles-Chaussy) für 1942 weist ausdrücklich auf ein gutes Einvernehmen zwischen Pfälzer Siedlern und Einheimischen hin.

Organisationen zu engagieren, wurde nicht erwähnt. Die Einheimischen blieben anscheinend weitgehend unbehelligt, keinem der Befragten war geläufig, daß die Eltern zum Eintritt in die 'Deutsche Volksgemeinschaft' veranlaßt wurden, noch waren sie selbst, mit Ausnahme eines damals Elfjährigen, der dem Jungvolk angehörte, zum Eintritt in eine NS-Gliederung aufgefordert worden.

Auskünfte nicht vertriebener Lothringer über die Gründe, warum die eigene Familie im November 1940 *von der Vertreibungsaktion verschont* blieb, begannen meist mit dem Hinweis auf die Tätigkeit des Vaters bei Bahn oder Post, in einem Falle wurde berichtet, daß die Familie sich bereits am Abfahrtsgleis im Bahnhof Metz-Sablon befand, als der Vater sich in deutscher Sprache bei dem für den Transport zuständigen deutschen Beamten als Postbediensteter offenbarte und in den Heimatort zurückkehren konnte. Familien mit wenigstens einem Elternteil aus dem deutschsprachigen Lothringen oder dem Elsaß scheinen im vorhinein von der Vertreibung ausgenommen gewesen zu sein. In einem Falle erkrankte unmittelbar vor dem Transporttermin die etwa 10-jährige Tochter eines Landwirtes schwer, und die Familie wurde von der Vertreibung zurückgestellt. Als sie sich nach Wiederherstellung des Mädchens bei den deutschen Stellen meldete, um ihren Dorfgenossen zu folgen, wurde dies mit Hinweis auf die Verfügung von Gauleiter Bürckel vom 22.11.1940 verweigert, wonach keine weiteren „Umsiedlungen" mehr erfolgen sollten. Die Familie wollte sich im März 1941 Bürckels freiwilliger „Umsiedlungsaktion" anschließen, wollte jedoch die betagte Großmutter nicht zurücklassen und verblieb während der Besatzungszeit im Heimatort.

Eine letzte Frage an die ehemaligen Saarpfälzer Siedler, zu der es nicht immer eine Antwort gab, war die nach der *eigenen Einstellung zur Siedlerzeit* : wie empfanden sie ihr damaliges Leben, und wie beurteilen sie in der Rückschau dieses Erlebnis ? Für die saarpfälzischen Frauen im damaligen Alter zwischen 18 und 25 waren es gute und glückliche Jahre, ohne materielle Sorgen, in denen sie zum Teil auch die Bekanntschaft ihrer späteren Ehemänner machten, kurz, in denen sie sich ihrer Jugend erfreuten. Für ein unbestimmtes Gefühl der Unbeständigkeit und Irrationalität ihrer damaligen Existenz spricht allerdings eine Aussage, „ich habe mich erst wieder zu Hause gefühlt, wenn ich die Grenze[11] überschritten hatte", es sei aus persönlichen Gründen für sie eine schöne Zeit gewesen, Heimat- und Zugehörigkeitsgefühle habe sie in Lothringen jedoch nicht empfunden. Und abschließend sei eine zweite spontane Aussage zitiert : als junger Mensch habe sie sich über ihr Leben in Lothringen keine Gedanken gemacht, in jüngster Zeit jedoch häufig über das Erlebnis nachgedacht und empfinde ein Unrechtsgefühl. Nach der Rückkehr aus Lothringen habe sich ihr Leben sehr schwer gestaltet, „es war jedoch trotzdem richtig, daß es so gekommen ist".

14.1.2. Infrastrukturprobleme

Im vorhergehenden Abschnitt wurde im Zusammenhange mit der Infrastruktur im Siedlungsgebiet bereits auf das Gesundheitswesen als einer der wichtigsten Bereiche öffentlicher Fürsorge hingewiesen, das besonders von den Vertreibungsfolgen betroffen war. Der „Kreisermittlungsbogen des RKFDV"[12] weist zum 10.10.1941 folgenden Stand des Gesundheitswesens in den Kreisen Metz-Stadt (Metz-Ville) und Metz-Land (Metz-Campagne) aus :

	Metz-Stadt	Metz-Land
Ärzte	47	17
Zahnärzte	14	2
Tierärzte	2	-
Apotheken	19	10
Drogerien	28	9
Zahntechniker	13	3
Krankenhäuser	6	3
Bettenzahl	1461	212

---

11 Zwischen Lothringen und der Pfalz. Anmerkung des Verfassers.
12 BA-Kobl, R 49/74 fol. 50 ff.

Kap. 14 - Humane und soziale Aspekte

Zum Stichtag bestanden in den beiden Kreisgebieten 7 Städte mit 107.678 Einwohnern und 145 Dörfer mit 46.262 Einwohnern[13], insgesamt waren also 153.940 Personen zu versorgen. Aus den vorstehenden Angaben errechnet sich für das Gesamtgebiet eine Arztdichte von 2.405 Einwohnern je Arzt[14], mit erheblichen Unterschieden zwischen Metz-Stadt und den ländlichen Gebieten. Für die Bewohner abgelegener ländlicher Gebiete bedeutete die geringe Arztdichte und großen, bei den kriegsbedingten Verkehrsverhältnissen nahezu unüberbrückbaren Entfernungen bis zur nächstgelegenen Arztpraxis der Rückgriff auf Hausmittel statt auf die moderne Medizin. Die Anzahl der Krankenhäuser und Zahl der verfügbaren Krankenbetten erscheinen zeitgemäß ausreichend, es fehlen jedoch Angaben zum verfügbaren Pflegepersonal. Traditionell wurde in Lothringen die Krankenpflege von katholischen Ordensschwestern wahrgenommen, die jedoch von den Vertreibungsmaßnahmen im November 1940 besonders betroffen waren[15], und es erscheint fraglich, ob genügend Pflegepersonal des Roten Kreuzes verfügbar war, da dieses vorrangig in den Truppenlazaretten eingesetzt wurde.

Für die Siedlungswirtschaft sehr belastend dürfte sich der Mangel an Tierärzten ausgewirkt haben. Nach der Tab.16-3 (s. Tabellen-Anhang) gab es im Jahre 1942 in den beiden Kreisen Metz-Stadt und Metz-Land einen Bestand von rd. 9.000 Pferden, rd. 25.500 Rindern und rd. 22.000 Schweinen. Da es den nicht aus landwirtschaftlichen Berufen stammenden Wirtschaftern der Bauernsiedlung an Erfahrung mangelte, um bei Geburten, Koliken und sonstigen Tierkrankheiten helfen zu können, und bei mangelnder Stallhygiene der Ausbruch von Maul- und Klauenseuche drohte, hätte der wertvolle Viehbestand einer intensiven veterinärmedizinischen Betreuung bedurft, die von zwei in Metz ansässigen Tierärzten bei den unzureichenden Verkehrsverhältnissen kaum erbracht werden konnte.

14.2. Das Siedlersoziogramm

Die bei der Landsiedlung Rheinland-Pfalz G.m.b.H., Koblenz, der Nachfolgeorganisation der Bauernsiedlung Westmark, erhaltene Siedlerkartei wurde in einer Datenbank[16] ausgewertet und deren Ergebnisse zu einem Siedlersoziogramm zusammengestellt. Ziele der Auswertung waren 1. Strukturen des Siedlerpotentials und 2. die Dynamik des Siedlungsprozesses quantitativ zugänglich zu machen.

Die Kartei enthält 3.960 Karten im Format DIN A5 mit zwei unterschiedlichen Druckbildern für Vorder- und Rückseite. Die Karten sind teils von Hand, teils mit der Schreibmaschine ausgefüllt, und mit zahlreichen textergänzenden Angaben, Erledigungsstempeln und -vermerken versehen. Neben den standardisierten Angaben in der Datenbank wurden etwa 500 handschriftliche Eintragungen auf den Karten ausgewertet. Diese ergänzenden Vermerke geben Einsicht in individuelle Schicksale und Problemstellungen und erlauben Rückschlüsse auf Motivationen und Entscheidungen sowohl der Siedler wie der Siedlungsgesellschaft.

---

13 Ebenda, fol.66.
14 Es liegen keine differenzierten Angaben über die von den Ärzten wahrgenommenen Fachbereiche vor, es darf jedoch vermutet werden, daß Fachärzte im wesentlichen in Metz ansässig waren, so daß von einer effektiven fachärztlichen Betreuung in abgelegenen Teilen des Siedlungsgebietes nicht die Rede sein konnte.
15 ABSP BA A.XVI-2 „Bericht über die Diözese Metz, S.10. Gemäß Verfügung des Chef der Zivilverwaltung in Lothringen wurde das gesamte Krankenhauswesen in Lothringen bis zum Stillhaltekommissar überführt, die Ordensschwestern verblieben in der Pflege, mußten jedoch im Deutschen Reich zugelassenen Orden beitreten.
Die Anstalten wurden vom Landesfürsorgeverband Saarbrücken übernommen, 2 Häuser der Wehrmacht als Lazarette zur Verfügung gestellt.
16 In die Datenbank aufgenommen wurden folgende Angaben :
 1. Geburtsjahrgang des Siedlers
 2. Anzahl der Kinder
 3. Herkunft
 4. Einsatzort
 5. Zuständige Bezirksaußenstelle
 6. Datum des Eintritts in die Bauernsiedlung (Jahr, Monat)
 7. Datum des Austritts aus der Bauernsiedlung (Jahr, Monat)
 8. Grund des Austrittes
 9. Weiterführung des Betriebes durch die Ehefrau

Eine Vollständigkeitsprüfung ergab folgende Vergleichsdaten :

Ende 1940 Angabe Bauernsiedlung[17] : 3.350   Kartei : 2.467 Siedler

Mitte 1941 Angabe Bauernsiedlung[18] : 2.616   Kartei : 2.357 Siedler

Eine Erklärung für die abweichenden Angaben zum Jahresende 1940 wurde bereits in Kap.8 gegeben, wobei die Angaben der Siedlerkartei zuverlässiger erscheinen, ein Großteil der zum 15.6.41 festzustellenden Differenzen zwischen den Angaben der Bauernsiedlung und der Siedlerkartei lassen sich in den BAst. Wappingen (Woippy) und Machern (Maizières) lokalisieren, die Abweichungen sind jedoch ohne wesentlichen Einfluß auf die Aussagekraft relativer Werte.

Für die lokale Zuordnung wurde der Einsatzort, an welchem der Siedler den längsten Zeitraum verbrachte, übernommen. Eine Weiterführung des Betriebes durch die Ehefrau, nachdem der Siedler zur Wehrmacht eingerückt war, wurde nur angenommen, wenn der Betrieb vor der Räumung Lothringens im September 1944 nicht aufgegeben wurde. Bei früherer Aufgabe gilt der je in der Karteikarte angegebene Austrittstermin. Probleme bereitete die häufig unkorrekte Schreibweise von Ortsnamen sowie die Angabe nicht im 'Ortsverzeichnis von Lothringen' enthaltener Ortsnamen, wahrscheinlich von Ortsteilen. Festgestellte Differenzen wurden nachträglich in der Datenbank berichtigt. Aus der Siedlerkartei gewonnene Informationen wurden in dieser Arbeit auch an anderer Stelle verwertet.

Der *Siedlereinsatz* im Zeitverlauf (Tab.14-1 im Tab.Anh.) wurde aufgrund der Eintritts- und Austrittsdaten nachvollzogen. Bei der Angabe absoluter Zahlen ist die Vollständigkeit nicht gewährleistet, der sich ergebende Trend dürfte jedoch den tatsächlichen Verlauf des Siedlereinsatzes, dessen Dynamik und die erhebliche Fluktuation zutreffend spiegeln.

Die Tab.14-2 zeigt die im Zeitverlauf eintretende Erosion des Siedlerpotentials anhand der Gesamtzahl der eingesetzten Siedler und des Bestandes zum Zeitpunkt des Rückzuges aus Lothringen. Bei den als „Lothringer" ausgewiesenen Siedlern ist zu differenzieren zwischen den „Bitscherländern" und einer kleinen Zahl aus dem Vertreibungsgebiet stammender Siedler, die meist in ihren Herkunftsorten blieben. Zwei Siedlerfamilien waren „volksdeutsche" Übersiedler aus Frankreich[19].

Herkunft der Siedler	Gesamter Siedlereinsatz	Einsatz am 31.8.1944	%-Satz 31.8.44 : Gesamteinsatz
Saarland	618	179	29,0
Pfalz	1.955	678	34,7
Lothringer	869	601	69,2
Buchenländer	419	382	91,2
andere	88	51	58,0
Insgesamt	3.949	1.891	47,9

Tab. 14-2 : Siedlereinsatz.
Quelle : Siedlerkartei.

Aus anderen Gebieten des Deutschen Reiches kamen lt. Siedlerkartei nur 88 Siedler. Der Großteil war in den dem Gau Westmark benachbarten Gebieten Rheinhessen, dem oberen Nahetal und dem Trierer Land beheimatet, einzelne Siedler kamen aus Bayern, Württemberg und Westfalen, eine kleine, geschlossene, vom Niederrhein stammende Gruppe war im Raum Kurzel/Straße (Courcelles-Chaussy) angesiedelt. Siedlerrekrutierung als Folge von Aktivitäten des „Bevollmächtigten für die Besiedlung Lothringens", SS-Gruppenführer Berckelmann,

---

17 'Geschäftsbericht 1'
18 A.D.M. 2 W 5, fol.101.
19 Das RuSHA hatte „Volksdeutsche aus Frankreich, die SD-mäßig überprüft und deren nationalpolitische Haltung völlig einwandfrei ist" teilweise nach Lothringen verbracht. IfZ/Ma 3 (6). Brief Berckelmanns an SS-Gruppenführer Greifelt vom 23.7.1942, S.11.

Kap.14 - Humane und soziale Aspekte

ist aus der Siedlerkartei nicht feststellbar. Ausländischer Herkunft waren je ein Schweizer und ein Belgier. Zum Zeitpunkt der Räumung Lothringens war weniger als die Hälfte der insgesamt eingesetzten Siedler im Siedlungsgebiet verblieben, wobei die letzte Spalte der Tab.14-2 erkennen läßt, daß der Anteil der vorzeitig ausgeschiedenen Saarländer und Pfälzer erheblich höher war als bei den anderen Herkunftsgruppen.

Ursache[20]\ Herkunft	?	w	e	f	u	p	m	obf	d	t	v
Saarländer	201	118	44	24	5	3	2	26	2	8	6
% der Siedler	32,5	19,1	7,1	3,8	0,8	0,5	0,3	4,2	0,3	1,3	1,0
Pfälzer	552	387	105	78	18	10	16	82	7	10	12
% der Siedler	28,2	19,8	5,4	4,0	0,9	0,5	0,8	4,2	0,4	0,5	0,6
Lothringer	183	11	23	27	2	7	11	1	0	3	0
% der Siedler	21,0	1,3	2,6	3,1	0,2	0,8	1,3	0,1	0	0,3	0
Buchenländer	12	12	4	3	0	0	0	0	0	0	0
% der Siedler	2,9	2,9	1,0	0,7	0	0	0	0	0	0	0
Andere	18	4	6	5	0	0	0	1	0	3	0
% der Siedler	20,5	4,5	6,8	5,7	0	0	0	1,1	0	3,4	0
Gesamt	966	532	182	137	25	20	29	110	9	24	18
% der Siedler	24,5	13,5	4,6	3,5	0,6	0,5	0,7	2,8	0,2	0,6	0,5

Tab.14-3 : Ursache und Umfang der Siedlerfluktuation. Die Prozentzahlen beziehen sich auf den gesamten Siedlereinsatz gemäß Tab.14-2.
Quelle : Siedlerkartei.

Die vorstehende, *Ursachen und Umfang der Fluktuation* wiedergebende Tab.14-3 zeigt, daß das vorzeitige Ausscheiden von Saarländern und Pfälzern aus dem Siedlungsprozeß nur teilweise mit der Wehrpflicht der Reichsdeutschen zu erklären ist.

Die Angabe „? - Ursache unbekannt" überwiegt mit 966 Fällen, eine Einordnung unter andere der genannten Ursachen ist teilweise möglich :

Beendigung der Dienstverpflichtung. Für die in der Zeit von November 1940 bis März 1941 ohne Angabe eines Grundes ausgeschiedenen 144 Saarländer und 378 Pfälzer kann Beendigung der Dienstverpflichtung angenommen werden, unter Einbeziehung der in Tab.14-3 in der Spalte „d" aufgeführten 9 und der in Spalte „obf" (kommissarische Ortsbauernführer) aufgeführten 108 Fälle hätten insgesamt 639 von insgesamt 2.573 Saarpfälzern oder 24,8% Lothringen aus dieser Ursache verlassen. Für die verbleibenden 444 Fälle „Ursache unbekannt" kommen vorwiegend mangelnde Eignung und Einberufung zur Wehrmacht infrage.

Nachweislich zur Wehrmacht oder zum Reichsarbeitsdienst einberufen wurden 532 Wirtschafter fast ausschließlich saarländischer und Pfälzer Herkunft., die Quote beläuft sich auf jeweils knapp 20%. Die Karteikarten weisen für die Saarpfälzer detaillierte Angaben zur Wehrpflicht und u.k.-Stellung auf, die Freistellung vom Wehrdienst war periodisch zu erneuern, und bewußtes Absetzen von der „u.k.-Liste" diente der Bauernsiedlung in verschiedenen Fällen zur Eliminierung ungeeigneter Wirtschafter und von Störenfrieden. Die Lothringer waren bis 1942 völlig vom Wehrdienst befreit, danach die vornehmlich als Familienangehörige nach Lothringen gekommenen Jahrgänge 1924 und jünger betroffen, die Buchenländer waren nach einer Freistellungsverordnung des OKW größtenteils nicht zum Wehrdienst erfaßt.

---
20 Die Abkürzungen bedeuten :
? - Ursache unbekannt - w - Eintritt in die Wehrmacht - e - Eignung
f - freiwillig - u - kriminelle Handlungen - p - politische Motive m - Tod
obf - Ende der Verpflichtung als kommissarischer Ortsbauernführer
d - Ende der Dienstverpflichtung - t - Trunksucht - v - Übernahme als Verwalter

Kap.14 - Humane und soziale Aspekte

Von den 532 Betrieben, deren Wirtschafter zur Wehrmacht einberufen worden waren, wurden 94, also fast jeder fünfte, von der Ehefrau weitergeführt.

Freiwillig ausgeschieden sind 137 oder etwa 3,5% sämtlicher Siedler. Sie verblieben teilweise im Siedlungsgebiet und wechselten in andere Berufe, beispielsweise machten ein Schmied und ein Fuhrunternehmer sich selbständig, zweimal ist der Eintritt in die Polizei vermerkt und ein Siedler machte eine hauptberufliche Karriere in der Bauernschaft, Beispiele für die Berufschancen, die die Vertreibung und Neubesiedlung in Lothringen eröffneten. In anderen Fällen liegen der freiwilligen Rückkehr tragische Kriegsschicksale zugrunde : der Soldatentod seines Bruders, der als Anerbe den heimatlichen Erbhof übernehmen sollte, veranlaßte einen Siedler zur Rückkehr in die Heimat, bei einem anderen Siedler erlosch das Interesse an weiterer Siedlungstätigkeit, nachdem seine drei Söhne in Rußland gefallen waren. Die Mehrzahl der freiwillig ausscheidenden Siedler gab jedoch wegen mangelnder Qualifikation auf und „kehrte in die Heimat zurück"[21]. Nach der Tab.14-3 wurden weitere 182 Wirtschafter oder 4,6% des Gesamtbestandes wegen mangelnder Eignung eliminiert, und selbst wenn ein Großteil der aus unbekannter Ursache Ausgeschiedenen dem Sachverhalt „mangelnde Eignung" zuzurechnen wäre, erscheint das von Berkelmann im Zusammenhang mit der Auseinandersetzung um die Ansiedlung der Buchenländer entworfene Katastrophenszenario polemisch.

Als kriminell bezeichnete Handlungen waren in 25 Fällen die Ursache des vorzeitigen Ausscheidens. In der Mehrzahl der Fälle handelte es sich um Schwarzschlachtungen und Vorenthalten von Vorräten, also Verstößen gegen das Kriegswirtschaftsrecht, sowie um intimen Umgang mit Polinnen, beides Tatbestände, die durch das NS-Regime kriminalisiert wurden. Die Formulierungen der Straftatbestände nach dem NS-Jargon mögen jedoch in manchen Fällen echte kriminelle Handlungen wie Unterschlagungen von der Bauernsiedlung zustehenden Erzeugnissen oder Vergewaltigungen bzw. Nötigung Abhängiger zur Unzucht verdecken.

Waren die Lothringer an den kriminalisierten Handlungen kaum, so waren sie an den Verstößen politischen Inhaltes überproportional beteiligt : mehrere Bitscherländer wurden wegen politischer Unzuverlässigkeit in das Altreich umgesiedelt, in einem Falle wird von Hilfestellung bei der Flucht von Wehrdienstverweigerern über die Grenze nach Frankreich berichtet, einer der beiden Übersiedler aus Frankreich wurde aus unbekannter Ursache mit seinem ältesten Sohn in das KZ Dachau eingeliefert.

In den hohen Fluktuationsraten drückten sich auch *Motivations- und Akzeptanzprobleme* aus, die eine maßgebliche Rolle freilich nur für Saarpfälzer spielen konnten, denn Bitscherländer und Buchenländer waren selbst Opfer von NS-Maßnahmen, und das Regime ließ ihnen kaum eine Alternative zur Ansiedlung in Westlothringen. Die Frage nach den Beweggründen für die Siedlungsentscheidung richtet sich also ausschließlich an die „Altreichsdeutschen". Da systembedingt öffentliche Meinungsäußerungen und Auseinandersetzungen nicht stattfanden, verbleiben als zuverlässige Quellen Hinweise in den 'Ott-Berichten' und der Siedlerkartei, aber auch die Propagandaschriften des NS-Systems lassen sich nach Siedlungsmotiven und Akzeptanzproblemen hinterfragen. Eine weitere wichtige Quellen stellen die Zeitzeugenaussagen dar.

Als Hauptmotiv sind materielle Anreize zu erkennen, wobei vordergründig der langfristige Erwerb bäuerlichen Eigentums mit geringem Eigenaufwand, unterschwellig jedoch auch die überdurchschnittliche Wirtschaftervergütung attraktiv gewesen sein dürfte. Zeitzeugenaussagen weisen darauf hin, daß für manche Häusler- und Kleinlandwirtsfamilie die Wirtschafterentlohnung nach Jahren der Arbeitslosigkeit, Gelegenheitsarbeit und unzureichenden landwirtschaftlichen Ertrages das erste regelmäßige Familieneinkommen war. Das von einem Leistungsnachweis völlig losgelöste Entlohnungssystem wirkte nicht immer leistungsmotivie-

---

21 Diese mehrfach in der Siedlerkartei aufzufindende Formulierung spricht für sich : die Siedler betrachteten sich in Lothringen selbst als Fremde, von wo man in die „Heimat zurückkehrte". Eine Soldatenwitwe betrieb den Hof in Lothringen weiter, schickte ihre Kinder jedoch „in die Heimat" zurück. Besser läßt sich das Provisorium der deutschen Siedlung in Lothringen nicht charakterisieren.

rend[22] und trug dazu bei, daß Betriebe vernachlässigt wurden. Einige Eintragungen in der Siedlerkartei über Prämienabrechnungen in 1943 und im 1. Halbjahr 1944 mit teilweise erheblichen leistungsbezogenen Auszahlungen weisen auf eine steigende Motivation als Ergebnis der Umstellung des Entlohnungssystems[23] ab 1.1.1943 hin. Auch die zugesicherte u.k.- Stellung bildete ein starkes Motiv für die Siedlungsbewerbung, Lothringen wurde jedoch auch zum Tummelplatz gescheiterter Existenzen und zum Versteck politisch Stigmatisierter.

Ein auf das späte Frühjahr 1941 zu datierendes, vom Gauschulungsamt der NSDAP Gau Westmark herausgegebenes und an die Parteifunktionäre gerichtetes „Begleitschreiben zum Merkblatt III"[24] greift offenbar Meinungsströmungen in der Bevölkerung auf. In seinem Lebensraum hat „das deutsche Volk...seine besten Kräfte dauernd in aufstrebender Bewegung zu halten". Die Einsicht in „das Führungsrecht bei der Ordnung Europas" könne nicht kommandiert werden, die Partei hat dem einzelnen klar zu machen, „daß davon sein eigenes Leben und Fortkommen abhängt". „Politisch-wirtschaftliche Aufgaben" haben aber auch eine materielle Seite, die gesichert sein muß, „denn schließlich gehört die bessere - und damit meine ich die gesündere - Lebenshaltung zu den Mitteln einer artgemäßen Rassenpflege". Der Hinweis auf die „bisherige Landknappheit" und die dadurch bedingte „proletarische Lebenslage der Bauern" ergänzen den Appell an den Egoismus freiwilliger Bewerber. Ziel der Siedlungstätigkeit ist, daß „beste bauernfähige Menschen den neuen Raum des Gaues .... volksmäßig und für die kommende Zeit auch ernährungspolitisch sicher(zu)stellen". Das Rundschreiben gipfelt in der Parole : "Von den besten Kräften des Gaues Westmark jetzt vordringlich Bauernvolk, soviel als notwendig, nach vorwärts in die neuen Stellungen des Deutschtums im Westen !"

Hinter der schwülstigen Propagandasprache, hinter einer die Kolonisierungspolitik in Lothringen verbrämenden „Staatsraum-Lebensraum"-Argumentation, sind die Zweifel potentieller Siedler hinsichtlich der Zukunft des Siedlungsprojektes in Anbetracht der ungeklärten politischen Zugehörigkeit Lothringens zu erkennen. Der Verweis auf das in den Begriff „Führungsrecht in Europa" verkleidete Siegerrecht soll moralischen Bedenken hinsichtlich der Rechtlichkeit der Vertreibung und der Aneignung fremden Eigentums entgegenwirken. An die Stelle von Zwang und Dienstverpflichtung werden materielle Anreize gesetzt, unmittelbar in Form überdurchschnittlicher Wirtschaftervergütungen und langfristig in Form der Aussicht auf Erwerb landwirtschaftlichen Besitzes und Verbesserung der Existenzgrundlage. Die verwaschene Formulierung „bauernfähig" deutet das Abrücken von den Qualifikationsanforderungen des Siedlungsgesetzes aus.

Von den aus der Siedlerkartei erkennbaren *Sozialstrukturen* der Wirtschafter erscheinen im Zusammenhang mit dem Thema dieser Arbeit zwei Bereiche wichtig : 1. die Altersstruktur und 2. die Kinderzahl. Bei der Altersstruktur sollten in einem der ländlichen Siedlung entstammenden Sample die jüngeren und mittleren Altersklassen d.h. 25 bis 35-jährige dominieren, für den Beginn der Siedlungstätigkeit in Lothringen 1940 also Angehörige der Geburtsjahrgänge 1905 bis 1915. Die Bedeutung der Kinderzahl ergibt sich aus der Bestimmung, daß Siedleranwärter vier Kinder nachzuweisen hatten.

Die Altersstrukturen, getrennt erfaßt nach der Gesamtheit der Siedler, der Gesamtheit der Saarpfälzer, der von den Saarpfälzern im August 1944 noch verbliebenen Siedler, sowie nach Lothringern und Buchenländern, sind aus der folgenden Tab.14-4 ersichtlich.

Im Gegensatz zu den Erwartungen machten die 1.249 Angehörigen der Jahrgänge 1905 bis 1915 nur 31,6% aus, weniger als 25 Jahre zählten 114 oder 2,9% der Siedler, von den verbleibenden 2.590 Siedlern oder 65,5% waren 11 Personen, vornehmlich Lothringer, mehr als 70 Jahre alt.

---
22 LA-Saar, LKA 434, fol.54b. Der Forstmeister von Finstingen an die Außenstelle Metz.
23 Mehrfach durch Eintragungen in der Siedlerkartei belegt.
24 A.D.M. 2 W 4, fol.13 ff.

Kap.14 - Humane und soziale Aspekte

Altersklassen der Siedler
Insgesamt und nach Herkunft

Altersklasse	insgesamt	%	Reichsdt. ges.	%	Reichsdt.1944	%	Lothringer	%	Buchenländer	%
1860 - 64	4	0,10	0	-	0	-	3	0,34	1	0,24
1865 - 69	7	0,18	0	-	0	-	7	0,81	0	-
1870 - 74	42	1,06	8	0,30	2	0,22	27	3,10	7	1,67
1875 - 79	84	2,12	26	0,97	6	0,66	52	5,98	6	1,44
1880 - 84	185	4,68	75	2,82	31	3,41	83	9,55	27	6,46
1885 - 89	305	7,72	174	6,54	80	8,81	95	10,93	35	8,37
1890 - 94	432	10.93	282	10,56	136	14,98	107	12,31	43	10,29
1895 - 99	637	16,11	442	16,61	291	32,05	122	14,04	71	16,99
1900 - 04	894	22,62	666	25,03	263	28,96	144	16,57	83	19,86
1905 - 09	815	20,62	625	23,48	142	15,64	113	13,00	78	18,66
1910 - 14	434	10,98	284	10,67	19	2,09	96	11,05	54	12,92
1915 - 19	66	1,67	40	1,50	4	0,44	14	1,61	12	2,87
1920 - 24	48	1,21	39	1,42	0	-	6	0,69	1	0,24
	3.953	100	2.661	100	908	100	869	100	418	100

Tab.14-4 : Altersstruktur der Siedler.
Quelle : Siedlerkartei.

Der Einfluß der im Kriegsverlauf zunehmenden Einberufungen zur Wehrmacht und die dadurch bewirkten Änderungen in der Altersstruktur zeigt sich im Vergleich der Spalten (2) und (3) der Tab.14-4 : der Anteil der Jahrgänge 1905 bis 1915 der für die insgesamt zum Einsatz gekommenen Saarpfälzer lt. Spalte (2) 34,15% betrug, reduzierte sich bis August 1944 auf 17,7%. Der Altersaufbau der Bitscherländer Siedler deutet auf die Umsiedlung einer weitgehend intakten, patriarchalische Familienstrukturen aufweisenden Bauernpopulation hin. Für diesen Siedlerkreis ist häufiger als bei anderen Gruppen das Zusammenleben von drei Generationen, zu denen oft noch unverheiratete Familienmitglieder zählten, festzustellen, die für die Bewirtschaftung erforderlichen Arbeitskräfte waren im Familienverbund verfügbar.

Karteieintragungen liegen auch zur Kinderzahl je Siedlerfamilie vor :

Anzahl der Kinder	Anzahl der Familien	% von Gesamtzahl	Anzahl der Kinder	Anzahl der Familien	% von Gesamtzahl
kein	609	15,3	8	71	1,8
1	624	15,8	9	38	1,0
2	892	22,6	10	8	0,2
3	722	18,3	11	7	0,2
4	448	11,3	12	3	0,0
5	283	7,2	13	5	0,1
6	151	3,8	14	1	0,0
7	95	2,4			

Tab.14-5 : Anzahl der Kinder je Siedlerfamilie
Quelle : Siedlerkartei

Die Angabe "kein Kind" in Tab.14-5 beinhaltet außer den kinderlos verheirateten Siedlern auch die Unverheirateten, Verwitweten sowie das Fehlen einer Angabe in der Siedlerkartei. Die politisch-ideologische Vorgabe, vier und mehr Kinder zu haben, wurde nur von etwa einem Viertel der Wirtschafter erfüllt. Die Tabelle zeigt auch, daß die Ausweitung der kinderreichen Familien zugestandenen Finanzierungs-Vergünstigungen den Empfängerkreis nahezu verdreifachten.

Verteilung der Siedler auf die Bezirksaußenstellen
Insgesamt und nach Herkunft

Herkunft	ku	di	au	re	wa	ma	ju	av	du	sz	de	ko	sa	g	neu	ges.
Saarländer	35	64	10	52	8	38	45	82	67	40	24	69	81	3	0	618
Pfälzer	149	5	229	170	122	79	206	88	123	218	295	201	64	4	0	1.953
Lothringer	18	10	61	41	47	24	34	33	185	81	76	69	187	2	0	868
Buchenld.	17	24	55	20	3	9	11	41	8	36	85	35	42	0	35	421
Andere	11	1	10	15	7	1	3	8	7	5	14	1	2	0	0	85
insgesamt	230	104	365	298	187	151	299	252	390	380	494	375	376	9	35	3.945
Besiedlungslisten	155	63	209	258	148	111	244	165	243	249	249	217	267	38	0	2.616

Legende :
ku = Kurzel/Str.   di = Diedenhofen   au = Auningen   re = Remelach   sa = Saarburg
wa = Wappingen   ma = Machern   ju = St. Julian   av = St. Avold   g = Gärtnerei
du = Duß   sz = Salzburgen   de = Delmen   ko = Kontich   neu = Neuscheuern

Tab 14-6 : Verteilung der Siedler nach Bezirksaußenstellen und Herkunft
Quelle : Siedlerkartei

Gauleiter Bürckel hatte den Ansiedlern zugesagt, Familien- und Dorfzusammenhänge bei der Neuansiedlung zu respektieren[25], die *Verteilung im Siedlungsgebiet* gemäß der Siedlerkartei weist auch einige Fälle aus, in denen verwandte Familien gemeinsam in einem lothringischen Dorf siedelten und dieses gemeinsam im September 1944 verließen, die Regel war dies jedoch nicht. Was in Kap.7 bereits für die Bitscherländer ausgeführt wurde, galt wohl für alle Siedler in Lothringen : das politische System versuchte, gewachsene soziale Strukturen aufzulösen und neue Dorfgemeinschaften zu schaffen, indem Familien verschiedener Herkunft zusammengewürfelt wurden. Es lassen sich jedoch, wie aus Tab.14-6 ersichtlich, regionale Ansiedlungsschwerpunkte ausmachen : Saarländer waren überproportional in den BAst. Diedenhofen (Thionville), St. Avold und Saarburg (Sarrebourg) eingesetzt, Lothringer in den BAst. Duß (Dieuze) und Saarburg (Sarrebourg), die Pfälzer dominierten in den BAst. Auningen (Augny), Kurzel (Courcelles-Chaussy) und Wappingen (Woippy). Die ab Mitte 1942 nach Lothringen kommenden Buchenländer waren verstreut tätig, ausgenommen im Bereich des seit Anfang 1943 von der Bauernsiedlung bewirtschafteten Klostergutes Neuscheuern.

14.3. Personalstruktur der Siedlerbetriebe

Angaben zur Personalstruktur der Siedlerbetriebe sind den Personenstandslisten[26] zum 31.12.1942 der Bezirksaußenstelle Remelach Tab.14-7 (im Tabellen-Anhang) zu entnehmen. Den Siedlerbetrieben gehörten im Durchschnitt an :

1 Siedler
1 Ehefrau
2,35 Kinder unter 14 Jahren
0,34 mithelfende Familienangehörige
0,37 familienfremde deutsche Arbeitskräfte (einschl. der einheimischen Lothringer[27])
3,56 Fremdarbeiter, davon 2,52 Männer

Ein Siedlerbetrieb umfaßte am 31.12.1942 in der Bezirksaußenstelle Remelach durchschnittlich 8,62 Personen, dieser Durchschnittswert kann für das gesamte Siedlungsgebiet verallgemeinert werden. Das 'Münzinger-Gutachten' ging für die Siedlungsplanung von dem idealtypisch mit dreieinhalb Arbeitskräften besetzten Familienbetrieb aus, wovon das Siedlerehepaar einundeinhalb, mitarbeitende Verwandte zwei Vollarbeitskräfte stellen sollten. Je nach Le-

---
25 'Kirchheimbolandener Rede' vom 25.1.1941.
26 A.D.M. 2 W 5/302-463. Für jeden Siedlerhaushalt sind die Haushaltsangehörigen namentlich, mit ihrer Stellung im Haushalt und ihrer Herkunft aufgeführt.
27 Die einheimischen Lothringer sind an den Namensangaben in den Personenstandslisten erkennbar.

Kap.14 - Humane und soziale Aspekte

bensalter der Siedler sollten die mitarbeitenden Verwandten der Eltern- oder der Kindergeneration des Siedlerpaares angehören. Siedlerbestandskrise und „Platzhalter"-Strategie verursachten einen erheblichen Strukturwandel, der die Verdoppelung der Anzahl fremder Arbeitskräft erklärt, er erklärt jedoch nicht, warum der Anteil der mitarbeitenden Familienangehörigen wesentlich geringer ist, als die Erfahrungswerte des 'Münzinger-Gutachtens' erwarten lassen. Die bei der Personenstandsaufnahme erfaßten Saarpfälzer Siedler gehörten überwiegend den Geburtsjahrgängen vor 1900 an, waren Ende 1942 also 42 Jahre und älter, so daß die Mitarbeit von Verwandten der Elterngeneration nur ausnahmsweise anzunehmen ist, und die Siedlerkartei weist für die saarpfälzischen Siedler kaum Vermerke über Wohngemeinschaften mit Angehörigen der vorhergehenden Generation auf. Es wäre jedoch zu erwarten, daß eigene Kinder von mindestens 14 Jahren, also des Geburtsjahrganges 1928 und früher, im elterlichen Betrieb mitarbeiteten, die Entlohnungsgrundsätze der Bauernsiedlung, die mitarbeitenden Siedlerkindern Anspruch auf den landwirtschaftlichen Tariflohn gewährten, boten hierfür einen Anreiz.

Für die unerwartet geringe Mitarbeit der jungen Generation sollten spezifische Gründe vorgelegen haben, die für die Burschen naheliegen : im Laufe des Krieges wurde das Wehralter herabgesetzt, so daß Ende 1942 Angehörige der Geburtsjahrgänge 1925 und früher zum Wehrdienst oder Reichsarbeitsdienst eingezogen waren. Die weiblichen Jugendlichen waren jedoch als Angehörige des Landvolkes sowohl vom Landdienst wie vom weiblichen Arbeitsdienst befreit, wenn die jungen Frauen sich dem Landleben verweigerten, stand Bürckels Siedlungsmodell auf tönernen Füßen.

Die zahlenmäßig bedeutendste Gruppe im funktionalen System der Bauernsiedlung Westmark waren die Zwangsarbeiter. In rd. 2.000 Siedlerbetrieben sowie 79 Gutshöfen, waren am 31.12.1942 nach dem 'Geschäftsbericht 2' 8.193 Fremdarbeiter tätig. Von den in der Bezirksaußenstelle Remelach gemäß Angabe in den Personenstandslisten vom 31.12.1942 eingesetzten 573 Ostarbeitern und Kriegsgefangenen waren 405 Männer und 168 Frauen, der Frauenanteil belief sich demnach auf knapp 30%. Ohne deren Mithilfe erfolgte weder Saat noch Ernte, das NS-Regime sprach ihnen jedoch fundamentale menschliche Grundrechte ab. Die Ostarbeiter unterlagen in Lothringen hinsichtlich Bewegungsfreiheit, Sperrstunden, Benutzung von Verkehrsmitteln und Umgang mit Deutschen den gleichen diskriminatorischen Vorschriften wie im Deutschen Reich.

In der täglichen Praxis des Bauernhofes dürften diese Ausgrenzungen nur eine geringe Rolle gespielt haben : die Siedler waren auf die Mitarbeit und Gutwilligkeit der ihnen zugewiesenen Ostarbeiter und Kriegsgefangenen angewiesen und dürften sich im allgemeinen willkürlicher Übergriffe enthalten haben, was Einzelfälle, wie den wahrscheinlich überwiegend auf sexueller Nötigung beruhenden „verbotenen Umgang mit Polinnen", nicht ausschließt. Für die Zustände im lothringischen Siedlungsgebiet dürfte die Feststellung der Justizbehörde in Bamberg Geltung besitzen : „Der Fremdvölkische wohnt mit dem deutschen Volksgenossen in vielen Fällen - insbesondere auf dem Land - unter einem Dache; der Volksgenosse sieht in ihm nicht den Angehörigen eines fremden oder feindlichen Staates, sondern den wertvollen Mitarbeiter im Zeitpunkt der Leutenot, dem ungünstige Umstände die Heimkehr verbieten. Mitleid und Fürsorge sind die Produkte dieser falschen Einstellung und deutschen Gefühlsduselei."[28] Zeitzeugenberichte aus Lothringen bestätigen diese Feststellung : die als landwirtschaftliche Hilfskräfte zugewiesenen Fremdarbeiter und Kriegsgefangenen waren überwiegend in den familiären Bereich einbezogen, sie hatten ordentliche Quartiere[29] und die gleiche Verpflegung wie die Siedlerfamilie, Krankheiten wurden wie bei den eigenen Familienangehörigen behandelt.

---

[28] Zit. nach D.J. Goldhagen, Hitlers willige Vollstrecker, S.145. Der dem NS-Jargon zuzuordnenden Begriff „falsche Einstellung" ist durch „Mißachtung der NS-Propaganda", „Gefühlsduselei" durch „Humanität" zu ersetzen.
[29] Dies galt nicht für die Kriegsgefangenen, die abends in Lager zurückkehrten, wo sie unter teils sehr primitiven Verhältnissen untergebracht waren.

Kap. 14 - Humane und soziale Aspekte

Für die Zwangsarbeiter war die meist gewohnte Arbeit auf dem Lande mit besserer Ernährung und geringeren Einschränkungen als bei der Arbeit in der Rüstungsindustrie verbunden. Die Personenstandslisten weisen zudem aus, daß geschlossene Ostarbeiterfamilien einschließlich ihrer minderjährigen Kinder auf einem Hof arbeiteten und wohnten. Die im großen und ganzen menschlichen Lebensverhältnisse mögen dazu beigetragen haben, daß von „Widersetzlichkeiten" und Unruhen unter den von der Bauernsiedlung Westmark eingesetzten Zwangsarbeitern in Lothringen kaum berichtet wird.

15. ANSIEDLUNGSSTRUKTUREN - SIEDLUNGSRAUM, SIEDLERZAHL, SIEDLERDICHTE - DIE DYNAMIK DES SIEDLUNGSPROZESSES

Unter „Ansiedlungsstrukturen" sei verstanden die geografische Verteilung der deutschen Siedler auf das lothringische Siedlungsgebiet und die sich im Zeitverlauf ergebenden Veränderungen dieser Strukturen aufgrund der sich aus unterschiedlichen Gründen ergebenden Siedlerfluktuation.

Die im lothringischen Siedlungsraum feststellbaren Ansiedlungsstrukturen sind nicht zufällig entstanden, sondern beruhten auf einer sorgfältigen Ansiedlungsplanung, welche das im 'Lothringer-Plan' formulierte Ziel der NS-Machthaber, im ländlichen frankophonen Lothringen eine deutsche Bevölkerungsmehrheit zu schaffen, vor Ort umsetzte. Ein Teil der einheimischen Bevölkerung verblieb in ihren Heimatorten, lebte dort mit den deutschen Siedlern zusammen und sollte vermutlich von der deutschen Bevölkerungsmehrheit assimiliert werden, und die Vertreibungsaktion im frankophonen Sprachgebiet vom November 1940 betraf vornehmlich die dort landwirtschaftlich tätige Bevölkerungsgruppe.

Als die die Ansiedlungsstrukturen bestimmenden Faktoren lassen sich daher Zahl und geografische Verteilung der zugeführten deutschen Siedler, die in ihren Heimatorten verbliebene frankophone lothringische Bevölkerung und der geografische Raum orten.

Detaillierte Ansiedlungsplanungen sind quellenmäßig nicht nachweisbar, aus verschiedenen, meist zu völlig anderen Zwecken erstellten Quellenunterlagen lassen sich jedoch Ansiedlungsstrukturen rekonstruieren. Wegen des fragmentarischen Charakters der Quellen sind für den gesamten Siedlungsraum nur grobe Aussagen möglich, für eng begrenzte Gebiete lassen sich jedoch Datenreihen erstellen, anhand derer sich die NS-Zielvorstellungen und die lokale Wirklichkeit hinreichend verdeutlichen.

Die um die Jahreswende 1942/43 einsetzende die Ansiedlung deutschstämmiger Aussiedler aus dem rumänischen Buchenland (Bukowina) bewirkte eine Umkehr der negativen Entwicklung der Siedlungstätigkeit. Eine Einordnung der Ansiedlungsorte der „Buchenländer" nach der Siedlerkartei zeigt, daß den neuen Siedlern keine geschlossenen Siedlungsgebiete zugewiesen, sondern daß sie über den gesamten Siedlungsraum verstreut angesiedelt wurden. Das Fehlen einer übergeordneten Ansiedlungsstruktur erlaubt den Rückschluß, daß die Zuweisung von Siedlerstellen an Buchenländer kaum von politischen Rücksichten, sondern von siedlungstechnischen Gegebenheiten bestimmt war.

Die Analysen der globalen Ansiedlungszahlen liefern ein quasi eindimensionales Bild, dem die Tiefe, der aufeinanderfolgende Wechsel der Personen im gleichen Betrieb und am gleichen Ort, verloren geht. In diesem Wechsel der Siedlerpersönlichkeiten liegt jedoch ein wesentlicher Teil der Dynamik des Siedlungswesens in Lothringen. Diese Tiefenschärfe wird auf der Ebene lokaler Betrachtungen gewonnen, was einen Wechsel der Darstellungsform erforderlich macht : die lokalen Ansiedlungsanalysen beruhen auf Auswertungen der 'Siedlerkartei'.

Für die Analysen wurden folgende Dokumente verwendet :
- die 'Vertreibungslisten' (s. Dokumenten-Anhang), s. hierzu Kap.8.
- die 'Besiedlungslisten'[1],
- die 'Molkereiliste', die Milchablieferungsliste der Molkerei Wallersberg [2],
- die 'Arbeitskräfte-Bedarfsliste' im Gebiet Remelach, s.Tab.10-3 im Tabellen-Anhang
- das 'Personenstandsregister zum 31.12.1942' [3]

---

1 A.D.M. 2 W 5, fol.102-114.
2 A.D.M. 2 W 3, fol.2 ff. In der 'Molkereiliste' sind für den Zeitraum Oktober 1942 bis Februar 1943 die milchabliefernden Siedler- und lothringischen Betriebe in den 31 Orten der BAst. Delmen (Delme) und in 11 Orten eines Teilgebietes der BAst. Remelach (Remilly) einzeln erfaßt, womit wertvolle Angaben zur demografischen Struktur dieses Gebietes überliefert werden.
3 A.D.M. 2 W 5/302-463.

- die Siedlerkartei der Bauernsiedlung Westmark

15.1. Gesamtanalyse Stand 15.7.1941

Die nachstehende Tab.15-1 'Ansiedlungsanalyse I' leitet sich von der bereits in Kap.10 erwähnten Aktennotiz 'Siedlereinsatz Stand 15.7.1941' ab. Die global für die Kreise Metz (Metz-Campagne) und Salzburgen (Château-Salins) genannten Siedlerzahlen wurden aufgrund der gleichzeitig entstandenen 'Besiedlungslisten' auf die in diesen Gebieten eingerichteten Bezirksaußenstellen aufgeteilt und um den Stand der Vorkriegswohnbevölkerung ergänzt.

Kreis BAst.	Anzahl der Siedlungsorte	Anzahl der Siedler	Vorkriegswohnbevölkerung	Siedler je 1000 Vorkriegsbev.
Diedenhofen	18	63	23.236	2,71
Metz-Land	146	1.125	(91.792)	12,25
Remelach	*29*	*209*	*5.662*	*36,09*
Auningen	*24*	*258*	*9.175*	*28,12*
Wappingen	26	148	25.083	5,90
Machern	18	111	35.278	3,15
St. Julian	*26*	*244*	*8.594*	*28,39*
Kurzel/Str.	23	155	(8.000)	19,38
Salzburgen	*115*	*958*	*27.110*	*35,33*
Duß	*28*	*243*	*8.293*	*29,3*
Salzburgen	*22*	*249*	*7.105*	*35,04*
Delmen	*33*	*249*	*5.583*	*44,6*
Kontich	*32*	*217*	*6.129*	*35,4*
Saarburg	43	267	14.270	18,71
St. Avold	31	165	16.939	9,74
Gesamt	353	2.578	171.147	14,89
davon				
Kernzone	*194*	*1.669*	*50.541*	*33,02*
Randgebiete	159	909	122.606	7,41

Tab.15-1 : Ansiedlungsanalyse I.
Quelle : 'Besiedlungslisten' und 'Gemeindeverzeichnis von Lothringen'.

Die sich aus der Anzahl der Siedler im Verhältnis zur Vorkriegsbevölkerungszahl ergebende Kennzahlreihe gibt erste Aufschlüsse über die Ansiedlungsstrukturen.
Für die in Tab.15-1 durch *Kursivschrift* kenntlich gemachten Bezirksaußenstellen Remelach (Remilly), Auningen (Augny) und St. Julian (St. Julien-lès-Metz) im Landkreis Metz sowie sämtliche vier im Kreis Salzburgen (Château-Salins) gelegenen Bezirksaußenstellen ergeben sich signifikante Übereinstimmungen bei der „bevölkerungsbezogenen Ansiedlungsdichte", ausgedrückt in der Kennzahlreihe „Siedler pro 1000 Vorkriegsbevölkerung", der Anzahl der Siedler sowie der Vorkriegsbevölkerung.. Die Einzeldaten der genannten sieben Be-

zirksaußenstellen sind in der Zeile "*Kernzone*" zusammengefaßt, deren bevölkerungsbezogene Ansiedlungsdichte mit 33,02 viermal so hoch ist wie in der übrigen als "*Randzone*" zusammengefaßten Siedlungszone. Mit 137.891 ha bedeckte die Kernzone die Hälfte der gesamten Nutzfläche im lothringischen Neusiedlungsgebiet, mit 50.541 Einwohnern waren jedoch nur 29,53% der insgesamt 171.147 Vorkriegsbewohner dort ansässig.

Geografisch umfaßte die Kernzone das auf dem rechten Moselufer gelegene Gebiet des Kreises Metz-Land (Metz-Campagne) sowie den Kreis Salzburgen (Château-Salins), strategisch lag sie wie ein Riegel, wie ein Wall vor dem lothringischen Zentralplateau, auf dem die deutsch-französische Sprachgrenze verläuft.

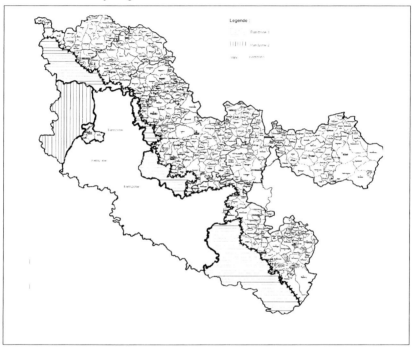

Abb.15-1 : Einteilung des lothringischen Siedlungsgebietes in „Kernzone" und „Randzonen".

Der „*Randzone*" zugeordnet sind unterschiedlich zu bewertende Gebiete : die am Südrand der Kreisgebiete Diedenhofen (Thionville) und St. Avold und im westlichen Teil des Kreises Saarburg (Sarrebourg) gelegenen Gemeinden sind teils gemischt-sprachig und die dort ansässigen deutschsprachigen Bewohner waren nicht von den Vertreibungsmaßnahmen betroffen, im Gegenteil, sie waren in die „Eindeutschungsplanung" einbezogen. Dieses Gebiet sei daher als „*Randzone 1*" bezeichnet.

Die auf dem linken Moselufer gelegenen, zum Landkreis Metz gehörenden Gebiete der „*Randzone*" umfassen keine gemischt-sprachigen Gebiete, unterscheiden sich jedoch strukturell von der „*Kernzone*" durch deutlich höhere Bevölkerungsdichte und sind zumindest im Moseltal verstädtert, landwirtschaftlich überwiegen Garten- und Obstbau, wofür es offenbar *a priori* an geeigneten Siedlern fehlte[4]. Die auf dem linken Moselufer im Landkreis Metz gelegenen Gebiete seien daher als „*Randzone 2*" bezeichnet.

---

4 Der in Kap.10 erwähnte Vorschlag Otts zur Verpachtung ungenutzten Garten- und Ackerlandes an einheimische Lothringer bezieht sich auf Orte in der 'Randzone 2'.

Zur besseren Verdeutlichung wurden in Abb.15-1 „Kernzone", „Randzone 1" und „Randzone 2" besonders gekennzeichnet.

Ein Vergleich der in Abb.15-1 gekennzeichneten „Kernzone" mit dem in Abb.2-2 ausgewiesenen Gebiet, in dem vor 1914 Deutsch nicht als alleinige Amtssprache durchgesetzt war und das kaum von dem durch die Germanisierungspolitik während der Reichslandezeit bewirkten Wandel der Bevölkerungsstruktur in Lothringen erfaßt worden war, zeigt eine signifikante Übereinstimmung. Die „Eindeutschung" Lothringens durch Maßnahmen der ländlichen Siedlung sollte sich anscheinend vorrangig in einem Gebiet vollziehen, das sich der Germanisierung während der Reichslandezeit am entschiedensten widersetzt hatte. Für die vorrangige Besiedlung der „Kernzone" dürfte auch gesprochen haben, daß dieses Gebiet dünn besiedelt war, so daß eine deutsche Bevölkerungsmajorität - wobei dem „deutschen" Bevölkerungsteil auch deutschsprachige Lothringer zugerechnet wurden - auch mit einer relativ kleinen Siedlerzahl erreichbar war.

Bei den vorstehenden Betrachtungen fällt die geografisch der Kernzone zuzuordnende Bezirksaußenstelle Kurzel/Straße (Courcelles-Chaussy) aus dem Rahmen, deren bevölkerungsbezogene Ansiedlungsdichte mit 19,38 erheblich unter dem betreffenden Wert der Kernzone, jedoch deutlich über dem der Randgebiete liegt. In der BAst. Kurzel/Straße waren rechnerisch vergleichsweise 90 Siedler weniger registriert als in den übrigen Gebieten der Kernzone, die ursprünglich geplante Einrichtung einer Bezirksaußenstelle im benachbarten Kurzel/Nied (Courcelles-sur-Nied) unterblieb ganz. Da im Gebiet um Kurzel/Straße und dem benachbarten Ort und Umland Kurzel/Nied (Courcelles-sur-Nied) lt. Siedlerkartei vorzugsweise Nordpfälzer angesiedelt waren, scheint die Vermutung nicht abwegig, daß dieses Mißverhältnis mit der im 'Landwirtschaftlichen Bericht' erwähnten Usurpation ganzer lothringischer Landstriche durch regionale Parteimachthaber aus der Pfalz zusammenhängt, die später ihre Ansiedlungskontingente nicht zu mobilisieren vermochten. Eine eingehende Untersuchung besonderer Ansiedlungsstrukturen im Gebiet der Bezirksaußenstelle Kurzel/Straße scheitert am Fehlen von 'Vertreibungsliste' und 'Besiedlungsliste' mit detaillierten Angaben.

15.2. Detailanalysen 1940 - 1942

Eine Detailanalyse der Ansiedlungsstrukturen innerhalb der Kernzone sollte den durch die Vertreibung tiefgreifend veränderten Bevölkerungsstand ebenso erfassen wie die Tatsache, daß der Begriff „Siedler" nicht Einzelpersonen, sondern ganze Familien umfaßt. Zu definieren ist sodann die Größe einer durchschnittlichen Siedlerfamilie in Lothringen. Das 'Personenstandsregister zum 31.12.1942' weist für 161 Betriebe 378 Kinder und 55 mithelfende Familienangehörige aus, hieraus ergibt sich einschließlich des Siedlerpaares die mittlere Größe einer Siedlerfamilie von rd. 4,7 Personen. Im konkreten Fall geht es jedoch um das Nachvollziehen einer Siedlungsplanung des NS-Regimes, welches prinzipiell für die Vergabe von Siedlerstellen eine Mindestzahl von vier Kindern vorgab, so daß es zulässig erscheint, in den folgenden Analysen mit der minimalen Rechengröße von fünf Personen für eine Siedlerfamilie zu operieren.

Schließlich sollte die Analyse auch den sich aus der Halbierung der ursprünglich geplanten Siedlerzahlen ergebenden konzeptionellen Änderungen durch das „Platzhalter"-System folgen sowie die zwischen Sommer 1941 und der Jahreswende 1942/43 erfolgende Erosion des Siedlerbestandes spiegeln. Das hierzu erforderliche Datenmaterial liegt nicht für das gesamte Gebiet der Kernzone, jedoch für Teilgebiete vor.

Für das Gebiet der *Bezirksaußenstelle Delmen (Delme)* im Landkreis Salzburgen (Château-Salins) ist der Stand der nach der Vertreibungsaktion im November 1940 verbliebenen lothringischen Bevölkerung aus den 'Vertreibungslisten' lückenlos zu ermitteln, die Siedlerzahlen nach dem Stand 15.7.1941 können durch Rückgriff auf die Siedlerkartei um Angaben aus

November/Dezember 1940 ergänzt werden und nahezu das gesamte Gebiet der BAst. Delmen lag im Einzugsbereich der Molkerei Wallersberg (Vatimont), so daß auch die um die Jahreswende 1942/43 vorhandene Zahl der Siedler- und Einheimischenbetriebe aus der 'Molkereiliste' bekannt ist. Die für das Gebiet der BAst. Delmen gewonnenen Daten sind in der Tab.15-2 'Ansiedlungsanalyse II' (s. Tabellen-Anhang) verwertet.

Aus dem Vergleich der Sp.(2) und Sp.(3) der Tab.15-2 ergibt sich, daß von 5.586 Vorkriegsbewohnern im Bereich der BAst. Delmen 4.415 gleich 79% vertrieben wurden, 1.171 einheimische Lothringer blieben in ihren Heimatorten zurück. Am Stichtag 15.7.1941 wurden 249 Siedlerfamilien Sp.(4) oder 1.245 Personen Sp.(5) gezählt, die deutschen Neusiedler waren also insgesamt und in 19 (in der Tabelle durch Kursivschrift gekennzeichneten) Orten von 33 in der Überzahl. Die Sp.(6) weist aus, daß nach der Ursprungsplanung weitere 35 insgesamt also 284 Siedler in das Gebiet Delmen verbracht worden waren, so daß, wie die Sp.(7) zeigt, nach dem Besiedlungsstand November/Dezember 1940 die Siedler in weiteren 7 Orten in der Überzahl waren. Nach der 'Molkereiliste' waren von 235 Siedlern (249 abzüglich 6 Siedler in Abenhofen und 8 in Dixingen, beide Orte sind nicht in der 'Molkereiliste' enthalten) noch 200 Siedler gleich 1.000 Personen im Gebiet Delmen ansässig.

Nach der Ursprungsplanung kamen auf 1.420 angesiedelte Personen 1.171 verbliebene Einheimische, woraus sich ein Ansiedlungsverhältnis von 1,3 : 1 errechnet, das sich nach dem Stand vom 15.7.1941 auf 1,06 :1 reduzierte., nach der 'Molkerei-Liste' von Ende 1942 betrug das Verhältnis Einheimische zu Siedlern 0,85 : 1, innerhalb von zwei Jahren hatte sich das Ansiedlungsverhältnis also umgekehrt, die deutschen Neusiedler befanden sich in der Minderzahl. Erstaunlicherweise erwähnt die 'Molkerei-Liste' je einen lothringischen Milchlieferungsbetrieb in Badenhofen (Bacourt) und Fremerchen (Frémery), wo nach den 'Vertreibungslisten' im November 1940 kein Einheimischer zurückgeblieben war, so daß eine gewisse Rückbesiedlung des Vertreibungsgebietes durch einheimische Lothringer nicht auszuschließen ist.

Die sieben Orte, in denen die Einheimischen jederzeit in der Überzahl blieben, Analdshofen (Ajoncourt), Baldershofen (Baudrecourt), Delmen (Delme), Dinkirchen (Tincry), Fossingen (Fossieux), Gellshofen (Jallaucourt) und Lesch (Lesse), waren mit Ausnahme von Analdshofen (Ajoncourt) Orte mit mehr als 200 Vorkriegseinwohnern. Mit 65% war die Vertreibungsquote (1193 von 1819 = 65%) erkennbar niedriger als im gesamten Gebiet Delmen, die mit Ausnahme von Baldershofen (Baudrecourt) geringe Zahl der in der 'Molkereiliste' in den genannten Gemeinden ausgewiesenen lothringischen Milchlieferungsbetriebe deutet auf Tätigkeiten der Bewohner überwiegend im gewerblichen und Dienstleistungsbereich hin. Zumindest Delmen (Delme) hatte die Funktion eines zentralen Ortes, wo nach der Logik des 'Lothringer-Plans' der Strukturwandel durch gewerbliche Ansiedlung erreicht werden sollte. Für die außerhalb Delmens gelegenen Landgemeinden in der Bast. Delmen errechnet sich die Ansiedlungsquote zum Jahreswechsel 1940/41 bei 1.385 Ansiedlern und 961 Einheimischen mit 1,44 : 1, zum 15.7.1941 bei 1.210 Ansiedlern und 961 Einheimischen mit 1,25 : 1, nach den Angaben aus der 'Molkereiliste' beträgt diese 1,04 : 1.

Die Entvölkerung durch die Vertreibungsaktion und die geringe Neubesiedlung führte zu einer erheblichen Verminderung der mit 29,5 Einwohnern/km² (Basis Volkszählung 1936) ohnehin niedrigen Bevölkerungsdichte. Mitte 1941 lebten auf 189,42 km² nur noch 1.171 nichtvertriebene Einheimische und 1.245 deutsche Neusiedler, insgesamt also 2.416 Personen, die Bevölkerungsdichte betrug 12,7 Einwohner/km². Es sei noch ergänzt, daß im 'Landwirtschaftlichen Bericht' im Gebiet der Bezirksaußenstelle Delmen die beiden Hofgüter Gazin bei Erlen und Jungweiler benannt werden, und daß aus der Siedlerkartei das Bestehen des Hofgutes Hicourt bei Delmen bekannt ist, so daß sich die Zahl der deutschen Ansiedler jeweils um die drei Verwalterfamilien [5] oder 15 Personen erhöht, was das Ansiedlungsverhältnisses in der BAst. Delmen (Delme) allerdings nicht wesentlich verändert.

---

5 Lt. Tab.9-1 „Betriebsstrukturen I" waren auf den Hofgütern außer den Verwalterfamilien keine deutschen Arbeitskräfte beschäftigt.

Für Teile des Gebietes der *Bezirksaußenstelle Remelach (Remilly)* ist ein ähnlicher Informationsstand wie im Gebiet Delmen überliefert, wobei in der Tab.15-3 'Ansiedlungsanalyse III' (s. Tabellen-Anhang) anstelle der der Siedlerkartei zu entnehmenden Siedlerzahlen Nov./Dez. 1940 die Zahlen der Arbeitskräfte-Bedarfsplanung Verwendung finden. Da für einzelne Orte der BAst. Remelach keine Vertreibungslisten vorliegen, wurde bei diesen die Verbleibensquote in Sp.(3) mit 25% der Vorkriegsbevölkerung als Annäherungswert[6] eingesetzt und durch Setzen in Klammern kenntlich gemacht. Der in Tab.15-3 ausgewertete Teil der BAst. Remelach entspricht 50,1% der gesamten Vorkriegsbevölkerung (2.839 von 5.662) und 61,3% der Gesamtfläche (11.614 ha von 18.939) der Bezirksaußenstelle. Die übrigen Vorbemerkungen zur Analyse des Bezirkes Delmen (Delme) gelten analog. Im Teilbezirk Remelach (Remilly) liegt die durchschnittliche Verbleibensquote mit 59,5% (Annäherungswerte aus dem Gesamtwert herausgerechnet) deutlich höher als im Bezirk Delmen (Delme), was wesentlich durch die Präponderanz des zentralen Ortes Remelach (Remilly) und die dortige überdurchschnittliche Verbleibensquote von 71% bedingt ist.

Aus der Arbeitskräfte-Planung (Sp.(7) der Tab.10-3 ist zu schließen, daß der Arbeitskräfteeinsatz so gelenkt werden sollte, daß mit Ausnahme von Alben und Remelach in den übrigen 12 Landgemeinden fast flächendeckend eine deutschsprachige Bevölkerungsmehrheit[7] entstanden wäre. Einschließlich des zentralen Ortes Remelach wären auf 1.255 Ansiedler 1.409 einheimische Lothringer entfallen, was einem Ansiedlungsverhältnis von 0,89 : 1 entspricht, in den Landgemeinden außerhalb von Remelach wäre das Verhältnis 1.120 Ansiedler zu 772 Einheimischen also 1,45 : 1 gewesen. Die in Sp.(9) nach dem Stand vom 15.7.1941 bestehenden tatsächlichen Verhältnisse zeigen für die 715 deutschen Ansiedler (Sp.(9) eine Bevölkerungsmajorität nur noch in Flodalshofen (Flocourt), Niederbö (Beux), Solgen (Solgne), Timmenheim (Thimonville) und Tranach (Tragny), also in 5 von 14 Orten, das Siedlungsverhältnis betrug 0,51 : 1, in den Landgemeinden außerhalb von Remelach (Remilly) jedoch noch 640 : 772 oder 0,83 : 1. Nach den Daten der 'Molkereiliste' verminderte sich die Siedlerzahl zum Jahresende 1942 um weitere 45, so daß sich die Zahl der deutschen Ansiedler auf etwa 500 reduzierte, was ein Ansiedlungsverhältnis einschließlich des zentralen Ortes Remelach von 0,35 : 1 ergab, bzw. in den Landgemeinden von 0,65 : 1.

Zusammengefaßt zeigt das Ansiedlungsverhältnis in den beiden in den vorhergehenden Abschnitten beschriebenen BAst. Delmen (Delme) und Remelach (Remilly) folgenden Verlauf :

BAst.	Dez.40/Febr.41	15.7.1941	Molkerei-Liste
Delmen, gesamt	1,3 : 1	1,06 : 1	0,85 : 1
Delmen, Landgemeinden	1,44 : 1	1,25 : 1	1,04 : 1
Remelach, gesamt	0,89 : 1	0,51 : 1	0,35 : 1
Remelach, Landgemeinden	1,45 : 1	0,83 : 1	0,65 : 1

Tab.15-4 : Verlauf des Ansiedlungsverhältnisses in den Bezirksaußenstellen Delmen und Remelach.

Die in der ersten Spalte dargestellte ursprüngliche Planung läßt für die Landgemeinden in der BAst. Delmen und für die Landgemeinden in der BAst. Remelach eine fast völlige Übereinstimmung der Ansiedlungsziele erkennen, in beiden Gebieten sollten die deutschen Ansiedler einen Bevölkerungsanteil von 59% erreichen, und dieser Wert entspricht fast genau der überlieferten Zielvorstellung eines Anteiles von 60%. Die zentralen Orte, Delmen (Delme) und Remelach (Remilly), in denen eine lothringische Bevölkerungsmehrheit verblieb, sollten wie Inseln innerhalb der vorwiegend deutsch besiedelten Landgebiete liegen. Wie die beiden folgenden Spalten im Vergleich zeigen, konnte im Zeitverlauf auch in den Landgemeinden das gesetzte Ziel, eine deutsche Bevölkerungsmehrheit im lothringischen Siedlungsgebiet zu er-

---
6 Dieser Wert ist abgeleitet von der effektiven Quote der übrigen Orte, ausgenommen Remelach mit seinem Sonderstatus als zentraler Ort.
7 Unter Einbeziehung der Bitscher Arbeiterfamilien.

reichen, nicht gehalten werden.

Mangels ausreichender Datenüberlieferung konnten analoge Detailanalysen für die übrigen Gebiete der „Kernzone" nicht erstellt werden, der bekannte Siedlungsverlauf gibt jedoch hinreichenden Anlaß zu der Vermutung, daß die für die BAst. Delmen (Delme) und Remelach (Remilly) aufgezeigte Entwicklung sich auch in den übrigen Gebieten der „Kernzone" in ähnlicher Weise vollzog.

15.3. Ansiedlungsstrukturen der Buchenländer

In der Siedlerkartei ist die Ansiedlung von 421 Buchenländer Familien nachgewiesen, davon waren 35 Familien im Klostergut Neuscheuern bei Saargemünd[8] eingesetzt, so daß im west- und südwestlothringischen Siedlungsraum ab Mitte 1942 386 Buchenländer Familien eine neue Heimat finden sollten. Tab.15-5 zeigt die prozentuale Verteilung der Buchenländer Siedler auf den Siedlungsraum im Vergleich zum Stand der Besiedlung am 15.7.1941, geordnet nach dem in Abschnitt 15-1 dargestellten Zonenschema.

In der „Randzone 1" erfolgte eine überproportionale Ansiedlung von Buchenländern, vermutlich waren viele wegen mangelnder Eignung aus dieser Zone zurückkehrende saarländische Siedler zu ersetzen. Im Gegensatz hierzu wurden in der „Randzone 2" nur eine geringe Anzahl Buchenländer ansässig gemacht, obwohl auch in diesem Raum sich die Siedlungsdichte erheblich verringert hatte. Es bestätigt sich erneut, daß der Besiedlung dieser Zone anscheinend keine Priorität beigemessen wurde.

	Ansiedlung Buchenländer ab Herbst 1942	Stand der Besiedlung 15.7.1941
Randzone 1	27,7%	19,2%
BAst. Diedenhofen	6,2%	2,4%
BAst.St. Avold	10,6%	6,4%
BAst. Saarburg	10,9%	10,4%
Randzone 2	3,1%	10,0%
BAst. Wappingen	0,8%	4,3%
BAst. Machern	2,3%	5,7%
Kernzone	69,2%	70,8%
BAst.Auningen	14,2%	10,0%
BAst.Remelach	5,2%	8,1%
BAst.St.Julian (Wigingen)	2,8%	9,5%
BAst.Kurzel/Straße	4,4%	6,0%
BAst.Duß	2,1%	9,4%
BAst.Salzburgen	9,3%	9,7%
BAst.Delmen	22,1%	9,7%
BAst. Kontich	9,1%	8,4%

Tab.15.5 : Ansiedlung der Buchenländer.
Quelle : Siedlerkartei.

Uneinheitlich stellt sich das Bild in der „Kernzone" dar, der insgesamt ein etwa der Verteilung nach dem Stand vom 15.7.1941 entsprechender Anteil Buchenländer Neusiedler zugeteilt wurde mit wesentlichen lokalen Unterschieden : überproportional wurden die Neusiedler in die BAst. Auningen (Augny) und Delmen (Delme) eingewiesen, ein deutlich geringerer Anteil in die BAst. St. Julian (Saint-Julien), Duß (Dieuze) und Remelach (Remilly). Ursachen für diese uneinheitliche Zuweisung der Buchenländer Siedler zur „Kernzone" sind nicht überliefert.

---

8 Das Klostergut Neuscheuern wurde 1943 gleichzeitig mit dem bei St. Wendel/Saar gelegenen Missionshaus der Steyler Brüder aus Kirchenbesitz sequestriert. Da nicht im lothringischen Siedlungsraum gelegen, wird in dieser Arbeit auf die Tätigkeit der Bauernsiedlung Westmark als Sequesterverwalter des Kirchengutes nicht eingegangen.

15.4. Lokale Ansiedlungsstrukturen

Bei den lokalen Ansiedlungsstrukturen[9] zeichnen sich drei Ortstypen ab : 1. Orte, in denen die ländliche Siedlung während des Siedlungszeitraumes ganz oder großteils aufgegeben wurde, der Archetypus wäre das schon mehrfach zitierte Flodalshofen (Flocourt), 2. Orte, die nur geringen Siedlerwechsel aufweisen, als Archetypus wäre Asslingen im Kreis Saarburg (Sarrebourg) zu erwähnen, wo im März 1941 5 Bitscherländer Familien gemeinsam eingewiesen wurden, die im September 1944 gemeinsam wieder abrückten, und 3. Orte, in denen ein häufiger Siedlerwechsel stattfand, letzterer Typus ist in den Darstellungen wegen seiner Erklärungsbedürftigkeit überrepräsentiert.

```
Brülingen (Brulange), BAst. St. Avold - Typus 1
angemeldeter Siedler-Bedarf Febr.1941 : unbekannt

Her-  1940 1941        1942         1943         1944         An-
kft.  OND  JFMAMJJASOND JFMAMJJASOND JFMAMJJASOND JFMAMJJAS    laß
l     -- --                                                   ?
p     -- -                                                    ?
p     -- ------------ ------------ ---                        ?
p     -- ------------ ---                                     e
l                     -------                                 e
b                                  -------- ---------         s
```

Tab. 15-6 : Siedlungsverlauf in Brülingen (Brulange)

In *Brülingen (Brulange)* erfolgte die Ansiedlung von vier Wirtschaftern im November 1940 auf einer Nutzfläche von 481 ha. Bereits nach wenigen Wochen wurden zwei Betriebe aufgelöst, von den beiden verbleibenden Betrieben wechselte im März/April 1942 der Wirtschafter, der neue Siedler schied jedoch seinerseits bereits nach sechs Monaten wegen Eignungsmängeln aus. Von März bis Mai 1943 wurde keiner der vier ursprünglichen Betriebe bewirtschaftet, ein Buchenländer war anschließend bis zum Rückruf tätig. Während der Hälfte der Siedlungsperiode war also von ursprünglich vier für notwendig erachteten Siedlern nur einer im Ort ansässig.

```
Neuburg (Novéant), BAst. Wappingen, Typus 1
angemeldeter Siedler-Bedarf Febr.1941 = 9

Her-  1940 1941        1942         1943         1944         An-
kft.  OND  JFMAMJJASOND JFMAMJJASOND JFMAMJJASOND JFMAMJJAS    laß
p     --                                                      ?
p        --------- ------------ ------------ ---------        s
l     - -----------                                           ?
p        oo ooooooooo                                         obf
p     -- ----                                                 f
p        --------- ------------ ------------ ---------        s
p     -- ------------ ----------                              f
p     -- ------                                               f
```

Tab.15-7 : Siedlungsverlauf in Neuburg (Novéant)

---

9 Legende in den folgenden Tabellen :
Herkft. = Herkunft des Siedlers -
   p = Pfälzer   l = Lothringer
   s = Saarländer b = Buchenländer
Anlaß = Anlaß des Ausscheidens
   ? = Anlaß nicht überliefert
   e = Eignung
   w=Einberufung zur Wehrmacht
   obf=kommissarischer Ortsbauernführer
   m=sittliche Verstöße
JFM.... = Monatsnamen
   - = Anwesenheit als Siedler o = als Ortsbauernführer * = Frauenbetrieb

In *Neuburg (Novéant)* hätte es für die Gesamt-Nutzfläche von 732 ha der Ansiedlung von 9 Siedlern bedurft, von den im Frühstadium eingesetzten 7 Wirtschaftern gaben drei frühzeitig auf, ab Oktober 1942 waren nur noch zwei Wirtschafter im Ort tätig. Buchenländer waren nicht eingesetzt.

In *Petersweiler (Pierreviller)* zeigt der Siedlungsverlauf exemplarisch, daß in einer anscheinend intakten Siedlungsgemeinschaft auch zwei Frauen nach der Einberufung des Mannes zur Wehrmacht ihre Betriebe weiterführen konnten. Von den insgesamt 7 Siedlerstellen waren ständig 6 besetzt, im Ort war einer der zwölf im Bereich der BAst. Machern eingesetzten Buchenländer tätig.

```
Petersweiler (Pierreviller), BAst. Machern, Typus 2
angemeldeter Siedler-Bedarf Febr.1941 : unbekannt

Her- 1940    1941         1942         1943         1944      An-
kft. OND JFMAMJJASOND JFMAMJJASOND JFMAMJJASOND JFMAMJJAS  laß
p    --  ----------++ ++++++++++++ ++++++++++++ +++++++++   w
p    --  ------------ ------------ ------------              w
p    -- --                                                   w
p    --  ------------ ------------ ------------ ---++++++   w
p    --  ------------ ------------ ------------ ---------   s
p    --  ------------ ------------ ------------ ---------   s
p        ----------- ---------                              ?
l        ----------- ------------ ------------ ---------   s
b         --- ------------ ---------                        s
```

Tab.15-8 : Siedlungsverlauf in Petersweiler (Pierreviller)

In *Bechingen (Béchy)* verdeutlicht der Verlauf die Krisenzeiten Anfang 1941, als viele Siedler mangels Eignung ausschieden, und Anfang 1942 mit zahlreichen Einberufungen. Die Planzahl von 18 Siedlern wurde nie erreicht, ab Mitte 1942 stabilisierte sich der Stand bei 8 Siedlern. Der im Februar 1943 eingesiedelte Buchenländer führte vielleicht die intakte Wirtschaft des aus politischen Gründen ausgeschiedenen Pfälzer Siedlers weiter. Es ist außergewöhnlich, daß sieben der acht bis zum Rückruf tätigen Wirtschafter einschließlich eines Frauenbetriebes von Anfang an dabei waren.

```
Bechingen (Béchy), BAst. Remelach, Typus 3
angemeldeter Siedlerkräfte-Bedarf Febr.1941 = 18
Her- 1940 1941        1942         1943         1944        An-
kft. OND JFMAMJJASOND JFMAMJJASOND JFMAMJJASOND JFMAMJJAS  laß
p    --  ------------ ------------ ------------ ---------   s
p    -- --                                                  e
p    --  ------------ ------------ ------------ ---------   s
p    --  ------------ ------------                          p
p    -- ---                                                 ?
s    --  ------------ ----                                  f
s    -- --                                                  e
p    --  ------------ ----                                  w
p    --  ------------ ---                                   w
s    --  ------------ ------------ ------------ ---------
l    -- --                                                  e
p     -  -----------+++++++++++ ++++++++++++ +++++++++     w
p        ------------ ---                                   w
p        ------------ ------------ ------------ ---------   s
p        ------------ ------------ ------------ ---------   s
p         -----                                             w
p         ------------ ---                                  w
ä                      -------                              f
b                                  ------------ ---------   s
```

Tab.15-9 : Siedlungsverlauf in Bechingen (Béchy)

St. Jürgen (Saint-Jure), BAst. Auningen, Typus 3
angemeldeter Siedler-Bedarf Febr.1941 : unbekannt

```
Her- 1940    1941         1942         1943         1944       An-
kft. OND JFMAMJJASOND JFMAMJJASOND JFMAMJJASOND JFMAMJJAS      laß
p       oo  ooo                                                 obf
a       --  ----                                                w
p       --  -----------  -----------  -----------               ?
p       --  -----------  -----------  -----------  ---------    s
p       --  ----------                                          e
p       --  -----------  ------                                 e
p       --  -----------  ---------                              f
p       --  -----------  -----------  -----------  ---------    s
p       --  -----------  ---                                    w
l           -----------  -----------  -----------  ---------    s
p           ----------   ---                                    w
p           --                                                  f
p           -----------  -----------  ---                       w
p           -----------  -----------  ---                       e
p           -----------  -----------  -----------  ---------    s
a           -----------  -----------  -----------  ---------    s
p           -----------  -----------  -------                   m
p                --------  --------                             w
b                          ---------  ---------                 s
l                          ---------  ---------                 s
b                          ---------  ---------                 s
b                                                  ---          s
```

Tab.15-10 : Siedlungsverlauf in St. Jürgen (St. Jure)

In *St. Jürgen (Saint-Jure)* erfolgte im Zeitverlauf eine radikale Veränderung der Siedlerstruktur. Dem ersten Schub von 9 Siedlern im November 1940 folgten bis März 1941 acht weitere, es sollten also wahrscheinlich 17 Betriebe gebildet werden. Von den 17 Siedlern im März 1941 waren 16 Reichsdeutsche und eine Lothringer Familie. Den Rückruf im September 1944 erlebten in St. Jürgen 4 reichsdeutsche, 2 lothringische und 3 Buchenländer Familien.

In *Timmenheim (Thimonville)* sollten ursprünglich 13 Siedlerbetriebe gebildet werden, von denen im April 1941 7 gleichzeitig besetzt waren, über einen Zeitraum von mehr als einem Jahr reduzierte sich ihre Zahl auf 3, von den sechs vorzeitig ausgeschiedenen Siedlern wurde

Timmenheim (Thimonville), BAst. Remelach, Typus 3
angemeldeter Siedler-Bedarf Febr.1941 = 13

```
Her- 1940    1941         1942         1943         1944       An-
kft. OND JFMAMJJASOND JFMAMJJASOND JFMAMJJASOND JFMAMJJAS      laß
s       --  ----                                                ?
p       --  ---                                                 f
p       -   -----------  -----------  -----------  ---------    s
a       -   ---                                                 f
s       -   -----------  --                                     e
l           -----------  -----------  -----------  ---------    s
p           ---------    -                                      f
s           -------                                             w
l           -----------  -----------  -----------  ---------    s
b                                     -----        ---------    s
```

Tab.15-11 : Siedlungsverlauf in Timmenheim (Thimonville)

nur einer zur Wehrmacht einberufen, die übrigen schieden mangels Eignung aus. Eine gewisse Stabilität brachten zwei Bitscherländer Familien. Was mögen die nichtvertriebenen einheimischen Lothringer, deren Fähigkeit, ihr Land fachgerecht zu bestellen, von den deutschen „Fachleuten" angezweifelt wurde, von dieser Wirtschaftsführung gehalten haben ?

```
Medewich (Moyen-Vic), BAst. Salzburgen, Typus 3
angemeldeter Siedler-Bedarf Febr.1941 : unbekannt

Her-  1940         1941          1942          1943          1944         An-
kft.  OND  JFMAMJJASOND  JFMAMJJASOND  JFMAMJJASOND  JFMAMJJAS     laß
 l    --   ------------  ------------  ------------  ---------     s
 l    --   ------------  ------------  ------------  ---------     s
 p    --   ------------  ------------  -                           w
 p    -- --                                                        ?
 l    --   ------------  ------------  ------------  ---------     s
 p    -- ---                                                       ?
 p    ---  ------------  ------------  ------------  ---------     s
 p    oo   ooo                                                     obf
 l    --   ------------  ------------  ------------  ---------     s
 s         - ----------- ---------                                 w
 s         - ----------- ---------                                 f
 s         - ----------- ------                                    f
 p              ---------- -                                       ?
 p              ----------  ------------  ------------  ---------  s
 b                             ------------  ---------             s
 b                                           ----  ---------       s
 b                                           ----  ---------       s
```

Tab. 15-12 : Siedlungsverlauf in Medewich (Moyen-Vic)

In *Medewich (Moyen-Vic)* (Tab.15-12) im Bereich der BAst. Salzburgen (Château-Salins) wurden 11 Siedlerstellen bis Anfang 1942 durchgehend besetzt, im Jahresverlauf 1942 reduzierte sich die Anzahl der Siedler im Ort auf sieben. Durch Zuführung von 3 Buchenländer Familien im Laufe des Jahres 1943 konnten bis zur Rückführung im September 1944 neun Siedlerstellen besetzt gehalten werden.

Tab.15-12 weist während der gesamten Siedlungszeit in Medewich zwei Bitscherländer Familien aus, in St. Jürgen wurde gemäß Tab.15-11 im April 1943 eine Bitscherländer Familie neu angesiedelt. Beide Orte, Medewich (Moyen-Vic) wie St. Jürgen (St. Jure) liegen unmittelbar an der damaligen Reichsgrenze zum französischen Departement Meurthe-et-Moselle. Es bestätigt sich also nicht, daß die Bitscherländer im Anschluß an die Einführung der Dienstpflicht zur Wehrmacht in Lothringen im Juli 1942 grundsätzlich aus der Grenznähe abgezogen wurden, weil sie der Fluchthilfe für Wehrdienstverweigerer über die „grüne Grenze" nach Frankreich verdächtigt wurden. Einzelfälle dieser Art sind jedoch in der Siedlerkartei nachgewiesen.

Aus dem Ansiedlungsschema der Buchenländer in Verbindung mit den angestellten lokalen Ansiedlungsanalysen lassen sich keine Siedlungsziele erkennen, es hat den Anschein, daß die Ansiedlung der Buchenländer den Reorganisations- und Konsolidierungsbestrebungen der Bauernsiedlung diente, also mehr an siedlungstechnischen als an siedlungspolitischen Zwecken ausgerichtet war. In diese Feststellung ist lediglich die bevorzugte Buchenländer Siedlung in der BAst. Delmen nicht einzuordnen, wo nach den vorangegangenen Feststellungen auch zum Jahreswechsel 1942/43 eine relativ hohe Siedlungsdichte bestand. Gründe für dieses Phänomen, möglicherweise die Schaffung eines besonderen Siedlungsschwerpunktes, sind nicht überliefert.

Die vom NS-Regime betriebene Neustrukturierung West- und Südwestlothringens hatte eine im Verhältnis der Menschenbewegungen in den annektierten Ostgebieten zahlenmäßig zwar geringe, für die einzelnen Betroffenen jedoch bedeutsame Völkerwanderung in Gang gesetzt, wirtschaftliche und soziale Strukturen aufgebrochen und knappe Ressourcen für diesen Strukturwandel eingesetzt. Wie gestaltete sich das Ergebnis dieses ausschließlich politisch-ideologisch motivierten Unternehmens ?

16. QUANTITATIVE ERGEBNISSE UND ENDE DER SIEDLUNGSTÄTIGKEIT

Die während der „verschleierten" Annexion betriebene „Eindeutschungspolitik" und ihre quantitativen Zielsetzungen lassen sich anhand des überlieferten Zahlenmaterials in folgenden fünf Bereichen überprüfen :

1. Volkstumspolitische Ziele. Nach dem 'Lothringer-Plan' sollte im frankophonen Lothringen eine deutsche Bevölkerungsmehrheit entstehen.
2. Das Ansiedlungsziel belief sich auf 5.000 deutsche Siedlerfamilien
3. Landwirtschaftliche Produktionsziele. Der Bewirtschaftungsauftrag der Bauernsiedlung beinhaltete als Nahziel die „Sicherung der Ernährungsgrundlage".
4. Steigerung der landwirtschaftlichen Produktivität.
5. Das finanzielle Ergebnis der Siedlungstätigkeit. Nach dem Reichssiedlungsgesetz waren die Siedlungsgesellschaften verpflichtet, die ihnen übertragenen Aufgaben kostendeckend abzuwickeln.

Ein detaillierter Vergleich zwischen den formulierten Zielvorstellungen und den tatsächlichen Ergebnissen führt zu dem Schluß, daß in keinem der fünf angesprochenen Bereiche die politischen und/oder wirtschaftlichen Ziele auch nur annähernd erreicht wurden.

Die Siedlungstätigkeit in Lothringen endete im September 1944 abrupt in einer Flucht der deutschen Siedler vor den anrückenden amerikanischen Truppen.

16.1. Volkstumspolitische Ziele

Die in Tab.16-1 dargestellten Angaben zum Bevölkerungsstand im Jahre 1942 (die Angaben in Klammern sind um die Veränderungen der Gebietsgrenzen bereinigt[1]) befinden sich im Nachtrag zu der Dokumentation „Lothringen in Zahlen"[2] vom 15.5.1943, und sind um die dem 'Gemeindeverzeichnis von Lothringen' entnommenen Vergleichszahlen über den Vorkriegsbevölkerungsstand ergänzt worden. Sie lassen entgegen den Zielsetzungen einen erheblichen Bevölkerungsschwund insbesondere im frankophonen Lothringen[3] erkennen, wobei der Bevölkerungsrückgang im ländlichen Raum wie beispielsweise im Kreis Salzburgen (Château-Salins) besonders ausgeprägt war. Gegenüber dem Bevölkerungsstand gemäß der Volkszählung von 1936 hatte sich die Zahl der einheimischen Lothringer bis zum 31.12.1942 um 170.841 Personen oder 30,3% verringert, da der Zuzug aus dem „Reich" kaum in Gang gesetzt worden war, war die Gesamtbevölkerung um 22,6% geschrumpft. Besonders auffällig war der Bevölkerungsrückgang in der „*Kernzone*" des lothringischen Siedlungsgebiete, in den Kreisen Metz-Land (Metz-Campagne) mit 23,5% und Salzburgen (Château-Salins) mit

---
1 Bei den in Klammern gesetzten Angaben wurden berichtigt :
    für die Kreise Metz-Stadt und Metz-Land die Eingemeindung von Langenheim (Longeville-lès-Metz), Martinsbann (Ban-St.Martin) und Mühlen (Moulins-lès-Metz) nach Metz-Stadt mit 18.642 Einwohnern,
    die Zusammenlegung der beiden Kreise Diedenhofen-Ost und -West zum Kreis Diedenhofen und der Übergang der Gemeinden Großmöwern (Moyeuvre-Grande) und Kleinmövern (Moyeuvre-Petite), Gandringen (Gandrange), Klingen (Clouange), Roßlingen (Rosselange), Wallingen (Vitry-sur-Orne) und Mondelingen (Mondelange) aus dem Kreis Diedenhofen in den Kreis Metz-Land mit 23.347 Einwohnern
    sowie die Zusammenlegung der Kreise Bolchen und Forbach zum Kreis St. Avold
    und die Abtrennung des Forbacher Gebietes mit 22.202 Einwohnern (Forbach, Kleinrosseln <Petite-Rosselle>, Spichern <Spicheren> und Alstingen <Alsting>), das am 1.1.1943 in die Stadt Saarbrücken eingegliedert wurde.
2 LA-Saar, LKA 390, „Lothringen in Zahlen", Blatt 1a.
    Das SS-Bodenamt in Metz veröffentlichte im Jahre 1943 eine „nur für den Dienstgebrauch" bestimmte Statistik "Lothringen in Zahlen", die neben Aussagen über den Bevölkerungsstand und die Bewirtschaftung durch die Bauernsiedlung auch Daten über den Viehbestand, die Flächennutzung und die landwirtschaftliche Erzeugung in Lothringen im Jahre 1942 enthält. Ausgewählte Daten aus dieser Statistik sind in den Tab.16-1, 16-2 und 16-3 zusammengefaßt und in diesem Kapitel ausgewertet.
3 Der Begriff "Volksdeutsche" wurde für die einheimische lothringische Bevölkerung, auch für deren frankophonen Teil, verwendet. Es ist nicht zu erkennen, ob die in Lothringen eingesetzten Ostarbeiter in die Bevölkerungsstatistik einbezogen und wenn ja, unter welchem Begriff sie geführt wurden.

Kap.16 - Quantitative Ergebnisse und Ende der Siedlungstätigkeit in Lothringen

	1942	1936	1942 : 1936
Gesamtbevölkerung	506.850	655.196	- 22,6%
davon :			
Reichsdeutsche	47.464	*)	
Volksdeutsche	393.254	564.095	- 30,3%
Ausländer	66.132	91.101	

*) in der Zahl der Ausländer enthalten

Bevölkerung nach Kreisen :

	Reichs-deutsche	Volks-deutsche	Aus-länder	gesamt 1942	gesamt 1936	1942 : 1936
Diedenhofen	8.930	87.538	25.476	121.944	(141.426)	-13,8%
Metz-Land	8.444	51.727	21.857	82.028	(107.393)	-23,6%
Metz-Stadt	12.852	55.896	5.577	74.325	(89.959)	-17,4%
Saarburg	2.293	45.443	5.577	53.313	54.851	- 2,8%
Saargemünd	2.688	63.290	726	66.704	69.851	- 4,5%
Salzburgen	5.771	12.229	2.750	20.750	32.202	-35,6%
St. Avold	6.486	77.131	8.872	92.489	(131.391)	-29,6%

Tab.16-1 : Lothringische Wohnbevölkerung 1942 im Vergleich zu 1936
Quellen : „Lothringen in Zahlen" und 'Gemeindeverzeichnis von Lothringen'

35,6%, war durch die Vertreibung ein Bevölkerungsvakuum entstanden, das durch den Siedlerzuzug nicht aufgefüllt wurde.

Im Kreis Saargemünd wirkte sich die Umsiedlung der „Bitscherländer" in das süd- und südwestliche lothringische Siedlungsgebiet bevölkerungsmindernd aus. Der erhebliche Rückgang der Bevölkerung im Kreis St. Avold hat überwiegend statistische Gründe infolge der Ausgliederung mehrere Gemeinden, die in die „Gauhauptstadt" Saarbrücken eingemeindet wurden.

16.2. Ansiedlungsziele

Die die Siedlungstätigkeit der Bauernsiedlung zusammenfassenden Zahlen hinsichtlich Anzahl der Siedlerbetriebe, der Anzahl der Siedler und ihrer Angehörigen sowie die von der Bauernsiedlung bewirtschafteten Flächen zum 31.7.1943 sind in Tab.16-2 (s. Tabellen-Anhang) aufgelistet. Sie beinhalten auch das im deutschsprachigen Gebiet gelegene Klostergut Neuscheuern, das nicht zu den Neuordnungsmaßnahmen des Jahres 1940 gehörte und daher aus der Darstellung auszuklammern ist. Außerhalb Neuscheuerns bestanden am 31.7.1943 2.184 Siedlerbetriebe mit 10.157 Personen, wovon 1.294 Betriebe mit 6.043 Personen von „Reichsdeutschen", fast ausschließlich Saarländern und Pfälzern, 650 Betriebe von Lothringern vorwiegend Bitscherländer Herkunft mit 3.034 Personen und 240 Betriebe mit 1.080 Personen von Buchenländern bewirtschaftet wurden. Die Zahl der Siedlerbetriebe und der Ansiedler blieb weit hinter den Planungen von 5.000 Siedlerbetrieben mit etwa 30.000 Personen zurück.

Die sich nach Eliminierung der im Kreis Saargemünd (Sarreguemines) gelegenen Wirtschaftsfläche - in der Tab.16-2 die Zeile „ohne Neuscheuern" - ergebende Zahl von 2.184 Betrieben zum Zeitpunkt 1.1.1943 stimmt im wesentlichen mit den Angaben der Geschäftsführung und der Siedlerkartei überein, die sich für 2.184 Betriebe aus 71.800 ha Gesamtfläche ergebende Einzelbetriebsgröße von 32,88 ha entspricht der Planungserwartung. Die Statistik enthält nicht die am 1.1.1943 vorhandenen 79 Gutsbetriebe und Höfe, deren durchschnittliche Wirtschaftsfläche nach der Tab.12-2 "Betriebsstrukturen I" mit je etwa 200 ha anzusetzen ist, die 79 Gutsbetriebe und Höfe insgesamt also mit etwa 16.000 bis 20.000 ha. Die Bauernsiedlung Westmark bewirtschaftete zum Jahreswechsel 1942/43 :

2.184 Siedlerbetriebe 71.800 ha
Gut Neuscheuern 39.500 ha
79 Gutsbetriebe und Höfe ca. 16. - 20.000 ha
insgesamt also ca. 127. - 130.000 ha.

Die aus den Enteignungsmaßnahmen von 1940 resultierenden Wirtschaftsflächen hatten einen Umfang von mindestens 120.000 ha nach anderen Angaben sogar von 150.000 ha, die Fläche von Gut Neuscheuern betrug 39.500 ha, so daß der Bewirtschaftungsauftrag der Bauernsiedlung Westmark ca. 160.000 bis 190.000 ha umfaßte, wovon 1942 etwa 30.000 ha bis 60.000 ha unbewirtschaftet blieben. Diese Ergebnisse wird in den Tab.16-4 und 16-5 (s. Tabellen-Anhang) bestätigt : in den Kreisen Metz-Land Metz-Campagne), Salzburgen (Château-Salins) und Saarburg (Sarrebourg) wurden 1942 weniger Ackerflächen als in der Vorkriegszeit bewirtschaftet. Trotz Vergrößerung der den einzelnen Betrieben zugewiesenen Flächen, trotz Verpflichtung der Wirtschafter, als Platzhalter zu fungieren und die doppelte Betriebsfläche zu bewirtschaften, und trotz der Beschäftigung eines bedeutenden Kontigentes an Zwangsarbeitern[4], mußte die Bauernsiedlung bedeutende Teile der lothringischen Anbaufläche brachliegen lassen.

Der in 1942/43 zu beobachtende Abzug von Siedlern aus den weniger ertragreichen Anbaugebieten des Kreises Salzburgen läßt vermuten, daß durch Nutzung der höhere Erträge bringenden Gebiete eine Ertragsoptimierung beabsichtigt war.

16.3. Landwirtschaftliche Produktionsziele

Gemäß dem Auftrag von Gauleiter Bürckel sollte die Bauernsiedlung Westmark einen wesentlichen Beitrag zur Sicherung der Versorgung der Bevölkerung des Gaues Westmark mit landwirtschaftlichen Erzeugnissen leisten, und hierfür wurden ihr bevorzugt als knappe Ressourcen anzusehende Betriebsmittel in Form von landwirtschaftlichen Gerätschaften, Saatgut, Düngemitteln und Zuchttieren zur Verfügung gestellt.

Die Wirtschaftsleistung der Bauernsiedlung in Lothringen ist anhand ausgewählter statistischer Daten über den Nutztierbestand und die Flächennutzung sowie die pflanzliche Erzeugung in der Tab.16-3 : Agrarstatistik für Lothringen (s. Tabellen-Anhang)[5] dargestellt. Entgegen den Erwartungen hatten sich der Viehbestand und die landwirtschaftliche Produktion gegenüber der Vorkriegszeit vermindert.

Produktivitätssteigerungen sollten die Überlegenheit der „deutschen" Wirtschaftsführung gegenüber der „Franzosenzeit" nachweisen. Eine Analyse der im 'Geschäftsbericht 2' ausgewiesenen angeblichen Mehrleistungen der Siedler Milchproduktion weist allerdings aus, daß sich die Bauernsiedlung bei ihren Nachweisen zumindest einer Selbsttäuschung hingab.

Die Viehzählung 1942 ergab lt. Tab.16-3 bei den für Lothringen wichtigen Nutztierarten gegenüber dem Bestand im Jahre 1938 insgesamt eine erhebliche Verminderung, die im Landesdurchschnitt bei Pferden 11%, bei Rindvieh 16% und bei Schweinen 49% betrug. Regional zeigen sich allerdings erhebliche Unterschiede. Überdurchschnittliche Bestandsverluste sind in den Kreisen Diedenhofen, Saargemünd (mit Ausnahme von Pferden), und St. Avold festzustellen, wahrscheinlich als Folge der Evakuierung 1939/40, in den von Siedlungsmaßnahmen besonders betroffenen Kreise Metz-Land und Salzburgen war die Bestandsverminderung weniger schwerwiegend. Die Bestandszunahmen im Stadtkreis Metz sind Folge der Eingliederung ländlicher Randgemeinden in das Stadtgebiet. Besonders drastisch ist der Minderbestand bei Schweinen, die im Gegensatz zu Pferden und Kühen einen kurzen Reproduktionszyklus haben, Notschlachtungen der Evakuierungsperiode 1939/40 sich schneller ausgeglichen. Die Verminderung im Schweinebestand steht also in Gegensatz zu der angeblichen Förderung der Schlachtviehproduktion durch die Bauernsiedlung[6].

---

4 Gemäß Aussage Jerratschs in der Aufsichtsratssitzung vom 29.10.1943 war das der Bauernsiedlung zustehende Kontigent an Zwangsarbeitern voll ausgeschöpft.
5 Angaben nach „ Lothringen in Zahlen".

Bei der Ackernutzung sei zwischen Getreideproduktion und Kartoffelanbau unterschieden. In Tab.16.3 wurden die Veränderungen zur Vorkriegszeit[7] für die vier erfaßten Getreidearten zusammengefaßt, da diese untereinander austauschbar sind, und von der Bauernsiedlung der Gersteanbau zulasten des Haferanbaues forciert wurde.

Auf die schlechten Ernteergebnisse des Jahres 1941 wurde bereits ausführlich in Kap.10 berichtet, diese Entwicklung setzte sich in 1942 fort. Sowohl für die Anbaufläche wie für den Ernteertrag 1942 wird ein deutlicher Rückgang gegenüber 1938 ausgewiesen, wobei der Ertragsrückgang mit 29,0% etwa dem Flächenrückgang von 28,3% entspricht, die im 'Landwirtschaftlichen Bericht' prognostizierten Steigerungen der spezifischen Erträge wurden auch 1942 nicht realisiert.

Beim Kartoffelanbau ergibt sich ein zwiespältiges Bild : die Anbauflächen weisen einen Rückgang um 46,2% aus, während die Erntemenge nur um 29% zurückging, der Ertrag je ha stieg im Landesdurchschnitt 1942 auf 138,3 dz gegenüber 105 dz in 1937. Die Ursache hierfür kann in der Bereitstellung höherwertigen Saatgutes zu suchen sein[8].

In Tab.16-3 wird die regionale Verteilung der Ackerflächen im Vergleich 1942 zu 1938 dargestellt. Der Rückgang bei den angebauten Ackerflächen in den Grenzgebieten zu Deutschland war wohl Folge der 1942 noch nicht beendeten Beseitigung von Kriegsschäden. Einen erheblichen Nutzungsrückstand wiesen jedoch auch die von den Vertreibungsmaßnahmen des Jahres 1940 besonders betroffenen Kreise Metz-Land, Salzburgen und Saarburg auf, wie die nachstehende, Werte der Tab.16-3 verwendende Tab.16-4 zeigt :

	1942	1937	1942 : 1937
Kreis Metz-Land			
Getreidefläche	24.409 ha	29.424 ha	- 5.015 ha
Kartoffelfläche	3.065 ha	4.782 ha	- 1.717 ha
Kreis Salzburgen			
Getreidefläche	20.173 ha	25.328 ha	- 5.155 ha
Kartoffelfläche	1.521 ha	2.657 ha	- 1.136 ha
Kreis Saarburg			
Getreidefläche	9.554 ha	14.682 ha	- 5.130 ha
Kartoffelfläche	1.738 ha	3.618 ha	- 1.880 ha
Insgesamt			- 20.033 ha

Tab.16-4 : Flächennutzung im lothringischen Siedlungsraum 1942 im Vergleich zu 1938

Am 6.5.1943 übersandte Geschäftsführer Jerratsch dem Landeskulturamt eine Übersicht über verschiedene Marktleistungen der Betriebe der Bauernsiedlung Westmark im Wirtschaftsjahr 1942/43. Vergleiche mit „lothringischen" d.h. von nichtvertriebenen einheimischen Betriebsführern geleiteten Betrieben sollten anhand angeblich besserer Bewirtschaftungsergebnisse der Siedlerbetriebe die Überlegenheit der deutschen Wirtschaftsführung nachweisen.

Der Bericht gliedert sich in vier Teile : 1. Getreideablieferungen in den Kreisen Metz, Saarburg und Salzburgen, 2. Milchablieferung an die Molkerei Lauheim bei Metz[9] für die Zeit

---

6 Im „Wirtschaftsvoranschlag 1.10.1941 bis 31.3.1942" verzichtete die Bauernsiedlung Westmark auf die Veranschlagung von Erlösen aus Kartoffelerzeugung, da „Kartoffelverwertungen durch verstärkte Veredlungswirtschaft im Interesse der Volksernährung angestrebt wird," BA-Kobl R 2/18937, n.fol., o.Dat.
7 Die Produktionsdaten der Vorkriegszeit wurden der statistischen Dokumentation Thillet, Catherine/Daza, Edith : Cent ans d'agriculture en Lorraine 1882 - 1982 entnommen.
8 Ein Hinweis hierzu ergibt sich bei der Auswertung der von Jerratsch am 6.5.1943 dem Aufsichtsrat zugeleiteten Nachweise über Kartoffelablieferungen im Kreis Metz-Land im Wirtschaftsjahr 1942/43.
9 Das 'Gemeindeverzeichnis von Lothringen' enthält keine Angaben über die französische Ortsbezeichnung.

vom 1.7.1942 bis 31.12.1942, 3. Stand der Kartoffelablieferungen im Kreis Metz für das Wirtschaftsjahr 1942/43 4. Milchablieferung an die Molkerei Wallersberg (Vatimont) für die Zeit vom 1.10.1942 bis 28.2.1943.

Die Getreide- und Kartoffelerträge in Lothringen im Wirtschaftsjahr 1941/42 wurden bereits im vorhergehenden Abschnitt anhand der Statistik „Lothringen in Zahlen" behandelt, die lokalen Zahlen vermitteln keine weiteren Erkenntnisse. Für die Milchablieferung an die Molkerei Lauheim liegen, im Gegensatz zu den ausführlich dokumentierten Ablieferungen an die Molkerei Wallersberg, keine Einzelerfassungsnachweise vor.

Der Erfassungsnachweis für die Milchablieferungen an die Molkerei Wallersberg (Vatimont), die bereits mehrfach erwähnte 'Molkereiliste Wallersberg'[10] ermöglicht jedoch, die von Jerratsch aufgestellte Behauptung höherer Produktivität der Siedlerbetriebe zu überprüfen. Zunächst sei die betreffende Passage aus dem Bericht Jerratschs im Original zitiert[11] :

"Ergebnisse der Zusammenstellung der Milchlieferungen an die Molkerei Wallersberg für die Zeit vom 1. 10. 42 bis 28.2.43

	Betriebe der Bauernsiedlung	Lothringer Betriebe
abgelieferte Milchmenge	2.852.145 kg	426.400 kg
Kuhzahl	4.609 Kühe	712 Kühe
je Kuh wurde in den 5 Monaten abgeliefert	618,820 kg	598,876 kg
Die tägliche Ablieferung beträgt je Kuh	4,098 kg	3,966 kg

Die je Kuh ersichtliche Differenz bei den lothringischen Betrieben beträgt in den 5 Monaten
19,944 kg
Um im Verhältnis der Kuhzahlen einen Gleichstand mit der Milchablieferung der Bauernsiedlung zu erhalten, hätte bei den loth. Betrieben eine Milchablieferung von
3011,544 kg[12] erfolgen müssen."

Die Angaben Jerratschs sind sowohl quantitativ wie sachlich überprüfbar. Die gewogene Durchschnittsmenge von 618,820 kg je Kuh bei den Siedlerbetrieben ist das Ergebnis einer falschen Berechnung : bei dem Siedlerbetrieb „Sarter, Otto, Badenhofen" wird als Folge eines Rechen- oder Schreibfehlers eine Durchschnittsleistung je Kuh von 5.976,46 kg[13] angegeben, eine Berichtigung dieses Fehlers führt zu dem Ergebnis, daß dieser Betrieb statt der in der Liste erfaßten 77.694 kg tatsächlich nur 7.794 kg Milch abgeliefert hat. Anstelle der von Jerratsch mit 2.852.145 kg bezifferten Leistung der Bauernsiedlungsbetriebe verbleibt nach Berichtigung dieses Fehlers eine tatsächliche Gesamtablieferung von 2.782.245 kg oder für 4.609 Kühe eine Durchschnittsmenge von 603,654 kg, was sich von der für die Lothringer Betriebe angegebenen Leistung von 598,876 kg je Kuh kaum unterscheidet.

Beim Vergleich der Ablieferungszahlen sind auch Unterschiede bei den Betriebsstrukturen zu berücksichtigen. In 324 Bauernsiedlungsbetrieben wurden 4.609 Kühe oder durchschnittlich mehr als 14 Kühe je Betrieb gehalten, von den 168 Lothringer Betrieben hatten :

80 Betriebe 1 - 2 Kühe

37 Betriebe 3 - 5 Kühe

33 Betriebe 6 - 9 Kühe

18 Betriebe 10 und mehr Kühe

Die 18 Lothringer Betriebe, deren Viehbestand und analog dazu die Betriebsstrukturen vergleichbar mit den Bauernsiedlungsbetrieben waren, lieferten gemäß Einzelnachweis für 266

---
10 A.D.M. 2 W 3, fol.2.
11 LA-Saar, LKA 434, fol.72 i.
12 Diese Zahlenangabe ist aus dem Zusammenhang nicht zu erklären.
13 Nach Angabe der Landwirtschaftskammer des Saarlandes würde eine Milchleistung der angegebenen Höhe auch von den Hochleistungskühen heutiger Züchtung nicht erreicht.

Kühe 181.801 kg Milch oder 683,46 kg je Kuh ab, das sind 79,808 kg oder 13,3% je Kuh mehr als die Siedlerbetriebe. Unter gleichen Betriebsbedingungen ergibt sich entgegen den Aussagen Jerratschs für die Lothringer Betriebe eine deutlich höhere Produktivität als in den Siedlerbetrieben[14].

16.4. Finanzielles Ergebnis

Die operative Tätigkeit der Bauernsiedlung Westmark in Lothringen war in erheblichem Umfang defizitär, hierüber liegen vier Quellen vor : 1. der „Überschlägige Verwendungsnachweis über die vom C.d.Z. an die Bauernsiedlung Saarpfalz G.m.b.H. bis 1.4.1941 gezahlten Beträge"[15], 2. der „Wirtschaftsvoranschlag über die Landbewirtschaftung im lothringischen Umsiedlungsgebiet für die Zeit vom 1. Oktober 1941 bis 31. März 1942"[16], 3. das General-Journal zum 31.10.1943[17] und 4. der Prüfbericht des Rechnungshofes von Rheinland-Pfalz vom 13.10.47[18]. Das Zahlenmaterial belegt, daß sich die der Bauernsiedlung Westmark zur Erfüllung ihres Bewirtschaftungsauftrages in Lothringen gewährten Zuschüsse des C.d.Z. im Zeitverlauf zwar verminderten, die Bauernsiedlung jedoch zu keinem Zeitpunkt ihre Betriebskosten selbst erwirtschaftete.

Der „Überschlägige Verwendungsnachweis" forderte Mittel des C.d.Z. in Höhe von RM 8.000.000,- an, worin Bankguthaben von RM 1.356.000,- und „Guthaben bei den Außenstellen und Wirtschaftern" in Höhe von RM 1.430.000,- enthalten sind, so daß die hieraus gedeckten Betriebsausgaben RM 5.214.000,- betrugen. Von diesen Ausgaben fielen in 1940 RM 77.000,- an, der Rest in Höhe von RM 5.137.000,- entfiel auf den Dreimonats-Zeitraum 1.1. bis 31.3.1941. Da den Ausgaben keine Einnahmen gegenüberstanden, stellt der genannte Betrag von RM 5.137.000,- das operative Defizit im 1. Quartal 1941 dar, der vom C.d.Z. in diesem Zeitraum zu tragende monatliche Aufwand betrug mehr als RM 1.700.000,-.

Dem von der Bauernsiedlung Westmark für die Zeit vom 1.10.1941 bis 31.3.1942 erstellten Voranschlag liegt die Bewirtschaftung von 150.000 ha landwirtschaftlicher Nutzfläche in Lothringen durch 3.500 Wirtschafter und 9.000 landwirtschaftliche Arbeiter zugrunde.

Die gesamten Ausgaben wurden auf	RM 24.772.500,-
die Einnahmen auf	RM 13.295.000,-
geschätzt und der erwartete Zuschußbedarf mit	RM 11.477.550,-

für den Zeitraum von sechs Monaten beziffert. Die erwarteten Ausgaben beinhalteten auch die Anschaffung von Inventar im Wert von RM 1.500.000,-, die Durchführung von Baureparaturen in Höhe von RM 500.000,- sowie Verwaltungskosten in Höhe von RM 690.000,-, um die sich die operativen Kosten vermindern, so daß sich das rechnerische operative Defizit auf RM 8.787.550,- für den Halbjahres-Zeitraum oder auf rd. RM 1.465.000,- monatlich beläuft.

Eine kritische Wertung des Voranschlages zeigt erhebliche Mängel. Für die Bewertung der Halmfrucht und für den Milchertrag wurden Jahresergebnisse und nicht Halbjahresergebnisse eingesetzt. Erlöse aus Viehverkäufen und Kartoffelverkäufen wurden nicht bewertet, da „Kartoffelverwertungen durch verstärkte Veredelungswirtschaft im Interesse der Volksernährung angestrebt wird". Bei den Ausgaben wurde der nie erreichte Einsatz von 3.500 Wirtschaftern unterstellt, die bewirtschaftete Fläche mit 150.000 ha statt etwa 120.000 ha angegeben, die Saatgutbeschaffung wurde für 150.000 ha Nutzfläche bewertet, obwohl als Akkerfläche 90.000 ha und die restlichen 60.000 ha als Wiesen und Weiden bewirtschaftet werden sollten, kurz, der Voranschlag wirkt wie eine oberflächliche und dilettantische Pflicht-

---

14 Auf einen Vergleich der Berichtszahlen mit den in Lothringen erzielten Vorkriegsmilchertragen, die nur für den Zeitraum ganzer Jahre zur Verfügung stehen, wurde wegen der erheblichen jahreszeitlichen Schwankungen in der Milchproduktion verzichtet.
15 BA-Kobl R 2/18927 n.fol., o.Dat.
16 Ebenda.
17 A.D.M. 2 W 6.
18 LA Speyer H 13, Nr. 469.

übung, die mit der Zuweisung der angeforderten Mittel ohne kritische Prüfung der Voraussetzungen rechnete.

Die wesentliche Aussage über das gesamte, bis zum 31.10.1943 aufgelaufene Betriebsergebnis der Bauernsiedlung Westmark enthält das General-Journal[19] in der Buchhaltung der Außenstelle Metz. Zu den Besonderheiten der Führung der sogenannten C.d.Z.-Konten in der Buchhaltung der Außenstelle Metz gehörte auch, daß diese abweichend von buchhalterischen Grundsätzen zum Jahresende 1942 nicht abgeschlossen und deren Salden nicht über die Gewinn- und Verlustrechnung abgerechnet wurden.

Die durch diese besondere Verbuchungsmethode im General-Journal ausgewiesene Kumulierung der Umsätze und Salden aus den Vorjahren bildet die Grundlage für die Ermittlung eines kumulierten Ergebnisses der Geschäftstätigkeit in Lothringen für die Zeit vom 1.1.1941 bis zum 31.10.1943 :

Im General-Journal ausgewiesene Summe der

Salden der "C.d.Z."-Konten für Aufwendungen   RM 53.755.834,30

vermindert um die Summe der Salden der

"C.d.Z."- Erlöskonten   RM 16.035.447,75

ergibt das finanzielle Ergebnis 1.1.1941 bis 31.10.1943   RM 37.720.386,55

Da die Aufwendungen die Erlöse überstiegen, war das Ergebnis negativ, die Siedlungstätigkeit wies am 31.10.1943 ein Defizit von RM 37,7 Mio. auf, im Zeitraum von 34 Monaten benötigte die Bauernsiedlung Westmark also einen Zuschuß von durchschnittlich ca. RM 1.100.000,- pro Monat. Gegenüber dem in den für frühere Perioden errechneten Zuschußbedarf hatte sich das Defizit in der Folgezeit wahrscheinlich als Folge des Konsolidierungskurses vermindert, ohne völlig beseitigt zu sein.

Im 'Geschäftsbericht 2' zur Aufsichtsratssitzung vom 29.10.1943 stellte Jerratsch fest, „...die Summe der Betriebe läuft seit 1. April 1943 ohne Zuschuß des Chefs der Zivilverwaltung[20]".

Nach dem Zusammenbruch des Dritten Reiches und der damit verbundenen Beendigung der Siedlungstätigkeit der Bauernsiedlung Westmark prüfte der Rechnungshof Rheinland-Pfalz[21] deren Geschäftsunterlagen und die zwischenzeitlich vorliegenden Jahresabschlüsse 1943 bis 1946[22]. Im Prüfbericht des Landesrechnungshofes werden für 1943 noch Vorlagen des C.d.Z. in Höhe von RM 5.900.000,-- und für 1944 in Höhe von RM 5.279.220,-[23] ausgewiesen, die entgegen der im vorhergehenden Abschnitt zitierten Darstellung Jerratschs vor dem Aufsichtsrat von der Bauernsiedlung vermutlich wie in den Vorjahren zur Deckung operativer Kosten der Bewirtschaftung in Lothringen benötigt wurden.

Insgesamt wurden der Bauernsiedlung Westmark vom Chef der Zivilverwaltung in Lothringen Vorlagen in Höhe von RM 51.025.922,14 zur Verfügung gestellt[24], die verwertbaren Aktiva der Gesellschaft aus dem Treuhandvermögen[25] beliefen sich zum 31.12.1946 auf RM

---

19 Zum Verwendungszweck des General-Journals s.Kap.9.
20 BA-Kobl R2/18937 n.fol., Bericht S.9.
21 LA Speyer H 13, Nr. 469, fol.395 ff.
22 Die Prüfung der vorhergehenden Jahresabschlüsse für 1940, 1941 und 1942 der Bauernsiedlung Westmark erfolgte 1943 durch die Deutsche Revisions- und Treuhand A.G., das Ergebnis wird in einem Aktenvermerk des Reichsfinanzministeriums vom 20.10.1943 Az.Ar 4762 Bh 8-24, 22²³/GenB für den Reichsrechnungshof festgehalten. Die Prüfung der „C.d.Z.-Konten" wurde im Herbst 1943 durch den Reichsrechnungshof durchgeführt, das Ergebnis ist nicht überliefert.
23 LA Speyer H 13, Nr. 469, fol.422.
24 Ebenda.
25 Vom Treuhandvermögen zu unterscheiden ist das gesellschaftseigene Vermögen, das aus der Kapitaleinlage von RM 500.000,- und den von der Gesellschaft gebildeten Rücklagen bestand und im Betriebsgebäude Saarbrücken, Bismarckstraße 11-13, und Reichsanleihen angelegt war.
Bei der Liquidation der Bauernsiedlung Westmark im Jahre 1964 wurde das Betriebsgebäude im Werte von DM 350.000,- dem Saarland übereignet, die auf D-Mark umgestellten Schuldbuchforderungen gegenüber dem Deutschen Reich in Höhe von DM 600.000,- flossen dem Bundesvermögen zu.

4.420.366,29[26], so daß aus Haushaltsmitteln des C.d.Z. bzw. des Deutschen Reiches ein Defizit aus der Bewirtschaftung in Lothringen in Höhe von RM 46.605.555,85 abzudecken war. Bezogen auf den gesamten Zeitraum der Tätigkeit in Lothringen vom 1.1.1941 bis 30.9.1944, das sind 45 Monate, benötigte die Bauernsiedlung Westmark monatlich mehr als RM 1.000.000,-- an öffentlichen Zuschüssen.

16.5. Der Rückzug

Trotz der nach der allierten Landung in Frankreich sich auch im Westen abzeichnenden Wende im Kriegsgeschehen, wurden noch im Juni, Juli und August 1944 Siedler vornehmlich Buchenländer Herkunft für den Einsatz in Lothringen mobilisiert.

Der fluchtartige Rückzug der Wehrmacht aus Frankreich veranlaßte dann Ende August 1944 zur „Rückverlegung" der Außenstelle Metz nach Rutsweiler/Krs. Kusel, die zeitweilige Stabilisierung der Front im Raum Metz ließ die Verantwortlichen jedoch bis 12.9.1944 zögern, eine allgemeine Aufforderung an die restlichen Siedler, das lothringische Siedlungsgebiet zu räumen, über den Rundfunk zu verbreiten. Die arbeitsfähigen Siedler und Ostarbeiter wurden auf Befehl des Gauleiters in seiner Funktion als Reichsverteidigungskommissar zu Schanzarbeiten in Lothringen und am Westwall herangezogen, im Jargon der Bauernsiedlung „2. Einsatz" genannt. Die Einsatzbereitschaft der Siedler ist nicht allzu hoch einzuschätzen, da die Siedlerkartei mehrfach Vermerke „im 2. Einsatz nicht bewährt" aufweist.

Für die Mehrzahl der Wirtschafter endete mit der Freistellung von der Schanzarbeit[27] die Tätigkeit für die Bauernsiedlung Westmark am 31.10.1944, einige wenige wurden nach Eintragungen in der Siedlerkartei bis zum 31.12.1944, einige Buchenländer bis zum 31.12.1945 beschäftigt, die Art ihrer Tätigkeit ist unbekannt.

Zeitzeugenaussagen zum Rückzug berichten von teilweise tumultartigen Zuständen. Ortsbauernführer und Parteifunktionäre erzwangen an einzelnen Orten mit blanker Waffe das Abladen bereits vor der offiziellen Rückzugsaufforderung gerichteter Fluchtwagen. Wegen der Tieffliegergefahr konnten sich die Fluchtfahrzeuge nur bei Dunkelheit auf den Straßen bewegen und verbrachten die Tage in Deckung, so daß für die meisten Flüchtenden der Rückzug bis zur Reichsgrenze zwei bis drei Tage dauerte. Fast einmütig wird von den befragten Saarpfälzern berichtet, daß das Gefühl von Sicherheit und Geborgenheit erst nach Überschreiten der Landesgrenze aufkam.

Da die Mehrzahl der Übersiedler nach Lothringen ihre heimischen Wohnstätten und ihre dortigen Existenzgrundlagen aufgegeben hatten oder nach Weisung Bürckels aufgeben mußten, kamen sie in ihren Heimatgemeinden teils bei Verwandten unter oder wurden in Notquartiere eingewiesen. Für die Buchenländer war am Langenfelderhof bei St. Wendel, dem sogenannten „Paterhof", ein Sammelpunkt eingerichtet, von wo aus sie in Quartiere im nordsaarländischen und angrenzenden Pfälzer Raum eingewiesen wurden.

Die Bitscherländer schlossen sich der Fluchtbewegung nicht an, sondern ließen sich im ehemaligen Siedlungsgebiet von den amerikanischen Truppen überrollen. Nach Rückkehr der Vertriebenen aus Südfrankreich wurden die Bitscherländer in Sammellagern untergebracht, bis im März 1945 auch das Bitscherland von den deutschen Truppen frei wurde.

---

26 LA Speyer H 13, Nr. 469, fol.425
27 Die von Bürckel angeordnete Einstellung der Schanzarbeiten führte im September 1944 zu seiner Entmachtung.

17. SCHLUSS-BETRACHTUNGEN

Als Ergebnis der in dieser Arbeit vorgenommenen Untersuchungen kann das Siedlungsvorhaben in West- und Südwestlothringen als autonomes Teilunternehmen der deutschen Siedlungstätigkeit in den eroberten Gebieten außerhalb der Reichsgrenzen während des Zweiten Weltkrieges definiert werden. Die ländliche Siedlung bildete einen tragenden Bestandteil des fragmentarisch überlieferten, in der Verantwortung des saarpfälzischen Gauleiters Bürckel zur Umsetzung von Hitlers Auftrag zur „Eindeutschung" Lothringens erstellten 'Lothringer-Plans', der nach der planmäßigen Vertreibung eines Teiles der frankophonen Bevölkerung in West- und Südwestlothringen in mehreren Etappen verwirklicht werden sollte, dessen Ausführung jedoch in den Ansätzen stecken blieb.

Analogien zur Siedlung in den annektierten polnischen Ostgebieten sind auf die gleiche ideologische Grundlage zurückzuführen, die Zwangsmaßnahmen gegen die im Siedlungsgebiet ansässige Bevölkerung und deren rechtswidrige Enteignung eine Scheinlegitimation verlieh. Die grundlegenden Zielvorstellungen, die im 'Generalplan Ost vom Februar 1940' für die Siedlung in den ehemals polnischen Gebieten und im 'Lothringer-Plan' für das lothringische Siedlungsgebiet formuliert wurden, weisen jedoch signifikante Unterschiede auf : die Planungen zur Ost-Siedlung sind auf eine strikte Trennung ländlicher und städtischer Strukturen angelegt, Bürckels 'Lothringer-Plan' basierte auf einer Durchmischung der landwirtschaftlichen Bevölkerung mit gewerblich Tätigen nach dem Vorbild des aus der saarländischen Industriekultur übernommenen „Bergmannsbauerntums", die im lothringischen Grenzraum angestrebte Bevölkerungsverdichtung hätte eine umfangreiche Industrialisierung dieses bisher ausschließlich landwirtschaftlich orientierten Gebietes erfordert. Der ländlichen Siedlung kam in Bürckels „Eindeutschungs"-Plänen daher eine doppelte Wegbereiterfunktion zu : 1. die Ansiedlung von etwa 5.000 Siedlerfamilien sollte in dem „menschenleer" gemachten Siedlungsraum, vornehmlich auf dem flachen Land, eine deutsche Bevölkerungsmehrheit schaffen und 2. sollte zwecks „dichter Besiedlung" des „Schutzwalles im Westen" Siedlungsraum für die Ansiedlung einer großen Zahl „Arbeiterbauern" freigehalten werden.

Die geplante Neustrukturierung des ländlichen Siedlungsraumes in Lothringen ging weit über Bevölkerungsaustausch und -verdichtung hinaus und umfaßte : 1. eine grundlegende Modernisierung der landwirtschaftlichen Betriebsstrukturen im Sinne der nationalsozialistischen Agrarpolitik, 2. die Schaffung neuer Dorf- und Siedlungsstrukturen in Verbindung mit 3. einer tiefgreifenden Veränderung der Bevölkerungs- und Wirtschaftsstruktur und 4. die Umgestaltung des lothringischen Dorf- und Landschaftsbildes. Der technisch-wirtschaftlichen Modernisierung sollte jedoch keine gesellschaftliche Modernisierung folgen, im Gegenteil, das für das lothringische Siedlungsvorhaben entwickelte Strukturmodell verfolgte das Ziel, die durch die industrielle Modernisierung geschaffene Stadt- und Industriegesellschaft teilweise rückgängig zu machen und in einer Art neofeudaler Bindung weiter Bevölkerungsteile an die Scholle traditionale Werte zu fördern. Da in traditional strukturierten Gesellschaften das Begehren nach politischer Partizipation gering ist, hatte dieses Sozialmodell zweifellos auch herrschaftssichernde Funktionen.

Ferner ist Bürckels ländliches Strukturmodell als ein Hilfsmittel zur Eingliederung Lothringens in eine homogene neue Einheit, den „Gau Westmark", aufzufassen. Mit dem Vorrang der Saarpfälzer bei der Ansiedlung im frankophonen Sprachgebiet und der Ausbildung einer gemeinsamen regionaltypischen ländlichen Architektur war dem ländlichen Raum eine Pilotfunktion bei der Ausprägung einer gemeinsamen Identität der drei Landesteile, Saarland, Pfalz und Lothringen, zugedacht, analoge Maßnahmen im Sinne der Verschmelzung der drei Landesteile im „Gau Westmark" wurden bei der „Neuordnung des ländlichen Raumes" in der Saarpfalz in Angriff genommen. Da die Bildung der regionalen Hausmacht „Gau Westmark" als Lebensziel Bürckels angesehen werden kann, stand Hitlers „Eindeutschungs"-Auftrag in enger Wechselwirkung zu Bürckels Machtambitionen.

Kap.17 - Schlußbetrachtungen

In deutlichem Gegensatz zu seinen intensiven Bestrebungen einer Regionalisierung der Kolonisierung Lothringens stand Bürckels Unvermögen, der Bevölkerung seines Heimatgaues, der Saarpfalz, die Siedlungsziele zu vermitteln und die regionalen Kräfte für diesen Auftrag zu mobilisieren, die zwangsweise im Zuge der „Neuordnung des ländlichen Raumes" in Teilen der Saarpfalz durchgeführte Siedlerrekrutierung förderte diese Verweigerungshaltung. Akzeptanzprobleme sind jedoch nicht nur bei der für die Siedlung qualifizierten ländlichen Bevölkerung, sondern auch bei den Gauleiter Bürckel unmittelbar unterstellten und verantwortlichen Partei- und Verwaltungsstellen festzustellen. Die ungenügende Mobilisierung der Landbevölkerung der Saarpfalz bedingte die Verbringung einer größeren Anzahl berufsfremder und unqualifizierter Bewerber nach Lothringen, deren Versagen das Siedlungsprojekt frühzeitig in eine existenzbedrohende Krise brachte, und deren Behebung nur durch einen als vorläufigen erachteten, in Wirklichkeit jedoch bereits endgültigen Verzicht auf die ursprünglichen Ansiedlungspläne möglich war.

Bei der Bewältigung dieser Krise erwies sich, daß die zur Durchführung der siedlungswirtschaftlichen Aufgaben in Lothringen ursprünglich vom Reichsminister für Ernährung und Landwirtschaft gegründete Bauernsiedlung Westmark in Bürckels Einflußbereich gelangt war. Da die Bauernsiedlung im weiteren Verlauf auch an den Siedlungseinteilungsplänen zur Ausführung von Bürckels siedlungspolitischen Zielen mitwirkte und ihr damit eine siedlungspolitische Schlüsselposition übertragen wurde, erscheint es unvermeidlich, daß der Führungskreis der Bauernsiedlung in die politischen Auseinandersetzungen um die Führungsrolle bei der definitiven Durchführung des Siedlungsvorhabens hineingezogen wurde.

Der Machtkampf zwischen Bürckel und SS-Gruppenführer Berkelmann, dem regionalen Statthalter von Reichsführer-SS Heinrich Himmler in dessen Funktion als Reichskommissar für die Festigung deutschen Volkstums, entwickelte sich vordergründig um die unterschiedlichen Auffassungen hinsichtlich der zukünftigen Strukturierung der eroberten Siedlungsräume und um die im Gegensatz zur parteiamtlichen „Rassenorientierung" von Bürckel in Lothringen praktizierte „sprachorientierte" Volkstumspolitik, tatsächlicher Anlaß war jedoch eine Auseinandersetzung um die Vorherrschaft bei der Durchführung des lothringischen Siedlungsvorhabens. Als Folge der ambivalenten Entscheidungen Hitlers mußte Bürckel dem RKFDV eine Mitwirkungskompetenz bei der Siedleransetzung einräumen, die Kernkompetenz, die Festlegung eines autonomen regionalen Strukturmodells und dessen Realisierung bei der ansatzweise in Angriff genommenen Neustrukturierung des Siedlungsraumes konnte Bürckel nahezu uneingeschränkt wahren. Der RKFDV verfügte in dieser Auseinandersetzung über kein wirksames Machtmittel gegenüber dem Anspruch Bürckels, die Politik zur „Eindeutschung" Lothringens gemäß dem ihm erteilten „Führerauftrag" eigenverantwortlich zu bestimmen.

Zu einem langwierigen Meinungsbildungsprozeß mit dem Reichsminister der Finanzen und dem RKFDV, der vom politisch bedeutungslos gewordenen Reichsminister für Ernährung und Landwirtschaft die Kompetenzen in Siedlungsfragen übernommen hatte, entwickelten sich die Verhandlungen um die Gestaltung der Ansiedlungsverträge für ein Pilotprojekt, das Bürckel zugunsten saarpfälzischer Siedler vorantrieb. Als Konsequenz aus der Verweigerungshaltung der zwangsweise Dienstverpflichteten gegen die „Umsiedlung" nach Lothringen wurden unter teilweiser Mißachtung gesetzlicher, fiskalischer und ideologischer Regeln die Ansiedlungsbedingungen der Siedler gegenüber der Vorkriegszeit erheblich verbessert, um Freiwillige mit erheblichen materiellen Anreizen in die neuen Siedlungsräume zu locken. Da der Reichsfinanzminister einerseits die Belastungen zukünftiger Budgets fürchtete, andererseits politische Rücksicht auf die höchste Priorität genießende Siedlung zu nehmen hatte, standen die Verhandlungen über das regionale lothringische Projekt unter dem Vorbehalt grundsätzlicher Neuregelungen. Bürckels Pilotprojekt wurde anscheinend auch als Experiment zur Gewinnung von Entscheidungshilfen für die Durchführung der gigantischen Siedlungsprojekte im Osten aufgefaßt. Es kennzeichnet die schändlichen Verirrungen des Regimes, daß Belastungen des Reichshaushaltes aus den den Siedlern in Lothringen gewährten Vergünstigungen durch Verwertung des den vertriebenen frankophonen Lothringern entschädigungslos enteigneten Haus- und Grundeigentums gemindert werden sollten.

Bei den Auseinandersetzungen mit Berkelmann und dem RKFDV und bei den Verhandlungen um das Pilotobjekt erwies sich die Stellung des regionalen Machthabers Bürckel als stark und gleichberechtigt gegenüber den beteiligten zentralen Institutionen. Daß diese Stellung sich nur aus der Gunst seines „Führers" herleitete, erfuhr der „Reichsverteidigungskommissar für die Westmark" Bürckel im September 1944, als Hitler ihn wegen unzureichender Verteidigungsmaßnahmen kurzfristig aus sämtlichen Ämtern ablöste.

Anstelle eines durch die Siedlungsmaßnahmen zu erwartenden Ressourcenzuwachses ist die Bauernsiedlung in Lothringen durch einen erheblichen Ressourcenverzehr gekennzeichnet. Die für die Durchführung des ausschließlich politisch motivierten Vorhabens erforderlichen materiellen und finanziellen Ressourcen konnten anfänglich in ausreichendem Maße bereitgestellt werden, ihre Beschaffung wurde zum unlösbaren Problem, als nach Beginn des Ostkrieges der Ressourcenbeschaffung für die weitere Kriegführung absolute Priorität gegenüber dem Ressourcenbedarf der zivilen, auch den politisch vom Regime geförderten Projekten eingeräumt wurde : unter den Bedingungen des „totalen Krieges" mußten im Herbst 1941 die weitere Ansiedlung aus dem Reichsgebiet, im Frühjahr 1943 die Bautätigkeit und im Herbst 1943 die Planung zur Neustrukturierung eingestellt werden. Der Siedlungsprozess verlor seine Dynamik, und nach einer tiefgreifenden Reorganisation der Bewirtschaftung beschränkte sich die Tätigkeit im Siedlungsraum auf die möglichst effiziente Ausbeutung und landwirtschaftliche Nutzung. Tatsächlich waren die volkstumspolitisch relevanten Siedlungsmaßnahmen bereits eingestellt, ehe der amerikanische Vormarsch durch Frankreich im September 1944 der Bauernsiedlung in Lothringen das definitive Ende setzte.

ABKÜRZUNGS-VERZEICHNIS

A.D.M.	- Archives Départementales de la Moselle, Metz
A.M.Sgm.	- Archive Municipale de Sarreguemines
Abb.	- Abbildung
Abs.	- Absatz
AOK	- Armee-Oberkommando
Art.	- Artikel
b(e)zw.	- beziehungsweise
BA-Kobl.	- Bundesarchiv, Koblenz
BASP	- Bischöfliches Archiv, Speyer
BAst.	- Bezirksaußenstelle
Bd.	- Band
BDC	- Berlin Document Center
C.d.Z.	- Chef der Zivilverwaltung (in Lothringen)
dz	- Doppelzentner (100 kg)
frz.	- französisch
GFK	- Gesellschaft zur Förderung der Inneren Kolonisation
HGB	- Handelsgesetzbuch
hl	- Hektoliter
HSSPF	- Höherer SS- und Polizeiführer
HTO	- Haupttreuhandstelle Ost
IfZ	- Institut für Zeitgeschichte
Jhdt.	- Jahrhundert
LA Saar	- Landesarchiv Saarbrücken
LA Speyer	- Landesarchiv Speyer
LKA	- Bestand Landeskulturamt (im LA Saarbrücken)
Mio.	- Million(en)
NS	- Nationalsozialismus, nationalsozialistisch
NSDAP	- National-Sozialistische Deutsche Arbeiterpartei
PrGS	- Preußische Gesetzessammlung
REM	- Reichsminister(ium) für Ernährung und Landwirtschaft
RGBl.	- Reichsgesetzblatt
RKFDV	- Reichskommissar zur Festigung deutschen Volkstums
RM	- Reichsmark
RSG	- Reichssiedlungsgesetz vom 11.8.1919
RuPrMfE	- Reichs- und Preußisches Ministerium für Ernährung
RuSHA	- Rassen- und Siedlungshauptamt
S.	- Seite
s.	- siehe
Sp.	- Spalte
Tab.	- Tabelle
VOBl. Lothr.	- Verordnungsblatt für Lothringen
VOuABl SPf	- Verordnungs- und Amtsblatt des Reichskommissars für die Saarpfalz
WG	- Wirtschaftsgebiet
WRV	- Weimarer Reichsverfassung
ZASP	- Zentralarchiv der Evangelischen Kirche der Pfalz
ZBA	- Zentralbodenamt
Ziff.	- Ziffer
zit.	- zitiert

DOKUMENTEN-ANHANG
DOKUMENT 1

Bericht

Betr.: Aktion D-Umsiedlung..20.11.1940

Einsatzkommando II/1

Ars, Hagendingen, Machern b. Metz, Malandshofen, Marieneichen, Maringen-Silvingen, Montingen am Berg, Rombach, Rohnhofen, St. Privat. Stahlheim, Karlingen,

noch nicht bekannt

2 Züge ab Metz

Einsatzkommando II/3

Ortschaft	Einw.Zahl	zu evak.
Dixingen	143	138
Lesch	247	155
Fremmerchen	127	127
Bruchkastel	127	124
Bruchheim	269	217
Probsthofen	144	112
Lixingen	137	132
Schellhofen	67	64
Baldershofen	219	167
Morsweiler	209	167
Linhofen	138	121
Dinkirchen	258	181
Weiler	129	114
Oren	154	147
Kuttingen	169	114
St. Medard	191	126
Niederlinden	269	98
Gensdorf	297	91
Taichen	96	83
Sotzelingen	41	36
Kontich	213	119
Linderchen	34	24
Wiss	106	76
Dedlingen	40	36
Dürnkastel	136	129

3 Züge ab Salzburgen

17.11.1940

Einsatz-Kommando II/1

Wigingen	614	351
Bornen	1.587	259
St. Hubert	133	74
Weich	252	95
Brittendorf	129	107
Karlsheim	218	149
Haiss	161	40
Hanhausen	138	102
Stondorf	191	158
Silbernachen	358	165
Rollingen	174	37
Spangen	333	102

DOKUMENTEN-ANHANG
DOKUMENT 1

Kurzel/Straße	1.076	274
Kollnich	102	39
Macheringen	47	26
Marzellingen	68	19
Ogingen	118	70
Sillers	135	78
Glattingen	96	86
Tennchen	286	193
Landenweiler	75	31
Wieblingen	137	66

3 Züge ab Metz

Einsatz-Kommando II/3		17.11.1940
Morsheim	186	146
Gremich	109	100
Mannwald	162	127
Abenhofen	65	146
Gellshofen	215	100
Eschen b. Salzburgen	266	127
Lubenhofen	79	45
Pewingen	58	58
Gisselfingen	322	232
Monhofen	151	144
Leyen	124	124
Ommerich	200	195
Dunningen	322	282

2 Züge ab Salzburgen - Duss

Einsatz-Lommando II/1		18.11.1940
St. Bernhard	90	59
Konchen	153	89
Niedbrücken	80	46
Northen	49	38
Lautermingen	56	11
Weibelskirchen	170	140
Bizingen	76	66
Morlingen	64	41
Bingen	161	97
Adingshofen	69	55
Argenchen	173	159
Armsdorf	195	105
Didersdorf	199	178
Füllingen	142	39
Han/Nied	99	61
Hemelich	160	123
Odersdorf	86	75
Ollhofen	65	58
Niederum	171	110
Schemerich	72	38
Wallersberg	373	203
Wainwall	159	131
Wittinghofen	302	214
Herlingen	435	255

4 Züge ab Metz

DOKUMENTEN-ANHANG
DOKUMENT 1

Einsatz-Kommando II/3

Delmen	344	373	
Malhofen	145	96	
Fossingen	207	137	
Erlen	207	164	
Kranhofen	264	216	
Litzingen	104	103	
Medewich	418	331	
Salzmar	413	311	
Kleinbessingen	155	139	
Serrich	167	156	
Gerbershofen	89	79	
Wastingen	203	172	
Warnhofen	129	122	
Dalheim	191	186	
Böllingen	96	92	
Eschen	116	115	
Hüdingen	304	203	
Eichendorf	115	98	
Badenhofen	152	152	
Niedweiler	111	98	
Orhofen	110	77	
Apern		148	110
Jungweiler	120	118	
Marten	226	172	

4 Züge ab Salzburgen, Duss, Delmen

Einsatz-Kommando II/1		19.11.1940
Budingen	80	57
Walburg	43	25
Tranach	102	85
Sillich	30	30
Monchern	121	75
Damm	26	7
Lieheim	103	65
Unterhofen	306	114
Sorbach	202	137
Großprunach	149	77
Remelach	974	337
Bechingen	364	282
Alben	239	160
Pelters	615	253
Wingert	294	163
Luppingen	392	288
Giringen	122	52
Hohenschloß	166	44
Ars b. Kennchen	168	78
Basenhofen	327	149
Answeiler	233	123
Kessnach	143	118
Niederbö	152	118
Senn/Nied	202	79
Kurzel/Nied	303	47
Klöwern	207	109
Sallach	172	60
Pontingen	189	136

4 Züge ab Metz

215

DOKUMENTEN-ANHANG
DOKUMENT 1

Einsatz-Kommando II/3   19.11.1940

Ort		
Obreck	89	72
Pütten	142	111
Habudingen	291	266
Kolters	123	108
Burlingshofen	266	191
Reich 197	188	
Mörchingen		495
Harpich	128	27
Baronweiler	185	136
Destrich		128
Landorf	288	165
Sülzen	133	86
Brülingen	160	101
Analdshofen	110	65
Allenhofen	127	116
Püschingen	218	197
Neuheim	225	196
Springen	214	199
Lemhofen	89	69
Dommingen	102	75
Hanhofen	36	25
Geblingen	219	89
Burgaltroff	297	171
Kerprich	286	96
Milzingen	280	155
Dommenheim	187	96
Weißkirchen	130	79
Zemmingen	63	42
Haraldshofen	132	103
Liedersingen	150	103
Sarbelingen	71	68

4 Züge ab Salzburgen, Duss, Delmen

Verteiler :

Gauleiter Bürckel	1
Höherer SS- und Polizeiführer (Bodenamt, Beauftr. f. Ernährung und Landw. b. CdZ u. Vertr. d. Siedl.Ges.)	4
BdO/Oberst Scheer	1
Höherer RAD-Führer	1
Industrie- u. Handelskammer Dr. Scheer	1
CdZ - Energiereferent Kraftstromvers. Lothringen	1
Dienststelle	3
	12 Exemplare

Quelle : A.D.M. 2 W 1/16ff.

Der Gauleiter und Reichsstatthalter
Josef Bürckel   Saarbrücken, den 24. Januar 1941

A n o r d n u n g
betreffend Auswahl der Umsiedler für Lothringen

Mein Appell an die Landwirte der Saarpfalz, sich für das Wiederaufbauwerk in Lothringen insbesondere zur Umsiedlung zu melden, hat wider Erwarten gerade bei der Landbevölkerung nicht überall den gewünschten Erfolg gefunden. In unseren übervölkerten Dörfern sitzen die Bauern noch immer dicht gedrängt, wogegen das Land in Lothringen nach fähigen deutschen Bauern ruft. Ich bin nicht gewillt hier länger zuzusehen und gebe daher im Interesse einer endgültigen Bereinigung der ungesunden landwirtschaftlichen Verhältnisse in den Heimatdörfern und der Schaffung eines gesunden deutschen Bauernstandes in Lothringen folgende Anweisung:

1. Die Kreisleiter, Kreisbauernführer mit ihren Stabsleitern und die Bürgermeister treten sofort zusammen und überprüfen für jede einzelne Gemeinde, wieviel Landwirte in dem Orte vorhanden sind und unter Annahme einer gesunden selbständigen Ackernahrung leben können. Kreisleiter, Kreisbauernführer und Bürgermeister haben persönlich an den örtlichen Feststellungen teilzunehmen.
2. Diese Prüfung ergibt ohne weiteres die Zahl der überschüssigen Landwirte.
3. Hiernach hat die Auswahl zu beginnen. Die Auslese hat sich in erster Linie nach der fachlichen Tüchtigkeit zu richten. Es dürfen nur Landwirte zur Auswahl gelangen, die nach der Art ihres bisherigen landwirtschaftlichen Betriebes in der Lage sein werden, in Lothringen gleiche oder größere Aufgaben zu meistern.
4. Die Auswahl der Siedler erfolgt durch die Kreisleiter nach Anhörung der Kreisbauernführer; die Kreisleiter und Kreisbauernführer sind mir für die richtige Auswahl verantwortlich. Ich werde ohne Rücksicht jeden zur Verantwortung ziehen, der hiernach einen untragbaren Vorschlag macht.
Wegen der Unmöglichkeit, die Jahrgänge 1910 und jünger vom Militärdienst freizustellen, sind solche nicht vorzuschlagen.
5. Die Umsiedler sind darauf hinzuweisen, daß sie in Lothringen auf die vorhandenen Wirtschaftseinheiten vorläufig eingesetzt und später bei der endgültigen Ansiedlung mindestens einen gleichwertigen, meist aber größeren Hof als in der Heimat erhalten werden. Die zur Umsiedlung ausgewählten Landwirte sind zu veranlassen, sich freiwillig zu melden, jedoch darauf hinzuweisen, daß im Falle der Weigerung Dienstverpflichtung erfolgen muß.
6. Der Landesbauernführer hat mit seinen Kreisbauernführern und Stabsleitern bei Abzug der Umsiedler sofort für die vorläufige Verwertung des Landes verantwortlich zu sorgen und zu veranlassen, daß auch die Bewirtschaftung der zurückgelassenen Ländereien sichergestellt sowie die Umsiedler bei der Verwertung unter Sicherstellung des Inventars zu unterstützen.
7. Die Kreisbauernführer haben für jede Gemeinde protokollarisch festzulegen und erstmalig zum 1.3.1941, sodann fortlaufend zum 1. jeden Monats, an den Landesbauernführer und Reichskommissar zu melden
a) wieviel hauptberufliche Landwirte vorhanden sind,
b) wieviel Landwirte aus der betr. Gemeinde für Lothringen vorgesehen und abgezogen sind,
c) wieviel Land die Umsiedler zurückgelassen haben,
d) wie die Verwertung des Landes erfolgt ist,
e) inwieweit die Bestellung des Landes gesichert ist.
8. In der Wiederaufbauzone der Saarpfalz hat die Landesbauernschaft bereits Feststellungen über die Zahl der notwendigen Umsiedler getroffen; die Arbeiten sind dort sofort in Angriff zu nehmen.
9. Wegen der Behandlung der roten Zone erfolgt besondere Anweisung.

Quelle: LA Speyer, H 37, Bezirksamt Kirchheim-Bolanden, Nr. 1744, n.fol.

DOKUMENTEN-ANHANG
DOKUMENT 3

Der Reichskommissar für die Saarpfalz und
Chef der Zivilverwaltung in Lothringen   Saarbrücken, den 2. Januar 1941

(Eingangs-Stempel : Der Landrat Kirchheimbolanden 30.1.1941)

An die
Kreisleiter und Landräte der Saarpfalz und Lothringens

In Ergänzung der Ausführungen in der Besprechung vom letzten Freitag und meiner Anordnung vom gleichen Tage, die Auswahl der Umsiedler nach Lothringen betreffend, bestimme ich folgendes :
1. Bei meiner Behörde wird ein eigenes Sachgebiet für die zentrale Leitung der Auswahl der Umsiedler in den Gebieten des Gaues mit Ausnahme der ausgesiedelten Gemeinden von Lothringen eingerichtet. Mit der Leitung dieses Sachgebietes wird Pg. Bonnet beauftragt. Er ist in dieser Eigenschaft mir persönlich bzw. meinem allgemeinen Vertreter unterstellt.
2. Die landwirtschaftliche Planung und die fachliche Begutachtung der Umsiedler führt Pg. Bonnet mit seinem Arbeitsstab durch. Die Arbeiten sind noch im Laufe dieser Woche aufzunehmen. Bis zum 1. Februar 1941 ist ein genauer Arbeitsplan aufzustellen, der den Kreisleitern und Landräten mitzuteilen ist, damit diese sich nach Bedarf an den örtlichen Arbeiten beteiligen können. Die Arbeiten sind derart tatkräftig aufzunehmen und durchzuführen, daß bis zum 2. Februar wöchentlich 100 und von diesem Zeitpunkt an wöchentlich 200 Umsiedler benannt werden können. Die Benennung erfolgt gegenüber Pg. Scheu. Dieser fordert auf Grund der vorgelegten Listen die Siedler an. Die dann erforderliche Transportregelung trifft Pg. Bonnet. Eine Verzögerung beim Transport darf unter keinen Umständen eintreten. Es bleibt bei dem von mir aufgestellten Grundsatz, daß, wenn ein Siedler als ungeeignet aus Lothringen zurückgewiesen wird, eine Stunde nach seinem Weggang bereits der Nachfolger seinen Dienst angetreten haben muß.
3. Nach Beendigung der Vorarbeiten findet in jeder Gemeinde eine Schlußbesprechung statt, an der der Kreisleiter, der Landrat, der Kreisbauernführer, der Ortsgruppenleiter und der Bürgermeister teilzunehmen haben. Pg. Bonnet kann sich bei dieser Besprechung durch Pg. Rigaud oder Pg. Schraut vertreten lassen. In dieser Schlußbesprechung wird die landwirtschaftliche Planung für die betreffende Gemeinde festgestellt. Bei der Bestimmung der für die Umsiedlung am besten geeigneten Volksgenossen ist die politische Beurteilung des Kreisleiters entscheidend. Die Kreisleiter sind dabei an meine Weisung gebunden, daß für die Umsiedlung in erster Linie die aktiveren Volksgenossen in Frage kommen, da es gilt in Lothringen Land für das deutsche Volkstum zu gewinnen. Selbstverständlich ist das Gutachten des Pg. Bonnet bzw. seinen Beauftragten ebenfalls voll zu berücksichtigen.
Wird bei der Schlußbesprechung keine Einheit in der Auffassung erzielt, so ist mir persönlich über meinen allgemeinen Vertreter die Angelegenheit binnen 3 Tagen unter Darlegung der Auffassung der Beteiligten vorzulegen.
4. Die Siedler sind zur freiwilligen Umsiedlung nach Lothringen von den Kreisleitern aufzufordern. Hierbei kann ihnen folgende Zusicherung gegeben werden :
a) die Siedler aus einem Ort werden weitgehendst wiederum in einem gleichen Ortsbereich in Lothringen angesiedelt.
b) Jeder Siedler erhält einen neuen landwirtschaftlichen Betrieb, der ihm größen- und wertmäßige Vorteile bringt.
c) Nur bei erheblichem Vorteil gegenüber dem bisherigen Verhältnissen wird für den Betrieb später eine unter allen Umständen tragbare Belastung festgelegt.
d) die Ländereien in Lothringen werden den Siedlern vorerst zur Bewirtschaftung auf Rechnung des CdZ übergeben. Der Wirtschafter erhält eine steuer- und abzugsfreie Monatsvergütung neben freier Station.
e) Sollte die Hofstelle für den Betrieb nicht geeignet sein, wird die neue Hofstelle zur gleichen Zeit errichtet, in der die Neubauten im Wiederaufbaugebiet Saarpfalz erfolgen.
f) Jeder Siedler erhält vom CdZ. eine schriftliche Ausfertigung über das Besitzanrecht eines Hofes in Lothringen .
5.) Erklären sich nicht genügend Siedler zur freiwilligen Umsiedlung bereit, so hat die Dienstverpflichtung zu erfolgen. Der Landrat hat das weitere zu veranlassen.
6.) Zur Sicherung und Verwertung des zurückgebliebenen Besitzes der Umsiedler bestimme ich :
Verantwortlich ist mir Pg. Bonnet. Er kann seine Aufgaben auf die örtlichen Dienststellen oder seine Beauftragten für die Planung übertragen, ohne daß dadurch seine persönliche Verantwortung aufgehoben ist. Mit der Auswahl der Siedler ist die Sicherung und Verwertung ihres Besitzes zu regeln. Die getroffene Regelung ist protokollarisch festzuhalten. Es wird sich empfehlen, daß das lebende Inventar verkauft bezw. von der westmärkischen Viehverwertung e.G.m.b.H. erworben wird, während das tote Inventar nach Möglichkeit mit auf die neue Siedlerstelle zu übernehmen ist. Das übrige Vermögen, also insbesondere der Grundbesitz einschließlich der Gebäude wäre von der Saarpfälzischen Bauernsiedlung zu erwerben. Soweit auf dem Eigentum eine Schuld ruht, sind die Einnahmen aus dem Vermögen in entsprechender Höhe auf einem Sperrkonto sicherzustellen. Die Regelung im einzelnen trifft Pg.Bonnet.
7) Über die Planung, die Siedlerauswahl und die Sicherung und die Verwertung des Besitzes sind Niederschriften zu fertigen. Pg. Bonnet wird jeden Montag vormittag diese Niederschriften mir persönlich bzw. meinem allgemeinen Vertreter unter genauer Darlegung des während der abgelaufenen Woche erfolgten Fortschrittes der Arbeiten vorlegen.

Heil Hitler !
(Bürckel)
Gauleiter und Reichsstatthalter

Quelle : LHA Speyer, H 37, Bezirksamt Kirchheim-Bolanden, n.fol.

TABELLEN-ANHANG
TAB.9-1

Die *Kreisaußenstelle Metz* stand 1943 unter der Leitung von Mathias Schellenbach und betreute die sechs in den Kreisen Metz und Diedenhofen tätigen Bezirksaußenstellen. Schellenbach wurde 1941 als Bezirkslandwirt in Diedenhofen genannt. Der KAst. war eine Fachkraft zugeordnet, eine besondere Anschrift ist nicht überliefert, so daß anzunehmen ist, daß die KAst. Metz in der Hermann-Göring-Str. angesiedelt war und sich des dortigen Personalstabes der Landwirtschaftlichen Abteilung mitbediente.

Das Betreuungsgebiet umfaßte : Die *Bezirksaußenstelle Diedenhofen (Thionville)*, die 1943 unter der Leitung von Philipp Oberlin stand, dem 5 Fachkräfte zugeordnet waren. Sie betreute 1943 67 Betriebe mit einer Wirtschaftsfläche von 4.060 ha. Für 1941 wurden 63 Siedler in 18 Orten aufgeführt, Leiter war Mathias Schellenbach.

Die *Bezirksaußenstelle Remelach (Remilly)*, stand 1943 unter der Leitung von Karl Lutz, dem 9 Fachkräfte zugeordnet waren. Sie betreute 1943 83 Betriebe mit einer Wirtschaftsfläche von 10.885 ha. 1941 war Blw. Dehn für 209 Siedler in 29 Orten zuständig.

Die *Bezirksaußenstelle Niverlach (Nouilly)*, 1943 zuständiger Bezirkslandwirt Bernhard Drautzburg, betreute mit 6 Fachkräften 168 Betriebe mit einer Wirtschaftsfläche von 7.325 ha. Das Gebiet um Niverlach war 1941 der BAst. St. Julian zugeordnet, die 244 Siedler in 26 Orten umfaßte. Der damalige Bezirkslandwirt Rodrian wird 1943 als Verwalter in Bornen genannt.

Die *Bezirksaußenstelle Kurzel/Straße (Courcelles-Chaussy)* stand 1943 wie bereits 1941 unter der Leitung von Max Hirschmann, dem 8 Fachkräfte zugeordnet waren. Sie betreute 1943 132 Betriebe mit einer Wirtschaftsfläche von 7.931 ha. Die Besiedlungsliste für Kurzel/Straße fehlt, so daß für 1941 aus diesem Gebiet keine Daten überliefert sind.

Die *Bezirksaußenstelle Wappingen (Woippy)*, war 1943 wie 1941 unter Leitung von Adolf Lichti, dem 8 Fachkräfte zugeordnet waren. Sie betreute 1943 182 Betriebe mit einer Wirtschaftsfläche von 7.164 ha, 1941 wurden in diesem Gebiet 148 Siedler in 26 Orten gezählt.

Die *Bezirksaußenstelle Auningen*, (Augny) stand 1943 wie 1941 unter der Leitung von Philipp Schiel, der mit 7 Fachkräften 1943 205 Betriebe mit einer Wirtschaftsfläche von 9.825 ha betreute. Für 1941 wurden in diesem Gebiet 258 Siedler in 24 Orten gezählt.

Im Jahre 1941 bestand im Landkreis Metz noch die *Bezirksaußenstelle Machern* (Maizières-les-Metz) mit Blw. Schiel, die 1943 nicht mehr erwähnt ist und wahrscheinlich aufgelöst worden war. Über die Aufteilung der 1941 von der BAst. Machern betreuten 111 Siedler in 17 Orten ist nichts bekannt, es kann jedoch vermutet werden, daß die benachbarten BAsten. Wappingen und Niverlach die Zuständigkeit übernahmen.

Die *Kreisaußenstelle Duß* (Dieuze) stand 1943 unter der Leitung von Max Lehmann, ihr Zuständigkeitsbereich umfaßte die Kreise Salzburgen (Château-Salins), Saarburg (Sarrebourg) und St. Avold, in denen sechs Bezirksaußenstellen tätig waren. Ihr waren 6 Mitarbeiter zugeordnet.

Das Betreuungsgebiet umfaßte :
Die *Bezirksaußenstelle Wallersberg (Vatimont)* bzw. *St. Avold*, die 1943 unter Leitung von Adolf Lohrer stand, dem 6 Fachkräfte zugeordnet waren. Sie betreute 1943 164 Betriebe mit einer Wirtschaftsfläche von 9.025 ha. Für 1941 wurden in diesem Gebiet 165 Siedler in 31 Orten gezählt, die Leitung hatte Blw. Brüning.

Die *Bezirksaußenstelle Duß (Dieuze)*, die 1943 wie bereits 1941 unter Leitung Daniel Jennet stand, dem 6 Fachkräfte zugeordnet waren. Sie war 1943 für 218 Betriebe mit einer Wirtschaftsfläche von 14.285 ha zuständig, 1941 waren in diesem Gebiet 243 Siedler in 28 Orten zu betreuen.

Die *Bezirksaußenstelle Salzburgen (Château-Salins)*, zuständiger Bezirkslandwirt 1943 Hans Ruhl, dem 5 Fachkräfte zugeordnet waren. Auf 12.913 ha waren 1943 178 Betriebe ansässig. 1941 waren in diesem Gebiet von Bezirkslandwirt Bernhard 249 Siedler in 22 Orten zu betreuen.

Die *Bezirksaußenstelle Delmen (Delme)*, der 1943 wie 1941 Emil Blinn vorstand, betreute 1943 mit 7 Fachkräften 216 Betriebe mit einer Wirtschaftsfläche von 14.853 ha. Im Jahre 1941 waren 249 Wirtschafter in 33 Orten angesiedelt.

Die *Bezirksaußenstelle Kontich (Conthil)*, stand 1943 unverändert wie bereits 1941 unter Leitung von Hubert Nacken, der zusammen mit 5 Fachkräften für 165 Betriebe mit einer Wirtschaftsfläche von 12.647 ha zuständig war. 1941 waren in diesem Gebiet 217 Siedler in 32 Orten zu betreuen.

Die *Bezirksaußenstelle Saarburg (Sarrebourg)*, wurde 1943 wie schon 1941 von Georg Kroll geleitet, dem 6 Fachkräfte für 253 Betriebe mit einer Wirtschaftsfläche von 8.952 ha zugeteilt waren. 1941 waren in diesem Gebiet 267 Siedler in 43 Orten zu betreuen.

Quelle : 'Besiedlungslisten' für die Angaben des Jahres 1941
'Geschäftsplan 1943' für die Angaben des Jahres 1943

TABELLEN-ANHANG
TAB.9-2

Betriebsstrukturen I

	von Verwaltern bewirtschaftete Höfe			Siedlerbetriebe							
	Oberbürtenhof bei Salzdorf	Hof Hicourt b. Luppingen	Neuscheuern bei Spangen	Karthäuserhof	Schmitt Vionville	Schlick Monhofen	Gauweiß-dorferh.	Pfeiffer Bettsdorf	Hof Wiesenau	Schäfer Probsth.	Vogel Tranach
Ackerland	85 ha	110 ha	19,44 ha	25 ha	144 ha	30 ha	keine Einzel-angaben	32 ha	55 ha	40 ha	20 ha
Wiesen	40 ha	30 ha	30,40 ha	10 ha	12 ha	16 ha		2 ha	13 ha	15 ha	5 ha
Weiden	45 ha	40 ha	9,52 ha	10 ha	4 ha	15 ha		2,5 ha	9 ha	10 ha	15 ha
Weinberge	0	0	0	0,2 ha	0 ha	0,5 ha		0	0,08 ha	0	0
Gartenland	0,5 ha	0,5 ha	0,83 ha	0,03 ha	0 ha	0,5 ha		0,1 ha	0,03 ha	0,5 ha	0
Wald	30 ha	20 ha	1,79 ha	0	0 ha	0		0	0	0	0
Ödland	5 ha	0 ha Park	0,25 ha	0	0 ha	3 ha	50 ha	0	0	0	0
Gesamtfläche	205,5 ha	200,5 ha	62,23 ha	45,23 ha	160 ha	65 ha		36,6 ha	77,13 ha	65,5 ha	40 ha
Pferde	16	19	4	2	4	8	2	4	11	8	3
Rindvieh	41	45	26	1	10	32	10	13	28	27	24
Schweine	37	19	4	2	2	4	4	8	8	4	4
Bullenhaltung	ja	ja	ja	k.A.	k.A.	k.A.	k.A.	k.A.	k.A.	k.A.	k.A.
Arbeitskräfte:											
Familienang. m	0	0	0	1	0	0	1	3	0	3	0
w	0	0	0	1	1	0	1	2	3	1	0
ständige m	0	10	1	0	0	0	2	0	0	1	0
w	1	2	2	0	0	2	1	0	0	0	2
Polen m	8	0	0	0	0	2	0	0	6	1	1
w	1	0	0	0	0	0	0	0	2	0	0
Kriegsgefangene	0	0	10	0	0	0	0	0	0	0	0
Mirabellen	80	120	539	0	5	48	k.A.	8	k.A.	50	50
Äpfel	0		41	4	0		k.A.	0	k.A.	10	
Birnen	0		31	15	0		k.A.	2	k.A.	0	
Kirschen	0		286	12	20		k.A.	4	k.A.	0	
Zwetschgen	0									10	
Kernobst	0										

Quelle: Siedlerkartei

Tab. 9-2: Betriebsstrukturen I
Quelle: Siedlerkartei

TABELLEN-ANHANG
TAB.9-3

Betriebsstrukturen II

im Sommer/Herbst 1943 aufgelöste Betriebe

	S.K. 7	S.K. 47	S.K.1264	S.K.1378	S.K.1492	S.K.1611	S.K.1804	S.K.1946	S.K.2069	S.K.2273	S.K.2799
Zugehörigkeit	11/40-9/43	2/40-6/43	5/41-6/43	1/41-8/43	4/41-7/43	11/40-5/43	3/41-11/43	11/40-8/43	9/41-11/43	4/41-11/43	11/40-4/43
Einsatzort	Marendorf	Argesingen	Masch	Dinkirchen	Werzich	Weinwall	Jägersdorf	Merlingen	Jägersdorf	Wappingen	Landorf
Grund d.Auflösung	Wehrmacht	Wehrmacht	?	freiwillig	freiwillig	?	?	Kignung	?	?	Wehrmacht
Jahrgang d.Siedlers	1898	1914	1893	1903	1897	1896	1891	1897	1898	1888	1907
Ackerland	21,21 ha	23,08 ha	25 ha	38,45 ha	29,75 ha	25 ha	8,98 ha	36,88 ha	9,95 ha	10,65 ha	26 ha
Wiesen	10,0 ha	2,5 ha	0,3 ha	9,0 ha	7,0 ha	5 ha	11,22 ha	17,0 ha	13,05 ha	1,7 ha	6 ha
Weiden	5,0 ha	2,0 ha	1,0 ha	8,5 ha	12,0 ha	3 ha	4,24 ha	12,0 ha	4,91 ha	2,0 ha	5 ha
Weinberge	-	0,5 ha	-	0,75 ha	2,5 ha	-	-	-	-	0,15 ha	-
Gesamtfläche	36,3 ha	27,58 ha	26,3 ha	46,20 ha	51,25 ha	33 ha	50 ha	36,6 ha	27,91 ha	14,5 ha	37 ha
Pferde	6	k.A.	k.A.	k.A.	5	4	Ochsen 5	9	2	2	4+2 Fohlen
Kühe	14	k.A.	k.A.	k.A.	11	5	5	10	10	3	8
Rinder und Kälber	1	k.A.	k.A.	k.A.	3	3	4	4	8	3	8
Schweine	5	k.A.	k.A.	k.A.	3	1	16	5	5	0	7
Ablieferung 1942 :											
Weizen (Brotgetreide)	72 dz	23,45 dz	12,87 dz	38,0 dz	52,0 dz	63 dz	29 dz	30,5 dz	35,2 dz	30,5 dz	82 dz
Roggen		8,0 dz	50,1 dz	10,0 dz	0,0 dz	7,5 dz					0,0 dz
Gerste (Futtergetreide)	4 dz	0,0 dz	18,75 dz	2,0 dz	32,5 dz	20,5 dz	18,5 dz	46,5 dz	11,0 dz	20,25 dz	17,0 dz
Hafer		18,67 dz	2,0 dz	20,0 dz	10,0 dz	0,0 dz					27,75 dz
Raps	k.A.	k.A.	0,0	0,0	0,17 dz	k.A.	k.A.	k.A.	k.A.	k.A.	k.A.
Kartoffeln	79,0 dz	85,0 dz	30,0 dz	74,0 dz	48,0 dz	45,0 dz	55,0 dz	88,5 dz	61,0 dz	20,5 dz	10,0 dz
Milch 1941/42	44.871 l	RM 898,-	RM 1.460,-	k.A.	16.694 l	RM 601,-	5.585 l	12.823 l	13.250 l	6.280 l	RM 1.282,70
Zuschuß	k.A.	k.A.	RM 61,-/ha	k.A.	k.A.	RM 76,66/ha	k.A.	k.A.	k.A.	k.A.	RM 49,85/ha

Quelle : Siedlerkartei

Tab.9-3 : Betriebsstrukturen II
Quelle : Siedlerkartei

TABELLEN-ANHANG
TAB.10-1

Arbeitskräftebedarf der BAst. Wappingen
Bezirkslandwirt Lichti
Stand Febr. 1941

Legende
Sp.(1) - landwirtschaftliche Nutzfläche in ha
Sp.(2) - Anzahl der nach Frankreich umgesiedelten Familien
Sp.(3) - angesiedelte Pfälzer Bauernfamilien
Sp.(4) - angesiedelte Bitscher Bauernfamilien
Sp.(5) - wieviele Bitscher Arbeiterfamilien vorhanden ?
Sp.(6) - notwendige Bauernfamilien
Sp.(7) - notwendige Arbeiterfamilien

Ortschaft	(1)	(2)	(3)	(4)	(5)	(6)	(7)
Wappingen	400	80	3	-	11	3	3
Lorringen	35	73	1	4	7	5	4
Plappweiler	130	-	-	1	-	8	3
Martinsbann	-	-	-	-	-	-	-
Lessingen	200	38	-	-	13	3	8
Sigach	50	-	2	-	-	5	3
Langenheim	10	-	-	-	-	-	-
Mühlen	-	-	-	-	-	-	-
Ruffingen	23	44	-	2	5	10	3-4
Jussingen		100	-	-	-	5	3
Wals	150	115	4	1	-	-	6
Germannsburg	500	94	-	5	2	3	-
Roseringen	156	76	1	-	-	2	3
Allmannsweiler	237	4	2	1	-	-	-
St. Privat	8	1	-	-	1	-	-
Marieneichen	355	4	3	-	-	1	3
Salnach	222		14	4	-	4	4
Wernheim	485	36	-	-	2	2	3
Gravelotte	168	3	3	-	1	1	4
Resenweiler	1164	17	9	5	-	-	3
Vionville	620	21	10	6	-	3	3
Ars	40	10	2	-	-		3
Anzich	139	237	2	-	-	4	3
Dorningen	48	50	2	-	5	5	3
Gorschen	225	200	4	-	-	3	3
Neuburg	158	90	3	1	-	5	3
Gesamt	5523	1294	67	30	47	72	72

Quelle : A.D.M. 2 W 5/211 ff.

TABELLEN-ANHANG
TAB.10-2

Arbeitskräftebedarf der BAst. Metz IV St. Julian
Bezirkslandwirt Rodrian
Stand Febr. 1941

Legende
Sp.(1) - landwirtschaftliche Nutzfläche in ha
Sp.(2) - Anzahl der nach Frankreich umgesiedelten Familien
Sp.(3) - angesiedelte Pfälzer Bauernfamilien
Sp.(4) - angesiedelte Bitscher Bauernfamilien
Sp.(5) - wieviele Bitscher Arbeiterfamilien vorhanden ?
Sp.(6) - notwendige Bauernfamilien
Sp.(7) - notwendige Arbeiterfamilien

Ortschaft	(1)	(2)	(3)	(4)	(5)	(6)	(7)
St. Julian	452	6	2	-	-	-	-
Schöllen	180	7	6	-	-	3	3
Warnich	310	16	9	-	-	1	4
Failen	393	11	10	-	-	3	4
Fremich	364	11	6	-	-	1	5
Karlen	600	17	21	-	2	-	3[1]
Tremerchen	320	8	5	-	-	3	5
Malrich	330	12	10	2	-	-	6
Argesingen	1145	29	24	2	-	-	6
Antingen	474	4	4	-	2	-	5
Senn b. Wigingen	559	6	7	-	-	4	4[2]
Wigingen	1077	14	14	1	3	3	10[3]
Werich	1510	6	2	1	-	3	4
St. Hubert	250	5	-	1	1	3	3
Kettenchen	729	9	8	-	-	2	6
Ennich	730	12	6	-	-	2	7
Flaich	800	9	3	-	-	3	4
Aich/Mosel	200	18	8	-	-	5	5
Gesamt	10423	200	145	7	8	36	84

Quelle : A.D.M. 2 W 5/211 ff.

1 bzw. 23 Gefangene
2 bzw. 10 Gefangene
3 bzw. 20 Gefangene

TABELLEN-ANHANG
TAB.10-3

Arbeitskräftebedarf der BAst. Remelach
Bezirkslandwirt Dehn
Stand Febr. 1941

Legende
Sp.(1) - landwirtschaftliche Nutzfläche in ha
Sp.(2) - Anzahl der nach Frankreich umgesiedelten Familien
Sp.(3) - angesiedelte Pfälzer Bauernfamilien
Sp.(4) - angesiedelte Bitscher Bauernfamilien
Sp.(5) - wieviele Bitscher Arbeiterfamilien vorhanden ?
Sp.(6) - notwendige Bauernfamilien
Sp.(7) - notwendige Arbeiterfamilien

Ortschaft	(1)	(2)	(3)	(4)	(5)	(6)	(7)
Luppingen	1065	39	9	2	1	12	15
Remelach	1122	15	12	3	-	-	12
Sorbach		12	8	-	-	2	5
Flodalshofen	466	20	9	-	-	-	4
Bechingen	960	100	14	-	5	4	5
Niederbö	359	15	3	1	-	4	4
Ulmen	350	6	1	3	-	2	3
Thimmenheim	720		7	1	1	5	5
Alben	400	9	1	3	-	3	6
Monchern (Mingen)	750	36	3	3	-	4	6
Tranach	500	12	7	2	-	3	5
Pulingen	911	16	9	1	-	2	8
Klöwern	186	4	3	-	-	-	7
Solgen	718	33	18	2	-	-	40
Gesamt	8507	317	104	21	7	41	78[4]

Quelle : A.D.M. 2 W 5/211 ff.

---

4 zuzüglich 47 Arbeiter

TABELLEN-ANHANG
TAB.11-1, 11-2, 11-3, 11-4

	Größe	Flächennutzung ha		Großvieh		Hektar-Ertrag dz	
	ha	Anbau	Weide	Stück	Weizen	Hafer	Kartoffel
WG I	8	4,75	3,25	5,85	22	20	200
WG II	15	9,55	5,45	9,5	22	20	200
WG IIa	15	9,5	5,5	7,4	(18)	18	200
WG III	20	12,5	7,5	9,9	20	18	180
WG IV	24	14,5	9,5	13,1	18	17	150
WG Va+b	32	16,5	15,5	16,8	16	15	150
WG Vc	35	13,5	21,5	23,2	15	15	120

Tab.11-1 : Bewirtschaftungsdaten und Ernteerwartungen
Quelle : 'Münzinger-Gutachten' S.102 und S.110. Im WG IIa in Klammern gesetzter Ertrag für weizen steht für Roggen, da in diesem Gebiet kein Weizenanbau geplant war.

	Anzahl Voll-arbeitskräfte	Arbeitszeit h/a	Arbeitsleistung h/a	Arbeitsertrag RM/a	Stundenlohn RM
WG I	3 1/3	3.000	10.000	5.570	0,551
WG II	3 1/3	3.603	12.610	7.168	0,568
WG IIa	3 1/3	3.511	11.702	6.182	0,528
WG III	4	3.483	13.932	6.474	0,467
WG IV	4 3/4	3.476	16.511	7.287	0,411
WG Va+b	4 1/2	3.598	16.191	7.562	0,467
WG Vc	4 3/4	3.484	16.549	7.049	0,426
WG VI	1 1/3	2.865	3.819	2.305	0,604

Tab.11-2 : Erwarteter Arbeitsertrag der Siedler
Quelle : Münzinger-Gutachten

	Anzahl Voll-arbeitskräfte	Arbeitsertrag RM	Tilgungsquote RM	Kapitaldienst RM	Betriebsergebnis RM
WG I	3 1/3	5.570	1.320	1.144	+ 176
WG II	3 1/3	6.820	2.570	1.690	+ 880
WG II a	3 1/3	6.182	1.932	1.420	+ 512
WG III	3 1/3	5.391	1.141	1.500	- 359
WG IV	3 1/3	5.108	858	1.716	- 858
WG Va+b	3 1/3	5.594	1.344	1.572	- 268
WG Vc	3 1/3	4.942	692	1.302	- 610

Tab.11-3 : Erwartetes betriebswirtschaftliches Ergebnis
Quelle : Münzinger-Gutachten Tab. 15, S.117

Betriebstyp	Betriebs-fläche ha	Anzahl	Gesamt-fläche ha	Prozent. Anteil
Großbauernhöfe	65	2	130	13,0
Hufen	28	20	560	56,0
Nebenerwerbsbetriebe	5	7	35	3,5
Landarbeiterbetriebe	5	15	75	7,5
Flächenreserve			200	20

Tab. 11-4 : Betriebsgrößenmischung nach dem Rolfes-Gutachten
Quelle : Rolfes-Gutachten, S.51

TABELLEN-ANHANG
TAB.14-1

Siedlerbestand und -fluktuation
Zeitraum September 1940 bis August 1944

	J	F	M	A	M	J	J	A	S	O	N	D
1940												
A										2	12	2.012
+									2	10	2.007	535
-											7	80
E									2	12	2.012	2.467
1941												
A	2.467	2.440	2.419	2.380	2.382	2.367	2.357	2.336	2.301	2.283	2.265	2.239
+	110	195	279	99	48	30	11	5	15	11	10	16
-	137	216	318	97	63	40	32	40	33	29	36	102
E	2.440	2.419	2.380	2.382	2.367	2.357	2.336	2.301	2.283	2.265	2.239	2.153
1942												
A	2.153	2.110	2.085	1.937	1.906	1.901	1.881	1.854	1.833	1.796	1.783	1.760
+	2	15	16	18	18	5	2	7	1	9	6	9
-	45	40	164	49	23	25	29	28	38	22	29	27
E	2.110	2.085	1.937	1.906	1.901	1.881	1.854	1.833	1.796	1.783	1.760	1.742
1943												
A	1.742	1.804	1.781	1.778	1.798	1.803	1.808	1.819	1.840	1.891	1.932	1.944
+	87	38	22	32	16	16	25	29	57	48	23	9
-	25	61	25	12	11	11	14	8	6	7	11	10
E	1.804	1.781	1.778	1.798	1.803	1.808	1.819	1.840	1.891	1.932	1.944	1.943
1944												
A	1.943	1.943	1.937	1.918	1.913	1.904	1.891	1.890				
+	9	9	10	15	3	4	4	5				
-	9	15	29	20	12	17	5	7				
E	1.943	1.937	1.918	1.913	1.904	1,891	1.890	1.888				

Legende :
A = Bestand am Monatsanfang;
E = Bestand am Monatsende;
+ = Eintritt;
- = Ausscheiden

Tab.14-1 : Siedlerbestand und -fluktuation
Quelle : Siedlerkartei

TABELLENANHANG
TAB. 14-7

Personenstandsaufnahme zum 31.12.1942
BAst. Remelach

Legende :
(1) Anzahl der Betriebe im Ort,
(2) Personenzahl Siedler (Anzahl der Betriebe mal 2)
(3) Anzahl der Kinder
(4) Anzahl mitarbeitender Verwandter
(5) fremde Arbeitskräfte - Lothringer und Deutsche
(6)   "   "   - Fremdarbeiter (etwa 2/3 Polen etwa
                          1/3 Ukrainer) und Kriegsgefangene
(7) männliche Fremdarbeiter und Kriegsgefangene

Ortschaft	(1)	(2)	(3)	(4)	(5)	(6)	(7)
Adinghofen	3	6	9	1	1	11	9
Alben	6	12	9	5	2	22	14
Albenhofen	3	6	7	-	2	5	4
Bechingen	10	20	24	1	4	35	23
Buchingen	2	4	8	-	1	10	6
Damm	1	2	1	2	2	6	4
Flodalshofen (Gemeinschaftsarb)	3	3	?	?	-	38	23
Folkheim	3	6	6	1	-	14	8
Großprunach	5	10	17	1	4	22	19
Hohenschloß	1	2	8	-	-	5	3
Kessenach	1	2	1	-	1	18	10
Klöwern	2	4	3	-	2	11	9
Lieheim	4	8	5	2	4	19	16
Luppingen	14	28	43	3	3	37	28
Mingen	5	10	13	-	4	14	12
Niederbö	5	10	20	5	2	14	9
Pontingen	10	20	16	1	1	35	25
Remelach	7	14	11	-	5	31	21
Schersingen	1	2	4	-	2	-	-
Sillich	3	6	5	3	1	12	10
Solgen	11	22	27	9	1	37	27
Sorbach	8	16	21	-	2	32	21
Timmenheim	6	12	18	-	5	24	20
Tranach	8	16	19	3	-	28	21
Ulmen	4	8	7	-	-	21	13
Unterhofen	7	14	8	7	-	21	13
Walburg	2	4	-	3	-	9	5
Weintal	6	12	15	1	2	12	8
Wingert	11	22	21	6	7	23	10
Wittenhofen	9	18	32	2	2	21	15
Gesamt	161	322	378	55	60	573	405

Tab14-7 : Personenstandsliste 31.12.1942
Quelle : A.D.M. 2 W 5/302-463

TABELLEN-ANHANG
TAB.15-2

Ansiedlungsanalyse
Bezirksaußenstelle Delmen

Legende:
(1) = Vorkriegswohnbevölkerung
(2) = nach der Vertreibungsaktion vom November 1940 verbliebene Lothringer
(3) = Zahl der Siedlerstellen im Nov/Dez.40
(4) = Zahl der Ansiedler im Nov/Dez.40(Siedlerstellen x Zahl der Familienangehörigen)
(5) = Siedlerstellen 15.6.41
(6) = Zahl der Ansiedler 15.6.41 (Siedlerstellen x Zahl der Familienangehörigen)
(7) = Siedlerstellen nach der 'Molkereiliste'
(8) = lothringische Milchbauern nach der 'Molkereiliste'

Ortsname	(1)	(2)	(3)	(4)	(5)	(6)	(7)	(8)
Abenhofen	65	0	6	30	6	30	fehlt	fehlt
Allenhofen	127	11	7	35	7	35	7	0
Analdshofen	110	45	7	35	7	35	6	0
Apern	148	38	8	40	5	25	4	3
Badenhofen	152	0	8	40	8	40	7	1
Baldershofen	219	52	10	50	8	40	6	4
Delmen	583	210	7	35	7	35	6	0
Dinkirchen	258	77	9	45	9	45	8	1
Dixingen	143	5	8	40	8	40	fehlt	fehlt
Dommingen	102	27	7	35	7	35	5	0
Eichendorf	115	17	6	30	3	15	2	5
Erlen	207	43	15	75	4	20	5	0
Fremerchen	127	0	7	35	7	35	6	1
Fossingen	207	70	10	50	9	45	8	0
Gellshofen	215	100	11	55	11	55	10	1
Hanhofen	36	11	3	15	3	15	1	0
Jungweiler	120	2	4	20	4	20	4	1
Kranhofen	264	48	12	60	12	60	11	2
Lemhofen	89	20	8	40	8	40	7	0
Lesch	247	92	5	25	5	25	4	2
Linhofen	138	17	8	40	2	10	2	3
Lixingen	137	5	7	35	7	35	8	2
Mannwald	162	35	8	40	8	40	7	0
Mallhofen	145	49	13	65	9	45	8	0
Morsweiler	209	42	12	60	10	40	8	0
Neuheim	225	29	10	50	10	50	8	1
Oren	154	7	6	30	6	30	7	3
Orhofen	110	33	11	55	5	25	7	3
Probsthofen	144	32	9	45	9	45	8	0
Püschingen	218	21	12	60	12	60	9	0
Schellhofen	67	3	6	30	6	30	5	0
Springen	214	15	16	80	16	80	13	2
Weiher	129	15	8	40	8	40	6	4
Insgesamt	5.586	1.171	284	1.420	246	1.220	199	37

Tab. 15-2 : Ansiedlungsanalyse Bezirksaußenstelle Delmen
Quellen : (1) 'Gemeindeverzeichnis von Lothringen'
       (2) Vertreibungslisten
       (3) und (5) Siedlerkartei
       (7) und (8) 'Molkereiliste'

TABELLEN-ANHANG
TAB.15-3

Ansiedlungsanalyse
Bezirksaußenstelle Remelach

Legende :
(1) = Vorkriegswohnbevölkerung
(2) = nach der Vertreibungsaktion vom November 1940 verbliebene Lothringer
(3) = Siedlerstellen und Arbeiterstellen nach der 'Bedarfsplanung' Februar 1941
(4) = Ansiedlungsplanung nach der 'Bedarfsplanung' (Siedler- und Arbeiterstellen x Zahl der Familienangehörigen)
(5) = Siedlerstellen 15.6.41
(6) = Zahl der Ansiedler 15.6.41 (Siedlerstellen x Zahl der Familienangehörigen)
(7) = Siedlerstellen nach der 'Molkereiliste'
(8) = lothringische Milchbauern nach der 'Molkereiliste'

Ortschaften, bei denen die Angaben in (2) in Klammern gesetzt sind, sind nicht in der Vertreibungsliste aufgeführt, die Ermittlung der angegebenen rechnerische Werte ist im Text zu Kap.14 erläutert.

Ortsname	(1)	(2)	(3)	(4)	(5)	(6)	(7)	(8)
Alben	234	79	13	65	7	35	6	2
Bechingen	326	82	28	140	16	80	11	5
Flodalshofen	152	(38)	13	65	9	45	0	0
Klöwern	279	98	3	15	2	10	fehlt	fehlt
Luppingen	362	104	39	195	18	90	14	12
Mingen	116	46	16	80	8	40	5	6
Niederbö	136	25	12	60	8	40	5	5
Pontingen	196	53	20	100	9	45	fehlt	fehlt
Remelach	897	637	27	135	15	75	7	8
Solgen	316	(79)	20	100	19	95	11	5
Sorbach	194	65	15	75	9	45	fehlt	fehlt
Timmenheim	176	(44)	21	105	9	45	6	6
Tranach	99	17	17	85	10	50	9	1
Ulmen	167	(42)	9	45	4	20	4	5
Insgesamt	2.839	1.409	251	1.255	143	715		

Tab. 15-3 : Ansiedlungsanalyse Bezirksaußenstelle Delmen
Quellen : (1) 'Gemeindeverzeichnis von Lothringen'
(2) Vertreibungslisten
(3) und (5) Siedlerkartei
(7) und (8) 'molkereiliste'

TABELLEN-ANHANG
TAB.16-3

Nutztierhaltung in Lothringen 1942 im Vergleich zu 1938 - Viehzählung 1942 (Anzahl in Stück)

Kreis	Pferde 1938	1942	Veränderung	Rindvieh 1938	1942	Veränderung	Schweine 1938	1942	Veränderung
Diedenhofen	6.509	5.255	- 19%	24.020	20.295	- 15%	44.970	22.118	- 51%
Metz-Land	8.833	8.052	- 9%	25.348	24.026	- 5%	21.365	12.824	- 40%
Metz-Stadt	317	812	+156%	152	2.138	+1307%	563	2.026	+260%
Saarburg	4.318	3.911	- 9%	30.324	28.772	- 5%	23.574	14.741	- 37%
Saargemünd	2.831	2.687	- 5%	24.631	19.250	- 22%	20.023	9.839	- 51%
Salzburgen	9.638	8.624	- 11%	31.861	29.000	- 9%	20.194	10.496	- 48%
St. Avold	9.541	7.852	- 18%	47.311	16.678	- 35%	51.105	22.347	- 56%
Lothringen insgesamt	41.987	37.193	- 11%	183.647	154.114	- 16%	181.794	94.391	- 49%

Ackernutzung in Lothringen 1942 im Vergleich zu 1937
Ackerfläche in ha

Kreis	1942 Weizen	Roggen	Gerste	Hafer	gesamt	1937 Weizen	Roggen	Gerste	Hafer	gesamt	Veränderung	Kartoffeln 1942	1937	Veränderung
Diedenhofen	7.203	794	1.292	7.958	17.247	9.431	1.599	862	11.826	23.718	- 27,3%	4.276	5.813	- 26,4%
Metz-Land	10.437	1.453	3.620	8.899	24.409	12.664	2.030	1.295	13.435	29.424	- 17,0%	3.065	4.782	- 35,1%
Metz-Stadt	589	188	198	592	1.567	54	14	-	54	132	+1.187%	436	40	+1.090%
Saarburg	4.086	740	804	3.924	9.554	5.808	1.435	476	6.965	14.684	- 34,9%	1.738	3.618	- 52,0%
Saargemünd	3.459	592	650	3.527	8.228	4.137	2.483	561	5.902	13.083	- 37,1%	1.928	5.466	- 64,7%
Salzburgen	9.219	895	2.413	7.646	20.173	10.762	1.261	865	12.440	25.328	- 20,4%	1.521	2.657	- 42,8%
St. Avold	10.152	1.774	1.550	10.310	23.786	15.790	3.504	1.446	18.697	39.437	- 39,7%	3.290	7.835	- 58,0%
Lothringen insgesamt	45.145	6.436	10.527	42.856	104.573	58.656	12.326	5.505	69.319	145.806	- 28,3%	16.254	30.211	- 46,2%

Ernteertrag in dz

Kreis	1942 Weizen	Roggen	Gerste	Hafer	gesamt	1937 Weizen	Roggen	Gerste	Hafer	gesamt	Veränderung	Kartoffeln 1942	1937	Veränderung
Diedenhofen	68.365	9.802	14.630	99.475	192.272	137.410	20.780	10.040	150.330	318.560	- 39,6%	555.025	455.904	+ 21,7%
Metz-Land	139.538	20.916	62.406	153.953	376.813	182.270	27.410	17.990	228.440	456.110	- 17,4%	438.601	272.570	+ 60,9%
Metz-Stadt	9.132	272	3.168	7.104	19.676	710	140	-	810	1.660	+1.185%	60.299	810	++
Saarburg	54.938	9.506	11.019	54.543	130.006	66.530	18.650	5.860	100.930	191.970	- 32,3%	291.810	622.300	- 53,1%
Saargemünd	48.607	7.818	9.620	57.490	123.535	54.290	35.990	6.870	88.520	185.670	- 33,5%	222.877	836.300	- 73,3%
Salzburgen	114.453	11.247	32.974	126.278	284.952	135.090	16.390	9.880	199.190	360.550	- 21,0%	247.315	284.300	- 13,0%
St. Avold	120.242	25.654	20.846	138.154	304.896	180.290	42.620	18.260	263.110	504.280	- 39,5%	431.648	687.720	- 37,2%
Lothringen insgesamt	555.275	85.215	154.662	636.957	1432.109	756.590	161.980	68.900	1031.330	2018.800	- 29,0%	2247.575	3163.130	- 29,0%

Quelle : für 1942 = 'Lothringen in Zahlen' für Vorkriegszahlen = Thillet/Daza, Cent ans d'Agriculture en Lorraine

Tab.16-3 : Agrarstatistik für Lothringen
Quelle : Lothringen in Zahlen, LA Saar, LKA 390

ORTSVERZEICHNIS DEUTSCH-FRANZÖSISCH

Deutsche Bezeichnung	Kreis	französische Bezeichnung
Abenhofen	Salzb.	Aboncourt-sur-Seille
Adinghofen	St.-Av	Adaincourt
Aich a.d.Mosel	M-Land	Ay-sur-Moselle
Alben	M-Land	Aube
Albersweiler	Saarb.	Abreschviller
Albesdorf	Salzb.	Albestroff
Algringen	Died.	Algrange
Allenhofen	Salzb.	Allaincourt-la-Côte
Almansweiler	M-Land	Amanvillers
Almerichshofen	Salzb.	Amélécourt
Analdshofen	Salzb.	Ajoncourt
Angweiler	Saarb.	Angviller-lès-Bisping
Antingen	M-Land	Antilly
Anzig	M-Land	Ancy-sur-Moselle
Apern	Salzb.	Saint-Epvre
Argen (Argenchen)	St.-Av	Arriance
Argesingen	M-Land	Argancy
Armsdorf	St.-Av	Arraincourt
Ars a.d.Mosel	M-Land	Ars-sur-Moselle
Ars b. Kenchen	M-Land	Ars-Laquenexy
Arsweiler	Died.	Angevillers
Aspach	Saarb.	Aspach
Attenhofen	Salzb.	Attilloncourt
Aumetz	Died.	Aumetz
Auningen	M-Land	Augny
Aßlingen	Saarb.	Azoudange
Badenhofen	Salzb.	Bacourt
Baldershofen	Salzb.	Baudrecourt
Barchingen	Saarb.	Barchain
Barenweiler	St.-Av	Baronville
Basenhofen	M-Land	Bazoncourt
Bebingen	Saarb.	Bébing
Bechingen	M-Land	Béchy
Bensdorf	Salzb.	Bénestroff
Berg-Wintringen	St.-Av	Berig-Vintrange
Bertringen	Died.	Bertrange
Bessingen	Salzb.	Bassing
Bettsdorf	M-Land	Bettelainville
Biedesdorf	Salzb.	Biedestroff
Bingen a.d.Nied	St.-Av	Bionville-sur-Nied
Binzhofen	Salzb.	Bioncourt
Bispingen	Saarb.	Bisping
Bizingen	St.-Av	Bannay
Böllingen	Salzb.	Bellange
Bollingen	Died.	Boulange
Bornen	M-Land	Borny-lès-Metz
Bornen	M-St.	Borny
Bortenach	Salzb.	Bourdonnay
Brittendorf	St.-Av	Burtoncourt
Bruchheim	Salzb.	Bréhain
Bruchkastel	Salzb.	Château-Bréhain
Brülingen	St.-Av	Brulange
Buchen	M-Land	Fèy
Buchingen	M-Land	Buchy
Burgaltdorf	Salzb.	Bourgaltroff
Burlinghofen	Salzb.	Burlioncourt
Buss a.d.Mosel	Died.	Bousse
Dalheim	Salzb.	Dalhain
Dedlingen	Salzb.	Dédeling
Delmen	Salzb.	Delme
Destrich	St.-Av	Destry
Deutsch-Oth	Died.	Audun-le-Tiche
Dianenkappel (1941 Jägersdorf)	Saarb.	Diane-Capelle
Diedenhofen	Died.	Thionville
Diedersberg	Salzb.	Montdidier
Diedersdorf	St.-Av	Thicourt

231

ORTSVERZEICHNIS DEUTSCH-FRANZÖSISCH

Deutsche Bezeichnung	Kreis	französische Bezeichnung
Dinkirchen	Salzb.	Tincry
Disselingen	Saarb.	Desseling
Dixingen	Salzb.	Chicourt
Dommenheim	Salzb.	Domnom-lès-Dieuze
Dommingen	Salzb.	Donjeux
Domingen	M-Land	Domot
Dorsweiler	Salzb.	Torcheville
Dürmkastel	Salzb.	Château-Voué
Dunningen (1941 Karpfendorf)	Salzb.	Donnelay
Duss	Salzb.	Dieuze
Eichendorf	Salzb..	Chénois
Elfringen	Saarb.	Avricourt
Endorf	Died.	Aboncourt
Erlen	Salzb.	Aulnois-sur-Seille
Eschen b. Mörchingen	Salzb.	Achain
Eschen	Salzb.	Fresnes-en-Saulnois
Failen	M-Land	Failly
Fameck	Died.	Fameck
Fentsch	Died.	Fontoy
Fewen	M-Land	Fèves
Flaich	M-Land	Flévy
Flodalshofen	M-Land	Flocourt
Flörchingen	Died.	Florange
Flöringen	M-Land	Fleury
Folkheim	M-Land	Foville
Folkringen	Saarb.	Foulcrey
Fossingen	Salzb.	Fossieux
Frackelfingen	Saarb.	Fraquelfing
Freiburg	Saarb.	Fribourg
Fremerchen	Salzb.	Frémery
Fremich	M-Land	Vrémy
Füllingen	St.-Av	Fouligny
Gandringen	M-Land	Gandrange
Gaudach	M-Land	Jouy-aux-Arches
Gebesdorf	Salzb.	Guébestroff
Geblingen	Salzb.	Guébling
Geinslingen	Salzb.	Guinzeling
Geistkirchen	Salzb.	Juvelize
Gellshofen	Salzb.	Jallaucourt
Gensdorf	Salzb.	Guénestroff
Gerbertshofen	Salzb.	Gerbécourt
Gerden	Salzb.	Lagarde
Germannsburg	M-Land	Châtel-Saint-Germein
Germingen	Saarb.	Guermange
Giringen	M-Land	Jury
Gisselfingen	Salzb.	Gélucourt
Glatingen	M-Land	Glatigny
Godingen	M-Land	Goin
Gorschen	M-Land	Gorcy
Gravelotte	M-Land	Gravelotte
Gremsich	Salzb.	Grémecey
Großmövern	M-Land	Moyeuvre-Grande
Großprunach	M-Land	Pournoy-la-Grasse
Güblingen	Salzb.	Guéblange-lès-Dieuze
Gunderchingen	Saarb.	Goundrexange
Habudingen	Salzb.	Haboudange
Hagendingen	M-Land	Hagondange
Haiß	M-Land	Hayes
Halkenhofen	M-Land	Hauconcourt
Hanhausen	M-Land	Chanville
Hanhofen	Salzb.	Hannocourt
Hann a.d.Nied	St.-Av	Han-sur-Nied
Haraldshofen	Salzb.	Haraucourt-sur-Seille
Harprich	St.-Av	Harprich
Hattingen	Saarb.	Hattigny
Havingen	Died.	Havange

ORTSVERZEICHNIS DEUTSCH-FRANZÖSISCH

Deutsche Bezeichnung	Kreis	französische Bezeichnung
Hayingen	Died.	Hayange
Hemelich	St.-Av	Hemilly
Hemingen	Saarb.	Héming
Herlingen	St.-Av	Herny
Hermelingen	Saarb.	Hermelange
Herzingen	Saarb.	Hertzing
Hesselsdorf	Saarb.	Assenoncourt
Hessen	Saarb.	Hesse
Hohenschloß	M-Land	Achâtel
Hüdingen	Salzb.	Hampont
Ibingen	Saarb.	Ibigny
Imlingen	Saarb.	Imling
Jungweiler	Salzb.	Juville
Jussingen	M-Land	Jussy
Kambrich	Salzb.	Chambrey
Karlen	M-Land	Charly
Kemmen	M-Land	Cheminot
Kenchen	M-Land	Laquenexy
Kerprich	Salzb.	Kerprich-lès-Dieuze
Kessenach	M-Land	Chesny
Kettenchen	M-Land	Chailly-lès-Ennery
Kirchberg a. Wald	Saarb.	Kerprich-aux-Bois
Kleinbessingen	Salzb.	Bezange-la-Petite
Kleinmövern	M-Land	Moyeuvre-Petite
Kleinprunach	M-Land	Pournoy-la-Chétive
Klingen	M-Land	Clouange
Klöwern	M-Land	Mécleuves
Kneuttingen	Died.	Knutange
Kollnich	M-Land	Colligny
Kolters	Salzb.	Coutures
Konden	St.-Av	Condé-Northen
Kontich	Salzb.	Conthil
Konzich	M-Land	Coincy
Korningen	M-Land	Corny
Kranhofen	Salzb.	Craincourt
Kuberneck	M-Land	Coin-les-Cuvry
Kubern	M-Land	Cuvry
Kurzel/Nied	M-Land	Courcelles-sur-Nied
Kurzel/Straße	M-Land	Courcelles-Chaussy
Kuttingen	Salzb.	Cutting
Ladenweiler	M-Land	Landonvillers
Landingen	Saarb.	Landange
Landorf	St.-Av	Landroff
Langenberg	Saarb.	Languimberg
Langenheim	M-Land	Longeville-lès-Metz
Lassenborn	Saarb.	Lafrimbolle
Lautermingen	St.-Av	Loutremange
Lemhofen	Salzb.	Lemoncourt
Lesch	Salzb.	Lesse
Lessingen	M-Land	Lessy
Leyen	Salzb.	Ley
Liedersingen	Salzb.	Lidresing
Lieheim	M-Land	Liéhon
Linhofen	Salzb.	Liocourt
Litzingen	Salzb.	Lezey
Lixingen	Salzb.	Lucy
Lörchingen	Saarb.	Lorquin
Lommeringen	Died.	Lommerange
Loringen	M-Land	Lorry-lès-Metz
Losdorf	Salzb.	Lostroff
Loweningen	M-Land	Louvigny
Lubenhofen	Salzb.	Lubécourt
Lüttingen	Died.	Luttange
Luppingen	M-Land	Luppy
Macherich	M-Land	Maizeroy
Macheringen	M-Land	Maizery

ORTSVERZEICHNIS
DEUTSCH-FRANZÖSISCH

Deutsche Bezeichnung	Kreis	französische Bezeichnung
Machern b. Wich	Salzb.	Maizières-lès-Vic
Machern	M-Land	Maizières-lès-Metz
Maien	M-Land	Méy
Malandshofen	M-Land	Malancourt-la-Montagne
Mallhofen	Salzb.	Malaucourt-sur-Seille
Malrich	M-Land	Malroy
Manningen	M-Land	Magny
Manwald	Salzb.	Manhoué
Marendorf	M-Land	Marieulles
Marieneichen	M-Land	Sainte-Marie-aux-Chênes
Maringen-Silvingen	M-Land	Marange-Silvange
Marspich	Died..	Marspich
Marten	Salzb.	Marthille
Martinsbann	M-Land	Ban-Saint-Martin
Marzellingen	M-Land	Marsilly
Masch	M-Land	La Maxe
Medard	Salzb.	Saint-Médard
Medewich	Salzb.	Moyenvic
Milzingen	Salzb.	Mulcey
Mörchingen	St.-Av	Morhange
Mohnhofen b. Duß	Salzb.	Moncourt
Molringen	Salzb.	Molring
Monchern	M-Land	Moncheux
Mondelingen	M-Land	Mondelange
Montenich	M-St.	Montigny
Monten	M-Land	Montoy-Flanville
Montingen	M-Land	Montois-la-Montagne
Morsdorf	Salzb.	Marimont-lès-Bénestroff
Morsheim	Salzb.	Morville-lès-Vic
Morsweiler	Salzb.	Morville-sur-Nied
Mühlen	M-Land	Moulins-lès-Metz
Mulsach	Saarb.	Moussey
Nebingen	Salzb.	Nébing
Neuburg	M-Land	Novéant
Neuendorf	Saarb.	Laneuveville-lès-Lorquin
Neuheim	Salzb.	Laneuveville-en-Saulnois
Neumühlen	Saarb.	Neufmoulin
Neunhausen	Died.	Neufchef
Neussenheim	M-Land	Noisseville
Niederbö	M-Land	Beux
Niedergininngen	Died.	Guénange
Niederhof	Saarb.	Niderhoff
Niederlinden	Salzb.	Lindre-Basse
Niederum	St.-Av	Many
Niedweiler	Salzb.	Villers-sur-Nied
Nieverlach	M-Land	Nouilly
Nilvingen	Died.	Nivange
Nittingen	Saarb.	Nitting
Norringen	M-Land	Norroy-le-Veneur
Obereck	Salzb.	Obreck
Oberlinden	Salzb.	Lindre-Haute
Odersdorf	St.-Av	Thonville
Ogingen	M-Land	Ogy
Ollhofen	St.-Av	Holacourt
Ommerich	Salzb.	Ommeray
Oren	Salzb.	Oron
Orhofen	Salzb.	Oriocourt
Ornach	M-Land	Orny
Ottingen	Died.	Ottange
Paningen	M-Land	Pagny-lès-Goin
Pelters	M-Land	Peltre
Petersweiler	M-Land	Pierrevilliers
Pettenhofen (Lthr.)	Salzb.	Pettoncourt
Pewingen	Salzb.	Pévange
Plenach	M-Land	Plesnois
Pommeringen	M-Land	Pommérieux

ORTSVERZEICHNIS DEUTSCH-FRANZÖSISCH

Deutsche Bezeichnung	Kreis	französische Bezeichnung
Pontingen	M-Land	Pontoy
Probsthofen	Salzb.	Prévocourt
Püschingen	Salzb.	Puzieux
Pütten	Salzb.	Puttigny
Pullingen	M-Land	Pouilly
Quirinsweiler	Saarb.	Méteries-Saint-Quirin
Raitenbuchen	M-Land	Retonféy
Redingen	Died.	Rédange
Reichental	Saarb.	Richeval
Reichersberg	Died.	Richemont
Reich	Salzb.	Riche
Remelach	M-Land	Rémilly
Resenweiler	M-Land	Rezonville
Rixingen	Saarb.	Réchicourt-le-Château
Rodalben	Salzb.	Rodalbe
Rodt	Saarb.	Rhodes
Rörchingen	Died.	Rurange-les-Thionville
Rohrbach b. Duß	Salzb.	Rorbach-lès-Dieuze
Rollingen	M-Land	Raville
Rombach	M-Land	Rombas
Ronhofen	M-Land	Roncourt
Roseringen	M-Land	Rozérieulles
Roßlingen	M-Land	Rosselange
Rüssingen	Died.	Russange
Ruflingen	M-Land	Sainte-Ruffine
Saarburg	Saarb.	Sarrebourg
Sallach	M-Land	Sailly
Salnach	M-Land	Saulny
Salzburgen	Salzb.	Château-Salins
Salzdorf	Salzb.	Salonnes
Salzmar	Salzb.	Marsal
Sarbelingen	Salzb.	Zarbeling
Schemerich	St.-Av	Chémery
Schersingen	M-Land	Chérisey
Schöllen	M-Land	Chieulles
Schremingen	Died.	Schrémange-Erzange
Schweixingen	Saarb.	Xouaxange
Selzeck	M-Land	Coin-sur-Seille
Senn b. Wigingen	M-Land	Sanry-lès-Vigy
Senn/Nied	M-Land	Sanry-sur-Nied
Serrich	Salzb.	Xanrey
Servingen	M-Land	Servigny-lès-Sainte-Barbe
Sigach	M-Land	Scy-Chazelles
Sigmarshofen	M-Land	Semécourt
Silbernachen	M-Land	Servigny-les-Raville
Sillers	M-Land	Silly-sur-Nied
Sillich	M-Land	Silly-en-Saulnois
Sillningen	M-Land	Sillegny
Solgen	M-Land	Solgne
Sorbach	M-Land	Sorbey
Sotzelingen	Salzb.	Sotzeling
Spangen	M-Land	Pange
Springen	Salzb.	Fonteny
St. Barbara	M-Land	Sainte-Barbe
St. Bernhard	St.-Av	Saint-Bernard
St. Georg	Saarb.	Saint-Georges
St. Hubert	M-Land	Saint-Hubert
St. Jürgen	M-Land	Saint-Jure
St. Julian	M-Land	Saint-Julien
St. Privat	M-Land	St. Privat
St. Quirin	Saarb.	Saint-Quirin
Stahlheim	M-Land	Amnéville
Stondorf	M-Land	Villers-Stoncourt
Sülzen	St.-Av	Suisse
Taichen	Salzb.	Tarquimpol
Talingen	M-Land	Talange

235

ORTSVERZEICHNIS
DEUTSCH-FRANZÖSISCH

Deutsche Bezeichnung	Kreis	französische Bezeichnung
Tennschen (1941 Teckenhof)	M-Land	Les Etangs
Timmenheim	M-Land	Thimonville
Tranach	M-Land	Tragny
Tremerchen	M-Land	Trémery
Tressingen	Died.	Tressange
Türkstein	Saarb.	Turquestein
Ulmen	M-Land	Lemud
Unterhofen	M-Land	Secourt
Vionville	M-Land	Vionville
Volkringen	Died.	Volkrange
Waibelskirchen	St.-Av	Varize
Walburg	M-Land	Vulmont
Wallen	Salzb.	Vahl-lès-Bénestroff
Wallern	M-Land	Vallières
Wallersberg	St.-Av	Vatimont
Wallingen	M-Land	Vitry-sur-Orne
Wals	M-Land	Vaux
Wanten	M-Land	Vantoux
Wappingen	M-Land	Woippy
Warnhofen	Salzb.	Vannecourt
Warnich	M-Land	Vany
Wasperweiler	Saarb.	Vasperviller
Wastingen	Salzb.	Vaxy
Weiher b. Delmen	Salzb.	Viviers
Weiher b. Lörchingen	Saarb.	Voyer
Weißkirchen	Salzb.	Blanche-Eglise
Werich	M-Land	Vry
Wernheim	M-Land	Vernéville
Werningen	M-Land	Verny
Wich	Salzb.	Vic
Wieblingen	M-Land	Vaudoncourt
Wigingen	M-Land	Vigy
Wingert	M-Land	Vigny
Wirtsdorf	Salzb.	Vergaville
Wiss	Salzb.	Wuisse
Wittenhofen	St.-Av	Vittoncourt
Zemmingen	Salzb.	Zommange

Abkürzungen der Kreisbezeichnungen :

Died.	= Diedenhofen (Thionville)
M-Land	= Metz-Land (Metz-Campagne)
M-St.	= Metz-Stadt (Metz-Ville)
Saarb.	= Saarburg (Sarrebourg)
Salzb.	= Salzburgen (Château-Salins)
St.-Av	= St. Avold

Quelle : Gemeindeverzeichnis von Lothringen 1940

Spätere Änderungen, die im Rahmen dieser Arbeit festgestellt wurden, sind in Klammern eingefügt.

LITERATURVERZEICHNIS

1. In Archiven eingesehene Quellen

Archives Départementales de la Moselle, Metz.
   Dossiers 2 W 1 bis 2 W 7 - Colonisation Rurale.

Archives Municipales de Sarreguemines
   Dossier Hiegel.

Bischöfliches Archiv Speyer
   Bestand BA A XVI-2 - Generalvikariat und Priesterseminar Metz.

Bundesarchiv
   Bestand R 2 - Reichsminister der Finanzen
      18.933 Siedlungswesen - landwirtschaftliche Siedlung Ansiedlung von Kriegsversehrten.
      18.937 Siedlungswesen - landwirtschaftliche Siedlung in den eingegliederten Westgebieten (Lothringen) - Finanzierung.
      18.983 Siedlungsunternehmen : Bauernsiedlung Westmark.
      19.067 Neubildung deutschen Bauerntums in den Freiteilungsgebieten.
      19.068 Neuordnung in den von Kriegsfolgen betroffenen Gebieten.
   Bestand R 49 - Reichskommissar für die Festigung deutschen Volkstums
      74 Ansiedlungsstab Westmark.
      75 Gutachten des Rassenpolitischen Amtes der NSDAP.

Gemeindeverbandsarchiv Bad Bergzabern
   Bestand Steinfeld.

Hessisches Hauptstaatsarchiv, Wiesbaden
   Bestand Der Höhere SS und Polizeiführer Rhein-Westmark.

Institut für Zeitgeschichte, München
   Bestand MA 3 (6).

Landesarchiv Saarbrücken
   Bestand Epurationsakten
   Bestand Landeskulturamt
      385 - Vermessungstechnische Geschäftsprüfung
      390 - Siedlungsstatistik 1941, 1943
      399 - Siedlungsplanung
      411 - Erwerb von landwirtschaftlichen Grundstücken
      420 - Besondere Arten der Siedlung : Umsiedlungen 1937-1943
      432 - Bayerische Bauernsiedlung G.m.b.H., 1935-1944
      433 - Bauernsiedlung Westmark Bd.1, 1940-1941
      434 - Bauernsiedlung Westmark Bd.2, 1941-1944
      435 - Unterlagen zur Überprüfung des Kriegseinsatzes
      437 - Gesellschaft für Landsiedlung
      461 - Siedlung in Lothringen : Ansiedlung von Buchenlanddeutschen
      464 - Einsatz von sloweniendeutschen Landarbeitern 1943-1944
   Bestand Kulturamt Metz.
      17 - Siedlungssache Lesch
   Bestand Landratsamt St. Ingbert
      53 - Siedlung in Lothringen

Landesarchiv Speyer
   Bestand H 13 Landesrechnungshof Rheinland-Pfalz.
      469 - Bauernsiedlung Westmark
   Bestand H 33 Bezirksamt Frankenthal
      1022 - Umsiedlung nach Lothringen
   Bestand H 37 Bezirksamt Kirchheimbolanden
      1744 - Umsiedlung nach Lothringen
   Bestand R 18 Politische Säuberung
      Epurationsakte Wilhelm Heisterhagen

Landsiedlung Rheinland-Pfalz, Koblenz
   Siedlerkartei der Bauernsiedlung Westmark.

Staatsarchiv Ludwigsburg
   Bestand Landesbauernschaft Württemberg.
      K 631 II Bü 59 Siedlungsmaßnahmen in Lothringen
   Bestand Ministerium für politische Befreiung.
      Epurationakte Otto Jerratsch

LITERATUR-
VERZEICHNIS

Stadtarchiv Ludwigshafen
Bestand 4010 - Bauernumsiedlung in Lothringen.

Zentralarchiv der Evangelischen Kirche der Pfalz, Speyer
Bestand Evangelische Kirche in Lothringen.

2. Gedruckte Quellen

Amtliches Gemeindeverzeichnis für Bayern nach der Volkszählung vom 17. Mai 1939. Bayer. Statistisches Landesamt : Band 127 der Beiträge zur Statistik Bayerns. München; 1940.

Boberach, Heinz (Hrg.) : Meldungen aus dem Reich. Die geheimen Lageberichte des Sicherheitsdienstes der SS 1938-1945. Herrsching; 1984.

Gemeindeverzeichnis von Lothringen. Nach dem Stande vom 1.10.1940. Herausgegeben vom Chef der Zivilverwaltung in Lothringen; 1940.

Reichsgesetzblatt, verschiedene Jahrgänge.

Verordnungsblatt für Lothringen, verschiedene Jahrgänge.

Verordnungs- und Amtsblatt des Reichskommissars für die Saarpfalz, Jahrgang 1940.

3. Sonstige Quellen

Bezirksregierung Koblenz
Personalakte Hans-Erich Laubinger

Der Gauleiter. Dokumentarfilm des Saarländischen Rundfunks. Regie Inge Plettenberg; 1993.

4. Zeitungen, Zeitschriften, Periodika, Lexika.

Archiv für innere Kolonisation. Herausgegeben von der Gesellschaft für innere Kolonisation, Berlin. Verschiedene Jahrgänge.

Der Große Herder. Freiburg, 1952.

Handwörterbuch der Raumforschung und Raumordnung. Gebrüder Jänecke Verlag. Hannover; 1970.

Kammer, Hilde/Bartsch, Elisabet : Nationalsozialismus. Begriffe aus der Zeit der Gewaltherrschaft 1933-1945. rororo-Handbuch Nr. 6336; 1992.

Neues Bauerntum, Berlin.

NSZ-Rheinfront bzw. ab 1.12.1940 NSZ-Westmark. Gauverlag NSZ-Westmark G.m.b.H., Ludwigshafen. Kreisausgabe Saarbrücken.

5. Sekundär-Literatur

Allgemeine Elsässische Bankgesellschaft/Société Générale Alsacienne de Banque : 1881-1981. Jubiläumsschrift zum 100-jährigen Bestehen. Strasbourg; 1981.

Aly, Götz : Endlösung. Völkerverschiebung und der Mord an den europäischen Juden. Frankfurt/M; 1995.

Antoni, Victor : Grenzlandschicksal, Grenzlandtragik. Lebenserinnerungen und menschliche Betrachtungen eines Lothringers zu den politischen Irrungen und Wirrungen seiner Zeit. Saarbrücken ; 1960.

Arendt, Hannah : Elemente und Urspünge totales Herrschaft. Serie Piper SP 1032.

Arlt, Fritz : Siedlung und Landwirtschaft in den eingegliederten Gebieten Ostoberschlesiens. In : Die wirtschaftlichen Entwicklungsmöglichkeiten in den eingegliederten Ostgebieten des Deutschen Reiches. Im Auftrage der Haupttreuhandstelle Ost und des Reichskommissars zur Förderung deutschen Volkstums herausgegeben von Dr. Walter Greisler, Prof, der Geographie an der Reichsuniversität Posen. Bd. 10. Berlin; 1942.

Bartz, Karl : Weltgeschichte an der Saar. Neustadt a.d.W.; 1935.

Benz, Wolfgang : Herrschaft und Gesellschaft im nationalsozialistischen Staat. Fischer-Taschenbuch Nr. 4435; 1990.

Benz, Wolfgang : Partei und Staat im Dritten Reich. In : Broszat, Martin/Möller, Horst : Das Dritte Reich. Herrschaftsstruktur und Geschichte. Beck'sche Schwarze Reihe Bd. 280; 1983.

Birn, Ruth : Die HSSPF. Düsseldorf; 1986.

Bleicher, A /Deiber.R. (Hrg.) : Das Elsaß von 1870-1932. Colmar; o.J.

Bornemann, Inge/Wagner, Rudolf (Hrg.) : Mit Fluchtgepäck die Heimat verlassen.... 50 Jahre seit der Umsiedlung der Buchenlanddeutschen. Stuttgart/München; 1990.

Boyens, Wilhelm Friedrich : Die Geschichte der ländlichen Siedlung. Band 1 : Das Erbe Max Serings. Berlin-Bonn; 1959. Band 2 : Das wirtschaftliche und politische Ringen um die ländliche Siedlung (posthum her-

LITERATUR-
VERZEICHNIS

ausgegeben von Oswald Lehnich im Auftrag der Gesellschaft zur Förderung der inneren Kolonisation). Berlin-Bonn; 1960.

Bracher, Karl Dietrich : Dualismus oder Gleichschaltung. Der Faktor Preußen in der Weimarer Republik. In : Bracher, Karl Dietrich/Funke, Manfred/Jacobsen, Hans-Adolf (Hrsg.) : Die Weimarer Republik 1918 - 1933. Politik - Wirtschaft - Gesellschaft. Bonn; 1987.

Bracher, Karl Dietrich/Funke, Manfred/Jacobsen, Hans-Adolf (Hrsg.) : Die Weimarer Republik 1918 - 1933. Politik -Wirtschaft - Gesellschaft. Bonn; 1987.

Broszat, Martin : Der Staat Hitlers. Grundlegung und Entwicklung seiner inneren Verfassung. München; 1971.

Broszat, Martin : Nationalsozialistische Polenpolitik 1939-1945. Schriftenreihe des Instituts für Zeitgeschichte Nr. 2. Stuttgart; 1961.

Brüning, Heinrich : Memoiren 1918 - 1934, Bd. I und II. dtv-Taschenbuch Nr. 860 und 861.

Buchheim, Hans : Die SS - das Herrschaftsinstrument. In: Buchheim, Hans/Broszat, Martin/Jacobsen, Hans-Adolf Krausnick, Helmut : Anatomie des SS-Staates. dtv Bd.2915 und 2916; 1984.

Buchholtz, Dietrich : "Großgermanisches Reich" und "Generalplan Ost". Einheitlichkeit und Unterschiedlichkeit im faschistischen Okkupationssystem. In : ZfG, Heft 9 1980, 28. Jhg., S. 835-841.

Bürckel, Josef : Gau Westmark im Kampf geformt. In : Meißner, Otto (hrg.) : Elsaß und Lothringen Deutsches Land. Berlin; 1941.

Burger, Léon : Le Groupe „Mario". Une Page de la Résistance Lorraine. Metz; 1965.

Christaller, Walter : Grundgedanken zum Siedlungs- und Verwaltungsaufbau im Osten. In : Neues Bauerntum 32; 1940. S. 305-312.

Christaller, Walter : Raumtheorie und Raumforschung. In : Archiv für Wirtschaftsplanung, Bd.I, Heft I, S.116 - 135. Stuttgart; 1941.

Collège André Malraux (Hrg.) : Le <Delmois> dans la Tourmente.. Delme; 1995.

Ernst, Robert : Die volksdeutsche Bewegung im Elsaß und in Lothringen in den Jahren 1918 - 1940. In : Meißner, Otto (Hrsg.) : Deutsches Elsaß, Deutsches Lothringen. Berlin; 1941.

Feder, Gottfried : Das Programm der N.S.D.A.P. und seine weltanschaulichen Grundlagen. Nationalsozialistische Bibliothek, Heft 1. München ; 1933.

Fenske, Hans : Josef Bürckel und die Verwaltung der Pfalz. In : Rebentisch, Dieter/Teppe, Karl (Hrsg.): Verwaltung contra Menschenführung im Staate Hitlers. Studien zum politisch-administrativen System; 1985.

Frank, Hartmut/Cohen, Jean-Louis (Hrg.) : Rapport Intermédiaire octobre 1987 des Gemeinsamen Forschungsprogramms der Ecole d'Architecture Paris-Villemin und der Hochschule für bildende Künste Fachbereich Architektur, Hamburg.

Frei, Norbert : Der Führerstaat. Nationalsozialistische Herrschaft 1933 bis 1945. dtv-Taschenbuch 4517. München; 1987.

Glath, Paul : Bousseviller - un village lorrain. Collection historique : Monographies Lorraines: 1946.

Goldhagen, Daniel Jonah : Hitlers willige Vollstrecker. Ganz gewöhnliche Deutsche und der Holocaust. Berlin; 1996.

Grigorowicz, B.C./Massier, Erwin/Talsky, Josef (Hrg.) : Bukowina - Heimat von gestern. Karlsruhe; 1956.

Grundmann, Friedrich : Agrarpolitik im Dritten Reich. Anspruch und Wirklichkeit des Reichserbhofgesetztes. Historische Perspektiven 14. Hamburg; 1979.

Haubrichs, Wolfgang : Über die allmähliche Verfertigung von Sprachgrenzen. Das Beispiel der Kontaktzonen von Germania und Romania. In : Haubrichs, Wolfgang/Schneider, Reinhard (Hrg.) : Grenzen und Grenzregionen. Frontières et régions frontalières. Borders and Border Regions. Veröffentlichungen der Kommission für Saarländische Landesgeschichte 22. Saarbrücken; 1993.

Haubrichs, Wolfgang/Schneider, Reinhard (Hrg.) : Grenzen und Grenzregionen. Frontières et régions frontalières. Borders and Border Regions. Veröffentlichungen der Kommission für Saarländische Landesgeschichte 22. Saarbrücken; 1993.

Hermann, Jean-Pierre/Mélard, André/ Wagner, André : DIEUZE en Lorraine. 100 ans d'histoire 1893 - 1993. Maison de Jeunes et de la Culture Centre Social Jacques Prevert. Sarreguemines; 1993.

Herrmann, Hans-Walter : Die Freimachung der Roten Zone 1939/40. In : Zeitschrift für die Saargegend XXXII-1984, S.64-89.

Herrmann, Hans-Walter : Pfalz und Saarland in den Plänen der Neugliederung des Reichsgebietes 1933-1941. In : Mitteilungen des historischen Vereins für die Pfalz 83, 1985, S. 321 ff.

Hiegel, Henri/Serge, Louis : François Goldschmidt - son combat singulier de prêtre et de lorrain (1883-1966). Revue de la Société d'Histoire „Les Amis du Pays d'Albe", Nr. 24; 1993.

LITERATUR-
VERZEICHNIS

Hillgruber, Andreas : Hitlers Strategie. Politik und Kriegführung 1940-1941. Bonn; 1993.

Hitler, Adolf : Mein Kampf. München; 1940.

Höhne, Heinz : Der Orden unter dem Totenkopf. Die Geschichte der SS. München; 1984.

Höhns, Ulrich : „Eine tiefe Scheu vor dem rechten Winkel" - Ländlicher Wiederaufbau in Lothringen um 1942. In : Hudemann, Rainer/Wittenbrock, Rolf (Hrg.) : Stadtentwicklung im deutsch-französisch-luxemburgischen Grenraum (19. u. 20. Jh.). Veröffentlichungen der Kommission für Saarländische Landesgeschichte 21. Saarbrücken; 1991.

Höhns, Ulrich : Zur Neugestaltung des ländlichen Raumes in der Westmark. In : Frank, Hartmut/Cohen, Jean-Louis (Hrg.) : Rapport Intermédiaire octobre 1987 des Gemeinsamen Forschungsprogramms der Ecole d'Architecture Paris-Villemin und der Hochschule für bildende Künste Fachbereich Architektur, Hamburg. S.16-27.

Houver, Jean-Claude; Sprunck, Joseph; Henner, Gérard : Ommersviller - au fil des siècles. 1995.

Hudemann, Rainer/Wittenbrock, Rolf (Hrg.) : Stadtentwicklung im deutsch-französisch-luxemburgischen Grenraum (19. u. 20. Jh.). Veröffentlichungen der Kommission für Saarländische Landesgeschichte 21. Saarbrücken; 1991.

Hüttenberger, Peter : Die Gauleiter. Studie zum Wandel des Machtgefüges in der NSDAP. Schriftenreihe der Vierteljahreshefte für Zeitgeschichte Bd.19. Stuttgart; 1969.

Jäckel, Eberhard : Frankreich in Hitlers Europa. Quellen und Darstellungen zur Zeitgeschichte, Bd. 14. Stuttgart; 1966

Keddigkeit, Jürgen : Bollwerk im Westen. In : Nestler, Gerhard/Ziegler, Hannes (Hrg.) : Die Pfalz unter dem Hakenkreuz. Eine deutsche Provinz während der nationalsozialistischen Terrorherrschaft. Landau; 1993.

Kershaw, Ian : Hitlers Macht. Das Profil der NS-Herrschaft. dtv-Wissenschaft 4582. München; 1992.

Kettenacker, Lothar : Die Chefs der Zivilverwaltung im 2. Weltkrieg. In : Rebentisch, Dieter/Teppe, Karl (Hrsg.) : Verwaltung contra Menschenführung im Staate Hitlers. Studien zum politisch-administrativen System. Frankfurt; 1985.

Kettenacker, Lothar : NS-Volkstumspolitik im Elsaß. Stuttgart; 1972.

Keup, Landgesellschaft Kurland. Archiv für Innere Kolonisation Bd. XII.

Koehl, Robert L. : RKFDV. German Resettlement and Population Policy 1939 - 1945. Cambridge/USA; 1957.

Kruedener, J., Frh. von : Zielkonflikte in der NS-Agrapolitik. In Zeitschrift für Wirtschafts- und Sozialwissenschaften 94 (1974). S.335-361.

Lambert, Helmut : 700 Jahre Altheim. St. Ingbert; 1970.

Laufer, Wolfgang : „Wiederaufbau" und „Neuordnung" in der „Westmark ", während des Zweiten Weltkrieges. In : Zeitschrift für die Geschichte der Saargegend,1995.

Le Marec, Bernard/Le Marec, Gérard : Les Années Noires. La Mosella annexée par Hitler. Documents et Témoignages. Metz; 1990.

Le Moigne, François-Yves (Hrg.) : Mosell et Mosellans dans la Seconde Guerre Mondiale. Metz; 1983.

Lindner, Th : Der Krieg gegen Frankreich und die Einigung Deutschlands. Berlin; 1895.

Mai, Uwe : Ländlicher Wiederaufbau in der <Westmark> im Zweiten Weltkrieg. Beiträge zur pfälzischen Geschichte herausgegeben vom Institut für pfälzische Geschichte und Volkskunde, Kaiserslautern. 1993.

Malburg, Martina : Rudolf Krüger (Diss.), Düsseldorf; 1995.

Mallmann, Klaus-Michael/Paul, Gerhard : Herrschaft und Alltag. Ein Industrierevier im Dritten Reich. Widerstand und Verweigerung im Saarland 1935-1945, hrsgg. von Hans-Walter Herrmann, Bd.2. Bonn; 1991.

Massier, Erwin (Hrg.) : Fratautz und die Fratautzer. Vom Werden und Vergehen einer deutschen Dorfgemeinschaft in der Bukowina. o.J.

Meißner, Otto (hrg.) : Elsaß und Lothringen Deutsches Land. Berlin; 1941.

Meißner, Otto (Hrsg.) : Das Schicksal Elsaß und Lothringens im Wandel der Geschichte. In : Meißner, Otto (Hrsg.) : Deutsches Elsaß, Deutsches Lothringen. Berlin; 1941.

Meißner, Otto (Hrsg.) : Deutsches Elsaß, Deutsches Lothringen. Berlin; 1941.

Messerschmidt, Rolf : Nationalsozialistische Raumforschung und Raumordnung aus der Sicht der „Stunde Null". In : Prinz, Michael/Zitelmann, Rainer : Nationalsozialismus und Modernisierung. S. 117 - 138. Darmstadt; 1994.

Mièvre, Jacques : L'Ostland en France durant la deuxième guerre mondiale. Une tentative de colonisation agraire allemande en zone interdite. Nancy; 1973.

Müller, Rolf-Dieter : Hitlers Ostkrieg und die deutsche Siedlungspolitik. Fischer-Taschenbuch Geschichte Nr. 10573; 1991.

LITERATUR-
VERZEICHNIS

Mungenast, E.M. : Der Zauberer Muzot. Roman. Berlin; 1939.

Mungenast, E.M. : Land und Leute in Lothringen. In : Meißner, Otto (Hrsg.) : Deutsches Elsaß, Deutsches Lothringen. Berlin; 1941.

Münzinger, A. : Lothringens Landwirtschaft, wie sie war und wie sie werden sollte. Gutachten im Auftrag des Reichsstatthalters in der Westmark und Chef der Zivilverwaltung in Lothringen. 2. Auflage; 1943.

Muskalla, Dieter : NS-Politik an der Saar unter Josef Bürckel (Diss.). Saarbrücken ; 1995.

Nestler, Gerhard/Ziegler, Hannes (Hrg.) : Die Pfalz unter dem Hakenkreuz. Eine deutsche Provinz während der nationalsozialistischen Terrorherrschaft. Landau; 1993.

Neumann, Franz : Behemioth. Struktur und Praxis des Nationalsozialismus 1933-1944. Köln, Frankfurt/M; 1977.

Offroy, Gabriel et Robert : Château-Salins autrefois. Sarreguemines; 1984.

Parisot, R. : Histoire de Lorraine. Paris, 1921.

Paul, Gerhard : „Deutsche Mutter, heim zu Dir !" oder warum es mißlang, Hitler an der Saar zu schlagen; der Saarkampf 1933-1935. (Diss.). Kassel; 1984.

Paul, Gerhard : 5. Josef Bürckel - Der rote Gauleiter. In : Smelser, Ronald/Syring, Enrico/Zitelmann, Rainer : Die braune Elite II, Darmstadt. S.51 - 65.

Prinz, Michael/Zitelmann, Rainer : Nationalsozialismus und Modernisierung. Darmstadt; 1994.

Quasten, Heinz : Ländliche Neuordnung im saarländischen Teil der Westmark. In : Zehn statt Tausend Jahre. Die Zeit des Nationalsozialismus an der Saar 1935-1945. Saarbrücken; 1988. S.281-292.

Rebentisch, Dieter : Führerstaat und Verwaltung im Zweiten Weltkrieg. Frankfurter historische Abhandlungen Bd. 29. Stuttgart; 1989.

Rödel, Volker : Die Behörde des Reichsstatthalters in der Westmark. In : Jahrbuch Westdeutsche Landesgeschichte 1, 1984, S. 287-318.

Rössler, Mechthild/Schleiermacher, Sabine : Der „Generalplan Ost". Hauptlinien der nationalsozialistischen Planungs- und Vernichtungspolitik. Berlin; 1993.

Rössler, Mechtild : Raumforschung und Raumordnung 1935 - 1934. Die Institutionalisierung einer neuen „Wissenschaft" im Nationalsozialismus. Geographische Zeitschrift, Nr. 75/76; 1987/88.

Rossé, J. u.a. (Hrg.) : Das Elsass von 1870-1932. Colmar; o.J.

Roth, Francois : La Lorraine Annexée (1870-1918). Nancy; 1976.

Rothenberger, Karl-Heinz : Die elsaß-lothringische Heimat- und Autonomiebewegung zwischen den beiden Weltkriegen. Frankfurt/M, München; 1976.

Schlickel, Ferdinand : Gauleiter Josef Bürckel - ein Rad im Räderwerk Hitlers. In : Pilgerkalender, Speyer 73 (1994). S.100 - 113.

Schoenbaum, David : Die braune Revolution. Eine Sozialgeschichte des Dritten Reiches. Köln; 1966.

Schramm, Percy E. (Hrsg.) : Das Kriegstagebuch des Oberkommandos der Wehrmacht. Studienausgabe; 1982.

Schultz, Franz : Dichtung und Schrifttum im Elsaß und in Lothringen. Meißner, Otto (Hrsg.) : Das Schicksal Elsaß und Lothringens im Wandel der Geschichte. In : Meißner, Otto (Hrsg.) : Deutsches Elsaß, Deutsches Lothringen. Berlin; 1941.

Schultz-Klinken, Karl-Rolf : Das ländliche Siedlungswesen in Deutschland zwischen den beiden Weltkriegen (1919-1939). In : Historische Raumforschung und Landesplanung Bd. 63. Hannover; 1971. S. 117 - 135.

Schultz-Klinken, Karl-Rolf : Preußische und deutsche Ostsiedlungspolitik von 1886 bis 1945; ihre Zielvorstellungen, Entwicklungsphasen und Ergebnisse. In : Schriftenreihe der Forschungsgesellschaft für Agrarpolitik und Agrarsoziologie; Jhg.1973. S. 198 - 215.

Schürmann, Adolf : Deutsche Agrarpolitik. Berlin; 1940.

Schwerin, Friedrich v. : Die Bedeutung der Grundbesitzverteilung vom nationalen Standpunkt aus. Lissa; 1913.

Smelser, Ronald/ Syring, Enrico/Zitelmann, Rainer (Hrsg.) : Die braune Elite II. Darmstadt; 1990.

Smit, Jan G. : Neubildung deutschen Bauerntums. Urbs et Regio 30/1983. Kasseler Schriften zur Geografie und Planung. Kassel; 1983.

Stevenson, Jill : Widerstand gegen soziale Modernisierung. In : Prinz, Michael/Zitelmann, Rainer : Nationalsozialismus und Modernisierung. S. 93 - 116. Darmstadt; 1994.

Thillet, Catherine/Daza, Edith : Cent ans d'agriculture en Lorraine 1882 - 1982. Eine Dokumentation des Service Régional de Statistique Agricole Lorraine - Alsace, Metz; 1985.

This, Constant : Die deutsch-französische Sprachgrenze in Lothringen nebst einer Karte. Straßburg; 1887.

Wambaugh, Sarah : The Saar Plebiscite. Cambridge/Mass.; 1940.

LITERATUR-
VERZEICHNIS

Wasser, Bruno : Himmlers Raumplanung im Osten. Der Generalplan Ost in Polen 1940-1944. Basel, Berlin, Boston; 1993.

Wehler, Hans-Ulrich : Krisenherde des Kaiserreichs 1871 - 1918. Göttingen; 1970.

Weiland, Hans Joachim : Siedlungsplanung in Lothringen. In : Neues Bauerntum, Heft 10/11/12 1943, S. 221-225.

Wittenbrock, Rolf : Die Auswirkungen von Grenzverschiebungen auf Stadtentwicklung und Kommunalverfassung : Metz und Straßburg (1850-1930). In : Haubrichs, Wolfgang/Schneider, Reinhard (Hrg.) : Grenzen und Grenzregionen. Frontières et régions frontalières. Borders and Border Regions. Veröffentlichungen der Kommission für Saarländische Landesgeschichte 22. Saarbrücken; 1993.

Wolfanger, Dieter : Die nationalsozialistische Politik in Lothringen (Diss.); 1976.

Wolfanger, Dieter : Die Ausdehnung nach Westen : Von der Saarpfalz zur Westmark. In : Zehn statt tausend Jahre. Die Zeit des Nationalsozialismus an der Saar 1935-1945. Saarbrücken; 1988. S.266-280.

Wolfanger, Dieter : Josef Bürckel und Gustav Simon. Zwei Gauleiter der NSDAP und ihr Streit um die „Westmark". In : Zwischen Saar und Mosel. Festschrift zum 65. Geburtstag von Hans-Walter Herrmann. Saarbrücken; 1995.

Wolfanger, Dieter : Populist und Machtpolitiker. In : Nestler, Gerhard/Ziegler, Hannes (Hrg.) : Die Pfalz unter dem Hakenkreuz. Eine deutsche Provinz während der nationalsozialistischen Terrorherrschaft. Landau; 1993.

Zehn statt tausend Jahre. Die Zeit des Nationalsozialismus an der Saar 1935-1945. Saarbrücken; 1988

Zeller, Gerhard : Rechtsgeschichte der ländlichen Siedlung (Diss.). Schriftenreihe des Instituts für Landwirtschaftsrecht der Universität Göttingen, Band 12. Göttingen; 1974.

Zenner, Maria : Parteien und Politik im Saargebiet unter dem Völkerbundsregime 1920-1935. Veröffentlichungen der Kommission für Saarländische Landesgeschichte 3. Köln; 1965. Saarbrücken; 1966.

Zind, Pierri : Elsaß-Lothringen; L'Alsace-Lorraine, une nation interdite. Paris; 1979.

Erklärung

Hiermit erkläre ich, daß ich die vorliegende Dissertation,

> Bürckels Bauernsiedlung
> Nationalsozialistische Siedlungspolitik in Lothringen
> während der „verschleierten" Annexion 1940 - 1944.

selbständig und ohne unerlaubte fremde Hilfe angefertigt und andere als die in der Dissertation angegebenen Hilfsmittel nicht benutzt habe. Alle Stellen, die wörtlich oder sinngemäß aus veröffentlichten oder nicht veröffentlichten Schriften entnommen sind, habe ich als solche kenntlich gemacht. Die vorliegende Dissertation hat zuvor keiner anderen Stelle zur Prüfung vorgelegen. Es ist mir bekannt, daß wegen einer falschen Versicherung bereits erfolgte Promotionsleistungen für ungültig erklärt werden und eine bereits verliehene Doktorwürde entzogen wird.

Quierschied, den 20. Januar 1997

Lebenslauf

Hans Schaefer

23.05.1929	- geboren in Saarbrücken.
1948	- Abitur am Ludwigsgymnasium, Saarbrücken.
1948 bis 1950	- Lehre als Industriekaufmann, Besuch der Berufsschule.
1950 bis 1959	- verschiedene, berufsaufbauende Tätigkeiten in der Industrie.
1959 bis 1985	- Geschäftsführer der deutschen Tochtergesellschaft des traditionsreichen elsässischen Investitions- und Konsumgüterherstellers De Dietrich & Cie, Niederbronn/Bas Rhin.
31.12.1985	- Eintritt in den Ruhestand.

1953 bis 1954	- zwei Semester Wirtschaftswissenschaften an der Universität des Saarlandes, ohne Abschluß.
Herbst 1984	- Immatrikulation an der FernUniversität, Hagen, Fachbereich Wirtschaftswissenschaften, zwecks Auffrischung des Fachwissens, daneben Belegung von Geschichts- und Soziologiekursen.
1986 bis 1991	- nach Einrichtung des Magisterstudienganges : Neuimmatrikulation im Fachbereich Erziehungs- und Sozialwissenschaften der FernUniversität, Hagen. Studienfächer : Sozialwissenschaften, Geschichte und Neue deutsche Literaturwissenschaft.
1991	- Magisterabschluß an der FernUniversität, Hagen. Magisterarbeit im Fach Politikwissenschaft (Prof. Dr. Ulrich von Alemann) zum Thema „Interessenvermittlung zwischen Tarifautonomie und Gesetzgebung" mit der Note „sehr gut".
seit 1991	- Doktorand bei Prof. Dr. Peter Brandt, FernUniversität, Hagen, Fachbereich Erziehungs- Sozial- und Geisteswissenschaften, Arbeitsbereich Neue Geschichte.